国家社科基金
后期资助项目
GUOJIA SHEKE JIJIN HOUQI ZIZHU XIANGMU

U0683227

学术期刊评价：
指标创新与方法研究

Journal Evaluation Studies:
Indicator Development and Evaluation Methodology

俞立平　著

WUHAN UNIVERSITY PRESS
武汉大学出版社

图书在版编目(CIP)数据

学术期刊评价:指标创新与方法研究/俞立平著.—武汉:武汉大学出版社,2023.4

国家社科基金后期资助项目

ISBN 978-7-307-23551-9

Ⅰ.学…　Ⅱ.俞…　Ⅲ.学术期刊—评价—研究　Ⅳ.G237.5

中国国家版本馆 CIP 数据核字(2023)第 019275 号

责任编辑:郭　静　　责任校对:李孟潇　　版式设计:韩闻锦

出版发行:**武汉大学出版社**　　(430072　武昌　珞珈山)

(电子邮箱:cbs22@whu.edu.cn　网址:www.wdp.com.cn)

印刷:武汉中科兴业印务有限公司

开本:720×1000　1/16　　印张:34.75　　字数:624 千字　　插页:1

版次:2023 年 4 月第 1 版　　2023 年 4 月第 1 次印刷

ISBN 978-7-307-23551-9　　定价:90.00 元

国家社科基金后期资助项目(21FTQB016)

国家社科基金后期资助项目
出版说明

后期资助项目是国家社科基金设立的一类重要项目，旨在鼓励广大社科研究者潜心治学，支持基础研究多出优秀成果。它是经过严格评审，从接近完成的科研成果中遴选立项的。为扩大后期资助项目的影响，更好地推动学术发展，促进成果转化，全国哲学社会科学工作办公室按照"统一设计、统一标识、统一版式、形成系列"的总体要求，组织出版国家社科基金后期资助项目成果。

全国哲学社会科学工作办公室

前　言

　　学术期刊是展示科学技术研究水平的重要窗口，期刊评价具有重要意义。高水准、有影响的学术期刊是反映一个国家科学技术研究水平的重要标志之一，作为学术论文的重要载体，办好学术期刊是保障科技水平的重要举措。做好学术期刊评价，有利于国家管理部门加强学术期刊的管理，努力提高办刊水平；有利于各办刊机构开展有益的竞争，提高学术论文的质量；有利于高校、科研院所简化科研管理，提高管理效率；有利于作者选择合适的期刊投稿；有利于图书馆遴选纸质期刊，节省有限的采购经费；有利于提高学术期刊的国际竞争力，鼓励作者将论文发表在中国大地上。

　　学术期刊评价中存在一些问题，比如"以刊代文"现象，评价造成学术期刊生存环境恶化，一些期刊出现操纵文献计量指标问题，期刊评价与办刊中存在一些不正之风现象等。此外还有一个问题就是学术期刊评价的技术与方法，在一堆数学公式的掩盖下，这个问题被隐含了，更多属于系统误差，尚没有引起足够的重视。在破"五唯"背景下，学术期刊需要解决的问题更多，传统的学术期刊评价方法将面临较大的挑战。

　　对于这些问题的解决，一方面需要完善学术期刊管理体制，另一方面需要通过期刊评价加以解决。学术期刊评价可以为学术期刊治理提供统计数据，可以通过设定一些指标防止操纵文献计量指标问题，可以通过一定的方法防止学术不端，此外，通过对评价方法与技术的改进能够提高评价的科学性，从而提高学术期刊评价的公信力。当然，学术期刊评价的作用是有边界的，研究目的是为了更精准地进行学术评价。

　　在学术期刊定量评价中，一方面采用单指标或复合指标评价，另一方面采用多属性评价方法评价，影响力较大的期刊评价均采用指标体系多属性评价方法。本质上涉及两类问题，第一类是文献计量指标的优化和创新问题，另一类问题是多属性评价方法的改进与创新问题。多属性评价方法具体又涉及指标标准化、评价方法创新、组合评价方法创新、多属性评价方法选择等问题。

本书从学术期刊定量评价最重要的评价指标与多属性评价方法两个视角开展研究。全书包括八章。第一章是绪论，作为全书的总括；第二章是破"五唯"背景下的学术评价，为全书提供理论指导；第三章是文献计量指标的优化，主要对现有的 9 个文献计量指标存在的问题进行改进；第四章是文献计量指标创新，提出了 11 个新的文献计量指标；第五章是标准化方法及其影响研究；第六章是多属性评价方法的创新，包括对现有评价方法进行修正和提出新的评价方法；第七章是组合评价方法研究，提出两种新的组合评价方法；第八章是多属性评价方法选择研究。其中，第二章是基础理论，第三章和第四章侧重指标研究，同时为后续多属性评价打下基础。第五章至第八章是多属性评价方法的相关研究，围绕多属性评价方法的几个关键要素展开。

由于学术期刊评价涉及问题较多，分布较广，从方法与技术视角，涉及的宽度和问题也比较广泛。因此本书采用全新的写作风格，从第二章开始每个小节均相对独立，但全书又是一个有机的整体。在写作过程中，侧重方法与技术的创新，适当淡化具体的学术期刊评价。由于研究对象相近，研究方法难免存在交叉，因此文献综述和研究方法部分难免有部分重复之处，为了增强可读性，均进行了适当保留。

由于作者水平有限，难免有错误或不足之处，敬请批评指正。

俞立平

2022 年 1 月 1 日

序

俞立平教授的这部新作是专门研究学术期刊评价的，我这里想先评价一下俞立平在学术研究上的几个特征。

第一，俞立平教授勇于创新，经常在思考和探索前人没有思考过的问题。

例如（我过去在给俞立平教授另一本著作写的序中举过下面这个例子，但我觉得有必要再次强调这个例子），据中国知网的统计，俞立平在2009年发表于《图书情报工作》的文章《学术期刊综合评价数据标准化方法研究》截至2023年2月7日已被引用了252次，在其全部论文中被引次数排在第二位；根据学术谷歌，该文在英文环境里被引用了44次，有些引用者是情报学以外学科的国外学者。

为什么这篇只有4页的小文章受到同行如此青睐？因为它提出了一个重要的问题：通过取倒数对反向指标的数值进行标准化处理的传统方法是不合适的，因为在 $y=1/x$ 的函数关系下，X轴上每增加或减少一个等量数值，Y轴上所对应的数值却不是等量增加或减少的，即 y 不是随着 x 线性变化的。这就影响了评价的公平性。中外学者成千上万，在2009年之前有人关注过这一缺陷吗？没有。俞立平教授提出了这个问题，且拿出了解决方案。至于能否用一个更简洁的公式来替代他提出的较繁杂的标准化公式，则是次等重要的问题了。

第二，俞立平教授长期抓住科技评价问题不放，锲而不舍。

1993年间，本单位人事部门推荐我参加副研究员职称破格申报，因为按照当时的规定，破格参评若获得通过，则可以不占用本单位的职称名额指标。这样，我就不能在本单位的副研究员职称评审委员会参加申报答辩，而要到科技部研究员职称评审委员会参加申报答辩。答辩过程中，评审委员会的一位专家向我提问说："你已经发表了不少成果，有些成果的内容也很有意义，但这些成果所属的领域很宽。你想过没有，你到底是研究什么的？"我解释说，中国科学技术信息研究所作为科技部下属机构，必须响应科技部各司局的各种调研需求，因此我们难免在科研选题上是东一榔头西一棒子的。尽管我顺利通过了评审，破格获得了副研究员职称，但那位专家的提问一直萦绕在我耳际。后来，我确实是更加聚焦于科学计量学研究了。

因此，我欣喜地看到，俞立平从 2008 年进入中国科学技术信息研究所"图书情报与档案管理"学科博士后科研工作站开始，就坚定地接过了我建议的"科技评价研究"选题，呕心沥血地开展研究。出站后，他矢志不渝地继续开展相关研究，迄今已在期刊评价研究这块园地辛勤耕耘了 15 年。2011 年，他出版了著作《科技评价方法基本理论研究——多属性评价面面观》；2017 年，他出版了著作《科技评价理论与方法研究》；2021 年，《计量视角下的科技评价》一书问世；如今，他的第四本著作《学术期刊评价：指标创新与方法研究》即将付梓，实在是可喜可贺！

第三，俞立平教授在学术研究中坚持实事求是，努力不受非学术因素的干扰。能做到这一点，在当代中国殊为可贵。

例如，2020 年 2 月，科技部印发《关于破除科技评价中"唯论文"不良导向的若干措施(试行)》的通知，提出在科技项目、科研基地、基础研究机构、国家奖励、人才评估等方面全面推行代表作制度，对各种科技评价中实行代表作制度提出了具体的要求。有些学者即使发现代表作制度存在一些问题，但也可能不敢提出相应批评，害怕批评举动"不合时宜"。但是，在本书 2.4.3 小节，俞立平教授就大胆、客观地从四个侧面列出了代表作评价存在或可能存在的 19 个问题。当然，他不是单纯提出批评，接着还提出了改进优化代表作制度的方案。

本书专门讨论学术期刊的评价。我想，在学术期刊评价研究的全面性、系统性、深刻性和细致性方面，大概全世界也不容易找出能超过俞立平教授的了。

俞立平教授以量化研究见长，但他并非不重视质性的分析。例如，本书 2.1.4 小节，关于大学评价的著名柏林原则从大学排名的意图与目标、指标设计与权重分配、数据搜集与处理、排名结果公布 4 个方面提出了 16 条原则。而本书提出了关于学术期刊评价的 8 条原则。柏林原则的 16 条中，有 12 条与俞立平教授的 8 条原则的含义相同、暗合或密切相关。可见，这 8 条原则的梳理是很见功力的。

当然，本书更多的章节是精彩的定量分析，尤其是新指标的设计与应用。他提出的一些新指标最终能否在业内获得认可和应用且不说，但至少是非常有趣的，读者会忍不住要关注这些讨论，打开思路。例如，我们都知道"即年指标"是常用的期刊评价指标，指的是某一期刊发表的论文在发表当年的被引量除以当年的载文量。由于该指标存在一些缺点，俞教授就别出心裁地提出了"次年因子"指标，即期刊发表论文一年后的被引量除以该期刊当年的载文量。这一类的内容可以给科学计量学与信息计量学领域的同行提供很多启迪。

笔者退休快 5 年了，但越来越感到：学术期刊评价和广义的科技评价是一片广阔的天地，在这里是可以大有作为的。尽管文献计量学评价指标一直以来受到不少批评，但我希望读者记住：它属于一种 heuristic（启发式）评价指标，因此价值不菲。

举个国外学者提供的例子来说明什么是助力启发式决策的指标。假如一位心梗患者被送到了医院，医生需要迅速决定这个病例是否属于高危，以确定后续处置方案，如果将病人的所有理化指标都测出来再作判断，是根本来不及的。在实践中，医生采取的简易决策方式如下：如果病人的收缩压低于 91mmHg，则判定为高危；收缩压高于 91mmHg，则看病人的年龄，小于 62.5 岁者则不属于高危；大于 62.5 岁者，则看其是否有窦性心动过速，有窦性心动过速则判定为高危。这样，测一下血压和心电图，最多回答三个问题，医生就能做出性命攸关的决策。

大家普遍认为，通过同行评议方能对一个人、一个团队或一个机构进行较为准确、靠谱的学术评价。可是，假定我们需要尽快地了解一个人、一个团队或一个机构的大致学术水平，且根本来不及调集同行专家来做判断，怎么办？此时，通过论文数、引文数、专利数、h 指数之类的文献计量学指标，还是可以做出粗略、迅速且较为准确的判断的，这与上述医学诊断的例子有点像。

正因为如此，德国马普学会的科学社会学家 Lutz Bornmann 和瑞士洛桑大学的 Julian N. Marewski 教授于 2018 年共同撰写了一篇文章，此文先是发表于 ArXiv 预印本文库上。文章题目是"Heuristics as conceptual lens for understanding and studying the usage of bibliometrics in research evaluation"（《将启发法作为科研评价中采用文献计量学方法之认识与研究的概念透镜》）。笔者于 2018 年 7 月 20 日在科学网博客撰文介绍了这篇文章。一年后，该文又正式发表于 *Scientometrics*（《科学计量学》）杂志上（https://link.springer.com/article/10.1007/s11192-019-03018-x）。2019 年，在罗马召开的"第 17 届科学计量学与信息计量学国际大会"宣布，2019 年普赖斯奖（国际科学计量学领域的最高荣誉）颁发给德国科学计量学家 Lutz Bornmann。他在这个会议上的发言就是围绕"基于文献计量学的启发法"

展开的。我衷心希望，所有科学计量学研究人员都仔细研读一下 Lutz Bornmann 发表于 *Scientometrics* 的这篇文章。

在文章中，他谈到自己认可一种重要观点："普遍认为，复杂的任务就需要有复杂、精致的解决方案，因为简单的解决方案降低了精准度，而启发法研究则表明，'较少的信息、计算量和时间其实能够改善精准度'。"

俞立平教授迄今的期刊评价探索的可贵之处，主要是越做越细。如果以 Lutz Bornmann "基于文献计量学的启发法"（Bibliometrics-based heuristics（BBHs）思路为指导，俞教授及其科学计量学同道完全有可能拓展新的思路，研发出既精准、计算量又小从而具有更大应用价值的新型评价指标。用中国古人的类比来说，原先的期刊评价研究状况属于"看山是山，看水是水"；以俞立平教授为代表的一批学人的系统化、细致化的期刊评价研究状况属于"看山不是山，看水不是水"；吸收了 BBHs 思路的未来期刊评价研究成果，将达到或回归到"看山还是山，看水还是水"的怡人境界。

这是我对俞立平教授及其同道者的期许。

是为序。

中国科学技术发展战略研究院退休研究员

武夷山

2023 年 2 月 8 日

目　　录

图形目录

表格目录

1. 绪　　论

1.1　学术期刊评价

学术期刊是展示科学技术研究水平的重要窗口，高水准、有影响的学术期刊是反映一个国家科学技术研究水平的重要标志之一。随着我国科学技术高速发展、创新成果大量涌现，我国期刊事业得到了突飞猛进的发展。根据中国知网的统计数据，2020 年中国在中文核心期刊发表的论文数量已经达到 49 万篇。据中国科学技术信息所的最新统计，2020 年 SCI 数据库收录中国科技论文为 57 万篇，连续多年排在世界第 2 位。这些论文绝大多数发表在学术期刊上，学术期刊是学术论文最重要的载体。

学术期刊评价与核心期刊密切关联，"核心期刊"的概念最早产生于 20 世纪 30 年代的英国。1934 年英国文献计量学家布拉德福发现了文献分散特点，即专业论文绝大多数集中在少数专业期刊上，提出了核心区的概念，后来人们将核心区期刊称为核心期刊。20 世纪 60 年代，Science Citation Index(SCI) 创始人加菲尔德通过作者的引用行为发现，期刊的分布也有一个比较集中的核心区域，证明了文献集中的规律，形成了著名的"加菲尔德文献集中定律"。20 世纪 80 年代以后，我国学术期刊评价研究发展很快，现有的定期学术期刊评价机构包括中国科学技术信息研究所、北京大学、南京大学、武汉大学、中国社会科学院等。

破"五唯"将对中国的学术评价与学术期刊评价带来深远的影响，质量评价成为学术评价的基石。中央领导在 2018 年两院院士大会上指出："人才评价制度不合理，唯论文、唯职称、唯学历的现象仍然严重。"2018 年 7 月，中共中央办公厅和国务院办公厅印发《关于深化项目评审、人才评价、机构评估改革的意见》，明确突出品德、能力、业绩导向，克服"四唯"倾向，推行代表作评价制度。2018 年 10 月，科技部、教育部等 5 部门联合发布《关于开展清理"唯论文、唯职称、唯学历、唯奖项"专项行动的通知》，要求开展清理"四唯"专项行动。2018 年 11 月，教育部办公厅印发《关于开展清理"唯论文、唯帽子、唯职称、唯学历、唯奖项"专项行动的通知》，将反"四唯"拓展到反"五唯"。2019 年 6 月，中共中央办公厅和国务院办公厅发布《关于进一步弘扬科学家精神加强作风和学风建设的意见》，提出大力弘扬科学家精神，营造风清气正的科研环境。2020年 2 月，科技部印发《关于破除科技评价中"唯论文"不良导向的若干措施（试行）》的通知。短短两年之间国家出台了一系列政策措施，彰显了国家解决"四唯"问题的决心与行动力度。

学术期刊评价具有重要意义。第一，学术期刊评价有利于国家管理部门加强学术期刊的管理，努力提高办刊水平。第二，学术期刊评价有利于各期刊办刊机构开展有益的竞争，提高学术论文的质量。第三，学术期刊评价有利于高校、科研院所简化科研管理，提高管理效率。第四，学术期刊评价方便作者选择合适的期刊投稿。第五，学术期刊评价有利于图书馆遴选纸质期刊，合理利用有限的经费；第六，学术期刊评价有利于提高学术期刊的国际竞争力，鼓励作者将论文发表在中国大地上。

学术期刊评价也要理性看待。在学术期刊评价中也出现了不少问题，比如"以刊代文"现象，造成学术期刊生存环境恶化，过度重视影响因子甚至操纵文献计量指标，期刊评价与办刊中存在一些不正之风现象，还有大量的与学术期刊评价技术相关的问题。对于这些问题，大致可以分为三类：第一类是学术期刊评价自身确实存在的问题，比如间接导致操控评价指标、学术腐败等；第二类是对学术期刊评价的过度使用问题，比如影响因子是从宏观对学术期刊进行的评价，只在宏观环境有效，但是用在微观对学者论文进行评价就有问题；第三类是学术期刊评价的技术和方法问题。

对于这些问题的解决，单靠完善学术期刊管理体制是不够的。对于第一类和第三类问题的解决，关键还是要从评价方法和评价技术角度加以解决。对于第二类问题的解决，需要加大对学术期刊评价的宣传，普及期刊评价知识。学术期刊评价的作用和功效总体是值得肯定的，至于存在的问题，除了加强管理外，主要通过期刊评价自身发展加以解决。

1.2　期刊评价指标与评价方法

1.2.1　学术期刊评价方法框架

学术期刊评价方法框架如图 1-1 所示。学术期刊评价方法大致分为两大类，一类是定性评价，第二类是定量评价。目前学术期刊评价方法以定量评价为主，但定性评价是其重要的补充。定性评价方法主要包括同行评议和专家会议法，主要用在两个方面：第一是对学术期刊总体表现进行评价；第二是对某些需要定量打分的评价指标进行评价。在北京大学图书馆、中国社会科学院的学术期刊评价中，均局部采用了定性评价方法。

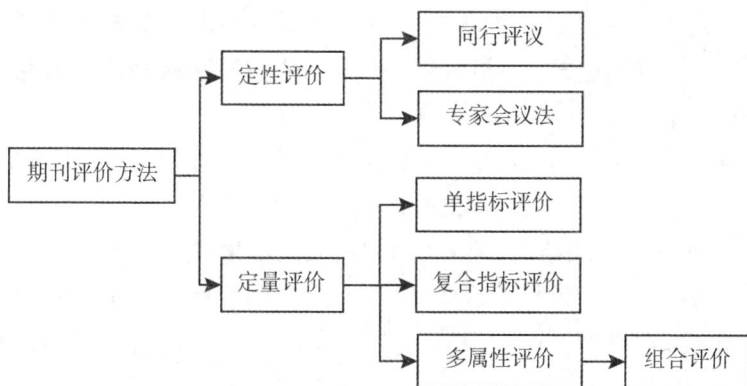

图 1-1　期刊评价方法框架

定量评价方法包括单指标评价、复合指标评价、多属性评价三大类方法。所谓单指标评价就是采用单一指标进行评价，如影响因子、被引频次、即年指标等，提供的信息相对单一具体。复合指标评价就是虽然采用单一指标评价，但复合指标的信息量更大，比如 z 指数（Prathap，2010）、CI 指数等。多属性评价就是建立指标体系，更加全面地对学术期刊进行评价。需要说明的是，由于多属性评价方法较多，不同评价方法得出的评价结果不唯一，因此后来又产生了组合评价，即将若干种单一评价方法的结果进行组合，得到唯一评价结果。

目前应用中的主流学术期刊评价体系均采用多属性评价方法。多属性评价方法可以根据评价目的选取相关指标，包含的信息量很大，克服了单指标与复合指标评价评价信息量不足的缺陷。对于不同指标的重要性即权重问题，也可以根据评价目的通过规范的程序和方法进行确定。由于评价方法与评价结果一般是对大众公开的，因此评价在保证学术性的基础上，也能取得较好的公信力。

1.2.2　评价指标与多属性评价的关系

在学术期刊评价中，评价指标无疑具有基础性的重要作用。第一，学术评价指标可以直接用来进行评价。任何评价指标，总是对学术期刊某个视角的反映。如果评价目的恰好就是这个视角，那么该评价指标无疑可以直接用来进行评价。比如扩散因子是用来衡量期刊论文横向扩散涉及学术期刊数的一个重要指标，如果要比较不同学术期刊的扩散水平，该指标无疑就是很好的指标。第二，学术评价指标是某些复合指标的基础，比如中国知网的 CI 指数就是根据被引频次和影响因子两个指标计算得来的。第三，学术评价指标是多属性评价的基础。采用指标体系进行多属性评价，肯定要选取若干评价指标，这些指标是否科学合理，涉及面是否契合评价目的，对于评价结果无疑会产生重大影响。

多属性评价方法是对评价指标的综合和发展。如果说学术评价是一栋大厦，那么评价指标就是其中的砖瓦，多属性评价方法就是钢筋骨架。如果砖瓦出现了一定的问题，或者多属性评价方法出现了一些瑕疵，均会影响大厦的质量。由于评价指标与多属性评价方法的特殊地位，本书重点从这两个角度开展研究。

1.2.3　多属性评价方法的关键要素

多属性评价方法本质上就是指标体系综合评价。多属性评价方法众多，迄今为止多属性评价方法已经有几十种，包括：模糊综合评判法、主成分方法、因子分析法、聚类分析、灰色聚类评价、灰色关联度评价、距离综合评价方法、数据包络分析、理论互补性评价的 GMC 模型、相对评价的 ROSCE 模型、系统稳定性评价的 FD 模型、相似性评价的 FRPR 模型、递阶综合评价方法、协商评价、物元分析、动态综合评价、"立体"综合评价、人工神经网络评价法、康拓对角线法、BORDA、TOPSIS、ELECTRE、CRITIC、概率权、证据理论、复相关系数、变异系数法、熵权法、粗糙集、集对分析、秩和比……

多属性评价是一项复杂的系统工程，涉及因素众多，评价环节复杂。根据评价步骤，其评价要素包括：指标选取、数据标准化、权重赋值、评价方法设计、评价方法选取、组合评价、结果分析等（见图 1-2）。在这些环节中，有些环节内的问题研究较多，目前已经比较成熟，比如权重赋值问题，但还有许多环节的研究值得深化，包括评价指标的优化与创新、标准化方法创新、标准化方法影响、评价方法的改进与创新、评价方法的选取、组合评价方法的创新等，这些都是本书关注的问题。

需要对评价方法选取与组合评价做进一步的说明。在评价早期，由于评价方法总体不多，根本就不存在评价方法的选取问题。随着多元统计的

```
                          ┌─────────────→ 指标优化
              ┌── 指标选取 ─┤
              │            └─────────────→ 指标创新
              │
              │            ┌─────────────→ 标准化方法创新
              ├── 数据标准化 ┤
              │            └─────────────→ 标准化方法影响
              │
              ├── 权重赋值
   多属性评价 ──┤
              ├── 方法设计 ──────────────→ 方法改进与创新
              │
              ├── 方法选取 ──────────────→ 选取原则与方法
              │
              ├── 组合评价 ──────────────→ 组合方法创新
              │
              └── 结果分析
```

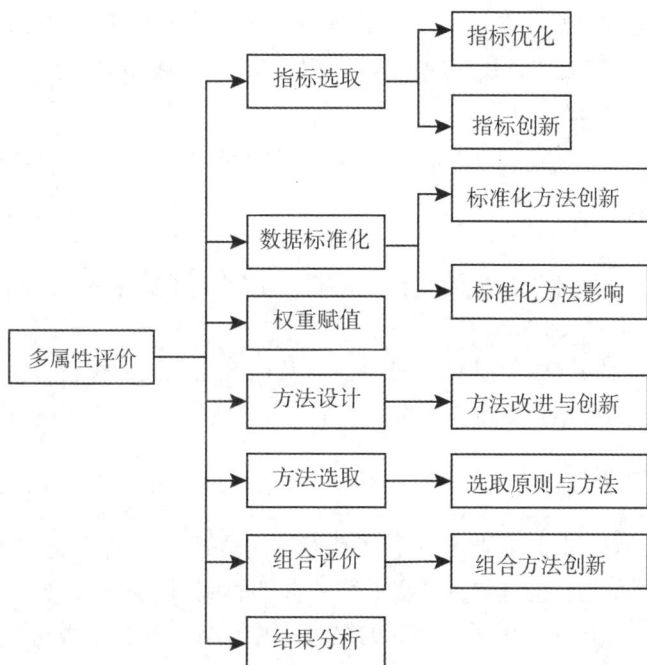

图 1-2　多属性评价方法的要素

发展，多属性评价方法越来越多，不同的评价方法得出的评价结果各不相同，因此就要对评价方法进行选择。但除了极少数多属性评价方法有适用条件检验外，大多数多属性评价方法并没有严格的限制条件，这就给多属性评价方法的选择增加了不少困难。组合评价是将若干种单一多属性评价方法的评价结果加以合成，使之成为唯一结果，但由于组合评价方法众多，所以本质上组合评价结果并不唯一。本书非常关注这两个问题，并改进和创新了多属性评价方法的选择与组合方法。

1.3　研究意义

1.3.1　理论与实践意义

本研究从评价指标与评价方法两条视角开展研究，评价指标是基础，多属性评价方法过程作为研究主线，对学术期刊评价中面临的若干问题进行全面系统的研究：在破"五唯"背景下，研究了期刊评价的原则及相关理论；优化了 9 个文献计量指标，提出了 11 个新的文献计量指标；提出了评价型标准化方法，并解决了主成分分析和因子分析评价值的标准化问题，探讨了标准化方法对 VIKOR 评价的影响；提出了两种新的多属性评价方法，改进了 CRITIC 评价方法，并对文献计量指标的客观分类本质进行了分析；提出了两种新的组合评价方法，并提出四种多属性评价方法的选取方法。

1. 理论意义

第一，开展评价指标的优化和创新，丰富了文献计量学与科学计量学的理论。

第二，丰富了多属性评价理论，涉及标准化方法、评价方法优化与创新、方法选取、组合评价方法等。

2. 实践意义

第一，对一些评价指标进行了优化，另外提出了若干新的评价指标，这有助于评价指标的选取，丰富了学术期刊评价指标。

第二，优化并提出了一些新的复合指标，从而简化了评价手段，丰富了单视角的学术期刊评价。

第三，针对学术期刊评价中存在的一些学术不端现象，提出了一些反制指标，可以用来遏制相关问题。

第四，提高了学术期刊多属性评价方法的科学性，从而从方法层面做到公平、公正，降低了评价的系统误差，提高了评价的公信力。

1.3.2 跨学科拓展意义

学术期刊评价是科技评价的一个缩影，科技评价又是多元统计和多属性评价的一个方面。本研究虽然针对学术期刊评价开展相关研究，但从评价方法角度，主要涉及多属性评价方法的创新。这种创新具有跨学科的拓展意义，即研究中所涉及的多属性评价方法问题是属于方法论层面的共性问题，相关问题的解决有利于推进多元统计与多属性评价理论发展，从应用层面也可以推广到所有的多属性评价应用领域。

1.4   研究框架与研究内容

1.4.1   研究框架

本书的篇章结构如图 1-3 所示。第一章是绪论，作为全书的总括；第二章围绕"破五唯"给学术评价带来的影响展开讨论；第三章和第四章围绕文献计量指标开展研究，第三章侧重现有文献计量指标的优化，第四章是文献计量指标的创新；第五章是多属性评价方法的标准化方法研究；第六章是多属性评价方法的创新，包括现有评价方法的修正和提出新的评价方法；第七章是组合评价方法研究，提出新的组合评价方法；第八章是多属性评价方法选择研究。第三章和第四章侧重指标研究，同时为后续多属性评价打下基础。第五章至第八章是多属性评价方法的相关研究，围绕多属性评价方法的几个关键要素展开。

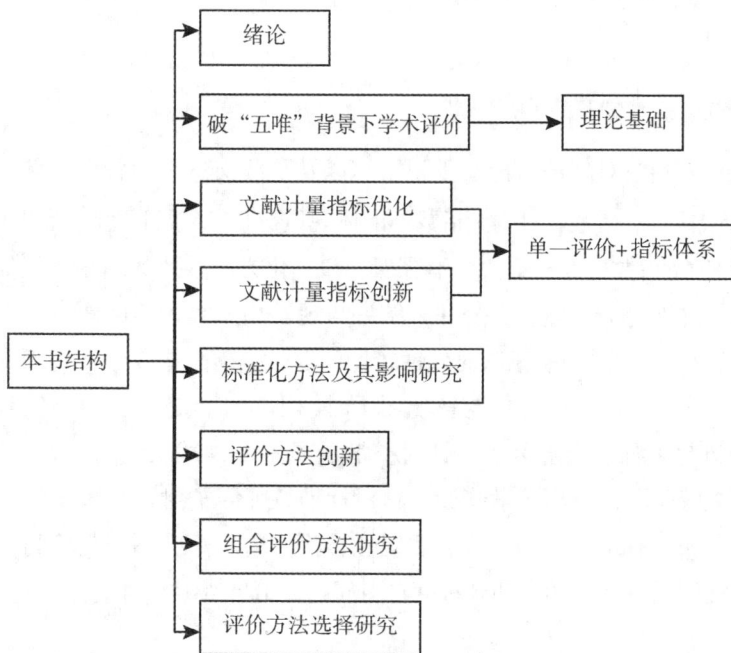

图 1-3　篇章结构

1.4.2　研究内容

第一章　绪论

交代学术期刊评价的背景，说明期刊评价指标与多属性评价方法对学术期刊评价的重要性，这是学术期刊评价的两个关键视角，在此基础上说明研究的理论意义与实践意义。并提出全书的研究框架和章节结构，最后说明研究特色。

第二章　破"五唯"背景下的学术评价

本章主要讨论破"五唯"给学术评价与学术期刊评价带来的冲击和影响，为后续研究打下一定的理论基础。通过对"四唯"之间的关系进行分析，找到关键的要素，然后比较分析"四唯"问题的回报和稀缺性，进一步分析"四唯"问题的严重性；从评价对象、评价方法、评价目的、评价管理等方面进行分析，对规范使用 SCI 论文评价的适用范围与存在问题进行探讨；首先对评价对象进行分析，然后从评价目的、评价对象、同行评议、评价技术等角度分析了代表作评价存在的问题，并对代表作的可靠性和通过率进行了数学证明。

第三章　期刊评价指标优化

针对 h 指数对高被引论文重视不够以及受载文量影响较大问题，提出了 h_{top} 指数和 hq_2 指数；针对 z 指数不能体现质量与一致性问题，提出了 z_n 指数；针对 CI 指数指标权重大小不合理、归一化方法导致数据分布偏倚、调整系数 k 的确定不严谨、部分评价结果与现实相差较大等问题，提出了修正 CI 指数；针对总被引频次时效性较低问题，提出采用 5 年被引频次代替总被引频次；针对被引峰值与影响因子时间不同步问题，提出 2 年时间影响因子与 5 年时间影响因子；针对扩散因子不考虑载文量、受自引影响、时效性差等问题，提出扩散指数；针对标准特征因子对特征因子的区分度与数据分布没有影响、精度低、非线性转换、测量标准不固定等问题提出对数特征因子；针对学术期刊过度自引问题提出自然影响因子。

第四章　期刊评价指标创新

提出一个新的期刊影响力复合评价指标——影响力指数；提出兼顾影响深度与影响宽度的复合评价指标——综合影响指数；针对文献计量指标时间窗口不统一问题提出累积因子和次年因子；提出学术期刊评价中关键指标的识别方法；根据动能定理提出一个新的指标——期刊传播因子；提出一个新的反映期刊扩散深度的指标——CJH 指数；提出期刊扩散速度的概念，并提出流量扩散速度与存量扩散速度指标；提出学术期刊影响速度的新指标——速度影响因子；提出一个衡量学术期刊经典论文的指标——经典指数；提出一个反映学术期刊研究热点的指标——热点指数；提出一个防范期刊关系稿的指标——低分位影响因子。

第五章　学术期刊评价指标标准化方法及其影响

提出了一种新的根据评价指标值判断其优劣的标准化方法，并对其对学术期刊评价的影响进行了分析；解决了主成分分析和因子分析评价结果为负值的优劣判断问题，提出了一种新的基于 sigmoid 函数的标准化方法；分析指标标准化方法对 VIKOR 评价方法的影响机制；研究了评价型标准化方法对自然权重与线性科技评价的影响机制。

第六章　学术期刊多属性评价方法创新

提出了一种辅助专家赋权并且能够克服自然权重的学术评价方法，即完全信息多重主成分分析法；修正了 CRITIC 评价方法存在的不足，从而优化了该评价方法；提出一种新的基于结构方程降维法的学术期刊评价方法；对文献计量指标客观分类的本质进行了深度分析。

第七章　学术期刊组合评价方法研究

根据评价结果的共性提出了一种基于偏最小二乘法的组合评价方法；提出组合评价悖论问题，即组合评价方法众多，组合评价也难以进行选择问题，提出了一种基于人工神经网络的组合评价方法。

第八章　学术期刊多属性评价方法选择研究

分析了客观赋权方法的本质，提出了一种新的筛选分析框架；提出根据信度、区分度、拟合优度综合进行多属性评价方法选取的思路；提出一种新的采用 BP 人工神经网络进行学术期刊评价方法选取的思路；提出一种新的基于因子分析与人工神经网络进行学术期刊评价方法的选取方法。

1.4.3　几点说明

第一，由于学术期刊评价涉及问题较多，分布较广，从方法与技术视角涉及的面也比较广泛。因此本书采用全新的写作风格，从第二章开始，采取每小节均为一篇独立论文的方式撰写。由于研究对象相近，研究方法之间存在交叉，因此文献综述和研究方法部分难免有重复之处，为了增强可读性，均进行了一定的保留，适当进行了删减。

第二，本书侧重评价指标与多属性评价方法两个角度的方法论研究，兼顾研究对象和研究问题，但并非是为了具体进行学术期刊评价。接近应用基础研究，但并非是应用研究。

第三，由于本书侧重方法论，并不侧重具体的学术期刊评价实践和应用，因此研究数据一般更新到最近 3 年范围，没有刻意更新到最新数据。

2. 破"五唯"背景下的学术评价

2.1 学术评价的基本原则研究

学术评价基本原则是学术评价的前提和指导思想，确定学术评价的基本原则对于把握评价方向、选取评价方法、优化评价流程、促进评价结果的公平公正具有重要意义。本节从评价动机、评价过程、评价结果三个方面建立了学术评价原则的分析框架。从评价的管理需求角度，提出评价目的明确原则、成熟评价相对稳定原则、权重主观原则、总体与个体分离原则、分类评价原则、管理可接受原则、力求减少评价原则；从评价过程角度，提出指标内涵准确原则、评价方法服务评价目的原则、评价对象时间轴一致原则、评价指标信息完全原则、跨年度可比原则、评价方法简捷原则；从利益相关者角度，提出公开透明原则、评价廉洁原则、数据客观原则、多元评价主体原则。最后和世界大学排名柏林原则进行了比较，说明由于国情和体制原因，我国的评价原则必须有中国特色。

2.1.1 引言

学术评价的基本原则是学术评价的基础理论问题，也是学术评价哲学层面的问题，它决定了学术评价的管理属性、技术属性以及利益相关者属性。人类所有的行为举止，只要不是感情冲动行事或只是机械地例行公事的话，似乎都包含评价。(杜威，2007)随着双一流大学建设拉开帷幕，学术评价的地位与作用日渐显现。虽然具体的某个学术评价一般也会提到评价的指导思想和原则，但这些往往是操作层面的，在基础理论层面，对学术评价应该有所约束，也应该有一些公认的遵循规则，这就是学术评价的基本原则。研究学术评价的基本原则，有利于充分发挥学术评价的效果、改善学术评价质量、提高学术评价公信力，进而改进科学研究工作，提高创新绩效，因而具有十分重要的意义。

关于学术评价的原则研究，在 2006 年 5 月于柏林召开的大学排名国际专家组第二次会议上，提出一套有关高等教育排名质量和操作范例的原则，这就是"高等教育机构排名的柏林原则"(Barron et al.，2017)。英国《泰晤士报》在 2009 年召开的关于大学排行榜的一次圆桌会议上，提出了三个原则：清楚评价什么、多样化数据、数据和方法为透明(Attwood，2009)。Glassick 等(1997)提出了学术工作的 6 个标准：目标明确、准备充分、方法适当、结果显著、有效表达、批判反思。Peter 等(2009)提出在组织评价中应遵守 SMART 原则：确定性(Specific)、可衡量性(Measurable)、可实现性(Attainable)、现实性(Realistic)与时效性(Timebound)。常绍舜(2016)认为评价世界应遵循整体评价、要素评价、层次评价、结构评价、功能评价和环境评价等系统原则。金薇吟(2005)提出在学术评价中，应遵循客观性、整体性、实效性、适应性、导向性、发现性等原则。刘越、张岩(2009)认为大学教师学术评价应该注重评价主体的专业化、评价标准的多元化、评价过程的民主化。蔡言厚、田金山等(2002)在进行大学科研定量评价指标设置时，认为要遵循整体性、公正性、操作性、战略性原则。王瑞祥、尚斌(2010)提出在高校科研成果评价中，应遵循信息完备、系统协调、现实可行、民主参与、满意性等基本原则。赵惠祥、张弘等(2008)指出在学术期刊评价中，应注重评价目的相适应、评价需求差异性、评价指标的相关性、指标量纲因素、被评期刊类型特点、指标获取的便利性、评价指标发展趋势等。蓝志勇(2017)认为社会科学评价的基本原则包括：立场原则、价值追求取向、科学方法使用、研究目标的实现程度等。

学术评价中的问题某种程度上其实是评价原则不够清晰的一个缩影。刘明(2003)认为在学术评价中，存在政事不分、数量质量混淆、将复杂的学术评价简单化的现象，导致效率低下，催生低质量的学术次品、废品，这是引发学术泡沫的制度性根源。王玉辉(2013)指出在高校学术评价中，存在注重数量而忽视质量、行政介入过多而忽视学术评价、同行评价过程中的人际关系影响等问题。曾晓娟、宋兆杰(2012)发现高校学术评价活动中存在的过度量化等问题，是导致学术道德滑坡、学术制度失范、人才培养质量下降的重要因素。仲伟民(2014)认为有无学术创新或原创是学术评价的实质性标准，但现实中的学术评价机制却以各种形式标准为依据，这种唯科学主义的评价方式，以及第三方评价机构的过多干预，对人文学科的危害尤其严重。姜春林(2016)发现在学术评价中，存在重成果发表的载体，轻内容本身；重成果境外发表，轻国内发表；重成果数量，轻研究质量；重理论研究，轻资政对策研究等倾向。张耀铭（2015）发现在学术评价中，官本位意识导致学术资源分配不公，一刀切的量化评价导致学术成果数量增加而质量下降，评价标准异化导致评价机构公信力的缺失，不合理的科研体制是学术评价乱象的根源。姚虹霞、张华（2009）认为我国目前核心期刊的评价体系比较多，各自为政，标准不一。

从现有的研究看，关于学术评价的原则散见于诸多文献中，尤其是在具体的学术评价体系中，如期刊评价、科研成果评价、学科评价、大学评价等，往往都提到评价原则。关于学术评价中存在的问题，本质上有许多是评价原则出了问题，因为评价原则决定了评价指标选取、评价方法选用、评价结果的运用等诸多方面。总体上，在以下几个方面有待深入研究：

第一，学术评价原则的总结还不系统，尤其缺乏一个宏观的理论框架，有必要进行进一步总结。

第二，评价方法与技术和学术原则紧密相关，而这方面的研究没有得到足够的重视，需要加强从该视角的分析。

第三，目前国外比较系统的相关学术原则是柏林原则，那么，中外学术原则有什么区别？为什么要有这些区别？

本节首先建立学术评价原则的分析框架，并提出学术评价的基本原则，然后逐一进行阐述和说明，以期从一般方法论的角度对学术评价原则加以总结，然后比较学术原则与柏林原则的区别，从而为学术评价工作提供一些参考。

2.1.2　学术评价原则的基本框架

1. 分析框架

评价原则的分析框架如图 2-1 所示。其基本逻辑框架是评价动机——评价过程——评价结果。

任何评价都有一定的评价目的与动机，评价是为改进管理服务的。没有科学的评价，就没有科学的管理（邱均平等，2013）。所以从评价动机角度来看，主要从管理需求视角进行分析。

从评价过程角度来看，包括评价对象、评价指标、评价方法、评价技术处理等方面。这是评价的核心和关键。

从评价结果角度来看，主要是评价要处理好利益相关者关系，如政府部门、评价机构、评价对象、公众等。当外在于学术共同体的政府或机构成为学术活动的组织者，特别是成为学术资源及利益的主要提供者和分配者时，学术评价也就从学术活动演变为参与分配学术资源和利益的权力行为（Polonsky et al.，2005）。处理好利益相关者关系，评价就能更好地为管理服务，如果不能处理好这些关系，就会影响评价的公信力，也不利于评价更好地服务管理工作。

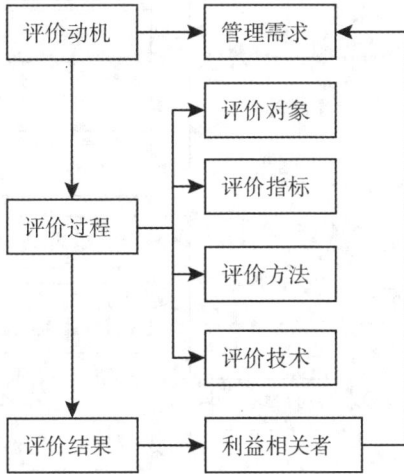

图 2-1　分析框架

2. 评价原则框架

评价是个系统工程，涉及评价目的、评价主体、评价对象、评价方法、评价影响等诸多方面，但是从评价原则的角度，则主要涉及评价的管理需求、评价方法、利益相关者三个方面（见图 2-2）。

从评价的管理需求角度而言，评价原则包括：评价目的明确原则、成熟评价相对稳定原则、权重主观原则、评价总体与个体分离原则、分类评价原则、管理可接受原则、力求减少评价原则。

从评价过程角度而言，评价原则包括：指标内涵准确适用原则、评价方法服务评价目的原则、评价对象时间轴一致原则、评价指标信息完全原则、跨年度可比原则、评价方法简捷原则。

在学术评价中，涉及政府部门、第三方评价机构、评价对象、公众等诸多利益相关者。从利益相关者角度而言，评价原则包括：公开透明原则、评价廉洁原则、指标数据客观原则、多元评价主体原则。

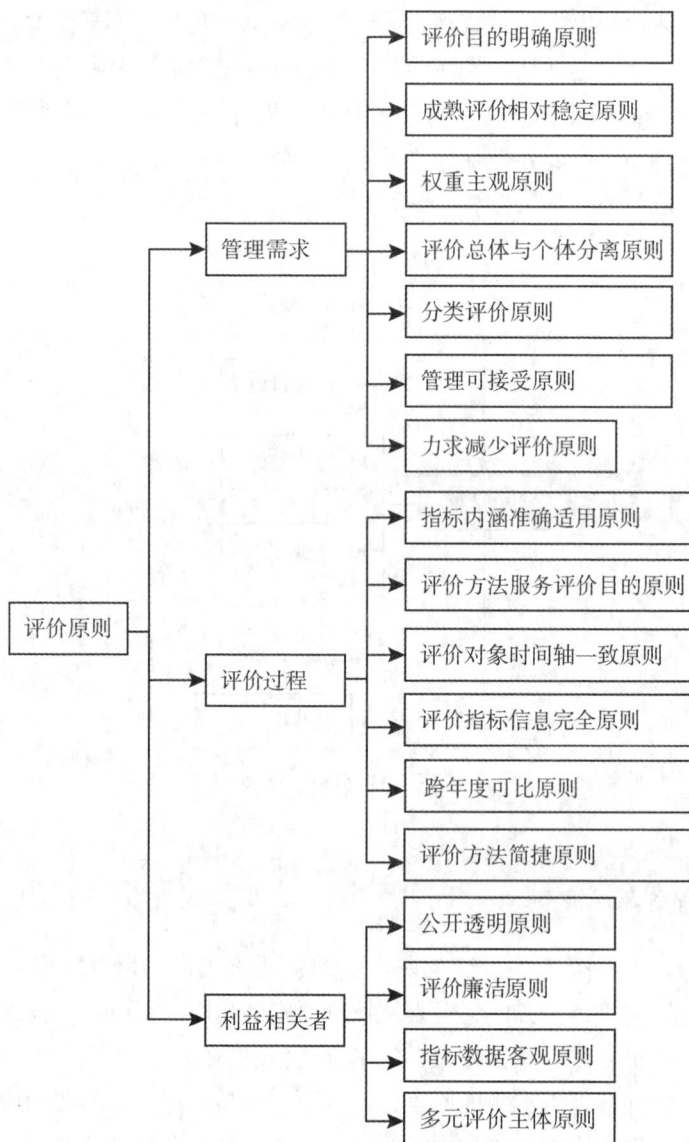

图 2-2   评价原则框架

2.1.3   学术评价原则

1. 基于管理需求的学术评价原则

(1)评价目的明确原则

学术评价治理体系建设不仅仅注重顶层设计，而且应围绕具体评价目的和评价对象，建立微观层面的具体评价机制。（姜春林，2016）顶层设计强调的就是评价要服务于评价目的，具有宏观系统观。Polonsky 等（2005）在评价学术期刊时，提出只有明确评价的价值取向，才能弄清楚测量期刊的什么属性或特征。

评价目的很多时候是模糊的。比如2015年国务院发布的《统筹推进世界一流大学和一流学科建设总体方案》中，提出"建设世界一流大学和一流学科""坚持中国特色、世界一流"。如果要对世界一流大学与一流学科进行评价，那么首先要界定什么是世界一流大学与一流学科，总体方案中虽然提出了总体思想、基本原则、总体目标，但是对双一流的界定并不清晰，需要查阅大量的文献，开展许多调查研究，才能得出明确清晰的概念，进而进一步指导评价。如果评价目的不清晰，那么接下来就有一堆问题很难解决，比如：中国特色与世界一流的关系如何把握？如何体现中国特色的评价指标？能否照搬西方的主流评价体系？一流大学与一流学科评价如何处理好规模与质量的关系？如何处理好人文社科中文成果与外文成果的关系？等等。

评价目的模糊严重影响学术评价，容易造成评价指导思想和原则的偏倚，把握不好甚至会使评价失败，需要加强对评价目的重要性的认识。

（2）成熟评价相对稳定原则

在学术评价中，大多数评价是成熟的，公众有一定认知，评价具有一定的惯性。比如每年对学术期刊进行评价，教育部每隔若干年进行高校学科评价，第三方机构每年进行大学与学科排名等。由于评价目的变化不大，评价对象相对稳定，所以评价内容一般也不宜做太大变化，选择的评价指标体系也不宜变化过多，必须具有相对稳定性，进行适当微调更好。成熟评价相对稳定，本质上就是评价标准相对稳定，相对稳定能够提高评价的接受度，进而方便管理。

当然，对于一些具有新生事物特征的学术评价，比如论文预印本的评价，与传统评价相差很大，评价机制有待探索，当然也就没有必要遵循这个原则，而应该鼓励评价创新，不断进行探索，使得评价逐步完善。

（3）权重主观原则

既然评价是服务管理需求的，对于不同评价指标，权重设置肯定应该有所侧重，比如双一流大学建设，国际科技论文肯定是个非常重要的指标，其权重一般要比国内科技论文大。在进行世界一流学科评价时，除了人文社科的少数学科，更多应该提高国际论文的权重。所以必须对权重进行主观设计，从而很好地体现管理者意图，即国际论文比国内论文权重大。客观赋权法一般难以做到这一点，即使碰巧做到这一点，也难以兼顾其他更多的指标权重大小关系。评价科学本质上是管理科学，必须考虑到管理目标以及如何帮助实现这些目标。

这条原则可能会遭受较大争议，批评者认为在评价中如果介入过多的人为因素，评价就不科学，应该确保客观。其实根本就没有完全客观的评价方法，因为评价指标的选择是人为的，评价方法的选择也是人为的，评价结果的运用还是人为的。(俞立平、姜春林，2013)

(4)评价总体与个体分离原则

所谓评价总体与个体分离，其实主要是从评价结果的运用角度讲的，防止评价结果被误用、滥用。比如对学科进行评价，本质上是对总体进行评价，采用课题、论文、奖励等指标是正常的，总体上也是正确的。但是一旦到了学院，往往将课题、论文、奖励分解到各个教师个人名下，并以此作为考核教师的重要依据，这就值得商榷了。评价教师的科研水平，属于个体评价，应该主要集中在其学术创新，采用"以刊代文""全面开花""年度考核"等评价模式根本违背了科研规律。有的科研成果需要更长的时间，有的创新性科研成果不一定发表在所谓权威期刊和重要期刊上。在学术评价中，将对科研机构的总体要求简单拆分到科研人员个体身上是一种简单粗暴的管理行为。

(5)分类评价原则

所谓分类评价，就是指同类可聚、同类可比。学术机构千差万别，学科千差万别，更不要说学者的个性化特征了。比如哲学人文学科、社会科学学科就有区别，与自然科学学科的区别那就更大了。即使同类学科，对世界一流学科的评价体系与一般大学的学科评价体系也不能完全一样。

首先要保证评价对象的分类要科学，比如2017年教育部公布的世界一流学科中，有的按照教育部一级学科命名，如应用经济、工商管理、管理科学与工程等，有的采用一些特殊的名称，如商业与管理、会计与金融、社会政策与管理、经济学和计量经济学、统计学、统计学与运筹学等。这种分类体系就值得商榷，需要进行改进。

分类评价的重要性已经得到了越来越多的重视，但是分类多了，评价会更加复杂。如何保证每种分类的评价质量又成为一个新的问题，还需要在实践中不断探索和完善。

(6)管理可接受原则

对于科研管理而言，从来就没有最好的评价，只有可接受的评价。比如学术期刊评价，按道理应该评价学术期刊论文的创新和质量，若真从这个角度进行评价，最好的方法是采用同行评议，但是费时费力，成本高昂。而采用指标体系进行评价，目前可以选择的指标大致分为三类，第一类是影响力指标，如总被引频次、影响因子、即年指标、特征因子、h指数等，是论文被引次数相关的指标；第二类是时效性指标，如被引半衰期、引用半衰期；第三类是期刊来源指标，如地区分布数、海外论文比、基金论文比等。这三类指标中，没有一类是学术质量指标，但是现实生活中又存在对学术期刊评价的需求，由于这三类指标总体上与学术质量相关，所以干脆就用这三类指标来进行学术期刊评价，但其本质上并不是学术期刊的学术质量评价。这就是一个管理上可以接受的方案，但肯定不是最佳方案，最佳方案是对期刊论文学术质量进行评价，管理上不可行，成本高、耗时长，当然可能也有自身的一些新问题。

管理可接受原则，还包括学术评价中的数据获取方式必须为可接受的，要充分考虑到数据获取成本、获取时间、获取质量等，任何一个方面面临困难，就要认真进行反思并及早拿出可行的解决方案。

（7）力求减少评价原则

目前在学术评价中，存在着评价机构、评价种类过多的现象，包括政府机构的评价与评比名目繁多。过多的评价不仅浪费公共资源，而且水平良莠不齐的评价也降低了评价的公信力，所以要对评价进行反思，即开展元评价。所谓元评价，就是对评价自身的评价，最早始于 Scriven(1969)对教育评价的反思。在元评价中，政府应该发挥重要作用，因为只有政府才能出台相关政策，对评价自身进行管理，保证评价工作的有序开展。

力求减少评价，有利于提高评价质量，使得评价更好地为管理服务，也使得被评价者不必整天疲于应付各种各样的评价，将更多的精力集中在科研管理与科研业务上。

具体到力求减少评价原则的实施，可能的话，是否可以降低评价的频率，将原来的年度评价改为两年一次，比如目前的中国人文社会科学引文索引 CSSCI，就是两年一次。再如大学排名机构数量太多，虽然许多是第三方机构，是否也应该适当进行调整，逐步淘汰一两家。

2. 基于评价过程的学术评价原则

（1）指标内涵准确适用原则

在学术评价中，确定评价目的与一级评价指标后，接下来就要选择二级指标或更明细的指标，但是一定要注意二级指标的内涵是否能够说明一级指标，即评价指标的准确适用问题，这方面问题还是较多的。比如一级指标评价的是机构学术质量，但是却用影响因子、专利数量等指标来反映，影响因子只能反映影响力，专利数量只能反映科技成果的规模，不能反映质量。再如一些评价将科研项目归类到科研成果中，科研项目是完成科研成果的保障措施之一，其本身并非科研成果。

(2)评价方法服务评价目的原则

这是个隐含原则，一般不被重视。比如评价国家科技进步奖，重在选优，那就要选择那些区分度较高的评价方法与数据标准化方法；教育部对高等院校教学的审核式评估，重在评价其合格水平，那么在评价中，是否应该考虑关键指标一票否决制；高校科研经费在不同学科之间的分配，要注重不同学科得分的可比性，对于评价结果，可能需要根据正态分布换算成标准分，才能进行跨学科比较；科研人员职称评审，重在评价其科研成果的创新性，而不应该是其论文的被引次数、发表论文期刊的影响因子等外在指标，那么评价时就应该采用同行评议和代表作，少用指标体系等。

(3)评价对象时间轴一致原则

这个问题在学术期刊评价中比较严重，在其他学术评价中可能也有，需要重视。比如对学术期刊进行年度评价，评价对象应该是年度期刊论文。假设采用2017年影响因子评价学术期刊，其对应的论文应是2015—2016年发表的，这才是真正的评价对象。如果评价时还选用2017年的总被引频次和即年指标进行评价，那么就错了。因为总被引频次是期刊创刊以来所有的论文在2017年的被引次数，应该采用2015—2016年期刊发表的论文在2017年的被引次数进行评价才对。至于2017年的即年指标，是2017年当年发表的论文的平均被引次数，当然与2015—2016年的论文无关，根本就不能选用。俞立平、王作功等(2017)指出在学术期刊多属性评价中，不同时间窗口的评价指标混合使用要慎重，因为本质上是期刊不同年度的载文放在一起评价，即使混用，也要注意不同年度载文权重的特点。

再比如在评职称时，假设可以用到 h 指数，但是存在时间轴不一致。评教授时应该采用副教授以来的论文的 h 指数评价才对，如果贸然采用 h 指数评价，副教授之前的论文也算，实际上是不对的，该论文在评副教授时已经用过了。

(4)评价指标信息完全原则

这是个隐含原则，与评价方法密切相关，在采用非线性评价方法进行学术评价时需要慎重。如果某种评价方法对评价指标数据存在非线性变换，必然会导致评价指标的原有信息存在损失。比如采用因子分析进行评价，每个评价指标的信息被分解为两部分，一是公共因子，二是特殊因子。但在计算评价值时只采用公共因子，特殊因子被舍弃了，没有理由认为特殊因子就不起一点作用。对于一些评价对象，舍弃特殊因子能够提高排名当然没关系，但是反过来，对于舍弃特殊因子降低排名的评价对象而言，这就不公平了。

其实，采用因子分析还有另外一种信息损失，就是所有指标面临的信息损失，表现为特征根小于 1 的公共因子的累计方差贡献率，这当然也会影响评价结果。

本质上，因子分析是一种降维和数据挖掘方法，不是评价方法，牺牲每个评价对象的特殊因子信息进行评价是值得商榷的。

(5) 跨年度可比原则

许多评价往往每年或每隔一定的时间重复进行，形成了固定的评价周期模式。尤其是对于一些相对成熟的学术评价，保证跨期可比对于管理工作意义重大，可以明确改进方向。跨期可比意味着不同年度评价总分以及各一级指标得分可比，对于一些不计算一级指标值的评价方法一般就不宜选用。比如主成分分析评价，它一般只会得到一个总的评价结果，无法知道一级指标的评价值。

此外，为了做到跨期可比意味着评价权重不能完全依赖数据，而是预先确定的。那些完全依赖数据赋权的评价方法，如熵权法、离散系数法、变异系数法等就不宜选用。比如采用熵权法进行评价，熵权法的权重是完全依赖数据的，根据去年数据计算会有一个权重，根据今年数据计算会有另外一个权重。假设去年评价影响因子权重 0.3，总被引频次权重 0.2，其他指标权重 0.5；今年影响因子权重 0.2，总被引频次权重 0.4，其他指标权重 0.4。在这种情况下，将两年的评价总分进行直接比较是不对的，不具有可比性。

(6) 评价方法简捷原则

最近几十年来，基于多元统计技术或多属性评价方法的学术评价发展很快，已经有几十种评价方法，这些评价方法有简有繁，评价原理千差万别，各有其优缺点和侧重点。评价方法选择不具有唯一性，理论上难以拒绝任何一种方法用于学术评价。并不是计算公式越复杂的评价方法就越科学，大道至简原则在评价方法选用中也值得借鉴。一般而言，简单加权汇总类评价方法原理简单，公众容易接受，计算比较简单，而原理复杂的评价方法公众不太容易接受。所以除非必须或优点特别明显，一般还是选择相对简捷的评价方法，何况一般也无法证明不同评价方法的优劣。

3. 基于利益相关者的学术评价原则

(1) 公开透明原则

评价公开透明是保证评价公平的重要前提。公开透明原则意味着评价数据、评价指标、评价方法、评价结果四公开。但是迄今为止，我国学术评价中做到这四公开的为数不多，一般会公开评价指标、评价方法、评价结果。公开透明原则如果能够得到更好的履行，那么无论是对政府部门、评价者，还是对评价对象、公众都有一个很好的交代，避免评价中可能由于信息不对称产生的误解，保证评价工作的顺利开展与评价结果的合理运用。

(2) 评价廉洁原则

廉洁问题是评价中的重要问题和原则问题。无论是政府部门、官方评价机构还是第三方评价机构，相关人员都不能通过评价获取或变相获取个人利益。政府相关部门应该加强对第三方评价机构的监管，防止评价中的营私舞弊行为，保证评价的廉洁和公平。

(3) 指标数据客观原则

在学术评价中，大部分指标往往是客观指标，少部分指标是主观指标，可能需要通过专家打分或同行评议方式获取。对于客观指标一般不太容易有太大争议，但是对于主观指标，一定要公开评分原则、评分标准、评分方法、数据计算方法等，以减少争议。

(4) 多元评价主体原则

学术评价虽然不是商业行为，但是也适用竞争理论。评价机构过多固然存在问题，但是评价机构过少也不利于评价质量的提高。最好的评价体系是，除了政府评价以外，第三方机构评价最好有 1~2 家，通过必要的竞争机制促进评价水平与评价工作的提高。

2.1.4　评价原则与柏林原则的比较

大学评价是广义的学术评价的重要组成部分，这里将著名的大学评价柏林原则与学术评价原则进行比较分析(见表 2-1)。

柏林原则是面向大学排名的，其中也涉及学术评价，是目前相关评价原则中比较系统的。将本节提出的评价原则与柏林原则进行比较，有利于分析中外学术评价原则的差异，并解释其中的原因。

表 2-1　评价原则与柏林原则的比较

排名的意图与目标	1. 排名是评估高等教育的投入和产出的众多方法中的一种，不能评价高等教育是什么和做什么，其作用是有限的	无
	2. 明确自己的目的和目标群体	评价目的明确原则
	3. 认识到高等教育机构的多样性并考虑到它们不同的使命和目标	分类评价原则
	4. 清晰地提供排名信息来源范围及其内涵	公开透明原则
	5. 明确被排名院校所处教育体系的语言的、文化的、经济的以及历史的背景的不同	分类评价原则
指标设计与权重分配	6. 排名方法应当透明	公开透明原则
	7. 指标的选择应基于指标的相关性和有效性	指标内涵准确适用原则
	8. 尽可能优先评价产出而不是投入	无
	9. 指标的权重分配(如果有的话)应该非常明确并且尽量保持稳定	成熟评价相对稳定原则；跨年度可比原则
数据收集与处理	10. 数据搜集及处理客观公正	评价廉洁原则
	11. 应尽可能地使用审核过的、可核实的数据	指标数据客观原则；公开透明原则
	12. 使用的数据应通过适当的程序获取，确保数据的代表性	指标内涵准确适用原则
	13. 排名过程本身应采用各种质量保障措施	隐含原则
	14. 采用体制性的措施增强排名的可靠性	隐含原则
排名结果公布	15. 为受众提供有关排名的所有信息以使其清楚地理解排名，以及排名结果的展示方式	公开透明原则
	16. 通过一定的处理消除或减少原始数据中的误差，以及公开误差纠正方式	公开透明原则

　　柏林原则从排名的意图与目标、指标设计与权重分配、数据搜集与处理、排名结果公布 4 个方面提出了 16 条原则。16 条原则中，有 12 条涉及本节中提到的 8 条原则，有两条原则没有涉及，有两条原则属于隐含原

则，本节也没有涉及，分别说明如下：

柏林原则第一条："排名是评估高等教育的投入和产出的众多方法中的一种，不能评价高等教育是什么和做什么，其作用是有限的。"因为柏林原则主要面向大学排名，所以要界定一下排名本身能干什么以及不能干什么，对其作用有个客观评估。由于该原则的内容比较具体，更多属于评价结果应用细节，所以本节中没有相关原则。

柏林原则第八条"尽可能优先评价产出而不是投入"，这也是针对大学评价而言的，比较具体，本节也没有涉及，或者说，是否有必要这样做应该根据评价需要再进行确定，不宜作为评价原则。

柏林原则第十三条"排名过程本身应采用各种质量保障措施"、第十四条"采用规范性的措施增强排名的可靠性"，这两条都是评价工作者应该认真遵守的，作为一种隐含原则，本节没有提及。

由于国际大学排名采用指标体系加权汇总，方法是固定的，只是权重会有调整。而中国的学术评价，虽然也以指标体系加权汇总为主，但还是有许多其他定量评价方法，比如主成分分析、因子分析、灰色关联评价、数据包络分析、TOPSIS、VIKOR 等，所以关于评价方法层面的原则少一些。此外由于体制原因，许多评价涉及科研资源与公共资源的分配，我国的学术评价可能需要更多考虑到利益相关者关系，这也是柏林原则所缺乏的。

2.1.5　研究小结

本节从评价目的、评价过程、评价结果角度建立了评价原则的分析框架，并提出了十七条评价原则，最后和国际大学排名的柏林原则进行了比较。由于国情不同、评价方法不同，我国学术评价原则应该有自己的特色。本节从评价方法、利益相关者角度分析评价原则，相较传统的从管理角度分析评价原则更加全面。明确学术评价原则有利于改进学术评价工作，更好地为提高我国的科研水平和创新能力服务。

本节虽然讨论的是学术评价原则，对于其他相关评价也具有一定的借鉴意义。

2.2　人文社科"五唯"关系分析、危害比较及对策研究

研究人文社科"五唯"之间的关系，并比较其问题严重性大小，有利

于掌握关键问题，从而为解决"五唯"问题提供有针对性的政策建议。本节通过对"五唯"之间的关系进行分析，找到关键的要素，然后比较分析"五唯"问题的回报和稀缺性，进一步分析"五唯"问题的严重性。研究发现：论文著作是人文社科研究最重要的元成果；不同科研要素的回报具有异质性；"帽子"才是最为稀缺的科研要素；"唯帽子"比"四唯"问题严重。最后提出如下政策建议：学术评价应该注重论文著作的回归；解决好"唯论文"问题就能解决"五唯"问题；一定要妥善解决好"唯帽子"问题。

2.2.1　引言

习近平在 2018 年两院院士大会上指出："人才评价制度不合理，唯论文、唯职称、唯学历的现象仍然严重。"2018 年 7 月，中共中央办公厅和国务院办公厅印发《关于深化项目评审、人才评价、机构评估改革的意见》，明确突出品德、能力、业绩导向，克服"四唯"倾向，推行代表作评价制度。2018 年 10 月，科技部、教育部等 5 部门联合发布《关于开展清理"唯论文、唯职称、唯学历、唯奖项"专项行动的通知》，要求开展清理"四唯"专项行动。2018 年 11 月，教育部办公厅印发《关于开展清理"唯论文、唯帽子、唯职称、唯学历、唯奖项"专项行动的通知》，将反"四唯"拓展到反"五唯"。2019 年 6 月，中共中央办公厅和国务院办公厅发布《关于进一步弘扬科学家精神加强作风和学风建设的意见》，提出大力弘扬科学家精神，营造风清气正的科研环境。2020 年 2 月，科技部印发《关于破除科技评价中"唯论文"不良导向的若干措施(试行)》的通知。短短两年之间国家出台了一系列政策措施，彰显了国家解决"五唯"问题的决心与行动力度。

无论是"四唯"还是"五唯"，涉及的均是人才评价制度中的论文、职称、学历、奖项、"帽子"等问题，与之相关还有课题、人才培养等相关问题，对学术研究和学科发展将带来深远的影响。其潜在问题是，国家首次大面积高频度对"五唯"问题进行综合治理，从个体层面对每一个科研人员都会产生潜在的影响，如果不能进行正确认识和对待，可能会适得其反，因此必须加以重视。

对"唯论文、唯帽子、唯职称、唯学历、唯奖项"的信息本质进行梳理，进一步分析这些因素的信息重复问题，弄清它们之间的关系，有助于抓住主要矛盾，发现存在的关键问题，从而推进"五唯"问题的解决，进一步完善科技评价制度，保证评价公平，充分发挥评价的激励效应，为新型国家建设服务。

本节以人文社科为研究对象，首先对"五唯"之间的关系进行分析，找到关键的要素，在此基础上进一步分析"五唯"的回报和稀缺性，比较"五唯"问题的严重性，最后得出研究结论并提出相关政策建议。

2.2.2　"五唯"对象之间关系分析

1. "五唯"涉及的若干评价要素

由于各种文件中既有"四唯"的提法，也有"五唯"的提法，因此本节以"五唯"提法为主。

"五唯"涉及的若干要素之间的关系如图 2-3 所示。首先是"四唯"或"五唯"本身，即论文、职称、学历、奖项、"帽子"。其次，在人文社科中，除了学术论文外，其实还有一个重要的成果——学术著作也应该包括进来，"五唯"中的"论文"在人文社科中其实就是"论著"。再次，还有一个重要的因素就是科研项目，在变量关系分析中，它其实是一个重要的"中介变量"。

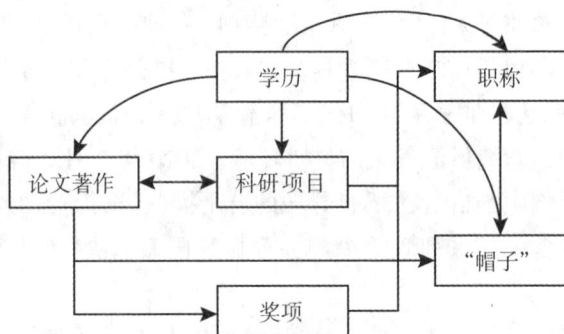

图 2-3　"五唯"相关要素分析

学历其实属于基础条件，它是申报项目、职称评审和各种人才工程评审即"帽子"的重要基础。经过规范的科研训练对于科研工作非常重要，因此学历也是论文著作的前置条件。论文著作与科研项目具有较强的互动关系。论文著作是奖项申报的重要成果。

职称和"帽子"属于系统工程，涉及因素更加全面。职称评审涉及学历、科研项目、论文著作、奖项甚至还有"帽子"。人才工程评审涉及的因素包括论文著作、科研项目、奖项以及职称等因素。

2. 论文著作与科研项目之间关系分析

(1)科研项目本质上并非科研成果

对于人文社科而言，论文著作是典型的科研成果，这一点已经得到了学术界的公认，但是科研项目本质上并非科研成果，尽管申请到项目是科研成果得以完成的重要保障。科研项目至多是科研水平和研究能力的某种体现，所以用科研项目作为评价科研人员研究水平指标一般也是可以的，但其中并没有任何科研成果的成分。

(2)论文的研究水平决定了科研项目的水平

论文的研究水平反映了科研项目的水平，一份选题独特、构思精妙、写作规范的科研项目申报书，是申请人长期学术能力和水平的体现，能够反映申请人学术水平的标志物就是论文著作。教育部、科技部推进代表作评价，就是通过代表作所反映的科研创新来评价广大科技工作者的科研水平，从这个角度讲，科研项目申报书水平不会高于学术论著水平。

(3)科研项目经费对论文著作具有较大影响

多数学者研究发现，项目经费是学术论文的重要保障，Vanecek(2014)通过统计 8 个国家的论文情况，发现公共研发资金投入对论文产出数量有提升作用。Abdullah 等(2016)对 6 个欧洲国家的论文产出进行分析，证明了资助种类正向影响论文质量。王菲菲、贾晨冉等(2019)运用负二项回归研究发现，资助项目数量增加可整体提升学者产出绩效，资助金额增加更能提升产出和影响力的幅度。但也有学者持不同观点，温珂、张敬等(2013)研究发现，竞争性科技项目经费投入对专利和论文的产出影响均不显著。

人文社科研究有自己的特点，一些研究领域和方向是学者长期积累和浸淫的成果，项目经费虽然重要，但只是必要条件。

(4)学术论文的公平性和可靠性一般高于科研项目

在学术论文发表过程中，完全可以做到双盲评审，这样极大地保证了同行评议的公平性。而在人文社科项目评审中，很难完全做到双盲。比如国家社科基金项目评审时，外审是双盲的，但是会评是单盲的。国家自科基金项目评审时，即使是外审也是单盲的。只有教育部人文社科项目评审是双盲的。由于学术论文发表能够做到双盲，因此其公平性比科研项目评审要高。

无论是否采用代表作评价，参评对象的总体水平往往较高，在这种情况下，拥有 10~15 篇核心期刊论文是正常现象。我国许多核心期刊的录用率在30%以下，甚至有些期刊的录用率在1%以下，由于论文投稿很难保证一次投稿就被录用，实际一篇论文从投稿到录用，经过评审专家3~5人是正常现象，有时5~10人甚至更多也是正常的。假设一篇论文有2~3位专家评审，那么10~15篇论文的评审专家一般会超过30人，在统计学上属于大样本，同行评议拥有较高的可靠性；而在科研项目评审时，一般项目同行评议专家至多5人，其可靠性是不够的，学术论文发表的可靠性要高于科研项目。

(5)前期论文与科研项目会影响后期科研项目申请

从长期动态来看，前期论文著作和项目会影响后期新的科研项目申请。前期项目绩效较好，成果丰富，有高水平的论著发表，对后期新项目申请具有重要作用。另外，低级别的科研项目完成较好，有助于进一步申请高级别的科研项目。也就是说论著与项目具有自循环效应，绩效较好会产生正反馈。

综上所述，论文著作在人才评价中发挥的作用要远远大于科研项目，尽管一些宏观科技评价中，科研项目是一项重要指标，但这并不是说在微观的评价中，就能简单用科研项目对人才进行评价，用科研项目对人才进行评价在理论上并不具备微观基础，比"四唯"危害更大的是"唯项目"。（范军，2018）

3. 论文著作是科研奖励的主要决定因素

客观公正的科研奖励无疑对广大科技人员和团队具有激励作用。王春雷、蔡雪月（2018）研究发现，科研奖励制度对完成高质量论文著作具有正向激励作用。李志文、钟瑞军（2018）研究认为，浙江大学学术生产力的提升，并不是由于浙江大学引进了更多高水平学者，而是因为激励制度产生了效果。

人文社科评奖成果除了论文和著作外，还有研究报告，这是其显著特征。评奖依据主要是成果本身的创新价值和社会贡献，包括书评情况、转载情况、论文摘编、引用情况、前期获奖情况等，其他学历、职称、科研项目、"帽子"等对科研评奖理论上是没有影响的，所以论文著作是科研奖励的主要决定因素。

论文著作的公平程度和可靠性同样高于奖励评审。根据前文分析，即使作者用单篇论文或著作参与评奖，其背后支撑的往往是数10篇论文，论文发表时涉及的审稿专家一般是30人以上，属于大样本，而且完全能够进行盲审。但是人文社科评奖很难进行盲审，并且还有会评环节，存在很多不确定性因素，而且同行评议专家偏少，可靠性也不够。

人文社科奖励数量总体偏少使其很难广泛用于人才评价。首先，我国人文社科奖励制度缺乏国家级奖励，这是人文社科学科特点所决定的。其次，人文社科奖励总体上数量不多，与论文著作相比，完全不在一个数量级，因此在进行人才评价时，奖励并不是个广泛适用的指标。再次，许多学者缺乏奖励指标，一些年轻学者、普通高校的学者在评奖时往往被边缘化。

此外科技奖励评审自身还存在不少问题，肖尤丹（2015）认为我国科技奖励制度存在弱科学共同体评价、强行政导向倾向。周建中（2014）指出自然科学奖励的主要问题是行政干预过多、奖励人员名单不实以及与个人利益挂钩太紧，而人文社科奖励中的主要问题是评审过程不规范、评价体系不合理、相关监督审核机制不到位等。焦贺言（2019）认为在科技奖励评审中，同行评议存在主观性、保守性、"马太效应"、滞后性、利益冲突、非共识等问题。

基于以上分析，科研奖励是人文社科学术论著的派生成果，其评价的公平性、可靠性以及数量均远低于论文著作。何况人文社科评奖还存在许多不足，在这样的情况下，论文著作在人才评价中的作用要远远大于科研奖励。

4. 职称的决定因素分析

职称的决定因素包括学历、科学项目、论著、奖项甚至还有各类人才工程"帽子"，此外还有教学、人才培养、社会服务、业绩等诸多因素，就人文社科而言，职称评审很少涉及专利。

学历是职称评审的前置条件。2017年4月，教育部等五部门发布《关于深化高等教育领域简政放权放管结合优化服务改革的若干意见》，提出下放高校教师职称评审权。目前许多单位都是自己评定职称，尽管如此，各单位在职称评审条例中还是规定了一定的学历要求，但总体上，对于绝大多数科研人员而言，学历已经不是评定职称的主要障碍。

论文和项目均是职称评定的硬条件，两者一般可以进行一定程度的替代，但均有最低要求，多数单位在高级职称评审时均规定了论文和项目必须同时具备。奖励和"帽子"是完全可以用论文和项目替代的，即如果这两个条件完全没有，在大多数情况下并不影响评职称。当然对于更高级别的职称评审，比如二级教授，奖励和"帽子"的作用更大。

综上所述以及结合前文的分析，论文著作是职称评审中的最重要因素。论文著作决定了科研项目和奖励，这些因素也决定了"帽子"。论文著作和科研项目可以替代奖励和"帽子"。科研项目虽然重要，根据前文分析，它仍然取决于论文著作。

5. "帽子"的决定因素分析

"帽子"是对各类人才工程头衔的一种俗称，就人文社科而言，各类人才工程类型较多，比如教育部的长江学者、新世纪人才，中组部、人社部的"万人计划"、"四个一批"人才、国家有突出贡献的中青年专家等。各省也推出了自己的各种人才计划，如省级特聘教授、各种人才工程等。有趣的是，一些国家级科研项目也异化为"帽子"，比如国家级的"杰青""优青"，国家社科重大项目、教育部人文社科重大项目等，本节暂不讨论这个问题。"帽子"的决定因素具有以下特点：

第一，"帽子"的决定因素较多。"帽子"的决定因素具有综合性、多样性的特点，除了论文、课题、奖励、社会服务等，还包括出国经历、人才培养、学术交流、社会兼职、平台团队等。

第二，学历和职称对"帽子"影响不大。各种人才工程的"帽子"毕竟是稀缺资源，能够具备申报条件的一般学历和职称条件均较好。

第三，"帽子"的评审不确定性增加。各类人才工程评审时，对所填论文、科研项目、奖励等一般有限项要求，随着代表作制度的推行，这种限项规定会更加严格。当高水平的科研成果大致相当，而且不同学科会有较大差异难以比较时，人才工程的评审结果就存在较大的不确定性。在专家库中重新抽取一批专家进行同样的评审，评审结果一般会有很大的差异。

综上所述，"帽子"的决定因素比较复杂，确定性的决定因素中，论文著作具有基础性的作用，决定了后续的科研项目和奖励，进而最终决定"帽子"。不确定的决定因素中，主要受其他条件和同行评议的影响。

2.2.3 "五唯"问题严重性的比较

1. "五唯"对象的回报比较

对于"五唯"中涉及论文、职称、学历、奖项、"帽子"的回报问题进行进一步分析，有利于抓住主要矛盾。首先需要说明的是，广大科技人员潜心科研，无论是物质回报还是精神回报，都是一种有益激励，是值得肯定的。但是如果出现科研价值追求扭曲、学风浮夸浮躁和急功近利等问题，科研异化现象严重，这才是反对"五唯"的初衷。

不同"五唯"对象的回报如图2-4所示。学历基本没有直接回报；论文著作以物质回报为主；职称和"帽子"兼顾物质和精神回报；奖项以精神回报为主。

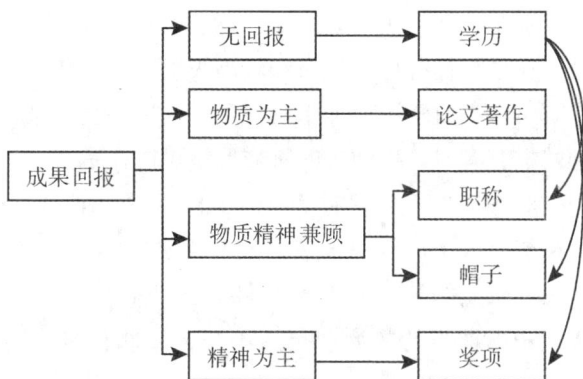

图2-4　"五唯"对象回报

学历是一种基础条件，一般而言，科学研究工作人员必须进行规范的训练，只有具备一定的学历才能从事科学研究工作。当然学历教育也是提高劳动者素质的基本体现，不应涉及回报问题。在反对"五唯"背景下对学历的回报进行进一步的分析有助于分析"五唯"问题的严重性。学历是一种基础和前置条件，它决定了科研工作岗位的获取、职称晋升、项目获取以及"帽子"的获得，其本身是没有直接回报的。但是如果从长期看，也可以将学历的回报理解为一种间接回报，通过职称、奖项、"帽子"的回报来体现学历的回报。

论文著作是科研成果的重要体现，学者发表学术论文，取得同行的认可，也是一种精神追求。在中国目前的科研管理体制下，各单位对学者发表的论文著作进行一定的奖励，也是为了弥补广大科研人员收入偏低问题。高水平的学术论文奖励力度往往较大，另外奖励力度在不同高校之间差异也较大。由于学者发表学术论文是一种常态，因此可以认为论文著作的回报以物质回报为主。

职称与广大科研人员收入密切相关，而且直接影响退休工资。当然职称也是一种荣誉，是科研人员研究能力的一种体现。随着高校教师职称评审权下放，不同单位的同一职称评审标准大相径庭，同是教授水平可能相去甚远，这削弱了职称体现的荣誉功能。科研单位的研究水平越高，影响力越大，职称的含金量越高，得到社会的认可度也越高，职称的荣誉功能越强。总体上，职称的回报是兼顾物质和精神的。

各种荣誉称号更多是对人文社科学者长期从事科研工作的一种肯定，有的荣誉称号甚至是对科研工作者毕生从事科研工作成就的一种肯定，其精神激励效应更强，物质激励相对较少，所以荣誉称号的回报也是一种精神激励。需要特别提出的是，"帽子"具有间接回报，一旦获取到一定级别的荣誉称号，往往会拥有行政权力和较高级别的学会兼职，成为高级别项目的评审专家，在科研资源分配中发挥重大作用，往往会带来一定的间接物质和精神回报，有时这种间接的物质回报可能非常大。

科研奖励是对人文社科学者从事科研工作取得贡献的一种追加肯定，体现的是一种荣誉。人文社科奖励包括政府奖励、学会奖励和民间奖励，以政府奖励为主。奖励数量与论文著作相比要少很多，加上评奖竞争激烈，即使获奖，一般取得的物质回报也不高，因此科研奖励以精神回报为主。

2. "五唯"对象的稀缺性

稀缺性决定资源价格，有可能使得人文社科研究异化，出现"五唯"涉及的种种问题，因此分析"五唯"对象的稀缺性，也是评估其危害大小的一条路径。

学历总体上不具有稀缺性。首先，我国的学历教育取得了巨大的发展，高校扩招以后学历教育更是取得了举世瞩目的成就。2019 年全国博士招生人数约为 7.5 万人，硕士研究生突破 90 万人。其次，留学回国人员日渐增多，早年在国外取得学历的人非常稀少，随着高等教育国际化的发展，这一点也发生了根本变化，大量学成回国的海归进一步缓解了这一问题。2018 年，我国出国留学人员达到 66.21 万人，1978—2018 年累计出国留学人员 585.71 万人，84.46%的留学生学成回国。再次，科研部门是人才济济的部门，很多单位研究人员中博士已经成为一种标配。

高级职称不具有稀缺性。根据教育部人文社科网上公布的数据，2018年，我国人文社科高级职称人数为 276969 人，占全部人员的 36.35%。一些优秀的青年学者，30 岁左右就能评上教授。在任何高校和科研院所，高级职称已经非常普遍。

论文著作总体上不具有稀缺性。改革开放以来，我国人文社科论文著作取得了长足发展。2018 年，全国人文社科发表论文 363712 篇，著作30109 部，提交研究报告 22806 篇，其中被采纳 9474 篇。当然论文在不同单位、不同部门、不同学者之间分布并不平衡，局部出现稀缺性是正常的。

奖项具有稀缺性。2018 年人文社科国家级奖项为 0（当年没有评奖），部级奖项为 338 项，省级奖为 4597 项。相对学术论文而言，人文社科奖励总体偏少，除了政府奖励以外，民间奖励不多，认可程度也不高。

"帽子"最为稀缺。各类人才工程，尤其是省级以上人才工程，总体名额非常有限，每年获得人数总体较少，"帽子"才是最稀缺的。

3."五唯"问题大小的比较分析

"五唯"问题的严重性比较如图 2-5 所示，总体上"唯学历"问题非常轻微，"唯职称"和"唯奖项"问题也比较轻微，"唯论文"现象轻微，而"唯帽子"现象比较严重。

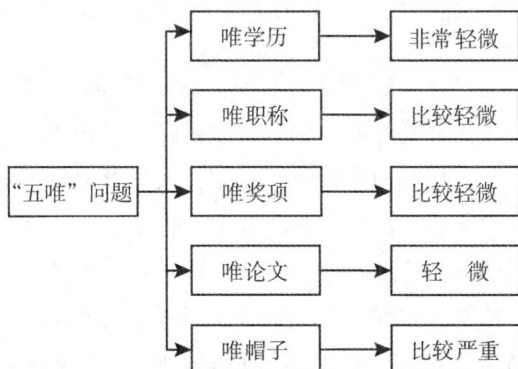

图 2-5　"五唯"问题严重性比较

"唯学历"问题非常轻微。学历是开展科研工作的一项基础和前置条件，学历本身也没有什么物质和精神回报，在人文社科研究人员中，高学历已经司空见惯，"唯学历"问题在人文社科研究领域已经快退化成伪问题了。

"唯职称"问题比较轻微。在人文社科研究领域，随着职称评审权的进一步下放，教授和研究员的含金量进一步降低，职称的精神回报降低，在体制内职称所带来的物质回报其实也是有限的。随着正高级科研人员的比例和数量进一步增高，教授和研究员也并非稀缺资源，所以"唯职称"现象比较轻微。

"唯奖项"问题比较轻微。第一，由于长期历史原因，人文社科奖励往往与行政级别挂钩，政府奖励受到重视，民间奖励得不到重视。对于民间奖励，各单位一般也很少进行配套奖励。此外低级别的奖励较多，影响不大。第二，由于人文社科学科特点，导致奖励的影响力总体不高，加上评奖过程的稳定性低，同行评议的可重复性差、公平性不够，导致学术共同体对奖励的认可度不高。第三，人文社科即使获奖，一般也难以取得多少物质利益。在实际工作中，人文社科获奖者想通过获奖"寻租"，获取某种利益也比较少见。

"唯论文"问题轻微。在人文社科研究领域中，单位对论文著作奖励体现了按劳分配的绩效管理原则，总体应值得肯定。但这种制度也造成了另外一个负面作用，就是少数科研人员不是潜心科研，追求论文质量，而是开始追求论文数量，科研出现异化。对广大学者个人而言，绝大多数论文著作数量不会太多，从事科研工作的动机还是兴趣与单位考核要求，为了物质利益追求论文数量的学者只是极少数，所以有"唯论文"问题但不严重。

"唯帽子"问题严重。首先，一旦获得一定级别的"帽子"，其个人晋升、工资收入、社会影响就会得到较大改善，而科研工作本身就会受到影响。其次，根据我国目前的科研分配机制，人文社科的科研资源，总体上由具备各种人才称号的少数精英参与分配。他们当中大多数确有研究能力和水平，也具有丰富的管理经验，从而保证了科研资源分配的公正。但是需要注意的是，各类人才称号评比的稳定性、公平性和公众认可度不高，少数"帽子"把持学术资源，造成很多负面影响，"唯帽子"才是人文社科研究领域中比较严重的问题。

2.2.4　研究结论

1. 论文著作是人文社科研究最重要的元成果

本节研究发现，科研项目本质上并非科研成果，但与论文著作相关。论文著作是科研奖励的决定因素，也是职称评审中的重要决定因素，并通过科研项目中介效应对职称评审发挥影响。论文著作在各类人才工程评审中具有基础性的决定作用，同时通过科研项目对人才工程产生重要影响。在人文社科的泛科研产出中，论文著作所包含的信息量最大，职称、奖励、人才工程评审等均包含论文著作信息，所以论文著作才是终极的科研成果。

2. 不同科研要素的回报具有异质性

学历作为一种基础和前置条件，基本没有任何回报。论文著作以物质回报为主，兼顾精神追求。职称和"帽子"兼顾物质和精神回报，奖项以精神回报为主。科研要素的回报大小和稀缺性决定了"五唯"问题严重性的大小，回报越大的科研要素，其存在问题的可能性越大。

3. "帽子"是最为稀缺的科研要素

稀缺性决定资源价格，容易使人文社科研究产生异化现象，出现"五唯"问题。本节研究发现，学历不具有稀缺性，高级职称也不具有稀缺性，论文著作浩如烟海，总体上也不具有稀缺性。奖项具有稀缺性，"帽子"最为稀缺。控制好稀缺资源的使用，是防止"五唯"问题的关键。

4. "唯帽子"比"四唯"问题严重

首先，"四唯"问题总体比较轻微。"唯学历"的土壤基本上已经不存在，人文社科研究人员普遍学历较高，海归日益增加，通过学历也难以取得多大回报；职称的含金量日益降低，高级职称人员数量和比例日益增加，职称所带来的物质和精神回报也比较有限，"唯职称"问题比较轻微；奖项数量总体有限，人文社科奖励的社会认可度总体不高，难以取得多大回报，"唯奖项"问题比较轻微；论文著作由于绝对量较大，难免会出现重视论文数量、轻视质量问题，"唯论文"现象虽然有，但问题并不严重。

其次，"唯帽子"问题严重。各类人才工程的评审，确定性的因素还是论著和科研项目，而不确定性因素较多，加上同行评议自身存在的问题，导致公众认可度不高，"唯帽子"才是最大的问题。其根本原因是，我国缺乏有效的人才评价手段，学术共同体评价一定程度上"失灵"，导致简单化用"唯帽子"进行人才评价。

2.2.5　政策建议

1. 学术评价应该注重论文著作的回归

人文社科学术评价应该注重论文著作本身，尽量减少科研项目、奖项对评价的影响。对于与各种人才评价相关的学历、职称、"帽子"等，要坚决减少其对评价的干扰，尽量减少这些因素的权重，将评价重心放到论文著作本身。在人才评价中，要兼顾代表作评价与一定质量的论文数量，既要评价研究质量和研究水平，也要评价研究贡献和学术影响。

2. 解决好"唯论文"问题就能解决"五唯"问题

"五唯"问题中，"唯学历"问题非常轻微，"唯职称""唯奖项"问题比较轻微，"唯论文"问题稍微大一些，因此解决好"唯论文"问题，"五唯"问题就迎刃而解。由于论文著作是人文社科的元成果，这进一步说明了做好论文著作评价工作的重要性。要建立公正合理高效的论文著作评价制度，兼顾论文质量和数量评价，对学术期刊"黑名单"坚决打击。同时一定要明确，我们反对的是"唯论文"，不是论文著作和科学研究本身，要鼓励社会继续尊重知识、尊重人才，弘扬科研信仰。

3. 一定要妥善解决好"唯帽子"问题

"四唯"中并不包括"唯帽子"，但是"唯帽子"才是最严重的问题。第一，要充分认识到"唯帽子"问题的严重性。第二，在各类人才工程的评审中，一定要突出能力、研究水平及其贡献，减少行政干预，努力提高评审的公开、公平和透明度，提高评审的公信力。第三，进一步完善学术共同体评价机制，降低"帽子"的影响。第四，进一步完善科技资源分配机制，提高科技资源管理的科学性，减少不当人为干扰。第五，在重大学术评价的同行评议中，要广泛吸纳真正有水平的一般学者参加，降低人才工程获得者的比重。第六，实行任期制度，对于参与重要管理与评审工作的学者，规定任期。

4. 必须完善自上而下的系统政策体系

人文社科有其自身的特点，其主管部门主要是教育管理部门、宣传管理部门、文化出版管理部门等，顶层政策和制度对中下层的影响很大，因此对于人文社科中的"五唯"问题，建议国家相关行政部门做好政策协调，出台系统的政策，抓住主要矛盾。在此基础上，各地相关政府管理部门、高校、科研院所再出台自己的相关特色政策，才能发挥较好的效果。

2.3　规范使用 SCI 下科技评价的问题与解决路径研究

教育部、科技部 2020 年发布了《关于规范高等学校 SCI 论文相关指标使用树立正确评价导向的若干意见》，对意见推广后可能存在的问题进行深度分析并提出改进思路具有重要意义。本节从评价对象、评价方法、评价目的、评价管理等方面进行分析，对规范使用 SCI 论文评价的适用范围与存在问题进行探讨。研究发现，规范使用 SCI 存在少部分 SCI 期刊质量不高、SCI 论文只适用于微观评价、代表作"代表性"不够、数量指标与质量指标难以兼顾、评价管理有待改进等问题。提出了如下政策建议：以高水平 SCI 期刊作为评价依据；强化黑名单制度；宏观评价要发挥 SCI 论文的主导作用；鼓励采用一些文献计量指标进行评价；微观评价建议兼顾代表作与 SCI 论文数量；一般高校对研究生毕业论文应该有所要求。最后指出，SCI 论文的规范应用需要深化高校科技管理体制改革；解决 SCI 论文的评价问题需要循序渐进；要重视 SCI 论文的科研符号功能。

2.3.1　引言

规范高等学校 SCI 论文相关指标使用的目的是为了改进科技评价工作。2020 年 2 月，教育部、科技部研究制定了《关于规范高等学校 SCI 论文相关指标使用 树立正确评价导向的若干意见》，目的是为了破除论文"SCI 至上"，探索建立科学的评价体系，营造高校良好创新环境，加快提升教育治理体系和治理能力现代化水平。

SCI 论文用于科技评价长久以来一直存在一些问题和争议。我国从 20 世纪 80 年代开始逐渐将 SCI 论文应用于科技评价，早期取得了良好的效果。但是，随着我国科技水平日渐提高，SCI 论文用于科技评价的弊端也不断显现，比如 SCI 引用次数不能代表论文质量，片面追求 SCI 论文发表数量忽视了质量的提高，违背科学研究的初衷，大量版面费支出和科技论文版权转移，对国内中文核心期刊发展不利，以刊评文等。可以说，这些问题已经得到了学术界和公众的公认，教育部发布规范 SCI 论文相关指标使用文件，就是在这样的背景下产生的。破除论文 SCI 至上，如果措施得当，无疑有利于优化科技评价方法，逐步解决 SCI 论文评价中存在的问题，净化学术空气，从根本上提高我国的科技创新能力和水平。

研究 SCI 论文评价中存在的问题并提出改进建议具有重要意义。第一，分析 SCI 论文存在的问题及其成因，有利于发现主要矛盾，寻找应对之策；第二，客观评价 SCI 论文用于评价的功过，促进 SCI 论文评价的规范使用；第三，在破除 SCI 论文至上过程中，可能会产生新的问题，需要思考解决方案；第四，提出具体的解决问题的政策建议，便于改进科技评价工作。

　　SCI 论文用于科技评价有其可取之处，涌现出大量的评价应用，涉及国家评价、大学评价、学科评价、机构评价等。Bordons 等（2002）指出，在一般情况下，一个国家、地区、机构所产出的 SCI 论文的数量，是衡量其科研活动水平的一个很好的指标。Gupta 等（2009）采用 SCI 论文数量、增长率、合作论文数、学科论文数、机构论文数等，选出世界上科研能力最发达的 20 个国家。Hamid 等（2009）采用 SCI 年度论文数量、论文平均增长率、论文被引频次、篇均被引频次、h 指数等分析摩洛哥的科研实力。Nikolaos 等（2014）采用 SCI 论文数量、论文被引用量、h 指数等指标，对希腊医学院的学科水平进行评价。郑彦宁等（2020）基于 SCIE 数据库，比较了不同国家基因编辑领域的研究实力。任胜利等（2003）指出 SCI 的引文统计数据用于宏观层次（如国家或研究机构）的整体科研评价更具有统计和指导意义。肖广岭、李峰等（2014）认为从宏观层面来看，论文是衡量一个国家科技创新绩效的重要指标，国外科技强国也采用论文作为人才评价指标。

　　SCI 作为一个科技论文索引数据库，其自身存在一些不足。宋伟（2002）指出 SCI 自身存在问题包括学科分布不均、国家分布不均、刊物筛选的缺陷、影响因子的缺陷（自引、反引、影响因子操纵）等。宋扉、冯景（2018）认为 JCR 分区误导使得期刊评价有失公平，如不分期刊种类带来的不公平、多分组引起分区不清。史竹琴、朱先奇（2017）则研究了 ESI 存在的问题，ESI 是在 SCI 和 SSCI 基础上建立的高被引数据库，主要问题是采取比较简单的统计方式，每一个合著者都平等对待，ESI 在处理重名时不够精确。王泽蘅（2017）根据中日论文外流数量差异特点将学科分为三类，影响论文外流差异的直接原因是中日两国每年发表的 SCI 论文数量以及 SCI 收录两国期刊对本国论文的承载量不同，间接原因是该国论文所采用的语言、论文质量等。

　　关于 SCI 在评价中存在的问题，孙涛（2019）认为 SCI 由检索工具异化为学术评价、科研评价的指挥棒，SCI 论文与帽子、头衔、经济利益等产生了直接的联系。王晓君等（2016）提出我国已成为 SCI 产出大国，涌现出了很多高质量论文，但论文总体质量偏低。王泽蘅、邱长波（2017）指出当前以 SCI 为视角的科技评价受到广泛关注，但缺少对评价指标的合理数量、评价指标间的关系、评价方法的适用性等研究。周华强等（2020）研究认为，应回归论文提高人才基本科学能力的本质作用，认可论文在人才评价中的重要作用，补充不同工作性质的特性指标，反对人才评价中的唯论文论和论文无用论。

从现有的研究看，关于 SCI 论文在评价中的应用研究非常丰富，对于其存在的问题也有不少研究。规范 SCI 论文在评价中的应用必然对原有的评价体系和评价方法带来一些影响，有必要进行深入的研究。

2.3.2　SCI 论文用于评价存在的问题分析

1. SCI 论文评价问题并非是所有 SCI 论文

SCI 论文中，难免有一些掠夺性期刊，这些期刊以盈利为目的，收取高额版面费，对论文质量把关不严。还有一些 SCI 期刊，其论文质量总体上也不高，存在一些灌水的现象。对于前者，总体上是比较容易判断的，对于后者，判断虽然有一定的困难，但是一般而言，问题主要存在于中国科学院四区的 SCI 期刊中，其他期刊尽管也有可能存在，但总体上问题不大。

2. 宏观评价与微观评价问题

SCI 论文的评价对象如图 2-6 所示，包括宏观评价与微观评价两个视角，宏观评价主要包括国家地区评价、大学评价、学科团队评价等；微观评价主要是学术人才、管理人才与奖励评价等。学术人才评价包括人才引进、职称评审等；管理人才评价主要指大学或科研院所的行政领导；奖励评价一般是单位内专业技术人员的绩效考核和年终奖励等。

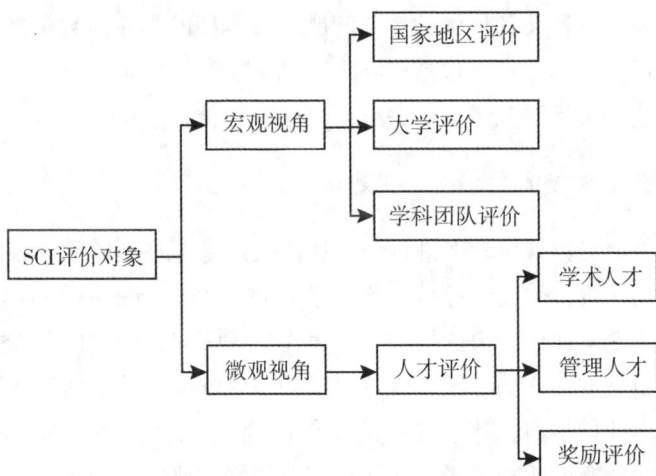

图 2-6　SCI 论文的评价对象

对于宏观评价，尤其是国家地区评价以及大学评价等，采用 SCI 论文评价总体上是没有问题的，这也是世界上主流国家的通行做法。对于学科团队评价，一般规模中等偏上的学科团队，用 SCI 论文评价也没有问题，但对于一些小学科的小团队，采用代表作制度兼顾论文总量评价可能是更好的办法。

对于微观视角的人才评价，就学术人才评价而言，简单采用 SCI 论文数量是不合适的，应该重点看论文的内容，以此来判断其创新能力和水平。对于管理人才的评价，评价方法可以类似，但应降低学术要求，毕竟管理人才的主要工作任务是学术行政管理工作，当然对于"双肩挑"人员要充分尊重他们的选择。对于专业技术人员的年终奖励，可将 SCI 论文分为不同级别，然后按论文数量进行奖励是一种较好的做法，有利于减少矛盾，保证公平。

本质上，对 SCI 论文用于评价，应该区别不同的评价对象和评价目的，分别采取不同的方法，这样才能达到很好的评价目的。

3. 文献计量指标多样化与管理简单化冲突问题

迄今为止，无论是国家层面还是地方层面的科技评价，比如基金评审、科研奖励等，填表内容主要是论文题名、期刊名称、分区、被引次数等简单指标，最后评价时不得不采取统计 SCI 论文数、被引次数这些简单的方法。造成这种结果的根本原因，是管理部门的简单化，最后将问题症结归结到 SCI 论文上。其实随着文献计量学和科学计量学的发展，学术界已经基本解决了科技评价中的主要问题，最典型的是 h 指数家族，就是很好的统计指标，其他指标包括 z 指数、SJR 指数、特征因子、$SNIP$、经典指数等，这些指标有几十个，完全可以根据评价需求选用。

4. 代表作制度的"代表性"问题

用 SCI 论文数量对学者进行简单评价无疑是存在问题的，采用代表作制度如果操作规范，会将评价工作向前推进一步。但是由于受学科差异、学科发展速度、评价对象的层次、代表作形式等多种因素的影响，代表作所起的作用是不一样的。比如自然科学的一些学科，代表作大致能说明问题，但哲学社科学科，代表作可能不能起到"代表"作用；对于相对成熟的学科，发展速度比较缓慢，即使是相对较好的研究，创新都不大，代表作也反映不了多大创新，因为代表作论文是同质的；对于学科领域的杰出科学家，代表作当然可以代表，但对于一般学者，代表作所起的评价作用可能不大；即使是同一学科，如果一位学者主要用论文作为代表作，另一位主要用研究报告作为代表作，二者的可比性就会很差。

5. 二次同行评议相关问题

首先，采用代表作进行同行评议的可靠性和公平程度不如论文审稿。推广代表作进行评价，必然涉及同行评议，但是代表作的同行评议本质上是二次同行评议。第一次同行评议其实是作者给 SCI 期刊投稿时的同行评议，假设代表作是 5 篇论文，论文投稿时，如果每篇 SCI 论文的审稿专家是 2 人，那么这 5 篇论文的审稿专家就是 10 人。假如代表作二次评审的专家是 5 人，没有任何证据证明这 5 个同行评议专家的可靠性能够高于论文的 10 个评审专家。此外，论文投稿时可以完全做到匿名双盲评审，而代表作进行二次同行评议时，是做不到严格匿名评审的，因为即使将论文作者隐藏，根据论文题目或者论文的部分文字也很容易就可以查到作者是谁。

其次，采用代表作评审加大了评审成本，包括时间成本和经济成本。在大力推行代表作评审的情况下，评审任务增加很多，评审专家必然要增加很多，在这种情况下，很难保证评审专家的质量，何况同行评议也有其自身难以克服的问题。

再次，在代表作同行评议工作大大增加的情况下，代表作涉及的学科宽度大大增加，完全超过了论文评审时的知识量。在学术论文评审时，往往是小同行，评审专家一般是三级学科甚至是更小研究方向的同行专家，此时评审效果往往较好。但是在学科或机构评价时，论文方向就是一级学科下不同学者的最好论文，此时要找到知识面这么全的评审专家是非常困难的。

6. 数量评价与质量评价脱节问题

教育部关于规范 SCI 相关指标使用的重要目的之一就是保证创新质量，无论在微观层面还是宏观层面，这都是非常有意义的。但是一定要注意处理好创新数量与创新质量的关系，没有一定的创新数量，很难有较高的创新质量，这一点在宏观评价时尤其重要。比如评价国家重点实验室的质量，采用 20 篇论文代表作评价，这就是一种面向质量的评价。两个做得都不错的国家重点实验室，各自都能拿出 20 篇不错的代表作，此时如何区分？其实，如果适当进行数量评价，一个国家重点实验室可以拿出 25 篇顶级期刊论文，另一个国家重点实验室可以拿出 45 篇顶级期刊论文，那么哪一个绩效更好就是一目了然的事情。

7. 客观对待"以刊评文"问题

教育部在文件中明确指出，对于基础研究，论文是成果产出的主要表达形式，坚决摒弃"以刊评文"，评价重点是论文的创新水平和科学价值，不把 SCI 论文相关指标作为直接判断依据。评价论文的创新水平和学术价值是个世界级的难题，有些论文的学术价值可能需要几十年甚至更长时间才会被世界所认可，在目前判定论文创新水平和科学价值手段还欠缺的情况下，不能一下子取消"以刊评文"。以刊评文在宏观层次的评价中其实有一定的合理性，当然用在微观学者评价时要慎重。比如在进行学科评价时，假设采用 40 篇代表作进行评价，一家机构有 30 篇中科院 SCI 一区论文、10 篇二区论文，另一家机构有 10 篇一区论文、30 篇二区论文，此时以刊评文是没有问题的，以刊评文只是不能用在成果相当的机构评价以及论文较少的学者评价。

8. 人才评价缺乏有效的替代手段问题

在职称和人员聘用中，如果学校不把 SCI 论文相关指标作为前置条件，"重点考察实际水平、发展潜力和岗位匹配度"，那么用什么来考核人才的实际水平和发展潜力呢？本质上，课题不属于直接科研成果，科研奖励是在论文和课题基础上申报的，是一种间接科研成果，人才工程也是在论文、课题、奖励的基础上申报的，也属于间接成果。能够反映专业技术人员水平和发展潜力的，其实还是学术论文和学术著作，只要不是简单数论文和引用次数就可以了。

9. 上级考核要求与高校管理的矛盾

教育部规定高校不宜对院系和个人下达 SCI 论文相关指标的数量要求，在资源配置时不得与 SCI 相关指标直接挂钩。要取消直接依据 SCI 论文相关指标对个人和院系的奖励，避免功利导向。但是由于我国高校的管理体制原因，大学评价、学科评价、人才评价、实验室评价等各种评价层出不穷，尽管教育部也提出"减少对学科、学校的排名性评价"，但短期内恐难奏效。只要上级主管部门有考核要求，那么高校难免不将相关指标包括 SCI 论文通过各种方法转嫁到各个部门和教师个人。

10. 对研究生毕业发表论文一刀切问题

教育部提出不宜以发表 SCI 论文数量和影响因子等指标作为学生毕业

和学位授予的限制性条件。其实即使在发达国家，许多高校对研究生毕业的前置条件还是有发表论文要求的，我国的研究生制度包括学术型和专业型硕士，此外不同层次的高校研究生培养水平和质量也相差较大，特别是对一些非双一流建设高校，如果取消论文发表要求，是难以保证研究生培养质量的。其实即使在如今大多数高校研究生毕业有论文发表要求的情况下，我国研究生教育质量仍然有待提高。

2.3.3　规范使用 SCI 论文评价的几点建议

1. 以高水平 SCI 期刊作为评价依据

科技部提出，鼓励发表高质量论文，包括发表在具有国际影响力的国内科技期刊、业界公认的国际顶级或重要科技期刊的论文，以及在国内外顶级学术会议上进行报告的论文。目前三类高质量论文涉及的期刊是"中国科技期刊卓越行动计划"中公布的 285 种期刊，数量非常少，而且有些学科没有一本期刊入选。建议要加大 SCI 期刊入选范围，将中科院一区、二区、三区期刊列入考核指标。这三区期刊目前仅占 SCI 期刊的 35%，总体质量较高，用其评价具有较好的代表性。

2. 强化黑名单制度

2018 年国务院办公厅印发《关于进一步加强科研诚信建设的若干意见》，首次提到了学术期刊黑名单问题。科技部也发文提出定期发布国内和国际学术期刊的预警名单，并实行动态跟踪、及时调整。将管理和学术信誉差、商业利益至上的学术期刊，列入"黑名单"。对于那些掠夺性期刊，办刊质量低下的期刊，不论是国内的还是国外的，一旦发现，立即剔除出考核期刊目录。国内期刊发现问题的，限期进行整改，整改后还有较大问题的，坚决关停，这样就保证了 SCI 论文作为评价指标的基本质量。

3. 宏观评价要发挥 SCI 论文的主导作用

在宏观科技评价中，包括国家地区评价、大学评价和学科团队评价，应发挥 SCI 论文的主导作用，不同级别 SCI 期刊赋予不同权重，然后综合其他科技评价指标进行综合评价，以降低评价成本，提高评价效率。SCI 在宏观评价中存在的问题本质上与简单数论文数量相关，采用指标体系进行评价，SCI 论文仅仅是其中一项指标，这就大大改善了科技评价效果。

4. 鼓励采用一些文献计量指标进行评价

在科技评价中，评价指标不宜简单化，比如传统用 SCI 论文数量、被引次数等进行评价，这是问题产生的根源。应根据评价目的，筛选一些优秀的评价指标评价，如 h 指数家族的一些指标，特征因子、z 指数等。SCI 论文的评价问题，许多是对文献计量指标不重视所致。比如考核学科和团队，他引 h 指数就是一个不错的指标，适当优化后评价效果会更好。特征因子可以反映学科和团队论文的被引质量，也是个不错的评价指标。

5. 微观评价建议兼顾代表作与 SCI 论文数量

在微观科技评价如人才评价、小学科评价等领域，建议建立指标体系进行综合评价。指标体系中，一方面应包括代表作评价得分，另一方面应包括不同级别期刊数量的得分（见图 2-7）。至于代表作评价与论文数量评价的权重分配，建议代表作评价的权重为 0.4，论文数量评价的权重为 0.6。传统采用侧重 SCI 论文数量的评价，有一定的合理之处，规范使用 SCI 论文评价，也需要考察一段时间，应兼顾两者的比重，在新方法没有确认有效之前，适当侧重传统评价方法是合理的。至于论文级别的权重，可采取 1 篇一区期刊视同两篇二区期刊，1 篇二区期刊视同两篇三区期刊的做法。对于中文论文，可根据一定的规则参照对应。此外还应该兼顾课题、奖励等其他指标，从而全面做出科学合理的评价。这样处理降低了代表作代表性差的误差，也能适当降低同行评议的负面影响。

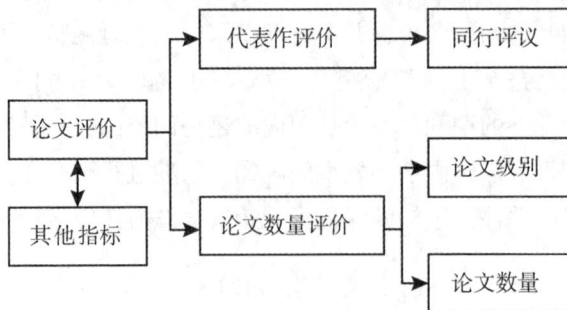

图 2-7　代表作评价

6. 一般高校对研究生毕业论文应该有所要求

无论是什么高校，对于专业型博士毕业，可以降低 SCI 论文发表数量要求，对于专业型硕士毕业，可根据情况取消 SCI 论文发表要求。对于一流大学建设高校以及一流学科建设高校中的一流学科，由于其研究水平高，学生生源素质较好，在学术型博士研究生培养中，对毕业发表论文的要求可以视学科降低要求，必要时取消对毕业发表 SCI 论文数量的要求；对于学术型硕士，视情况可以取消毕业对 SCI 论文的发表要求。对于其他一般高校一级一流学科建设高校的其他学科，学术型博士培养还是应该强调 SCI 论文发表要求，学术型硕士培养可根据情况而定。

2.3.4　几点思考

1. SCI 论文的规范应用需要深化高校科技管理体制改革

SCI 论文用于评价存在的一些问题，其根源受我国的高等教育体制影响。要解决存在的问题，也必须从深化我国高等教育的科技体系改革入手：第一，优化科技资源分配体系，提高科技资源分配的公正性，保证公开、公正、透明；第二，加强高校的科研自主权，充分发挥高校在科技创新、人才培养中的主体作用，大力减少行政干预；第三，改革高校分配体系，优化教师激励机制；第四，大力改革高校科研体制，将管理型改为服务型；第五，营造科研氛围，净化学术空气，让真正的科研人员能安心做学问。

2. 解决 SCI 论文的评价问题需要循序渐进

SCI 论文在科技评价中的异化问题并非一日形成，要使其得到根本的解决也应该循序渐进。科技部建议论文采取代表作评价，并提出中文论文不宜低于三分之一。但是政策颁布后，如果没有中文论文怎么办？全部用英文论文明显违反规定。即使有中文论文，但是一流论文以前均是采用英文发表的，中文论文质量相对较低，也起不到代表作的作用。再比如高校取消 SCI 论文奖励，这是多年来各高校形成的激励模式，一旦取消，也需要一个过程。此外在人才评价中，多年来的习惯已经养成，职称评审中论文本来也是送审的，突然弱化 SCI 论文，以代表作评价为准，操作也有难度。类似问题还有很多，解决需要一个过程。

3. 要重视 SCI 论文的科研符号功能

SCI 论文用于科技评价出现许多问题，原因是多方面的。但是如果换个角度，从 SCI 论文的贡献看，我国目前 SCI 论文已经位列世界第二，充分说明我国在基础研究领域中的世界地位，试想一下如果不是 SCI 论文，拿什么来证明中国基础研究水平的进步。某种程度上，SCI 论文已经成为一种科研符号。大家都知道千金买马骨的故事，与我国在基础研究领域取得的成绩相比，SCI 论文问题根本不值得一提。我们一定要明确，SCI 论文在评价中是存在一些问题，但科学研究没有问题，SCI 论文总体也没有问题。千万不能让公众将 SCI 在论文评价中的问题视为 SCI 论文问题！我们一定要努力维护 SCI 论文的科研符号功能，弘扬科研信仰！

2.4　推进代表作评价存在的问题与对策研究

代表作制度作为科技评价中开始施行的一种新的制度，对其进行分析思考有助于代表作制度的完善，提高科技评价质量。本节首先对评价对象进行分析，然后从评价目的、评价对象、同行评议、评价技术等角度分析了代表作评价存在的问题，并对代表作的可靠性和通过率进行了数学证明。研究发现，代表作评价缺乏宏观评价视角、跨学科难以比较、作者难以选择、不同类型代表作不可比、学科异质性影响代表作评价、对不同学者评价存在适用问题、同行评议制度不够完善、评审专家难以满足需要、评价不同分组难以比较、评价成本高昂、评价可靠性不高，最后提出如下政策建议：不宜扩大代表作的评审范围、明确代表作选取要求、进一步细化分类评价、采用传统方法对初中级学者评审、建立量化考核与代表作兼顾的评审制度、提高同行评审质量、给予高校科技评审的自主权、推广一些文献计量指标、完善科技评价机制。

2.4.1　引言

在科技评价中代表作制度越来越受到重视。在创新型国家建设背景下，提高科研成果质量已经成为首要任务。

代表作制度的推广与实施已经成为一种必然，对其存在的问题进行深度分析具有重要意义。首先，对代表作制度存在问题的分析有利于推进科技评价理论；其次，有利于发现其中存在的问题，从而有利于采取必要的政策措施，进一步优化代表作制度；再次，从长远的角度，有利于保证学术公平，调动广大科技人员的积极性，为建设创新型国家服务。

代表作制度日渐成为世界上学术界一种重要的学术评价制度。叶继元（2012）认为代表作是指能够体现和衡量科研人员学术水平的代表性成果，作品的数量不再做硬性要求，数量再多也不加分。英国的科研评价体系逐渐从 RAE 过渡到 RAF，对高校教师进行业绩考评和晋升审查时要求提交高质量出版物。(李颖、董超等，2015)荷兰大学协会的科研评价则要求科研人员提供 5 份有代表性的出版物及其质量和声誉的其他材料。(邱均平、任全娥，2007)

关于代表作制度的应用，学术界存在一些争议。一种观点总体上肯定代表作制度，俞吾金(2012)指出代表作制度主要是在文科教师职称晋升中，对只重视论文数量这一做法的纠正。宋敏、杜尚宇等(2019)研究发现，高等学校自然科学奖评选的同行评议结果与科学计量学指标呈正相关，可作为高校代表作评价制度开展的模式参考。臧峰宇(2012)认为实施代表作评价有助于从源头上遏制学术浮躁之风，挤破粗制滥造的学术泡沫，打破核心期刊的神话和迷信。

还有一些学者指出代表作制度存在的一些问题，姜春林、赵宇航(2016)认为由于人文社会科学研究自身的复杂性、评审专家的认知偏差、学科划分、同行选择、人情关系等因素共同影响，代表作制度评价目前水平还不高。田贤鹏(2020)指出由于评价过程中的程序公平难以保障，代表作的质量评判标准无法统一，学术共同体的评价机制尚未健全，量化评价形成的制度利益破除困难等，导致代表作制评价的实践探索陷入重重困境。符征(2012)指出实行代表作制度时，评审人也存在着能否读懂论文问题。李涛(2012)认为代表作制会导致职称晋升的不可预期性，可能会破坏高校学术梯队的稳定性并加剧学术腐败，诱发诸多新的学术危机。

代表作的评审主要依靠同行评议，但同行评议本身也存在一些问题。Christine 等(1997)在 *Nature* 上撰文指出，同行评议容易造成裙带关系和性别歧视。Herbert 等(2008)认为作为学术成果评价的守门员和仲裁者的同行评审专家在论文评审过程中存在着夸大事实和容易带有偏见等问题。Bommann 等(2011)通过分析两本期刊在不同季节来稿数量和评审标准，发现同行专家的评审存在不公平现象。Bohannon(2013)曾以一篇存在明显科学问题的研究论文进行了大型投稿调查，发现 304 种开放存取期刊中退稿量仅占 32.2%，即同行评议存在严重的有效性问题。姜春林、魏庆肖(2017)认为在中国特定文化背景下强大的关系社会带来了非学术性干扰，很难使同行专家保持学术中立。

一些学者针对代表作制度提出了一些改进建议，姜春林、张立伟等(2014)在探讨代表作制在实施过程中可能存在的潜在问题的同时，提出科学合理的学术评价制度应当是基于同行评议的代表作制度与科学计量评价方法二者的有效结合。张积玉(2019)提出实行以量化为基础、代表作为主的综合化评价制度，不失为保证学术评价科学合理、公平公正且具可操作性的正确选择。杨兴林(2015)认为有效减少学术代表作评价误差，不仅需要评审专家确实学有专长以及具有较好的学术良知，而且需要有相应的制约机制为保障。杜学亮(2019)认为代表作制度的关键在两个方面，一是建立公开透明的公示制度，二是建立配套的申诉复议制度。

从现有的研究看，关于代表作制度的优劣学术界还存在争议，一些研究肯定代表作制度，还有一些研究认为代表作制度存在不少问题，包括代表作制度自身存在的问题以及引申出来的同行评议相关问题。对于代表作制度的改进，学术界提出了不少改进建议。总体上在以下方面有待进一步深入：

第一，对代表作制度存在的问题分析缺乏一个系统的分析框架，这样导致分析问题不够全面和系统。

第二，从分析问题的方法来看，主要采用纯理论逻辑分析，缺乏必要的数学分析和证明，国内的实证研究也较少。

第三，由于以上两个问题，导致政策建议也不够全面，而且一些政策建议缺乏操作性。

本节首先建立代表作制度的分析框架，然后逐一对问题进行深度分析，并对代表作的可靠性和通过率进行证明，最后提出相关解决路径与政策建议。

2.4.2　代表作制度的分析框架

1. 代表作的评价对象

代表作评价对象如图2-8所示。采用代表作评价主要包括宏观评价和微观评价两个层面，宏观评价主要包括机构评价、学科团队评价、研究基地以及实验室评价等，其特点是评价对象以团队总体为主，成果不是以单个学者为主，代表作数量一般也较多。微观评价包括奖励评价、项目评价、职称评审、人才评价等，其特点是评价对象以单个学者为主，代表作数量一般也较少。关于代表作数量，科技部在《关于破除科技评价中"唯论文"不良导向的若干措施(试行)》指出，对于宏观评价，代表作数量为10篇、20篇、40篇，对于微观评价，代表作一般是5篇。

2. 代表作评价与文献计量评价的关系

与同行论文评议一样，代表作评价实质是在进行内容评价，而文献计

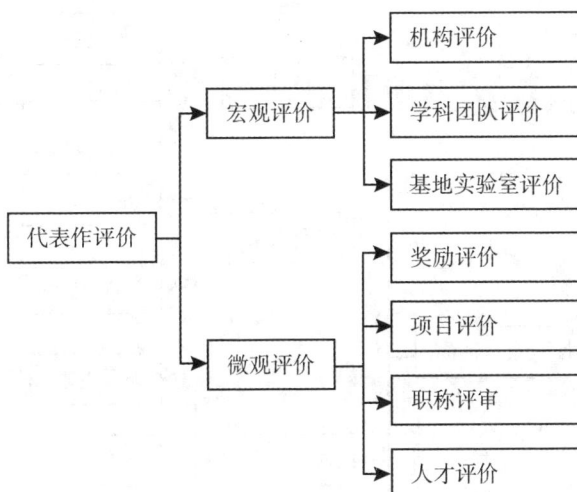

图 2-8　代表作评价对象

量评价实质是在进行形式评价，虽然文献计量评价在意内容质量，但其产生发展的动因只是在于能够在某种程度上通过形式评价来帮助解决外行进行内容质量评价时所面临的认知困惑。所以说基于科研管理关切，两种评价关注的终极目标是一致的，但是在操作要求上有所不同，执行效果亦各有千秋。对于微观学者评价而言，基于代表作的评价方法是有意义的，而对于宏观评价，由于评价工作量巨大往往采用形式评价。无论是代表作评价、同行评议评价，还是文献计量评价，必须考虑评价方法的可执行性、可操作性以及评价结果的可接受性。

3. 分析框架

代表作制度的分析框架如图 2-9 所示。从评价目的、评价对象、同行评议、评价技术四个方面展开。关于评价目的，主要从数量质量与学科比较视角展开分析；关于评价对象，主要从论文选择和学科异质性两个角度进行分析；关于同行评议，主要从环境背景、评审专家、操作程序三个方面开展分析。关于评价技术，主要从可靠性与通过率角度开展分析。

2.4.3　代表作制度存在问题分析

1. 评价目的分析

(1)代表作制度缺乏规模评价视角

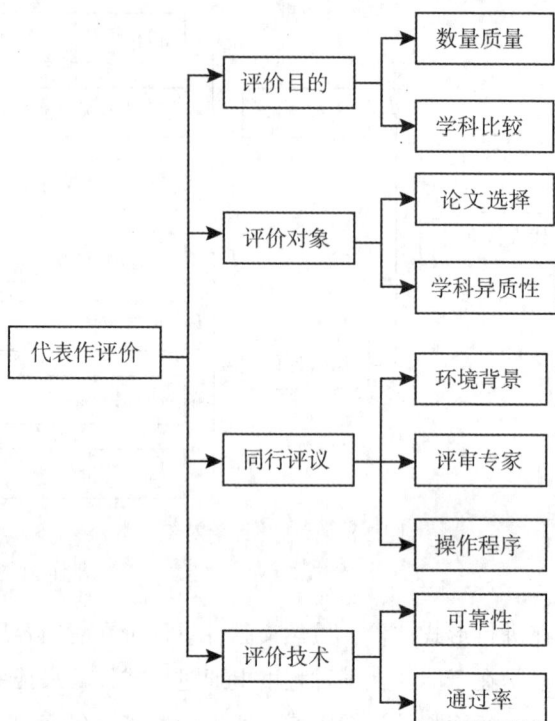

图 2-9   分析框架

代表作评价本质上是一种质量评价，并非数量评价，在进行微观评价包括奖励评价、项目相关评价、职称评审、人才评价等时，这是没有问题的，本着质量至上的原则。但是在进行一些宏观评价，比如学科团队、大学、实验室、研究基地等评价时，一方面需要关注这些机构的一流科研成果即科研质量，另一方面也需要兼顾一定的数量。否则，一些上百人甚至更大机构的科研质量或许 5~10 位高水平科研人员的高质量成果就能代表，存在"一美遮百丑"现象。不兼顾数量评价难以评价机构的贡献，进而可能也会带来科技资源分配的不公。我国目前的宏观评价需求很多，评价工作量巨大，这个问题必须引起足够的重视。

（2）代表作无法进行跨学科比较

跨学科比较虽然是一个难题，但是采用文献计量学进行跨学科比较已经取得了较大进展，并且已经有一些方法手段投入具体的应用。但是采用代表作制度根本无法进行跨学科比较，代表作的评审主要采用同行评议，而同行评议专家往往是学科内部的。关于跨学科比较的评价需求又是比较旺盛的，比如自然科学奖励评审时不同学科的指标分配，不同学科团队的资源分配等。

2. 评价对象分析

(1)作者选择代表作面临诸多困惑

第一，作者难以选择代表作。采用代表作评价无疑是评价论文质量，假设共选择 5 篇代表作，如果作者有 5 篇中科院 SCI 一区论文，5 篇 SCI 二区论文，一共 10 篇论文。一区论文中，有 2 篇相对弱一些，而二区论文中，有 2 篇质量不错。代表作的选取假设有两种方案，第一种是用 5 篇一区论文，第二种是用 3 篇一区论文和 2 篇二区论文。论质量的话能否采用第二种方案？由于历史原因，以刊评文影响很大，如果评审专家更加关注发表的期刊，那么代表作制度也会受到影响。在代表作评审中，是难以实现真正盲审的，即使匿名，通过搜索论文标题也很容易查到作者是谁。

需要说明的是，严格意义上的代表作评价与学术期刊等级无关，只要公开发表即可。但实际操作过程中，这一点难以做到，比如在职称评审、学科评价中，往往强调在"重要期刊""核心期刊""有影响力期刊"等期刊上发表若干篇论文，所以在一定程度上，作者或机构在选取代表作的时候，一般会比较重视期刊级别。

(2)代表作选取中的中国期刊论文问题

科技部明确规定了代表作中中国期刊论文数量原则上不少于三分之一，这需要一段时间过渡。由于历史原因，最好的自然科学论文往往以英文发表在国外期刊上，中国主办的英文期刊数量较少、载文量有限、质量有待提高，许多作者没有中国期刊论文，即使有中国期刊论文，质量也达不到"代表作"的水平。所以在报送代表作的时候，对于中国期刊论文的选择也是个麻烦问题。

(3)同一学科不同研究类型学者代表作难以比较问题

即使在同一学科，如果一位学者侧重基础理论研究，另一位学者还兼顾应用研究，在评职称报送代表作的时候，前者报送 5 篇论文，后者报送 2 篇论文外加 3 份研究报告，或者是专利转让成果。此时对两位作者进行代表作比较是非常困难的，因为这两位学者无法或不能采取分类评价，代表作类型又不一样。解决办法是进一步细分进行分类评价，但是评价往往和广义的资源分配有关，过细的分类评价不利于资源的合理分配，诸如职称指标、学科点的申报等，不同类型之间的资源分配是一个新的问题。

(4)学科异质性影响代表作的评价效果

第一，不同学科代表作的代表性不同。自然科学代表作更具有代表性，哲学社科的代表性相对较弱。由于人文社会科学研究具有研究周期长、社会影响见效慢、学术观点无完全的对错之分、评价中评审者的主观性多于客观性、社会科学研究具有时代性等特点，因此对人文科学研究采用"代表作制度"仍需辩证地加以认识（陈云良、罗蓉蓉，2014）。此外人文社科还可能存在研究学派问题，不同的研究学派观点有所差异。

第二，学科发展速度影响代表作的代表性。一些学科发展较快，知识增长快，优秀科研成果会引领学科发展，代表作就拥有较好的代表性，而另外一些学科相对成熟，知识增长慢，代表作就难以起到代表作用。比如互联网高速发展时，计算机网络领域的论文代表作就拥有较好的代表性，而目前相对成熟的数学学科，代表作的代表性就相对较弱，毕竟重大成果很少，小成果较多，不同代表作水平之间的区分度相对不大。

（5）代表作对不同水平学者的适用问题

对于水平较高的学者，代表作制度可以反映其水平，但是对于水平相对较低的学者，尽管代表作可以反映其水平，但有些大材小用。毕竟采用代表作制度涉及许多人力物力和财力的投入，那些明显低水平的研究采用代表作进行评审，会浪费很多公共财政资源。尤其在科技奖励评选时，对于低水平研究，完全没有必要全部送审，可以先初选一批。

3. 同行评议分析

（1）我国同行评议制度还有待完善

学术代表作制评价的核心问题在于按照学科的内在逻辑，建立学术共同体内在的价值标准。（许纪霖，2014）中国还没有形成真正意义上的学派，形成学术共同体的条件和群体意识还不完全具备。（王浩斌，2015）由于缺乏深厚的评价文化底蕴，我国学术共同体学术评价的制度规范还不够完善，加上东方文化比较重视人际关系，导致在学术评价中人情关系对代表作评价的干扰较大。当然这个问题也并非我国所独有，西方发达国家也或多或少存在类似现象，只不过我国的问题比较严重而已。

（2）评审专家的学识局限

受评审专家主观局限性和思维惯性的影响，加上评价情境的复杂性，可能会使同行评议失效。每位专家都有自己的思维定势，会导致评价产生认知偏差，从而影响评价的客观性和稳定性。虽然可以通过延长评审时间，以及尽可能进行匿名评审的方法降低认知偏差，但这种影响是难以消除的。

（3）评审工作量加大，专家难以满足需求

一旦代表作制度全面铺开，评审工作量将呈几何级数上升，评审专家将难以满足需求。毕竟大量的评审专家均是学科领域内的杰出学者，他们是最权威和最称职的同行评议专家。但由于工作和科研任务繁重，他们根本无暇进行大量的评审。代表作评价需要大规模扩大评审专家的数量，其结果必然导致评审专家的平均水平下降，难以对代表作进行客观公正的评价，同时增加了寻租风险。

（4）全面型评审专家无法满足要求

在进行宏观评价时，代表作就是团队或机构的代表作，比如进行学科评价时，一个单位就有 20 篇代表作，可能涉及学科中 3~5 个研究方向，而评审专家同时评审的学科可能会有 10 多个，那么涉及的研究方向可能会有 20~30 个。很少有专家拥有如此宽阔的知识广度和知识深度，如何找到合适的评审专家首先是个难题，在宏观评价中，这个问题是非常普遍的。即使是微观评价，如果一位专家同时评审 10 个学者的 50 篇代表作，那也存在评审专家的知识面不够问题。

（5）同行评议不同分组难以比较问题

对于一些宏观机构评价，每家机构代表作数量会达到 40 篇，一篇论文短的可能是七八页，长的有几十页。而参评机构可能有 50 家，这对评审专家绝对是巨大的工作量。如果不认真阅读论文，那么评价效果会很差，如果认真阅读论文，一位评审专家也难以评审 50 家机构的 2000 篇论文。可行的解决方法是分组评价，即将 2000 篇论文分为很多组，每组请若干位专家进行同行评议，但因为是定性评价，尽管也打分，但不同组别的评审结果是难以进行比较的。

（6）评审专家以刊评文问题

由于代表作评审专家在评审时面临巨大的挑战，比如知识面不够、评审工作量大、时间不足等问题，最直接的方式是看代表作发表的期刊，根据发表期刊的级别来大致对作者的研究质量进行判断，也就是说"以刊评文"，而教育部、科技部在相关文件中明确提出摒弃"以刊评文"。这里暂不讨论以刊评文的利弊，但是在代表作评审过程中，以刊评文其实是一种常见现象，如果评审专家由于思维定势的影响继续以刊评文，那代表作制度就会大打折扣。

（7）同行评议的规范性有待提高

代表作的同行评议是个系统工程，涉及方方面面，一类是程序性问题，比如专家数量、专家是否异地、抽签方式、通讯还是会议、打分区分度、表决方式，是否允许申诉、程序是否公开、保障机制。另一类是具体操作问题，如代表作的判断标准，打分数据分布，评审意见要求等。这方面许多工作需要细化，目前的同行评议规范性还不够，亟需提高。

(8)代表作无法实现真正的匿名评审

学者的科学研究从论文投稿到代表作评审过程如图 2-10 所示。作者在进行论文投稿时，需要采用同行评议进行首轮评审，目前国际上通行的做法是严格进行双盲评审，即作者不知道评审专家，评审专家不知道作者。首轮评审时期刊一般至少请 2 个评审专家进行同行评议，如果论文被接受则投稿完成，如果论文被退稿，作者还要改投其他期刊。在论文接受之前，意味着投稿会有多次评审，1 篇论文在发表前有 10 个不同期刊的专家匿名评审是可能的。

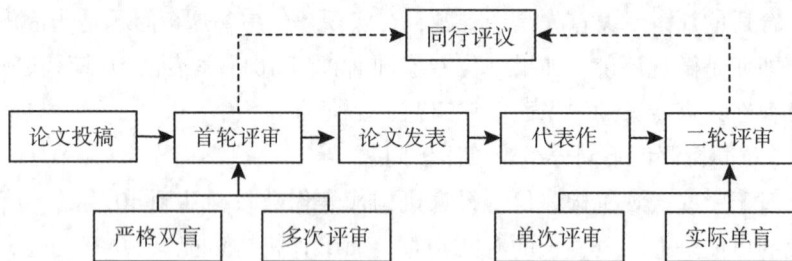

图 2-10   从论文投稿到代表作评审

在采用代表作进行评价时，本质上是第二轮评审，评审方法同样采用同行评议，但是需要注意的是，代表作同行评议一般只有 1 次，并且无法做到双盲，实际上只能做到单盲，这是因为即使采取双盲措施，根据论文题目和其中的相关语句还是可以查到作者是谁。

对比以上两轮评审，可以非常明显看出第一轮评审的公平性远超过代表作第二轮评审。论文的发表过程就是一个经受同行评议专家质询的过程，作者论文数量越多，这种质询次数也越多，所以论文数量一定程度上反映了这种考验的次数，进一步地，传统根据论文数量的评价有一定的合理性。

(9)代表作评价的成本问题

采用代表作进行评价是需要成本的，包括组织成本、同行评议成本、会议成本、争端解决成本等经济成本，此外还有时间成本等。随着代表作制度的全线铺开，评价工作量增加很大，评价成本会增加更多，根据我国科研体制的现状，这些成本往往采用公共财政资源支出，这增加了纳税人的负担。

（10）代表作评价无法防止科研投机

科研投机者往往并不是真正的学者，他们会发表一定数量的核心期刊论文，然后谋求个人利益。在传统的科技评价体系下，尽管也存在一些学术不端以及科研投机现象，但总体上是可控的。但是如果广泛采用代表作，这些投机现象防范可能比较困难。毕竟科研投机者造出 5 篇代表作还是相对容易的，这些人一旦到达比较重要的岗位又没有真才实学，造成的损失和负面效应会更大。

4. 代表作的技术问题

（1）代表作评审专家较少时误差较大问题

根据前文分析，论文发表时的评审专家总体会比代表作二次评审时的同行评议专家数量要多，这可能会导致代表作评审时的打分误差较大，设不同专家对某篇论文评分的分值为：

$$x_i = \mu + \varepsilon_i \quad (i = 1, 2, 3, \cdots, n) \tag{2-1}$$

式（2-1）中，x_i 为专家给出的评分值，μ 为该论文真实水平所对应的真实值，ε_i 为单次评分与真实水平的随机误差。则 n 位专家给出的评分为：

$$\begin{cases} x_1 = \mu + \varepsilon_1 \\ x_2 = \mu + \varepsilon_2 \\ \quad\vdots \\ x_n = \mu + \varepsilon_n \end{cases} \tag{2-2}$$

采用算术平均法来综合 n 位专家评分得到专家评分平均值：

$$x = \frac{\sum_{i=1}^{n} x_i}{n} = \frac{n\mu}{n} + \frac{\sum_{i=1}^{n} \varepsilon_i}{n} = \mu + \frac{\sum_{i=1}^{n} \varepsilon_i}{n} \tag{2-3}$$

单次评分与真实水平存在随机误差 ε，当单次评分高于真实水平时，随机误差 ε 为正值，当单次评分低于真实水平时，随机误差 ε 为负值。由于随机误差 ε 服从正态分布，因此当 n 越大，即评审专家人数越多时，随机误差和逐渐趋向于 0，即多人评分的均值逐渐接近真实值的近似值。

在微观评价时，代表作的数量可能就是 5 篇或 10 篇，如果评审专家的数量也就是 5~10 人，在这种情况下，不能称为大样本，此时 ε 就不会服从正态分布，从而会产生较大的评价误差。

在代表作评价时，如果评审专家达到 30 人，此时从概率与数理统计的角度可以称为大样本，随机误差会服从正态分布，随机误差项会趋近于

0，此时误差就较小，打分会比较精确，但这也意味着评价成本成倍增加。

此外由于在代表作评审过程中无法实现双盲，那么在评价中除了随机误差，还会存在系统误差，这种系统误差是无法消除的。

综上所述，造成代表作评审误差共有两个方面，一是评审专家较少时的偶然误差，二是不管评审专家人数多少时，由于无法绝对进行双盲评审的系统误差。

（2）二轮评审通过概率大于论文录用首轮评审

代表作评审的可靠性还可以从另一个视角进行分析比较。在一些选拔型的评审中，如职称评审、奖励评审中，假设用代表作或论文的通过概率作为其难度的一种指标，通过概率大说明难度不高。不妨做如下假设：

第一，论文审稿人、代表作同行评议专家能力和水平都一样；

第二，论文审稿人、代表作同行评议专家打分服从正态分布 $N(\mu, \sigma^2)$；

第三，论文审稿人、代表作同行评议专家打分独立且同分布；

第四，论文审稿人数量是代表作同行评议专家的 2 倍（根据前文分析，这容易满足）；

第五，论文审稿人、代表作同行评议专家打分采用双盲评审。

在论文审稿时，多人审稿制度下，假设被评人有已录用的稿件 n 篇。在期刊的投稿过程中，每一篇稿件需经两个审稿人同意后才能录用，n 篇稿件审稿人总数至少为 $2n$。设 x_i、y_i 分别为第一审稿人、第二审稿人打分，则该人的 i 篇稿件概率密度函数为：

$$A_i = \frac{1}{2\pi\sigma^2}\sqrt{\exp\left(-\frac{(x_i-\mu)^2}{2\sigma^2}\right)\exp\left(-\frac{(y_i-\mu)^2}{2\sigma^2}\right)} \qquad (2\text{-}4)$$

对其标准化后进一步处理得：

$$\frac{1}{n}\sum_{i=1}^{n}\sqrt{\left(\frac{x_i-\mu}{\sigma}\times\frac{y_i-\mu}{\sigma}\right)} \leqslant \frac{1}{2n}\sum_{i=1}^{n}\frac{x_i+y_i-2\mu}{\sigma} \qquad (2\text{-}5)$$

由于 $x_i + y_i = T_i \sim N(2\mu, 2\sigma^2)$，可得：

$$\frac{1}{2n}\sum_{i=1}^{n}\frac{x_i+y_i-2\mu}{\sigma} = \frac{\sqrt{2}}{2n}\sum_{i=1}^{n}\frac{T_i-2\mu}{\sqrt{2}\sigma} \qquad (2\text{-}6)$$

则作者稿件通过的概率密度函数为：

$$A = \frac{1}{2\pi n\sigma^2}\sum_{i=1}^{n}\sqrt{\exp\left(-\frac{(x_i-\mu)^2}{2\sigma^2}\right)\exp\left(-\frac{(y_i-\mu)^2}{2\sigma^2}\right)} \qquad (2\text{-}7)$$

最后得稿件通过概率为：

$$P_A = \int\int_{-\infty}^{n} A \qquad (2\text{-}8)$$

在代表作同行评议时，假设同行评议专家人数为 n，z_i 为第 i 个专家的打分结果，代表作打分同样服从正态分布 $N(\mu, \sigma^2)$，则代表作通过的概率密度函数：

$$B = \frac{1}{\sqrt{2\pi}\,n\sigma} \sum_{i=1}^{n} \exp\left(-\frac{(z_i - \mu)^2}{2\sigma^2}\right) \qquad (2-9)$$

同样对其标准化，得：

$$\frac{1}{n} \sum_{i=1}^{n} \frac{z_i - \mu}{\sigma} \qquad (2-10)$$

最后得其稿件通过概率为：

$$P_B = \int_{-\infty}^{n} B \qquad (2-11)$$

对比式(2-6)和式(2-10)得：

$$\frac{\sqrt{2}}{2n} \sum_{i=1}^{n} \frac{T_i - 2\mu}{\sqrt{2}\,\sigma} \leqslant \frac{1}{n} \sum_{i=1}^{n} \frac{z_i - \mu}{\sigma} \qquad (2-12)$$

也就是说 $P_A < P_B$，由此可知，代表作同行评议的通过率高于论文投稿的通过率，作者期刊论文录用的难度要大于代表作同行评议。此外这也说明另外一个问题，即在代表作进行同行评议时，评审专家较少筛选效率不高。

2.4.4　代表作制度的优化改进路径

1. 不宜扩大代表作的适用范围

在科技评价中会面临各种评价需求，在微观评价以及科研质量评价中，代表作制度可以尝试并逐步进行改进，但是在进行宏观评价时，一定要反复思考这个问题，真的对机构评价就没有规模和数量要求吗？现在国家对一些科研机构的投入，多的每年高达数亿元，如果这个机构恰恰是从事基础研究的，如果评价时只看10篇代表作，那么有没有问题？

对于不同学科之间的比较也超越了代表作评价的能力，凡是涉及资源在不同学科之间分配，以及不同学科之间的比较问题，此时已经超越了代表作可以评价的范围，要采用新的规则。

对于一些重要的微观评价，要反思一下评价目的。比如提拔科研管理工作重要岗位上的学者，他们即将拥有更大的权力，对单位的科研影响会很大，建议应该适当兼顾论文数量，防止科研投机现象。

2. 代表作的选取一定要明确要求

对于作者代表作的选取一定要明确质量，并且评价机构要承诺严格执行。严格意义上，即使是非核心期刊论文也应该可以选为代表作，但是在《关于破除科技评价中"唯论文"不良导向的若干措施（试行）》中，提出鼓励发表高质量论文，包括发表在具有国际影响力的国内科技期刊、业界公认的国际顶级或重要科技期刊的论文，以及在国内外顶级学术会议上进行报告的论文，某种程度上这是一种新的"以刊评文"现象。除非下决心不采用任何核心期刊目录，否则代表作选取时还是要兼顾发表期刊级别的。

"以刊论文"的评价方式并不能"一棒子"，它还是存在一定合理的评价逻辑。在没有特别有效的方式的前提下，它仍将是现在科研评价制度中非常重要的一种方式。"代表作"评价的核心是让研究者树立质量意识，同时在一定程度上可以降低评价成本。它与"以刊论文"不是对立的，不能强调代表作评价，就要把文献这领域的一些方法和成果完全放弃掉。

3. 分类评价要进一步细化

学者的分类评价国家已经提出了许多明确要求，但还是要进一步细化。比如教学型、教学科研并重型、科研型的分类，基础研究、应用基础研究、应用研究的分类等。对于不同类型的代表作评审要求是不一样的，相互之间不可比较，进一步细化有利于代表作制度的推进。但又带来一个新的问题，即不同类型评价之间如何分配资源，如职称指标、科研经费等。

4. 对初中级评审可以适当采取以刊评文

由于代表作评审全面推开会大幅度加大评价工作量，提高评价成本，代表作评审的公平程度也有可改进空间，因此对于一些初中级评审，可以适当采取以刊评文的做法，比如讲师评审、一般高校的副教授评审等，以刊评文仍然是一种成本较低相对公平的有效手段。

5. 建立量化考核与代表作制度兼顾的评审制度

建立量化考核与代表作制度兼顾的评审制度，能够淘汰掉一批质量相对较低的评审对象，提高评审门槛，从而节省评价成本，另外也有利于保证评价公平。具体的量化考核基本要求各高校和科研机构可以根据自身情况制定具体的细则，其实目前国内许多高校在职称评审中都提出了一定的量化考核要求，这其实是代表作制度推广的良好基础。

即使在这种情况下，对于量化考核成果相差较大的，其实也不需要采用代表作评价，对于量化考核成果相近的，代表作制度作为一种必要的补充。

6. 提高代表作同行评审的规范性与质量

第一，要规范同行评审程序，细化同行评审细节，提高同行评审的规范性，尽量做到公开透明。第二，适当保证评审专家的规模。当评审专家规模较小时，会增加评价的随机误差，从而影响评审结果，当评审专家人数较多时，又容易增加成本，必须在两者之间保持一个合理的平衡，建议对于一些重大评审，评审专家数量为 25~30 人，或者略多。

7. 代表作制度的推广应给高校一定的自主权

关于代表作的推广，教育部重点考核的是各个"双一流"建设高校以及教育部直属高校。建议区分不同评价目的、不同高校、不同学科推广代表作制度，赋予高校一定的自主权。对于一流大学、一流学科大学的一流学科、教育部直属高校的优势学科，在微观评价时采用代表作制度是没有问题的。对于其他情况，建议赋予高校一定的自主权，兼顾量化考核与代表作制度进行评价。

8. 建议推广一些新的文献计量指标

传统的以 SCI 论文数量为主的科技评价方法存在不少弊端，从而催生了代表作制度产生，但是代表作制度也并非十全十美，其完善适用还有很长的路要走。造成这种现象的根源是长期以来文献计量学与科学计量学得不到应有的重视，有许多不错的文献计量指标，比如 h 指数家族、特征因子、z 指数等，如果早一点采用这些指标进行评价，而不是简单地统计论文数量和影响因子，科技评价质量会提高很多。

9. 完善科技评价机制

我国的科技评价机制还有待完善。第一，科技评价体制取决于科研管理体系，要全面系统地进行顶层设计，包括科研管理体系。第二，要全面系统地设计我国的科技评价机制，确定评价战略、目标、原则、机制等宏观框架。第三，加强管理的科学性与制度化，及时吸收最新评价方法和手段，充分发挥评价专家在科技评价中的作用。第四，发挥高校与科研院所的自主权，国家层面只做宏观引导。

3. 期刊评价指标优化

3.1 h 指数的综合修正研究

为了克服 h 指数对高被引论文重视不够、受载文量影响较大、区分度低等缺陷。本节提出了 h_{top} 指数，其基本原理是用 h 指数除以载文量的对数，然后再乘以高被引论文的比例。基于 CNKI 数据库和 CSSCI 图书馆、情报与文献学期刊进行实证，分析 h_{top} 指数的数据分布以及与其他文献计量指标的关系。研究发现：h_{top} 指数是个较全面的文献计量指标，适合进行界定评价对象时间范围的评价，可进一步修正 h_{top} 指数以解决作者合作问题，h_{top} 作为文献计量指标进行进一步测试和推广。

3.1.1 引言

2005 年，美国物理学家 Hirsch(2005)提出了一个新的文献计量指标，并将其命名为 h 指数(h-index)，用以评价科学家的学术成就。该指标不仅可以用来评价学者，也可以用来评价研究机构、学术期刊等，由于兼顾了论文的数量与质量，具有原理简洁、计算简单的特点，因此一公布就引起了较大的关注。Braun 等(2006)最早将原来针对作者的 h 指数移植到学术期刊，将期刊的 h 指数定义为期刊发表的 h 篇论文每篇至少被引用 h 次。Raan(2006)将 h 指数的原理应用到研究机构评价。Guan 等(2008)首次尝试将 h 指数引入专利分析中。Liu(2007)将 h 指数的原理应用在馆藏图书的借阅分析。此外，h 指数在基金论文、学科评价等领域也得到了广泛的应用。

当然 h 指数也存在着一些不足，Glänzel 等(2006)对 h 指数的问题做了全面总结，主要包括：①对于刚从事科学研究的年轻人不利；②不利于论文数量少而被引频次高的科学家；③h 指数对科学家而言只升不降，不利于激励，也不利于分析研究活力的衰减情况；④不同学科 h 指数难以比较；⑤不适合评价一般的研究工作；⑥计算数据库严重影响结果。Schreiber(2007)发现自引对 h 指数会产生非常明显的影响，尤其是 h 指数较低的年轻学者。Wan 等(2007)认为 h 指数不能区分不同作者的贡献。Rousseau(2006)认为期刊载文量过少也会影响其 h 指数。聂超、朱国祥(2009)认为 h 指数对低被引论文不重视，其存在着向高被引文献转化的可能性。张学梅(2013)发现 h 指数区分度过低，容易出现 h 指数相等情况。此外，h 指数和其他引用类的文献计量指标一样，也存在着作者自引和期刊自引问题。

针对 h 指数存在的问题，学术界进行了大量的研究，推出了一批类 h 指数，主要包括以下几个方面：

第一，为了克服 h 指数对高被引论文不重视的缺陷，Egghe(2006)提出了 g 指数，Kosmulski(2006)提出了 $h(2)$ 指数，Jin 等(2007)提出了 A 指数和 R 指数，Alonso 等(2010)提出了 h_g 指数。

第二，为了克服 h 指数对低被引论文的影响，聂超、魏泽峰(2010)提出扩展的 h 指数，增加了 h 指数对低被引论文的重视。Anderson 等(2008)提出了 h_t 指数，将所有被引论文都计算在内。

第三，为了避免期刊载文量过少导致 h 指数过低问题，Rousseau(2006)提出了相对 h 指数，即将 h 指数除以该期刊所发表的论文数。Sidiropoulos 等(2007)提出了 h_n 指数，用作者 h 指数除以作者撰文总数，对论文较少的作者予以补偿。安静等(2009)提出 K 指数，剔除了载文量对期刊评价的影响。

第四，为了解决 h 指数区分度较差的问题，Ruane(2008)提出 h_{rat} 指数，解决了相同 h 指数科学家的可比问题。

从现有的研究看，关于 h 指数的应用及其存在的问题学术界的研究比较全面，也提出了一系列解决方法，形成了类 h 指数系列，进一步优化和推进了 h 指数。总体上看，有些问题并不是 h 指数独有的问题，比如自引，在所有的与引用相关的文献计量指标中，均有类似问题，关于这些问题的解决，可以采用他引来计算 h 指数，因此此类问题可以不作为 h 指数本身的问题。目前存在的最大问题是，现有的研究方法均在某个方面推进了 h 指数，但很少有在多个方面推进 h 指数，对其进行优化的研究。本节在分析 h 指数存在问题的基础上，提出 h_{top} 指数，试图从多个方面对 h 指数进行优化，解决 h 指数区分度差、对高被引论文重视不够、忽略低被引论文以及载文量对 h 指数的不利影响等问题，推进 h 指数的研究。

3.1.2 h_{top} 指数的设计

1. 指导思想

第一，遵循 h 指数原理原则。h 指数的精华，就是用非常简捷的算法，解决学术评价中的基本问题，因此新的评价方法必须以 h 指数的原理为基础，然后进行优化。

第二，采用全部数据原则。为了解决 h 指数对高被引论文区分度不够，以及对低被引论文不够重视的问题，在新的 h 指数设计中，必须尽量采用所有的引文数据。

第三，时间虚化原则。时间相关问题一直是 h 指数的基本问题，当然其他文献计量指标也有类似问题。其实只要界定评价对象的时间取值范围，比如用 h 指数对某个特定时间段的作者或期刊进行评价，那么就可以忽略 h 指数的时间问题，专注于 h 指数其他问题的解决。

第四，载文量问题。h 指数的载文量问题也是需要注意的问题，在新指数设计时，必须做到该指数与载文量无关，或者能够对载文量带来的问题进行调整。

第五，保持区分度原则。新的指数设计时必须拥有一定的区分度，尽量避免出现两个评价对象评价结果相等情况。

第六，质量与数量兼顾原则。虽然 h 指数总体上是评价质量的，但是也有一定的数量因素，因此新指数必须能够体现这个原则。

2. h_{top} 指数的原理

h_{top} 指数原理如图 3-1 所示，根据 h 指数的定义，如果将论文被引数量从高到低排序，该曲线与坐标轴围成的面积就是总被引次数，从原点出发的 45 度射线与曲线的交点位置就是 h 指数位置，表示论文数量与被引次数相等。

曲线面积(总被引次数)由 3 个部分组成：第一部分是高被引区 S1 部分，也就是众多学者认为的没有被重视的部分；第二部分是正方形 S2 部分，即 h 指数部分，大小为 $h*h$，属于中间部分，既不属于高被引区，也不属于低被引区；第三部分是 S3 部分，即低被引区。真正能够体现论文质量的是高被引区，因此作为质量的综合反映，可以采用高被引区面积占总面积的比例表示，称为 h 质量指数($h_{quality}$)，该指标是个相对数。需要说明的是，从计算面积的角度出发，需要在原 h 指数曲线两端加上一段封闭线段，不然曲线就是开放式的，无法计算面积。

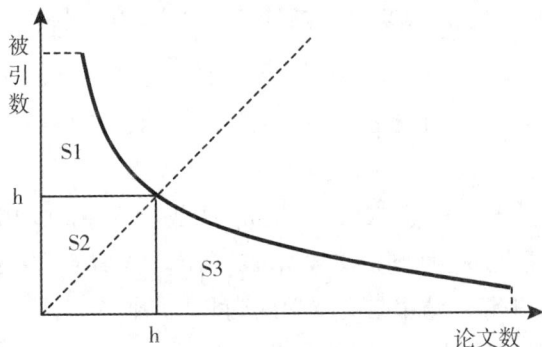

图 3-1　h_{top} 指数原理

　　但是仅从质量指数角度反映是不够的，当 h 指数较低时，也有可能获得较高的 h 质量指数，只要其高被引次数所占比例较高即可。比如一个期刊 h 指数是 30，其高被引论文占比为 30%，另一个期刊 h 指数为 15，高被引论文占比也为 30%，不能简单说这两种期刊的质量相等。为了平衡这种差异，最直接的做法是采用 h 指数乘以 $h_{quality}$ 表示，但是这样处理的问题是没有排除期刊载文量的影响。根据 Rousseau（2006）、Sidiropoulos 等（2016）的思想，采用 h 指数除以载文量的对数进行修正，取对数的原因是可以很好地降低分母的数量级，从而使得新的 h_{top} 拥有较好的区分度，即 h_{top} 指数为：

$$h_{\text{top}} = \frac{h}{\log(\text{Paper})} \times h\text{-quality} = \frac{h}{\log(\text{Paper})} \times \frac{\sum_{i=1}^{h} \text{Cite}_i - h^2}{\sum_{i=1}^{n} \text{Cite}_i} \quad (3\text{-}1)$$

　　公式（3-1）中，将论文被引次数从高到低排序，Cite_i 表示被引次数，Paper 为载文量，h 为 h 指数，n 为论文数。$\sum_{i=1}^{n} \text{Cite}_i$ 表示总被引次数，即 S1+S2+S3，$\sum_{i=1}^{h} \text{Cite}_i$ 表示大于等于 h 指数的被引次数，即 S1+S2，h^2 表示 S2，$\sum_{i=1}^{h} \text{Cite}_i - h^2$ 表示高被引区，即 S1。

　　之所以被称为 h_{top} 指数，是因为它综合考虑了高被引论文，即 h 质量指数（$h_{quality}$），又兼顾了质量数量兼备的 h 指数，同时适当考虑了期刊载文量增加带来的影响。

3.1.3　研究数据

为了进一步测试 h_{top} 指数的合理性，本节以中国期刊网引文数据库和图书馆、情报与文献学 CSSCI 期刊为例，计算这些期刊的 h_{top} 指数，并进行后续分析和测试。为了避免 h 指数的时间问题，本节采用影响因子的计算原理，计算期刊过去两年刊载论文在统计当年的 h_{top} 指数，即期刊 2013—2014 年刊载的论文在 2015 年的 h_{top} 指数。不计算 2016 年的 h_{top} 指数是考虑到可能还有部分期刊引文数据没有入库，会导致数据缺失影响计算结果。CSSCI 图书馆、情报与文献学期刊共 20 种，由于《情报学报》的引文数据不全，因此实际上只有 19 种期刊数据。

3.1.4　实证结果

1. h_{top} 指数的计算

h_{top} 指数的计算结果如表 3-1 所示，根据这个结果，《中国图书馆学报》《大学图书馆学报》等期刊排在前列，与学术界认可的排名基本一致。如果单纯采用 h 质量指数($h_{quality}$)评价期刊，像《图书馆》杂志，$h_{quality}$ 指数为 0.397，超过《中国图书馆学报》和《大学图书馆学报》，但其 h 指数只有 14，总体不高，因此单纯采用 $h_{quality}$ 指数来进行评价是不合适的。

表 3-1　h_{top} 指数计算结果

期刊名称	2013—2014年载文量	2015 年引用数	影响因子	h 指数	$h_{quality}$	h_{top}
中国图书馆学报	209	860	4.115	25	0.303	3.265
大学图书馆学报	310	812	2.619	22	0.355	3.135
国家图书馆学刊	234	481	2.056	14	0.497	2.937
图书情报工作	1792	3079	1.718	29	0.324	2.888
图书馆建设	667	881	1.321	16	0.457	2.589
图书情报知识	212	395	1.863	13	0.454	2.537
图书与情报	342	846	2.474	19	0.326	2.444
图书馆学研究	1023	1811	1.770	24	0.291	2.320

续表

期刊名称	2013—2014年载文量	2015年引用数	影响因子	h 指数	$h_{quality}$	h_{top}
情报杂志	936	2125	2.270	23	0.281	2.175
图书馆杂志	546	904	1.656	20	0.297	2.170
情报资料工作	313	690	2.204	19	0.276	2.101
图书馆	538	786	1.461	14	0.397	2.035
图书馆论坛	488	967	1.982	20	0.264	1.964
现代图书情报技术	463	624	1.348	16	0.301	1.807
图书馆工作与研究	797	1172	1.471	18	0.278	1.725
情报科学	743	1296	1.744	20	0.192	1.338
档案学研究	292	328	1.123	12	0.239	1.163
情报理论与实践	717	1265	1.764	20	0.163	1.142
档案学通讯	315	379	1.203	13	0.193	1.004

2. h_{top} 指数的特点分析

（1）h_{top} 指数与其他指标的相关性分析

h_{top} 指数与其他指标的斯皮尔曼相关性相关系数如表 3-2 所示，采用斯皮尔曼相关系数是因为文献计量指标很难服从正态分布。h_{top} 指数与影响因子的相关系数为 0.642，并且通过了统计检验，与 h 指数的相关系数为 0.436，也通过了统计检验，与 $h_{quality}$ 指数的相关系数为 0.712，同样通过了统计检验，说明 h_{top} 指数作为期刊评价指标总体上是可行的。

表 3-2　h_{top} 指数与其他指标的相关性分析

	载文量	影响因子	h 指数	$h_{quality}$	h_{top}
载文量	1.0000				
	—				
影响因子	−0.2376	1.0000			
	0.327	—			

续表

	载文量	影响因子	h 指数	$h_{quality}$	h_{top}
h 指数	0.6453	0.5195	1.0000		
	0.003	0.023	—		
$h_{quality}$	−0.1656	0.0893	−0.2299	1.0000	
	0.498	0.716	0.344	—	
h_{top}	0.0326	0.6420	0.4355	0.7116	1.0000
	0.895	0.003	0.062	0.001	—

此外，h 指数与载文量的相关系数为 0.645 并且通过了统计检验，说明载文量多的期刊，其 h 指数确实较高，因此有必要进行调整。

（2）h_{top} 指数与载文量散点图

h_{top} 指数与载文量散点图如图 3-2 所示，两者难以看出相关性，从相关系数看，两者的相关系数仅为 0.033，而且没有通过统计检验，说明 h_{top} 指数已经消除了载文量多少的影响。

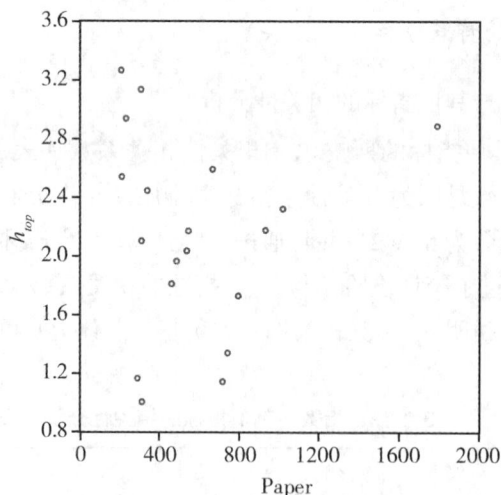

图 3-2 h_{top} 指数与载文量散点图

（3）h_{top} 指数的数据分布特点

h_{top} 指数的数据分布如图 3-3 所示，Jarque-Bera 值为 0.654，相伴概率

为 0.721，不能拒绝原分布是正态分布的假设，也就是说 h_{top} 指数更接近于正态分布，此外离散系数为 31.34%，比较适合作为评价指标。

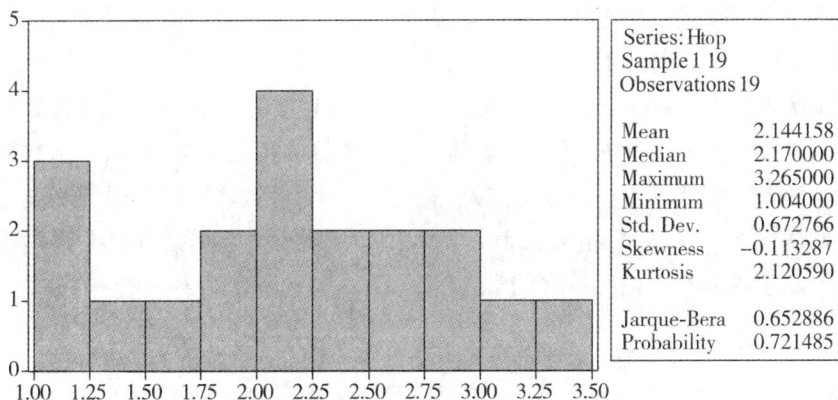

图 3-3　h_{top} 指数的数据分布

3.1.5　结论与讨论

1. h_{top} 指数是个较全面的文献计量指标

h_{top} 指数在 h 指数的基础上，通过论文数量与质量相结合的方式，将期刊的全部引文均纳入计算，重视高被引论文的贡献，克服了期刊载文量对 h 指数的影响，拥有较好的区分度，数据接近正态分布，并且和影响因子、h 指数正相关，因此是一个较好的文献计量指标。

2. h_{top} 指数适合进行界定评价对象时间范围的评价

h_{top} 指数比较适合界定评价对象时间范围的评价，包括学者评价、机构评价、期刊评价、专利评价等，因为界定论文时间范围后就可以进行比较，也克服了 h 指数在评价学者时遇到的类似时间问题。

3. 可进一步修正 h_{top} 指数以解决作者合作问题

本节中 h_{top} 指数并没有考虑作者合作情况，区分不同作者的学术贡献，但由于 h_{top} 指数是在 h 指数的基础上发展而来的，因此可以采用其他学者修正 h 指数论文合作的方式进一步进行优化，使其更加完善。至于自引问题，本质上也是引文数据的选择与处理问题，也方便进行完善。

综上所述，h_{top} 指数的提出弥补了 h 指数对高被引论文重视不够、受载文量影响较大、区分度低等缺陷，相对于以往研究中一般 h 指数优化仅能解决少数问题有所进步，因此可以作为文献计量指标进行适当推广。当然由于本节仅仅以图书馆、情报与文献学期刊为例进行研究，至于其他学科会呈现出什么特点有待进一步分析。

此外，本节提出 h_{top} 指数是以学术期刊为对象的，由于学术期刊载文数量较多，因此计算 h_{top} 指数的数据就比较丰富。但是如果借用 h_{top} 指数来评价学者则需要慎重，对于论文数量过少的学者，或者在统计时间跨度过短的情况下，计算 h_{top} 指数价值是不大的。因此 h_{top} 指数更适合大样本数据，如学术期刊、论文较多的学者等。

4. 对于不同学科 h_{top} 指数的适用性有待进一步验证

由于本节数据量较少，因此对于不同学科 h_{top} 的适用性及其特点，需要更多的数据进行验证，在此特别说明。

3.2　考虑载文量影响的 h 指数优化研究——hq_2 指数

针对 h 指数受载文量影响大、区分度低等问题，本节提出了 hq_2 指数，其原理是用 h 指数除以开平方后的载文量。基于中国知网（CNKI）引文数据库，以 46 种综合社科期刊为例进行实证研究，首先分析 hq_2 指数与其他期刊评价指标的相关性，其次对 hq_2 指数进行独立样本 t 检验，最后采用回归分析分别分析 h 指数、影响因子与 hq_2 指数的拟合优度。研究结果表明：hq_2 指数相比于 h 指数能够降低载文量对期刊评价的影响，对于 h 指数相同的期刊也具有较好的区分能力，同时 hq_2 指数与 h 指数、影响因子呈现正相关关系，是一个具有可行性的期刊评价指标；hq_2 指数具有识别优秀期刊的能力。

3.2.1　引言

2005 年，Hirsch（2006）提出一个新的计量指标——h 指数，该指标主要用于评价科研工作者的个人学术成就。由于计算的科学性和简便性，h 指数在其他领域也得到了广泛的推广应用。2006 年，Braun（2006）将 h 指数应用到期刊评价中，定义了期刊 h 指数。同年，van Raan（2006）将 h 指数原理推广到机构评价中。Guan（2008）以半导体技术领域的数据为例，

将 h 指数应用到专利分析中。孙宇、武士华(2008)认为 h 指数可以作为评价出版社学术影响力的指标。除此之外，h 指数还在馆藏图书借阅、大学和医院等领域得到拓展应用。

h 指数也有不足之处，主要表现在：载文量高的期刊往往会出现 h 指数也高的现象，而且对于创刊时间早的期刊，即使其每年的载文量不大，但随着期刊的不断发行，期刊所发表的文章也会逐渐增多，此时 h 指数也随着载文量的增加而提高；h 指数对排名靠前的期刊区分度较高，但是就大多数普通期刊而言，容易出现结果相同的现象，这时区分度就较差。对 h 指数进行优化改进，一定程度上可以弥补载文量对 h 指数影响较大以及 h 指数在期刊评价中区分度差的缺陷，完善 h 指数，丰富学术期刊评价指标。

关于 h 指数和载文量之间的关系，不少学者都认为这两者之间是存在明显的正相关关系的。Rousseau(2006)提出用 h 指数除以期刊的载文量，得到相对 h 指数，以此来补偿载文量少的期刊。Hirsch(2014)本人对 h 指数的缺陷给予了积极回应，要想提高 h 指数，关键是要提高论文质量，但是另一方面也要依赖提高载文量。安静(2009)认为 h 指数的大小受到载文量的限制，学术质量高但载文量偏低的期刊，h 指数也不会高，提出用 h 指数的平方除以载文量，得到 K 指数。丁楠、叶鹰等(2008)对 h 指数的优缺点进行了总结，其中根据定义，h 指数是不能超越论文数量的界限的，所以这对那些论文数量少而被引频次高的科学家是非常不利的。周玉芹(2011)认为载文量是将 h 指数用于法学期刊评价的一种限制，因为载文量小的期刊，h 指数也不会高。刘银华、陶蕾(2008)以化学类期刊为例，发现同领域的期刊，年刊载量多的期刊比年刊载量少的期刊更容易获得高 h 指数，并采用 h 指数和相对 h 指数评价期刊，在 h 指数相同的情况下，相对 h 指数更能表现期刊的学术水平。张垒(2009)利用灰色关联分析法计算 h 指数和载文量之间的关联度，尽管期刊 h 指数是通过论文被引频次计算出来的，但载文数量是期刊引用的基础，载文数量和期刊 h 指数之间是存在关联度的，提高 h 指数不能单纯依靠载文量。

学术界对 h 指数的区分度问题基本上也都持一致态度，普遍认为 h 指数的区分度较低。Kosmulski(2006)在 h 指数基础上，提出 $h(2)$ 指数，其定义为至少 h 篇论文被引次数为 h 平方，在一定程度上提高了 h 指数的区分能力。Egghe(2006)将论文按被引频次高低排序，然后对被引频次进行累加，并且将每篇文章对应的序号平方，得到 G 指数，G 指数很好地改善了 h 指数区分度。Prathap(2010)定义 $h_m = ($被引次数 $*$ 平均被引率$)^{\frac{1}{3}}$，不

仅延续了 h 指数的简洁计算的优点，而且当由于 h 指数值相同而使得很多评价案例无法区分时，h_m 能更合理地进行排名。王凌峰（2013）认为 h 指数对于评价少数优秀学者具有较高的区分度，而对于大多数普通学者来说，他们的 h 指数要么相同，要么差距很小，区分能力差。张雪梅（2007）也认为 h 指数不能细分拥有相同 h 指数而作品总被引频次相差悬殊的作者，并且使用修正因子对 h 指数进行了修正，这对众多普通科研工作者可以做一个很好的区分。刘雪梅（2018）选取兰州大学的 30 位研究人员作为评价对象，定义新指标 zp_e 指数，zp_e 指数对 h 指数相同的学者评价区分度达到 100%。俞立平（2018）认为基于 h 指数的新指标的提出需要保持区分度原则，尽量避免两个评价对象评价结果相等的情况出现。

从已有的研究来看，关于 h 指数与载文量的关系，学者们普遍都认为载文量对 h 指数有正向影响，载文量大 h 指数相对就高，载文量小 h 指数就偏低。对于 h 指数的区分度，国内外的学者也做了大量的研究，总体结论是一致的，认为 h 指数的区分能力差，并提出了一系列的类 h 指数进行优化和完善。总体上来看，学术界对 h 指数的修正研究是从单一角度进行考虑的，很少从多个方面优化 h 指数。因此本节将从以下几个方面对 h 指数开展研究：

① 某些期刊 h 指数和载文量呈现正比例关系，在采用 h 指数评价期刊时应该考虑到载文量对 h 指数的影响，避免有的期刊为了提高 h 指数，刻意增加载文量。

② h 指数适用于评价非常优秀的期刊，而对于大多数普通期刊来说不敏感，常常出现多个期刊 h 指数相同的现象，因此有必要完善 h 指数，解决 h 指数区分度低的问题。

本节旨在解决 h 指数受载文量正向影响和区分度差的问题，对 h 指数改进，提出一项新指标——hq_2 指数，并基于中国知网（CNKI）引文数据库，以 46 种综合社科期刊为例对 hq_2 指数评价期刊的功效进行论证分析。

3.2.2 hq_2 指数原理

Rousseu 所提出的相对 h 指数，采用 h 指数直接除以载文量的计算方法，在很大程度上排除了载文量的影响。但是载文量作为学术期刊的主要特征指标之一，起着举足轻重的作用。韦青侠（2014）认为载文量具有衡量期刊吸收和传递信息的能力，应该考虑载文量的正常增长。袁泽轶、杨瑞等（2010）对《海洋通报》的载文量进行统计，认为某一期刊刊载的论文数量，反映了期刊信息量的多寡，期刊载文量多，一定程度上信息相对丰富。如果对载文量处理力度过大，信息量势必会减少，这是不利于信息传播和期刊长久发展的。综合 h 指数不够重视载文量以及相对 h 指数惩罚载文量力度较大的不足之处，需要对载文量做新的考虑，因此本节采用对 h 指数开方处理的方式，提出一个新的指数评价期刊，即 hq 指数：

$$hq = \frac{h}{\sqrt[s]{q}} \tag{3-2}$$

公式(3-2)中 h 指期刊的 h 指数，q 指期刊载文量，s 是对载文量开方的次数，取值定义为自然数1，2，3，4……直至 hq 指数的分母为1或者最接近于1。当 s 为1时，hq 指数就是相对 h 指数。用 h 指数除以开不同方根的载文量，可以改变载文量对 h 指数的正向作用，同时也规避了相对 h 指数对载文量过度惩罚的缺陷，适当地保证论文数量，提供较为丰富的信息。

至于 s 的确切取值，我们可以从提高 h 指数区分度的视角作为切入点，俞立平(2013)曾对光学类期刊各个指标的辨识度做研究，在此借鉴辨识度计算的原理，筛选出 s 不同时所得到的期刊区分度最高的 hq 指数，区分度计算原理如图3-4所示。

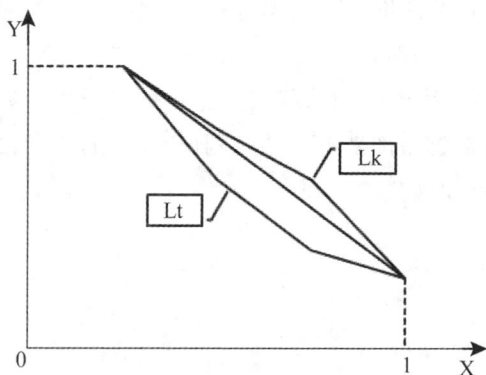

图3-4　期刊区分度计算原理

假设有四种期刊，根据公式(3-2)计算这四种期刊的载文量分别开 t 次和 k 次时的 hq 指数，然后将结果按照降序排列，并对期刊编上序号，画出 hq 指数结果和期刊编号的二维坐标图，其横坐标表示期刊编号，纵坐标表示 hq 指数值。由于是对载文量开不同的方根，期刊 hq 指数的数值也会随着不同的 s 变化且差距较大。但是期刊编号是不发生变化的，多种计算方式之间没有统一的标准，结果不具有可比性。因此必须对数据做标准化处理，其中每个期刊的 hq 指数都除以同种计算方式下的极大值，编号则除以期刊的个数，标准化后的 hq 指数值及期刊编号的范围都将处在 0~1 之间。这时将标准化后的指标呈现在二维坐标图中，就如图 3-4 所示。很明显地可以看出，曲线段 Lt 的总长度是大于 Lk 的总长度的。也就是说，总长度越长，点与点之间就越分散，区分度就越高。计算区分度的公式可以表达如下：

$$D = \sum_{i=1}^{m-1} \sqrt{(G_i - G_{i+1})^2 + (N_i - N_{i+1})^2} \tag{3-3}$$

式（3-3）中，D 表示期刊的区分度，G 和 N 分别表示标准化后的期刊 hq 指数和编号，m 表示期刊的个数，其中 $1 \leqslant i \leqslant m$。

3.2.3　数据来源

从评价指标的普适性角度而言，本节研究方法没有学科依赖、数据依赖等问题，具有更好的普适性。因此选取 47 种 CSSCI 综合社科期刊为例进行研究。其中由于《福建论坛》（人文社科版）数据检索不到，所以实际选取的期刊为 46 种。46 种期刊当中，有 9 种期刊的办刊历史比较悠久，是在改革开放之前创刊的，而更多的期刊是在改革开放后创办的。为了消除创刊时间对 h 指数评价期刊造成的偏差，本节选取数据的时间窗口皆与计算两年影响因子的时间保持一致，即以 2015—2016 年作为出版年，2017 年为被引年来计算期刊的载文量、总被引频次、h 指数和影响因子（IF）。本节原始数据全部来自中国知网（CNKI）的引文数据，后续相关指标的计算也是基于原始数据。

3.2.4　实证结果

1. hq_2 指数的计算

根据 hq 指数的原理，s 的取值范围很广泛，没有必要开过高的方根，本节计算 s 为 1~9 时的 hq 指数的区分度 D，观察它们的变化规律，进而确定最佳 s。具体数据如图 3-5 所示，随着对载文量开方次数的加大，hq 指数的区分度总体上呈现波动下降的趋势，s 等于 5 和 9 时，区分度有小幅度的上升，而当 s 等于 1 时，hq 指数也就是相对 h 指数的区分度最高，为 1.6566。但是根据 hq 指数的原理，载文量大同时也说明了期刊信息丰富，因此要对载文量适当地处理，避免信息匮乏影响期刊的长久发展，有必要将 s 等于 1 时的 hq 指数（相对 h 指数）排除掉。对比其他的计算结果，

发现 s 为 2 时，期刊区分度是最高的，说明对载文量开平方时，期刊可以拥有一个良好的区分度，同时 hq_2 指数是 h 指数和开平方后的载文量共同计算的结果，克服了载文量对 h 指数的影响，同时与相对 h 指数相比，hq_2 指数对载文量惩罚力度有所缓和。因此本节将选取 hq_2 指数作为一个新指标对期刊进行评价。

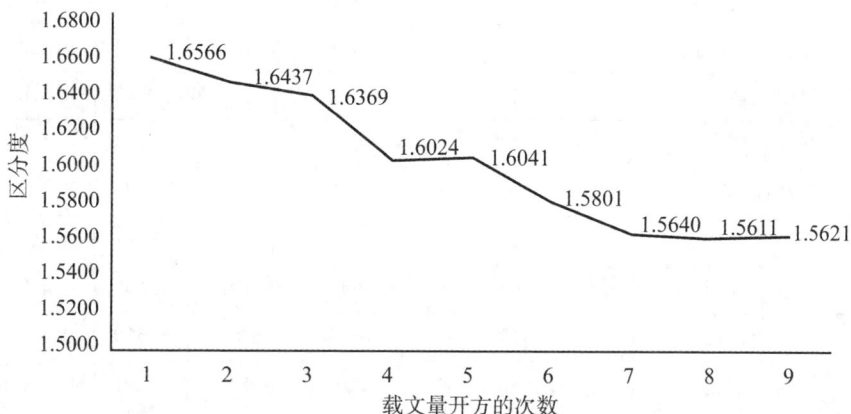

图 3-5 　s 不同时 hq 指数的区分度变化

期刊的 hq_2 指数计算结果在表 3-3 中显示，根据这个结果，可以看到《中国社会科学》《人民论坛·学术前沿》《学海》等学术界认可的优秀期刊排在前列；一些因为载文量大，h 指数高的期刊，hq_2 指数平衡了其 h 指数与载文量的关系；还有一些由于载文量少，h 指数较低的期刊，在 hq_2 指数排名中有了明显的提升，比如《中国高校社会科学》《开放时代》；另外我们还可以清晰地看到，h 指数为 10 的《开放时代》《广东社会科学》《社会科学研究》等 8 个期刊，它们的 hq_2 指数都存在差异，其他 h 指数相同的期刊也都具有同样的结果，不难看出因 h 指数相同而难以区分的期刊，hq_2 指数有较好的区分度。

表 3-3 　hq_2 指数计算结果

期刊名称	2015—2016 年载文量	被引频次	h 指数	IF_2	hq_2
中国社会科学	282	2529	24	8.968	1.429
开放时代	176	457	10	2.597	0.754
学海	383	773	13	2.018	0.664

期刊名称	2015—2016年载文量	被引频次	h 指数	IF_2	hq_2
南京社会科学	541	1518	15	2.806	0.645
人民论坛·学术前沿	481	1154	14	2.399	0.638
中国高校社会科学	231	397	8	1.719	0.526
广东社会科学	365	562	10	1.540	0.523
社会科学研究	367	662	10	1.804	0.522
贵州社会科学	634	2056	13	3.243	0.516
学习与实践	433	826	10	1.908	0.481
浙江社会科学	530	992	11	1.872	0.478
天津社会科学	294	409	8	1.391	0.467
学术月刊	497	695	10	1.398	0.449
江淮论坛	418	639	9	1.529	0.440
河北学刊	550	710	10	1.291	0.426
江海学刊	459	662	9	1.442	0.420
学习与探索	692	1055	11	1.525	0.418
北京社会科学	375	551	8	1.469	0.413
中州学刊	847	1536	12	1.813	0.412
社会科学	485	735	9	1.515	0.409
社会科学辑刊	384	463	8	1.206	0.408
青海社会科学	391	410	8	1.049	0.405
东南学术	396	555	8	1.402	0.402
探索与争鸣	750	1111	11	1.481	0.402
云南社会科学	407	534	8	1.312	0.397
山东社会科学	1439	1974	15	1.372	0.395
人文杂志	419	501	8	1.196	0.391
江苏社会科学	453	718	8	1.585	0.376
东岳论丛	731	877	10	1.200	0.370
浙江学刊	362	399	7	1.102	0.368
国外社会科学	267	278	6	1.041	0.367
文史哲	186	172	5	0.925	0.367

续表

期刊名称	2015—2016 年载文量	被引频次	h 指数	IF_2	hq_2
宁夏社会科学	481	487	8	1.012	0.365
思想战线	400	410	7	1.025	0.350
求索	903	1039	10	1.151	0.333
学术研究	626	690	8	1.102	0.320
东疆学刊	167	98	4	0.587	0.310
甘肃社会科学	685	759	8	1.108	0.306
内蒙古社会科学	405	459	6	1.133	0.298
江汉论坛	605	626	7	1.035	0.285
新疆社会科学	335	258	5	0.770	0.273
社会科学战线	977	941	8	0.963	0.256
学术界	990	728	8	0.735	0.254
江西社会科学	1116	1197	8	1.073	0.239
河南社会科学	548	557	5	1.016	0.214
读书	805	208	3	0.258	0.106

2. hq_2 指数统计学特征

hq_2 指数的描述统计特征如图 3-6 所示，其均值为 0.426，标准差为 0.194，离散系数为 0.455，偏度为 3.120，峰度为 16.958，Jarque-Bera 值

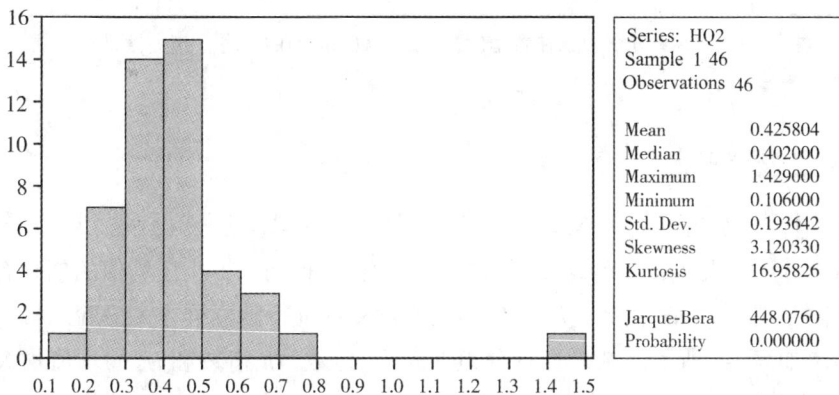

Series: HQ2
Sample 1 46
Observations 46

Mean	0.425804
Median	0.402000
Maximum	1.429000
Minimum	0.106000
Std. Dev.	0.193642
Skewness	3.120330
Kurtosis	16.95826
Jarque-Bera	448.0760
Probability	0.000000

图 3-6　hq_2 指数的统计结果

为 448.076，p 值为 0.000。显然 hq_2 指数呈现明显的右偏态分布，说明只有少数几个高质量期刊在剔除了载文量的误差后，依然维持着较高的成绩，这从另一方面为其他期刊做了表率，提高期刊影响力，关键是做好刊发论文的质量把关。

3. hq_2 指数与其他计量指标的相关性检验

hq_2 指数的描述统计结果显示，hq_2 指数不服从正态分布，因此采用 spearman 相关系数分析 hq_2 指数与 h 指数、IF 和载文量的相关性。指标之间的相关系数如表3-4所示。hq_2 指数与 h 指数的相关系数为 0.738，并且通过了统计检验，hq_2 指数与 IF 的相关系数为 0.898，同样通过了统计检验，与期刊载文量的相关系数为 -0.356，其相关性也是显著的，之所以呈现负相关关系，这与 hq_2 指数的计算方式有关，而且与 h 指数不同的是，增加载文量并不会提高 hq_2 指数。

表3-4　hq_2 指数与其他指标的相关性分析

指标	hq_2 指数	h 指数	IF	载文量
hq_2 指数	1			
h 指数	0.738***		1	
	0.000			
IF	0.898***	0.815***	1	
	0.000	0.000		
载文量	-0.356**	0.283	-0.111	1
	0.015	0.057	0.461	

注：***、**分别表示在置信度(双侧)为 0.01、0.05 时，相关性是显著的。

4. 独立样本 t 检验

根据 hq_2 指数是否大于其均值 0.426 进行分组，将 46 种期刊分为两组，分组 1 表示 hq_2 指数大于其均值，共有 15 种期刊，小于均值的期刊有 31 种，然后对 hq_2 指数、h 指数、IF 和载文量进行独立样本 t 检验。检验结果如表3-5所示。结果显示分组 1 的 hq_2 指数、h 指数和 IF 的均值均大于分组 2 的均值，而分组 1 的载文量小于分组 2 的。从载文量的显著性差异，我们不难看出，hq_2 指数突出了对载文量的重视，这对那些因高

载文量具有高 h 指数的期刊也可以做出相对合理的评价。最后观察 t 检验值、hq_2 指数、h 指数、IF 和载文量均通过了统计检验，且效果良好，表明这两个分组具有显著差异。总体上看，分组 1 的期刊质量是高于分组 2 的，即高 hq_2 指数的期刊其质量是优于低 hq_2 指数期刊的。并且以 hq_2 指数作为分组标准，h 指数和 IF 的两个分组呈现出与 hq_2 指数相同的趋势，也就是高 h 指数和高影响因子的期刊质量优于对应的低 h 指数和低影响因子的期刊，因此 hq_2 指数作为期刊评价指标是具有一定的可行性的。

表 3-5   独立样本 t 检验结果

指标	分组	N	均值	标准差	t 检验值
hq_2 指数	1.00	15	0.597	0.249	3.873***
	2.00	31	0.343	0.074	(0.001)
h 指数	1.00	15	11.667	3.994	3.958***
	2.00	31	7.935	2.394	(0.000)
IF	1.00	15	2.432	1.895	3.711***
	2.00	31	1.148	0.314	(0.001)
载文量	1.00	15	412.133	129.756	-2.773***
	2.00	31	583.419	288.999	(0.008)

5. 回归分析

（1）h 指数与 hq_2 指数的回归分析

h 指数与 hq_2 指数的回归分析结果如下：

$$\log(hq_2) = -2.764 + 0.853\log(h) \qquad (3\text{-}4)$$

$$(-13.107^{***}) \quad (8.823^{***}) \qquad n = 46 \quad R^2 = 0.639$$

式（3-4）中 h 指数的弹性系数为 0.853，说明 h 指数每增加 1%，hq_2 指数就增加 0.853%。两者的拟合优度为 0.639，而 h 指数也在 1% 的水平上通过了统计检验，说明这两者存在显著的相关关系，但是同样也可以看出 h 指数并不能完全解释 hq_2 指数，两者之间的差异表明 hq_2 指数考虑到了载文量对评价期刊的影响。

（2）IF 与 hq_2 指数的回归分析

IF 与 hq_2 指数之间的关系可以表述为：

$$\log(hq_2) = -1.137 + 0.694\log(IF) \qquad (3\text{-}5)$$

$$(-42.758^{***}) \quad (15.222^{***}) \quad n = 46 \quad R^2 = 0.840$$

相较于 h 指数与 hq_2 指数的拟合优度，IF 与 hq_2 指数的拟合优度有所提升，这可能与两者的计算方式都涉及载文量相关。IF 的弹性系数为 0.694，即 IF 每增加 1%，hq_2 指数就增加 0.694%。

从 h 指数、IF 与 hq_2 指数回归结果来看，hq_2 指数与两者的拟合度都呈现一个比较良好的效果，同时也可以看出 hq_2 指数具有自身独特的优势。其优于 h 指数是在于它考虑到了载文量对 h 指数的影响，排除掉载文量对 h 指数的正向作用；影响因子是单方面考虑载文量，实践证明，载文量对影响因子的反向影响是大于正向影响的，即增加载文量会降低影响因子，而 hq_2 指数从两个方向考虑到载文量的影响，hq_2 指数计算公式的分子是 h 指数，增加载文量，h 指数也会相应地增加，但是公式的分母也是关于载文量的，所以 hq_2 指数更具有全面性。

3.2.5　结论与讨论

1. hq_2 指数是一个具有可行性的期刊评价指标

hq_2 指数的实证分析中，为了避免期刊创刊时间不同造成的误差，所选取的数据都进行了时间的界定，这规避了历史悠久的期刊在计算 h 指数时所占据的时间优势。本节将 h 指数与开平方后的载文量结合起来，一方面解决了因载文量大而造成 h 指数高的问题，缓和了相对 h 指数惩罚载文量力度较大的缺陷，可以更客观合理地进行期刊评价，另一方面也克服了因 h 指数相同而无法准确评价期刊的缺点。从 hq_2 指数与其他计量指标的相关性分析结果可以看出，hq_2 指数与 hq_2 指数的相关系数为 0.738，与 IF 的相关系数为 0.898，且都通过了统计检验。从 h 指数、IF 与 hq_2 指数的回归分析结果可以看出，hq_2 指数会随着两者的增加而提高，因此 hq_2 指数与 h 指数、IF 呈现正相关关系。综上所述，hq_2 指数作为一个新的期刊评价指标，是具有可行性的。

2. hq_2 指数具有识别优秀期刊的能力

《中国社会科学》是学术界公认的综合社科类期刊的权威期刊，无论是按照 h 指数排名还是根据 hq_2 指数排名，均排在第一位。除《中国社会科学外》，h 指数无法评价的期刊，hq_2 指数也对优秀期刊做了区分，比如影响因子较高的《开放时代》，相较于 h 指数在 hq_2 指数排名中有了突破。

另一方面从独立样本 t 检验的结果也可以看出，根据 hq_2 指数均值确定的两组期刊，高 hq_2 指数的期刊其影响因子和 h 指数同样较高；低 hq_2 指数的期刊其影响因子和 h 指数则较低。综合以上两点，可以说 hq_2 指数具有一定的识别优秀期刊的能力。

hq_2 指数针对 h 指数受载文量影响较大、区分度过低的问题做了修正，并在实证分析中取得了良好的效果，但是本节也仅以 46 种 CSSCI 综合社科期刊做了实证分析，至于在其他学科的推广应用还需要进一步研究。

3.3　z 指数评价学术期刊的适用性及其改进研究

z 指数是从数量、质量、一致性角度进行评价的复合文献计量指标，分析其特点以及在期刊评价中的适用性具有重要意义。本节在分析 z 指数原理的基础上，基于图书馆情报与文献学 CSSCI 期刊，采用相关系数与偏最小二乘法回归对其特点进行分析。研究发现，z 指数并不适合进行学术期刊评价，不能很好地体现质量与一致性视角，主要原因是被引集中度难以控制所致，提出采用低被引论文比的倒数代替被引集中度进行修正，并将其命名为 z_n 指数。进一步的研究表明，z_n 指数全面提升了 z 指数，评价效果较好；z 指数在推广应用时要慎重进行选择；乘法合成类的复合指数往往灵敏度较高；本节提供了一种检验复合指数的研究范式。

3.3.1　引言

学术期刊评价是科技评价的重要组成部分，许多期刊评价方法也可以推广到科研机构评价、学科评价、科研人员评价中，以学术期刊为评价对象，研究评价方法的适用性，对于优化评价方法，推进科技评价工作无疑具有非常重要的意义。z 指数是 Prathap（2014）提出的一个综合计量指标，将反映数量因素的被引频次、反映质量因素篇均被引率以及反映被引一致性的被引集中程度整合在一个指数中，称为数量–质量–效率 3D 效能评价指数。该指数提出后，国外学者进行了一些实证，国内尚缺乏相关研究，因此本节拟以图书馆、情报与文献学期刊为例，引入 z 指数进行评价，分析其特点和存在的问题，在此基础上进行优化。

在学术期刊评价中，定量评价方法共分为三大类（见图 3-7）：第一种是单一指标评价，提供信息相对比较明确，便于发现差距，是学术期刊评价的基础。该类评价指标较多，如影响因子、即年指标、基金论文比、被引半衰期等。第二种是复合评价指标，虽然评价指标是一个，但其包含的信息量较大，如 h 指数（Hirsch，2005）、学科论文平均被引次数 FCS_m（Moed et al.，1995）、论文计数影响因子 ACIF（Markpin，2008）、标准平均引用率 NMCR（Braun et al.，1990）等。第三种是指标体系综合评价方法，从前两种评价方法中选取若干指标，采用多属性评价方法进行评价，评价视角较为全面。从反映信息量较多的综合评价角度，以采用复合评价指标和指标体系综合评价方法为主。由于多属性评价方法存在评价方法较多导致评价结果不一致、评价方法选择难度大等问题，复合评价指标评价有天然的优势，而 z 指数就是这样一种复合评价指标。

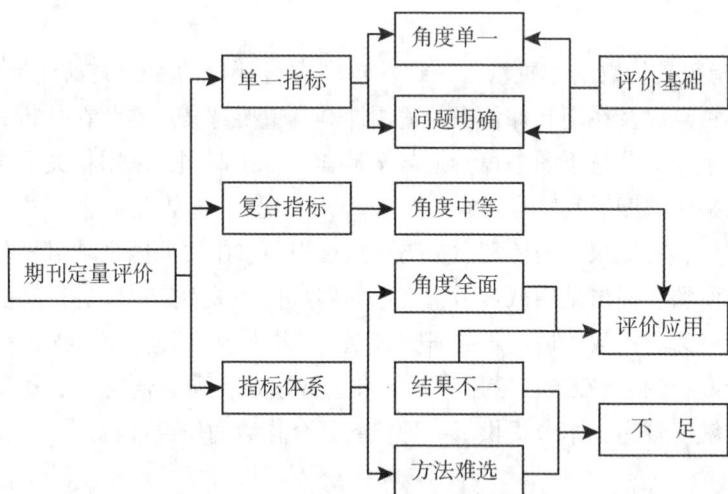

图 3-7   期刊定量评价方法比较

z 指数来源于 p 指数，p 指数是 Prathap（2010）在 h 指数的基础上提出的，其计算公式为（被引频次×篇均被引频次）$^{\frac{1}{3}}$，又称为威望指数（Prestige Factor）或杰出指数（Prominence Factor）。Prathap（2010）利用该指标为 100 位领先的经济学家列表排序，证明 p 指数应比 h 指数更通用，因为它给出了数量和质量之间的最佳平衡。赵蓉英、魏明坤（2017）研究发现，p 指数与 h 指数相似，具有累计性，不仅方便测量学者的累计绩效，还能测度学者的影响力峰值；p 指数与学者的总被引量、篇均被引量、h 指数之间存在着显著的相关性；p 指数具有较好的灵活性、稳定性、广泛的适用性。刘运梅、李长玲等（2017）继承 p 指数的思想，提出基于引证文献的单篇论文评价指标 p_q 指数、基于参考文献和引证文献的综合性单篇论

文评价指标 p_e 指数，以综合评价单篇论文的学术质量。夏慧、韩毅（2014）研究发现，p 指数兼顾质量、具备灵敏度和区分度等优点，同时也指出 p 指数存在着不能反映引文分布情况、低引用论文的快速增长会显著影响 p 指数大小、未考虑时间因素等问题。

z 指数提出后，Prathap 又进行了一些跟踪研究，Prathap（2014）运用 z 指数来评价太阳能电池研究领域中最具代表性的国家、机构、学者及期刊。Prathap（2014）分析 z 指数与 h 指数的关系。*Prathap*（2017）利用 z 指数从机构、学者等角度对印度国家层面的科研情况进行评价。此外类似的还有 z 得分，是基于正态分布的原理得出的标准分，往往用于跨学科比较，如苏娜、张志强（2013）基于 z 得分对科学计量学多关系融合方法进行研究，这和本节中的在指数是两回事。

p 指数是在 h 指数启发下提出的，z 指数又是在 p 指数的基础上提出的，反映了知识增长的规律。国内学者关于 p 指数的研究做了一些工作，关于 z 指数的研究总体不多。本节从分析 p 指数、z 指数的原理出发，以图书馆情报与文献学 CSSCI 期刊为例，运用 p 指数、z 指数进行评价，采用相关系数和偏最小二乘法研究 z 指数与 p 指数、篇均引文量、载文量、论文被引集中度等文献计量指标的关系，发现其中可能存在的问题及其成因，然后试图对 z 指数进行修正。

3.3.2　z 指数原理

z 指数起源于 p 指数，p 指数的计算公式如下：

$$p = c \times \frac{c}{n} = \frac{c^2}{n} \tag{3-6}$$

公式（3-6）中，c 表示被引频次，n 表示载文量，p 指数就是被引频次与篇均被引频次的乘积，被引频次说明了总体的影响力，篇均被引频次是个相对指标，表示质量，所以 p 指数兼顾了数量与质量。

Prathap（2013）在 p 指数的基础上，进一步引入了被引集中度指标 v：

$$v = \frac{p}{\sum\limits_{i=1}^{n} c_i^2} = \frac{\dfrac{c^2}{n}}{\sum\limits_{i=1}^{n} c_i^2} \tag{3-7}$$

在 p 指数一定的情况下，如果被引频次的平方和越大，说明被引的集中度越高，评价对象之间的差距越大，评价得分越低。无论是团队、机构还是学术期刊，在水平较高的情况下，个体差距越小越好，所以集中度越

高 v 值越低，v 称为一致性（consistency）。z 指数的计算公式是：

$$z = (vp)^{\frac{1}{3}} = \left(\frac{\dfrac{c^2}{n}}{\displaystyle\sum_{i=1}^{n} c_i^2} \times \frac{c^2}{n} \right)^{\frac{1}{3}} = \left(\frac{\dfrac{c^4}{n^2}}{\displaystyle\sum_{i=1}^{n} c_i^2} \right)^{\frac{1}{3}} \tag{3-8}$$

3.3.3 研究数据与实证结果

1. 研究数据

本节基于中国知网（CNKI）的引文数据库来进行研究，选取图书馆情报与文献学 CSSCI 期刊作为评价对象，计算其 p 指数、z 指数，并且分析 z 指数与相关文献计量指标之间的关系。本节载文时间选取 2014—2015 年，被引时间选取 2016 年，这样和影响因子处于同一时间轴，篇均引文就是影响因子，便于进行对比分析，也符合传统习惯。由于《情报学报》相关引文数据缺失，实际只有 19 种期刊。数据的描述统计如表 3-6 所示，为了节省篇幅，本节后续用到的所有变量在此一并展示。

表 3-6　各指标描述统计

指标	均值	极大值	极小值	标准差	偏度 S	峰度 K	JB 检验	概率 p
z_n 指数	15.000	22.910	9.746	3.437	0.380	2.854	0.474	0.789
z 指数	5.249	8.480	2.938	1.560	0.703	2.441	1.815	0.404
p 指数	2561.911	6376.417	663.015	1592.075	0.911	3.076	2.632	0.268
h 指数	19.632	28.000	13.000	4.219	0.351	2.374	0.701	0.704
影响因子 IF	2.199	4.386	1.239	0.743	1.454	5.068	10.078	0.006
被引集中度 v	0.000	0.001	0.000	0.000	2.577	9.710	56.677	0.000
低被引比 r	0.689	0.851	0.377	0.125	−0.838	3.134	2.237	0.327
载文量 n	559.211	1620.000	208.000	343.882	1.570	5.686	13.516	0.001
被引频次 c	1157.842	3214.000	427.000	685.662	1.597	5.407	12.658	0.002
数据量	19							

2. 学术期刊 z 指数计算结果

从 z 指数计算结果的排序看（见表 3-7），《情报杂志》《情报科学》《图

表 3-7　z 指数及其相关计算结果与排序

期刊名称	z指数	排序	p指数	排序	影响因子	排序	h指数	排序	引文集中度 v	排序	载文量	被引频次
情报杂志	8.480	1	5405.900	2	2.412	6	26	3	0.00054	3	929	2241
情报科学	7.766	2	2860.035	7	1.993	11	18	13	0.00020	12	720	1435
图书情报工作	7.621	3	6376.417	1	1.984	12	28	1	0.00062	2	1620	3214
情报理论与实践	7.319	4	3417.993	5	2.156	7	21	6	0.00027	9	735	1585
图书馆学研究	6.003	5	3794.671	4	2.055	10	24	4	0.00028	8	899	1847
图书与情报	5.923	6	3308.513	6	3.256	2	22	5	0.00053	4	312	1016
图书馆工作与研究	5.356	7	1919.668	10	1.580	16	19	11	0.00013	17	769	1215
图书馆	5.277	8	1746.995	13	1.740	14	17	14	0.00013	16	577	1004
中国图书馆学报	5.149	9	4539.089	3	4.386	1	26	2	0.00141	1	236	1035
图书馆论坛	4.682	10	2221.599	9	2.055	9	20	9	0.00021	10	526	1081
图书情报知识	4.456	11	1355.582	16	2.553	5	16	16	0.00030	6	208	531
大学图书馆学报	4.451	12	2813.292	8	3.088	3	20	8	0.00042	5	295	911
情报资料工作	4.420	13	1422.398	15	2.086	8	19	10	0.00020	11	327	682
图书馆杂志	4.385	14	1900.591	11	1.906	13	21	7	0.00017	15	523	997
档案学通讯	4.117	15	750.821	17	1.551	18	14	17	0.00019	14	312	484
档案学研究	3.942	16	663.015	19	1.553	17	13	19	0.00019	13	275	427
国家图书馆学刊	3.911	17	1856.575	12	2.575	4	18	12	0.00030	7	280	721
图书馆建设	3.539	18	1623.105	14	1.610	15	17	15	0.00011	19	626	1008
数据分析与知识发现	2.938	19	700.055	18	1.239	19	14	18	0.00012	18	456	565

书情报工作》排在前 3 位，而业内相对比较公认的《中国图书馆学报》仅仅排在第 9 位。从 p 指数排名看，排在前 3 位的期刊分别为《图书情报工作》《情报杂志》《中国图书馆学报》，相对而言比 z 指数排序结果略有过进，但也不太合理，所以 z 指数并没有起到对 p 指数优化的作用。这个 p 指数与 z 指数的计算原理相关，采用乘法合成的指数不易控制，其次集中度的计算方法对数据的影响过大，因此有必要进行优化。

3. z 指数与其他文献计量指标的相关分析

z 指数与其他文献计量指标的相关系数如表 3-8 所示，z 指数与被引频次的相关系数最高，为 0.810；其次是 p 指数，相关系数为 0.800，这是因为 z 指数和 p 指数同源所致。z 指数与载文量、h 指数的相关系数相当，均为 0.67 左右，属于中等水平。z 指数与被引集中度的相关系数为 0.278，总体不高并且没有通过统计检验，z 指数与影响因子的相关系数很低，只有 0.173，同样没有通过统计检验，这是因为 z 指数是复合指数，提供比影响因子更多的信息量。

表 3-8　相关系数

指标	z 指数	p 指数	影响因子 IF	h 指数	载文量 n	被引频次 c	被引集中度 v
z 指数	1 —						
p 指数	0.800 0.000	1 —					
影响因子 IF	0.173 0.478	0.472 0.042	1 —				
h 指数	0.673 0.002	0.943 0.000	0.535 0.018	1 —			
载文量 n	0.674 0.002	0.681 0.001	−0.297 0.217	0.585 0.009	1 —		
被引频次 c	0.810 0.000	0.890 0.000	0.033 0.893	0.803 0.000	0.936 0.000	1 —	
被引集中度 v	0.278 0.248	0.648 0.003	0.859 0.000	0.661 0.002	0.001 0.997	0.278 0.250	1 —

z 指数设计的目的，就是要综合反映数量、质量和被引一致性，从实证结果看，z 指数对反映数量的被引频次体现较好，但对反映质量的篇均被引频次(影响因子)、反映一致性的被引集中度体现较差。

4. z 指数与其他指标的回归分析

分析 z 指数与其他文献计量指标的关系可以进一步研究其性质，由表 3-8 可以看出，文献计量指标的相关度很高，在这种情况下，多重共线性难以避免，此时采用传统的基于最小二乘法的多元回归就不合适，因此本节采用偏最小二乘法(Partial Least Squares，PLS)进行回归。

PLS 是 Wold 等(1983)提出的一种回归分析工具，它综合了传统多元回归、主成分分析、典型相关分析三种技术，在解释变量存在多重共线性、基础数据数量过少、解释变量不服从正态分布等情况下，是一种较优的分析方法，在多重共线性的处理上比主成分回归、岭回归更好。本节数据共有 19 条，而变量有 6 个，解释变量之间相关度较高，而且影响因子、被引集中度、被引频次、载文量并不服从正态分布，因此比较适合采用偏最小二乘法进行回归。

基于主成分分析，首先从解释变量 X 中提取成分 t_1，从被解释变量 Y 中提取成分 u_1，因为 t 和 u 是彼此正交不相关的，所以不存在多重共线性问题，提取原则是使得 t_1 和 u_1 的方差变异最大：

$$Var(t_1) \rightarrow \max \quad Var(u_1) \rightarrow \max \tag{3-9}$$

根据典型相关分析的原理，需要 t_1 对 u_1 有最大的解释能力，即两者的相关系数最大：

$$r(t_1, u_1) \rightarrow \max \tag{3-10}$$

综合考虑上述约束条件，偏最小二乘法寻求 t_1 和 u_1 协方差极大化，即：

$$Cov(t_1, u_1) = \sqrt{Var(t_1) \cdot Var(u_1)} \cdot r(t_1, u_1) \rightarrow \max \tag{3-11}$$

t_1 和 u_1 提取后，分别做 X、Y 对 t_1 的回归，如果达到 Press 精度阈值，则回归结束，否则从 X 提取 t_1 后的残余数据中继续提取 t_2，从 Y 提取 u_1 后的残余数据中继续提取 u_2，再分别进行回归，直到回归达到 Press 阈值为止。

如果从 X 中提取了 m 个成分 t_1、$t_2 \cdots t_m$，从 Y 中提取了 q 个成分 u_1、$u_2 \cdots u_q$，则进行 Y_k 对于 t_1、$t_2 \cdots t_m$ 的回归，最后再将其转换为 Y_k 对于 x_1、$x_2 \ldots x_m$ 的方程。

PLS 回归解释方差比例如表 3-9 所示，当隐含变量选择 3 个的时候，拟合优度为 0.749，基本接近极大值 0.750，因此选择隐含成分为 3 时的回归结果。

表 3-9　z 指数解释方差比例

隐含成分数	X	累计 X	Y	累计 Y(R^2)
1	0.578	0.578	0.666	0.666
2	0.240	0.818	0.015	0.682
3	0.040	0.858	0.067	0.749
4	0.142	1.000	0.002	0.750
5	0.000	1.000	0.000	0.750

PLS 回归结果如表 3-10 所示，z 指数的影响变量中，对其影响最大的是 h 指数，弹性系数为 1.516，其次是 p 指数，弹性系数为 1.310，第三是被引频次，弹性系数为 1.295，载文量的弹性系数为 0.933，影响因子的弹性系数为 0.640，被引集中度的弹性系数最小，为 0.330。

表 3-10　z 指数 PLS 回归结果

变量	隐含成分 1	隐含成分 2	隐含成分 3	隐含成分 4	隐含成分 5
p 指数	1.297	1.285	1.310	1.309	1.309
影响因子 IF	0.515	0.511	0.640	0.640	0.641
h 指数	1.120	1.147	1.516	1.515	1.515
载文量 n	0.973	0.973	0.933	0.932	0.932
被引频次 c	1.320	1.310	1.295	1.294	1.294
被引集中度 v	0.331	0.330	0.330	0.345	0.345

z 指数提出的初衷是综合反映数量（被引频次）、质量（篇均被引频次）、一致性（被引集中度），从回归结果看，z 指数对数量反映尚可，但对质量和一致性的反映效果一般。这个结果与相关系数分析的结果一致，说明结论是稳健的。偏最小二乘法是一种系统的分析方法，而相关系数是简单的两两相关度计算，两者综合运用，可以提高研究的稳健性。

3.3.4　z 指数存在的问题及其修正

1. z 指数存在问题分析

第一，被引集中度很难控制。从公式（3-8）可以看出，被引集中度计算采用了引用平方和，是绝对指标而不是相对指标，在评价对象论文数量不确定的情况下，集中度的计算会导致评价对象之间相差很大，这在评价作者或者机构时也许问题不大，毕竟作者发表较多数量的论文也是值得肯定的。但是如果用来评价学术期刊，期刊刊载论文数量其实是可以适当控制的，进而会增加被引次数，这就为人为操控提供了一定的可能。实证研究结果表明，被引集中度对 z 指数回归系数是所有指标中最低的，弹性系数为 0.330。

第二，被引频次对 z 指数影响较大，导致 z 指数评价更偏重数量。被引频次与篇均被引频次相结合，被引频次就是以 2 次方出现，如果再和集中度相结合，被引频次就是以 4 次方出现，无疑对 z 指数具有较大影响，实证结果证明，被引频次对 z 指数的弹性系数为 1.295，属于较高水平。

第三，被引频次潜在受期刊载文量的影响，进而影响 z 指数。被引频次受期刊载文量影响较大，在评价机构、学者时也许问题不大，但是在评价学术期刊时，如果期刊载文量较大，还是有相对优势的，进而影响到 z 指数。虽然 z 指数在计算时，充分考虑到被引频次与篇均被引频次，但是由于两者是相乘的，载文量的调节作用被降低。我国图书馆情报与文献学期刊最近 10 年来，载文量变化总体比较大，无疑对 z 指数计算结果影响较大。

第四，z 指数对学术期刊的评价结果值得商榷。z 指数的评价结果中，《情报杂志》《情报科学》《图书情报工作》排在前 3 位，而业内相对比较公认的《中国图书馆学报》仅仅排在第 9 位，《大学图书馆学报》仅仅排在第 12 位。

2. z 指数的改进

由于 z 指数的原理是一种 3D 评价技术，采用 3 类指标相乘，因此评价时任何一个指标的变化对总评价结果的影响均较大。针对以上问题，从数量角度被引频次、质量角度篇均被引频次进行评价，也即 p 指数的视角进行评价总体是可以的，但需要加强，因为篇均引文颗粒度较粗，不能很好地反映质量，需要从质量角度进一步加以优化。

z 指数的问题的另一个重要原因是从被引集中度的角度评价存在不可控因素，本质上，被引集中度 v 仍然属于质量指标，反映了高被引论文的集中度水平，当然这是个反向指标。本节提出低被引比，用其代替被引集中度来对 z 指数进行修正，同样也是个反向指标。

如图 3-8 所示，将期刊论文引文从高到低排序，h 指数左边的区域为高被引区，其面积为 S_1，h 指数右边的区域为低被引区，其面积为 S_2，低被引比为：

$$r = \frac{S_2}{S_1 + S_2} = \frac{\sum_{i=1}^{h} c_i}{c} \qquad (3\text{-}12)$$

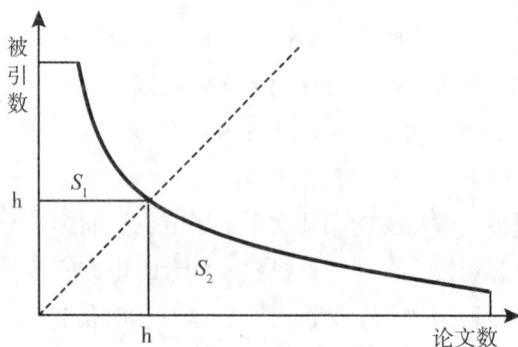

图 3-8　低被引比原理

低被引比越大，期刊质量越低，修正后的 z 指数称为 z_n 指数（New Zenergy），原 z 指数的计算公式为 $z = vp$，修正后的 z_n 指数计算公式为 $Z_n = p/r$，即：

$$z = (p/r)^{\frac{1}{3}} = \left(\frac{\dfrac{c^2}{n}}{\dfrac{\sum_{i=1}^{h} c_i}{c}} \right)^{\frac{1}{3}} = \left(\frac{c^3}{n \sum_{i=1}^{h} c_i} \right)^{\frac{1}{3}} = \frac{c}{\left(n \sum_{i=1}^{h} c_i \right)^{\frac{1}{3}}} \qquad (3\text{-}13)$$

如果不考虑 z 指数和 z_n 指数最后的 3 次开根，z_n 指数最终被引频次以 3 次方出现，与原 z 指数的 4 次方相比，最终结果数据波动较小。载文量 n 对 Z_n 指数起反向影响，可以进一步防止人为增加学术期刊的载文量。另外低被引论文的被引频次之和对 Z_n 指数有反向影响。

3. z_n 指数评价结果

修正后的新 z_n 指数评价结果如表 3-11 所示，《中国图书馆学报》排在第一位，《图书情报工作》排在第二位，相对而言是比较合理的。

表 3-11　修正后的 z_n 指数评价结果

期刊名称	新 z 指数	排序	z 指数	排序	p 指数	排序	h 指数	排序	影响因子	排序	低被引论文比 r	排序
中国图书馆学报	22.910	1	5.149	9	4539.089	3	26	2	4.386	1	0.377	1
图书情报工作	19.729	2	7.621	3	6376.417	1	28	1	1.984	12	0.830	18
情报杂志	18.773	3	8.480	1	5405.900	2	26	3	2.412	6	0.817	17
图书与情报	17.671	4	5.923	6	3308.513	6	22	5	3.256	2	0.600	5
大学图书馆学报	17.221	5	4.451	12	2813.292	8	20	8	3.088	3	0.551	3
图书馆学研究	17.199	6	6.003	5	3794.671	4	24	4	2.055	10	0.746	12
情报理论与实践	16.207	7	7.319	4	3417.993	5	21	6	2.156	7	0.803	15
国家图书馆学刊	15.497	8	3.911	17	1856.575	12	18	12	2.575	4	0.499	2
情报科学	14.976	9	7.766	2	2860.035	7	18	13	1.993	11	0.851	19
图书馆论坛	14.839	10	4.682	10	2221.599	9	20	9	2.055	9	0.680	8
图书馆杂志	14.358	11	4.385	14	1900.591	11	21	7	1.906	13	0.642	6
图书馆工作与研究	13.368	12	5.356	7	1919.668	10	19	11	1.580	16	0.804	16
图书情报知识	13.324	13	4.456	11	1355.582	16	16	16	2.553	5	0.573	4
图书馆建设	13.147	14	3.539	18	1623.105	14	17	15	1.610	15	0.714	10
图书馆	13.085	15	5.277	8	1746.995	13	17	14	1.740	14	0.780	14
情报资料工作	12.953	16	4.420	13	1422.398	15	19	10	2.086	8	0.654	7
档案学通讯	10.020	17	4.117	15	750.821	17	14	17	1.551	18	0.746	13
数据分析与知识发现	9.973	18	2.938	19	700.055	19	14	18	1.239	19	0.706	9
档案学研究	9.746	19	3.942	16	663.015	16	13	19	1.553	17	0.716	11

4. z_n指数评价结果的进一步分析

同样采用偏最小二乘法 PLS 分析其他文献计量指标与 z_n 指数的关系，回归变量解释比例如表 3-12 所示，当隐含变量选择 2 个的时候，拟合优度为 0.988，已经处于很高的水平，因此选择隐含成分为 2 时的回归结果，如表 3-13 所示。

表 3-12 z_n指数解释变量比例

隐含成分数	X 方差	累计 X 方差	Y 方差	累计 Y 方差（R^2）
1	0.565	0.565	0.933	0.933
2	0.370	0.935	0.055	0.988
3	0.053	0.989	0.007	0.995
4	0.007	0.996	0.005	1.000
5	0.004	1.000	0.000	1.000

表 3-13 z_n指数 PLS 回归结果

变量	隐含成分 1	隐含成分 2	隐含成分 3	隐含成分 4
z 指数	0.908	0.898	0.909	0.907
p 指数	1.341	1.305	1.301	1.299
影响因子 IF	1.114	1.127	1.124	1.122
h 指数	1.312	1.276	1.272	1.279
载文量 n	0.372	0.455	0.463	0.463
被引频次 c	1.031	1.008	1.007	1.006
1/（低被引比 r）	0.462	0.619	0.623	0.622

p 指数对 z_n 指数的弹性系数最大，为 1.305，第二是 h 指数，弹性系数为 1.276，第三是影响因子，弹性系数为 1.127，第四是被引频次，弹性系数为 1.008。原 z 指数的弹性系数不高，为 0.898，低被引比倒数的弹性系数为 0.623，最小的为载文量，弹性系数为 0.455，说明 z_n 指数能很好地回避载文量对它的影响，这是值得肯定的。

z 指数的提出的目的是从被引频次、篇均被引频次、被引集中度 3 个角度进行评价，但原 z 指数中，仅被引频次对其弹性系数较大，篇均被引频次即影响因子、被引集中度对其弹性系数较小。修正后的 z_n 指数中，影响因子、被引频次对其弹性系数均超过 1，仅低被引比的倒数弹性系数略低，但也超过原 z 指数中被引集中度的弹性，因此 z_n 指数对原 z 指数有较大改进，而且评价结果的排序更合理。

3.3.5　研究结论

1. z 指数不能直接用于学术期刊评价

z 指数设计目的是从数量(被引频次)、质量(篇均被引频次)、一致性(被引集中度)3 个角度全面进行评价，这无疑是一种有益的尝试。但是基于图书馆情报与文献学 CSSCI 期刊，采用相关系数和偏最小二乘法回归的研究表明，z 指数仅仅从数量角度体现较好，对质量、一致性角度的体现较差，并且评价结果与实际相差较大，因此 z 指数并不适合进行学术期刊评价。

造成 z 指数评价效果不佳的原因主要有以下三点：第一，被引集中度难以控制，采用的是所有论文被引次数平方和进行计算，在期刊载文量相差较大、被引次数相差较大的情况下，其计算结果数据波动很大。第二，被引频次对 z 指数影响较大，导致 z 指数评价更偏重数量。第三，被引频次潜在受期刊载文量的影响，进而影响 z 指数。最近 10 年来，我国图书馆情报与文献学期刊载文量变化总体比较大，有的期刊增加较快；有的期刊增加后又适当降低；有的相对不变，这无疑对 z 指数的计算结果具有较大影响，原因复杂。

2. z_n 指数是对 z 指数的有效修正

z_n 指数采用论文低被引比的倒数代替原 z 指数中的被引集中度，同样都是反映质量的指标，由于被引集中度是基于绝对数量，而低被引比是相对数量，因而是可控的。实证研究结果表明，z_n 指数对体现数量的被引频次、体现质量的篇均被引频次(影响因子)体现较好，仅对低被引比的倒数体现略低，但也超过了原 z 指数的被引集中度，而且显著降低了载文量的影响，所以 z_n 指数的评价结果比 z 指数有较大改进。

3. z 指数在推广使用时要慎重选择

通常情况下，许多复合指标具有较强的适应性，可以用来评价较多类型的对象，比如 h 指数提出之处是用来评价科学家的，但是将其用于科研机构、学术期刊、研究团队也没有问题。但是 z 指数能否用于评价我国的学术期刊，需要先进行相关研究，慎重进行选择。国外其他的文献计量复合指标可能也有类似问题，需要进一步进行研究。

4. 乘法合成性质的复合指标灵敏度往往较高

z 指数本质上是将数量、质量、一致性三类指标相乘，属于乘法合成，乘法合成的特点是，传统的权重调节基本上被放弃，相当于 3 个指标等权重，当然可以采用幂次进行调整，但理论依据并不充分。在这样的背景下，任何一个指标较大会提高整个指数，当然，任何一个指标较小也会降低整个指数，所以鲁棒性差，灵敏度高，具体能否适用需要进行大量的数据验证。

5. 本节提供了一种检验复合指标适用性的研究范式

本节提供了一种检验复合评价指标适用性的研究范式，传统的评价方法，很少给出方法自身的统计检验，毕竟像主成分分析的 KMO 检验、层次分析法的排序一致性 CI 检验总体不多。对于新的复合评价指标，根据其评价目的和原理，采用偏最小二乘法进行回归，然后根据回归弹性系数大小判定相关要素的重要性，看能否很好地体现作者意图，本质上是一种检验"自圆其说"程度的方法，本节进行了有益的尝试。

3.4   学术期刊影响力指数 CI 改进研究

本节对《中国学术期刊影响因子年报（2015）》中首次提出的学术期刊影响力指数 CI 进行了深入分析，发现其存在评价指标权重大小不合理、归一化方法导致数据分布偏倚、CI 权重调整系数 k 的确定不严谨、部分评价结果与现实相差较大等问题，提出了修正 CI 指数。其原理是对总被引频次赋权 0.2，影响因子赋权 0.8，评价指标采用对数标准化方法。并以图书馆情报学期刊为例进行了修正前后的对比分析。结果表明：修正 CI 指数更加简捷合理；修正前后的前 18 位期刊与 CSSCI 图书馆、情报与文献学的前 18 位期刊一致；修正后 CI 指数排序的前几位期刊更加合理；修正 CI 指数是一种鼓励后进的评价指数；修正 CI 指数能够提供更为丰富的评价信息。

3.4.1　引言

2015 年，中国知网发布的《中国学术期刊影响因子年报》中，首次发布了学术期刊影响力指数 CI，它是一个复合指标，将总被引频次和影响因子结合起来进行期刊评价，发布后引起了业内广泛的讨论。对学术期刊影响力指数的原理进行深度分析，并结合具体的期刊评价进行实证研究，有助于改进学术期刊影响力指数 CI，丰富科技评价理论与实践。

将总被引频次和影响因子相结合来进行期刊评价，影响最大和最早的应该是 CSSCI 期刊评价，它是将这两个评价指标进行标准化处理后进行加权汇总，总被引频次的权重是 0.2，影响因子的权重是 0.8，方法简捷。关于学术期刊影响力指数(CI)的研究，由于该指标推出时间还不长，总体上讨论不多。杨浦(2017)认为 CI 有引导期刊向指标优化组合方向发展的作用，认为在选取指标时，除了考虑指标自身的重要性，还要兼顾指标之间的独立性；处理指标时，除了进行归一化处理，还要加入修正因子以平衡指标提升难度的公平性；设定引导方向时，除了考虑数学上的合理性，更要符合期刊发展规律。丁筼(2017)以图书情报领域 19 种核心期刊为研究对象，对 CI 指数与 22 种传统期刊计量指标的相关性进行分析，得到与之显著相关的 15 个指标，经主成分分析消除这 15 个指标间的相关性后，将其用作 BP 神经网络预测模型的输入向量，对 CI 值进行预测，结果显示了较高的预测精度。

从现有研究看，关于 CI 指数的研究总体不多，研究视角也相对单一。本节在分析 CI 指数原理的基础上，分析其中存在的不足，并提出改进建议，最后以中国知网图书情报学期刊为例加以实证和分析。

3.4.2　学术期刊影响力指数 CI 的原理

1. 期刊影响力排序空间

将需要评价的同一学科学术期刊评价指标总被引频次 TC、影响因子 IF 标准化处理为 tc、if，将其散点图映射到一个二维空间，CNKI 称之为"期刊影响力排序空间"。

2. 期刊影响力等位线

定义影响力最大的期刊为 $[1,1]$，各期刊与其距离为：

$$R = \sqrt{(1-A)^2 + (1-B)^2}$$

(3-14)

显然，R 越小，说明期刊与极大值的差距越小，期刊影响力越大。期刊影响力相等点连成的线即为期刊影响力等位线，是一段圆弧。

3. 期刊影响力指数 CI

期刊影响力指数（Academic Journal Clout Index，简称 CI），是根据期刊统计年度总被引频次 TC 和影响因子 IF 综合计算所得，其计算公式为：

$$CI = \sqrt{2} - R = \sqrt{2} - \sqrt{(1-A)^2 + (1-B)^2} \tag{3-15}$$

其中：

$$A = \frac{IF_{个刊} - IF_{组内最小}}{IF_{组内最大} - IF_{组内最小}} \quad A \in [0, 1] \tag{3-16}$$

$$B = \frac{TC_{个刊} - TC_{组内最小}}{TC_{组内最大} - TC_{组内最小}} \quad B \in [0, 1] \tag{3-17}$$

学术期刊影响力指数示意图如图 3-9 所示，其理论极大值为 $\sqrt{2}$，理论极小值为 0。

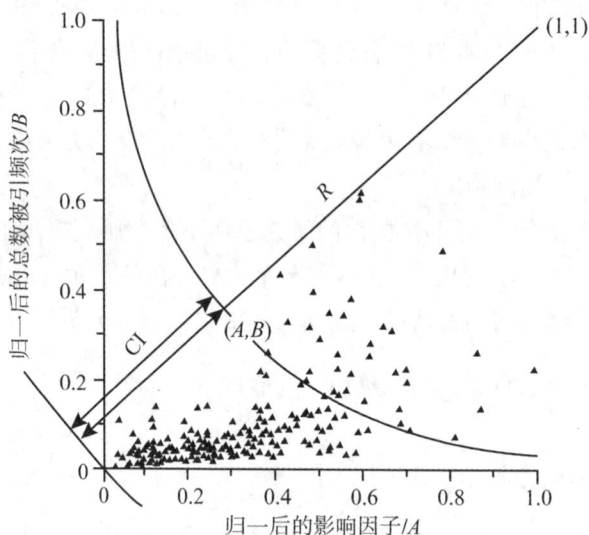

图 3-9   CI 指数原理图

此外，为了防止单纯为了追求总被引频次 TC，盲目扩大发文量而降低学术质量，从而影响 CI 计算的公正性，中国知网提出量效指数（JMI）。对学术期刊进行 JMI 由大到小排序，取排名前 5% 且可被引文献量大于平均可被引文献量的期刊作为需要修正 CI 的期刊名单，对这些期刊的 TC

所占权重进行修正，CI 中的 TC 和 IF 的权重比例为 $1:1$，被调整期刊的 TC 权重根据 JMI 大小分别降低至 $0.2\sim0.05$。具体调整办法为：

$$CI = \sqrt{2} - \sqrt{(1-A)^2 + (1-k\times B)^2} \tag{3-18}$$

3.4.3　学术期刊影响力指数 CI 的不足之处

1. 评价指标权重大小不合理

顾名思义，《中国学术期刊影响因子年报》是每年发布一次的，为什么每年发布一次呢？这是因为期刊论文和引文每年是不断变化的，每年发布一次，可以反映期刊论文和引文的变化特点，综合反映期刊影响力情况，但是这种变化对于总被引频次和影响因子有本质区别。

根据总被引频次的定义，该指标是期刊创刊以来的所有论文在统计年度的被引次数，对于连续的两个评估年度而言，来源文献变化是很小的，比如《情报学报》1982 年创刊，2015 年计算总被引频次时，来源文献为 1983—2015 年期间 33 年发表的所有论文，2016 年计算总被引频次时，来源文献为 1983—2016 年期间 34 年发表的所有论文，来源文献变化量是很小的，大致增加了 1/33。采用总被引频次进行评价，其实评价更侧重期刊历史存量。

再看影响因子，相比总被引频次而言，其来源文献会变化较大。继续以《情报学报》为例，2015 年的影响因子，其来源文献是 2013—2014 年两年；2016 年的影响因子，其来源文献是 2014—2015 年两年，这样两年的影响因子，其来源文献有一半是相同的，一半是新的，变化率大致为 50%。采用影响因子进行评价，更注重期刊的年度流量。

总被引频次评价更侧重于期刊历史影响力评价，而影响因子更侧重期刊近期影响力评价，两者有本质不同。俞立平（2016）认为在进行期刊评价时，评价指标的时间轴并不统一。俞立平、孙建红（2014）认为总被引频次是一个存量指标，和影响因子等流量指标结合使用时一定要慎重。

既然影响因子年报是每年发布，那么应该更关注学术期刊近期影响力的变化，这样影响因子的权重就应该高一些，而总被引频次的权重就应该低一些。但实际上，CI 计算时默认总被引篇频次与影响因子权重相等，不经意间违背了评价的初衷。

2. 归一化方法导致数据分布偏倚

为了说明这个问题，本节以 2016《中国学术期刊影响因子年报》中的图书馆、情报学期刊的相关数据加以说明。

2016年年报中，图书馆、情报学期刊共43种，根据公式(3-16)、公式(3-17)标准化后，影响因子与总被引频次的散点图如图3-10所示，由于数据分布偏倚，更多的点位于正方形的左下角，也就是说，总评价中，总被引频次相对较高的期刊将取得较好的得分，大多数期刊均是如此。

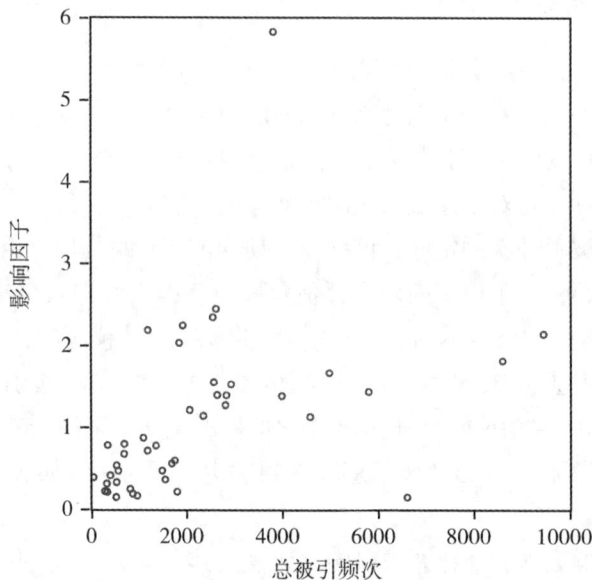

图 3-10　总被引频次与影响因子散点图

3. CI 调整系数 k 的确定并不严谨

为了防止片面追求总被引频次，盲目扩大发文量而降低学术质量的情况，CI 计算提出了根据期刊量效指数 JMI 排序，降低总被引频次权重 k 的计算方法，降低幅度为 0.05—0.2。但如何确定 k 值大小并没有一个规范的计算公式，这种做法本身并不严谨，要么是统一系数，根据不同学科、不同类型期刊情况调整权重系数 k 本身值得商榷。CI 作为一种计算期刊影响力的复合指数，不宜确定 k 值有太多定性的成分。在计算 CI 时应该追求计算公式的简捷性，不宜在一个公式中附加一些其他条件。

4. 部分评价结果与现实相差较大

2016年年报中，图书馆、情报学期刊排在前几位的期刊分别是《中国图书馆学报》《图书情报工作》《情报杂志》《大学图书馆学报》《情报理论与实践》《大学图书馆学报》，其基本数据如表 3-14 所示。

表 3-14 2016 年图书馆、情报学前 6 位期刊

期刊名称	CI	总被引频次	影响因子
中国图书馆学报	938.98	3819	5.826
图书情报工作	712.908	9457	2.14
情报杂志	612.304	8609	1.81
情报理论与实践	526.421	4980	1.662
情报科学	481.546	5804	1.432
大学图书馆学报	460.633	2611	2.445

公认的《中国图书馆学报》排在第一，但《大学图书馆学报》仅仅排在第 6 位，该期刊是图书馆、情报学的重要期刊，如果排序结果不在前 3 位，那么一定是评价方法出现了问题。再仔细研究数据就会发现，总被引频次较高的期刊具有优势，《大学图书馆学报》由于总被引频次最低，尽管影响因子排在第 2 位，但总体排序结果并不理想。

3.4.4 学术期刊影响力指数 CI 的修正

1. 修正评价指标的权重

根据前文分析，CI 对于总被引频次和影响因子几乎是等权重的，只不过对部分期刊采用 k 值进行计算调整，适当降低了总被引频次的权重。但是等权重处理客观上使得每年来源文献信息更新量很小的总被引频次权重偏大。总被引频次更多是存量性质的指标，影响因子才是流量性质的指标。年报应该更多反映期刊近年来的信息，因此在评价时，总被引频次与影响因子不能等权重处理。借鉴南京大学中国社会科学研究评价中心的做法，将总被引频次的权重设为 0.2，影响因子的权重设定为 0.8。

2. 修正归一化处理方法

由于总被引频次的数据分布更加离散，极大值与极小值之间相差很大，导致采用公式(3-17)标准化后，数据分布严重偏倚，客观上又变相增加了总被引频次的权重。为了降低这种现象，借鉴回归分析中处理异方差的方法，首先将总被引频次与影响因子取对数，然后再进行归一化处

理，即：

$$B' = \frac{\log(TC_{\text{个刊}}) - \log(TC_{\text{组内最小}})}{\log(TC_{\text{组内最大}}) - \log(TC_{\text{组内最小}})} \quad B' \in [0, 1] \qquad (3\text{-}19)$$

当然，对于影响因子也采用同样的方法进行归一化处理：

$$A' = \frac{\log(IF_{\text{个刊}}) - \log(IF_{\text{组内最小}})}{\log(IF_{\text{组内最大}}) - \log(IF_{\text{组内最小}})} \quad A' \in [0, 1] \qquad (3\text{-}20)$$

这样经过归一化后，总被引频次与影响因子的散点图如图 3-11 所示。与图 3-10 相比，新的归一化方法使得数据分布更加均匀，降低了数据偏倚程度。

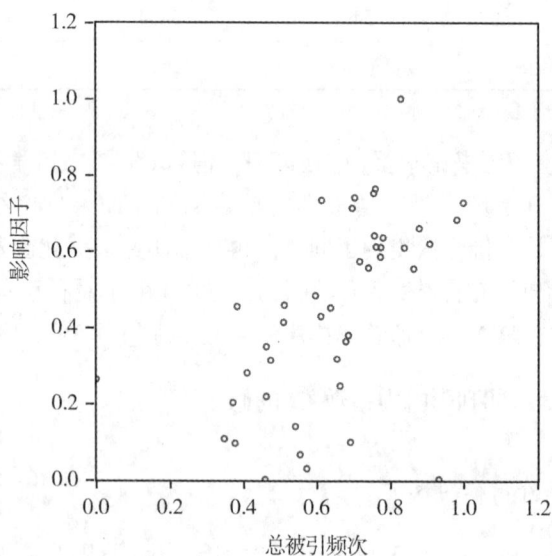

图 3-11   归一化后总被引频次与影响因子

3. 舍弃权重调整系数 k

既然权重调整系数的确定有待试算，降低了 CI 指数计算的科学性，因此干脆将其舍弃，即计算公式为：

$$CI' = 1000 \times (\sqrt{2} - \sqrt{(1 - A')^2 + (1 - B')^2}) \qquad (3\text{-}21)$$

3.4.5   新 CI 指数计算结果分析

1. 修正 CI 指数评价结果

采用修正的 CI 指数，重新进行计算，结果如表 3-15 所示。排在前几位的期刊分别是《中国图书馆学报》《大学图书馆学报》《图书情报工作》等，对比修正前将《大学图书馆学报》排到第 6 位，要合理很多。需要说明的是，《情报学报》之所以靠后，是由于 CNKI 并没有该期刊的论文数据，无法下载，导致作者引用较少。

表 3-15　修正 CI 指数评价结果

刊名	影响因子	总被引频次	A'	B'	CI	CI 排序	修正 CI'	CI' 排序
中国图书馆学报	5.826	3819	1.000	0.831	938.98	1	1338.489	1
大学图书馆学报	2.445	2611	0.764	0.760	460.633	6	1177.638	2
图书情报工作	2.140	9457	0.728	1.000	712.908	2	1171.007	3
图书与情报	2.341	2548	0.753	0.756	424.808	7	1167.298	4
图书情报知识	2.244	1929	0.741	0.704	405.101	8	1147.337	5
情报杂志	1.810	8609	0.683	0.983	612.304	3	1130.265	6
情报资料工作	2.029	1855	0.714	0.697	366.909	10	1124.358	7
国家图书馆学刊	2.184	1191	0.734	0.614	301.353	17	1119.991	8
情报理论与实践	1.662	4980	0.660	0.881	526.421	4	1105.025	9
图书馆杂志	1.548	2568	0.640	0.757	352.029	11	1074.605	10
图书馆论坛	1.520	2923	0.636	0.781	370.652	9	1073.659	11
情报科学	1.432	5804	0.619	0.909	481.546	5	1071.118	12
图书馆学研究	1.378	3995	0.609	0.840	350.33	12	1056.926	13
图书馆建设	1.386	2826	0.610	0.775	340.304	13	1051.385	14
情报学报	1.391	2638	0.611	0.762	337.123	14	1050.589	15
现代图书情报技术	1.266	2806	0.586	0.774	310.202	15	1030.071	16
图书馆	1.208	2072	0.573	0.717	258.642	18	1011.873	17
现代情报	1.128	4588	0.555	0.865	306.593	16	1011.113	18
图书馆工作与研究	1.139	2354	0.557	0.741	241.89	19	1001.410	19
中华医学图书情报杂志	0.869	1087	0.484	0.597	98.723	27	918.445	20
医学信息学杂志	0.772	1356	0.452	0.638	145.774	21	897.649	21
高校图书馆工作	0.793	690	0.459	0.513	101.279	26	883.304	22

续表

刊名	影响因子	总被引频次	A'	B'	CI	CI 排序	修正 CI'	CI' 排序
新世纪图书馆	0.711	1177	0.429	0.612	122.899	22	874.968	23
信息资源管理学报	0.780	344	0.455	0.383	105.362	24	853.494	24
图书馆研究	0.672	682	0.414	0.510	72.755	29	846.066	25
图书馆理论与实践	0.593	1755	0.380	0.686	161.837	20	842.164	26
图书馆学刊	0.558	1691	0.364	0.679	116.819	23	827.096	27
大学图书情报学刊	0.530	529	0.350	0.463	53.35	34	784.762	28
情报探索	0.470	1486	0.317	0.655	103.469	25	784.088	29
四川图书馆学报	0.465	563	0.314	0.475	56.949	32	757.182	30
农业图书情报学刊	0.362	1552	0.246	0.663	85.549	28	723.291	31
图书馆界	0.410	397	0.280	0.410	43.609	36	718.065	32
山东图书馆学刊	0.327	527	0.219	0.462	55.805	33	675.006	33
晋图学刊	0.308	323	0.202	0.371	15.319	43	647.262	34
河南图书馆学刊	0.245	811	0.140	0.543	41.314	37	618.425	35
Journal of Data and Information Science	0.385	44	0.263	0.001	37.56	39	617.693	36
农业网络信息	0.211	1805	0.100	0.692	65.77	30	597.193	37
河北科技图苑	0.217	285	0.108	0.348	18.248	42	564.121	38
数字图书馆论坛	0.208	333	0.096	0.377	38.255	38	558.772	39
古籍整理研究学刊	0.187	867	0.067	0.555	43.678	35	556.225	40
文献	0.163	957	0.030	0.573	58.45	31	525.577	41
图书情报导刊	0.147	6614	0.002	0.933	22.762	41	520.734	42
中国典籍与文化	0.146	517	0.001	0.459	32.881	40	488.267	43

无论是 CI 指数排序，还是修正 CI 指数排序，图书情报类前 18 位期刊与 CSSCI 图书馆、情报与文献学前 18 位期刊均相同，从这个角度，CI 指数、修正 CI 指数具有较高的可信度，但修正 CI 指数对前几位期刊的排序更合理，效果更好。

2. 修正 *CI* 指数与 *CI* 指数数据分布比较

修正 *CI* 指数与原 *CI* 指数散点图如图 3-12 所示,可见修正 *CI* 指数显著提高了原来得分较低的 *CI* 指数值,但对原来高得分的 *CI* 指数提升有限,所以修正 *CI* 指数是一种鼓励后进的评价指数。

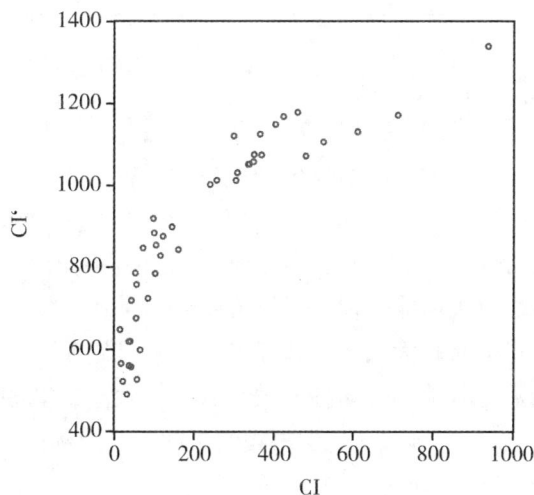

图 3-12　修正 *CI* 指数与 *CI* 指数散点图

3. 修正 *CI* 指数与其他指标的相关系数

修正 *CI* 指数与 *CI* 指数、影响因子、总被引频次的相关系数如表 3-16 所示,所有指标之间的两两相关系数在 1% 的水平下均通过了统计检验,修正 *CI* 指数与 *CI* 指数的相关系数为 0.877,与影响因子的相关系数为 0.840,总体较高,但与总被引频次的相关系数不高,仅为 0.514。相对于 *CI* 指数与影响因子高达 0.905 的相关系数,修正 *CI* 指数与其他指标的相关系数并不高,说明其能提供更多的期刊评价信息,不会导致评价时指标信息趋同。

表 3-16　相关系数表

	修正 *CI*	*CI* 指数	影响因子 *IF*	总被引频次 *TC*
修正 *CI*	1.000			
CI 指数	0.877 0.000	1.000		

续表

	修正 CI	CI 指数	影响因子 IF	总被引频次 TC
影响因子 IF	0.840*** 0.000	0.905*** 0.000	1.000	
总被引频次 TC	0.514*** 0.000	0.713*** 0.000	0.428*** 0.004	1.000

3.4.6　研究结论

本节分析了 CI 指数存在的评价指标权重设置不合理、归一化方法导致数据分布偏倚、调整系数 k 的确定并不严谨等问题，导致图书馆情报学 CI 指数排名前几位的期刊排序不够合理，提出了修正 CI 指数。结果表明，修正 CI 指数更加简捷合理，评价结果更加合理。修正 CI 指数对评价得分较低的 CI 指数有较大的提升作用，是一种鼓励后进的评价指数。此外，修正 CI 指数与其他评价指标相关系数总体较高，能够提供更为丰富的信息。当然，由于本节仅仅以图书馆情报学期刊为例进行了研究，至于其他学科，还有待进一步进行深入分析。

3.5　基于评价时效性的总被引频次评价改进研究

总被引频次作为常用的期刊评价指标，由于涉及期刊自创刊以来所有论文的被引次数，因此其评价时效性不高。为了解决此问题，本节提出采用 5 年被引频次代替总被引频次来进行评价，并以南京大学 CSSCI 评价与中国知网 CI 指数评价为例，基于图书馆情报与文献学期刊进行了实证研究。结果表明：5 年被引频次与总被引频次高度相关，但对排序影响较大；采用 5 年被引频次会改变 CI 指数评价的指标相对权重；CSSCI 评价的时效性要优于 CI 指数评价；采用 5 年被引频次对 CSSCI 评价的影响小于对 CI 指数的影响，同时对 CSSCI 评价与 CI 指数的统计特征影响不大。建议从提高评价时效性出发，采用 5 年被引频次代替总被引频次进行评价。

3.5.1　引言

学术期刊评价的时效性是一个隐含问题，往往容易忽视。不管什么评

价体系，其评价的目的之一都是促进被评价对象进行改进，以提高自身的
水平。如果评价的时效性差，就容易使评价对象难以改进，同时产生新的
不公平。总被引频次是学术期刊评价的常用指标，几乎所有主流的学术期
刊评价均采用该指标，如南京大学 CSSCI 期刊评价、北京大学核心期刊评
价、中国社会科学院学术期刊评价、中国知网 *CI* 指数评价等。根据总被
引频次的定义，它指的是期刊自创刊以来的所有论文在统计年度的被引次
数，显然对于创刊历史悠久的期刊而言，总被引频次有明显的优势，而对
新办期刊来说则是不公平的。从学术期刊管理的角度看，即使期刊编辑部
意识到办刊水平需要改进，但提高一年的期刊论文学术质量对提高总被引
频次的作用是有限的，容易导致激励不足的问题。所以总被引频次的时效
性问题体现在两个方面，第一对办刊历史较长的期刊有利从而隐含着不公
平，第二是短期管理激励不足。

　　总被引频次的时效性问题对评价指标较少的评价体系影响更大。如果
评价指标众多，一般而言，总被引频次的权重不会很大，对评价结果的影
响较小，所以其时效性问题并不严重；但对于评价指标较少的评价体系而
言，总被引频次的权重即使不大，也可能会对评价结果产生较大的影响。
本节以评价指标较少的南京大学 CSSCI 期刊评价和中国知网 *CI* 指数评价
为例，提出"5 年被引频次"概念，并比较总被引频次评价与 5 年被引频次
评价对评价对象产生的影响。其意义在于，利用 5 年被引频次来代替总被
引频次可以提高评价体系的时效性和公平性。此外，在目前常用的学术期
刊评价指标中，评价时效性较低的除了总被引频次还有 h 指数，利用 5 年
被引频次解决了总被引频次的时效性问题，就可以采用类似方法解决 h 指
数的时效性问题。

　　目前，关于学术期刊评价时效性的研究文献总体不多，更多集中在探
讨时间因素对文献计量指标的影响。Martinez 等（2015）指出，随着时间的
推延，学术期刊论文的阅读次数会越来越多，因此被引频次会越来越高。
Bharathi（2011）指出学术论文被引如果能够保持较长时间，则说明该论文
十分重要。Wang 等（2016）基于 WoS 数据库分析了 5 种典型的图书情报学
期刊的论文被引次数与时间的关系，发现学者们更愿意引用新文献。李静
（2006）提出期刊的时效性是指期刊的变化、载文的离散性等造成的时间
因素对载文量、被引量、被摘量等的影响。当然这里期刊的时效性与评价
的时效性是两个完全不同的概念。佟群英（2009）认为，期刊信息传播速
度在一定时间内会影响期刊学术稿件在社会上所产生的即时效果，从长远
角度看，较强的期刊时效性会给期刊整体质量的提升带来良性循环。俞立

平(2016)指出在多属性评价视角下，学术期刊影响力指标的时间轴并不统一，评价指标涉及的时间范围包括创刊以来、过去 5 年、过去 2 年、当年等，应注意评价时效性问题。

评价指标的时效性问题离不开期刊被引次数变化规律。Garfield (1998)分别计算了 JCR 数据库中影响因子排名前 100、101~200 期刊的 7 年影响因子和 15 年影响因子，发现两者并没有显著的差异。Schubert (2012)发现大多数期刊的 5 年影响因子大于 2 年影响因子。Campanario (2011)发现 72% 期刊的 5 年影响因子大于 2 年影响因子。DellaSala 等 (2010)对比了采用 5 年影响因子与 2 年影响因子的可信度，认为采用 5 年影响因子评价更合理。方红玲(2015)对 53 种 SSCI 图书情报学期刊连续 3 年的论文被引情况进行统计，发现被引峰值分别滞后 5.4 年、4.6 年、4.0 年。盛丽娜(2016)发现 35 种 SCI 医学期刊的被引高峰滞后时间平均为 6.25 年。

从现有的研究看，关于时间因素对文献计量指标的影响的研究比较充分，关于期刊时效性的研究也有部分成果，但是关于期刊评价的时效性研究总体上散落在各类论文中，有一定程度的涉及，缺乏系统研究。关于期刊被引次数的变化规律及被引峰值等研究成果比较丰富，为总被引频次的时效性研究提供了借鉴，总体上，可在以下几个方面进行深入研究：

第一，总被引频次的时间范围覆盖期刊自创刊以来的所有时间，如果从提高评价时效性的角度考虑，究竟应该选取什么时间范围来重新统计被引频次。

第二，如果采用新的被引频次指标来进行评价，应该采用什么样的方法来对历年评价结果进行比较。

第三，针对 CSSCI 期刊评价和中国知网 *CI* 指数评价，采用新的被引频次指标会对评价结果产生何种影响，对多属性评价又会产生哪些潜在影响。

本节以图书馆情报与文献学期刊为例，基于中国知网的引文数据库，提出采用 5 年被引频次代替总被引频次，分别计算 CSCCI 评价与中国知网 *CI* 指数评价结果并进行比较分析，最后对测验结果进行讨论。

3.5.2 研究方法

1. CSSCI 评价与 *CI* 评价

(1)CSSCI 评价体系

南京大学 CSSCI 期刊评价计算公式如下:

$$Z = 0.8A + 0.2B \tag{3-22}$$

公式(3-22)中, Z 表示评价得分; A 为标准化后的影响因子, 权重为 0.8; B 为标准化后的总被引频次, 权重为 0.2。该评价体系的评价指标较少, 可控性好, 已经实施较长时间, 产生了较大的学术影响力。

从评价时效性角度看, CSSCI 评价体系的影响因子权重要远大于总被引频次, 由于影响因子是过去两年发表的论文在统计当年的篇均被引次数, 相当于最近两年所发表论文的重要性是 0.8, 所以 CSSCI 评价的时效性总体是较好的。

(2) CI 评价体系

中国知网《中国学术期刊影响因子年报》中提出了学术期刊影响力指数 CI, 其计算公式如下:

$$CI = \sqrt{2} - \sqrt{(1-A)^2 + (1-kB)^2} \tag{3-23}$$

公式(3-23)中, A 为标准化后的他引影响因子, B 为标准化后的他引总被引频次(出于研究简捷性考虑, 本节暂不区分他引与自引); k 为校正系数, 目的是为了抑制片面追求总被引频次盲目扩大发文量而做的校正, 大部分期刊的 k 值取 1。

对于大部分期刊而言, 由于 $k=1$, 相当于影响因子与总被引频次等权重。由于 CI 指数影响因子与总被引频次在理论上权重相当, 因此 CI 指数评价的时效性要低于 CSSCI 评价。

需要说明的是, 本节为了便于比较, 统一将校正系数 k 值设为 1。

2. CI 指数评价的模拟权重

由于公式(3-23)是一种非线性转换, 为了使得 CI 指数评价与 CSSCI 评价具有可比性, 借鉴俞立平的研究, 用 CI 指数作为因变量, 影响因子与总被引频次作为自变量, 采用双对数函数进行回归, 可以计算得到影响因子与总被引频次的模拟权重, 这样就可以和 CSSCI 评价方法进行比较, 计算公式如下:

$$\log(CI) = c + \alpha \log(A) + \beta \log(B) \tag{3-24}$$

公式(3-24)中的回归系数 α、β 进行归一化处理, 就是模拟权重, 从而可以比较分析评价时效性。

3. 5 年被引频次的提出

鉴于总被引频次的时间跨度太长, 评价的时效性差, 且对办刊历史较短的期刊而言有失公平，本节提出采用 5 年被引频次代替总被引频次评价的设想。所谓"5 年被引频次"，指的就是期刊最近 5 年的被引频次。例如，如果统计年度是 2018 年，那么 5 年被引频次就是指 2014—2018 年期刊的被引频次。之所以选用 5 年作为取值范围，原因如下：

第一，5 年被引频次和 5 年影响因子计算的时间跨度一样，这样更符合传统习惯。当然在实际的时间跨度中，5 年影响因子要早 1 年，这是因为统计年度没有计算在内。比如统计年度 2018 年的 5 年影响因子是 2013—2017 年的论文在 2018 年的篇均被引频次，但在计算总被引频次时将统计年度也计算在内。

第二，采用 5 年被引频次评价更加公平。5 年被引频次与绝大多数期刊的办刊历史无关，除非期刊办刊历史短于 5 年。

第三，尊重评价历史。CSSCI 评价和 *CI* 指数评价均已公布多年，尤其是 CSSCI 评价的发展历史更为悠久。CSSCI 评价采用两个指标，一是总被引频次，二是影响因子，继续采用修正后的总被引频次评价一方面尊重评价历史，另一方面又加强了评价时效性。

第四，5 年时间范围基本能够覆盖被引峰值到达时间。根据现有文献，绝大多数期刊的被引峰值到达时间在 4~5 年。由于不同学科期刊被引峰值的到达平均时间不同，采用 5 年是一种相对都可以接受的方案。当然，5 年被引频次不可能使所有年度的期刊论文都达到被引峰值，但 5 年的论文总体数量较大，横向比较采取同一时间跨度也比较公平。

4. 5 年被引频次占总被引频次比重分析

计算 5 年被引频次占总被引频次的比重，数值越大，总体上说明期刊对新旧评价结果的敏感度越小。此外，5 年被引频次占总被引频次的比重也能反映期刊论文的时代特点，比值越大说明期刊的时效性越好。

5. 评价结果的比较方法

采用 5 年被引频次代替总被引频次评价，必然对 CSSCI 与 *CI* 评价结果产生影响，本节采用两种方法进行比较：

第一，利用期刊评价结果序号的绝对变化作为依据。根据原始评价与新评价结果的排序，比较新评价结果期刊排序上升或下降的绝对变化次数，统计总变化次数。比如某期刊排序下降 3，某期刊排序提升 5，那么总变化次数就是 8。

由于公众对于优秀期刊评价结果比较敏感，因此对前 5 种期刊排序的变化次数可单独进行比较。

第二，比较原始评价结果与新评价结果，采用回归分析方法计算拟合优度和回归系数的大小。

3.5.3 数据来源

本节基于中国知网 CNKI 的引文数据库进行分析，以图书馆情报与文献学 20 种期刊为例进行研究，该学科期刊的文献计量学研究论文较多。统计年度以 2018 年为例，这样 5 年被引频次就是 2014—2018 年所有论文的被引频次。需要说明的是，由于数据处理工作量较大，加上本节分析重点是采用 5 年被引频次代替总被引频次的结果比较，所以对于 CI 的计算，本节并不区分自引和他引。此外，CSSCI 评价本身使用自己的引文数据库，为方便比较本节统一采用 CNKI 的引文数据库。

3.5.4 实证结果

1. 5 年被引频次及其比重分析

5 年被引频次及其占总被引频次的比重如表 3-17 所示。从 5 年被引频次占总被引频次的比重看，最高的为 0.625，最低的为 0.341。有趣的是，5 年被引频次占总被引频次比重最高的期刊基本上以图书馆学为主，而情报学与档案学期刊排在后面，这应该与学科特点相关。

表 3-17　5 年被引频次及其比重统计

期刊名称	总被引频次	排序	5 年被引频次	排序	比重	排序
国家图书馆学刊	1530	20	956	18	0.625	1
图书馆	3071	13	1918	8	0.625	2
图书馆学研究	5541	6	3298	5	0.595	3
图书馆论坛	4203	8	2444	7	0.581	4
情报理论与实践	6461	4	3669	4	0.568	5
图书馆杂志	3225	11	1796	12	0.557	6
图书与情报	3267	10	1818	11	0.556	7
现代情报	5885	5	3224	6	0.548	8
档案学研究	2246	18	1227	14	0.546	9

期刊名称	总被引频次	排序	5年被引频次	排序	比重	排序
情报科学	7384	3	4003	3	0.542	10
图书情报工作	12394	1	6557	1	0.529	11
图书馆建设	3566	9	1840	10	0.516	12
情报资料工作	2146	19	1105	17	0.515	13
情报杂志	9655	2	4732	2	0.490	14
图书情报知识	2497	16	1221	16	0.489	15
大学图书馆学报	3168	12	1500	13	0.473	16
中国图书馆学报	4254	7	1853	9	0.436	17
数据分析与知识发现	2839	14	1223	15	0.431	18
情报学报	2347	17	951	19	0.405	19
档案学通讯	2552	15	870	20	0.341	20
平均值	4411.55	—	2310.25	—	0.518	—

总被引频次与5年被引频次的散点图如图3-13所示，总体上两者呈较高的正相关关系，其回归结果如下：

$$\log(TC) = 1.467 + 0.894\log(TC_5) \qquad (3-25)$$

$$(3.432^{***})(15.896^{***}) \quad R^2 = 0.934 \quad n = 20$$

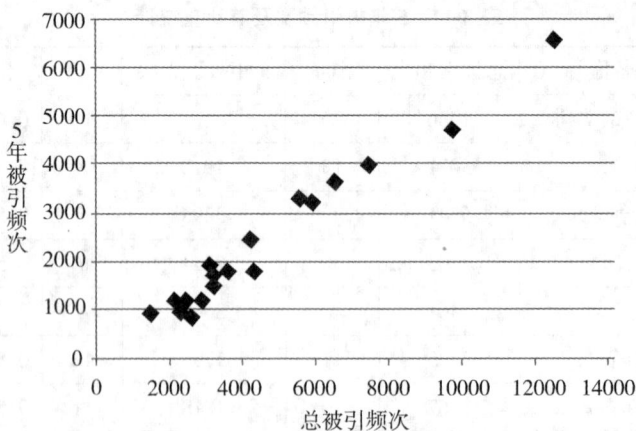

图3-13   总被引频次与5年被引频次的散点分布

公式(3-15)中，TC_5 表示 5 年被引频次，其回归弹性系数为 0.894，并且在 1% 的水平下通过了统计检验，也就是说，5 年被引频次每增加1%，会导致总被引频次增加 0.894%。模型的拟合优度较高，R^2为 0.934。

对比总被引频次与 5 年被引频次的排序变化，绝对值为 28 次，可见虽然两者高度相关，但对排序结果的影响仍然较大。

2. CSSCI 与 CI 指数评价结果

采用 5 年被引频次代替总被引频次，CSSCI 与 CI 指数评价结果如表3-18 所示。CSO 表示采用总被引频次的 CSSCI 评价结果，CSN 表示采用 5年被引频次的 CSSCI 评价结果；CIO 表示采用总被引频次的 CI 指数，CIN表示采用 5 年被引频次的 CI 指数。由于评价方法不同、评价数据不同，评价结果存在较大差异。

表 3-18　各种评价结果比较

期刊名称	CSO	排序	CSN	排序	CIO	排序	CIN	排序
情报杂志	0.483	3	0.472	5	0.783	1	0.761	1
情报科学	0.500	2	0.502	2	0.752	3	0.761	2
图书情报工作	0.444	7	0.444	7	0.719	4	0.719	3
情报理论与实践	0.464	5	0.472	4	0.685	5	0.709	4
中国图书馆学报	0.869	1	0.857	1	0.757	2	0.697	5
现代情报	0.371	9	0.375	10	0.575	6	0.585	6
图书馆学研究	0.354	11	0.365	11	0.546	7	0.581	7
图书与情报	0.482	4	0.485	3	0.544	8	0.555	8
图书馆论坛	0.368	10	0.375	9	0.505	9	0.529	9
图书情报知识	0.458	6	0.455	6	0.483	11	0.470	10
大学图书馆学报	0.408	8	0.402	8	0.486	10	0.464	11
图书馆	0.301	12	0.310	12	0.396	13	0.429	12
图书馆建设	0.299	13	0.297	13	0.416	12	0.411	13
图书馆杂志	0.261	15	0.264	15	0.369	14	0.378	14
档案学研究	0.282	14	0.283	14	0.341	15	0.346	15
情报资料工作	0.261	16	0.260	16	0.319	17	0.316	16

续表

期刊名称	CSO	排序	CSN	排序	CIO	排序	CIN	排序
数据分析与知识发现	0.228	19	0.220	20	0.323	16	0.293	17
情报学报	0.247	17	0.238	17	0.317	18	0.284	18
国家图书馆学刊	0.223	20	0.227	18	0.259	20	0.276	19
档案学通讯	0.235	18	0.220	19	0.316	19	0.262	20

3. CI 指数的模拟权重分析

1) 采用总被引频次的 CI 指数模拟权重分析

$$\log(CIO) = -4.986 + 0.463\log(TC) + 0.485\log(IF) \qquad (3\text{-}26)$$

$$(-51.581^{***})\,(38.072^{***})\,(26.275^{***})\quad R^2 = 0.994\quad n = 20$$

总被引频次与影响因子对 CI 指数的拟合优度极高，R^2 高达 0.994，回归系数均在 1% 的水平下通过统计检验。将回归系数进行归一化处理，可以得到总被引频次的权重为 0.488，影响因子的权重为 0.512，两者总体比较接近，总被引频次的权重略低于影响因子。

2) 采用 5 年被引频次的 CI 指数模拟权重分析

$$\log(CIO) = -5.178 + 0.485\log(TC_5) + 0.483\log(IF) \qquad (3\text{-}27)$$

$$(-17.254^{***})\,(12.849^{***})\,(8.423^{***})\quad R^2 = 0.952\quad n = 20$$

5 年被引频次与影响因子对新 CI 指数的拟合优度也较高，R^2 为 0.952，回归系数均在 1% 的水平下通过统计检验。将回归系数进行归一化处理，可以得到总被引频次的权重为 0.501，影响因子的权重为 0.499，两者总体比较接近，总被引频次的权重略高于影响因子。

4. CSSCI 评价结果的比较

分别采用总被引频次与 5 年被引频次评价，CSSCI 评价结果的排序总变化次数为 10 次，其中排名前 5 位的期刊排序变化次数为 4 次，占 40%。新旧评价结果的回归结果如下：

$$\log(CSO) = -0.013 + 0.985\log(CSN) \qquad (3\text{-}28)$$

$$(-0.778)\quad(63.565^{***})\quad R^2 = 0.996\quad n = 20$$

两种评价结果高度相关，R^2 为 0.996，回归系数为 0.985，并且在 1% 的水平下通过了统计检验。

5. *CI* 指数评价结果的比较

分别采用总被引频次与 5 年被引频次评价，*CI* 指数评价结果的排序总变化次数为 14 次，其中排名前 5 位的期刊排序变化次数为 6 次，占 42.86%。新旧评价结果的回归结果如下：

$$\log(CIO) = -0.038 + 0.935\log(CIN) \qquad (3\text{-}29)$$
$$(-1.120) \quad (23.188^{***}) \quad R^2 = 0.968 \quad n = 20$$

两种评价结果高度相关，R^2 为 0.968，回归系数为 0.935，并且在 1% 的水平下通过了统计检验。

6. 各种评价结果的描述统计

各种评价结果的描述统计分析如表 3-19 所示。采用总被引频次和 5 年被引频次的两种 CSSCI 评价结果统计特性基本相当，离散系数分别为 0.399、0.397，并没有显著差异。两种评价结果均不服从正态分布，均没有通过 Jarque-Bera 正态分布检验。

表 3-19　评价结果比较

比较指标	CSO	CSN	CIO	CIN
均值	0.377	0.376	0.495	0.491
极大值	0.869	0.857	0.783	0.761
极小值	0.223	0.220	0.259	0.262
标准差	0.150	0.149	0.170	0.173
偏度 S	1.708	1.597	0.397	0.234
峰度 K	6.628	6.277	1.832	1.705
Jarque-Bera	20.692	17.451	1.662	1.581
p	0.000	0.000	0.436	0.454
离散系数	0.399	0.397	0.344	0.352

采用总被引频次和 5 年被引频次的两种 *CI* 指数的统计特性也基本相当，离散系数分别为 0.344、0.352，并没有显著差异。两种评价结果均服从正态分布，均通过了 Jarque-Bera 正态分布检验。

3.5.5　研究结论

1. 5年被引频次与总被引频次高度相关，但对排序影响较大

图书馆情报与文献学期刊的5年被引频次与总被引频次虽然高度相关，其拟合优度为0.934，但从被引频次的排序变化看，5年被引频次的计算对排序的影响仍然较大，绝对值之和达到28次。

2. 采用5年被引频次会轻微改变 CI 指数评价的指标相对权重

采用总被引频次时，CI 指数评价中总被引频次与影响因子的模拟权重分别为0.488、0.512，而采用5年被引频次时，CI 指数评价中5年被引频次与影响因子的模拟权重分别为0.501、0.499。也就是说，对 CI 指数评价而言，采用5年被引频次进行 CI 指数评价时会适当增加5年被引频次的比重，降低影响因子的权重。

3. CSSCI 评价的时效性要优于 CI 指数评价

在 CSSCI 评价中，时效性较强指标影响因子的权重为0.8，时效性较弱指标总被引频次的权重为0.2。而在 CI 指数评价中，时效性较强指标影响因子的模拟权重为0.512，时效性较弱指标总被引频次的权重为0.488。因此从评价方法角度来看，CSSCI 评价的时效性要强于 CI 指数评价，无论是否采用5年被引频次进行评价。

4. 采用5年被引频次对 CSSCI 评价的影响小于对 CI 指数的影响

采用5年被引频次进行 CSSCI 评价时，新评价结果对原评价结果的弹性系数为0.985，拟合优度为0.996，两种评价结果的排序绝对变化为10次，其中前5位期刊排序变化4次；采用5年被引频次进行 CI 指数评价时，新评价结果对原评价结果的弹性系数为0.935，拟合优度为0.968，两种评价结果的排序绝对变化为14次，其中前5位期刊排序变化6次。由此可见，采用5年被引频次对 CI 指数的影响，相对于对 CSSCI 的影响而言，无论弹性系数还是拟合优度都有所降低，并且排序变化也更大，采用5年被引频次对 CI 指数的影响更大。

造成这种结果的原因有两个：一是在 CSSCI 评价中，总被引频次的权重只有0.2，而 CI 指数评价的总被引频次的权重约为0.5；二是受评价方法的影响，CSSCI 本质上是一种线性评价，而 CI 指数本质上是一种非线性评价。

5. 采用 5 年被引频次对 CSSCI 评价与 *CI* 指数的统计特征影响不大

采用 5 年被引频次代替总被引频次进行评价，无论是 CSSCI 评价还是 *CI* 指数，其评价结果的离散系数大致相当，*CSSCI* 的评价结果均不服从正态分布，而 *CI* 指数的评价结果均服从正态分布，可见采用 5 年被引频次进行评价并没有改变评价结果的统计特征。

综上所述，采用 5 年被引频次评价能够有效地提高期刊评价的时效性，同时并不会改变评价结果的统计特征，因此可以进行推广。此外，由于 CSSCI 评价的时效性要大于 *CI* 指数评价，因此在 *CI* 指数评价时用 5 年被引频次代替总被引频次，其意义更大。

3.6　被引峰值悖论及影响因子的修正研究

学术界虽然重视期刊论文到达被引峰值的时间，但一直不以该时间计算影响因子，本节分析了这种现象产生的原因，并对影响因子与 5 年影响因子评价时存在对越早的论文越重视，时效性差，隐含权重不合理等问题进行了分析。在此基础上提出 2 年时间影响因子与 5 年时间影响因子的概念，采用中国知网 CNKI 引文数据库，基于 CSSCI 图书馆情报与文献学期刊的研究结果表明：时间影响因子与影响因子尽管排序有一定的差异，但其统计学特征、数据分布、相关度等与影响因子相似度较高。时间影响因子时效性高，计算权重更合理，可以用来代替影响因子与 5 年影响因子进行学术期刊评价。

3.6.1　引言

论文被引峰值往往不是论文发表后 2 年或 5 年，但是影响因子计算仍然用 2 年或 5 年作为依据，并且其他按照实际到达被引高峰时间计算影响因子的方法被忽视，本节将这种现象称为论文被引峰值悖论。根据 Price（1963）的研究，科技论文一般在其发表后 1~2 年即可达到被引用高峰，所以计算影响因子一般用两年论文引文数据进行计算。但是更多的研究发现，许多论文到达被引峰值时间往往不是两年。Neuhaus 等（2009）的研究结果表明，论文被引高峰大多为发表后 1~3 年。Amin 等（2000）发现一篇文章发表后的 2~6 年达到被引高峰。Moore（2005）选择了 24 种国家一级学会主办的学术期刊，发现引文峰值在发表 2 年的有 6 种，在发表 3 年、4 年以上的为 18 种。方红玲（2011）利用中国知网数据研究发现，论文被引峰值的年份在发表后的第 7~8 年。丁佐奇、郑晓南等（2012）对 SCI 药学期刊的研究表明，日本、欧美国家的论文被引峰值保持在发表后 2~3 年，中国、韩国和印度论文出现被引峰值为发表后 3~6 年，而且不同学科论文的被引峰值差异较大。

以图书馆情报与文献学 CSSCI 期刊为例，基于中国知网 CNKI 的数据发现，对于 2011 年发表的论文，虽然总体上整个学科在第二年被引达到峰值（见表 3-20），但每种期刊的表现并不相同。现有可查的 18 种期刊中，有 1 种期刊被引峰值为发表后 1 年，有 12 种期刊被引峰值为发表后 2 年，4 种期刊为发表后 3 年，1 种期刊为发表后 4 年，1 种期刊为发表后 5 年。

表 3-20　2011 年发表历年被引次数

期刊名称	2012 年	2013 年	2014 年	2015 年	2016 年	2017 年	峰值时间
中国图书馆学报	396	469	516	396	389	352	3
图书情报知识	160	258	216	220	228	199	2
图书与情报	432	630	613	535	445	367	2
情报理论与实践	533	705	651	630	567	460	2
情报杂志	985	1436	1424	1314	1141	872	2
情报科学	606	820	738	672	637	533	2
大学图书馆学报	392	570	475	415	371	297	2
图书馆论坛	469	567	519	430	344	303	2
图书情报工作	903	1513	1576	1303	1264	1149	3
现代情报	553	632	559	442	461	354	2
国家图书馆学刊	149	137	109	100	72	55	1
图书馆杂志	163	441	385	312	257	213	2
图书馆学研究	728	917	825	662	561	472	2

续表

期刊名称	2012 年	2013 年	2014 年	2015 年	2016 年	2017 年	峰值时间
档案学研究	131	222	205	228	201	191	4
图书馆建设	478	620	589	520	437	365	2
档案学通讯	228	276	291	277	292	288	5
情报资料工作	205	271	289	229	187	153	3
数据分析与知识发现	223	347	388	360	365	326	3
合计	7734	10831	10368	9045	8219	6949	2

研究被引峰值悖论产生的内在机制，分析影响因子指标之所以被广泛采用的根本原因，探讨影响因子生命之树常青的评价需求本质，从而找到采用影响因子评价存在的问题，进而对其进行优化，对于推进文献计量学理论，使得文献计量指标更好地服务于学术期刊、科研机构、高等院校、研究人员等，具有十分重要的理论意义与实践意义。

关于被引峰值对影响因子的影响，Campanario(2011)研究表明，72%的期刊五年影响因子高于两年影响因子，说明被引峰值时间滞后大于两年。Bruce(2000)研究认为，若刊物的出版周期和时滞较长，则相当一部分引文因为文献老化的原因而没有被统计参与影响因子的计算，从而降低了相关刊物的影响因子。党亚茹(2003)认为每个学科都有它自身的引文峰值区域，在利用影响因子进行学科评价时应根据学科的特点采用不同的引文峰值。刘雪立、盖双双(2014)提出，究竟采用多长时间引证窗口的影响因子宜结合该学科文献被引高峰而定。何荣利、司天文(2001)认为采用影响因子不足以反映期刊的真实水平，不同时期、不同学术环境条件下各学科期刊的最大引文年限不同，统计年限应区别时待。王东方、陈智等(2005)认为论文发表的时滞过长使得引文峰值滞后 2~3 年，从而导致相当一部分引文因为文献老化的原因而不能被统计参与影响因子的计算。

关于被引峰值时滞的应对办法，Claudia 等(2006)提出对短期影响大于长期影响的学科进行评价时可选用影响因子，对于长期影响大于短期影响的学科则需要根据该文献的研究结果结合长期影响与短期影响的比值，选取不同年限的累积影响因子进行比较。李莘、于光等(2009)提出应遵循同类相比的原则，考虑文献老化、引用峰值、期刊中被引用文献的篇数对影响因子的贡献等因素，选择适宜的影响因子进行期刊评价。俞立平（2015）提出历史影响因子，就是期刊总被引频次除以载文量再除以办刊年限来进行评价。刘爱军、葛继红（2017）提出累计因子，用期刊到达被引峰值的论文累计被引量除以期刊载文量。俞立平（2016）还提出 R 影响因子，即期刊发表论文后第一年、第二年的篇均被引频次。

从现有的研究看，关于学术期刊论文被引峰值对影响因子的影响，学术界已经得到了公认，主流观点建议应该采用到达被引峰值年度数据作为计算影响因子的依据，但这样做势必导致即使是同一学科的期刊，其影响因子的计算年度也不尽相同，所以实践中并没有产生太大影响。一些学者提出了对影响因子进行修正的方法，一定程度上有所改进。总体上，在以下几个方面有待进一步深入研究：

第一，虽然可以采用到达被引峰值年度数据来计算影响因子，但是不同学科期刊论文到达被引峰值时间并不相同，即使是同一学科的期刊论文，到达被引峰值时间也有差异。何况计算影响因子往往采用 2 年或 5 年数据，只有 1 年的数据达到了被引峰值。

第二，影响因子、5 年影响因子，评价对象时间轴并不统一。影响因子评价的是过去两年期刊论文的影响力，5 年影响因子评价的是过去 5 年期刊论文的影响力，但是不同年度论文距统计年度的时间不一样，被引数据相应地变化较大。

第三，影响因子更重视较旧论文的影响力。采用影响因子评价一般不能用来评价最新的期刊数据，只能评价相对较旧的期刊数据。2017 年的影响因子，更多体现的是 2015 年发表论文的表现；2017 年的 5 年影响因子，体现的是 2012—2016 年刊载论文的表现，具体对哪一年有利取决于论文到达被引峰值时间，5 年影响因子对于 2012 年、2013 年、2014 年刊载的论文更为有利，因为其可能达到了被引峰值，而对 2015 年、2016 年刊载的论文不利，因为其还没有达到被引峰值。

第四，为什么对学术期刊评价一定要等到引文达到被引峰值才是最优？其理论依据是什么？这个问题需要进一步进行深度分析。

针对以上问题，本节首先进行理论分析，提出时间影响因子（Time Impact Factor，TIF），然后以图书馆情报与文献学 CSSCI 期刊为例，基于中国知网 CNKI 的引文数据库，计算 2 年时间影响因子与 5 年时间影响因子，并对其文献计量学与统计学特征进行分析。试图优化影响因子与 5 年影响因子，解决传统影响因子评价中存在的一系列问题。

3.6.2　时间影响因子的原理

1. 传统影响因子存在问题的进一步分析

(1)影响因子评价对象的时间轴并不统一

如图 3-14 所示,假设统计年度是 2017 年,那么影响因子评价的是期刊 2015 年、2016 年刊载的论文,即对过去两年发表论文的评价。对于 2015 年发表的论文而言,时间过去了 2 年,对于 2016 年发表的论文而言,时间只过去了一年,虽然表面上看是对过去两年发表论文的评价,但是时间轴并不一致,对 2016 年的论文而言这并不公平。对于 5 年影响因子而言,也存在同样的现象,2012 年发表论文有 5 年的时间滞后,而对于 2016 年发表的论文只有 1 年的时间滞后。

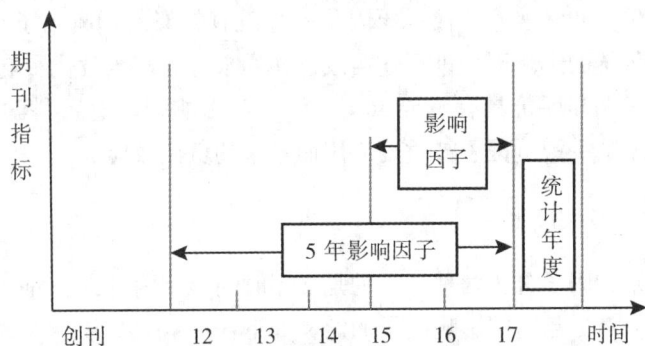

图 3-14　期刊评价的时间窗口

2016 年末发表的论文其实难以被引,因为论文上网需要一定的时间,可能要到 2017 年 2 月才全部上网并可以下载。新撰写的论文需要一定的研究和写作周期,审稿和编辑出版也需要一定的周期,合计周期许多期刊超过 1 年,所以实际 2016 年末发表的论文在 2017 年被引很难。

(2)影响因子隐含权重并不合理

无论是影响因子还是 5 年影响因子的计算,对于不同年度的被引次数,本质上采取的是等权重原则。以 2017 年影响因子为例,2015 年与 2016 年发表的论文在 2017 年的被引次数是同等重要的,从评价角度,应该遵循越新的评价对象权重越重要的原则,即 2016 年发表论文被引次数权重更大,这样才能使得学术期刊评价中,更加重视最新数据,体现出时效性,方便学术期刊管理。

（3）论文到达被引峰值时间可能是个伪问题

一般而言，评价时只要评价标准统一，在符合评价目的的前提下就可以评价。由于学科不同，论文到达被引峰值的时间是不一样的，所以对于不同学科的期刊，到达被引峰值时间这个问题不算太重要，只要不进行跨学科比较即可。对于同一学科的不同期刊，要保证到达被引峰值时间相同并不现实，也有数年差距。在这种情况下，抛开论文到达被引峰值时间进行学术期刊评价应该是一种可选路径。

当然，抛开论文到达被引峰值时间并不是完全不考虑这个问题，而是对这个问题进行弱化处理，对于时效性较强的评价，可以统一评价论文两年的被引情况，对于时效性要求相对不高的评价，可以统一评价论文 5 年的被引情况，所以这本质上还是尊重论文到达被引峰值时间。

（4）影响因子被过度应用了

影响因子存在的问题在学术界已经得到越来越多的重视，但是影响因子的应用仍然非常普遍，根本原因是一直没有较好的影响因子替代指标。如果能对传统的影响因子进行适当改进，用来补充甚至替代影响因子，无疑对于学术期刊评价具有重要意义。所以对影响因子进行科学合理的修正，有利于减少影响因子被过度应用而带来的负面效应。

2. 时间影响因子

时间影响因子分为两种，一种是 2 年时间影响因子，一种是 5 年时间影响因子。对 2 年时间影响因子的定义如下：

$$TIF_2 = \frac{C_{t-1}}{P_{t-1}} \times \frac{2}{3} + \frac{C_{t-2}}{P_{t-2}} \times \frac{1}{3} \tag{3-30}$$

公式（3-30）中，TIF_2 为时间影响因子，t 为统计年度，C_{t-1} 表示统计年度前 1 年的论文在统计年度的被引次数，P_{t-1} 为统计年度前一年的载文量；C_{t-2} 表示统计年度前 2 年的论文在统计年度的被引次数，P_{t-2} 为统计年度前 2 年的载文量。2/3 和 1/3 为权重，越新的论文权重越高，根据年度汇总后进行分配，即统计年度前 1 年、统计年度前 2 年汇总，合计有 3 年，然后越新的年度权重越高。

类似地，5 年时间影响因子 TIF_5 的定义如下：

$$TIF_5 = \frac{C_{t-1}}{P_{t-1}} \times \frac{5}{15} + \frac{C_{t-2}}{P_{t-2}} \times \frac{4}{15} + \frac{C_{t-3}}{P_{t-3}} \times \frac{3}{15} + \frac{C_{t-4}}{P_{t-4}} \times \frac{2}{15} + \frac{C_{t-5}}{P_{t-5}} \times \frac{1}{15}$$

$$\tag{3-31}$$

公式（3-31）中，前 1 年到前 5 年的时间累计为 15 年，统计年度前 1 年的数据最新，权重最高，为 5/15；而统计年度前 5 年的数据最旧，权重为 1/15。

时间影响因子具有以下特点：

第一，评价更有意义。传统的影响因子、5 年影响因子评价，虽然各大引文数据库均每年公布影响因子数据，但评价均侧重较早期刊论文的影响力，这是非常不合理的现象，时间影响因子彻底解决了这个问题。

第二，时效性好。传统影响因子、5 年影响因子，本质上时间越早的数据权重越高，因为其可能已经达到被引峰值，这样评价的时效性就比较差，而时间影响因子越新的数据权重越高，体现了评价的时效性。

第三，权重赋值更为合理。根据时滞占累计时滞的比重来进行赋权，并且体现较新数据权重越高的原则，这是一种客观赋权方法，容易被大家接受。

第四，不唯被引峰值但尊重被引峰值。即使是针对同一学科，由于不同期刊到达被引峰值的时间仍然不一样，所以采用统一的到达被引峰值时间计算影响因子是不现实的。在这种情况下，统一采用 2 年时间影响因子和 5 年时间影响因子进行计算，对于所有期刊而言是公平的。此外，对于到达被引峰值时间较短的学科采用 2 年时间影响因子评价，对于到达被引峰值时间相对较长的学科采用 5 年时间影响因子评价，本质上也是兼顾了被引峰值。

3.6.3　研究数据

本节以图书馆情报与文献学 CSSCI 期刊为例，基于中国知网（CNKI）的引文数据库进行分析。CSSCI 图书馆情报与文献学期刊共有 20 种，由于《图书馆》存在搜索关键词问题，《情报学报》引文数据缺失较多，将这两种期刊删除，采用余下的 18 种期刊进行分析。统计年度为 2017 年，两年影响因子刊载论文时间为 2015—2016 年，5 年影响因子刊载论文时间为 2012—2016 年，时间影响因子计算结果如表 3-21 所示。

3.6.4　实证结果

1. 时间影响因子排序及相关性分析

时间影响因子与影响因子排序对照表如表 3-22 所示。从 5 年影响因子与 5 年时间影响因子看，第 1~9 名排序没有变化，第 10 名开始变化较大；从影响因子与 2 年时间影响因子看，两者排序相差较大。这是正常的，因为排名靠前的期刊时间影响因子有较大的区分度，所以相差不大，而排名在中间的期刊区分度较小，所以排序变化相对较大。

表 3-21　时间影响因子数据

期刊名称	2012年载文	2013年载文	2014年载文	2015年载文	2016年载文	2012年被引	2013年被引	2014年被引	2015年被引	2016年被引	TIF_5	TIF_2
中国图书馆学报	95	123	86	72	60	314	378	539	571	359	5.991	6.632
图书情报知识	117	108	104	104	104	215	235	240	365	388	3.052	3.657
图书与情报	181	178	164	148	136	436	312	540	619	413	3.179	3.419
情报理论与实践	358	338	379	356	332	547	698	862	939	887	2.425	2.660
情报杂志	458	471	465	464	443	948	1318	1348	1409	1062	2.699	2.610
情报科学	390	381	362	358	398	568	706	771	904	1042	2.315	2.587
大学图书馆学报	158	155	155	140	135	340	349	566	341	352	2.692	2.550
图书馆论坛	245	228	260	266	242	268	317	541	547	663	2.135	2.512
图书情报工作	990	937	855	765	716	1258	1859	1877	2235	1397	2.217	2.275
现代情报	511	478	436	408	377	464	639	853	956	801	1.962	2.197
国家图书馆学刊	122	107	127	153	127	135	140	390	342	275	2.180	2.189
图书馆杂志	330	288	258	265	261	326	324	465	583	501	1.802	2.013
图书馆学研究	545	545	478	421	426	581	764	883	915	811	1.841	1.994
档案学研究	139	181	111	164	151	183	226	206	362	283	1.838	1.985
图书馆建设	390	352	315	311	272	296	387	499	469	513	1.544	1.760
档案学通讯	159	156	159	153	143	333	297	252	264	253	1.760	1.755
情报资料工作	162	156	157	170	153	234	354	373	298	255	1.896	1.695
数据分析与知识发现	247	237	226	230	205	309	390	388	366	229	1.443	1.275

表 3-22　时间影响因子与影响因子排序对照表

期刊名称	TIF_5	排序	IF_5	排序	TIF_2	排序	IF_2	排序
中国图书馆学报	5.991	1	4.956	1	6.632	1	7.045	1
图书与情报	3.179	2	2.875	2	3.419	3	3.634	2
图书情报知识	3.052	3	2.687	3	3.657	2	3.620	3
情报杂志	2.699	4	2.645	4	2.610	5	2.724	4
大学图书馆学报	2.692	5	2.622	5	2.550	7	2.520	7
情报理论与实践	2.425	6	2.231	6	2.660	4	2.654	5
情报科学	2.315	7	2.113	7	2.587	6	2.574	6
图书情报工作	2.217	8	2.023	8	2.275	9	2.452	8
国家图书馆学刊	2.180	9	2.016	9	2.189	11	2.204	11
图书馆论坛	2.135	10	1.882	11	2.512	8	2.382	9
现代情报	1.962	11	1.680	14	2.197	10	2.238	10
情报资料工作	1.896	12	1.897	10	1.695	17	1.712	16
图书馆学研究	1.841	13	1.637	15	1.994	13	2.038	14
档案学研究	1.838	14	1.689	13	1.985	14	2.048	13
图书馆杂志	1.802	15	1.568	16	2.013	12	2.061	12
档案学通讯	1.760	16	1.817	12	1.755	16	1.747	15
图书馆建设	1.544	17	1.320	18	1.760	15	1.684	17
数据分析与知识发现	1.443	18	1.469	17	1.275	18	1.368	18

　　影响因子与时间影响因子的相关系数如表 3-23 所示。5 年影响因子与 5 年时间影响因子相关系数为 0.989，2 年时间影响因子与影响因子的相关系数为 0.997，也就是说影响因子与时间影响因子具有极高的相关度。此外，根据 2 年时间影响因子与 5 年时间影响因子的定义，5 年时间影响因子其实是包括 2 年时间影响因子的，两者相关系数为 0.986，这说明期刊 2 年评价与 5 年评价具有相对稳定性，即期刊影响力变化不大。

表 3-23　相关系数表

Probability	TIF_5	IF_5	TIF_2	IF_2
TIF_5	1			
	—			

续表

Probability	TIF_5	IF_5	TIF_2	IF_2
IF_5	0.990	1		
	0.000	—		
TIF_2	0.986	0.958	1	
	0.000	0.000	—	
IF_2	0.990	0.963	0.997	1
	0.000	0.000	0.000	—

2. 时间影响因子统计学特征分析

时间影响因子与影响因子统计学特征比较如表 3-24 所示。影响因子与时间影响因子的 2 年值与 5 年值一样，均不服从正态分布，其偏度与峰度数值大小接近。离散系数、中位数极大值比也较接近。

表 3-24　统计学特征比较

统计指标	TIF_5	IF_5	TIF_2	IF_2
均值	2.387	2.174	2.543	2.595
中位数	2.158	1.957	2.236	2.310
极大值	5.991	4.956	6.632	7.045
极小值	1.443	1.320	1.275	1.368
标准差.	1.022	0.827	1.176	1.261
偏度 S	2.565	2.198	2.464	2.591
峰度 K	9.777	8.191	9.305	9.825
Jarque-Bera 检验	54.185	34.710	48.026	55.069
p	0.000	0.000	0.000	0.000
离散系数	0.428	0.380	0.463	0.486
中位数/极大值	0.360	0.395	0.337	0.328

3.6.5　研究结论

本节提出了 2 年时间影响因子与 5 年时间影响因子的概念，用来对影响因子与 5 年影响因子进行修正。采用中国知网（CNKI）引文数据库，基于 CSSCI 图书馆情报与文献学期刊的研究结果表明，时间影响因子与影响因子尽管排序有一定的差异，但其统计学特征、数据分布、相关度等与影响因子相似度较高。时间影响因子时效性高，计算权重更合理，克服了传统影响因子的一些弊端，可以用来代替影响因子与 5 年影响因子进行学术期刊评价。

对于时效性要求比较强的评价，可以采用 2 年时间因子，对于时效性要求相对不高的评价，可以采用 5 年时间影响因子。当然，也可以根据学科期刊到达论文被引峰值的时间滞后的情况，有针对性地选择计算时间，比如 3 年时间影响因子、7 年时间影响因子等。

当然，时间影响因子并没有解决他引问题，如果有必要，也可以采用他引时间影响因子来解决类似问题。此外网络首发和网络出版也会对影响因子和时间影响因子产生影响，但由于影响机理相同，所以难以体现出对影响因子及时间影响因子的差异。

3.7　学术期刊扩散因子的改进研究——扩散指数

为了解决扩散因子进行优化，以便更好地评价学术期刊的扩散能力。本节在分析扩散因子存在问题的基础上，提出了一个新的指标——扩散指数，即学术期刊过去两年发表的论文在统计当年每 100 篇论文 100 次被引涉及的期刊数量。基于中国知网引文数据库，对图书馆情报与文献学 CSSCI 期刊进行研究。扩散指数是衡量学术期刊横向扩散能力的优秀指标；扩散指数与影响因子正相关，与 h 指数负相关；扩散指数区分度较好，不服从正态分布；保证评价对象的时间轴一致才能进行比较。扩散指数的特征与应用尚需要更多学科数据的验证，并且学科扩散有待进一步研究。本节的研究丰富了学术期刊扩散能力的评价指标。

3.7.1　引言

学术传播不仅要看数量，也要看学术传播的广度，扩散因子就是在这样的背景下产生的。Rowlands（2002）认为期刊是知识扩散的单元，最早提出期刊扩散因子（Journal Diffusion Factors, JDF）的概念，即期刊论文每被引 100 次所涉及的期刊数量。中国科学技术信息研究所同年在中国科技期刊引证报告中首次公布扩散因子，以后每年均公布该指标，扩大了该指标的影响。

扩散因子的产生源于对期刊知识扩散和知识流动的评价要求。Singh（2005）认为知识扩散（knowledge diffuse）应该等同于知识交流（knowledge exchange）或知识流动（knowledge flow）。Chenet 等（2004）认为对于学术期刊而言，知识扩散是知识在科学文献间的传承，具体通过文献之间的引用来反映，也可以称为基于引文的知识扩散。Bonnevie（2006）认为期刊被引是一种引证分析，反映施引期刊的范围，高比率表示期刊的影响范围较大，期刊有较高的影响力。

关于扩散因子存在的问题，沈志超、龚汉忠等（2006）研究发现扩散因子与总被引频次和影响因子在部分期刊中并不平行一致，并且扩散因子与部分期刊实际学术影响力也不一致，甚至呈现反向变化趋势，建议暂停使用该指标。钟阳春、庚家良等（2010）认为扩散因子计算公式中，分子是有限量，分母是无限量，现有的计算公式不能正确反映期刊的影响力，特别是不能正确揭示影响力正比于他引率和被引用刊数的本质。刘雪立（2018）讨论了扩散因子的人为操纵问题，认为如果某刊扩散因子明显低于同学科其他期刊，则可高度怀疑该刊有人为操作的可能。

扩散因子自从提出后，一些学者对其进行了进一步的拓展。Frandsen（2013）认为扩散因子并不适用于评价期刊，提出修正指标新扩散因子（New Journal Diffusion Factors，NJDF），即用期刊被引刊数除以载文量。叶艳、张李义（2017）对扩散因子进行修正，采用他引影响因子来进行计算，即期刊被他引100次所涉及的期刊数。

综上所述，关于扩散因子及其应用的相关研究，总体上文献不多。对于扩散因子的修正和改进，尚需要进行进一步的研究。总体上，在以下方面有待进一步深入研究：

第一，期刊影响力与期刊扩散能力是两个不同的概念，前者可以通过被引频次、影响因子等指标反映，而后者可以通过被引刊数、扩散因子等来进行反映。关于影响力与扩散能力的关系，尚缺乏足够的基础研究和理论上的总结。

第二，期刊载文量越大，选题和栏目更加丰富，内容跨度也大大增加，客观上会拉大期刊的扩散因子，而关于这方面的研究总体不多。

第三，自引无疑对扩散因子会产生影响，但是将自引剔除，完全采用他引次数来计算扩散因子值得商榷，因为适当的自引是正常的。

本节在分析期刊载文量与自引等问题对扩散因子影响的基础上，提出一个新的文献计量指标——扩散指数，基于中国知网（CNKI）的引文数据，并以图书馆情报与文献学 CSSCI 期刊为例,并对扩散指数的统计特征及与其他文献计量指标关系特点进行分析,以期优化扩散因子,丰富文献计量指标。

3.7.2 扩散指数的原理

1. 期刊影响力与期刊扩散能力

期刊的影响力主要是通过期刊被引相关指标来反映的,期刊影响力的评价指标众多,基于被引次数计算的指标大多是总被引频次、影响因子、5 年影响因子、他引影响因子、即年指标、h 指数、特征因子、论文影响分值等。期刊影响力指标又可以进一步分为数量指标与质量指标,数量指标就是反映被引总量的绝对指标,如总被引频次、载文量、地区分布数等;质量指标是相对指标,影响因子、他引影响因子、h 指数等。

期刊的扩散能力是指期刊对学科内和学科外期刊的影响。由于学科特点不同,不同学科期刊的扩散能力是不一样的,对于一些相对封闭的学科,与学科外其他期刊的关系相对较小,甚至与学科内的其他期刊关系也是如此;而对于一些基础类、方法类学科,可能对其他学科也有较大影响,拥有较大的学科扩散能力。期刊论文在学科内外的扩散对于人类的知识进步具有重要意义,尤其对于交叉学科、跨学科的研究更有较大影响。由于学科扩散一般难以计量,所以人们还是通过论文被引刊数与被引数量来间接进行反映,扩散因子就是在这样的背景下产生的。

2. 期刊影响力与期刊扩散能力不存在必然的联系

期刊影响力与期刊扩散能力是两个完全不同的维度。由于期刊定位不同,即使对于同一学科的期刊,有的期刊更加强调专一性,论文侧重在学科内某个相对较窄的研究领域,可能拥有较高的影响力。有的期刊则强调一定的宽度,论文涉及的范围较广,可能拥有较好的学科扩散能力。这两类期刊不存在好坏之分,更没有必要求全责备。

尽管可能更多的杂志均同时追求影响力与扩散能力,但也不能因为扩散因子与影响因子的相关性问题来否定扩散因子。由于不同学科特点不同,有的学科可能追求专业性的期刊更多一些,有的学科可能追求宽度的期刊更多一些,所以不同学科期刊影响力与扩散能力的关系也会表现出不同的特点,可能正相关、负相关或不相关,这些都是正常的。扩散因子的提出者 Rowlands(2002)研究了图书情报领域的 42 种期刊，发现期刊扩散因子与影响因子无正相关性。一些研究发现扩散因子与期刊影响力指标不相关，甚至负相关，就认为是扩散因子指标的问题，其实并非如此。

关于扩散因子与影响因子的关系，其实还有一个隐含的问题，就是评价对象的时间轴并不统一。扩散因子是根据总被引频次与被引刊数计算而来的，而这两个指标的时间范围是期刊创刊以来到统计当年；影响因子是根据期刊过去两年发表的论文在统计当年的平均被引次数，时间范围是 3 年。扩散因子更具有存量指标的特点，影响因子更具有流量指标的特点，两者进行相关分析本质上存在逻辑错误，无论相关还是不相关均具有较大的偶然性。

3. 扩散因子没有考虑载文量的影响

载文量对期刊扩散因子的影响是显而易见的。载文量越大，意味着期刊可以有更多的栏目设置，可以刊载更多的论文，这些论文所涉及的知识宽度会越来越大，扩散因子越大。

一味扩大载文量是值得商榷的。Bordonsetet 等(1992)研究发现，随着期刊载文量上升，期刊的影响因子逐年下降。这与影响因子的算法有关系，此外学科知识增长在特定的时间范围内是相对稳定的，任何学术期刊的办刊能力是有限的，很难在保持论文质量的情况下提高载文量。扩散因子的提出，恰恰没有考虑载文量的影响，如果期刊为了提高扩散因子而人为增加载文量，相对而言是比较容易的，所以在对扩散因子进行优化时，必须充分考虑到这个因素。Frandsen(2007)提出新扩散因子，用期刊被引刊数除以载文量，这样倒是解决了这个问题，但是没有考虑期刊的被引次数的影响。

4. 自引对扩散因子的影响

自引对扩散因子的影响包括两个部分，第一是对分子被引刊数的影响，在正常引用的情况下，期刊一般也会出现自引，所以自引对分子是没有太大影响的。第二是对分母被引次数的影响，过度自引无疑会增加被引次数，也就是说增加分母，从而降低扩散因子。也就是说，扩散因子天生就具有防止期刊过度自引的功能。在这种情况下，如果采用他引影响因子计算扩散因子，反而会提高扩散因子。

5. 扩散因子的时效性较差

扩散因子计算的时间跨度问题是个隐含问题，这一点被忽略了。根据扩散因子的定义，分子为期刊创刊以来发表的所有论文在统计当年的被引期刊数，分母为期刊创刊以来所有论文在统计当年的总被引频次。由于这个界定，导致扩散因子在评价时时效性比较差，虽然扩散因子每年公布，但本质上它具有存量指标的特点。俞立平、王作功等（2017）发现总被引频次具有流量指标与存量指标的特点，认为对于时效性较强的评价，采用总被引频次要慎重。扩散因子本质上具有类似特点，侧重长期评价，对于时效性要求较强的评价，不宜采用扩散 z 因子，或者要对其进行优化。

6. 扩散指数

综合以上分析，可以得出如下结论：第一，采用扩散因子进行评价，完全可以不考虑其与期刊影响力指标的关系。第二，不需要考虑自引对期刊扩散因子的影响，自引一般难以提高扩散因子。第三，必须考虑载文量对期刊扩散因子的影响。第四，必须考虑增强扩散因子的评价时效性。

考虑载文量对期刊影响因子的影响，需要在扩散因子的基础上再除以载文量，为了和扩散因子加以区别，本节将其命名为扩散指数（Journal Diffusion Index，JDI），即期刊每 100 篇论文 100 次被引涉及的期刊数量，即：

$$JDI = \frac{JDF_2}{P_2} \times 100 = \frac{U_2}{C_2 \times P_2} \times 10000 \qquad (3\text{-}32)$$

公式（3-32）中，JDF_2 为两年扩散因子，即根据期刊过去两年的被引刊数和被引频次计算的扩散因子；P_2 为期刊过去两年的载文量，U_2 为过去两年期刊发表的论文在统计当年的被引刊数，C_2 为期刊过去两年发表的论文在统计当年的被引次数。

比如某期刊 2015 年载文量为 100 篇，2016 年载文量为 100 篇，这两年的载文量合计 200 篇，在 2017 年被引 400 次，被引刊数为 60 种，则该期刊的扩散指数为 7.5（60÷200÷400×10000）。

与扩散因子相比，扩散指数具有以下特征：

第一，扩散指数充分考虑到载文量对扩散因子的影响，一定程度上可以防止期刊为了提高扩散因子而人为增加载文量。

第二，扩散指数充分考虑到期刊评价的时效性要求。一般而言，办刊历史越长，期刊被引刊数越多，扩散因子越大，因此对于办刊历史较短的期刊而言是不公平的，但采用较短的计算时间窗口，可以适当减少这个问题。

至于扩散指数的其他特征，有待进行进一步分析。

3.7.3 研究数据

本节基于中国知网的引文数据，采用图书馆情报与文献学 CSSCI 期刊来进行相关分析。中国知网的引文数据库收录的期刊较多，包括 7000 多种自然科学与社会科学的学术期刊，与 CSSCI 引文数据库相比各有特色，CSSCI 引文数据库所包含的期刊的主要为人文社科领域的学术期刊，并且只包含 CSSCI 核心版与扩展版的期刊。从学科跨度角度，中国知网的引文数据库更具有代表性，涉及的期刊更多，而且打破了自然科学与人文社科的界限。

CSSCI 图书馆情报与文献学期刊共有 20 种，《图书馆》由于检索关键词的原因，相关数据难以检索；《情报学报》引文数据尚不全，所以最终采取 18 种期刊的数据进行研究。扩散指数计算的时间为 2017 年，涉及的被引刊数、被引次数也为 2017 年，而论文发表时间为 2015—2016 年。扩散指数的计算结果如表 3-25 所示。

表 3-25   2017 年扩散指数计算结果

期刊名称	被引期刊数	被引次数	载文量	h 指数	影响因子	扩散指数
中国图书馆学报	203	928	132	26	7.030	16.572
图书情报知识	171	752	208	19	3.615	10.932
国家图书馆学刊	148	615	280	15	2.196	8.595
大学图书馆学报	162	693	275	18	2.520	8.501
图书与情报	242	1032	284	20	3.634	8.257
情报资料工作	128	552	323	14	1.709	7.179
档案学研究	103	641	315	15	2.035	5.101
数据分析与知识发现	127	594	435	14	1.366	4.915
档案学通讯	72	514	296	12	1.736	4.732
图书馆杂志	234	1083	526	19	2.059	4.108
图书馆论坛	221	1209	508	21	2.380	3.598
图书馆建设	177	974	583	17	1.671	3.117

续表

期刊名称	被引期刊数	被引次数	载文量	h 指数	影响因子	扩散指数
现代情报	425	1751	785	21	2.231	3.092
情报科学	421	1939	759	20	2.555	2.861
情报理论与实践	330	1821	688	22	2.647	2.634
图书馆学研究	307	1724	847	22	2.035	2.102
情报杂志	450	2465	907	24	2.718	2.013
图书情报工作	450	3627	1481	30	2.449	0.838

扩散指数的计算结果中,《中国图书馆学报》《图书情报知识》《国家图书馆学刊》排在前 3 位,也就是说,这些期刊近两年具有更好的扩散能力,尤其是在有限版面、有限载文的情况下。扩散指数排在后几位的期刊主要是《图书情报工作》《情报杂志》《图书馆学研究》等,主要原因是这些期刊载文量较大,对扩散指数具有较大影响。

3.7.4　实证结果

1. 扩散指数的统计学特征分析

表 3-26 为扩散指数、影响因子、h 指数的统计学特征比较。为了保证数据的可比性,h 指数的计算也是 2015—2016 年发表的论文在 2017 年的结果,这样可以保证扩散指数、影响因子、h 指数的评价对象一致,时间跨度相同,具有完全的可比性。

表 3-26　扩散指数的统计学特征比较

统计指标	扩散指数	影响因子	h 指数
均值	5.508	2.588	19.389
中位数	4.420	2.306	19.500
极大值	16.572	7.030	30.000
极小值	0.838	1.366	12.000
标准差	3.910	1.260	4.578
偏度 S	1.348	2.585	0.457

续表

统计指标	扩散指数	影响因子	h 指数
峰度 K	4.545	9.796	2.920
Jarque-Bera	7.241	54.688	0.631
p	0.027	0.000	0.729
离散系数	0.710	0.487	0.236

从数据分布看，扩散指数、影响因子的 Jarque-Bera 检验值分别为 7.241、54.688，p 值分别为 0.027、0.000，拒绝正态分布的原假设，说明这两个指标均不服从正态分布。而 h 指数的 Jarque-Bera 检验值为 0.631，p 值为 0.729，不能拒绝正态分布原假设。

从离散系数看，扩散指数的离散系数为 0.710，影响因子和 h 指数的离散系数分别为 0.487、0.236，扩散指数拥有最大的离散系数，用来评价时区分度良好，非常适合期刊数量较大的学科。

2. 扩散指数与期刊影响力关系的回归分析

扩散指数属于期刊扩散能力指标，而影响因子与 h 指数属于期刊影响力指标，根据前文分析，这是两类不同性质的指标。为了进一步分析影响力对扩散能力的影响，采用回归分析的结果如下：

$$\log(JDI) = 8.977 + 2.051\log(IF) - 3.161\log(h) \qquad (3\text{-}33)$$
$$(8.714^{***})(8.135^{***})\ (-8.097)\quad R^2=0.845\quad n=18$$

回归结果中，影响因子和 h 指数均在 1% 的水平下通过了统计检验，拟合优度 R^2 较高，为 0.845，说明期刊影响力与期刊扩散能力的相关度较高。影响因子的回归系数为 2.051，h 指数的回归系数为 -3.161。h 指数的回归系数为负数，原因有两个，第一是可能存在多重共线性，导致回归系数为负；第二是，在降低多重共线性影响的情况下，h 指数的回归系数仍然为负数，说明 h 指数更多代表了期刊的质量，高质量的期刊可能更加追求专业性，所以拥有较高的影响力，但不太具有较好的扩散能力，因此有必要进行进一步分析。

下面进行多重共线性检验，影响因子的特征值为 0.088，VIF 为 5.758，小于 10，说明影响因子不存在多重共线性；h 指数的特征值为 0.002，接近 0，VIF 为 37.043，大于 10，说明 h 指数存在多重共线性。在这种情况下，就不能采用传统的最小二乘法进行估计，而需要采用岭回归进行估计。

岭回归是 Hoerl 等(1970)提出的一种改良的最小二乘法，专门用于共线性数据的回归分析，其基本思想是当自变量间存在共线性时，解释变量的相关矩阵行列式近似为零，X′X 是奇异的，也就是说它的行列式的值也接近于零，此时传统的最小二乘法 OLS 估计会失效，必须采用岭回归进行估计。

岭回归岭迹图如图 3-15 所示，当 $k=0.3$ 时，回归系数比较稳定，而当 $k>0.6$ 时，回归系数又开始发散，因此取 $k=0.3$ 时的估计结果如下：

$$\log(JDI) = 0.452 + 0.121\log(IF) - 0.756\log(h) \ R^2 = 0.923$$

$$(3\text{-}34)$$

岭回归的结果显示，即使在大幅降低多重共线性的情况下，h 指数与扩散指数的相关系数仍然为负，说明其结果是稳定的，也就是说，期刊的 h 指数与扩散能力具有负相关性。

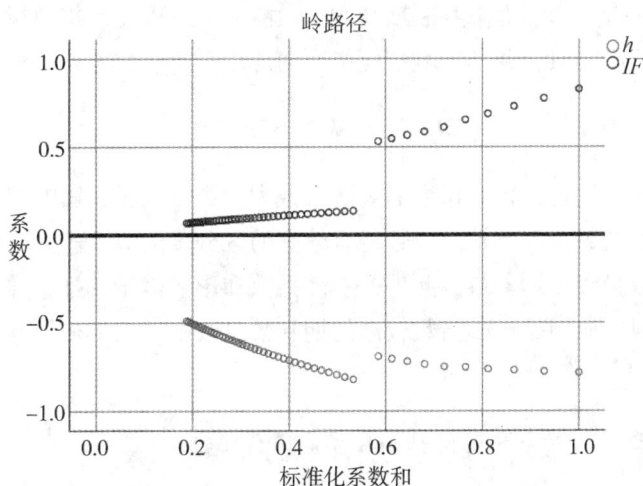

图 3-15　岭迹图

3.7.5　研究结论

1. 扩散指数是衡量学术期刊横向扩散能力的优秀指标

学术期刊的扩散能力与影响力是学术期刊的两个重要标志，虽然任何期刊都在追求这两种能力，但各有侧重，两者并无本质的必然联系。扩散因子存在的主要问题是评价对象是创刊以来的期刊所有论文，所以时效性差，另外，没有排除载文量增加对扩散因子的影响。本节提出扩散指数JDI，即期刊过去两年发表的论文在统计当年每 100 篇论文 100 次被引用涉及的期刊数量，用来对扩散因子进行优化，使得扩散因子难以通过提高载文量进行人为操纵，另外提高了评价的时效性。

2. 扩散指数与影响因子正相关，与 h 指数负相关

本节研究发现，扩散指数与影响因子正相关，与 h 指数负相关，这些结论是在降低多重共线性后采用岭回归分析的结果，因此具有更好的稳定性。扩散指数与 h 指数负相关的机制是，h 指数更强调质量，而学术质量越高的期刊更加追求专业性，创新性较强，被引次数很高，但扩散能力反而不高。

当然这是本节有限数据下的研究结论，至于其他学科扩散指数与影响力的关系有待进一步研究。需要说明的是，不能用期刊的扩散能力来判断影响力，或者用影响力来判断期刊的扩散能力，所以无论扩散指数与影响力指标的关系如何，并不影响扩散指数的使用。

3. 扩散指数区分度较好，不服从正态分布

本节研究发现，扩散指数的离散系数大于影响因子，影响因子的离散系数大于 h 指数，因此扩散指数拥有较高的区分度的概率较大，比较适合评价期刊数量较多的学科。此外，扩散指数和影响因子一样，并不服从正态分布，根本原因是扩散指数较高的期刊数量较少，大部分期刊处于中低水平。

4. 保证评价对象的时间轴一致才能进行比较

所有的学术期刊评价指标均对评价对象的时间跨度有具体的限定，但这一点非常容易被忽视。比如将扩散因子与影响因子相比，扩散因子评价的是期刊创刊以来的所有论文，而影响因子评价的是期刊过去两年发表的论文，时间轴并不统一。本节扩散指数的评价对象是期刊过去两年发表的论文，因此与影响因子才能直接比较，如果与 h 指数比较，那么 h 指数也必须是期刊过去两年发表的论文进行统计。

扩散指数的进一步研究可从学科扩散的角度进行，由于篇幅所限，将在后续研究中进行讨论。

3.8 标准特征因子的问题及其优化研究

标准特征因子自 2009 年发布以来，对其自身可能存在的问题缺少讨论，为了分析标准特征因子可能存在的问题并进行优化。本节从理论上证明了标准特征因子能够提高区分度之后，以 JCR2016 数学期刊为例从区分度与数据分布角度进行了对比分析，比较了特征因子分值与标准特征因子的中位数极大值比高分比、低分比、及格率、离散系数、HHI 指数、Jarque-Bera 检验值。研究发现：标准特征因子对特征因子的区分度与数据分布几乎没有影响；特征因子分值的公布精度较低使得人们误认为标准特征因子能够提高区分度，其实标准特征因子只是变相将特征因子放大了100 多倍；标准特征因子是一种非线性转换，它会轻微牺牲特征因子分值的信息；标准特征因子转换时，分子是期刊特征因子分值，分母是其他期刊特征因子分值的均值，即测量时的标尺是不固定的，违背测量原则；标准特征因子存在指标值与评价属性的背离现象，表现为数据分布偏倚、及格率低、低分区域数据拥挤。在此基础上，本节提出对数特征因子，以对标准特征因子进行修正，认为有必要用对数特征因子来取代标准特征因子。

3.8.1 引言

标准特征因子和特征因子性质非常接近。特征因子是由 Bergstrom、West 等（2008）提出的文献计量指标，它的推出考虑到不同层次期刊的引用权重，通过构建起文献引用网络，借鉴 pagerank 算法，对期刊的影响力进行评价，其计算时间跨度长达 5 年，而且排除了自引的影响。JCR 2009 年开始采用公布特征因子分值（Eigenfactor Score）和论文影响分值（Article Influence Score）两个指标，一般也统称为特征因子，这是继影响因子之后的两个重要的文献计量指标。2015 年，JCR 发布了标准特征因子（Normalized Eigenfactor），该指标是在特征因子基础上设计的，计算方法是用期刊的特征因子除以同学科其他期刊特征因子的均值，如果某一期刊的标准特征因子（Eigenfactor）为 2，这表示该期刊的影响力两倍于同学科领域的期刊。

研究标准特征因子的特点、可能存在的问题具有重要意义。从标准特征因子公布以来，学术界侧重研究其与其他文献计量指标的关系，对于标准特征因子与特征因子分值的关系较少进行研究。从理论上分析标准特征因子与特征因子分值的关系，比较它们的区分度与数据分布，分析其优点与不足，可能的情况下进行优化改进，可以深化特征因子分值的应用，对于学术评价具有重要意义。

关于特征因子分值的特点学术界研究比较丰富。Massimo（2010）提出了采用特征因子的 10 个理由，认为其具有立体的数学背景、公理性的理论基础、有趣的随机性解释以及与其他文献计量指标的有趣关系等特点。Ernesto 等（2018）通过对 *Radiology*，*Nuclear Medicine and Medical Imaging Journals* 研究发现，特征因子（ES）、论文影响分值（AIS）被引半衰期、5 年影响因子 4 个指标是 2-year-ahead total citations 的重要预测指标。Rousseau 等（2009）通过对 165 种医学期刊的评价研究得出结论，认为 h 指数与特征因子分值相关性较强，它们之间的皮尔森系数达到 0.951，并探讨了加强特征因子分值应用的可能性。Shideler（2016）认为特征因子分值是社会学期刊广告年度订阅价格预测的最好指标，不同学科存在差异，实证研究结果发现期刊的特征因子值、论文影响因子值和 h 指数之间具有很高的相关性。

特征因子分值也存在一定的问题，Davis（2008）发现对于总体影响力比较低的期刊群来说，连续等级期刊之间的特征因子值差别很小，离散程度小；特征因子计算的数据封闭性比较强，计算准确性目前仍难以检验。Waltman 等（2010）对特征因子和受众因子（audience factor）、影响力（influence weight）进行了比较，研究显示三个指标对不同种类学科以及对影响力小的期刊具有不敏感性。本质上，这是由于特征因子分值指标对低分区期刊的区分度较差所致。Ren（2009）对于影响力较低的期刊群来说，它们的特征因子分值很低，离散程度很小，在我国的 76 种 SCI 期刊中，影响力较低的 13 种期刊在特征因子分值的小数点后第 4 位数才开始出现差别，并且还有多种期刊出现重值现象。

从现有的研究看，关于特征因子分值原理、特点的研究比较成熟，研究视角主要放在特征因子分值与其他文献计量指标的关系特点以及特征因子分值的应用上。由于标准特征因子 2015 年刚刚推出，是个新的文献计量指标，对其进行的相关研究尚处于起步阶段。本节关注的问题包括以下几个方面：

第一，标准特征因子有没有提高特征因子分值的区分度尤其是低分区的区分度问题？如果解决，是否可以进行进一步证明？

第二，标准特征因子是在特征因子分值基础上产生的，那么这种转换有什么特征？标准特征因子和特征因子分值的关系如何？

第三，标准特征因子的区分度与数据分布与特征因子分值相比有什么区别？这种改进是否显著？这对评价会产生什么影响？

第四，标准特征因子是反映学术期刊论文引用的一个指标，深层次体现学术期刊的影响力，那么标准特征因子能够反映学术期刊的影响力本质及其差距吗？如果不能，应该如何进行优化？

本节以 JCR2016 中期刊数量较多的数学期刊为例，在进行理论分析的基础上，重点比较标准特征因子与特征因子这两个指标的相关度、区分度、数据分布等，对标准特征因子可能存在的问题进行进一步分析，在此基础上对其进行优化。

3.8.2　研究方法

1. 标准特征因子的计算公式

假设某学科有 n 种学术期刊，x_m 为第 m 种期刊的特征因子分值，则标准特征因子 y_m 为：

$$y_m = \frac{x_m}{\left(\sum_{i=1}^{m-1} x_i + \sum_{i=m+1}^{n} x_i\right)/(n-1)} \tag{3-35}$$

即标准特征因子 y_m 等于特征因子 x_m 除以同学科其他期刊特征因子分值的均值。

2. 标准特征因子加大区分度的证明

假设任意两种学术期刊 p、q，其特征因子分值分别为 x_p、x_q，标准特征因子分别为 y_p、y_q，为了方便计算，假设除 p、q 两种期刊以外的其他所有期刊的特征因子分值之和为 A。

假设 $x_p > x_q$，则两种期刊特征因子分值之比为 $x_p/x_q > 1$，如果能够证明标准特征因子之比大于特征因子分值之比，即 $y_p/y_q - x_p/x_q > 0$，也就证明了特征因子分值转换为标准特征因子之后区分度有所提高。

首先根据公式(3-35)有：

$$y_p = \frac{x_p}{(x_q + A)/(n-1)} \tag{3-36}$$

$$y_q = \frac{x_q}{(x_p + A)/(n-1)} \tag{3-37}$$

$$\frac{y_p}{y_q} - \frac{x_p}{x_q} = \frac{\dfrac{x_p}{(x_q + A)/(n-1)}}{\dfrac{x_q}{(x_p + A)/(n-1)}} - \frac{x_p}{x_q} = \frac{x_p(x_p + A)}{x_q(x_q + A)} - \frac{x_p}{x_q}$$

$$= \frac{x_p(x_p + A) - x_p(x_q + A)}{x_q(x_q + A)} = \frac{x_p(x_p - x_q)}{x_q(x_q + A)} > 0 \qquad (3\text{-}38)$$

这样标准特征因子能够提高特征因子的区分度就得到了证明。进一步地，也可以得出以下推论：标准特征因子排序结果与特征因子排序完全一致。

3. 标准特征因子转换对期刊评价的影响

首先，将特征因子分值转换为标准特征因子提高了区分度，从而也拉大了特征因子之间的差距，这一点理论上已经证明。但是这种影响究竟有多大，区分度提高究竟是否显著，需要从区分度角度进行实证检验。

其次，将特征因子分值转换为标准特征因子是一种非线性变换，非线性变换会破坏原始数据与目标数据之间的线性关系，产生一定程度的信息损失，那么同样需要对信息损失进行评估，常用的方法是采用散点图、相关系数等进行分析比较。

再次，非线性变换还会破坏原始数据的数据分布，需要从数据分布角度加以分析。

4. 研究方法

(1)区分度的比较方法

常见的区分度的比较方法有离散系数、中位数极大值比，本节在此基础上，引入两个指标进行综合评估：高分比、低分比、HHI(Herfindahl-Hirschman Index)指数。

所谓高分比，就是最高 20% 期刊的标准特征因子之和占所有期刊标准特征因子之和的比重；所谓低分比，就是最低 20% 期刊的标准特征因子之和占所有期刊标准特征因子之和的比重。

HHI 指数是 Hirschman(1968) 提出的用来测度市场垄断情况的指标，本节借用该指数用来表示区分度，该值越大，说明越不均衡，一定程度说明区分度越低。标准特征因子的 HHI 指数就是所有期刊标准特征因子占比的平方和，计算公式如下：

$$HHI = \sum_{i=1}^{n} \left(\frac{y_i}{\sum_{i=1}^{n} y_i} \right)^2 \qquad (3\text{-}39)$$

（2）数据分布的比较方法

许多学者发现学术期刊评价指标数据有偏，Vinkler（2008）证明了引文分布的右偏性，认为发表在影响因子较高期刊上的论文仅仅是提供了获得高被引的可能性，并不能合理地衡量期刊的影响力，影响因子对期刊真实影响力的衡量存在较大偏差。Seglen（1992）发现引文分析数据分布是典型的偏态分布，不服从正态分布，具有幂律分布特征。Adler（2009）认为，引文均值反映的更多是高被引论文的引用值，根据幂律法则，由于引用数据的分布通常是右偏态分布的。

常见的数据分布检验主要是正态分布检验，检验方法通常采用Jarque-Bera 检验，尽管许多文献计量指标并不服从正态分布，p 值往往很低，所以难以从 p 值进行比较，但是可以根据 Jarque-Bera 检验值的大小来判断特征因子分值转换为标准特征因子以后，其数据分布偏态状况是更严重还是有所改善。

3.8.3　实证研究结果

1. 研究数据

本节以 JCR2016 数学期刊为例进行研究，公布的主要指标有 11 个，分别是：总被引频次、他引影响因子、影响因子、即年指标、影响因子百分位、5 年影响因子、特征因子分值、标准化特征因子、论文影响分值、被引半衰期、引用半衰期。本节重点分析比较特征因子分值与标准特征因子之间的关系与区别，JCR2016 数学期刊共有 310 种，这是本节的数据来源。

2. 区分度与数据分布比较

特征因子与标准特征因子的中位数极大值比、高分比、低分比、及格率、离散系数、HHI 指数均比较接近，在小数点后 4 位均相同，说明标准特征因子经过转换，对提高数据区分度几乎没有影响，对于数据分布也没有产生影响。从平均值看，标准特征因子的均值为 0.264285，特征因子分值的均值为 0.002305，标准特征因子相当于将特征因子分值放大了114.66 倍（见表 3-27）。

表 3-27 特征因子与标准特征因子比较

统计量	特征因子	标准特征因子
均值	0.004	0.509
中位数	0.002	0.264
极大值	0.049	5.712
极小值	0.000	0.007
标准差	0.007	0.747
中位数/极大值	0.046	0.046
高分比	0.619	0.619
低分比	0.031	0.031
及格率	1.91%	1.91%
离散系数	1.464	1.464
HHI	0.010	0.010
偏度 S	3.753	3.753
峰度 K	20.249	20.250
Jarque-Bera 检验	4571.119	4571.423
p	0.000	0.000

标准特征因子与特征因子分值的散点图如图 3-16 所示，几乎在一条直线上，两者的相关系数为 1.000000，高度相关，几乎具有同质性。

从实际结果看，特征因子分值在精确到小数点后 5 位时，还有 69 种期刊出现分值相同的情况，但是标准特征因子在精确到小数点后 5 位时，所有期刊得分均不相同，对区分度提高明显。

对标准特征因子提高低分段区分度的机制，要从以下三个方面理解：第一，当特征因子分值不相等时，标准特征因子一定能够提高区分度，本节已经证明。第二，当特征因子分值相等时，标准特征因子一定相等。第三，当特征因子分值相等，而标准特征因子不相等，区分度提高的真正原因是 JCR 公布的特征因子分值精度不够，目前公布的仅仅是小数点后 5位，如果将特征因子分值精确到小数点后 6 位、7 位以后，特征因子分值就会体现出差异，区分度自然提高。

标准特征因子变相放大了特征因子来体现区分度。标准特征因子的均值是特征因子分值均值的 114.66 倍，这样在精确到小数点后 5 位就能体现出差异。由于特征因子分值只公布到小数点后 5 位，这样其区分度就不

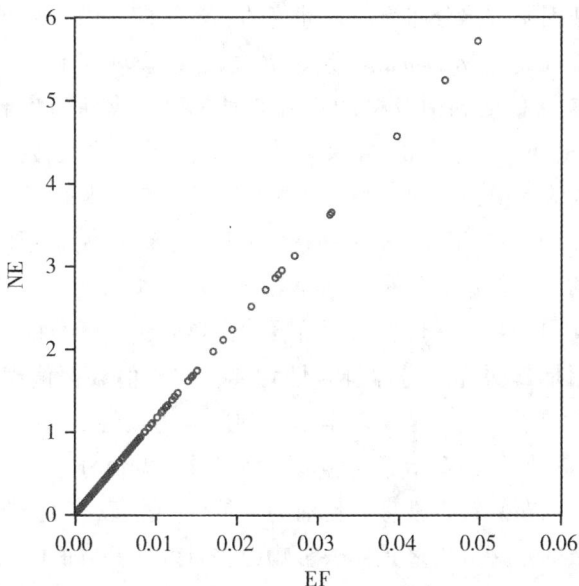

图 3-16　标准特征因子与特征因子分值的散点图

能体现，出现低分区期刊得分相等情况，其实只要将特征因子分值公布到小数点后 7 位就可以了。

标准特征因子之所以提出，一个很重要的原因就是要提高低分区的区分度，但综上分析，这种区分度的提高本质上并不是标准特征因子的贡献，更简洁的方式就是将特征因子分值放大 100 倍、1000 倍更好。

3.8.4　标准特征因子的问题及改进

1. 标准特征因子的进一步讨论

标准特征因子是值得商榷的，毕竟标准特征因子转换是一种非线性转换，虽然总体对特征因子分值的信息牺牲不大，实际上也没有提高区分度，对数据分布也几乎没有影响，所以将特征因子分值转换为标准特征因子意义不大。

此外标准特征因子转换时分母是"其他所有期刊的平均影响因子"，对于每一种期刊，"其他所有期刊的平均影响因子"均是不一样的，如果说标准特征因子是一把测量期刊影响力的尺子，但是具体测量时每把尺子的刻度均有微小差别，这还是一把好尺子吗？

由于以上原因，将特征因子分值转换为标准特征因子的理由不足。

标准特征因子数据分布是严重偏倚的。数学期刊中，标准特征因子最高的期刊 *Advances in Mathematics* 是 5.71167，假设满分是 100 分，及格为 60 分，那么 310 种期刊中及格的只有 5 种期刊，占所有期刊的 1.61%，这是一个实在说不过去的结果。从中位数看，中位数极大值比为 0.046271，也就是说，在满分为 100 的情况下，有一半期刊即 155 种的得分在 4.63 分以下。对于以上这些现象，目前的解释将其主要归因于数据分布是偏倚的，从数据的分布及其表现看，确实如此。

标准特征因子存在评价值与评价属性背离问题。标准特征因子数据偏倚的根本原因是其评价值与评价属性背离，评价值数据偏倚只是表面现象，标准特征因子本质上是反映学术期刊影响力属性的。在学术评价中，除了重大创新、原始创新指标才应该出现严重的偏倚分布，而影响力指标应该接近正态分布才符合常理。目前的文献计量指标，很少有反映重大创新、原始创新的指标，更多是反映影响力、时效性等方面的指标。A 期刊标准特征因子是 B 期刊的 300 倍，并不表示 A 期刊的影响力是 B 期刊影响力的 300 倍，这被严重夸大了。期刊编辑可以接受自己期刊的标准特征因子是优秀期刊的 1/300，但不能接受自己期刊影响力是优秀期刊的 1/300。进一步地，标准特征因子数据分布偏倚，并不代表期刊影响力的数据分布也是偏倚的，期刊影响力的数据分布应该接近正态分布才对。

评价值与评价属性背离现象不是标准特征因子所特有的，特征因子分值也是如此，其他还有一些文献计量指标也有类似现象。

2. 对标准特征因子的进一步改进

根据前文分析，标准特征因子的优点是能提高区分度，但提高水平几乎可以忽略不计。缺点有四个方面，第一，将特征因子分值转换为标准特征因子是一种非线性转换，会少量牺牲特征因子分值的信息。第二，将特征因子分值转换为标准特征因子时，存在"测度标尺"不统一现象。第三，标准特征因子提高特征因子分值区分度是一种假象，本质上只要提高公布的特征因子分值精度就可以解决问题。第四，标准特征因子存在评价值与评价属性的背离现象。

由于以上问题，有必要对标准特征因子进行修正，使其更好地反映期刊的影响力。本节采用将特征因子分值取自然对数的方法进行转换，将其称为对数特征因子。联合国开发计划署在计算人口发展指数时，对于国民收入指标，为了体现每增加一美元收入提升人类发展水平的边际效用递减，先作自然对数处理，而后使用线性无量纲化方法得到国民收入分指数

（UNDP，2014）。取自然对数是一种非线性转换，可以有效地降低评价对象之间的差距，并使其数据分布更加接近正态分布。

由于特征因子分值往往很小，这样取对数后往往是负数，有必要将其转换为正数，本节采取以下公式进行转换：

$$LE = \left| \text{int}\{ \min[\ln(X)] \} \right| + \ln(X) \tag{3-40}$$

公式(3-40)中，X 为特征因子分值，LE 为对数特征因子，$\text{int}(\ )$ 为取整函数，$\min(\ )$ 表示极小值，$\ln(\ )$ 为自然对数，即将特征因子分值取对数后再加上极小值取整后的绝对值。

3. 对数特征因子分析

特征因子与对数特征因子的区分度与数据分布比较如表 3-28 所示。对数特征因子的中位数极大值比为 0.561，说明中位数还处在略靠前的位置，相比特征因子分值的 0.046 有极大改进。从离散系数看，特征因子分值的离散系数为 1.464，而对数特征因子的离散系数为 0.261，大大降低，说明数据比较均匀，区分度有所提高。特征因子分值的高分比为 0.619，而对数特征因子高分比为 0.277，采用对数特征因子使得高分期刊值降低，分布更加均匀。特征因子分值的低分比 0.031，而对数特征因子低分比为 0.131，低分期刊分值普遍提高。从及格率看，特征因子分值的及格率只有 1.61%，而对数特征因子及格率达到了 40.19%，大有改善，更加符合期刊影响力实际。

表 3-28　特征因子与对数特征因子比较

比较指标	特征因子	对数特征因子
均值	0.004	3.999
中位数	0.002	3.927
极大值	0.049	7.001
极小值	0.000	0.279
标准差	0.007	1.042
中位数/极大值	0.046	0.561
高分比	0.619	0.277
低分比	0.031	0.131
及格率	1.61%	40.19%
离散系数	1.464	0.261
HHI	0.010	0.003

续表

比较指标	特征因子	对数特征因子
偏度 S	3.753	0.219
峰度 K	20.249	3.427
Jarque-Bera 检验	4571.119	4.831
p	0.000	0.089

从数据分布看，特征因子分值并不服从正态分布，而对数特征因子的 Jarque-Bera 检验值为 4.831，p 值为 0.089，拒绝了非正态分布的原假设，说明对数特征因子服从正态分布。图 3-17、图 3-18 可以更形象地说明对数特征因子对特征因子分值数据分布的改进。

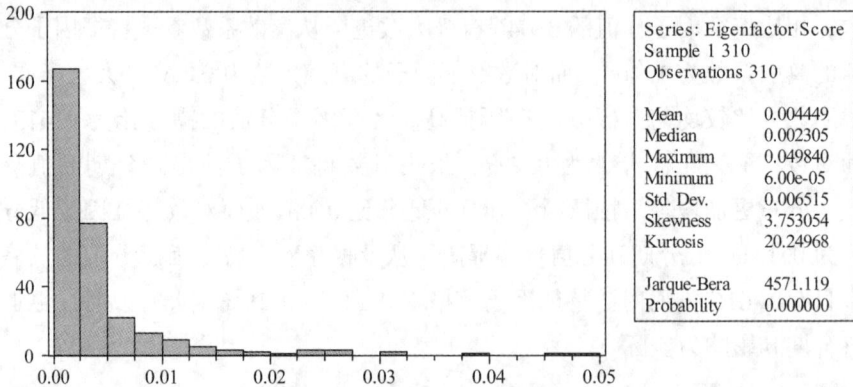

图 3-17　特征因子分值的数据分布

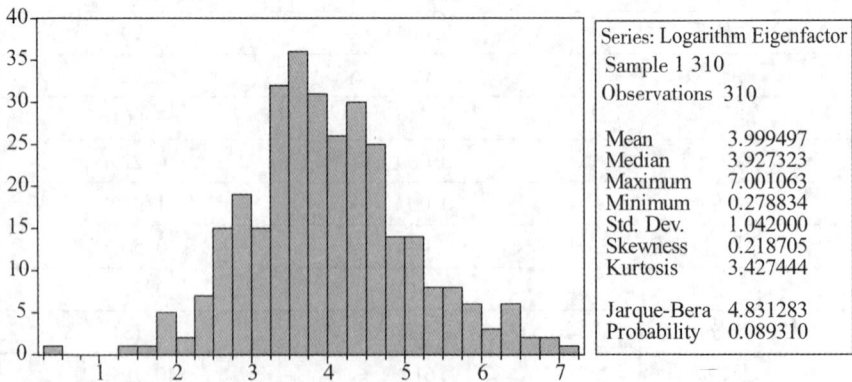

图 3-18　对数特征因子的数据分布

　　与标准特征因子相比，对数特征因子的区分度好，数据分布服从正态分布，比较适合用来评价期刊的影响力。虽然对数特征因子也是一种非线性变换，但和标准特征因子有本质区别，对数特征因子非线性变换的目的是为了使特征因子更能代表期刊的影响力，使得评价指标值与评价属性一致，而标准特征因子是为了改善区分度，但实际上又没有发挥到应有的作用，如果这样，还不如直接将特征因子分值扩大 100 倍、1000 倍等更好。

3.8.5　研究结论

1. 标准特征因子对特征因子的区分度与数据分布几乎没有影响

　　本节以 JCR2016 数学期刊为例，通过中位数极大值比、高分比、低分比、及格率、离散系数、*HHI* 指数、正态分布检验等全面比较了特征因子分值与标准特征因子的差异，研究结果表明，标准特征因子对特征因子的区分度和数据分布几乎没有影响。

2. 公布精度原因使得人们误认为标准特征因子能够提高区分度

　　本节证明了标准特征因子能够提高特征因子分值低分区的区分度，但实证研究结果发现其几乎没有改善。根本原因在于，标准特征因子相当于将特征因子分值均值放大了 100 多倍，所以在精确到小数点后 5 位时能够体现出标准特征因子低分区的差距、而同样在精确到小数点后 5 位的情况下，特征因子分值却无法体现出低分区的差距，表现出区分度低的假象，只要将特征因子分值的数据公布精度提高到小数点后 7 位即可，或者干脆将特征因子分值放大 100 倍、1000 倍更好。

3. 标准特征因子存在理论与实践的缺陷

　　标准特征因子存在着两大理论缺陷：第一，将特征因子分值转换为标准特征因子是一种非线性转换，它会牺牲特征因子分值的信息，尽管比较轻微。第二，将特征因子分值转换为标准特征因子，分母是其他期刊特征因子分值的均值，而该值是动态变化的，也就是说，测量时的标尺是不固定的，有违测量的基本原则。

　　从实践看，也有两大缺陷：第一，标准特征因子并没有有效改善特征因子分值低分区的区分度，也没有改变数据分布，只不过做了一种"数据放大"，如果这样，根本无需采用标准特征因子，将特征因子分值直接放大即可。第二，标准特征因子表面上反映的期刊的引用情况，本质上反映的是期刊的影响力，但是期刊影响力的差距与数据分布接近正态分布才合适，也就是说，标准特征因子存在指标值与评价属性的背离现象。

4. 对数特征因子是个较好的指标

将特征因子分值取对数转换为对数特征因子，大大改善了其区分度与数据偏倚现象，本节研究发现，JCR2016 数学期刊的对数特征因子服从正态分布，比较符合期刊影响力更接近正态分布的公众认知，因此有必要用对数特征因子来取代标准特征因子。研究文献计量指标，不仅要从指标本身的数据进行分析，更应该从该指标所反映的本质属性角度进行研究。

5. 其他学科对数特征因子情况有待进一步研究

由于学科差异和数据差异，不同学科对数特征因子的区分度与数据分布情况有待进一步研究。

3.9　学术期刊影响因子过度自引的修正研究

为了防止学术期刊过度自引，文章提出了自然影响因子。它本质上是个二元选择函数，对于自引次数最高的期刊，自然影响因子等于他引影响因子，对于正常自引的期刊，自然影响因子等于影响因子。以 CSSCI 图书馆情报与文献学期刊为研究对象，基于中国知网引文数据的研究表明：图书馆情报与文献学期刊自引率与期刊影响力无关；自引次数最高期刊的影响因子、他引影响因子均值较低；自引次数最高期刊的载文量较高；自然影响因子的统计学特征与影响因子极为接近，可以有效地防止期刊过度自引，建议用自然影响因子代替影响因子评价期刊。

3.9.1　引言

影响因子在学术期刊评价中发挥着重要的作用。《期刊引证报告》（*Journal Citation Reports*，JCR）创立于 1975 年，自 JCR 诞生之日起，影响因子就成为评价学术期刊影响力的重要指标之一（Servaes，2014）。早期影响因子仅仅是图书馆情报与文献学领域的一个专业词汇，现在已经普及于学术界甚至公众中。遴选优秀稿件，努力提高期刊影响因子，成为办刊机构的共同追求。对于学者而言，投稿时优先向影响因子较高的期刊投稿，也变成了一种常态。至于各种学术期刊评价体系，均将影响因子作为一个非常重要的指标。

　　由于提高期刊影响因子会带来各种有形与无形的收益，因此就出现了人为操纵影响因子的现象。随着影响因子在期刊评价中地位的不断提高和应用越来越普遍，人为操纵期刊影响因子的行为便自然而然产生了，最直接的手段就是提高期刊的自引（Wallne，2009）。个别期刊为了提高自己期刊的影响因子，采用了过度自引或"同盟"互引等不光彩的手段（Frandsen，2007）。一些学术期刊不是采取正当的途径与方法来提高期刊的影响因子，而是强迫或者诱导作者引用该刊以前发表的论文，这种现象国内外普遍存在（Wilhite et al.，2012）。为了对类似现象加以警示，许多引文数据库发布的文献计量指标开始公布他引影响因子，如国外的 JCR、国内的 CNKI、CSTPCD 等。JCR 的后台数据不但给出了总被引频次中的自引量，而且给出了影响因子构成中的自引量，新版 InCite JCR 中还发布了各期刊历年他引影响因子，这些举措无疑都是为了揭示各期刊的自引水平，警示和阻止期刊的过度自引（刘雪立、魏雅慧等，2017）。

　　采用他引影响因子也是片面的，因为排除了期刊的正常自引。正常自引也称为合理自引，包括以下几个方面：一是研究问题的连续性；二是研究问题的相关性；三是对期刊的某论文进行商榷或讨论；四是为方便读者检索，从而对论文中的引文有更详尽的了解（朱大明，2004）。如果期刊论文刊载的某个选题较新，其他期刊论文较少，那么自引就更为普遍，也十分合理。一些期刊如果在同类期刊中专业性很强，那么自引较高也是正常现象，因为其他期刊该专业领域论文不多。据统计，*Nature* 和 *Science* 在 1997—2007 年 10 年期间的自引率分别为 19.81%、23.98%，这足以说明自引存在是合理的，也是科研成果不断传承与创新的需要（Foo et al.，2009）。所以，为了防止期刊自引而采用他引影响因子的做法是不合理的，而在现实应用中，比如中国科学院的 SCI 分区，以及 JCR 的期刊分区中，依然采用影响因子而非他引影响因子，这就是不能采用他引影响因子评价的最好佐证。所以必须以影响因子为基础，对其进行修正，才是解决问题之道。

　　影响因子虽然存在过度自引现象，但影响因子仍然是个非常重要的指标。正如 Bradshaw 等（2016）所说，无论你喜欢还是厌恶，你必须用文献计量学指标评价学术期刊及研究绩效；无论正确与否，在学者选择期刊投稿、科研机构评价学者业绩、学术期刊选择出版公司等方面，你必须采用文献计量指标。Hoeffel（2006）进一步指出，影响因子肯定不是评价论文质量的完美工具，但目前没有更好的方法，所以影响因子的存在有其合理性。

　　基于以上背景，本节以影响因子为基础，试图对学术期刊过度自引现象进行修正，提出一个新的指标——自然影响因子，该指标在保证学术期刊正常自引的同时，对期刊非正常自引进行适度惩罚。本节的研究优化了影响因子，可以制约学术期刊过度自引现象，对于丰富文献计量指标，提高影响因子评价的科学性具有重要意义。

　　关于期刊自引的影响因素，Hyland(2003)指出，期刊自引率与期刊的主题、论文组成、主办单位、语言及办刊时间等有一定的关联。Chorus(2015)认为，有些作者认为多引用拟投期刊以前发表的论文，能够提高稿件的评审通过率，所以加大了对所投期刊的引用。康存辉、操菊华(2014)认为一些学者为了提高论文投稿命中率，特意研究了部分期刊的办刊喜好，针对相应专题开展研究，并在研究中相对较多地参考了这部分期刊的研究成果，但这属于正常自引。王彩(2003)认为自引是正常现象，自引反映了科学研究的进展和动态，可以把握学科发展，了解科学社会的规律和趋势。

　　关于期刊过度自引的界定，现有研究往往从自引率高低来加以判断。早在20世纪80年代，Garfield指出专业科技期刊的自引率应该控制在20%以内，超过20%即被认为是过度自引(李贺琼、邵晓明等，2013)。Fang(2013)在研究中国、日本、印度、韩国在SCI收录科学与技术期刊自引时界定过度自引率为25%。美国科技信息研究所(ISI)将自引率大于20%的期刊归类为高自引期刊(任胜利，2005)。

　　关于自引的相关实证研究，Frandsen(2007)实证研究期刊自引率对影响因子的贡献。结果发现，从统计意义而言，期刊的自引率与其影响因子呈现一定的正相关。Huang等(2012)研究了20种国际环境工程类期刊，发现自引率对于影响因子的贡献并不显著，但是对于一些影响因子较低的期刊有一定的影响。Mimouni等(2016)研究了儿科学科领域的国际期刊，发现相对于其他医学领域的期刊，儿科领域期刊的自引率较低。Bartneck等(2011)还研究了通过提高自引人为操纵 h 指数的现象。

　　关于过度自引的解决办法，White(2001)提出了将自引从相关引文指标中排除，仅考虑他引对引文指标的影响。王晔、李兰欣(2010)提议我国的期刊引证报告中应该设置最高自引率为20%，在计算总被引频次时，对于高自引率的期刊应该减去一个0.2的系数。

　　从现有的研究看，学术界普遍认为，适当的自引是正常的，但是过度自引必须进行控制。关于过度自引的判定方法，学术界一般将其界定在

20%~25%之间，但由于学科不同，采用自引率加以界定是不现实的，比如 Nature、Science 的自引率就非常接近过度自引阈值。关于过度自引的解决方法，一是公布他引影响因子，排除自引的影响，但这种方法将正常自引也排除在外，也存在瑕疵。二是对过度自引期刊的影响因子打个折扣，问题是如何判断过度自引，不同学科是不一样的，判断标准难以确定。

本节在影响因子与他引影响因子的基础上，提出了一个新的文献计量指标——自然影响因子。其原理是，对某期刊按被引期刊的引用次数进行降序排列，如果被引次数最高的期刊是该期刊自身，说明存在过度自引现象，此时自然影响因子等于他引影响因子；如果被引次数最高的期刊是其他期刊，说明该期刊不存在过度自引，此时自然影响因子等于影响因子。下面以 CSSCI 图书馆情报与文献学期刊为例，基于 CNKI 引文数据库，对自引率与期刊影响力指标的关系进行分析，对自然影响因子的原理做进一步介绍，并对其统计学特征做进一步分析。

3.9.2 自然影响因子的原理

1. 过度自引的界定

首先，一定程度上的期刊自引是一种正常现象。比如设定某个独特的栏目，研究某个独特的选题，具有一定原创性，往往容易产生较大影响，后续相关研究必然会存在一定的自引现象。

其次，采用类似作弊的手段来达到期刊被引次数增加的目的就是过度自引，如果这种行为比较轻微，一般难以发现，如果这种行为比较严重，还是比较容易发现的。本着"疑罪从无"的原则，本节在设定过度自引标准时采用较高标准。

2. 关于过度自引的判断

对于期刊过度自引的传统判定方法是采用自引率，但这明显是不合理的，因为学科不同、期刊分类不同，其自引率的特征是完全不一样的，必须采用新的判断标准。在期刊评价实践中普遍采用影响因子的背景下，期刊会存在自引激励，有意无意加大自引，这是一种普遍现象，应该进行必要的调节。所以过度自引的判断标准也要有所调整，覆盖期刊的范围要有所增加，这样才能对期刊过度自引现象进行有效的治理。本节判断过度自引的标准是：在一定的时间范围内，某期刊论文被引用次数最高的期刊如果还是该期刊，就说明该期刊存在过度自引现象。比如某学科共有 20 种期刊，分别为 A1、A2……A20，假如 A1 期刊被引次数最高的期刊分别为 A2、A1、A7……则说明 A1 期刊不存在过度自引现象；如果 A1 期刊被引次数最高的期刊分别为 A1、A2、A7……由于 A1 被引次数最高的期刊是 A1 自身，这说明 A1 期刊存在过度自引现象。

3. 自然影响因子

所谓自然影响因子(Natural Impact Factor，NIF)，本质上是个二元选择函数，对于过度自引的期刊，自然影响因子等于他引影响因子，对于正常自引的期刊，自然影响因子等于影响因子，即：

$$NIF = \begin{cases} IFW(rank = 1) \\ IF(rank \neq 1) \end{cases} \tag{3-41}$$

公式(3-41)中，NIF 表示自然影响因子(Natural Impact Factor，NIF)，IFW 为他引影响因子，IF 为影响因子，$rank$ 表示期刊过去两年发表的论文在统计当年的被引次数降序排序。

自然影响因子具有如下特征：

第一，自然影响因子的计算期刊范围、计算周期与影响因子、他引影响因子完全一致，从而保证凡是在影响因子可以应用的场合，同样可以应用自然影响因子。

第二，自然影响因子可以防止学术期刊出现过度自引。一旦期刊自引排序为最高，则该期刊的自然影响因子就采用他引影响因子，由于他引影响因子总是小于影响因子，实际上就是对过度自引期刊的一种惩罚。

第三，自然影响因子保护了适当的自引。只要期刊不存在过度自引，自然影响因子就等于影响因子，包括了所有的自引。通常情况下，如果期刊选题新颖，其他期刊论文较少，那么自引就是正常现象，这是需要保护的。如果采用他引影响因子进行评价，对期刊是不公平的。

第四，自然影响因子舞弊困难。期刊要做到自引第一，这很容易，所以要采取措施加以限制。采用自然影响因子进行评价，那么期刊要进行舞弊，唯一的方法是共谋期刊引用次数排名第一，期刊自引排名第二。而要人为做到这一点非常困难，因为期刊引用是动态的，如果两家期刊共谋进行舞弊，并且引用次数排序第一和第二，由于引用次数较多，必然涉及引用论文较多，信息容易泄露，造成的负面影响太大，因此期刊舞弊风险巨大。

第五，正常自引引用次数难以排在第一，不会被列入过度自引。通常情况下，由于学科期刊较多，对于热点问题整个学术界都会关注，因此论文他引期刊较多。对于一些优秀期刊，他引期刊可能会更多，所以一般情况下，正常自引不会出现引用次数排名第一的情况。不过当学科期刊极少的情况下，有可能出现异常，比如学科期刊数量只有个位数，也许会出现异常情况。

3.9.3　研究方法与数据

1. 研究方法

(1)独立样本 t 检验

利用独立样本 t 检验，可以分析过度自引期刊与正常期刊其文献计量学指标的均值是否有显著差异，进而分析期刊自引的动机。

独立样本 t 检验用于检验两组非相关样本均值的差异性，其统计检验量为：

$$t = \frac{\overline{X_1} - \overline{X_2}}{\sqrt{\dfrac{(n_1 - 1)s_1^2 + (n_2 - 1)s_2^2}{n_1 + n_2 - 2}\left(\dfrac{1}{n_1} + \dfrac{1}{n_2}\right)}} \tag{3-42}$$

X_1、X_2 为两组样本的检验值，s_1^2、s_2^2 分别为两样本的方差，n_1、n_2 为两样本的容量。

(2)偏最小二乘法

为了分析自引率与期刊影响力指标之间的关系，采用偏最小二乘法进行回归。这是因为，期刊影响力指标包括影响因子、他引影响因子、h 指数等指标，因变量有多个，自变量只有一个。加上受数据数量限制，比较适合采用偏最小二乘法进行分析。

Wold 等最早提出偏最小二乘法回归方法（PartialLeast Squares Regression，PLS），它结合了多元线性回归、典型相关分析和主成分分析的优点，比较适合应用在因变量较多，并且因变量之间互相相关的情况下，并且对数据分布不敏感，当数据数量较少时也可以进行回归。PLS 的步骤如下：

①从 X 中提取第一成分 t_1，从 Y 中提取出第一个成分 u_1，t_1 和 u_1 分别是 $X = [x_1, x_2, \cdots, x_p]^T$ 和 $Y = [y_1, y_2, \cdots, y_q]^T$ 的线性组合：

$$t_1 = \alpha_{11} x_1 + \cdots + \alpha_{1p} x_p = \gamma^{(1)T} X \tag{3-43}$$

$$u_1 = \beta_{11} y_1 + \cdots + \beta_{1q} y_q = \varphi^{(1)T} Y \tag{3-44}$$

根据第一对成分的得分矩阵 $\widetilde{t_1}$ 和 $\widetilde{u_1}$ 的内积来计算 t_1 和 u_1 的相关系数，

得到协方差 $Cov(t_1, u_1)$:

$$
\begin{cases}
\max Cov(t_1, u_1) = \max(\widetilde{t_1} \cdot \widetilde{u_1}) = \max(A\gamma^{(1)} \cdot B\varphi^{(1)}) \\
\qquad\qquad = \max \gamma^{(1)T} A^T B \varphi^{(1)} \\
\text{s. t.} \begin{cases}
\gamma^{(1)T}\gamma^{(1)} = \|\gamma^{(1)}\|^2 = 1 \\
\varphi^{(1)T}\varphi^{(1)} = \|\varphi^{(1)}\|^2 = 1
\end{cases}
\end{cases}
\tag{3-45}
$$

利用拉格朗日（Lagrange）乘数法将问题转化为计算单位矩阵 $\gamma^{(1)}$ 和 $\varphi^{(1)}$ ，并且使得 $\gamma^{(1)T} A^T B \varphi^{(1)}$ 达到最大，记 $\gamma^{(1)T} A^T B \varphi^{(1)} = \theta_1$ 。构建 p 阶方阵 $P = A^T B B^T A$ ，则 P 的最大特征值就为 $\theta_1{}^2$ ，其对应的单位特征矩阵即为所求的 $\gamma^{(1)}$ ，而 $\varphi^{(1)}$ 则可以通过计算 $\gamma^{(1)}$ 解得：

$$
\varphi^{(1)} = \frac{1}{\theta_1} B^T A \gamma^{(1)}
\tag{3-46}
$$

②基于自变量矩阵 $x_1, x_2, \cdots, x_p$ 对 t_1 进行回归；基于因变量矩阵 $y_1, y_2, \cdots, y_q$ 对 t_1 进行回归。回归模型假设为：

$$
\begin{cases}
A = \widetilde{t_1}\mu^{(1)T} + A_1 \\
B = \widetilde{t_1}\omega^{(1)T} + B_1
\end{cases}
\tag{3-47}
$$

其中 $\mu^{(1)} = [\mu_{11}, \cdots, \mu_{1p}]^T$ 和 $\omega^{(1)} = [\omega_{11}, \cdots, \omega_{1q}]^T$ 分别是回归系数矩阵，A_1 和 B_1 是残差矩阵，因而 $A_1 = A - \widetilde{t_1}\mu^{(1)T}$ ，$B_1 = B - \widetilde{t_1}\omega^{(1)T}$ 。回归系数矩阵 $\mu^{(1)}$ 和 $\omega^{(1)}$ 的最小二乘估计为：

$$
\begin{cases}
\mu^{(1)} = \dfrac{A^T \widetilde{t_1}}{\|\widetilde{t_1}\|^2} \\[4mm]
\omega^{(1)} = \dfrac{B^T \widetilde{t_1}}{\|\widetilde{t_1}\|^2}
\end{cases}
\tag{3-48}
$$

称 $\mu^{(1)}$ 和 $\omega^{(1)}$ 为模型效应负荷量。

③用残差矩阵 A_1 和 B_1 代替 A 和 B 重复第一步和第二步。

如果残差矩阵 B_1 中元素的绝对值接近 0，则可视为用第一个成分建立的回归方程精度已经满足需要，可停止抽取成分。否则用残差矩阵 A_1 和 B_1 替代 A 和 B 重复第一步和第二步，可得：

$$
\gamma^{(2)} = [\alpha_{21}, \cdots, \alpha_{2p}]
\tag{3-49}
$$

$$
\varphi^{(2)} = [\beta_{21}, \cdots, \beta_{2q}]
\tag{3-50}
$$

第二对成分的得分矩阵为：$\widetilde{t_2} = A_1\,\gamma^{(2)}$ 和 $\widetilde{u_2} = B_1\,\varphi^{(2)}$，而 X 和 Y 的第二对成分的负荷量为：

$$\begin{cases} \mu^{(2)} = \dfrac{A_1^T\,\widetilde{t_2}}{\|\widetilde{t_2}\|^2} \\[4mm] \omega^{(2)} = \dfrac{B_1^T\,\widetilde{t_2}}{\|\widetilde{t_2}\|^2} \end{cases} \tag{3-51}$$

回归方程为：

$$\begin{cases} A = \widetilde{t_1}\,\mu^{(1)T} + \widetilde{t_2}\,\mu^{(2)T} + A_2 \\[2mm] B = \widetilde{t_1}\,\omega^{(1)T} + \widetilde{t_2}\,\omega^{(2)T} + B_2 \end{cases} \tag{3-52}$$

A_2 和 B_2 则为该方程的残差矩阵。

④设矩阵 $A_{n \times p}$ 的秩为 r，且 $r \leqslant \min(n-1,\ p)$，则存在 r 个成分 t_1，t_2，$\cdots$，t_r，使得

$$\begin{cases} A = \widetilde{t_1}\,\mu^{(1)T} + \cdots + \widetilde{t_r}\,\mu^{(r)T} + A_r \\[2mm] B = \widetilde{t_1}\,\omega^{(1)T} + \cdots + \widetilde{t_r}\,\omega^{(r)T} + B_r \end{cases} \tag{3-53}$$

把 $t_i = \alpha_{i1}\,x_1 + \cdots + \alpha_{ip}\,x_p\,(i = 1,\ 2,\ \cdots,\ r)$，代入 $Y = t_1\,\omega^{(1)} + \cdots + t_r\,\omega^{(r)}$，即可算出 q 个因变量的 PLS 回归方程：

$$y_k = c_{k1}\,x_1 + \cdots + c_{kp}\,x_p,\ k = 1,\ 2,\ \cdots,\ q \tag{3-54}$$

2. 研究数据

本节数据选取 CSSCI 图书馆情报与文献学期刊，基于中国知网（CNKI）引文数据进行分析。CSSCI 共有图书馆情报与文献学期刊 20 种，由于《图书馆》相关引文数据难以检索，《情报学报》部分引文数据缺失，因此实际数据为 18 种期刊数据。

本节计算基础数据来源文献时间为 2015—2016 年，被引数据的时间范围为 2017 年，也就是说，影响因子、他引影响因子为 2017 年的数据；h 指数、被引频次均以 2017 年的被引数据为准，所有文献计量指标的数据是同步的。

3.9.4 实证结果

1. 高自引期刊与其他期刊文献计量指标的均值检验

被引频次、h 指数、影响因子、他引影响因子、载文量的独立样本 t 检验结果如表 3-29 所示，被引频次在 5% 的水平下通过了统计检验；h 指数没有通过统计检验；影响因子、他引影响因子在 10% 的水平下通过了统计检验；载文量在 1% 的水平下通过了统计检验。

表 3-29   独立样本 t 检验结果

指标	过度自引期刊均值	正常期刊均值	t 检验值	p
被引频次	1661.8	787	−2.602	0.019
h 指数	20.3	18.25	−0.972	0.346
影响因子	2.179	3.099	1.836	0.084
他引影响因子	2.013	3.005	2.031	0.048
载文量	689.183	292.875	−3.179	0.005

过度自引期刊的被引频次均值为 1661.8 次，而正常期刊的均值为 787 次，这种差异是显著的，或者说，过度自引期刊的被引次数要普遍大于正常期刊。

过度自引期刊的影响因子均值为 2.179，正常期刊影响因子的均值为 3.099，正常期刊影响因子的均值大于过度自引期刊，这种差异是显著的。

过度自引期刊的他引影响因子均值为 2.013，正常期刊影响因子的均值为 3.055，正常期刊他引影响因子的均值大于过度自引期刊，这种差异同样是显著的。

所以，为了提高期刊的影响因子，过度自引期刊有更大的动力来设法加大自引，以提高期刊的影响因子。

此外，过度自引期刊的平均载文量为 689.183 篇，而正常期刊的平均载文量仅为 292.875 篇，这种差异是显著的。

2. 期刊自引率与影响力的关系

基于偏最小二乘法，估计自引率与期刊影响力 3 个主要指标之间的关系，结果如图 3-19 所示。期刊影响力的平均变异抽取值 AVE 为 0.272，组合信度为 0.299，均没有达到基本阈值。自引率对期刊影响力的拟合优度 R^2 较低，仅为 0.222。自引率对期刊影响力的弹性系数为-0.354，但 t 检验值只有-0.472，没有通过统计检验，说明期刊自引率与期刊影响力无关。

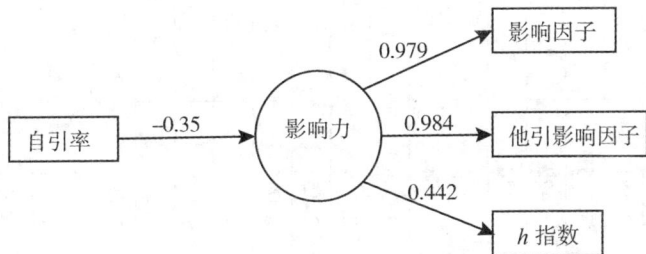

图 3-19　偏最小二乘法估计

3. 自然影响因子及其他指标

自然影响因子及排序如表 3-30 所示，排在前 5 位的期刊分别为《中国图书馆学报》《图书与情报》《图书情报知识》《大学图书馆学报》《情报杂志》。对比影响因子的排序，前 5 位分别为《中国图书馆学报》《图书与情报》《图书情报知识》《情报杂志》《情报理论与实践》，前 3 位一样。由于《情报杂志》《情报理论与实践》自引次数排在所有期刊的首位，所以按照自然影响因子排序有所变化。

由于自然影响因子取值来自影响因子与他引影响因子，而影响因子一般要大于他引影响因子，所以自然影响因子的均值在影响因子与他引影响因子之间。本节数据显示，自然影响因子的均值为 2.496，小于影响因子均值 2.588，但是大于他引影响因子均值 2.454。

18 种期刊中，自引排序第一的期刊有 10 种，分别是《档案学通讯》《情报杂志》《图书情报工作》《情报理论与实践》《图书馆论坛》《情报科学》《图书馆学研究》《现代情报》《数据分析与知识发现》《图书馆建设》。

图书馆情报与文献学 CSSCI 期刊的自引率总体不高。自引率最高期刊为《档案学通讯》，自引率为 10.5%，最低为《图书馆杂志》，自引率仅为 1.4%，平均值为 5.5%。所以，用自引率 20% 作为过度自引的判断标准是不现实的。

表 3-30　自然影响因子及其他指标

期刊名称	自引率	自引次数	自引排序	被引频次	h 指数	影响因子	排序	他引影响因子	自然影响因子	排序
中国图书馆学报	0.032	30	2	928	26	7.030	1	6.803	7.030	1
图书与情报	0.015	15	14	1032	20	3.634	2	3.581	3.634	2
图书情报知识	0.031	23	4	752	19	3.615	3	3.505	3.615	3
大学图书馆学报	0.039	27	3	693	18	2.520	7	2.422	2.520	4
情报杂志	0.096	236	1	2465	24	2.718	4	2.458	2.458	5
情报理论与实践	0.077	140	1	1821	22	2.647	5	2.443	2.443	6
情报科学	0.075	145	1	1939	20	2.555	6	2.364	2.364	7
图书情报工作	0.083	302	1	3627	30	2.449	8	2.245	2.245	8
图书馆论坛	0.076	92	1	1209	21	2.380	9	2.199	2.199	9
国家图书馆学刊	0.018	11	12	615	15	2.196	11	2.157	2.196	10
现代情报	0.061	106	1	1751	21	2.231	10	2.096	2.096	11
图书馆杂志	0.014	15	18	1083	19	2.059	12	2.030	2.059	12
档案学研究	0.076	49	2	641	15	2.035	14	1.879	2.035	13
图书馆学研究	0.064	111	1	1724	22	2.035	13	1.904	1.904	14
情报资料工作	0.027	15	7	552	14	1.709	16	1.663	1.709	15
图书馆建设	0.051	50	1	974	17	1.671	17	1.585	1.585	16
档案学通讯	0.105	54	1	514	12	1.736	15	1.554	1.554	17
数据分析与知识发现	0.059	35	1	594	14	1.366	18	1.285	1.285	18
平均值	0.055	89	—	1273	19	2.588	—	2.454	2.496	—

4. 自然影响因子的统计特征分析

(1) 自然影响因子的分类属性

将自然影响因子、影响因子、他引影响因子、h 指数进行聚类，采用变量聚类算法为组间距离最大，结果如图 3-20 所示。自然影响因子、影响因子、他引影响因子被归为一类，因为他们性质相近，h 指数被归为另一类，说明用自然影响因子代替影响因子，在克服期刊过度自引的同时，会保持其影响因子的特征。

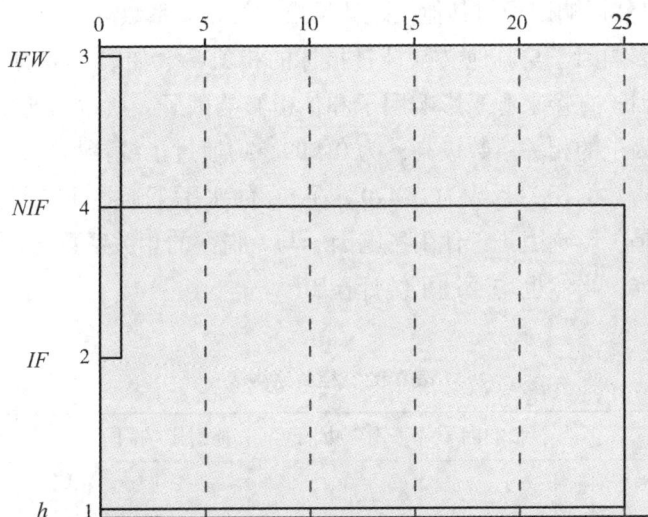

图 3-20　指标分类

(2) 自然影响因子的描述统计

自然影响因子、影响因子、他引影响因子的描述统计如表 3-31 所示。3 个指标的描述统计特征相近，均不服从正态分布，均呈现右偏，呈尖峰状态。

表 3-31　相关指标描述统计

统计检验	影响因子	他引影响因子	自然影响因子
均值	2.588	2.454	2.496
极大值	7.030	6.803	7.030
极小值	1.366	1.285	1.285

续表

统计检验	影响因子	他引影响因子	自然影响因子
标准差	1.260	1.237	1.285
偏度 S	2.585	2.588	2.614
峰度 K	9.796	9.706	9.814
Jarque-Bera 检验	54.691	53.822	55.319
p	0.000	0.000	0.000

（3）自然影响因子与其他文献计量指标的相关系数

自然影响因子与其他文献计量指标的相关系数如表 3-32 所示。由于自然影响因子直接来源于影响因子和他引影响因子，所以其与影响因子、他引影响因子的相关系数极高，为 0.999，均通过了统计检验。自然影响因子与 h 指数的相关系数为 0.479，在 5% 的水平下通过了统计检验。需要说明的是，影响因子、他引影响因子与 h 指数的相关系数与自然影响因子大致相当，当然也均通过了统计检验。

表 3-32　相关系数表

指标	自然影响因子	影响因子	他引影响因子	h 指数
自然影响因子	1			
	—			
影响因子	0.997	1		
	0.000	—		
他引影响因子	0.999	0.999	1	
	0.000	0.000	—	
h 指数	0.479	0.518	0.495	1
	0.045	0.028	0.037	—

3.9.5　研究结论

1. 图书馆情报与文献学期刊自引率与期刊影响力无关

基于中国知网数据，采用偏最小二乘法进行回归的研究表明，图书馆情报与文献学 CSSCI 期刊的自引率与期刊影响力无关，也就是说，学科期刊总体上不存在为了提高期刊影响力而增加自引的做法。

2. 自引次数最高期刊的影响因子、他引影响因子均值较低

对于自引次数排在第一即自引次数最高的期刊，其影响因子、他引影响因子的均值普遍低于其他期刊，独立样本 t 检验的研究结果表明，这种差异是显著的。这也可以进一步分析这些期刊为什么要增加自引，主要目的是为了提高影响因子。

3. 自引次数最高期刊的载文量较高

对单个期刊而言，自引次数排在第一的期刊的平均载文量也较高，要远远大于其他期刊的载文量的均值，独立样本 t 检验的研究结果表明，这种差异同样是显著的。如果期刊不注重论文质量而一味提高载文量，这样影响因子必然降低。原因是两个方面，计算影响因子的分子论文被引次数不高，二是计算影响因子的分母过去两年载文量在增加。

4. 自然影响因子可以有效地防止期刊过度自引

为了防止期刊过度自引，本节提出了自然影响因子，当期刊自引次数排名第一时，自然影响因子等于他引影响因子，当期刊自引次数排名不是第一时，自然影响因子等于影响因子。凡是过度自引的期刊，自然影响因子肯定低于影响因子，从而对过度自引现象进行适当的约束。自然影响因子的计算期刊范围、计算周期与影响因子、他引影响因子完全一致。自然影响因子保护了适当的自引，并且舞弊非常困难。期刊正常自引引用次数难以排在第一，不会被列入过度自引。

5. 自然影响因子的统计学特征与影响因子极为接近

基于图书馆情报与文献学 CSSCI 期刊，通过中国知网的引文数据研究表明，在文献计量指标分类上，自然影响因子与影响因子、他引影响因子被归为一类；自然影响因子的均值、极大值、极小值、标准差、偏度、峰度、数据分布等指标与影响因子、他引影响因子也极为接近。

6. 建议用自然影响因子代替影响因子评价期刊

基于以上分析，建议采用自然影响因子代替影响因子来对学术期刊评价，它在保证影响因子所有统计学特征的同时，又进一步防止过度自引。

3.10   基于论文下载与被引分区关系的学术期刊评价研究

论文下载与被引行为伴随着科研工作者的工作而产生，但应用二者关系对学术期刊影响力进行评价的研究还较为缺乏。为此，本节从期刊论文的被引频次与下载量的关系角度出发，构造反映期刊不同影响力的分区图，具体分为热点影响力、新生影响力、潜在影响力、经典影响力，这是一种新的分析框架。在对分区影响力进行分析的基础上，利用 36 种管理学期刊 2017—2018 年发表的科技论文进行实证分析，并基于 TOPSIS 法综合评价期刊影响力综合指数，得到综合排名，将分区影响力、期刊影响力综合指数分别与传统文献计量指标进行相关分析与回归分析。结果表明：热点影响力、新生影响力、潜在影响力、经典影响力提供了一种全新的期刊评价视角，各期刊文献在不同分区的比例有差异；管理学期刊热点影响力和新生影响力表现良好；期刊影响力综合指数进行期刊影响力评价具有较高的区分度；h 指数、影响因子体现的主要是热点影响力信息。

3.10.1   引言

下载与引用是广大科研工作者从事科研工作中的两个重要行为。网络技术的发展促进了研究者获取资源方式的转变，下载电子资源进行学术研究已经是一大常态，因此，通过网络资源的下载产生引用的现象也极其普遍，下载与引用行为之间存在着密切联系。科研工作者对科技文献的下载需求是巨大的，下载行为的产生表明了下载者对论文的关注情况与兴趣程度。对下载行为的研究主要包括下载指标的数据特征、下载指标的影响因素等。多数期刊的下载数量呈现布拉福德分布特征，研究者的下载行为则受下载动机、认知和能力、人格情绪等因素的影响。

相较于下载行为，关于引用行为的研究更为久远与深入。引用行为是指基于各类内外因素引起的作者在引用活动中表现出的外显行为。关于引用行为的产生有两种理论解释，一是认可论，认为引用者的引用行为是出于对被引文献学术价值的认同产生的；二为说服论，认为引用者的引用行为是出于增加论文可信度、权威性以及说服读者的目的产生的。在理论分析的基础上，大量实证研究利用调查访谈或是利用基于文献计量学的定量分析对引用行为展开宏观、中观、微观三个层次的研究，主要的研究方向聚焦于两个方面，一是引用的动机，二是引用的特征与演变。

科研人员的下载与引用行为产生了一系列可以用于学术期刊评价的指标。一方面，衡量下载行为的下载量正逐渐成为网络学术交流的环境下期刊影响力评价的一大指标；另一方面，基于引证关系的影响力评价一直是学术期刊评价的主要方法。这种评价方式通常以数学、统计学方法为基础，通过对科学文献、科学研究者等研究对象的引证与被引证现象进行量化分析，以挖掘其数量特征与内在规律。无论引用行为发生的动机如何变化，都是期刊影响力的重要表现，而其中最为基础的指标是被引频次。

可根据论文下载量与被引频次的关系将学术期刊中的论文分为四种类型。一是高下载、高被引的文献，这类文献是期刊中的"明星"文章。在多数情况下，产生下载是因为被下载的文献与研究者的研究主题具有一定关联度，能为研究者的研究提供参考意义。而引用行为动机较为复杂，但不可否认的是，能促使大量研究者产生引用并不容易，因此具有高下载、高被引特征的文献通常是受到学术界广泛关注并得到认可的文献。二是低下载、高被引的文献，这类文献在较少的下载行为下却产生了高频的引用行为，一方面与文章质量存在较大关系；另一方面也与研究者的引用行为动机关联较大。三是低下载、低被引的文献，此类特征的论文可能是质量偏低、研究主题较为冷门，这其中也包括可能存在的"睡美人"文献。四是高下载、低被引的文献，高下载行为的触发说明了此类文献是研究热点，或者具有重要的参考价值，但与之相对的，它们却并不能凭此带来广泛引用，这说明这类文献并不满足引用行为的两类动机。从期刊中所包含的这四类文章来看，根据下载与引用行为产生的数据特征进行分类并利用这种关系进行学术期刊评价是具有现实基础的。

分析下载与引用行为的关系，以及从这个角度研究学术期刊评价具有重要意义。一方面，现有背景之下，越来越多研究者注意到了下载与引用行为的重要性，但对这二者的关系的深度分析和分类却较少，将其应用于期刊评价的研究就更少了；另一方面，常用的期刊评价多基于引证角度进行影响力评价，很少从下载与引用行为关系的角度开展评价。本节从期刊下载与引用行为的分析角度出发，对下载行为与引用行为进行量化，研究量化指标之间的关系进而对学术期刊进行评价，从理论上丰富了文献计量学与学术期刊评价，在实践上对于学术期刊选题定位、发展特色等也具有重要的借鉴意义。

3.10.2　文献综述

下载与引用行为是期刊影响力产生的主要途径，同时，对这两种行为进行量化以进行学术期刊评价也具有可行性。研究表明下载量在一定程度上反映了影响力，下载量较高的科技文献，其受众数量更大，产生的影响力更大（王亚丽，2018）。杨春华等（2010）则指出下载量可以一定程度上反映论文对于用户的贡献，反映用户需求；在期刊学术影响力评价中长期占有领导地位的引文分析框架下，Sharma（2007）提出下载量在识别新的研究成果上具有重要作用，且具有时效性，刘思源（2008）发现下载量可以在一定程度上弥补从引文角度进行期刊影响力评价时存在的时滞性问题。

基于引用的评价是期刊影响力评价的重要内容。具体评价方法包括单指标、指标体系等。单指标包括总被引频次、影响因子、h 指数等。其中，影响因子、h 指数均以被引频次为基础计算所得。而学术期刊评价指标体系主要由政府或评价机构制定，考虑的评价维度包括期刊影响因子、学术论著的传播与反响程度（被转载、摘录，被权威检索工具收录情况）和引用情况（他引频次、总被引频次）这三个方面。可以看到，被引频次是期刊评价中重要的基础指标。这一指标由 Cross（1927）提出，凭借其低成本、易获取的优势，被广泛应用于对论文、期刊、科学研究者、科研机构的学术影响力评价中。理论上来说，论文的被引频次主要基于其他研究者对研究内容的深入了解而产生，它作为一个绝对数量指标，能反映科技论文、学术期刊的受关注程度，与学术影响力之间是正向关系（张军等，2009），可以作为反映论文的质量、影响力与创新水平的指标[19]，也可以用作衡量引用行为的指标。

作为衡量下载与引用的两类指标，对于下载量与被引频次二者关系的研究也较多。McDonald（2014）利用加州科技机构期刊数据证明下载量与被引频次呈现中度相关；刘筱敏、张建勇（2009）利用化学领域期刊数据发现下载量与被引频次之间呈现正相关关系；吉祥（2010）指出期刊下载行为与期刊引用行为的趋势基本一致，高下载量的期刊引用次数也比较高，下载量低的期刊引用量也比较低。牛昱昕（2012）则发现单篇论文的下载频次与被引频次的相关性不显著。曹艺（2012）指出被引频次和下载频次在论文层次显著性不强，在期刊层次和机构层次的相关性较为显著，在期刊和机构的评价中可以综合应用被引频次与下载频次。孔秋丽（2015）以概率论、数理统计学科的期刊论文数据为分析样本，认为应该将下载次数与被引次数同时作为期刊评价的指标。从以上研究结果可以发现期刊的下载量与被引频次之间普遍存在相关关系，因此在期刊评价中同时应用下载行为数据与引用行为数据是可行的。

通过上述文献梳理可以发现，在网络资源成为研究者的主要研究资源来源的背景之下，研究者的下载与引用行为是学术期刊影响力产生的重要途径，同时下载量与被引频次可作为衡量两种行为的指标，且二者之间存在着较为显著的相关关系，下载行为数据应用于期刊评价中可以一定程度上弥补引文分析的滞后性。采用下载量与被引频次分别作为下载行为与引用行为的指标并以此进行学术期刊评价有着深厚的理论基础与应用前景。

本节在对传统的引文指标——被引频次以及下载量的文献分析的基础上，还将进一步从以下几个角度进行深入研究：

第一，基于期刊文献被引频次与下载量数据，从理论上通过对下载行为与引用行为关系的探讨获得期刊不同角度的影响力评价；

第二，在理论分析的基础上对管理学期刊进行影响力评价，了解管理学期刊的不同影响力的数据分布特征以及期刊排名；

第三，在以上分析的基础上利用 TOPSIS 法获得期刊影响力综合指数，并将其与载文量、影响因子、h 指数、总被引频次等传统文献计量学指标进行相关关系分析与回归分析，研究它们之间的关系及其对期刊评价的影响。

3.10.3　理论与方法

1. 下载与引用关系分区

从被引频次与下载量二者的关系角度进行期刊影响力评价的分析，以期刊各论文的下载量与被引频次分别作为横、纵坐标，以下载量和被引频次的平均值作为划分依据，构造出如图 3-21 用以反映期刊论文下载量和被引频次分布的分区图。

其中 I 区为期刊高下载量、高被引频次的论文。论文的下载量主要基于研究者对论文标题、摘要的了解而产生，而论文标题与摘要是对论文研究内容的高度概括，因此，论文的高下载量反映了学术界对其研究方向的关注程度较高，是可能成为热点研究主题的文献。同时，论文的被引频次通常可作为反映论文的质量、影响力与创新水平的指标，高被引频次表明这些论文确实是经得起推敲的热点论文。因此，这一区衡量的是期刊的热点影响力。

II 区为期刊低下载量、高被引频次的论文。与 I 区不同，这类论文的下载量较低，说明研究主题并不是大多数人所关心的，从事相关主题研究的人员较少，因此这类文献的研究主题并不是热点主题。但这部分文献的

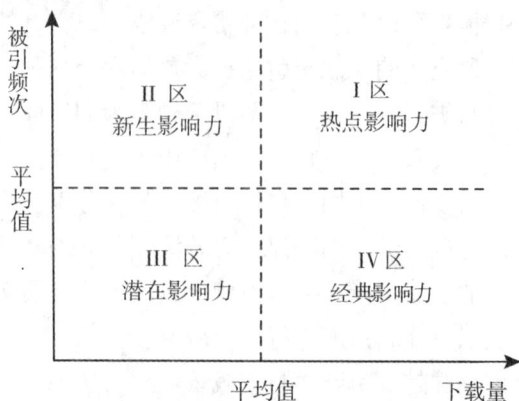

图 3-21　下载量与被引频次分区图

被引频次较高，并不与下载量正相关，这其中可能的原因一是出于研究者引用行为动机中的对文章内容的认同，可能的原因二在于相关主题的文章较少，从而使研究这类主题的文章能得到大量引用，因此，这类文章创新性较高。综上，II 区大多是在研究中处于先行地位的文献，是具有广泛发展前途的新生事物，因此，这一区衡量的是新生影响力。

III 区为期刊低下载量、低被引频次的论文，这类论文选题并非当下的热点，被引频次也较低。一般认为，出现低被引文献的原因之一是科技文献的价值较低，无法得到广大学者的认可。但是，有一类特殊的文献也呈现出低被引的特征，这类文献即为"睡美人"文献。"睡美人"是指论文在发表后的某个时间窗口中未受到引用或受到较少引用，但此后持续受到很多引用的现象。由于 III 区文章在低被引频次的情况下，下载量也较低，说明该区文献所得关注较 IV 区小，比之 IV 区更有可能出现"睡美人"现象。因此，这一区论文所衡量的为期刊潜在影响力。

IV 区为期刊高下载量，低被引频次的论文，这类论文的主题受到了广泛关注，但并没有相应产生较大的被引量。这种情况说明对这类文献的研究主题感兴趣的研究者较多，但未实际催生出引用行为，一种情况是，相关文献往往是传统的经典研究领域，依然收到关注，但由于创新难度大，突破小，因此下载量大，但被引并不高。相关研究发现，高下载、低被引的论文中综述类、应用类论文所占比例较高。一般而言，只有在一个研究领域中有一定研究成果时才有可能产生综述类论文，综述类论文的涉及面较为广泛，引用文献较为充分，从不同角度进行相关研究的研究者都有可能下载同一文章，所以下载量通常较高。而综述类文章语言较为凝练，对其引用的文献并不详细解说，对于需要文献支撑或指导的学者来说是不够的，因此会引导研究者下载原文并直接引用原文，造成被引量较低的现象。应用型论文中有较大部分仅根据成熟的理论、方法进行重复应用，因此容易出现高下载低被引的情况。在研究中发现某一期刊零被引文章中80%以上都是应用类文献。因此，这一区所衡量的为经典影响力。

以上四个分区影响力中，热点影响力与新生影响力在期刊评价中是最为重要的部分，因热点文章与创新文章是最受研究者关注的文章，研究意义较大，也就成为了期刊中最为重要的两类文章，能表现期刊的专业度与创新水平；其次是经典影响力，这部分文章虽然被引频次低，但是对于研究有重要参考意义，也是期刊评价中值得注意的部分；四区中，潜在影响力是期刊中重要程度相对最低的影响力，无法为期刊带来实时的关注度，在未来的发展情况也不明朗，在期刊评价中的地位也就相对较低。

2. 基于下载与引用分区的期刊影响力评价体系

为从论文下载与引用行为关系角度展开期刊评价，需进一步对上文区分的四种影响力进行量化，在计算方法上，借鉴目前最受重视的指标之一——期刊影响因子的计算方法，具体地，热点影响力以热点影响因子（Hotspot Influence Factor，HIF）衡量，新生影响力以新生影响因子（Newborn Influence Factor，NIF）衡量，潜在影响力以潜在影响因子（Potential Influence Factor，PIF）衡量，经典影响力以经典影响因子（Classical Influence Factor，CIF）衡量。计算方法为：

$$HIF = \frac{\text{I 区论文被引频次总和}}{\text{I 区论文}}$$

$$NIF = \frac{\text{II 区论文被引频次总和}}{\text{II 区论文}}$$

$$PIF = \frac{\text{III 区论文被引频次总和}}{\text{III 区论文}}$$

$$CIF = \frac{\text{IV 区论文被引频次总和}}{\text{IV 区论文}}$$

$$(3\text{-}55)$$

对期刊中不同文献的影响力进行区分后，可以根据单个指标值对期刊进行评价，有利于期刊的个性化评价与发展。进一步地，基于这四个指标利用多属性评价方法构造影响力综合指数对期刊影响力进行整体评价。多属性评价方法众多，包括层次分析法、因子分析法、熵权法、灰色关联评价、TOPSIS、康拓对角线法等几十种。在期刊评价中，TOPSIS法对样本量、指标量以及数据分布无明确要求，可客观地对多指标情况下的各方案进行综合评价，得出良好的可比性排序结果，操作性也较强。因而本文以 TOPSIS 为例进行期刊影响力的多属性评价，构建期刊影响力综合指数（Influence Comprehensive Index，ICI）。

在权重分配上，热点影响因子的权重最高，为 0.35，新生影响因子的权重排名第二，为 0.3、经典影响因子的权重排名第 3，为 0.2；潜在影响因子的权重最小，为 0.15。

3. TOPSIS 评价方法

TOPSIS 又称优劣解距离法，是 Hwang 和 Yoon（1981）提出的方法，是系统工程中多目标属性决策方法之一。其计算原理是根据各个评价指标对于最优解和最劣解的相对距离来对其进行排序，从而得到其相对优劣的评价。具体计算步骤如下：

4. 偏最小二乘回归

常见的文献计量学指标之间往往存在着较为强烈的相关关系，因此在进行回归建模时，应选取可削弱多重共线性的回归方法。

偏最小二乘回归（PLSR）由 Wold 和 Albano 等人提出，适用于解释变量多于样本点的情况，也可以解决多重共线问题，其核心是利用迭代法提取成分。首先根据提取成分间相关程度最大和尽可能多地包含原始变量的变异信息的原则，分别在因变量 $Y(y_1, y_2, \cdots, y_m)$ 和自变量 $X(x_1, x_2, \cdots, x_n)$ 中提取第一对成分 t_1 与 u_1；然后分别进行 X 与 Y 对 t_1 的回归；再利用 X 与 Y 被 t_1 解释后的残余信息提取第二对成分，重复这一步骤直到精度满足要求。若最终提取了 r 个成分 $t_1, t_2, \cdots t_r$，偏最小二乘回归将先计算 $y_k(k=1, 2, \cdots, m)$ 关于 r 个成分的回归，再表达成 y_k 关于原变量 X 的回归方程，得到偏最小二乘回归方程。

3.10.4 研究数据与实证结果

1. 研究数据

本文实证所采用的关键核心数据是 CSSCI 收录的 36 种管理学期刊的单篇论文的下载量与被引频次，该数据来源于中国学术期刊全文数据库的"下载"与"被引"实时数据，为保证两者引文窗口的一致性，并结合数据可获得性的考量，选取上述期刊 2017—2018 年所载论文自发表至 2021 年 3 月 30 日前的下载量与被引频次。由于期刊影响力主要来源于科技论文，因此本文将科技论文外的会议报告或征稿启事等相关文章的下载量与被引频次的数据予以剔除。此外，本文实证分析所选用期刊的影响因子、h 指数、载文量与总被引频次数据均来源于 CNKI 中国引文数据库，期刊发文时间为 2017—2018 年，被引时间为 2019 年。

2. 各区论文比例分析

论文不同影响力的划分以下载量与被引频次的关系为基准，不同期刊的论文的下载量分布与被引频次分布必然会存在差异。偏度系数是描述数据分布偏离对称性程度的分布特征数。当分布左右对称时，偏度系数为0。当偏度系数大于 0 时，即重尾在右侧时，该分布为右偏。当偏度系数小于 0 时，该分布左偏。通过对期刊论文的被引频次与下载量偏度系数的计算发现，所有的期刊被引频次与下载量偏度系数均为右偏。因此，简单地从期刊下载量与被引频次各自的分布形态来看，III 区文献所占期刊所有文献的比例应该是最大的，I 区文献所占比例应该是最小的。

表 3-33 为实际计算各期刊四区文献占期刊所载科技论文的比例所得结果，根据表中数据比较期刊各自不同区的文章所占比例可以发现，36 种期刊中，大部分期刊表现为 III 区的文章占比最高，《公共管理学报》《管理世界》《会计研究》《经济管理》《南开管理评论》《审计研究》《审计与经济研究》7 种期刊的 I 区文章占比最高，《管理科学》I 区与 III 区文章占比一样高，这与简单地从下载行为或引用行为分布角度考虑的分布比例预期并不完全一致，也进一步说明了从二者关系角度出发进行期刊评价的必要性。

表 3-33　各区文章所占比例情况

期刊名称	I 区比例	II 区比例	III 区比例	IV 区比例
电子政务	27.18%	5.92%	55.40%	11.50%
公共管理学报	59.46%	0.00%	1.80%	38.74%
管理工程学报	12.92%	8.75%	75.00%	3.33%
管理科学	41.56%	1.95%	41.56%	14.94%
管理科学学报	30.81%	4.27%	45.97%	18.96%
管理评论	40.14%	6.52%	43.40%	9.95%
管理世界	71.43%	0.00%	3.17%	25.40%
管理学报	27.09%	8.35%	54.18%	10.38%

续表

期刊名称	I 区比例	II 区比例	III 区比例	IV 区比例
管理学刊	10.29%	11.76%	67.65%	10.29%
宏观质量研究	6.33%	3.80%	87.34%	2.53%
会计研究	60.19%	0.31%	11.11%	28.40%
会计与经济研究	21.65%	13.40%	57.73%	7.22%
经济管理	38.26%	10.07%	37.58%	14.09%
经济体制改革	11.80%	8.43%	75.28%	4.49%
科技进步与对策	7.37%	8.29%	79.35%	4.98%
科学管理研究	5.49%	2.47%	88.46%	3.57%
科学决策	9.82%	13.39%	72.32%	4.46%
科学学研究	27.63%	4.82%	61.62%	5.92%
科学学与科学技术管理	22.77%	12.92%	57.85%	6.46%
科学与社会	6.36%	0.91%	90.00%	2.73%
科研管理	24.03%	7.90%	63.19%	4.87%
南开管理评论	63.39%	0.00%	9.38%	27.23%
软科学	11.17%	12.57%	72.49%	3.77%
社会保障评论	14.29%	11.22%	66.33%	8.16%
社会保障研究	11.31%	10.71%	75.00%	2.98%
审计研究	57.67%	5.82%	25.40%	11.11%
审计与经济研究	47.33%	10.69%	37.40%	4.58%
外国经济与管理	31.80%	2.51%	37.24%	28.45%
系统工程理论与实践	4.63%	12.52%	82.16%	0.69%
系统管理学报	3.90%	8.16%	86.17%	1.77%
研究与发展管理	26.97%	9.55%	56.74%	6.74%
预测	6.34%	7.75%	82.39%	3.52%
中国管理科学	21.55%	13.81%	61.92%	2.72%
中国行政管理	29.62%	4.62%	52.17%	13.58%
中国科技论坛	6.93%	7.45%	82.67%	2.95%
中国软科学	36.96%	7.49%	43.72%	11.84%
平均值	26.01%	7.20%	56.70%	10.09%

从平均值来看，在期刊内部，表现期刊潜在影响力的文章占比最高，表现热点影响力的文献占比排名第二，而非占比最少，出现这种情况的原因在于期刊中的大多数文章的下载量与被引频次存在一定程度的正相关关系，下载量低的科技论文的被引频次也较低，下载量高的科技论文获得高被引频次的可能性更高。表现经典影响力的文章占比排名第三，表现新生影响力的文章占比排名第四，但不同期刊的 II 区与 IV 区文章所占比例排名并不一致。其中，19 种期刊的 II 区论文占比更高，剩余 17 种期刊的 IV 区论文占比更多。从中可以发现，大多数期刊反映新生影响力的文章多于反映经典影响力的文章，但二者差距较小。

3. 各区影响因子分析

表 3-34 为 36 种期刊的各区影响因子的描述性统计结果。从表中数据可以发现，36 种期刊的分区影响因子中，热点影响因子的平均值最大，新生影响因子的平均值排名第二，经典影响因子的平均值排名第三，潜在影响因子的平均值最小。中位数以及最值的排名也与均值一致。经典影响因子的标准差最小，其次为潜在影响因子，说明这两者的波动幅度比较小，在各期刊间分布比较平均，而热点影响因子与新生潜在因子的标准差较大，变动幅度也较大。

表 3-34　期刊分区影响因子描述性统计

	样本量	平均数	中位数	最大值	最小值	标准差
热点影响因子	36	37.19	35.99	59.11	24.00	6.84
新生影响因子	36	20.11	22.04	25.67	0.00	6.40
潜在影响因子	36	6.29	6.53	8.61	1.00	1.50
经典影响因子	36	11.12	11.12	13.22	8.08	1.36

图 3-22 为各影响因子排名前五的期刊情况。新生影响因子中排名前三的期刊分别为《宏观质量研究》《社会保障评论》《系统管理学报》；热点影响因子中排名前三的期刊依次为《会计研究》《管理世界》《南开管理评论》；潜在影响因子中排名前三的期刊分别为《研究与发展管理》《审计与经济研究》《经济管理》；经典影响因子中排名前三的期刊分别为《软科学》《预测》《系统工程理论与实践》。从排名结果来看，分区影响力排名之间的差异性是比较显著的，各区影响力排名前三的期刊没有重合，管理学期

刊优势发展、个性化发展较好。

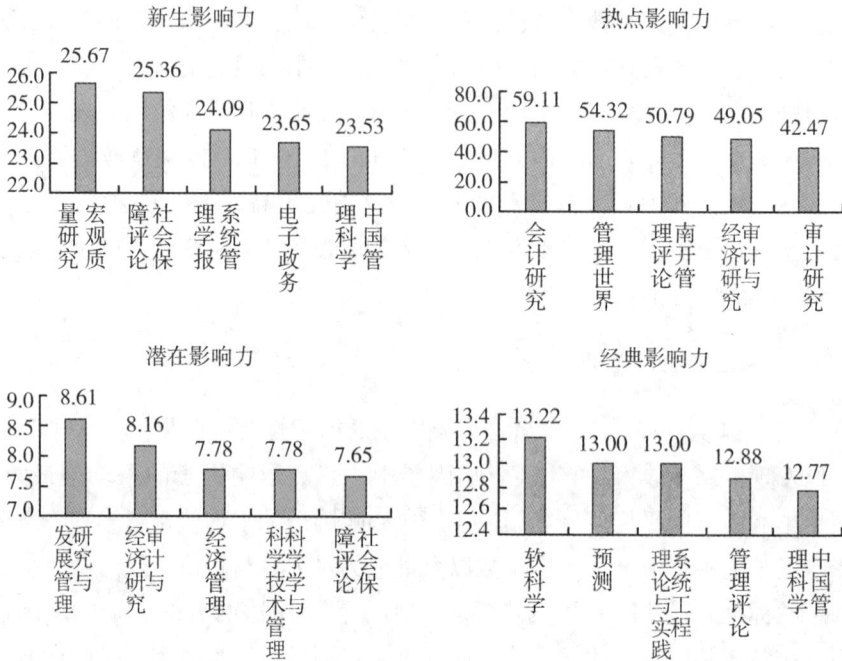

新生影响力

25.67 量研究宏观质
25.36 障评论社会保
24.09 理学报系统管
23.65 电子政务
23.53 中国管理科学

热点影响力

59.11 会计研究
54.32 管理世界
50.79 南开评论理管
49.05 经审计研究与
42.47 审计研究

潜在影响力

8.61 发研展究管与理
8.16 经审计研究与
7.78 经济管理
7.78 科科学学术与管理
7.65 障社会评论保

经典影响力

13.22 软科学
13.00 预测
13.00 理系统论工实程践
12.88 管理评论
12.77 理中国管科学

图 3-22　各影响因子排名前五期刊情况

4. 基于 TOPSIS 的期刊影响力综合指数

根据 TOPSIS 构建的影响力综合指数的评价值如表 3-35 所示。

表 3-35　36 种管理学期刊的影响力综合指数与影响因子

期刊名称	影响力综合指数	影响因子	h 指数	被引频次
审计与经济研究	0.861	11.19	30	1780
审计研究	0.777	10.49	38	2423
管理评论	0.746	8.59	47	5403
中国软科学	0.712	8.50	41	3535
中国管理科学	0.705	6.39	35	3162
经济管理	0.690	8.65	36	2620
社会保障评论	0.653	4.84	19	562
系统管理学报	0.638	3.15	18	943

续表

期刊名称	影响力综合指数	影响因子	h指数	被引频次
科研管理	0.638	5.83	37	3631
管理科学	0.635	7.12	29	1288
科学学研究	0.629	6.15	35	2942
中国科技论坛	0.627	3.54	27	2154
管理学报	0.623	6.40	34	2897
科学学与科学技术管理	0.604	5.64	27	1990
系统工程理论与实践	0.594	3.71	24	2256
软科学	0.593	4.22	30	3487
会计研究	0.592	14.56	55	5358
电子政务	0.590	4.87	30	1764
预测	0.581	3.89	17	553
科学决策	0.575	5.10	17	581
中国行政管理	0.570	5.43	41	4497
经济体制改革	0.561	4.08	25	1572
管理世界	0.555	10.29	54	6061
研究与发展管理	0.552	6.23	24	1197
科技进步与对策	0.549	3.27	33	4455
管理科学学报	0.544	6.23	30	1476
南开管理评论	0.535	13.08	42	3192
宏观质量研究	0.528	3.05	11	259
会计与经济研究	0.518	4.90	19	618
管理工程学报	0.509	4.50	22	1003
外国经济与管理	0.504	6.47	27	1566
社会保障研究	0.465	4.50	19	715
管理学刊	0.441	2.98	14	277
科学管理研究	0.365	2.81	18	1035
公共管理学报	0.364	9.43	26	1028
科学与社会	0.342	1.85	11	222

从表中结果可以发现，经过 sigmoid 函数标准化所得的 TOPSIS 评价值具有区分度，与影响因子相比，影响力综合指数对于高水平、中等水平与低水平的期刊的区分度都较好，可以对期刊影响力水平进行较好的区分。影响力综合指数的排名结果与影响因子的排名结果略有不同。其中影响力综合指数评价值排名前三的期刊依次为《审计与经济研究》《审计研究》《管理评论》，它们的影响力综合指数分别为 0.861、0.777、0.746。这一结果与分区影响力的结果较为不同，与传统的文献计量学指标的排名也不同，需要进一步分析他们之间的关系。

5. 分区影响力、影响力综合指数与传统指标的关系

（1）相关分析

为探究细分的分区影响力、影响力综合指数与传统指标的关系，首先需要了解它们之间的相关关系。由于传统文献计量学指标大多并不符合正态分布，所以采用 Spearman 相关关系作相关分析，结果如表 3-36：

表 3-36　Spearman 相关系数情况

	HIF	NIF	PIF	CIF	ICI	H	IF	PPA	TC
HIF	1								
NIF	−0.105	1							
PIF	−0.015	0.354*	1						
CIF	0.081	0.372*	0.473**	1					
ICI	0.551**	0.445**	0.530**	0.743**	1				
H	0.721**	−0.202	0.084	0.274	0.495**	1			
IF	0.770**	−0.313	0.220	0.115	0.399*	0.750**	1		
PPA	0.187	0.112	−0.047	0.398*	0.372*	0.660**	0.086	1	
TC	0.546**	−0.112	0.031	0.346*	0.466**	0.934**	0.540**	0.856**	1

注：*、** 分别表示在 5%、1% 的水平上显著相关，H 为 h 指数，IF 为影响因子，PPA 为载文量，TC 为被引频次总和，下同。

从相关关系检验结果可以发现：首先，分区影响因子之间均未呈现出高度相关的关系，说明不同区影响力之间所反映的信息有较大差距。其中，热点影响因子与其余三区的影响因子之间的相关关系最为薄弱，且均未通过 5% 的显著性检验，经典影响因子与潜在影响因子之间的相关关系

最强，为 0.473，且通过 1% 的显著性检验。其次，影响力综合指数与各分区影响因子的相关程度较为接近，且均通过 1% 的显著性检验，其中，经典影响因子与影响力综合指数的相关系数最大。最后，传统文献计量学指标中，h 指数、影响因子均与热点影响因子的相关度最高，其余三区的影响因子与传统文献计量学指标间的相关关系都较为薄弱，说明热点影响因子与传统文献计量学指标反映的信息最为接近，也说明了传统文献计量学指标在衡量期刊影响力时精细度还不够。

（2）偏最小二乘回归

由于相关行检验中各区影响因子以及影响力综合指数之间的相关程度均较低，因此在探究它们与传统文献计量学指标的关系时有必要分别进行实证检验。此外，由相关关系分析可以发现，h 指数、影响因子、载文量与总被引频次之间存在显著相关关系且相关关系较强，因此将 h 指数、影响因子、载文量与总被引频次作为自变量时要考虑多重共线性的问题，不适合采用简单最小二乘法，选用偏最小二乘回归法。

对所有数据取对数，再利用偏最小二乘回归法分别建立各分区影响因子、影响力综合指数对传统文献计量学指标的模型。所有模型经检验都提取三个潜在因子，最后回归结果如表 3-37。

表 3-37　偏最小二乘回归结果

变量名称	LOG(HIF)	LOG(NIF)	LOG(PIF)	LOG(CIF)	LOG(ICI)
C	2.963	3.686	1.375	2.031	−1.245
LOG(H)	−0.019	−0.557	−0.369	−0.229	−0.401
LOG(IF)	0.238	−0.528	0.065	0.112	0.304
LOG(PPA)	−0.020	0.289	0.133	0.067	0.081
LOG(TC)	0.055	0.033	0.103	0.075	0.139

对于热点影响因子来说，期刊影响因子、总被引频次与其为正相关，h 指数、载文量与其为负相关，回归系数最大的为期刊影响因子，其余回归系数均较小，说明热点影响因子与期刊影响因子反映的信息相对而言比较接近。对于新生影响因子来说，h 指数、期刊影响因子与其为负相关，总被引频次、载文量与其为正相关，说明新生影响因子和传统的用于评价期刊影响力的影响因子以及 h 指数反映的信息较为不同，但受载文量影响较大。对于潜在影响因子来说，h 指数与其为负相关，其余均为正相关，

h 指数是通过期刊中高被引频次文章的被引情况反映期刊影响力的指标，而潜在影响因子则主要是通过低被引文献的被引情况反映期刊影响力，二者之间反映的信息恰好相反。对于经典影响因子来说，h 指数与其为负相关，其余为正相关，同样是因为其和 h 指数反映的信息是不同的。

最后综合所得的影响力综合指数与 h 指数负相关，与影响因子、载文量、总被引频次为正相关，影响力综合指数综合考虑了低被引文章和高被引文章所产生的期刊影响力，与 h 指数的信息较不一致，二者在回归中呈现为负相关。影响因子作为衡量期刊学术影响力的主要指标，利用总被引频次与载文量之比反映了期刊的平均影响力水平，是与影响力综合指数反映的信息较为接近的指标，并体现在二者的相关关系与回归关系上。载文量、总被引频次与影响力综合指数所反映的信息差异较大，因此二者的回归系数都较小。

3.10.5   研究结论

1. 分区影响力是对期刊影响力评价体系的重要补充

信息时代下，电子资源已经成为学术研究中主要的资源来源。原有的仅基于引用进行期刊影响力评价的指标不足以对期刊进行全面的评价。本节基于下载行为与引用行为的研究基础提出的分区影响力可以全面反映当前学术期刊的不同影响力。在对下载量与被引频次关系深入分析的基础上，将期刊影响力分为高下载量、高被引频次文献反映的热点影响力，低下载量、高被引频次反映的新生影响力，低下载量、低被引频次反映的潜在影响力与高下载量、低被引频次反映的经典影响力。分区影响力的提出不仅能为期刊评价提供新的思路，也有利于促进期刊的特色化发展。

2. 管理学期刊热点影响力和新生影响力表现良好

根据被引频次与下载量划分的四个区间可以获得对期刊分区影响力的初步认知。一方面，从各期刊分区文献的比例来看，反映潜在影响力的文献所占比例最大，其次为反映热点影响力的文献占比，大多数期刊中代表新生影响力的 IV 区文献所占比例高于代表经典影响力的 II 区文献所占比例；另一方面，各期刊在热点影响力、新生影响力、经典影响力、潜在影响力上的排名存在较大差距，36 种期刊的分区影响力中，热点影响力的平均值最大，新生影响力的平均值排名第二，经典影响力的平均值排名第三，潜在影响力的平均值最小。这充分说明管理学期刊在注重传统和经典研究的基础上，拥有较好的创新。

3. 期刊影响力综合指数进行期刊影响力评价具有较高的区分度

通过 sigmoid 函数标准化处理数据，基于 TOPSIS 法构建了期刊影响力综合指数对管理学期刊进行评价，评价结果显示期刊影响力综合指数用于期刊评价的区分度较好。实证结果表明影响力综合指数评价值排名前三的期刊依次为《审计与经济研究》《审计研究》《管理评论》，其排名与传统文献计量指标有差距，主要原因是评价视角不一样。

4. h 指数、影响因子体现的主要是热点影响力信息

分区影响力、影响力综合指数与传统文献计量指标反映的信息不同，从相关关系检验结果可以发现，分区影响因子、影响力综合指数之间均未呈现出高度相关的关系。h 指数、影响因子体现的主要是热点影响因子信息，除热点影响因子外其余三区的影响因子与传统文献计量学指标间的相关关系都较为薄弱，说明分区影响力、影响力综合指数在学术期刊评价中能挖掘出新的信息。进一步进行的回归分析结果也证明了相同的结论，即这几个指标各自能反映与传统文献计量指标不同的信息。传统的影响因子和 h 指数其实反映的主要是热点影响力，而对新生影响力、经典影响力反应不足。

4. 期刊评价指标创新

4.1 一个评价学术期刊影响力的新指标——影响力指数

针对传统影响因子、被引频次、h 指数在学术期刊评价中存在的问题。本节在提出有限目标、数量与质量兼顾、基本指标优化、时间轴一致、数据分布力求正态分布、防止人为操控原则的基础上，提出一个新的文献计量指标——影响力指数，其原理是对被引频次和影响因子的自引现象进行修正，然后采用对数标准化后求和。基于图书馆情报与文献学 CSSCI 期刊的研究表明，影响力指数是个较好的文献计量指标，可以用来对学术期刊的短期影响力进行评价；对于期刊过度自引的修正系数，有待进一步研究。

4.1.1 引言

学术论文的影响力一直是人们关心的问题。自从 Garfield(1972)提出影响因子以来，影响因子作为一个非常重要的文献计量指标在学术期刊评价、机构评价、学者评价等方面得到了广泛的应用。随之而来也出现了一系列的问题，对影响因子的应用提出了较大的挑战，如数据计算问题、数据分布问题、计算时间滞后期问题、自引问题等。学术界随后提出了一些新的指标，试图对影响因子进行修正，最典型的就是 h 指数。但是任何指标都不是万能的，莱顿宣言(Leiden Manifesto)提出合理使用文献计量指标的十条原则，其中之一指出评价指标不可避免会在概念上模糊和不确定，并且可能建立在一些强大但并不具有普适意义的假设基础上，采用多个指标可以提供一个更为可靠和多元的呈现(Hicks et al.，2015)。分析常见学术期刊影响力指标存在的问题，在此基础上提出新的影响力评价指标，对于推进文献计量学的发展，防止人为操纵评价指标，提高学术期刊影响力评价的科学性具有重要意义。

影响因子无疑是最重要的影响力评价指标，关于其存在的问题可以从多个角度加以分析。第一是统计计算角度，Vanclay(2012)指出，计算影响因子时首先要认真进行数据清洗，检查所引用的文献并保证每篇引用的论文必须与每个引用一一配对，从而确保有效引用，否则很容易出错。第二是从影响因子计算的统计学原理角度，Michael 等(2008)指出只有数据服从正态分布时平均值才有意义，通过分析 1955 年来 2000 多本期刊的 2300 万篇论文发现，引用最高的论文共被引用 20 万次，但其中一半的论文是零引用，所以在如此宽泛的引用范围下，平均值是个很差的衡量尺度。第三是从不同主题角度，Leydesdorff 等(2010)提出对于不同主题领域甚至是同一主题领域的不同研究方向，由于各种差异性因素的影响，影响因子必然存在较大差异。第四是从时间窗口角度，Glänze(2003)发现许多重要的科研成果在最初并不受关注，许多年后才被广泛认可并得到大量引用，而这段时间远远超过在大多数科研评价过程中使用的计算统计引用次数的时间窗口。旧金山宣言指出，单纯使用期刊影响因子指标来测度单个科学家的贡献已经不再适用，影响因子不能用于科研人员聘任、晋升和科研经费分配的决定。

关于影响因子的人为操纵问题，Wallne(2009)发现，随着影响因子的应用越来越普遍，就出现了人为操纵期刊影响因子的现象，最直接的方法就是提高期刊自引。Frandsen(2007)发现个别期刊为了提高自身的影响因子，采用了"同盟"互引或过度自引等不光彩手段。Wilhite 等(2012)发现一些学术期刊诱导或强迫作者引用该刊以前发表的论文，这种现象国内外普遍存在。为了防止过度自引问题，很多数据库公布了他引影响因子，但也有研究认为，正常的自引是必须的，Foo 等(2009)研究发现，*Nature* 和 *Science* 在 1997—2007 年的自引率分别为 19.81%、23.98%，这充分说明适度的自引是合理的，也是科研成果不断传承与创新的需要。鲁索(2016)认为科研人员可能试图去操纵指标，或者从事科研活动的目的不再是为了人类的进步而仅仅是为了增加个人的指标值。

另外一个影响力较大的文献计量指标是 h 指数，但是在实际应用中，h 指数也被发现存在一些问题。Schreiber(2007)发现 h 指数计算时自引同样会产生明显影响，尤其是对 h 指数较低的学者。Wan 等(2007)发现 h 指数难以区分不同作者的贡献，比如第一作者、通信作者以及其他作者。Rousseau(2006)发现较低的期刊载文量会影响 h 指数大小。Glänzel 等(2006)对 h 指数问题总结得比较全面：①对于从事科学研究时间不长的学者不利；②不利于论文数量少而创新强的科学家；③h 指数只升不降，不利于激励；④不同学科 h 指数无法进行直接比较；⑤不适合评价一般的研究工作；⑥引文数据库不同严重影响结果。聂超、朱国祥（2009）发现 h 指数对低被引论文不重视。张学梅（2013）研究发现 h 指数区分度过低，h 指数相等比较常见。

为了克服 h 指数存在的问题，学术界进行了大量的修正研究。如 Egghe（2006）提出 g 指数、Kosmulski（2006）提出了 $h(2)$ 指数、Alonso 等（2010）提出了 h_g 指数，以克服 h 指数对高被引论文重视不够的影响。Anderson 等（2008）提出了 h_t 指数，以克服 h 指数对低被引论文的影响，将所有被引论文均纳入计算范围。Rousseau（2006）提出了相对 h 指数、Sidiropoulos 等（2007）提出了 h_n 指数，用来弥补载文量不足。Ruane（2008）提出 h_{rat} 指数，解决了相同 h 指数科学家的可比问题。

从现有的研究看，关于期刊影响力指标及其问题的研究比较充分，学术界充分认识到影响因子、h 指数等文献计量指标的意义、作用，对其存在的问题及成因做了较为深入的研究，并且提出了一些改进思路。总体上，在以下方面有待进一步深入：

第一，他引影响因子并不能代替影响因子。公布他引影响因子和影响因子可以适当防止学术期刊的过度自引现象，但由于在实际应用中仍然以影响因子为主，毕竟适当的自引是合理的，所以起不到防止过度自引的作用。

第二，对于单个指标进行优化后的结果仍然属于单个指标，无法彻底解决影响力评价中的根本问题。无论是影响因子还是 h 指数，人们从未停止过对它们的优化，但迄今为止，尚没有一个指标得到学术界的普遍认同，用来取代影响因子或 h 指数。

第三，有必要采用复合指标来评价学术期刊的影响力。Hicks 等（2015）在莱顿宣言中进一步指出，一套指标总胜于单个指标，因为单个指标更易于被操纵，也更容易取代真正的目标而成为驱动研究的异常指挥棒。

第四，过度复杂的指标也不合适。评价学术期刊，可以从多个方面进行衡量，如影响力、时效性、编辑出版质量等，全面评价的优点是视野广阔，但这也是其缺点，因为评价指标众多、评价方法众多、赋权方法众多，所以更难以得到学术界与公众的公认。因此，选择一个相对不大的视角进行评价，容易取得共识。

本节以学术期刊影响力评价为核心，以图书馆情报与文献学 CSSCI 期刊为例，选取常见的影响因子、h 指数、被引频次 3 个指标，从小视角切入，在对影响因子、被引频次进行优化的基础上，试图对传统意义上的学术期刊影响力进行评价，提出一个新的指标——影响力指数，然后对影响力指数进行进一步的分析，以期进一步完善学术期刊影响力评价。

4.1.2 影响力指数原理

1. 学术期刊影响力评价的基本原则

（1）有限目标原则

所谓有限目标原则，就是评价时不宜扩大评价范围。对于期刊影响力评价，除了传统的被引频次、影响因子、h 指数外，还有特征因子、论文影响分值等指标，特征因子与论文影响分值考虑到期刊的引证网络，原理更为复杂，如果将其纳入传统指标一并评价，必然增加了复杂性，所以本节没有纳入，换句话说，本节评价的期刊影响力指数，本质上是传统意义上的学术期刊影响力。

（2）数量与质量兼顾原则

学术期刊影响力，从数量角度进行衡量，主要看其大小，从质量角度进行衡量，主要看在有限载文量的情况下，如何获得更大的影响力。所以在选取评价指标时，既要选择总量指标，也要选择质量指标，以保证学术期刊影响力评价时数量与质量的统一。

（3）基本指标优化原则

所谓基本指标优化原则，就是对于已经发现存在问题的传统指标，如被引频次、影响因子、h 指数，需要进一步进行优化，尽最大可能解决问题。或者降低存在问题可能带来的影响，从而保证原始指标的科学性、合理性、数据可得性，这样计算得到的学术期刊影响力指数才会更为精确。

（4）时间轴一致原则

所谓时间轴一致原则，就是评价对象的时间轴是一致的。如图 4-1 所示，共有 4 种评价时间分类体系，第一种是期刊创刊以来的时间轴，评价对象为期刊创刊以来的所有论文。那么总被引频次、h 指数、被引半衰期、引用半衰期等指标是可以用来评价的。第二种是 5 年时间轴，评价对象是期刊过去 5 年发表的论文。比如统计年度是 2017 年，那么特征因子、5 年影响因子都是 2012—2016 年期刊的表现。第三种是 2 年时间轴，评价对象是期刊过去两年发表的论文。比如统计年度为 2017 年，影响因子、他引影响因子是 2015—2016 年期刊的表现。第四种是统计当年，评价对象是统计当年的期刊表现。比如统计年度为 2017 年，基金论文比、即年指标、地区分布数等均为当年期刊论文表现。

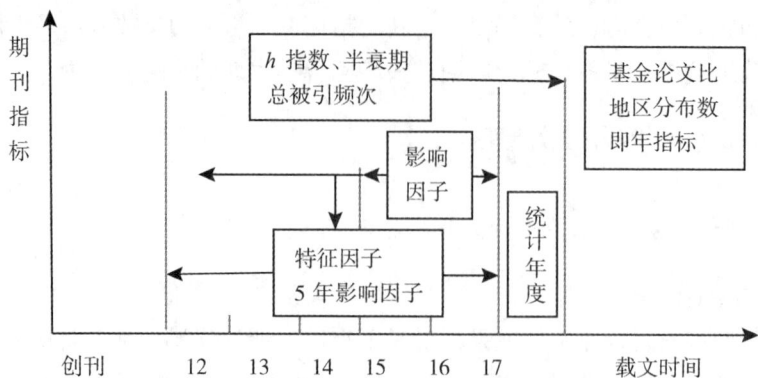

图 4-1　期刊评价的时间窗口

也就是说，从影响力角度，除非特殊需要，否则一般不宜将总被引频次、5 年影响因子、影响因子、即年指标放在一起评价，这样时间跨度过大，容易导致评价对象模糊。

（5）数据分布力求接近正态分布原则

引文分布指标往往不服从正态分布，这一点已被学术界广泛注意到。Adler（2009）研究发现，高被引论文提高了引文均值，引文数据更多服从幂律分布，通常呈右偏态分布。Bornmann 等（2008）认为由于引文并不服从正态分布，所以一些研究中用平均值来反映引文的集中趋势是不合适的。少数期刊影响因子、被引频次等指标值很大，更多期刊其值很小，极大值与极小值之间相差成百上千倍，但它们的实际差距并没有这么大。所以在设计期刊影响力指标时，可能的话应力求通过技术处理，使得影响力指数接近正态分布。

（6）防止人为操控原则

文献计量指标的人为操控问题已经得到了学术界和业界的重视，科睿唯安公司（Clarivate Analytics，原汤森路透知识产权与科技事业部）每年都要将一些期刊剔除出 SCI、SSCI 检索，原因就是因为这些期刊存在着大量的学术不端，或者影响因子人为操控现象严重。通过复合指标的优化设计，使得影响力指数难以进行人为干预，这是一个优秀文献计量指标的前提条件。

2. 影响力指数的指标选取与预处理

（1）评价指标的选取

常用的学术期刊影响力指标有总被引频次、影响因子、h 指数等，本节拟选取这 3 个指标进行影响力指数评价，体现有限目标原则。此外这 3 个指标中，总被引频次属于数量指标、影响因子属于质量指标，因为它是篇均被引次数，而 h 指数体现的是数量与质量相结合指标，体现数量与质量兼顾原则。

虽然学术期刊影响力评价指标有长期、5 年、2 年、1 年几种类型，但是由于影响因子的地位最重要，应用最为广泛，所以用影响因子的计算时间作为评价对象的选择时间范围。即影响力指数的计算，其时间跨度和影响因子一样。从时间轴一致角度，总被引频次需要进行改进，不能用期刊创刊以来所有的论文在统计当年的被引次数，而应该改为期刊过去两年发表的论文在统计当年的被引次数，为了区别，本节将期刊过去两年发表的论文称为被引频次。此外 h 指数也要进行改进，不能用期刊创刊以来的 h 指数，而应该用期刊过去两年发表的论文在统计当年的 h 指数。

（2）评价指标的进一步优化

评价指标的进一步优化，首先要解决的问题就是过度自引问题，过度自引会影响到影响因子、被引频次和 h 指数。需要注意的是，期刊也存在正常自引，朱大明（2004）系统总结了正常自引的集中情况，第一是研究问题的相关性；第二是研究问题的连续性；第三是对某论文进行讨论商榷；第四是为便于读者检索，对论文中的引文有详细了解。

由于领域、学科和主题不同，很难用一个固定的自引率阈值作为过度自引的标准，即使是 *Nature*、*Science* 这样的顶级期刊，其自引率往往也较高，甚至达到 20% 左右。本节对自引采取调节系数的方法加以修正，其原理是，将某期刊过去两年发表的论文在统计当年的被引次数按从高到低排序，如果被引次数第一的期刊是期刊自身，说明存在严重自引，需要减去自引次数的一半；如果被引次数第二的期刊是期刊自身，说明存在自引，需要减去自引次数的四分之一，其他情况不减。之所以即使严重自引也只减去被引次数的一半而不是全部，这是因为不能排除合理的自引，适度惩罚可以，但不宜过度。

这样，被引频次就根据以下公式计算：

$$TC = \begin{cases} TC' - 0.5SC(rank = 1) \\ TC' - 0.25SC(rank = 2) \\ TC'(rank > 2) \end{cases} \quad (4\text{-}1)$$

公式（4-1）中，TC 为调整后的被引频次，TC' 表示被引频次原始数据，SC 表示期刊自引次数，$rank$ 表示期刊过去两年发表的论文在统计当年按照被引次数降序排序后，期刊自身的排名。

影响因子的计算就根据公式(4-1)计算出来的 TC 除以期刊过去两年的载文量即可。

按道理 h 指数也需要进行调整，但是由于自引论文中，哪些应该删除，哪些应该保留，很难决定取舍标准，所以 h 指数暂时保留原来的计算方法，暂不做调整。

除了计算时的时间界定外，h 指数没有调整，但这不会影响学术期刊评价，主要原因如下：

第一，h 指数用来评价某段时间的学术期刊，评价对象发生了巨大改变。比如 h 指数对于年轻学者不利问题，h 指数只增不减问题，在评价学术期刊时这些问题统统不存在，因为只评价期刊过去两年发表的论文在统计当年的 h 指数。

第二，h 指数不利于论文较少的作者，这在评价学者时当然存在问题，但是在评价学术期刊时，不会出现论文数量过少问题，虽然载文量较多容易增加 h 指数，但也会拉低影响因子。

第三，不同学科 h 指数无法直接比较，这本身并非 h 指数的问题，要求一个文献计量指标适合所有学科，又具有很多优越性太难了，本节研究限定在同一学科领域内进行研究。

第四，h 指数确实存在区分度过低问题，但通过复合指标，可以解决这个问题，所以没有必要对 h 指数区分度过低问题进行调整。

第五，h 指数难以区分不同作者的贡献问题，本节在基础数据处理时，对于期刊论文的引用，已经注意数据的清洗，所以这个问题也不存在。

(3)期刊影响力指数的计算

本节采用被引频次、影响因子、h 指数 3 个指标来评价学术期刊影响力，第一个要解决的问题是评价指标的权重问题，由于被引频次属于数量指标，影响因子属于质量指标，h 指数属于两者兼顾指标，因此本节采用指标等权重处理，相当于数量指标与质量指标的权重相等。

第二个问题是基础数据的处理，为了降低评价指标之间数据的巨大差异，本节采用取自然对数的方法进行处理。Michael(2008)研究发现学术期刊各篇论文引用率的对数能够较好地形成正态分布。这样对 3 个指标值均取自然对数，可以从根本上改变文献计量指标的数据偏态分布现象。

第三个问题是对评价指标数据的标准化，由于被引频次、影响因子、h 指数 3 个指标均为正向指标，所以每个指标均除以其对数极大值即可。

　　需要说明的是，当期刊影响因子较小时，取对数可能会出现负数，在这种情况下，需要在对数影响因子的基础上增加其极小值取整后的绝对值，然后再做标准化即可。

　　期刊影响力指数 II（Impact Index）的计算公式分为两种情况，当 $\min[\ln(IF_i)>0]$ 时：

$$II = \frac{\ln(TC_i)}{\max[\ln(TC_i)]} + \frac{\ln(IF_i)}{\max[\ln(IF_i)]} + \frac{\ln(h_i)}{\max[\ln(h_i)]} \tag{4-2}$$

当 $\min[\ln(IF_i)<0]$ 时：

$$II = \frac{\ln(TC_i)}{\max[\ln(TC_i)]} + \frac{\ln(IF_i) + |\mathrm{int}[\min(IF_i)]|}{\max[\ln(IF_i)] + |\mathrm{int}[\min(IF_i)]|} + \frac{\ln(h_i)}{\max[\ln(h_i)]} \tag{4-3}$$

4.1.3　研究数据

　　本节以 CSSCI 图书馆情报与文献学期刊为例进行相关研究实证，引文数据库采用中国知网（CNKI）的引文数据库。CSSCI 收录的图书馆情报与文献学期刊共有 20 种，但《图书馆》由于搜索关键词问题，相关数据无法检索，《情报学报》引文数据不全，所以实际选取余下的 18 种期刊进行研究。本节期刊刊载论文数据时间为 2015—2016 年，统计年度即被引数据为 2017 年。此外本节涉及所有载文与引文分析的文献均为学术论文，不包括新闻报道、书评、会议通知等相关文献。

4.1.4　实证结果

1. 基础数据处理及影响力指数

　　基础数据处理及影响力指数计算结果如表 4-1 所示，期刊影响力指数最高的前几位期刊是《中国图书馆学报》《图书情报工作》《图书与情报》，其影响力指数分别为 2.795、2.439、2.396。排在后几位的期刊分别是《数据分析与知识发现》《档案学通讯》《情报资料工作》，其影响力指数分别为 1.701、1.746、1.826，从影响力指数大小看，初步克服了传统影响因子相差太大的局限。

　　从期刊的自引率看，自引率最高的期刊为《档案学通讯》，自引率为 10.5%，自引率最低的期刊为《图书馆杂志》，自引率仅为 1.4%。总体上图书馆情报与文献学期刊自引现象不算严重。

表 4-1　原始数据及期刊影响力指数

期刊名称	被引次数 TC'	自引次数 SC	排序	自引率	载文量	h 指数	被引频次 TC	变化率%	影响因子 IF	影响力指数 II
中国图书馆学报	928	30	2	0.032	132	26	920.5	0.81	6.973	2.795
图书情报工作	3627	302	1	0.083	1481	30	3476.0	4.16	2.347	2.439
图书与情报	1032	15	14	0.015	284	20	1032.0	0.00	3.634	2.396
情报杂志	2465	236	1	0.096	907	24	2347.0	4.79	2.588	2.376
图书情报知识	752	23	4	0.031	208	19	752.0	0.00	3.615	2.340
情报理论与实践	1821	140	1	0.077	688	22	1751.0	3.84	2.545	2.306
情报科学	1939	145	1	0.075	759	20	1866.5	3.74	2.459	2.268
现代情报	1751	106	1	0.061	785	21	1698.0	3.03	2.163	2.205
图书馆论坛	1209	92	1	0.076	508	21	1163.0	3.80	2.289	2.187
图书馆学研究	1724	111	1	0.064	847	22	1668.5	3.22	1.970	2.168
大学图书馆学报	693	27	3	0.039	275	18	693.0	0.00	2.520	2.128
图书馆杂志	1083	15	18	0.014	526	19	1083.0	0.00	2.059	2.095
国家图书馆学刊	615	11	12	0.018	280	15	615.0	0.00	2.196	1.989
档案学研究	641	49	2	0.076	315	15	628.8	1.91	1.996	1.942
图书馆建设	974	50	1	0.051	583	17	949.0	2.57	1.628	1.925
情报资料工作	552	15	7	0.027	323	14	552.0	0.00	1.709	1.826
档案学通讯	514	54	1	0.105	296	12	487.0	5.25	1.645	1.746
数据分析与知识发现	594	35	1	0.059	435	14	576.5	2.95	1.325	1.701

有 10 种期刊的自引次数排在第一，对这些期刊的被引频次，需要减去自引次数的 0.5 倍进行调整；有 2 种期刊的自引次数排在第二位，被引频次需要减去自引次数的 0.25 倍进行调整。这样得到新的被引频次 TC 和影响因子 IF，进而进一步根据公式(2)计算影响力指数。

从被引频次的变化率看，《档案学通讯》《情报杂志》《图书情报工作》调整幅度最大，分别降低 5.25%、4.79%、4.16%，也是自引率最高的 3 种期刊。

2. 指标统计特征比较

从离散系数看，被引频次、影响因子较大，分别为 0.630、0.497，h 指数的离散系数中等，为 0.236，影响力指数的离散系数最小，为 0.127，说明其波动最小，大大改善了传统文献计量指标数值相差悬殊的缺陷。

表 4-2　指标统计学特征

统计指标	被引频次 TC	影响因子 IF	h 指数	影响力指数 II
均值	1236.600	2.537	19.389	2.157
中位数	990.500	2.243	19.500	2.178
极大值	3476.000	6.973	30.000	2.795
极小值	487.000	1.325	12.000	1.701
标准差	778.939	1.261	4.578	0.275
偏度 S	1.451	2.582	0.457	0.257
峰度 K	4.763	9.719	2.920	2.943
Jarque-Bera 检验	8.644	53.859	0.631	0.201
p 值	0.013	0.000	0.729	0.905
中位数/极大值	0.285	0.322	0.650	0.779
离散系数	0.630	0.497	0.236	0.127

从中位数极大值比看，中位数偏离极大值最大的为被引频次、影响因子，分别为 0.285、0.322，而影响力指数和 h 指数偏离较小，分别为 0.779、0.650，影响力指数的中位数更接近极大值。

从数据分布看，被引频次、影响因子的 Jarque-Bera 检验值分别为 8.644、53.859，p 值分别为 0.013、0.000，也就是说，这两个指标拒绝正态分布原假设。而影响力指数、h 指数不能拒绝正态分布的原假设，并

且影响力指数的 p 值最高，为 0.905，说明影响力指数更接近正态分布。从偏度 S 看，影响力指数的偏度最小，为 0.257，而影响因子、被引频次的偏度均较大。从峰度看，影响力指数的峰度为 2.943，更接近正态分布峰度 3，而影响因子的峰度为 9.719，被引频次的峰度为 4.763，均与正态分布的峰度相差较大。

3. 影响力指数与其他指标的关系

期刊影响力指数与被引频次、影响因子、h 指数的 pearson 相关系数如表 4-3 所示。影响力指数与总被引频次的相关系数为 0.514，属于中等水平的相关，与影响因子、h 指数的相关水平较高，分别为 0.818、0.865。也就是说，影响力指数既能反映传统文献计量学指标被引频次、影响因子、h 指数的相关信息，也提供了一些独有的信息。

表 4-3   相关系数表

指标	被引频次	影响因子	h 指数	影响力指数
被引频次	1			
	—			
影响因子	−0.002	1		
	0.992	—		
h 指数	0.825	0.501	1	
	0.000	0.034	—	
影响力指数	0.514	0.818	0.865	1
	0.029	0.000	0.000	—

被引频次、影响因子、h 指数与影响力指数的回归结果如下：

$$\log(II) = -0.278 + 0.071\log(TC) + 0.236\log(IF) + 0.117\log(h)$$
$$(-8.284^{***})(5.480^{***})(18.852^{***})   (3.105)$$
$$R^2 = 0.995 \quad n = 18$$

被引频次、影响因子、h 指数均在 1% 的水平上通过了统计检验，拟合优度很高，为 0.995，说明用影响力指数包含了被引频次、影响因子、h 指数的大量信息，可以综合反映期刊的影响力水平。此外，表示数量的被引频次的回归系数为 0.071，表示质量的影响因子的回归系数为 0.236，数量与质量兼顾的 h 指数的回归系数为 0.117，说明影响力指数更偏重质量，这在学术期刊评价中尤为重要。

4.1.5　研究结论

1. 学术期刊影响力指数是个较好的文献计量指标

本节在对影响因子、被引频次自引问题修正的基础上，综合采用被引频次、影响因子、h 指数进行对数标准化后相加，提出学术期刊影响力指数，并基于图书馆情报与文献学 CSSCI 期刊进行实证。结果表明，影响力指数兼顾数量与质量，消除了期刊可能存在的过度自引现象，其评价值服从正态分布，能够提供较为全面的期刊影响力信息，是个较好的文献计量指标。

2. 影响力指数适合进行短期期刊影响力评价

影响力指数计算的数据时间轴和影响因子保持同步，用到的被引频次、h 指数也是期刊过去两年发表的论文在统计当年的表现。因此影响力指数比较适合用来进行学术期刊短期评价，当然这里也存在没有到达引用高峰的问题。进一步的解决思路可以采用 5 年影响力指数，即计算时采用的指标为 5 年影响因子、5 年被引频次和 5 年 h 指数。

3. 对自引问题的消除方法有待进一步研究

对于期刊可能存在的过度自引问题及其修正方法，本节根据期刊自引排序加以修正，对于自引排序第一的期刊，被引频次减去自引次数的一半；对于自引排序第二的期刊，被引频次减去自引次数的四分之一。这个幅度在多大范围适宜，尚需要进行更多的研究加以进一步完善和修正。

此外，本节基于图书馆情报与文献学期刊进行的相关研究，对于其他学科影响力指数的特点、与其他文献计量指标的关系等有待进一步进行研究，并根据研究结果决定采用何种影响力指数。

4.2　基于影响深度与宽度的学术期刊综合影响指数研究

在现有的学术期刊评价中，尚缺乏同时对期刊影响力与期刊知识扩散能力的评价。本节建立了学术期刊影响深度与影响宽度的评价框架，提出期刊综合影响指数的概念。采用被引频次、影响因子、h 指数评价期刊影响深度；采用扩散因子、新扩散因子评价期刊影响宽度；最后通过期刊影响宽度与影响深度计算期刊综合影响因子。基于图书馆情报与文献学CSSCI期刊，根据中国知网（CNKI）引文数据库的研究表明，期刊影响深度、期刊影响宽度、期刊综合影响指数均服从正态分布，统计指标特征相近；期刊综合影响指数与评价指标正相关，说明该指标评价是稳健的；期刊综合影响指数与自引率、载文量无关，可以防止指标人为操纵。可在进一步研究的基础上推广期刊综合影响指数。

4.2.1　引言

学术期刊评价是图书馆情报与文献学的重要选题之一，其评价视角是多方面的。第一种是单指标评价，可用的指标众多，如总被引频次、影响因子、即年指标、基金论文比等，现有的评价指标有几十种。第二种是采用复合指标进行评价，虽然是单个指标，但其包含的信息量更大，如 h 指数、论文计数影响因子 $ACIF$、Z 指数等。第三种是采用指标体系，基于多属性评价方法进行评价，其特点是指标选取较多，评价视角较为全面。这三种方法各有优缺点，单指标评价视角单一，相对较窄。复合指标评价虽然评价视角有所拓宽，但找到优秀的复合指标难度较大，迄今为止以 h 指数较为成功。指标体系综合评价由于评价方法众多，指标选取千差万别，从而导致评价结果不唯一，所以也有很多问题。从少数视角出发，选取少量指标进行评价，结合复合指标与多属性评价的优点来进行评价是一条重要的途径。

学术期刊影响深度与影响宽度非常重要。所谓学术期刊影响深度，就是学术期刊的绝对影响力，其评价指标众多，如总被引频次、影响因子、他引影响因子、5年影响因子、即年指标、h 指数等；所谓学术期刊的影响宽度，是学术期刊对于本学科或其他学科的影响，反映了学科的知识扩散能力，如扩散因子、学科扩散指标、新扩散因子等，李江（2013）将期刊影响宽度称为知识扩散广度。

不同学科的知识扩散机制是不一样的。第一种包括学科自身的扩散机制与对其他学科的扩散机制，这类学科往往是基础与工具类学科，属于底层学科，比如图书馆情报与文献学、统计学等学科，不仅期刊论文对本学科产生影响，而且对其他许多学科均产生影响。第二种包括学科自身的扩散机制与对跨学科、交叉学科产生的影响，跨学科是对于其他领域知识、方法、技术和设备等直接或间接的运用。交叉学科是指不同学科之间相互交叉、融合、渗透而出现的新兴学科。这类学科更多，包括机械、电子、生物工程等，一般是一些相对专业的学科领域。

从学术期刊影响深度与影响宽度进行评价具有重要意义。可以鼓励学术期刊优化选题、提高办刊质量，加强个性化发展，促进知识扩散和传播，发挥更大的影响力等。当然，这并不是要求学科内所有期刊都同时追求影响深度与影响宽度，期刊应该根据自己的定位、学科特点有所侧重。有的期刊侧重影响深度，提高办刊影响力，有的期刊侧重影响宽度，强调对其他相关学科的影响，而有的期刊可以两者兼顾。从影响宽度与影响深度角度评价学术期刊，得出期刊综合影响指数，不仅从理论上可以丰富文献计量学，而且从实践的角度对于学术期刊的管理具有重要意义。

学术期刊影响力即影响深度评价一直是文献计量学的研究热点。从Garfield(1972)提出影响因子的概念以来，先后涌现出几十个关于期刊影响力的评价指标。从这些指标的地位和影响大小看，影响因子、h 指数等指标占据主流地位。但是影响因子也存在被引峰值时间不一致、过度自引等问题(Campanario，2011)。h 指数也存在对年轻学者不利、对发表论文数量较少的学者不利、只升不降不利于激励、不同学科 h 指数难以比较、对引文数据库依赖严重等问题(Glänzel，2006)，后续有不少研究进行优化。

关于学术期刊的知识扩散及影响宽度研究，Rowlands(2002)最早提出期刊扩散因子(Journal Diffusion Factors，JDF)，即期刊论文每被引 100 次所涉及的期刊数量。Frandsen(2013)提出新期刊扩散因子(New Journal Diffusion Factors，NJDF)，即用期刊被引刊数除以载文量。Egghe(2005)推导出 JDF 和 NJDF 之间的关系，即如果评价对象为过去两年，那么新扩散因子除以扩散因子就等于影响因子。Liu 等(2010)基于 ESI 学科分类提出了学科扩散广度(Field Diffusion Breadth，FDB)，即施引论文所涉及的ESI 学科数量就是被引论文的学科扩散广度。Rousseau(2005)提出平均扩散速度(Average Diffusion Speed，ADS)，即一篇论文发表之后，引用该论文的期刊数量与该论文年龄的比值。邱均平、瞿辉等(2012)提出学科扩散强度指标，用 A 学科期刊被 B 学科期刊引用的数量与 A 学科期刊的总被引频次之比，表示学科 A 对学科 B 的扩散强度。

从以上研究看，无论是表征学术期刊影响深度的影响力指标，还是表征学术期刊影响宽度的知识扩散指标均比较丰富。当然每个指标均有其自身的特点，有些指标还存在一定的问题，学术界对此在进行不断优化。总体上，关于学术期刊影响深度与影响宽度的研究，在以下方面有待深入：

第一，缺乏同时对学术期刊影响深度与影响宽度的评价指标，如果在该领域取得进展，无疑对文献计量学的发展具有积极作用，也可以丰富学术期刊评价指标。

第二，各种文献计量指标评价对象的时间轴并不统一。比如扩散因子是总被引频次涉及的期刊数，隐含评价对象的时间范围是期刊创刊以来至今；即年指标是指统计当年；影响因子是根据过去两年发表的论文进行计算；5 年影响因子是根据过去 5 年发表的论文进行计算；h 指数的时间范围一般也是指期刊创刊以来。评价对象的时间轴不统一，不仅导致评价对象不唯一，而且会导致评价时效性差，因此迫切需要采用统一时间轴数据进行学术期刊评价。

第三，指标合成方法有待优化。由于从学术期刊影响深度与影响宽度两个角度选取若干指标进行评价，必然涉及评价方法问题，根据统计学基础理论，优选评价方法，是保证评价科学、客观、公正的重要途径。

第四，对评价结果，要充分考虑其与其他文献计量指标的关系，尽量防止可能出现的评价指标人为操纵。

本节以图书馆情报与文献学 CSSCI 期刊为例，基于中国知网（CNKI）引文数据，从学术期刊影响深度与影响宽度角度选取若干指标进行评价，并对评价结果进行深入分析。在学术期刊评价指标中，目前还缺乏从影响深度和影响宽度角度的复合评价指数，更缺乏同时从这两个角度进行评价的综合影响指数，本节将推进该领域的研究，从而为学术期刊评价指标提供新的视角。

4.2.2 学术期刊综合影响指数的提出

1. 评价原则

(1) 主观评价与客观评价结合原则

评价必须为管理服务，否则评价意义不大，毕竟评价本身就是管理行为。如果基于这个论断，那么评价中包含一定的主观因素就是合理的、必须的。但是在主观评价时，必然涉及权重赋值问题，如果评价时长官意志严重，程序不规范，邀请专家随意，势必会降低评价的公正性，这也是目前主观评价遭诟病的主要原因，所以保证主观评价公正透明非常重要。

客观评价没有主观评价存在的问题，但客观评价方法众多，每种客观评价方法结果也不一样，同样会引起争议。所以遵循统计学的基础理论，选取争议较小的评价方法，也是做好学术期刊影响深度与影响宽度评价的重要环节。

（2）鼓励学术期刊个性发展原则

对于学术期刊影响深度与影响宽度评价，不能对学术期刊求全责备，要鼓励期刊特色办刊。有的期刊专业性较强，那么主要以影响深度即影响力大小来进行评估；有的期刊侧重宽度，则主要以知识扩散指标来进行评估；有的期刊两者兼顾，则以影响指标与扩散指标相结合来进行评估。

（3）评价对象时间轴一致原则

评价对象的时间轴一致，就是要保证评价对象的载文时间相同，这个问题由俞立平、王作功等（2017）提出。比如影响因子与 h 指数的载文时间并不相同，如果统计年度是 2017 年，那么计算影响因子的载文时间为 2015—2016 年，但计算 h 指数的载文时间期刊创刊年度到 2016 年，并且不同期刊创刊年度不一样。此外还要考虑到学术期刊评价的时效性问题，如果评价对象的载文时间是期刊创刊以来的所有论文，那么评价的时效性就很差，不利于学术期刊激励。

本节在充分考虑历史习惯的基础上，统一选取期刊的载文时间为过去两年，与影响因子的计算时间一致，这样所有评价指标的载文时间也按照这个时间进行计算。

（4）评价指标综合优化原则

任何评价指标均有各自的优缺点，很少有"黄金指标"，指标优化是没有止境的。目前在评价时存在的主要问题是文献计量指标的人为操纵问题，以及人为提高载文量问题。这个问题是在评价指标选取时就进行关注，还是结合评价方法综合进行选取，这是学术界以前较少关注的问题。如果选取的指标集自身就有减少人为操纵因素，或者评价方法自身具有相同效果，此时选取评价指标就有更大的空间。所以选取评价指标要进行综合评估，不能割裂单个指标选取与指标集之间的关系，以及单个指标选取与评价方法的关系。

2. 评价指标选取

受研究数据的限制，学术期刊影响深度指标选取影响因子、被引频次、h 指数 3 个指标。这 3 个指标是学术期刊影响力评价的主要指标，影响较大，使用时间较长，已经得到公认。需要说明的是，为了保证评价期刊时间轴一致，被引频次是期刊过去两年发表的论文，即统计年度前 1 年和前 2 年发表论文的被引次数；h 指数也是根据期刊在统计年度前 1 年和前 2 年发表的论文在统计当年的被引情况计算而来。

学术期刊影响宽度指标选取扩散因子 *JDI* 和新扩散因子 *NJDI* 两个指

标。这两个指标前者采用被引刊数除以被引频次，后者采用被引刊数除以载文量，两者结合评价较为全面。由于中国知网的学科分类较细，加上跨学科、交叉学科研究较多，所以难以计算学科扩散指标，即使计算，也不够严谨，所以没有选取该指标。同样为了保证评价期刊的时间轴一致，这两个指标涉及的载文量为统计年度前 1 年和前 2 年，涉及的被引量和被引期刊数量为统计年度。

3. 评价方法

从评价方法角度，本节涉及两个一级指标，分别是期刊影响深度与影响宽度。一级指标影响深度下面有 3 个二级指标，一级指标影响宽度下面有 2 个二级指标。对于一级指标下面的二级指标而言，他们的性质是相近的，评价时可参照并联电路的原理进行计算。

对于每个二级指标，均相当于 1 个电阻，只不过不同二级指标的电阻不同。有的一级指标下属二级指标较多，相当于并联的电阻较多；有的一级指标下属二级指标较少，相当于并联的电阻较少，极端情况下只有 1 个指标，那评价结果就是该指标值。所以对于一级指标的评价，可以参照并联电路电阻计算公式进行，在统计学上往往也称为调和平均。

$$JID = \frac{1}{\dfrac{1}{TC} + \dfrac{1}{IF} + \dfrac{1}{h}} \tag{4-4}$$

$$JIW = \frac{1}{\dfrac{1}{JDI} + \dfrac{1}{NJDI}} \tag{4-5}$$

公式(4-4)中，JID 为期刊影响深度(Journal Impact Depth，JID)，TC 为被引频次，IF 为影响因子，h 为 h 指数；公式(4-5)中，JIW 为期刊影响宽度(Journal Impact Width，JIW)，JDI 为扩散因子，$NJDI$ 为新扩散因子。

对于一级指标采用调和平均进行评价，本质上采用的是客观评价方法；对于总指标的评价，可采用主观评价方法，即对期刊影响深度与期刊影响宽度评价结果进行标准化处理后，进行加权汇总。可根据评价目的，确定影响深度 JID 和影响宽度 JIW 的权重。本节暂采用等权重处理，即期刊综合影响指数(Journal Comprehensive Impact Index，JCII)为：

$$JCII = JID + JIW \tag{4-6}$$

需要说明的是，以上所有评价指标均必须进行数据标准化处理。由于所有指标均为正向指标，数据标准化方法为指标原始值除以极大值。

下面分析自引以及载文量对期刊综合影响指数可能的影响。从自引角度，在 5 个评价指标中，被引频次、影响因子、h 指数均受到自引的影响，自引会提高这 3 个指标值，但扩散因子的分母是被引频次，可以适当消除自引的影响。

从载文量角度，影响因子、h 指数、被引频次、新扩散因子与载文量直接相关。影响因子的分母是载文量，对人为扩大载文量有一定的抑制作用；新扩散因子的分母也是载文量，同样起到一定的防止人为增加载文量的作用。

基于以上分析，对于期刊综合影响指数，可以暂不考虑通过自引和增加载文量带来的人为操纵指标问题。何况一定程度的自引是正常的，也是必须的。载文量也是如此，在知识增长较快的学科，合理增加载文量也有利于人类的知识进步。

4. 评价结果的分析

评价结果分析包括期刊综合影响指数的统计学特征分析、与其他文献计量指标的关系分析等。统计学特征包括均值、极大值、极小值、标准差、离散系数、数据分布特征等，与其他文献计量指标的关系分析包括相关分析、回归分析等。

此外，还需要进一步分析期刊综合影响指数与自引率以及载文量的关系，分析可能出现的人为操纵指标情况。

4.2.3　研究数据

本节研究对象为 20 种图书馆情报与文献学期刊的 CNKI 引文数据，由于《图书馆》因为检索关键词的原因，相关数据难以检索，而《情报学报》的引文数据不全，所以实际上只有 18 种期刊的引文数据。各期刊 5 个评价指标的原始数据如表 4-4 所示。

表 4-4　评价指标值

期刊名称	被引次数	h 指数	影响因子	扩散因子	新扩散因子
中国图书馆学报	928	26	7.030	21.875	1.538
图书与情报	1032	20	3.634	23.450	0.852
图书情报知识	752	19	3.615	22.739	0.822

续表

期刊名称	被引次数	h 指数	影响因子	扩散因子	新扩散因子
情报杂志	2465	24	2.718	18.256	0.496
情报理论与实践	1821	22	2.647	18.122	0.480
情报科学	1939	20	2.555	21.712	0.555
大学图书馆学报	693	18	2.520	23.377	0.589
图书情报工作	3627	30	2.449	12.407	0.304
图书馆论坛	1209	21	2.380	18.280	0.435
现代情报	1751	21	2.231	24.272	0.541
国家图书馆学刊	615	15	2.196	24.065	0.529
图书馆杂志	1083	19	2.059	21.607	0.445
图书馆学研究	1724	22	2.035	17.807	0.362
档案学研究	641	15	2.035	16.069	0.327
档案学通讯	514	12	1.736	14.008	0.243
情报资料工作	552	14	1.709	23.188	0.396
图书馆建设	974	17	1.671	18.172	0.304
数据分析与知识发现	594	14	1.366	21.380	0.292

4.2.4 实证分析结果

1. 期刊综合评价结果

先将原始数据标准化，然后分别计算出期刊影响深度与影响宽度，再将计算结果标准化后相加，得到期刊综合影响指数，结果如表 4-5 所示。

表 4-5 期刊综合影响指数

期刊名称	期刊影响深度	排序	期刊影响宽度	排序	期刊综合影响指数	排序
中国图书馆学报	0.165	4	0.474	1	1.803	1
图书与情报	0.144	8	0.352	2	1.444	2
情报杂志	0.188	2	0.226	8	1.394	3
情报科学	0.163	5	0.257	6	1.338	4
图书情报知识	0.120	11	0.340	3	1.302	5

期刊名称	期刊影响深度	排序	期刊影响宽度	排序	期刊综合影响指数	排序
图书情报工作	0.205	1	0.142	17	1.301	6
现代情报	0.150	6	0.260	5	1.282	7
情报理论与实践	0.166	3	0.220	9	1.274	8
图书馆论坛	0.135	9	0.206	11	1.094	9
大学图书馆学报	0.103	12	0.274	4	1.081	10
图书馆学研究	0.144	7	0.178	13	1.080	11
图书馆杂志	0.120	10	0.218	10	1.044	12
国家图书馆学刊	0.090	14	0.255	7	0.977	13
图书馆建设	0.103	13	0.156	15	0.832	14
情报资料工作	0.078	16	0.203	12	0.808	15
档案学研究	0.090	15	0.161	14	0.778	16
数据分析与知识发现	0.075	17	0.156	16	0.693	17
档案学通讯	0.074	18	0.124	18	0.620	18

期刊影响深度排在前 3 位的期刊分别是《图书情报工作》《情报杂志》《中国图书馆学报》，这 3 种期刊中，载文量分别是 1481、907、132，可以初步认为载文量对期刊影响深度拥有较大的影响。期刊影响宽度排在前 3 位的期刊分别是《中国图书馆学报》《图书与情报》《图书情报知识》。期刊综合影响指数排在前 3 位的期刊分别是《中国图书馆学报》《图书与情报》《情报杂志》。

2. 评价指标的统计学特征分析

期刊影响深度、期刊影响宽度、期刊综合影响指数的统计特征如表 4-6 所示。3 个指标的离散系数分别为 0.311、0.374、0.271，总体相差不大，以期刊综合影响指数的离散系数最小，中位数极大值比分别为 0.622、0.462、0.603，总体相差不大。3 个指标的 Jarque-Bera 检验值分别为 0.909、5.664、0.237，均不能拒绝正态分布的原假设。综合以上特征说明，期刊影响深度、期刊影响宽度、期刊综合影响指数是用于评价学术期刊的较好的指标，克服了传统文献计量指标数据分布偏倚，一般不服从正态分布的问题评价拥有较好的区分度。

表4-6   指标统计学特征分析

统计指标	期刊影响深度	期刊影响宽度	期刊综合影响指数
均值	0.129	0.233	1.119
中位数	0.128	0.219	1.088
极大值	0.205	0.474	1.803
极小值	0.074	0.124	0.620
标准差.	0.040	0.087	0.304
偏度 S	0.215	1.211	0.230
峰度 K	1.987	4.299	2.678
Jarque-Bera 检验	0.909	5.664	0.237
p	0.635	0.059	0.888
离散系数	0.311	0.374	0.271
中位数/极大值	0.622	0.462	0.603

期刊影响深度、期刊影响宽度分别通过调和平均进行计算，从而较大地改变了传统文献计量指标的分布，而期刊综合影响指数是期刊影响深度与期刊影响宽度线性汇总的结果，会保留这两个指标的统计分布特征。

3. 期刊影响指数与评价指标之间的关系

下面进一步分析期刊综合影响指数与5个评价指标的关系，由于5个指标均为正向指标，因此只要回归系数全部为正数，就可以初步断定期刊综合影响指数与这些指标是同方向变化，评价具有稳健性。由于这些指标之间是相关的，指标间存在多重共线性问题，因此采用偏最小二乘法进行回归。变量解释比例如表4-7所示，回归结果如表4-8所示。

表4-7   变量解释比例

潜在因子	X 方差	X 累积方差	Y 方差	累积 Y 方差 R^2
1	0.476	0.476	0.934	0.934
2	0.194	0.670	0.021	0.956
3	0.322	0.992	0.004	0.959
4	0.008	1.000	0.005	0.964
5	0.000	1.000	0.002	0.967

表 4-8　偏最小二乘法回归结果

自变量	潜在因子 1	潜在因子 2	潜在因子 3	潜在因子 4	潜在因子 5
TC	0.697	0.721	0.719	0.725	0.724
H	1.212	1.201	1.199	1.202	1.200
IF	1.230	1.223	1.221	1.218	1.219
JDI	0.362	0.409	0.439	0.438	0.438
$NJDI$	1.184	1.173	1.171	1.169	1.170

当潜在因子数量为 1 时，已经获得了较高的拟合优度，R^2 为 0.934，因此采用潜在因子为 1 的回归结果。所有的回归系数均大于 0，说明期刊综合影响因子与 5 个评价指标是同方向变化的，用该指标评价具有较好的稳健性。

4. 期刊综合影响指数与自引率、载文量的关系

期刊综合影响指数与自引率、载文量关系的回归结果如下：

$$\log(JCII) = -0.889 - 0.121\log(SF) + 0.097\log(P) \qquad (4\text{-}7)$$
$$(-0.829) \quad (-0.952) \quad (0.727) \quad R^2 = 0.062 \quad N = 18$$

公式(4-7)中，SF 为自引率，即自引次数与被引次数的比值，P 为载文量。从回归结果看，自引率和载文量均没有通过统计检验，拟合优度极低，R^2 仅有 0.062，说明期刊综合影响指数排除了自引与载文量的影响，可以很大程度上防止人为操纵。当然，这里面还有一个潜在问题，是图书馆情报与文献学期刊本来人为操纵因素就不大，还是期刊综合影响指数可以防止人为操纵？根据前文的理论分析，应该属于后者，如果再加上前者的因素，拟合优度会更小。

4.2.5　研究结论

本节在建立学术期刊影响深度与影响宽度评价框架的基础上，选取被引频次、影响因子、h 指数 3 个主要的期刊影响力指标采用调和平均评价期刊影响深度；选用扩散因子、新扩散因子采用调和平均评价期刊影响宽度；最后通过线性汇总评价期刊综合影响指数。本研究弥补了现有研究关于同时评价期刊影响力与期刊扩散能力的不足，基于图书馆情报与文献学 CSSCI 期刊，根据中国知网（CNKI）引文数据库的研究表明：期刊影响深

度、期刊影响宽度、期刊综合影响指数均服从正态分布，指标统计特征相近；期刊综合影响指数与评价指标正相关，说明该指标评价是稳健的；期刊综合影响指数与自引率、载文量无关，可以防止指标人为操纵。

期刊综合影响指数提供了学术期刊评价的一种新的视角。传统文献计量指标往往重视期刊影响力即影响深度的研究，也有一些涉及期刊影响宽度的研究，但总体不多。综合影响指数同时从这两个角度进行评价，视角更加全面。在学科交叉、学科融合发展的今天，这种视角尤其重要。

由于本节相关研究是基于图书馆情报与文献学 CSSCI 期刊以及中国知网引文数据库进行的，至于其他学科的期刊综合影响指数的特点有待进一步进行深入研究，在此基础上可以进一步推广期刊影响深度、期刊影响宽度、期刊综合影响指数 3 个指标。

4.3　两个新的文献计量指标：累计因子与次年因子

针对期刊文献计量指标中存在评价时间窗口不统一、评价对象不固定问题，本节在理论分析的基础上，提出了 2 个新的文献计量指标，第一是累计因子，就是期刊到达被引峰值的论文累计被引量除以期刊载文量；第二是次年因子，就是期刊发表论文一年后的被引量除以载文量。基于 CNKI 的科技 CSSCI 核心期刊进行了实证，研究结果表明：累计因子和次年因子较好解决了期刊评价时的时间异质性问题；累计因子的时效性较差，次年因子的时效性较好，两个指标应结合使用。

4.3.1　问题的提出

期刊文献计量指标中，评价的时间窗口是个隐含问题，一致没有受到学术界的广泛重视，这种现象称为学术期刊评价的时间异质性（俞立平，2016）。如图 4-2 所示，目前期刊评价指标的评价源论文的时间窗口包括三种类型：第一是期刊创刊以来的所有论文，时间跨度较长，论文数量多，如总被引频次、被引半衰期、h 指数系列等。不同期刊由于创刊时间不同，时间跨度还不一样，很难同一时间标准进行评价。第二种是某段时间，最典型是 2 年和 5 年，如影响因子的期刊论文源就是 2 年，5 年影响因子的期刊论文源就是 5 年。第三种就是 1 年，即期刊论文源时间是统计年度，如即年指标、基金论文比、地区分布数、平均作者数、海外论文比等。

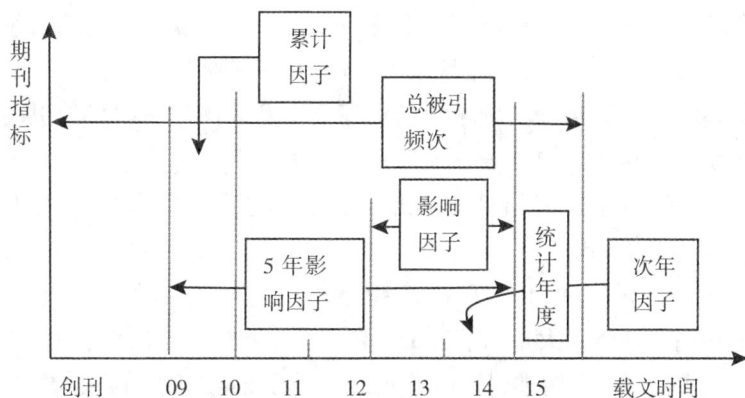

图 4-2　期刊评价的时间异质性

期刊评价的时间异质性本质上是期刊评价对象是什么的问题。比如基于 2015 年某个学科的期刊数据进行期刊评价，如果用到多个指标，那么评价对象是不是 2015 年的期刊论文数据呢？不一定，有些指标确实就是 2015 年的期刊论文表现，如即年指标、基金论文比等；有些指标是期刊 2013 年、2014 年发表的论文影响力，如影响因子、他引影响因子；有的指标是期刊 2010—2014 年 5 年发表论文的影响力，如 5 年影响因子；有的指标是期刊从创刊以来到 2015 年期间发表的论文在影响力，如总被引频次、h 指数。这是一个比较混乱的问题，明明在 2015 年对期刊进行年度评价，但是评价时间轴不统一、评价对象较多，包括了期刊论文当年值、前两年值、前 5 年值、创刊以来所有论文值，这在逻辑上是值得商榷的。

学术界并没有意识到期刊评价的时间异质性，以及由此产生的存量指标与流量指标混用问题。对以上各种时间跨度内的期刊论文影响力进行评价，如果考虑到时间问题，那么必然涉及对不同时间跨度指标的权重设置不同问题，但是迄今为止，很少有文献讨论这个问题，所以期刊评价的时间异质性及其可能的影响被忽视了。

4.3.2　文献综述

从时间角度对期刊被引规律进行研究较早关注的是期刊半衰期问题。Burton（1960）对半衰期和文献老化进行了系统研究，使文献老化研究从定性描述逐渐过渡到定量研究。Egghe（1993）研究了隐藏在半衰期、普赖斯指数等定量指标背后的文献老化深层次特征规律与内在机理。Line（1993）认为，随着现代科学技术的加速发展，科学文献的老化速度会日益加快，同时开放存取理念与资源数字化带来的文献高时效性加剧了这一现象。Gupta(1990)以 15 种物理学顶级期刊为数据样本，运用引文共时法分析物理学领域的老化现象，发现物理学领域的引文密度以半衰期为 4.9 年呈现指数下降趋势。但也有学者持不同观点，Odlyzko(2002)认为数字化手段将提高陈旧文献的可获取性，从而客观上延缓文献整体的老化趋势。

大量实证研究关注期刊文献计量指标与被引峰值的关系。Price(1965)对引文进行了大量的统计分析工作后，提出了"最大引文年限"问题，发现实验型论文的被引峰值是文章发表后的第 2 年。Dorta 等(2013)、Vannie(2010)认为鉴于不同学科期刊被引高峰到来时间不等，故人们对单纯以影响因子或 5 年影响因子进行期刊评价都是不全面的。Seglen(1997)认为影响因子难以和论文被引时间峰值同步，提出影响因子用于评价期刊对有些学科是合适的，而对另外一些学科不合适。方红玲(2015)发现SSCI 收录的 53 种图书情报学期刊 2003—2005 年发表论文的被引峰值年份分别为发表后 5.4 年、4.6 年、4.0 年，被引峰值年份随时间发展逐渐提前。刘雪立等(2014)选择 28 种眼科学 SCI 来源期刊，计算了不同引证时间窗口的影响因子，发现眼科学期刊 3 年影响因子和 4 年影响因子较为理想，与文献被引高峰年份高度一致。但是从长期看，也有不同观点，Garfield(1998)两次对 *JCR* 中影响因子排名前 100 和 101—200 的期刊计算了各自的 15 年影响因子和 7 年影响因子，并与当年影响因子排序进行比较，并未发现有异常悬殊。说明从长期讲，7 年影响因子和 15 年影响因子具有较高的稳定性。

期刊论文被引的时间峰值问题也催生了一些新的期刊评价方法。Price(1970)提出用 5 年内的引文数量与引文总量之比来量度文献的老化速度和程度。美国汤森路透(Thomson Reuters)科技集团 2009 年宣布推出加强版《期刊引证报告》，第一次公布了 5 年影响因子指标。盛丽娜(2016)研究发现 35 种医学期刊被引高峰到来的时间平均为 6.25 年，故采用 7 年影响因子评价最合适。俞立平(2016)提出隔年影响因子与隔年 h 指数两个新的评价指标。

期刊论文的老化与被引峰值问题都涉及期刊的时间问题，本质上与期刊论文被引规律相关，学术界对此进行了大量的研究，其研究结论并没有太大的争议。由于被引高峰时滞不同，学术界推出了一些新的文献计量指标。从评价对象时间异质性角度进行的研究并不多，有必要进行深入研究。

4.3.3　研究思路

1. 期刊评价的基本前提

第一，被引高峰是决定期刊评价指标计算时间的重要因素。党亚茹等（2007）认为如果研究时期跨度太短，不足以反映世界科学研究中期刊引文的真实变化；而研究时期跨度太长，对于制定科技政策及科研管理等不利。对于来源指标，不存在被引高峰问题。由于不同学科期刊的特点不同，到达被引高峰的平均滞后时间也不同，即使对于同一学科的期刊，到达被引高峰的时间滞后也有一定的差异，所以基于被引高峰的平均滞后期来进行期刊评价是一种通行的做法，得到了学术界的公认。

第二，评价时间窗口固定原则。目前的期刊引文指标，评价的时间窗口是不固定的，本质上是评价对象不固定。这在目前的几乎所有人文社科评价中是独有的现象，同样都是评价，其他学科评价时都是基于某个年度的流量数据进行评价，只有在文献计量指标评价中，既有流量指标也有存量指标，既有当年数据，也有前 2 年、前 5 年甚至创刊以来的数据。

2. 累计因子与次年因子的提出

目前已经有大量的研究证明，基于 5 年左右的引文滞后期来进行评价是比较合适的，尽管不同学科之间存在着一定的差异。但是这种评价涉及的最大的问题就是评价对象的不固定，以及由此产生的被引峰值滞后时间不固定。比如基于 2015 年的数据进行评价，计算 5 年影响因子，评价对象是 2010—2014 年的论文，对于 2010 年的论文，其引文滞后期为 5 年，对于 2011 年的论文，其引文滞后期为 4 年，依次类推，对于 2014 年的论文，其引文滞后期只有 1 年。

为了解决以上两个问题，首先要确定唯一的评价对象，也就是说评价对象不能跨年，这是最基本的前提。其次是确定被引峰值的滞后期，再决定采取什么样的评价方法。采用峰值影响因子是个最直接的做法，但是这种思路行不通，这是因为，即使对于同一学科的期刊，峰值滞后期也有 1~2 年的差别。如果大多数期刊峰值滞后期为 5 年，少数期刊为 6 年，那么 2015 年评价数据中，这些少数期刊数据就会缺失，要到 2016 年才会补全，这不符合统计学的基本常识。

借鉴 5 年影响因子设计的思路，本节提出了累计因子 AF（Accumulative

Factor）的概念，其计算方法如下：

$$AF = \frac{\sum_{i=1}^{m} C_i}{CI_0} \quad\quad\quad (4-8)$$

公式（4-8）中，AF 为累计因子，C 为每年被引量（Cites），CI 为载文量（Citable Items），m 为被引峰值滞后期。也就是说，采用期刊到达被引峰值期间的被引总数除以期刊载文量。

这种计算方法的好处是，第一，评价对象唯一，就是对期刊某一年的评价。第二，充分考虑到被引高峰滞后期，将期刊的影响力充分展现出来。第三，在未到达被引峰值时，期刊的被引表现也具有重要价值，比如即年指标就是期刊当年的影响值，而影响因子是期刊论文 1 至 2 年滞后的影响值，累计因子兼顾了影响因子的优点。

考虑到许多期刊到达被引峰值滞后较长，累计因子的时效性较差，即年指标时效性虽然较好，但受期刊出版周期的人为影响较大，不能较好地体现期刊论文影响的时效性，所以本节又提出一个新指标次年因子，就是用期刊发表论文第二年的被引次数除以第一年的载文量，其计算公式如下：

$$NF = \frac{C_1}{CI_0} \quad\quad\quad (4-9)$$

4.3.4   数据来源与评价结果

1. 期刊载文与被引情况

本节以科技管理类 CSSCI 期刊 2010 年发表的论文作为评价对象，采用中国知网（CNKI）数据，分别统计每年的被引情况，时间跨度为 2010—2015 年，共 11 种期刊，数据与计算结果如表 4-9 所示。

表 4-9   各年被引数据

期刊名称	2010 年载文	2011 年被引	2012 年被引	2013 年被引	2014 年被引	2015 年被引	峰值滞后期
中国软科学	378	890	1300	1511	1606	1509	4
科学学研究	273	538	834	1004	968	960	3
科研管理	167	368	529	601	614	644	5
科学学与科学技术管理	422	758	1193	1241	1248	1184	4

续表

期刊名称	2010年载文	2011年被引	2012年被引	2013年被引	2014年被引	2015年被引	峰值滞后期
科技管理研究	1828	2045	2946	2754	2535	2183	2
科技进步与对策	929	1488	2364	2249	2089	1722	2
科学管理研究	160	243	347	319	292	295	2
软科学	390	699	1053	1091	1135	976	4
研究与发展管理	109	207	333	353	360	343	4
中国科技论坛	358	692	995	948	858	737	2
中国科学基金	138	60	61	68	62	73	5

为了更清晰地反映不同期刊的被引情况以及峰值滞后期,将其绘图如图4-3所示。可以发现,有4种期刊2年到达被引峰值,有1种期刊3年达到峰值,有4种期刊4年达到峰值,有2种期刊5年达到峰值。可见科技管理类期刊的峰值滞后期相差较大,从另外一个角度也说明采用固定滞后期计算峰值影响因子的做法行不通,而采用累积影响因子是一种较好的处理方法。

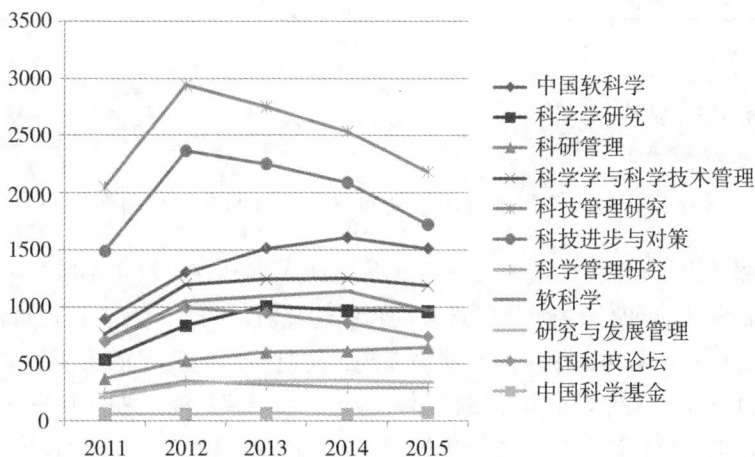

图4-3 各期刊历年被引数

2. 累计因子与次年因子比较

由于期刊被引峰值滞后期最长为5年,所以本节选择5年作为累计因子的计算周期，5 年累计因子、5 年影响因子、次年因子的结果对比如表 4-10 所示。由于计算方法不同，期刊排序也发生了变化，这是在期刊数量较少的情况下，如果期刊数量较多，排序变化可能更大。

表 4-10   指标结果对比

	5 年累计因子	排序	5 年影响因子	排序	次年因子	排序
中国软科学	18.032	1	4.896	1	2.354	1
科研管理	16.503	2	3.818	3	2.204	2
科学学研究	15.766	3	3.945	2	1.971	3
研究与发展管理	14.642	4	2.708	5	1.899	5
科学学与科学技术管理	13.327	5	3.039	4	1.796	6
软科学	12.703	6	2.483	6	1.792	7
中国科技论坛	11.816	7	2.097	7	1.933	4
科技进步与对策	10.669	8	2.050	8	1.602	8
科学管理研究	9.350	9	1.874	9	1.519	9
科技管理研究	6.818	10	1.339	10	1.119	10
中国科学基金	2.348	11	0.612	11	0.435	11

4.3.5　结论与讨论

1. 累计因子和次年因子解决了期刊评价的时间异质性问题

累计因子和次年因子的提出，彻底解决了期刊评价对象不唯一、评价时间轴混乱的问题。累计因子选择期刊到达峰值前的平均被引量进行评价，较好地重视了期刊近年来的影响力表现，也是对影响因子的重要补充。在具体进行期刊评价时，可以根据学科特点、被引峰值滞后期的情况灵活确定滞后期，比如可以计算 5 年累计因子、6 年累计因子、7 年累计因子等。建议采用 5 年累计因子进行评价，比较符合大多数期刊的实际，也便于进行比较。

2. 累计因子评价的时效性不高

目前的期刊评价指标从时间上包括三类，一是短期评价，主要是流量指标，基金论文比、地区分布数、作者分布数等；二是中期评价，如影响因子、5年影响因子；三是长期评价，如总被引频次、h指数系列、被引半衰期等。短期评价时效性最好，长期评价时效性最差。累计因子属于中期评价，时效性较低，其根本原因是，累计因子的评价原理还是根据期刊引文被引峰值来决定时间的，这是文献计量学的重要基础。

3. 次年因子具有较强的时效性

次年因子本质上也属于中期评价指标，但是与期刊载文时间仅相差1年，因此具有较好的时效性，是对即年指标的重要补充，由于其是对期刊一年载文进行的评价，又克服了影响因子评价对象本质上是2年的缺陷，所以也是对影响因子评价的进一步完善。

4. 累计因子与次年因子应结合使用

累计因子充分考虑到期刊载文的被引峰值，符合文献计量学的基本规律，但时效性不高；次年因子拥有较好的时效性，同时也不存在期刊评价时的时间异质性问题，但没有考虑到期刊载文的最佳峰值。所以这两个指标应该根据不同的评价目的结合使用，互相进行补充。

4.4　科技评价中关键指标的测度方法研究

在科技评价中，不同评价指标的重要性和地位是不同的，采用科学合理的方法进行关键指标的测度具有重要意义。本节用指标信息熵和离散系数表示信息量，用指标权重或模拟权重与指标信息量的几何平均值表示关键指标系数。以JCR2015经济学期刊为例，采用TOPSIS为例进行评价，并计算指标的信息量、模拟权重和关键指标系数，发现特征因子、标准特征因子、总被引频次是关键指标。研究表明，关键指标系数是一种有效的关键指标筛选方法；不同评价方法关键指标是不一样的；本方法同样适用于采用信息量赋权的评价方法；要防止遗漏重要指标，保证评价指标的完备性是本节方法的前提条件；关键指标是双刃剑，既是科技管理工作的重要抓手，也要防止其中的不正当竞争。

4.4.1　引言

科技评价包括科研机构评价、科研人员评价、学术期刊评价、大学评价、科技政策评价等诸多方面，评价方法往往采用多属性评价方法进行评价，选取的评价指标少则数个，多则数十甚至上百个，以弥补单个指标信息量的不足。在众多的评价指标中，不同指标的地位和作用是不同的，测度不同指标的重要性和地位，进而选取关键指标，不仅有助于评价对象改进相关工作，提高自身水平，而且有助于管理部门抓住工作重点，提高科技管理工作的整体水平，因而具有十分重要的意义和价值。

信息量和权重是关键指标的两大要素。信息量是评价指标数据内在的，权重是通过主观或客观方法确定的，是外在的，两者共同作用说明了指标的关键性。信息是关于不确定性的衡量，所谓信息量，就是指标自身所含信息的大小，一般而言，指标数据变化快，整体水平相差较大，说明指标的信息量大，对评价的影响也大。权重代表了指标的重要性，权重越大的指标其在评价中的地位和作用越大，越是关键指标。传统意义上仅从权重角度识别关键指标是不全面的，何况许多评价根本不需要设定权重。比如人均城市道路面积指标，在城市基础设施建设基本完成以后，该指标变化相当慢，即使该指标重要，权重较大，由于数据几乎不变，也难以对评价产生较大影响。

关于信息量的测度，学术界研究相对成熟。Hartley（1928）首先提出信息定量测度的设想，将信息量定义为可能取值个数的对数。Shannon（1948）创造性地用概率来研究信息传输问题，创立了信息论。Cristian 等（2002）采用信息熵研究了马尔科夫过程中的信息量问题。Ali（2007）以 CEO 失业持续期和任职持续时间为例，基于信息熵测度了广义伽马分布信息量。Pawlak（1982）提出的粗糙集评价方法，本质上就是通过约简，将信息含量不大的指标删除，从而精简计算。秦敏（2010）利用信息量确定图书馆读者满意度评价指标的权重，采用理想解法进行评价。王晓勇等（2012）从信息量角度基于区间数方法分析了多属性决策问题。左淑霞等（2010）采用信息熵方法测度了交通标志信息量，并对比分析了普通交通标志与特色交通标志的信息量。

学术界关于权重的研究文献更是浩如烟海，而权重对于评价指标的重要性几乎就是公理，所以，关于指标地位和作用研究，几乎均是从权重角度出发的，很少从指标信息量角度进行分析。本节首先从理论上分析指标信息量与权重对指标地位和作用的影响，然后提出关键指标的测度方法——关键指标系数，并以 JCR2015 经济学期刊为例，采用 TOPSIS 进行评价，说明关键指标的测度与选取过程，TOPSIS 仅仅作为一个算例，当然也可以采用其他非线性评价方法。之所以选择学术期刊为例进行分析，是因为多属性评价方法在该领域得到了广泛的应用。

4.4.2 关键指标的测度原理

1. 信息量的测度方法

关于评价指标信息量的测度方法，目前主要有两种原理相似的方法，一种是熵值法，根据评价指标数据计算信息熵；另一种是离散系数法，根据评价指标数据的离散系数来确定信息量。现实生活中，用熵值或离散系数赋权来进行评价，就称为熵权法或离散系数法。

熵值的计算：对于 m 个评价对象，n 个评价指标，经标准化后评价指标为 x_{ij}，首先确定评价指标的熵 H_j：

$$H_j = -\frac{1}{\ln m}\Big(\sum_{i=1}^{m} f_{ij} \ln f_{ij}\Big) \tag{4-10}$$

其中，f_{ij} 为某指标占该指标总和的比例，即：

$$f_{ij} = \frac{x_{ij}}{\sum\limits_{i=1}^{m} x_{ij}} \quad (i = 1, 2, \cdots, n; j = 1, 2, \cdots, m) \tag{4-11}$$

然后计算熵权 ω_j^H：

$$\omega_j^H = \frac{1 - H_j}{n - \sum\limits_{j=1}^{n} H_j} \tag{4-12}$$

离散系数的计算：首先将各评价指标标准化，用标准差 δ_j 除以均值 X_j，得到其离散系数 C_j：

$$C_j = \frac{\delta_j}{X_j} \tag{4-13}$$

然后将各指标的离散系数进行归一化处理，得到信息量权重 ω_j^C：

$$\omega_j^C = \frac{C_j}{\sum\limits_{j=1}^{m} C_i} \tag{4-14}$$

为了全面反映评价指标的信息量 P_j，本节综合采用熵值和离散系数的均值进行综合反映，即：

$$P_j = (\omega_j^H + \omega_j^C)/2 \tag{4-15}$$

由于熵值和离散系数均进行了归一化处理，因此显然有：

$$\sum_{j=1}^{m} P_j = 1 \tag{4-16}$$

2. 权重与模拟权重

除了用信息量反映指标的作用和地位外，还可以用权重来反映。由于科技评价方法众多，关于科技评价中的权重问题比较复杂，大致可以分为三类：第一类是赋权线性评价，如专家会议法、层次分析法、熵权法、相关系数法等，赋权方法既包括主观赋权，也包括客观赋权，或者主客观相结合赋权，然后根据权重进行线性加权汇总；第二类是赋权非线性评价，同样需要赋权，但评价并不是简单的线性加权汇总，而是非线性的，如加权 TOPSIS、模糊综合评价、加权调和平均等；第三类是不赋权的非线性评价方法，就是评价根本不需要赋权，并且是非线性评价，如主成分分析、因子分析、数据包络分析（DEA）等（见图4-4）。

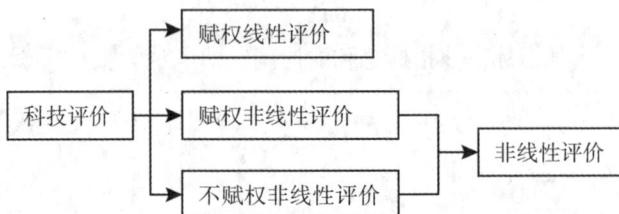

图 4-4　科技评价方法分类

对于线性评价方法，其权重就是指标的实际赋权权重，对于非线性评价方法，即使是需要赋权的非线性评价方法，最终权重并不是赋权权重。这是因为在非线性评价中，通过数学计算后权重的性质已经发生了重大变化，在这种情况下，必须重新计算其实际权重。此外，对于不需要赋权的非线性评价方法，各指标的重要性并不是相等的。所以，对于所有的非线性评价方法，可以通过回归分析计算各指标的回归系数，然后加以归一化处理得到模拟权重，也称为实际权重。

考虑到科技评价指标间往往相关性比较严重，回归时存在多重共线性，可以采用岭回归来计算模拟权重（俞立平、潘云涛等，2009）。但是岭回归有两个问题：第一，在数据量较少的情况下不宜采用；第二，岭回归是放弃最小二乘法无偏性的一种有偏估计方法，以降低精度和损失部分信息来克服多重共线性问题，用来检验指标单调性没有问题，但是估计模拟权重不是最佳。在这种情况下，采用偏最小二乘法估计模拟权重较好，尤其是在多重共线性严重、评价指标数据分布有偏、评价数据较少的情况下优势明显。

综上所述，无论是赋权的线性评价方法，还是非线性评价方法，均可以得到评价指标的权重或模拟权重。对于线性评价，由于相对比较简单，本节不做深入分析，对于非线性评价，本节以 TOPSIS 方法说明模拟权重与关键指标的确定方法。

3. 关键指标系数

既然指标信息量和指标权重确定了，那么可以讨论关键指标的测度方法了。信息量与权重是评价指标的两个重要方面，关键指标不能信息量大权重小，或信息量小权重大，两者必须同时具备。如果采用加法合成，信息量与权重某个指标相对较小会得到适当的弥补，总体评价值会是中等，而采用乘法合成，是难以较好进行弥补的，因此对信息量与权重进行综合不能简单相加，必须相乘。所以本节采用几何平均法对权重和信息量进行综合，得到关键指标系数：

$$K_j = \sqrt{P_j Q_j} \tag{4-17}$$

公式(4-17)中，P_j为信息量，Q_j为权重，两者的几何平均 K_j 表示关键指标系数，由于信息量和权重均进行了归一化处理，所以关键指标系数的可比性较好，该指标越大，说明在评价中的地位与作用越大。

4.4.3　研究数据

为了实证检验关键指标系数的作用，本节以 JCR2015 中期刊数量较多的经济学期刊为例进行说明。JCR2015 经济学期刊数量共有 333 个，公布的评价指标有 11 个，比较适合进行关键指标的排序与选取。这 11 个指标是：总被引频次、他引影响因子、影响因子、影响因子百分位、5 年影响因子、特征因子分值、标准化特征因子、论文影响分值、即年指标、被引半衰期、引用半衰期。由于一些期刊办刊时间较短，存在数据缺失，经数据清洗后还保留有 278 种期刊，此外引用半率期和被引半率期属于反向指标，标准化时进行了必要的正向处理。对于正向指标的数据标准化方法，采用各指标除以极大值然后再乘以 100 的方法，经处理后 11 个指标的描述统计如表 4-11 所示。

表 4-11　标准化评价指标描述统计

评价指标	均值	极大值	绩效值	标准差
特征因子	6.12	100	0.32	11.26

续表

评价指标	均值	极大值	绩效值	标准差
标准特征因子	19.50	100	2.00	14.84
总被引频次	17.74	100	0.70	14.70
论文影响分值	15.03	100	2.08	12.86
即年指标	5.78	100	0.42	7.87
5年影响因子	5.23	100	0.14	9.71
他引影响因子	9.20	100	0.25	13.50
被引半衰期	5.23	100	0.14	9.71
影响因子	28.93	100	9.80	21.20
引用半衰期	26.41	100	14.49	17.36
影响因子百分位	56.48	100	4.83	26.05

4.4.4 实证结果

1. 指标信息量的计算

首先分别计算熵权和离散系数信息量，然后将其平均得到总的指标信息量，结果如表4-12所示。由于熵权法与离散系数法的原理比较接近，都是根据数据波动程度来计算信息量，所以熵值信息量指标大小的排序和离散系数的排序一致，这样总信息量大小的排序也保持一致。11个指标中，特征因子、标准特征因子、总被引频次的信息量较高，而影响因子百分位、引用半衰期、影响因子、被引半衰期的信息量较低。

表 4-12 指标信息量及排序

评价指标	熵权	熵权排序	离散系数权	离散系数排序	信息量	排序
特征因子	0.169	1	0.146	1	0.158	1
标准特征因子	0.169	1	0.146	1	0.158	1
总被引频次	0.168	3	0.145	3	0.157	3
论文影响分值	0.126	4	0.116	4	0.121	4
即年指标	0.098	5	0.107	5	0.103	5

续表

评价指标	熵权	熵权排序	离散系数权	离散系数排序	信息量	排序
5 年影响因子	0.057	6	0.067	6	0.062	6
他引影响因子	0.056	7	0.065	7	0.061	7
被引半率期	0.051	8	0.058	8	0.055	8
影响因子	0.048	9	0.06	9	0.054	9
引用半衰期	0.036	10	0.052	10	0.044	10
影响因子百分位	0.024	11	0.036	11	0.030	11
合计	1.000	—	1.000	—	1.000	—

本节中，关于熵权法与离散系数法权重排序一致问题，可能是一种巧合，不能证明两者排序就一定相等，即使排序相同，权重还是不同的，取两者的均值可以提高研究的稳健性，也更能全面表示数据的信息量。

2. 模拟权重的计算

首先采用 TOPSIS 法进行评价，TOPSIS 是根据评价对象到理想解与负理想解的相对距离来进行评价，方法相对成熟，应用较为广泛。由于篇幅所限，本节只公布了排名前 30 的期刊，结果如表 4-13 所示。

表 4-13　TOPSIS 前 30 期刊排名

排序	期刊名称	负理想解	理想解	评价得分
1	Quarterly Journal of Economics	229.801	170.541	0.574
2	American Economic Review	221.487	170.207	0.565
3	Journal of Finance	196.574	178.269	0.524
4	Journal of Economic Literature	205.020	197.696	0.509
5	Econometrica	178.920	185.536	0.491
6	Journal of Financial Economics	164.524	200.420	0.451
7	Journal of Economic Perspectives	167.909	208.603	0.446

续表

排序	期刊名称	负理想解	理想解	评价得分
8	Review of Financial Studies	154. 428	198. 747	0. 437
9	Journal of Political Economy	157. 304	214. 655	0. 423
10	American Economic Journal-Macroeconomics	155. 019	212. 468	0. 422
11	American Economic Journal-Applied Economics	150. 678	209. 112	0. 419
12	Review of Economic Studies	153. 505	216. 050	0. 415
13	Brookings Papers on Economic Activity	150. 802	230. 961	0. 395
14	Asian Economic Policy Review	163. 436	262. 666	0. 384
15	American Economic Journal-Economic Policy	138. 793	227. 276	0. 379
16	Annual Review of Economics	135. 027	231. 989	0. 368
17	Value in Health	132. 891	231. 734	0. 364
18	Review of Environmental Economics and Policy	133. 389	239. 947	0. 357
19	Journal of The European Economic Association	130. 595	237. 093	0. 355
20	Economic Systems Research	133. 900	244. 209	0. 354
21	Economic Policy	135. 358	249. 805	0. 351
22	Review of Economics and Statistics	125. 121	236. 988	0. 346
23	Ecological Economics	120. 290	228. 354	0. 345
24	Energy Economics	124. 286	237. 083	0. 344
25	Imf Economic Review	125. 976	253. 007	0. 332
26	Journal of Transport Geography	121. 784	247. 554	0. 330
27	Transportation Research Part E-Logistics and Transportation Review	118. 988	245. 801	0. 326
28	Economic Journal	114. 724	240. 252	0. 323
29	Economic Geography	121. 033	256. 344	0. 321
30	Journal of Policy Analysis and Management	116. 701	253. 796	0. 315

在此基础上，以评价结果为因变量，评价指标为自变量，采用偏

最小二乘法进行估计，考虑到期刊评价指标总体包括影响力指标、时效性指标等，因此最大潜在因子数量设置为 3，结果如表 4-14 所示，在不同潜在因子数量下，回归系数的大小排序基本一致，说明回归是稳定的。

表 4-14　模拟权重

评价指标	潜在因子 1	潜在因子 2	潜在因子 3	模拟权重	模拟权重排序
影响因子百分位	1.269	1.278	1.306	0.121	1
影响因子	1.298	1.238	1.227	0.114	2
他引影响因子	1.262	1.2	1.191	0.11	3
5 年影响因子	1.231	1.17	1.163	0.108	4
论文影响分值	1.063	1.018	1.015	0.094	5
特征因子	0.927	0.914	0.907	0.084	6
标准特征因子	0.927	0.914	0.907	0.084	6
总被引频次	0.867	0.866	0.861	0.08	8
被引半衰期	0.344	0.751	0.759	0.07	9
引用半衰期	0.634	0.749	0.752	0.07	9
即年指标	0.692	0.689	0.709	0.066	11

最终根据潜在因子数量为 3 的结果计算模拟权重，从模拟权重看，影响因子百分位、影响因子、他引影响因子的权重较大，即年指标、被引半衰期、引用半衰期等指标的权重较小。

3. 关键指标的确定

根据信息量和模拟权重的结果，在此基础上计算两者的几何平均，得到关键指标系数 K（见表 4-15）。从计算结果看，特征因子、标准特征因子、总被引频次等指标属于关键指标，对评价的影响较大，而引用半衰期、影响因子百分位、被引半衰期不属于关键指标。关于关键指标的确定，倒没有绝对的标准，一般而言，关键指标系数较大的前几个指标是关键指标。

表 4-15　关键指标系数

评价指标	信息量 P	模拟权重 Q	关键指标系数 K	排序
特征因子	0.158	0.084	0.115	1
标准特征因子	0.158	0.084	0.115	1
总被引频次	0.157	0.08	0.112	3
论文影响分值	0.121	0.094	0.107	4
他引影响因子	0.061	0.11	0.082	5
5 年影响因子	0.062	0.108	0.082	5
即年指标	0.103	0.066	0.082	5
影响因子	0.054	0.114	0.078	8
被引半衰期	0.055	0.07	0.062	9
影响因子百分位	0.03	0.121	0.06	10
引用半衰期	0.044	0.07	0.055	11

4.4.5　结论与讨论

1. 关键指标系数是一种有效的关键指标筛选方法

在科技管理中，关键指标是工作的主要抓手和重点关注环节，指标信息量和权重是确定关键指标的两个重要因素，采用指标信息量和权重（或模拟权重）的几何平均来确定关键指标是一种行之有效的方法。指标的信息量通过熵权法和离散系数法进行计算，模拟权重通过偏最小二乘法进行估计后加以标准化得到。

2. 不同评价方法关键指标的结果是不一样的

关键指标的确定依赖于具体的评价方法，不同评价方法的原理不同，其权重或模拟权重就会不同，尽管指标信息量相同，但还是会影响到关键系数的计算。只有在选取科学合理的评价方法以后，才能确定关键指标，并将其应用到具体的科技管理中去。

3. 采用信息量赋权的线性评价方法同样适用

一些采用信息量赋权的线性评价方法，比如采用熵权法或离散系数法赋权，然后进行线性加权汇总，由于权重就是信息量，因此关键指标系数的计算结果就是权重或信息量，本节提出的方法同样适用。至于采用信息量赋权的非线性评价方法，由于实际权重肯定发生了变化，当然也必须采用本节提出的方法。

4. 评价时不能遗漏重要指标

本节提出的方法只能找到相对重要的关键指标，但是在科技评价中，指标选取毕竟是人为的，如果由于指标体系不合理，导致某些重要的关键指标根本就没有列入评价体系，或者是列入评价体系但是指标的含义不清晰合理，有待进一步完善，这本质上是一种指标遗漏现象，即使借助本节的方法，也无法找到关键指标。因此保证选取指标的质量，不遗漏重要指标是本节方法的前提。

5. 关键指标是双刃剑

找到关键指标，一方面可以抓工作重点，努力提高关键指标的水平；另一方面也要注意到，评价对象也许会采用不正当竞争手段，人为提高某些关键指标水平，而不是注重整个科技工作。所以在科技评价中，在指标选取的时候一定要注重指标质量和本质，而不能仅仅看指标的表象。

4.5　学术期刊学术传播水平评价——期刊传播因子

学术期刊的学术传播水平测度问题是一个有意义的问题，对于学术期刊增加知识和信息量，加强学术传播具有重要意义。本节认为学术期刊与其他媒体传播在信息含量、作用时间、动力机制、传播效果等方面有较大差别，在此基础上借鉴物理学动能定理的原理，提出了期刊传播因子，并基于 CSSCI 图书馆、情报与文献学期刊和中国知网数据库进行了实证分析。研究结果表明：期刊传播因子是一个用来评价学术传播水平的重要指标；影响因子与期刊传播因子相关度不大；h 指数与期刊传播因子正相关；期刊传播因子与影响因子结合使用可防止人为操控。

4.5.1　引言

学术期刊是人类知识和信息的重要载体。期刊论文是人类在探求真理的过程中，不断探索创新，推进人类知识积累的重要体现。2018 年我国学者发表国际论文 39.77 万篇，占世界总量 162.7 万篇的 24.4%，首次跃升为世界第一位。根据《中国科技期刊发展蓝皮书（2019）》，截至 2018 年年底，我国科技期刊数量为 4973 种。科技期刊在承载知识、促进学术交流和人类知识进步中发挥着不可磨灭的作用。

知识传播是学术期刊的重要职能，但是其传播水平缺乏相应的评价指标。科学的本质是传播（Garvey，1979），传播在知识扩散和交流中发挥着重要作用。现有的文献计量指标虽然有许多与期刊传播相关的指标，如影响因子，但这是一种平均指标，表明期刊论文平均被引情况，难以衡量传播水平。h 指数是从期刊较高被引论文角度进行计算的，反映的是期刊的"高度"而非"宽度"。学科扩散指标和扩散因子衡量的是期刊传播的"期刊种类"，而非传播水平。总被引频次虽然一定程度上可以反映期刊知识传播情况，但时效性不高，对新创期刊不利。此外，学术界虽然有一些采用指标体系进行期刊传播力评价的，但研究尚处于探索阶段。

开展学术期刊传播水平评价具有重要意义。本节受物理学动能定理的启发，提出期刊传播因子的概念，并以 CSSCI 图书馆、情报与文献学期刊为例，基于中国知网（CNKI）引文数据进行分析。本节的研究可以推进学术期刊传播水平的评估，从新的角度评价学术期刊，促进知识繁荣，丰富了文献计量指标，对于学术期刊评价具有重要意义，也推进了文献计量学的发展。

4.5.2　文献综述

关于媒体传播理论研究，Bjork（2006）指出文献传播是指在一定的社会条件下产生于社区、群体及所有人与人之间的一种文献互动过程，同时也是使文献信息化，实现文献资料共享的过程。Shannon 等（1971）提出单项传播模型，认为信息在传播过程中不受限于有意识的活动。Hovland（1953）提出说服传播理论，指出信息的传播主体、传播内容和传播客体在很大程度上决定了受众接收信息后的态度。Mauel（2009）基于网络社会语境和脉络提出了传播力理论，强调传播与权力的同构关系。Williamson（2006）认为，传播力是指传播者和受众成功地对信息进行编码和解码的能力，为达到高效的传播效果，传播者必须展示出一定程度的传播力。张春华（2011）认为传播力的本质是传播效果，是指传播行为带来的一切作用和影响的总和，可以在现实中转为说服力和影响力。汪平（2011）认为微博传播力包括信息传播的量、覆盖广度以及影响力大小。

媒体传播的影响因素对传播水平评价无疑具有重要影响，Rice（1984）指出媒体始终是在特定社会背景下传播，在对媒体评价时需要考虑到政治、经济、技术、社会大环境等影响因素。Lasswell（2013）认为传播过程是一个目的性过程，涉及的要素为传播内容、传播者、传播受众、传播渠道和传播效果，即 5W 模式。李林（2018）从互动、快速发表、专辑、推送、集成和新媒体等方面探讨如何提升期刊的传播力。甄伟锋（2019）采用因子分析法，研究了学术水平、品牌形象、新媒体传播度、新媒体性能对科技期刊传播效果的影响。刘钊（2018）以 9 种北大核心民族高校科技期刊为调研对象，从期刊网站建设、互动服务平台设置、论文开放获取、新媒体运营等角度探讨媒体融合下民族高校科技期刊的传播力现状、问题与对策。单凝、王丹等（2019）通过分析高校类科技期刊传播过程的现状和存在的问题，提出了多种移动传播和精准传播手段以提高高校科技期刊的传播力。张楠（2014）分析了大数据技术对学术传播内在运作和外显特征的影响。

关于媒体传播的评价，许多研究集中在网络平台和智库上。刘佳静、金洁琴等（2019）利用因子分析法，从微博影响力、用户反馈、点赞率、后台运营四个方面对 42 所"双一流"大学图书馆微信公众号进行评价。王林、潘陈益（2018）从微博用户特征和内容特征两个维度，建立微博传播力指标体系，基于熵权法对机构微博传播力进行量化。王林、朱文静等（2018）提出微博评论 p 指数、转发 p 指数和点赞 p 指数，并用综合 p 指数来评价旅游政务官方微博。方兴东、张静等（2014）通过构建网络舆论场形成要素评价体系，将微信与微博进行对比研究，探索微信在新舆论场中的传播能力。方兴林（2019）探讨基于学术迹的学术测度方法应用于微博传播力评价的可行性，以国内 9 所高校图书馆微博为数据来源，计算被转发 h 指数和被转发 p 指数，进而计算被转发微博的学术迹。张宇、任福兵（2017）从官方网站、搜索引擎、电子报纸、官方微博、微信公众号五个方面构建评价体系，运用层次分析法——熵权法组合确定指标权重，对智库网络传播力进行评价。张莉曼、张向先等（2018）从智库信息内容特征、平台服务能力、主体实力、平台用户表现 4 个方面建立指标体系，基于 BP 神经网络，对智库微信公众平台信息传播力进行评价。

关于学术期刊传播的评价，谢文亮、王石榴（2015）认为科技期刊的传播力是指期刊在传播过程中，为了能够达到良好的传播效果而运用的各种方法、技术及手段。许新军（2012）提出基于下载量的期刊 h_d 指数，并利用 CNKI 数据为例进行了实证，但是这种测度方法和 h 指数类似，反映的是期刊论文下载量的"高度"而非"宽度"。刘锦宏、李若男等（2019）从稿源、稿件、审稿和效果 4 个维度，运用层次分析法，从内容质量和知识传播效果角度对开放获取期刊进行评价。刘锦宏、赵雨婷(2017)从内容、媒介、受众和环境四个维度构建了开放获取期刊知识传播效果的评估指标体系并进行评价。

从现有的研究看，关于媒体传播力的理论研究比较充分，对媒体传播力有影响的因素也比较丰富，从媒体传播力评价的实证研究看，现有研究主要集中在微博、微信等网络平台和智库评价上，对学术期刊传播水平的评价比较薄弱，在以下方面有待深入研究。

第一，学术期刊虽然也是媒体之一，但学术期刊与其他媒体在传播上存在本质区别，进一步厘清这种区别是学术期刊传播评价的重要基础。

第二，从研究方法看，采用指标体系评价虽然比较全面，但存在指标选取、权重设置、评价方法选择等一系列问题，评价的精简度不够。采用单指标评价的研究目前还较少，并且也存在一些问题，需要进一步探索新的评价方法。

4.5.3　期刊传播因子的提出

1. 学术期刊传播与其他媒体传播的区别

学术期刊的内涵与其他媒体存在根本差别。学术期刊是知识和信息的重要载体，其内容以论文中的知识为主，一般公众难以看懂，许多知识只有相关领域的学者感兴趣。并且其价值可以不断挖掘，时效性较长。而电视、广播、报纸、网站、微信等媒体往往以信息为主，知识含量低，面向广大公众，其价值时效性短。从传播角度，学术期刊知识量大，其他媒体信息量大，在评价传播水平时要充分考虑到这种区别。

学术期刊传播与其他媒体的动力机制不同。电视、广播、报纸、网站、微信等媒体往往是媒体本身主动宣传为主，兼顾接受方适当的检索查询。而学术期刊的传播往往是学者检索为主，学术期刊本身的宣传并不具有太大作用。在这种情况下，就注定学术期刊建设重在论文质量，重在知识与信息含量。传统媒体的评价方法与评价指标，一般不能用在学术期刊传播的评价中，导致学术期刊传播的评价指标大幅度减少。学术期刊网站只要具备基本的功能，传统媒体的一些评价指标如点击率、美观度、访问量、推广链接数等在评价学术期刊传播水平时作用并不大。

学术期刊传播效果的评价与其他媒体也有较大区别。传统媒体的传播效果更多展示的是一种影响力，评价相当复杂，何况这种影响力有些是潜在的。当然一些商务网站的传播效果可以用经济效益来进行衡量，但从传播角度来看，这毕竟是特殊情况。学术期刊的传播效果是可以精确计量的，最典型的就是论文引用。学者们通过论文的引用展示对某期刊论文的关注度，这是最好的传播效果展示指标。

综上所述，由于学术期刊传播与其他媒体传播在信息含量、作用时间、动力机制、传播效果四方面存在较大区别(见图 4-5)，因此采用传统的指标体系评价并不合适，传统的其他媒体传播力的评价方法也不适用于学术期刊传播水平的评价，必须探索新的学术期刊传播水平的评价方法。

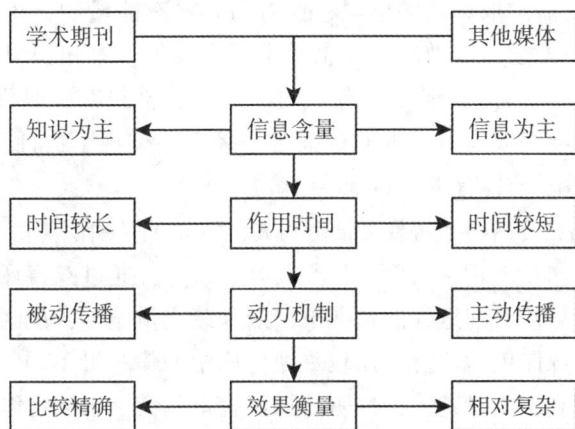

图 4-5　学术期刊与其他媒体传播的区别

2. 传播因子的提出

学术期刊传播水平的评价必须考虑两个关键因素，一个是学术期刊的知识和信息量，第二个是一定时间内的传播效果。受动能定理的启发，物体动能取决于物体质量和物体速度，其计算公式是：

$$E = FS = \frac{1}{2}mv^2 \tag{4-18}$$

E 是物体的动能，F 是力，S 是在力的方向上作用的距离，FS 就是力对物体做的功；m 是物体的质量，v 是物体的速度。

对于学术期刊而言，其质量用期刊发表的论文数量 p 表示，注意这里的质量与期刊论文质量是两个概念，表示的是期刊的知识或信息含量，当然对其计量是复杂的，因此用论文数量 P 表示。传播速度 v 用一定时间内被引频次除以时间表示，为了保证期刊传播水平评价的时效性，同时又能更好地对传播因子与期刊其他文献计量指标进行比较，传播速度 v 采用期刊过去两年发表论文在统计当年的被引次数 T 表示，由于固定时间跨度，因此统计年度被引频次可以视为速度。此外为了控制传播因子的数量级，便于期刊间比较，对其进行自然对数处理，这样期刊传播因子 JCF（Journal Communication Factor）就是：

$$JCF = \ln\left(\frac{1}{2}PT^2\right) \qquad (4\text{-}19)$$

之所以借鉴动能公式来测度期刊传播因子，主要有以下原因：培根说知识就是力量，这里的力量其实就是能力、能量、权力的意思。注意能量与力的区别，根据功的概念，仅有力是没有能量的，还必须在力的方向上作用一段距离即做功。如果学术期刊仅仅包含知识但是没有传播行为，相当于有"力"，但是没有做功，知识就被封存，是没有作用的。知识+传播才会变成力量，期刊传播因子较好地体现了这种思想。

期刊传播因子具有以下特征：

第一，期刊传播因子与载文量正相关，体现了对知识与信息量的尊重。对于一定学术质量的学术期刊，只要其办刊规范，通过双盲评审的论文其质量是得到保证的，在这样的情况下，期刊载文量越多，说明其知识含量越大。与其他媒体传播评价时比较重视传播中的信息量不同，在保证质量的前提下，期刊载文量越大，说明其知识含量越大，未来可能产生的传播潜力越大，哪怕是短期没有产生传播行为，比如"睡美人论文"。相反，如果一味减少载文量，即使论文质量较高，期刊的知识和信息含量也会减少。

第二，期刊传播因子与期刊被引频次的平方正相关，更加强调传播。期刊传播因子的计算中，表示速度的被引频次发挥的作用更大，因为其是用平方进行计算的。期刊传播更加强调可见的传播效果即引用行为，如果一篇论文没有被引用，说明其价值可能还没有被认识到。在学术期刊主要依靠被动传播的情况下，论文引用行为是对期刊传播能力的最好展示。

第三，传播因子的计算相对简单，与指标体系相比具有天然优势。根据前文分析，期刊学术传播的动力机制主要是被动传播，传播效果相对比较容易测度，因此采用指标体系进行评价是不合适的，而传播因子简捷方便，是个较好的指标。

4.5.4　数据与实证结果

1. 数据来源

本节以图书馆情报、文献学 CSSCI 期刊为例，基于中国知网的引文数据库开展相关研究，之所以选这个学科，是由于关于该学科的一些文献计量指标实证研究较多，其研究结果便于开展讨论和争鸣。2019—2020 年版 CSSCI 图书馆情报、文献学期刊共有 20 种，根据本节对期刊传播因子的定义，结合评价的时效性，选取本节载文量数据为 2016—2017 年，被引频次数据为 2018 年，与影响因子计算的时间轴一致，便于后续比较分析。

2. 期刊传播因子计算结果

期刊传播因子如表 4-16 所示。从评价结果看，其排序与影响因子、h 指数相差较大。由于期刊传播因子的计算兼顾了载文量与被引频次两个指标，这样载文量或被引频次较低的期刊就不占优势。以《中国图书馆学报》为例，其载文量为 109 篇，在 20 种期刊中数量排在最后一位，其被引频次为 876 次，排在第 12 位，因此传播因子排在第 16 位，主要是由于其知识和信息量不够导致的。作为中国图书馆情报与文献学的顶级期刊，如果能够适当扩大载文量，其传播因子会更大。

表 4-16　期刊传播因子与影响因子、h 指数排序比较

期刊名称	学术传播力	排序	影响因子	排序	h 指数	排序
图书情报工作	9.878	1	2.788	9	33	1
情报科学	9.537	2	3.533	5	27	2
情报杂志	9.533	3	3.363	7	26	5
情报理论与实践	9.245	4	3.578	4	27	2
图书馆学研究	9.242	5	2.527	12	25	6
现代情报	9.137	6	2.723	10	23	9
图书馆论坛	8.708	7	2.831	8	25	6
图书馆建设	8.483	8	2.280	13	21	12
图书馆杂志	8.426	9	2.048	16	21	12
图书与情报	8.201	10	4.109	3	23	9
档案学研究	8.047	11	2.271	14	17	14
大学图书馆学报	8.040	12	3.434	6	24	8
数据分析与知识发现	7.988	13	1.928	19	16	15
情报学报	7.791	14	2.161	15	15	17
图书情报知识	7.772	15	4.185	2	23	9
中国图书馆学报	7.621	16	8.037	1	27	2

续表

期刊名称	学术传播力	排序	影响因子	排序	h 指数	排序
情报资料工作	7.618	17	2.578	11	16	15
档案学通讯	7.579	18	1.811	20	15	17
国家图书馆学刊	7.390	19	1.957	18	15	17
信息资源管理学报	6.429	20	2.009	17	11	20

期刊传播因子与影响因子、h 指数排序相差较大，从另外一个角度也说明期刊传播因子能够提供更多的信息量，这些信息量是影响因子和 h 指数所不能代替的。

3. 期刊传播因子的统计特征

期刊传播因子的统计特征如图 4-6 所示，其极大值为 9.878，极小值为 6.429，标准差为 0.882，说明其区分度较好。从 Jarque-Bera 检验结果看，其 p 值为 0.880，不能拒绝正态分布的原假设，说明期刊传播因子是服从正态分布的，在许多文献计量指标并不服从正态分布的背景下（Vinkler，2008；Seglen，1992），期刊传播因子拥有更好的评价功能。

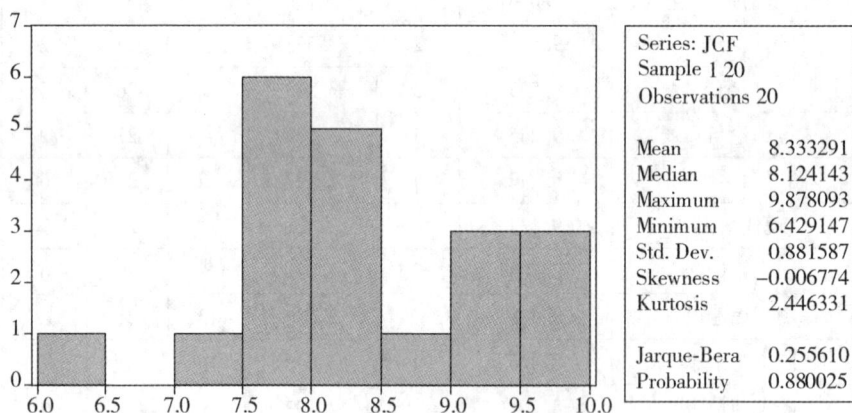

Series: JCF	
Sample 1 20	
Observations 20	
Mean	8.333291
Median	8.124143
Maximum	9.878093
Minimum	6.429147
Std. Dev.	0.881587
Skewness	−0.006774
Kurtosis	2.446331
Jarque-Bera	0.255610
Probability	0.880025

图 4-6　期刊传播因子的统计特征

4. 期刊传播因子与影响因子、h 指数的关系分析

期刊传播因子与影响因子、h 指数的相关系数如表 4-17 所示，考虑到影响因子与 h 指数相关度为 0.523，属于中等程度相关，因此继续采用方差

膨胀因子进行多重共线性检验，结果 VIF 值为 1.729，说明基本不存在多重共线性。因此继续进行回归，结果如下：

$$\log(JCF) = 0.899 - 0.174\log(IF) + 0.459\log(h) \qquad (4\text{-}20)$$
$$(8.108^{***})(10.747^{***})\ (-5.218)\ \ R^2 = 0.877\ \ n = 20$$

表 4-17　相关系数表

指标	期刊传播因子	影响因子	h 指数
期刊传播因子	1		
影响因子	0.040	1	
	0.866	—	
h 指数	0.812	0.523	1
	0.000	0.018	—

h 指数对期刊传播因子的弹性系数为 0.459，影响因子对期刊传播因子的弹性系数为-0.174，两者均在 1% 的水平下通过了统计检验，h 指数与期刊传播因子的相关程度更高。其原因主要是，h 指数是兼顾论文数量与论文质量的一个指标，如果期刊载文量过低，其 h 指数可能并不占优势，而影响因子本质上是篇均被引频次，是个相对指标。

影响因子和 h 指数解释了期刊传播因子的 87.7%，还有 12.3% 没有被解释，说明这就是期刊传播因子单独提供的有价值的信息，与期刊传播水平和知识信息量相关，这也进一步说明期刊传播因子的价值所在。

5. 期刊传播因子的均值比较

影响因子超过 3.0 的期刊共有 8 种，低于 3.0 的有 12 种，根据这个标准将期刊分为高影响因子期刊与低影响因子期刊，再采用独立样本 t 检验比较期刊传播因子的均值是否有显著差异，结果 t 检验值为 0.853，相伴概论 p 值为 0.405，没有通过统计检验。也就是说，高影响因子期刊与低影响因子期刊的传播因子并没有显著差异。

继续按照 h 指数大小对期刊进行分组，将 h 指数大于 23 的期刊称为高 h 指数期刊，共有 8 种，其余为低 h 指数期刊。继续采用独立样本 t 检验比较均值，结果 t 检验值为 3.269，相伴概率 p 值为 0.007，拒绝原假设，说明高 h 指数期刊与低 h 指数期刊的传播因子有显著差异。高 h 指数期刊传播因子均值为 8.976，低 h 指数期刊的传播因子均值为 7.905。

4.5.5　结论与讨论

1. 期刊传播因子是一个用来评价学术传播水平的重要指标

本节首先分析了学术期刊传播与其他媒体传播的区别，认为它们在信息含量、作用时间、动力机制、传播效果等方面有较大区别，在这种情况下，其他媒体传播水平的评价手段无法用在学术期刊传播中。在借鉴物理学动能定理的基础上，本节提出了期刊传播因子的概念。该方法与指标体系评价方法相比，更加简捷，也符合学术传播的本质。基于图书馆、情报与文献学 CSSCI 期刊的实证研究表明，期刊传播因子服从正态分布，并且提供了超越 h 指数、影响因子的更多信息量，具有较好的评价功能。

2. 影响因子与期刊传播因子相关度不大

实证研究表明，影响因子与期刊传播因子负相关，并且高影响因子期刊与低影响因子期刊的传播因子并没有显著差异。以上综合说明影响因子与期刊传播因子相关度不高，主要原因是因为影响因子是个相对指标，本质上是篇均被引频次，难以对期刊学术传播进行较好的评价。

3. h 指数与期刊传播因子正相关

基于图书馆情报与文献学的研究结果表明，h 指数与期刊传播因子正相关，弹性系数为 0.459，并且高 h 指数与低 h 指数期刊的传播因子存在显著差异。这是因为 h 指数是一个兼顾数量和质量的评价指标，数量体现在没有一定的载文量难以提高 h 指数，质量体现在没有一定的高被引次数也难以提高 h 指数。期刊传播因子与期刊载文量及一定时间内的被引频次高度相关，从这个角度，两者本质上有相通之处。

4. 期刊传播因子与影响因子结合使用可防止人为操控

根据期刊传播因子的定义，其与载文量及单位时间内的被引次数高度相关。从这个角度，期刊传播因子也存在着被操控的可能性，比如人为增加载文量，操纵论文被引等，因此期刊传播因子的适用条件是首先要保证论文质量。

期刊传播因子的操控问题不必太担心。目前学术期刊界存在着严重的降低载文量倾向，比如根据中国知网数据，图书馆、情报与文献学 CSSCI 期刊 2011 年载文量为 13653 篇，2017 年下降到 9963 篇，下降幅度高达

27.03%；经济学 CSSCI 期刊 2009 年载文量为 43341 篇，2018 年载文量下降到 30913 篇，下降幅度为 28.67%。一个不可否认的原因就是期刊为了提高影响因子人为降低载文量。由于期刊传播因子与载文量成正比，这样结合影响因子使用就能起到在保证一定学术质量的情况下又能增加载文量，从而提高学术期刊的知识和信息量，并且注重传播效果，因而期刊传播因子具有广泛的应用前景。

由于本节是基于图书馆、情报与文献学期刊进行的实证，对于传播因子的特征还有待进一步进行研究。

4.6 一个评价学术期刊知识扩散深度的新指标——*CJH* 指数

期刊知识扩散深度是与期刊知识扩散广度相对应的评价角度，体现了期刊知识扩散的质量，研究期刊知识扩散深度指标对于完善期刊质量评价体系和提升期刊质量具有重要意义。本节提出了一个反映学术期刊知识扩散深度的新指标——*CJH* 指数，它参照了 h 指数的计算原理，定义为至少有 *CJH* 种期刊引用了该期刊论文 *CJH* 次，是一个从知识扩散角度评价期刊知识扩散质量的评价指标。以经济学 CSSCI 期刊为例，本节基于 CNKI 引文数据库的数据并采用偏最小二乘法和结构方程回归估计进行实证分析。研究结果表明：*CJH* 指数是一个重要的期刊评价指标；*CJH* 指数与影响因子、h 指数总体呈正相关关系；*CJH* 指数与扩散因子总体呈负相关关系，能反映出与扩散因子完全不同的知识深度扩散能力。*CJH* 指数可以在进一步的研究基础上加以推广。

4.6.1 引言

学术期刊评价是图书馆情报与文献学的研究重点之一，研究期刊的评价指标和评价体系对于了解期刊质量水平和完善期刊发展具有重要意义。国际上公认的评价指标包括被引频次、影响因子、h 指数、即年指标、特征因子、被引半衰期、扩散因子等，由于这些指标的评价角度不同，其反映期刊的水平也不同。本质上期刊影响力与期刊知识扩散水平的评价视角是并列的，期刊影响力是从与期刊论文被引频次有关的研究分析来反映期刊的质量水平，而知识扩散水平主要是从期刊论文知识扩散刊数及被引刊数角度来反映期刊的质量水平。如今的知识扩散水平衡量指标大多侧重于衡量期刊知识扩散的广度，如扩散因子和新扩散因子等，而这些指标无法评价期刊知识扩散水平的深度及质量。因此，本节提出一个新的文献计量学指标——CJH 指数（Cited Journal h index，CJH index），旨在完善从期刊知识扩散角度评价期刊扩散质量的评价体系。

期刊影响力表现为期刊在被论文引用频次方面的引文特征和影响力度，一本期刊的论文被其他论文引用次数越多表明该期刊影响力越大。评价期刊影响力的评价指标出现较早，如被引频次、影响因子等。但由于期刊被引频次极易受到期刊发文数量的干扰，所以将其用于评价期刊影响力方面不够客观，即使影响因子的计算方式一部分抵消了期刊发文量对被引频次的影响，但是影响因子侧重于反映期刊的平均影响力水平，不能较好反映期刊的高质量影响力，因而很多学者提出了许多新的复合指标对期刊影响力进行评价。Hirsch(2005)开创性地提出了一个新的复合评价指标——h 指数，可以较为准确地对研究人员或学术期刊的学术产出质量进行评价。Prathap(2010)在 h 指数的基础上提出了 p 指数，其计算方式为被引频次与篇均被引频次的乘积，并认为该指数对期刊质量的评价给出了数量和质量之间的最佳平衡。在此基础上，Prathap(2014)又在 p 指数的基础上引入了集中度的概念提出了 z 指数，进一步优化了该指标。安静、夏旭(2009)等提出了 K 指数，即 h 指数的平方除以载文量，进一步完善了 h 指数对期刊影响力的评价功效。随后，安静、李海燕等(2012)又提出了 A 指数，即 h 指数除以载文量的对数，从另一个角度对 h 指数做出了修正。俞立平、王作功(2017)提出了 h_n 指数，即某年学术期刊论文被引到达峰值年度 n 时的 h 指数。还有很多计算较为复杂的新指数，如：h_T 指数、加权 h_T 指数、J 指数、H_S 指数、X 指数、$f(X)$ 指数等。

期刊知识扩散能力表现为期刊在学术期刊的知识扩散水平，一本期刊的论文被引用的期刊数量越多说明期刊论文的知识扩散范围就越广，其知识扩散能力也越强。因此，期刊知识扩散能力代表的是一种期刊知识传播与知识流动的能力，相关衡量指标有扩散因子、新扩散因子等。期刊扩散因子(Journal Diffusion Factors，JDF)是由 Rowlands(2002)提出的，即期刊论文每被引 100 次所涉及的期刊数量，代表了期刊论文在期刊之间的知识扩散能力和质量水平。2002 年，中国科学技术信息研究所在公布中国科技期刊引证报告中将扩散因子列入其中，扩大了该指标的影响力。随后，Frandsen(2004)对期刊扩散因子进行了改进，提出了新期刊扩散因子(New Journal Diffusion Factors，NJDF)，即用期刊被引刊数除以载文量。Frandsen 等(2006)又提出了相对扩散因子和同步扩散因子。叶艳、张李义(2017)采用他引扩散因子来对扩散因子进行修正，即期刊被他引 100 次所涉及的期刊数。Sanni 和 Zainab(2011)运用了同步扩散因子、相对扩散因子分析了马来西亚医学杂志，并提出了同步相对扩散因子。之后，Sanni 等(2014)又提出了同步扩散因子的相对百分位数(Relative Percentile of DiF，RPDiF)，并将其与同步扩散因子(DiF)、同步相对扩散因子($RDiF$)和五年影响因子($5IF$)进行比较分析。李江(2013)提出了知识扩散的三种测度指标，即知识扩散广度、知识扩散强度、知识扩散速度。Haddow 和 Genoni(2009)评价了澳大利亚教育学期刊的影响因子、h 指数和扩散因子并对其进行排序。郑德俊(2011)以国内图书情报学部分期刊为实证对象，研究影响因子、h 指数、特征因子、新期刊扩散因子之间的相关性特征。

从已有研究成果来看，许多学者关注到了现有期刊评价指标的缺陷并从不同角度提出了改进方案。期刊影响力评价指标主要关注与期刊载文量、被引频次相关的期刊影响力评价指标，如影响因子、h 指数、特征因子等，但由于有些新型评价指标(如：特征因子)的计算方式较为复杂，因而其应用范围不如影响因子、h 指数等经典指标大。期刊知识扩散能力评价指标则重点关注期刊论文的扩散广度及被引刊数，主要评价指标有扩散因子及相关修正指标。总体上，在以下几点有待进一步研究：

(1)学术界对期刊知识扩散能力的评价只侧重于期刊知识扩散的广度，并未关注到期刊知识扩散的深度，即期刊知识扩散的深度与质量，因而有必要重点分析知识扩散能力的评价体系与知识深度扩散能力的评价指标。

(2)进一步地，若是找到评价期刊知识深度扩散能力的新评价指标，则有必要对该指标的统计学特征以及该指标与经典文献计量学指标的关系进行深入研究。

本节在深入分析期刊知识扩散广度与深度的基础上提出一个新的衡量期刊知识扩散深度的指标——CJH 指数，并以 CSSCI 经济学 75 种期刊作为研究对象，分析 CJH 指数的统计学特征，并将该指标影响因子、h 指数和扩散因子这三个经典文献计量学指标进行对比分析，研究其内在关系。

4.6.2　CJH 指数理论分析

CJH 指数参考了 h 指数的计算原理，定义为至少 CJH 种期刊至少引用了该期刊论文 CJH 次，计算方式为统计该期刊的论文被学术期刊的引用频次，将这些期刊根据引用频次从高到低排序，从而得出该期刊的 CJH 指数。例如：一本期刊的论文在统计年间总共被 200 种期刊引用，而这 200 种期刊中仅有 10 种期刊至少 10 次引用了该期刊的论文，因此这本期刊的 CJH 指数为 10。

期刊评价的研究框架如图 4-7 所示，期刊评价可以从期刊影响力和知识扩散能力两个方面对期刊的质量进行评估。学术期刊影响力的衡量指标较多，可以分为平均影响力评价指标和高质量影响力评价指标。由于期刊影响因子反映的是期刊论文的平均被引频率，因而可以代表期刊平均影响力；而 h 指数反映的则是期刊论文高引用次数，因此可以代表期刊高质量影响力。

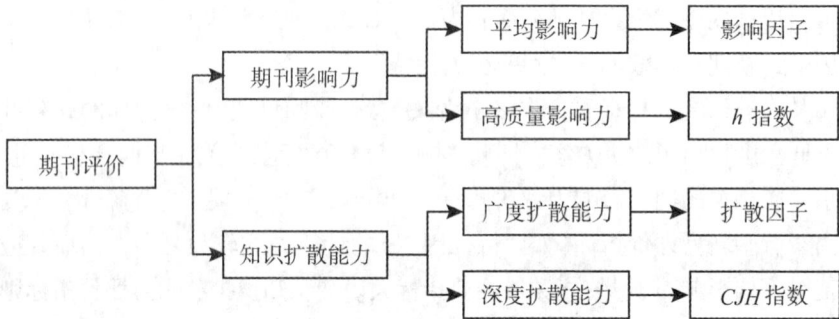

图 4-7   期刊评价的研究框架

学术期刊知识扩散能力的衡量指标可以分为广度扩散能力指标和深度扩散能力指标。由于扩散因子的计算方式为期刊论文每被引 100 次所涉及的期刊数量，在这些期刊中很多都是仅仅引用一两次的浅度引用，在计算扩散因子时，这些期刊也和那些多次引用该期刊论文的期刊一样被"平等地"计算，因此扩散因子更多地反映出了学术期刊知识扩散的广度。现有的学术研究虽然在一定程度上改进了扩散因子，但也仅仅是对扩散因子的计算时间窗口或被引次数进行优化，因而扩散因子及其相关修正指标均属于期刊广度知识扩散能力指标。CJH 指数由于其计算方式的特点，更加关注多频次期刊的深度引用，一两次的浅度引用期刊对其影响程度较小，因而 CJH 指数更能反映出期刊的知识扩散的深度和质量，属于期刊深度知识扩散能力指标。

4.6.3 研究数据

基于中国知网（CNKI）引文数据，本节数据选取 CSSCI 经济学期刊进行分析，以便为后续研究提供更多的数据，从而提高研究的稳健性。为保证数据时间轴的一致性，且由于 2 年影响因子计算的时间窗口数据误差较大，本节数据中 h 指数和 CJH 指数的计量时间窗是按照 5 年影响因子的计算方式进行计算的，即期刊的发文时间为 2012—2016 年，而被引时间为 2017 年，根据该时间段来计算影响因子、h 指数、扩散因子和 CJH 指数，其计算与统计结果如表 4-18 所示。

表 4-18　2017 年经济学期刊的相关数据统计表

期刊名称	载文量	被引频次	影响因子	h 指数	扩散因子	CJH
经济研究	1179	16120	13.673	63	6.340	44
会计研究	868	14736	16.977	60	4.567	33
金融研究	921	10723	11.643	45	6.659	32
中国工业经济	831	10226	12.306	50	9.691	32
农业经济问题	985	6494	6.593	35	13.505	24
审计研究	562	5690	10.125	35	6.837	21
世界经济	602	5041	8.374	34	11.387	20
中国农村经济	701	3979	5.676	31	17.014	20
经济学	407	3724	9.150	32	14.554	18
国际贸易问题	1020	5874	5.759	33	9.840	18
农业技术经济	872	3850	4.415	26	16.234	18
财贸经济	940	4454	4.738	28	14.167	17
农村经济	1653	4596	2.780	27	17.080	17
数量经济技术经济研究	715	3997	5.590	29	15.011	16
国际金融研究	625	4197	6.715	30	11.151	16
中国土地科学	822	3498	4.255	24	14.723	16
税务研究	1667	4648	2.788	26	8.563	16
财经研究	739	4383	5.931	28	13.644	15
改革	1224	4760	3.889	29	19.685	15
财经问题研究	1511	4541	3.005	27	15.613	15
经济纵横	1711	4382	2.561	28	19.945	15
经济问题探索	1812	4397	2.427	25	17.967	14
经济学家	873	3817	4.372	29	19.492	13
经济学动态	1287	3608	2.803	26	18.653	13
审计与经济研究	434	3764	8.673	31	10.043	13

续表

期刊名称	载文量	被引频次	影响因子	h 指数	扩散因子	CJH
经济问题	1601	4437	2.771	26	19.337	13
山西财经大学学报	2399	4360	1.817	27	15.161	13
中国农村观察	331	1781	5.381	23	24.761	12
世界经济研究	833	3373	4.049	26	13.045	12
财经科学	957	3395	3.548	28	18.085	12
宏观经济研究	1156	4324	3.740	28	16.096	12
财政研究	1142	3495	3.060	23	17.082	12
当代财经	882	2998	3.399	22	16.578	11
经济与管理研究	1096	3347	3.054	22	18.016	11
现代经济探讨	1213	2445	2.016	25	26.258	11
商业研究	1908	3270	1.714	19	18.073	11
金融论坛	807	3067	3.800	23	12.097	11
中央财经大学学报	1050	3404	3.242	26	17.156	11
产业经济研究	362	1883	5.202	21	18.587	10
证券市场导报	973	2829	2.908	23	12.549	10
保险研究	856	2433	2.842	20	15.290	10
经济评论	473	2232	4.719	23	21.013	9
经济理论与经济管理	637	2513	3.945	22	20.493	9
经济社会体制比较	733	2582	3.523	23	25.639	9
国际经济评论	675	2034	3.013	20	25.320	9
商业经济与管理	687	2257	3.285	20	19.584	9
经济经纬	939	2245	2.391	19	20.624	9
上海经济研究	893	2412	2.701	22	22.844	9
财经理论与实践	753	2082	2.765	18	17.963	9
经济科学	378	1554	4.111	19	24.067	8
南开经济研究	282	1686	5.979	20	21.590	8
国际经贸探索	566	1636	2.890	18	20.416	8
国际贸易	1135	1419	1.250	17	26.850	8
中南财经政法大学学报	623	2585	4.149	22	18.917	8

期刊名称	载文量	被引频次	影响因子	h 指数	扩散因子	*CJH*
财经论丛	731	1845	2.524	17	20.000	8
当代经济科学	473	1686	3.564	20	22.242	7
南方经济	608	1574	2.589	17	21.982	7
财贸研究	624	1824	2.923	17	21.162	7
金融经济学研究	342	1278	3.737	18	20.736	7
政治经济学评论	385	632	1.642	14	34.810	7
当代经济研究	911	1506	1.653	16	26.760	7
亚太经济	795	1531	1.926	17	22.861	7
世界经济文汇	236	716	3.034	13	33.380	6
贵州财经大学学报	437	859	1.966	15	26.892	6
国际商务	509	1112	2.185	16	25.090	6
广东财经大学学报	374	973	2.602	16	29.085	6
现代财经	678	1577	2.326	18	21.560	6
云南财经大学学报	581	992	1.707	13	26.310	6
河北经贸大学学报	722	1242	1.720	16	28.744	6
现代日本经济	318	623	1.959	13	26.966	5
中国经济问题	347	1025	2.954	15	29.561	5
金融评论	361	616	1.706	12	27.597	5
上海财经大学学报	375	1209	3.224	17	30.852	5
江西财经大学学报	488	1200	2.459	17	31.417	5
世界经济与政治论坛	399	689	1.727	11	31.785	4

4.6.4 实证结果分析

1. *CJH* 指数的统计学特征

CJH 指数的描述统计如图 4-8 所示，其均值为 12.173，标准差为 7.170，离散系数为 0.589，峰度为 8.278，偏度为 2.050，Jarque-Bera 检验值为 139.577，p 值为 0.000，没有通过正态分布检验。当然，文献计量学指标不服从正态分布是正常现象。Adler(2009)通过研究发现，引用数据的分布通

常呈现右偏分布。CJH 指数数据众数为 9，中位数为 11，平均数为 12.173，符合右偏分布的特征：众数<中位数<平均数，说明 CJH 指数数据呈现较为明显的右偏分布。

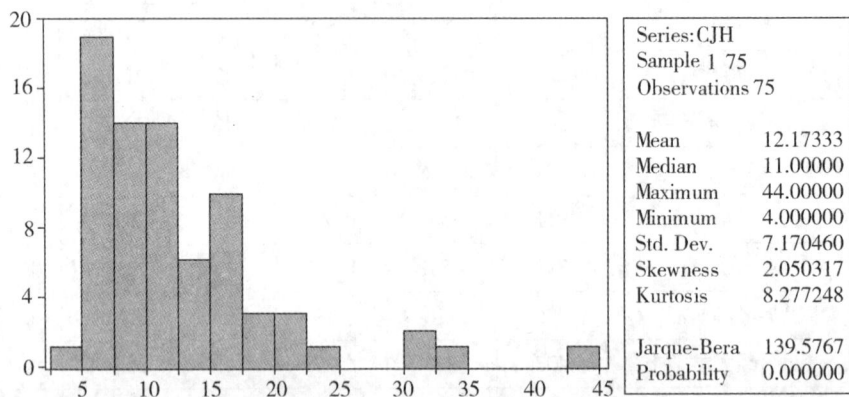

Series:CJH	
Sample 1 75	
Observations 75	
Mean	12.17333
Median	11.00000
Maximum	44.00000
Minimum	4.000000
Std. Dev.	7.170460
Skewness	2.050317
Kurtosis	8.277248
Jarque-Bera	139.5767
Probability	0.000000

图 4-8　CJH 指数描述统计

2. 独立样本 t 检验

根据 CJH 指数的均值 12.173 对数据样本进行分组，分组 1 为 CJH 指数大于 12.173 的样本，而分组 2 为 CJH 指数小于 12.173 的样本，然后采用独立样本 t 检验对这两个分组的影响因子、h 指数、扩散因子和 CJH 指数进行分析，其分析结果如表 4-19 所示。

表 4-19　独立样本 t 检验结果

变量	分组	N	均值	标准差	t 检验值
影响因子	1	27	6.289	3.904	4.324***
	2	48	2.975	1.048	(0.000)
h 指数	1	27	32.740	10.113	6.673***
	2	48	19.170	4.102	(0.000)
扩散因子	1	27	13.587	4.548	−7.291***
	2	48	22.683	5.507	(0.000)
CJH 指数	1	27	19.150	7.609	7.259***
	2	48	8.250	2.292	(0.000)

其中，分组 1 样本数为 27，说明 CJH 指数大于均值 12.173 的样本总共有 27 种；而分组 2 样本数为 48，说明 CJH 指数小于均值 12.173 的样本总共有 48 种。独立样本 t 检验的结果表明，这两个分组的影响因子、h 指数、扩散因子和 CJH 指数均有显著性差异，而且从其均值的具体数值中也可以看出，分组 1 的影响因子、h 指数和 CJH 指数均大于分组 2，而分组 2 的扩散因子则大于分组 1。由于影响因子、h 指数和 CJH 指数这三个指标衡量的是期刊深度引用的引文特征，而扩散因子则反映的是期刊浅度引用的引文特征，因而扩散因子的引文特征与其他三个指标不同。从总体上看，分组 1 的期刊样本质量优于分组 2 的期刊样本，即高 CJH 指数的期刊质量总体上优于低 CJH 指数的期刊质量。

3. 变量相关性检验

由于指标不服从正态分布，因而采用 speraman 相关性分析对 CJH 指数、影响因子、h 指数和扩散指数之间的相关性进行检验，检验结果如表 4-20 所示。首先分析 CJH 指数与其他几个变量之间的相关关系，CJH 指数与影响因子、h 指数、扩散因子的相关性均在 1% 的水平下通过了统计检验，其中 CJH 指数与 h 指数的相关系数最高，为 0.948，这可能与这两个变量的统计原理相似有关；CJH 指数与影响因子的相关系数较高，为 0.663；而 CJH 指数与扩散因子的相关系数较高，但为负数，即 −0.871，说明两者之间呈现高度的负相关关系。

表 4-20　变量相关性分析

指标	CJH 指数	影响因子	h 指数	扩散因子
CJH 指数	1			
影响因子	0.663 ***	1		
	0.000			
h 指数	0.948 ***	0.743 ***	1	
	0.000	0.000		
扩散因子	−0.871 ***	−0.658 ***	−0.844 ***	1
	0.000	0.000	0.000	

注：* 、* * 、* * *分别表示在 10%、5%、1%的水平(双侧)上显著相关。

再分析影响因子、h 指数和扩散指数之间的相关关系。影响因子、h 指数和扩散因子的相关性均通过了统计检验，其中影响因子和 h 指数的相关系数较高，为 0.743；而扩散因子和影响因子、h 指数的相关系数均为负数，分别为 -0.658 和 -0.844，说明扩散因子和影响因子、h 指数也呈现高度的负相关关系。

4. 结构方程估计

根据相关性检验可知，影响因子、h 指数和扩散因子之间相关度较高，存在多重共线性，因此进一步采用偏最小二乘法进行分析，并借助结构方程进行回归估计，其结果如图 4-9 所示。期刊影响力对 CJH 指数的弹性系数为 0.651，而广度扩散能力对 CJH 指数的弹性系数为 -0.299，且均通过了统计检验，说明期刊影响力正向影响 CJH 指数，而广度扩散能力负向影响 CJH 指数。该结构模型的拟合优度 R^2 为 0.846，说明 CJH 指数这个新指标与其他指标之间联系较为紧密。

偏最小二乘法回归估计结果与变量相关系数的估计结果结论一致，CJH 指数与扩散因子呈现负相关关系，与影响因子和 h 指数呈现正相关关系。回归系数与相关系数相比降低了，但这主要是由于相关性分析仅仅是孤立地分析两个变量之间的相关关系，而偏最小二乘法则是从整体出发分析整个模型中各个变量对回归的贡献程度。

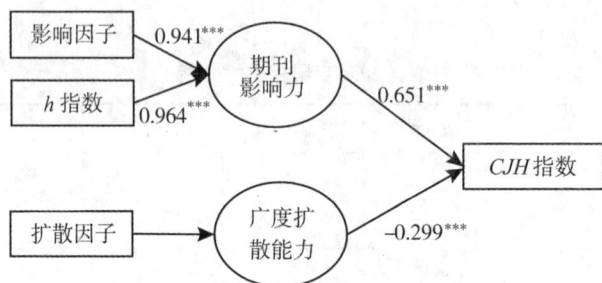

图 4-9　结构方程回归估计结果

CJH 指数与扩散因子呈现负相关关系是由于 CJH 指数强调深度，是知识扩散质量的体现，反映了与扩散因子完全不同的内容，提供了更多的信息。此外，期刊扩散因子较大，则期刊知识扩散广度较强，说明期刊知识的通用性较强；而 CJH 指数较高，则期刊知识扩散深度较强，说明知识专业性较强。这两者之间呈现明显的负相关关系说明期刊知识扩散水平很难同时兼顾通用性与专业性。

4.6.5 研究结论

1. *CJH* 指数是一个重要的期刊评价指标

在学术期刊评价指标中，对期刊论文被引频次方面的分析较多，而期刊论文的知识扩散与被引刊数方面的研究成果较少，而且大部分研究的关注重点在于分析期刊种数与期刊载文量、被引频次之间的关系。*CJH* 指数从知识扩散深度这个全新的角度分析了学术期刊知识扩散能力，反映了期刊的深度引用的引文特征，不但很好地弥补了扩散因子这方面的缺陷，还从一个全新方面体现了期刊知识扩散的质量，是一个非常重要的期刊评价指标。

2. *CJH* 指数与影响因子、h 指数总体呈正相关关系

从独立样本 t 检验结果可以看出，高 *CJH* 指数的期刊分组其影响因子和 h 指数也较高，低 *CJH* 指数的期刊分组其影响因子和 h 指数也较低；从变量相关性检验结果可以看出，*CJH* 指数与影响因子、h 指数高度正相关；从结构方程回归估计结果也可以看出影响因子和 h 指数所代表的期刊影响力与 *CJH* 指数的回归系数为正。这是由于 *CJH* 指数反映了知识的深度，体现了知识的专业性；影响因子反映的是期刊论文的平均被引频率，h 指数反映的是期刊论文高引用次数，这两者对期刊论文的低频次引用均不敏感，频次较多的专业性引用对其影响较大，因此也体现了知识的专业性。这三个指标都在一定程度上对期刊知识的专业性进行了评价，因而呈现明显的正相关关系。

3. *CJH* 指数与扩散因子总体呈负相关关系

从独立样本 t 检验结果可以看出，高 *CJH* 指数的期刊分组其扩散因子较低，低 *CJH* 指数的期刊分组其扩散因子较高；从变量相关性检验结果可以看出，*CJH* 指数与扩散因子高度负相关；从结构方程回归估计结果也可以看出扩散因子的期刊知识扩散能力与 *CJH* 指数的回归系数为负。这是由于 *CJH* 指数强调深度，是知识扩散质量的体现，反映了与扩散因子完全不同的信息，从一个全新的视角对学术期刊的知识扩散能力进行了评价。期刊扩散因子较大，则期刊知识扩散广度较强，说明期刊知识的通用性较强；而 *CJH* 指数高，则期刊知识扩散深度强，说明期刊知识专业性较强，这两

者之间呈现明显的负相关关系说明期刊知识扩散能力很难同时兼顾通用性与专业性。

综上所述，*CHJ* 指数是一个很好的评价期刊知识扩散深度和质量的评价指标，弥补了知识扩散指标仅有数量评价指标而缺乏质量评价指标的缺陷。需要注意的是，本节是基于经济学 CSSCI 期刊进行的研究，*CJH* 指数在其他学科或者研究领域可能会呈现不同的特点，需要进一步加以研究，在此基础上可以进行推广应用。

4.7　基于被引刊数的期刊知识扩散特征与速度研究

学术期刊论文的被引刊数是知识扩散的重要体现，知识扩散速度可以反映期刊知识扩散的快慢程度。本节将期刊被引刊数分为两种：一种是流量被引刊数，就是期刊论文发表后每年的被引刊数；另一种是存量被引刊数，就是期刊论文发表后每年的累计被引刊数。在此基础上用流量被引刊数或存量被引刊数除以载文量再除以时间，就得到了流量扩散速度与存量扩散速度。基于管理学 CSSCI 期刊和中国知网的引文数据研究表明：1 年流量扩散速度当年达到峰值，2 年存量扩散速度在第二年达到峰值，均与载文量负相关，因此采用这两个指标评价期刊扩散速度较好；1 年流量扩散速度服从正态分布，2 年存量扩散速度不服从正态分布，两者离散系数相当，可以根据评价的目的以及时效性需求灵活选择。

4.7.1　引言

知识扩散是人类知识积累与知识创新的基础。学术期刊是知识存储与知识扩散的重要载体和纽带，知识扩散通过论文引用与被引来具体体现。以学科某年度的期刊论文作为研究对象，其知识扩散需要通过以后若干年的被引期刊和被引论文来反映，这里就涉及知识扩散速度问题。一些期刊知识扩展速度较快，而另一些期刊知识扩散速度可能较慢。知识扩散速度的快慢不仅取决于期刊论文质量，还与期刊的学科特点、学术定位、办刊风格等相关。从被引刊数角度研究学科知识扩散是传统文献计量学的主要路径，研究知识扩散速度及其特征和规律，可以丰富期刊评价指标，动态反映学术期刊的知识扩散水平，不仅有利于丰富文献计量学理论，而且对于学术期刊评价具有重要意义。

关于知识扩散的界定，Davenport 等（1998）指出知识扩散是知识在个体与组织之间的传播过程，是知识转移过程和知识吸收过程的有机统一。Chen 等（2004）指出，从引文分析的视角看，知识扩散是指知识在科学文献中的传承。Krogh（1998）认为知识扩散本质上就是一个学习过程，是对现有知识和信息的获取、加工和创造。Zhou 等（2010）认为以期刊为单元的知识扩散研究可以发现期刊在学科范围内的地位和影响力。

关于学术期刊知识扩散的评价指标研究，Rowlands（2002）认为科技期刊是知识扩散的基本单元，首先提出期刊扩散因子（Journal Diffusion Factors，JDF），即期刊论文每被引 100 次所涉及的期刊数量。随后中国科学技术信息研究所每年均公布扩散因子，用总被引频次涉及的期刊数除以总被引频次，再乘以 100。Frandsen（2013）指出扩散因子评价学术期刊并不合适，提出一个新的指标，用期刊被引刊物数量除以载文量，这就是新期刊扩散因子（New Journal Diffusion Factors，NJDF）。Egghe（2005）研究了扩散因子与新扩散因子的关系，发现如果计算的时间范围一致的话，新扩散因子除以扩散因子就是影响因子。邱均平、瞿辉等（2012）提出学科扩散强度指标，指 A 学科论文被 B 学科引用数量占论文总被引频次的比重。

从速度角度进行文献计量学的研究也有一些成果，主要包括知识扩散速度与论文发表速度。Rousseau（2005）提出平均扩散速度（Average Diffusion Speed，ADS）指标，是引用某论文期刊数量与该论文发表时间的比值。Liu 等（2010）提出学科平均扩散速度，即一篇论文发表之后，引用该论文的 ESI 学科数量与该论文年龄的比值。Nakamura 等（2011）用引用延时测度知识扩散速度，即施引文献的发表时间减去被引文献的发表时间。张玲玲、张宇娥（2017）用引用期刊数除以年度研究学术期刊的知识扩散速度，并比较不同年度的知识扩散速度。岳增慧、许海云等（2015）选取知识差异、知识扩散速率、知识平均水平衡量知识扩散效果，建立科研合作网络知识扩散个体行为模型，研究个体知识扩散行为的本质规律。

从现有的研究看，学术界基于学术期刊的知识扩散研究成果较多，涉及知识扩散的基本理论、知识扩散的各种评价指标、知识扩散的速度、知识扩散的影响因素等。但是关于学术期刊扩散速度及其规律和特征研究，总体上还比较缺乏，在以下方面有待进一步深入：

第一，从知识扩散的研究对象角度，基于学科某期刊某年度发表的论文，随着时间的推延，其被引刊数反映的扩散速度呈现何种变化规律？峰值主要出现在哪些年度？全部学科期刊的扩散速度呈现何种特点？

第二，从被引刊数研究期刊的扩散速度，有流量视角和存量视角。所谓流量视角，就是期刊论文发表后每年被引刊数计算的扩散速度；所谓存量视角，就是期刊论文发表后每年累计被引刊数计算的扩散速度。这两种扩散速度呈现何种特征？又有什么区别？

第三，现有的关于期刊扩散速度的评价指标，均没有考虑期刊载文量的影响。一般而言，载文量越大，被引刊数越多，如果不考虑载文量因素，会鼓励期刊人为增加载文量。

第四，如果要基于扩散速度对学术期刊进行评价，应该采用流量指标还是存量指标进行计算？滞后时间如何选择？

本节以管理学 CSSCI 期刊为例，基于中国知网（CNKI）引文数据，对扩散速度及其特征进行分析。

4.7.2 扩散速度的分析框架

1. 论文被引刊数与时间的关系

论文被引刊数包括流量与存量两个概念，这一点很少得到关注。一种是流量被引刊数，就是指某年期刊发表的论文，在今后若干年每年的被引刊数，用 U_i 表示；另一种是存量被引刊数，就是某年期刊发表的论文，在今后若干年每年的累计被引刊数，用 S_i 表示，很明显有 $S_i > U_i$，并且 S_i 总体上是单调递增的。

根据对流量被引刊数和存量被引刊数的定义，流量被引刊数具有期刊被引频次的某种性质，也存在峰值问题，即可能在某一年，被引刊数达到峰值。而存量被引刊数则是永远递增的，因为随着时间的推延，被引刊物越来越多，直到达到某个值时，新的被引刊数增加很慢或停止增加，此时存量被引刊数会稳定在某个值，但不可能下降。

2. 流量扩散速度与存量扩散速度

所谓流量扩散速度因子（Flow Journal Diffusion Factors，FJDF）（以下简称"流量扩散速度"），就是学术期刊某年发表的论文，在今后若干年每年被引刊数除以载文量，再除以论文被引时滞，即：

$$FJDF_i = \frac{U_i}{P_0 T_i} \tag{4-21}$$

公式(4-21)中，P_0表示载文量，相对不变，但每种期刊均有自己的载文量；U_i表示第i年的被引刊数；T_i表示期刊发表后的时滞，用年表示。

所谓存量扩散速度因子(Stock Journal Diffusion Factors，SJDF)(以下简称"存量扩散速度")，就是学术期刊某年发表的论文，在今后若干年每年的累计被引刊数除以载文量，再除以论文被引时滞，即：

$$SJDF_i = \frac{S_i}{P_0 T_i} \qquad (4\text{-}22)$$

公式(4-22)中，S_i表示第i年的累计被引刊数。

在滞后1年时，流量被引刊数与存量被引刊数相等，所以流量扩散速度与存量扩散速度也相等。

无论是流量扩散速度还是存量扩散速度，在计算时必须除以载文量，这是因为，载文量越大，意味着期刊论文所包含的知识量越大，会得到越来越多期刊的引用，从期刊评价的角度，为了防止出现期刊人为增加载文量的现象，所以要除以载文量。

3. 分析框架

本节的分析框架如图4-10所示，主要包括三个方面，第一是基础分析，主要分析流量被引刊数的峰值出现滞后期、存量被引刊数的增长规律，以及流量被引刊数与存量被引刊数与载文量的关系。第二是计算流量扩散速度与存量扩散速度。第三是在扩散速度计算的基础上，进一步分析扩散速度的峰值滞后期以及扩散速度的统计学特征。

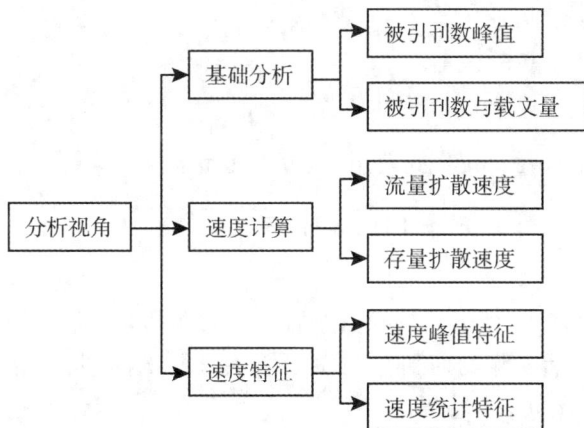

图4-10　分析框架

4.7.3　研究数据

本节以管理学 CSSCI 期刊作为研究对象，基于中国知网的引文数据库进行研究。南京大学 2017—2018 版 CSSCI 期刊共有管理学期刊 29种，由于本节研究必须考虑较长的时间滞后，所以载文时间暂定为 2011 年，被引时间从 2012—2017 年共 6 年。由于中国社会科学院的期刊《社会保障评论》2017 年刚创刊，缺乏相关数据，所以将该期刊删除，本节实际研究对象为 28 种期刊。

4.7.4　实证结果

1. 被引刊数基本分析

从管理学学科的 28 种期刊的汇总情况看（见图 4-11），流量被引刊数在 2015 年达到峰值，时间在期刊论文发表后第 4 年，随后开始缓慢下降。而存量被引刊数虽然经过 6 年发展，仍然处于高速线性增长态势，需要继续进行观察研究。

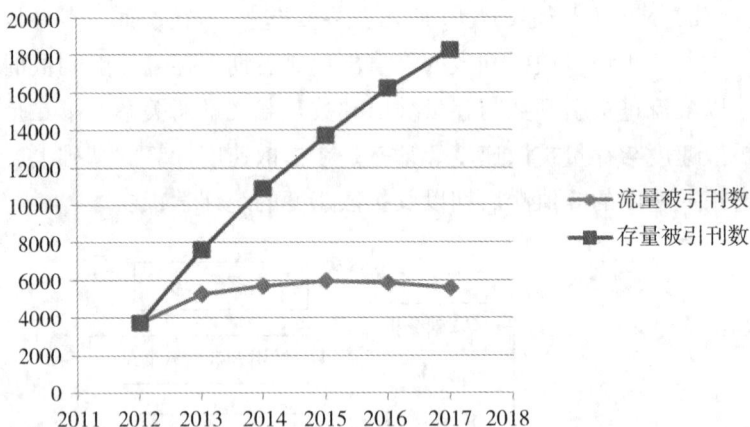

图 4-11　学科被引刊数对比

28 种期刊中，被引刊数峰值滞后 2 年的期刊有 3 种，滞后 3 年的期刊有 4 种，滞后 4 年的期刊有 13 种，滞后 5 年的期刊有 8 种，以滞后 4 年的期刊最多（见表 4-21）。

表 4-21　各期刊流量被引峰值的滞后时间

刊名	2012	2013	2014	2015	2016	2017	峰值滞后年度
管理世界	189	334	406	470	481	480	5
南开管理评论	106	174	185	212	212	202	4
中国软科学	273	375	391	430	434	424	5
科学学研究	160	226	254	261	258	253	4
公共管理学报	62	88	111	124	122	123	4
科研管理	154	223	220	253	233	244	4
管理科学学报	79	120	154	169	170	160	5
科学学与科学技术管理	184	237	255	263	273	262	5
管理科学	64	114	132	149	128	160	4
研究与发展管理	43	78	91	107	104	95	4
外国经济与管理	84	90	124	123	149	121	3
管理工程学报	85	123	139	155	144	125	4
中国管理科学	80	136	148	134	167	162	5
中国行政管理	291	345	330	334	349	318	5
管理评论	102	156	191	223	188	199	4
管理学报	118	186	191	212	242	218	5
中国科技论坛	216	281	288	281	282	246	3
软科学	198	289	285	276	268	236	2
科技进步与对策	325	408	412	421	384	380	4
经济管理	84	174	218	238	226	234	4
预测	50	73	78	59	61	56	3
系统工程理论与实践	137	261	296	298	257	278	4
科学决策	36	42	49	52	61	38	5
科学管理研究	89	112	120	105	93	97	3
经济体制改革	166	182	175	165	135	118	2
系统工程	109	159	161	189	167	142	4
系统管理学报	45	58	83	94	79	76	4
华东经济管理	211	233	208	189	210	163	2

2. 被引刊数与载文量的关系

以被引刊数作为因变量，载文量作为自变量，采用双对数函数进行回归，结果如表4-22所示。

表4-22 被引刊数与载文量的关系

回归	2012	2013	2014	2015	2016	2017
流量被引刊数	0.786*** (8.762)	0.763*** (8.779)	0.668*** (7.818)	0.657*** (6.629)	0.638*** (6.333)	0.651*** (5.481)
R^2之一	0.747	0.748	0.702	0.628	0.607	0.536
存量被引刊数	0.786*** (8.762)	0.741*** (9.387)	0.674*** (9.404)	0.629*** (8.934)	0.604*** (8.779)	0.593*** (8.597)
R^2之二	0.747	0.772	0.773	0.754	0.748	0.740

从流量被引刊数的回归结果看，所有滞后年度载文量与流量被引刊数的回归系数均通过了统计检验，回归系数在0.651~0.786之间，属于中等水平的相关，并且随着时滞的延长，回归系数有降低的趋势，同时拟合优度有所降低。

从存量被引刊数的回归结果看，所有滞后年度载文量与存量被引刊数的回归系数均通过了统计检验，回归系数在0.593~0.786之间，属于中等水平的相关，并且随着时滞的延长，回归系数同样有降低的趋势。

3. 流量扩散速度与存量扩散速度比较

学科所有期刊扩散速度比较情况如表4-23所示。流量扩散速度在第一年达到极大值，随后急剧衰减；存量扩散速度在第二年达到极大值，随后缓慢衰减。所以有必要继续研究存量扩散速度及其峰值情况。

表4-23 学科知识扩散速度比较

速度比较	2012	2013	2014	2015	2016	2017
流量扩散速度	0.538	0.380	0.273	0.215	0.169	0.135
存量扩散速度	0.538	0.549	0.522	0.494	0.466	0.438

　　存量扩散速度及其峰值如表 4-24 所示。速度峰值滞后 1 年的期刊有 8 种，滞后 2 年的期刊有 12 种，滞后 3 年的期刊有 3 种，滞后 4 年的期刊有 2 种，滞后 5 年的期刊有 3 种，以滞后 2 年的期刊居多。

表 4-24　存量扩散速度及其峰值情况

刊名	2012	2013	2014	2015	2016	2017	峰值时间	载文量
管理世界	0.652	0.719	0.694	0.664	0.620	0.574	2	290
南开管理评论	0.991	1.051	0.972	0.932	0.886	0.827	2	107
中国软科学	0.883	0.861	0.780	0.730	0.676	0.640	1	309
科学学研究	0.602	0.613	0.603	0.570	0.535	0.493	2	266
公共管理学报	1.088	1.175	1.263	1.346	1.354	1.310	5	57
科研管理	0.602	0.607	0.549	0.532	0.483	0.455	2	256
管理科学学报	0.669	0.695	0.751	0.737	0.719	0.682	3	118
科学学与科学技术管理	0.564	0.528	0.492	0.458	0.433	0.409	1	326
管理科学	0.842	1.046	1.070	1.069	1.003	0.987	3	76
研究与发展管理	0.410	0.519	0.540	0.567	0.577	0.556	5	105
外国经济与管理	0.824	0.755	0.768	0.743	0.755	0.708	1	102
管理工程学报	0.607	0.614	0.593	0.593	0.566	0.530	2	140
中国管理科学	0.523	0.611	0.586	0.529	0.520	0.508	2	153
中国行政管理	0.669	0.624	0.562	0.507	0.475	0.441	1	435
管理评论	0.397	0.422	0.438	0.440	0.416	0.399	4	257
管理学报	0.395	0.425	0.406	0.385	0.385	0.371	2	299
中国科技论坛	0.655	0.652	0.600	0.562	0.527	0.486	1	330
软科学	0.506	0.520	0.477	0.433	0.405	0.371	2	391
科技进步与对策	0.381	0.355	0.315	0.286	0.265	0.246	1	854
经济管理	0.251	0.335	0.356	0.349	0.335	0.331	3	334
预测	0.581	0.669	0.651	0.590	0.537	0.496	2	86
系统工程理论与实践	0.371	0.470	0.472	0.446	0.412	0.388	2	369

续表

刊名	2012	2013	2014	2015	2016	2017	峰值时间	载文量
科学决策	0.456	0.443	0.468	0.478	0.481	0.451	5	79
科学管理研究	0.571	0.574	0.573	0.530	0.486	0.460	2	156
经济体制改革	0.692	0.633	0.565	0.506	0.460	0.415	1	240
系统工程	0.450	0.479	0.446	0.462	0.436	0.403	2	242
系统管理学报	0.388	0.405	0.451	0.453	0.440	0.417	4	116
华东经济管理	0.465	0.415	0.362	0.320	0.301	0.278	1	454

4. 存量扩散速度与载文量关系

历年存量扩散速度与载文量关系如表 4-25 所示，所有回归系数均通过了统计检验，并且全部为负数，说明载文量与存量扩散速度负相关。从拟合优度看，在滞后期 1 年和 2 年时，R^2 值分别为 0.180 和 0.293，总体比较低，说明采用短期存量扩散速度评价期刊可以有效地防止人为提高载文量。

表 4-25　存量扩散速度与载文量关系

回归	2012	2013	2014	2015	2016	2017
回归系数及检验	−0.214** (−2.391)	−0.259*** (−3.285)	−0.326*** (−4.545)	−0.371*** (−5.262)	−0.396*** (−5.761)	−0.408*** (−5.911)
R^2	0.180	0.293	0.443	0.516	0.561	0.573

5. 扩散速度指标的选取及其统计学特征

综上分析可以看出，所有期刊滞后 1 年的流量扩散速度已经达到峰值，而大多数期刊存量扩散速度滞后 2 年后达到峰值，所以从期刊评价角度，以 1 年流量扩散速度和 2 年存量扩散速度评价期刊是较好的选择。

从正态分布检验的结果看，1 年流量扩散速度的 Jarque-Bera 检验值为 2.556，相伴概率为 0.279，不能拒绝正态分布原假设；2 年存量扩散速度的 Jarque-Bera 检验值为 6.558，相伴概率为 0.038，拒绝正态分布原假设。两者的离散系数相当，分别为 0.337、0.342（见表 4-26）。

表 4-26　存量扩散速度的统计学特征

统计指标	1 年流量扩散速度 $FJDF_1$	2 年存量扩散速度 $FJDF_2$
均值	0.589	0.615
中位数	0.576	0.609
极大值	1.088	1.175
极小值	0.251	0.335
标准差	0.199	0.210
偏度 S	0.737	1.118
峰度 K	3.127	3.791
Jarque-Bera 检验	2.556	6.558
p 值	0.279	0.038
离散系数	0.337	0.342

4.7.5　研究结论

学术期刊论文的被引刊数是知识扩散的重要体现，而知识扩散速度也是反映期刊知识扩散的一个重要指标。本节将期刊某年发表论文在今后若干年的被引刊数分为两种：一种是流量被引刊数，就是每年期刊论文的被引刊数；另一种是存量被引刊数，就是期刊每年累计的被引刊数。在此基础上用流量被引刊数或存量被引刊数除以载文量再除以滞后年度，就得到了流量扩散速度与存量扩散速度。

直接用被引刊数比较期刊的知识扩散水平和知识扩散速度是不合适的。基于管理学期刊的研究表明，被引峰值滞后时间为 2~5 年，多数流量被引刊数在第 4 年达到峰值，而存量被引刊数一直处于线性上升状态。载文量与被引刊数有较大的正相关，流量被引刊数与载文量的相关系数在 0.651~0.786，存量被引刊数与载文量的回归系数在 0.593~0.786，所以即使考虑被引峰值滞后年限，也不宜直接用被引刊数来表示知识扩散水平。进一步地，无论用流量被引刊数还是存量被引刊数除以滞后年限代表知识扩散速度也是不合适的。

采用 1 年流量扩散速度与 2 年存量扩散速度代表知识扩散速度较好。基于管理学期刊的研究表明，所有期刊的 1 年流量扩散速度就是峰值，大多数期刊的 2 年存量扩散速度就是峰值。1 年流量扩散速度以及 2 年存量扩散速度与载文量负相关，并且拟合优度不高，可以防止期刊为了提高知识扩散水平而人为提高载文量。从指标的统计学特征看，1 年流量扩散速度服从正态分布，2 年存量扩散速度并不服从正态分布，两者离散系数相当，可以根据评价的目的以及时效性需求灵活选择。本节是基于管理学 28 种 CSSCI 期刊研究得出的结论，至于其他学科知识扩散速度的特点有待进一步进行研究。

4.8　学术期刊影响速度研究——速度影响因子

学术期刊影响力评价的分析框架目前还比较粗糙，从影响数量、影响质量与影响速度角度分析甚为必要，并且需要探索学术期刊影响速度的评价指标。本节在建立学术期刊影响力分析框架的基础上，提出了速度影响因子指标的概念，即学术期刊某年发表的论文在今后若干年平均每年的被引次数。基于 CSSCI 管理学期刊与中国知网引文数据库，综合采用回归分析、相关分析、指标统计特征分析进行研究。结果表明：速度影响因子克服了期刊论文被引峰值滞后时间不同对影响因子计算的影响；速度影响因子能够提供更多的信息；历年速度影响因子之间的相关指数总体较高，比较适合用来作为评价指标；从时效性建议采用 1 年速度影响因子来进行期刊评价；他引速度影响因子可以降低人为操纵的可能性；关于其他学科速度影响因子的特征有待进一步研究。

4.8.1　引言

学术期刊影响力研究一直是学术期刊研究的热点。期刊评价视角众多，包括影响力、学术质量、时效性、编辑出版质量、期刊论文特征等诸多方面，评价指标众多，其中又以影响力指标最多，如影响因子、总被引频次、h 指数、即年指标、他引影响因子、5 年影响因子、特征因子等，这些指标丰富了学术期刊影响力的研究，推进了文献计量学的发展。

开展学术期刊影响速度研究具有重要意义。虽然学术期刊影响力评价指标众多，但是关于影响速度的评价指标总体比较缺乏，虽然被引半衰期一定程度上可以反映学术期刊影响速度，但其更侧重知识扩散，区分度较差，不足以评价学术期刊影响速度，比如同样被引半衰期是5年，A期刊被引次数为300次，B期刊被引次数可能只有50次，不能说两种期刊的影响速度相等，何况被引半衰期也不能反映学术期刊的影响范围。因此，有必要设计新的反映学术期刊影响速度的评价指标，并对其进行进一步的定量分析，以期丰富学术期刊影响速度评价指标，推进学术期刊评价研究。

4.8.2　文献综述

关于影响因子计算与时间的关系，相关研究主要集中在被引峰值产生的影响。Garfield（1998）提出了累积影响因子（Cumulative Impact Factor，CIF）概念，目的是为了纠正 *JCR* 中2年影响因子引证时间窗口过短这一缺陷。Della等（2009）认为2年引证时间窗口强调近期研究，对被引高峰来得较慢的学科期刊的评价是极其不利的。Kuo等（2007）为了消除期刊的短期表现，提出可靠性影响因子，即 *R* 影响因子。Patricia等（2013）为克服某个期刊影响因子可能存在短期内产生分数变化过大问题，基于贝叶斯理论提出后验影响因子 IF_{PI}。何荣利、司天文（2001）通过对我国科技期刊引文峰值时间和论文发表周期的调查与分析，认为影响因子排名难以反映期刊的真实水平，不同时期、不同学术环境条件下各学科期刊的最大引文年限不同，统计年限应区别时待。

关于不同时间跨度下影响因子的特点研究，刘雪立、盖双双等（2014）对28种眼科SCI期刊进行研究，比较2年影响因子、3年影响因子、4年影响因子、5年影响因子和6年影响因子，并与同行评议得分做了相关分析，发现不同引证时间窗口影响因子值不同，但用于期刊评价具有极高的相关度。盛丽娜（2016）也发现，对于图书馆情报与文献学期刊来说，不同引证时间窗口影响因子的期刊排序具有较高的一致性。俞立平（2015）提出一个新的期刊存量指标——历史影响因子，用期刊总被引频次除以载文量再除以办刊年限。

关于速度相关的文献计量指标，Rousseau（2005）提出平均扩散速度（Average Diffusion Speed，ADS）指标，即一篇论文发表之后，引用该论文的期刊数量与该论文年龄的比值。Liu等（2010）提出学科平均扩散速度，即一篇论文发表之后，引用该论文的ESI学科数量与该论文年龄的比值。Nakamura等（2011）用引用延时（Citation Lag）描述知识扩散速度的快慢，即施引文献的发表年份减去被引文献的发表年份所得的差值。

张玲玲、张宇娥(2017)用引用期刊数除以年度研究学术期刊的知识扩展速度。

从现有的研究看，关于施引时间窗口不同对学术期刊影响因子的研究比较充分，学术界一方面提出采取个性化的时间窗口来计算影响因子，另一方面提出了一些改进的指标，如 R 影响因子、后验影响因子 IF_{PI}、5 年影响因子等。关于期刊的影响速度，平均扩散速度 ADS 主要集中的单篇论文；学科扩散速度主要集中在高被引论文；引用延时只能反映第一篇最早的施引论文的时间，而且受期刊编辑出版周期影响较大，具有很大的不确定性；用引用刊数除以年度更多反映的期刊的知识扩散广度而非影响力。总体上，关于期刊影响速度的研究，在以下方面需要进一步深入：

第一，目前尚缺乏学术期刊影响速度的相关指标，如果取得进展，就拓展了学术期刊影响力的研究，不仅可以研究影响力的大小，而且可以研究影响力的速度。

第二，学术期刊影响力分析应该包括几个维度？期刊影响速度在其中占据什么地位？

第三，不同学科学术期刊论文的被引峰值均值是不一样的，即使同一学科，也存在不同期刊被引峰值不同的问题，因此，在期刊影响速度指标中，尽可能消除被引峰值的影响是非常重要的。

第四，分析比较期刊同一年度论文在不同年度的影响速度，进而筛选出较好的期刊影响速度计算时间，可以进一步优化期刊影响速度评价指标，同时提高评价的时效性。

本节基于 CNKI 引文数据库，以 CSSCI 管理学期刊为例，提出期刊影响速度的概念，并对不同滞后年度的期刊影响速度进行比较分析，在此基础上提出速度影响因子的概念，并分析其与其他文献计量指标的关系及统计学特征，最后得出研究结论并进行总结。

4.8.3　期刊影响速度的提出

关于学术期刊知识扩散的评价，李江(2013)提出了知识扩散广度、知识扩散强度、知识扩散速度的分析框架。本质上，期刊影响力与期刊扩散水平的评价视角是并列的，影响力重在通过对期刊论文被引次数的各种分析来加以反映，而扩散水平则主要通过期刊论文的扩散刊数及被引刊数，以及半衰期等与时间相关的指标来进行反映。可以参考知识扩散速度的分析框架来建立期刊影响力的分析框架。

期刊的影响力评价，可以从影响数量、影响质量、影响速度这三个维度进行分析(见图4-12)。期刊影响数量，主要是传统的期刊影响力评价指标，如总被引频次、影响因子、5年影响因子、即年指标、他引影响因子等；而期刊的影响质量指标，主要是 h 指数，因为 h 指数总体上反映的学术期刊高被引论文的情况，虽然也兼顾了数量，但更多侧重影响质量；期刊影响速度指标，就是本节即将提出的速度影响因子。影响数量与影响质量侧重静态分析，而影响速度侧重动态分析。

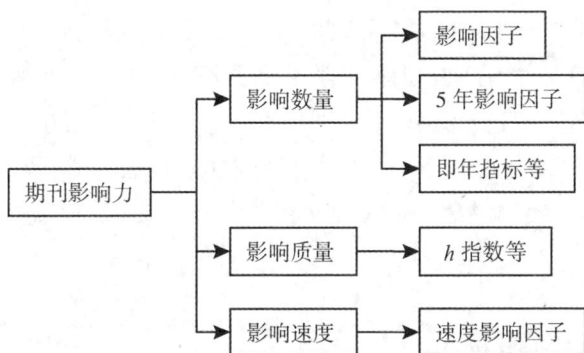

图4-12　期刊影响力评价视角

本节将期刊影响速度命名为速度影响因子，即学术期刊某年发表的论文在今后若干年平均每年的被引次数。即：

$$SIF_i = \frac{C_i}{IP} \quad (i = 1, 2, 3, \cdots, n) \quad (4\text{-}23)$$

公式(4-23)中，SIF(Speed Impact Factor)为速度影响因子，C_i 为论文发表后第 i 年的被引次数，P 表示载文量，I 为论文发表后的时间。比如某期刊论文发表年度为2012年，SIF_1 表示该期刊2012年发表的论文在2013年的平均每年被引次数，计算时间滞后1年，此时 $I=1$；SIF_2 表示该期刊2012年发表的论文在2014年的平均每年被引次数，计算时间滞后2年，此时 $I=2$，依次类推。从速度影响因子的定义看，该指标具有如下特点：

第一，速度影响因子不是唯一的，随着评价时间滞后的长短不同，有多个速度影响因子。

第二，速度影响因子可以较好地降低期刊被引峰值不同带来的影响，期刊被引峰值滞后时间一般在2~8年，但由于第二年的速度影响因子为篇均被引频次除以2，第三年的速度影响因子为篇均被引频次除以 3，所以即使在第二年或第三年被引达到峰值，但由于分母加大，所以就平抑了被引峰值对影响因子计算产生的影响。

第三，由于不同年度的速度影响因子有多个，究竟采用哪一年作为期刊影响速度的评价指标，要进行进一步的定量分析。

4.8.4　数据来源与实证结果

1. 数据来源

本节基于中国知网的引文数据库，以管理学期刊为例进行研究。2017—2018 南京大学 CSSCI 管理学期刊共有 29 种，考虑到被引峰值的影响，本节滞后期选择 1~6 年，所以期刊载文时间为 2011 年，被引时间为 2012—2017 年。由于中国社会科学院的《社会保障评论》2017 年刚创刊，所以实际引文数据为 28 种期刊。

2. 实证结果

（1）基本数据分析

2011 年管理学期刊历年被引量如表 4-27 所示，各期刊被引峰值的滞后时间相差较大。滞后年度为 5 年的期刊最多，有 15 种，占 53.6%；滞后年度为 2 年和 4 年的期刊均为 4 种，分别占 14.3%；滞后年度为 3 年的期刊有 3 种，占 10.7%；滞后年度为 2 年的期刊有 2 种，占 7.1%。可见即使是同一学科的期刊，被引峰值到达时间也相差较大，从这个角度，难以采用固定的时间来计算影响因子类期刊。从整个管理学学科看（见图4-13），被引量在 5 年后达到峰值，第六年开始下降。

表 4-27　管理学 2011 年期刊论文历年被引量

刊名	载文量	2012	2013	2014	2015	2016	2017	被引峰值滞后年度
管理世界	290	719	1663	2488	2966	3367	3232	5
南开管理评论	107	402	768	1033	1063	1134	1142	6
中国软科学	309	865	1387	1461	1686	1771	1532	5
科学学研究	266	666	1083	1210	1304	1309	1234	5
公共管理学报	57	134	224	252	306	337	280	5

续表

刊名	载文量	2012	2013	2014	2015	2016	2017	被引峰值滞后年度
科研管理	256	612	1105	1143	1267	1312	1196	5
管理科学学报	118	352	558	711	794	826	705	5
科学学与科学技术管理	326	772	1084	1324	1309	1346	1230	5
管理科学	76	246	437	539	638	590	572	4
研究与发展管理	105	120	251	294	364	344	290	4
外国经济与管理	102	276	331	464	487	578	474	5
管理工程学报	140	335	555	674	702	717	621	5
中国管理科学	153	347	511	743	696	746	696	5
中国行政管理	435	855	1078	1218	1156	1175	1053	3
管理评论	257	431	715	928	965	965	989	6
管理学报	299	533	799	942	970	1011	934	5
中国科技论坛	330	806	1109	1058	1041	1065	801	5
软科学	391	751	1165	1268	1253	1188	936	3
科技进步与对策	854	1432	2005	1998	1969	1723	1554	2
经济管理	334	240	595	790	854	895	868	5
预测	86	157	547	265	211	198	144	2
系统工程理论与实践	369	645	1095	1272	1299	1253	1170	4
科学决策	79	129	134	144	142	161	133	5
科学管理研究	156	237	368	359	363	282	241	2
经济体制改革	240	407	494	502	480	431	339	3
系统工程	242	349	574	637	608	647	568	5
系统管理学报	116	160	223	282	340	306	258	4
华东经济管理	454	656	758	755	679	637	532	2
合计	6947	15646	23629	26768	27927	28330	25741	5

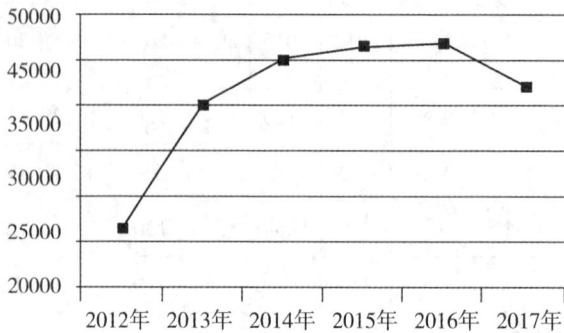

图 4-13 学科被引次数

（2）历年速度影响因子

管理学 2011 年期刊历年速度影响因子如表 4-28 所示，大多数期刊的 1 年速度影响因子达到极大值，有 24 种，占 85.7%。只有 4 种期刊在第 2 年速度影响因子达到极大值，占 14.3%。与被引峰值的滞后年度相比，速度影响因子大部分在一年就达到极大值，因此拥有比影响因子更高的稳定性。

表 4-28 管理学 2011 年期刊历年速度影响因子

刊名	SIF_1	SIF_2	SIF_3	SIF_4	SIF_5	SIF_6	极大值滞后年度
管理世界	2.479	2.867	2.860	2.557	2.322	1.857	2
南开管理评论	3.757	3.589	3.218	2.484	2.120	1.779	1
中国软科学	2.799	2.244	1.576	1.364	1.146	0.826	1
科学学研究	2.504	2.036	1.516	1.226	0.984	0.773	1
公共管理学报	2.351	1.965	1.474	1.342	1.182	0.819	1
科研管理	2.391	2.158	1.488	1.237	1.025	0.779	1
管理科学学报	2.983	2.364	2.008	1.682	1.400	0.996	1
科学学与科学技术管理	2.368	1.663	1.354	1.004	0.826	0.629	1
管理科学	3.237	2.875	2.364	2.099	1.553	1.254	1
研究与发展管理	1.143	1.195	0.933	0.867	0.655	0.460	2

续表

刊名	SIF_1	SIF_2	SIF_3	SIF_4	SIF_5	SIF_6	极大值滞后年度
外国经济与管理	2.706	1.623	1.516	1.194	1.133	0.775	1
管理工程学报	2.393	1.982	1.605	1.254	1.024	0.739	1
中国管理科学	2.268	1.670	1.619	1.137	0.975	0.758	1
中国行政管理	1.966	1.239	0.933	0.664	0.540	0.403	1
管理评论	1.677	1.391	1.204	0.939	0.751	0.641	1
管理学报	1.783	1.336	1.050	0.811	0.676	0.521	1
中国科技论坛	2.442	1.680	1.069	0.789	0.645	0.405	1
软科学	1.921	1.490	1.081	0.801	0.608	0.399	1
科技进步与对策	1.677	1.174	0.780	0.576	0.404	0.303	1
经济管理	0.719	0.891	0.788	0.639	0.536	0.433	2
预测	1.826	3.180	1.027	0.613	0.460	0.279	2
系统工程理论与实践	1.748	1.484	1.149	0.880	0.679	0.528	1
科学决策	1.633	0.848	0.608	0.449	0.408	0.281	1
科学管理研究	1.519	1.179	0.767	0.582	0.362	0.257	1
经济体制改革	1.696	1.029	0.697	0.500	0.359	0.235	1
系统工程	1.442	1.186	0.877	0.628	0.535	0.391	1
系统管理学报	1.379	0.961	0.810	0.733	0.528	0.371	1
华东经济管理	1.445	0.835	0.554	0.374	0.281	0.195	1
均值	2.080	1.719	1.319	1.051	0.861	0.646	1

　　学科历年速度影响因子均值如图 4-14 所示，在第一年就达到极大值，然后总体上呈现线性递减。拟合曲线的拟合优度很高，R^2 为 0.977，平均每滞后 1 年，速度影响因子降低 0.286。这进一步说明速度影响因子可以克服期刊论文被引峰值不同对期刊评价的影响。

　　（3）速度影响因子与影响因子、h 指数关系分析

　　根据图 4-12 的期刊影响力分析框架，继续分析速度影响因子与期刊影响数量、影响质量的关系。影响数量指标选取影响因子，影响质量

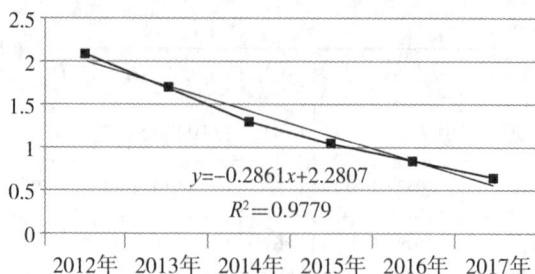

图 4-14　学科历年速度影响因子

指标选取 h 指数，考虑到数据分析的时间轴一致问题，速度影响因子选取 2 年速度影响因子进行分析，回归结果如下：

$$\log(SIF_2) = 0.188 + 0.671IF - 0.006h \qquad (4\text{-}24)$$
$$(0.804)\ (7.152^{***})\ (-1.016)\quad R^2 = 0.751\quad n = 28$$

影响因子与速度影响因子正相关，回归系数通过了统计检验，但 h 指数与速度影响因子无关，回归系数没有通过统计检验。模型的拟合优度为 0.75，属于中等程度的相关，也就是说，速度影响因子能够提供除了影响因子与 h 指数以外的其他信息，本质上，这就是期刊影响速度信息。

（4）历年速度影响因子之间的关系分析

历年速度影响因子的相关系数如表 4-29 所示，相关系数在 0.761 ～ 0.993，总体上不同年度的速度影响因子具有相对稳定性，波动不大，满足学术期刊评价对指标的稳定性要求。

表 4-29　历年速度影响因子相关分析

指标	SIF_1	SIF_2	SIF_3	SIF_4	SIF_5	SIF_6
SIF_1	1					
	—					
SIF_2	0.795	1				
	0.000	—				
SIF_3	0.839	0.852	1			
	0.000	0.000	—			
SIF_4	0.802	0.813	0.985	1		
	0.000	0.000	0.000	—		

续表

指标	SIF_1	SIF_2	SIF_3	SIF_4	SIF_5	SIF_6
SIF_5	0.787	0.791	0.979	0.991	1	
	0.000	0.000	0.000	0.000	—	
SIF_6	0.761	0.778	0.981	0.988	0.993	1
	0.000	0.000	0.000	0.000	0.000	—

（5）速度影响因子的统计学特征分析

历年速度影响因子的统计学特征如表 4-30 所示。1 年速度影响因子 SIF_1 与 2 年速度影响因子 SIF_2 服从正态分布，在许多文献计量指标数据分布并不服从正态分布的背景下，这具有重要意义。其他年度的速度影响因子并不服从正态分布。

从离散系数看，随着速度影响因子计算年度的增加，其离散系数也相应增加；从中位数极大值比看，随着速度影响因子计算年度的增加，中位数极大值比呈减小趋势，1 年速度影响因子 SIF_1 更接近均值，这是和其数据分布密切相关的。

表 4-30　速度影响因子的统计学特征

指标	SIF_1	SIF_2	SIF_3	SIF_4	SIF_5	SIF_6
均值	2.080	1.719	1.319	1.051	0.861	0.646
中位数	1.944	1.557	1.115	0.874	0.678	0.525
极大值	3.757	3.589	3.218	2.557	2.322	1.857
极小值	0.719	0.835	0.554	0.374	0.281	0.195
标准差	0.668	0.731	0.648	0.570	0.506	0.418
偏度 S	0.400	0.941	1.405	1.337	1.400	1.582
峰度 K	3.065	3.124	4.629	4.167	4.590	5.192
Jarque-Bera 检验	0.750	4.149	12.301	9.936	12.103	17.283
p 值	0.687	0.126	0.002	0.007	0.002	0.000
离散系数	0.321	0.425	0.491	0.542	0.587	0.647
中位数/极大值	0.517	0.434	0.346	0.342	0.292	0.282

4.8.5　结论与讨论

1. 速度影响因子可作为学术期刊评价的一个新指标

本节从期刊影响数量、影响质量与影响速度三个角度建立了学术期刊影响力评价的分析框架，认为有必要对期刊影响速度进行评价，提出了速度影响因子的概念，即学术期刊某年度发表的论文在今后每年每篇论文的平均被引量。速度影响因子具有以下优点：

第一，速度影响因子克服了期刊论文被引峰值滞后时间不同对影响因子计算的影响。影响因子计算的时间较短，而被引峰值滞后的时间往往较长。基于管理学 CSSCI 期刊的研究表明，大多数期刊在论文发表后 1 年速度影响因子达到极大值，少数期刊在论文发表后 2 年速度影响因子达到极大值，学科速度影响因子总体处于下降态势。

第二，速度影响因子能够提供更多的信息。实证研究表明，作为期刊影响数量主要指标的影响因子与速度影响因子正相关，作为影响质量主要指标的 h 指数与 2 年速度影响因子无关，并且模型的拟合优度中等，说明速度影响因子能够提供更多的信息量，即学术期刊影响速度信息。

第三，历年速度影响因子之间的相关系数总体较高，说明速度影响因子较为稳定，比较适合用来作为评价指标。

2. 从时效性建议采用 1 年速度影响因子来进行期刊评价

学术期刊评价往往需要较强的时效性，建议采用 1 年速度影响因子来进行评价。这是因为：

第一，从时效性角度，影响因子从发文开始到数据公布实际上已经滞后了 3 年，而 1 年速度影响因子从发文开始到实际数据公布只滞后了 2 年，因此具有更好的时效性。

第二，1 年速度影响因子服从正态分布，在许多文献计量指标均不服从正态分布的背景下，这样的指标非常珍贵。此外，1 年速度影响因子拥有较小的离散系数，中位数也更接近均值。

3. 速度影响因子可以进一步拓展

速度影响因子同样存在影响因子的人为操纵问题，因为其计算的基础还是论文被引频次与载文量。为了解决这个问题，可以采用他引次数来计算速度影响因子，也可以称为他引速度影响因子，这样可以降低速度影响因子评价的人为操纵。

4. 关于其他学科速度影响因子的特征有待进一步研究

本节研究是基于 28 种管理学期刊和中国知网（CNKI）引文数据库进行的，至于其他学科速度影响因子的特征有待进一步研究，当然采用 1 年速度影响因子进行期刊评价也有待进一步进行实证分析。

4.9　学术期刊经典论文的评价指标——经典指数

衡量学术期刊经典论文水平对于期刊评价具有重要意义，而这方面的评价指标比较缺乏。本节将期刊论文分为高被引论文与一般论文，高被引论文又进一步分为经典论文与热点论文，在此基础上提出了期刊经典指数（Journal Classical Index，JCI），即期刊早期论文的被引频次占总被引频次的比重。基于图书馆情报与文献学 CSSCI 期刊以及中国知网（CNKI）的引文数据研究表明：经典指数是评价学术期刊经典论文的新指标；采用 5 年前早期论文作为经典指数的计算依据较好；经典指数与影响因子不相关；经典指数与 h 指数呈低度正相关；学术期刊评价时需要适当选取经典指数。

4.9.1　引言

高质量学术论文根据影响力时间长短大致可以分为两大类，一类是热点论文，另一类是经典论文。所谓热点论文就是指研究的往往是学术热点，或者公众关注领域高的论文，具有影响力大，被引频次高、作用时间相对短的特点。经典论文是指影响力大、影响时间长、具有引领作用的论文。热点论文与经典论文的最大区别在于被引的时间跨度大小，与时间因素紧密相关。关于热点论文的研究成果相对丰富，而关于经典论文的研究相对较弱，更多从单篇论文角度加以研究，极少从学术期刊视角研究其经典论文的总体水平，开展相关领域的研究，可以分析不同期刊的载文特点和风格，对于学术期刊评价也具有一定的借鉴意义。

经典论文是学术期刊质量和水平的重要体现，根据被引时间长短可以大致判断期刊论文的经典水平。以图书馆情报与文献学优秀期刊《中国图书馆学报》为例，2018 年其总被引频次为 4097 次，这是从 1979 年恢复办刊以来迄今所有论文的被引次数。这些被引次数中，2014—2018 年 5 年期间刊载论文的被引为 1790 次，占总被引频次的 43.69%，2009—2018 年 10 年期间刊载论文的被引频次为 2982 次，占总被引频次的 72.79%。也就是说，1979—2008 年 30 年期间早期论文的被引频次仍然占总被引频次的 27.21%，这些论文中除了零星引用外，基本反映了该期刊经典论文水平。

关于经典论文的研究，学术界主要集中在高被引论文研究。由于高被引论文的被引频次能够客观地反映论文的影响力以及在学术交流中的作用和地位，因此，近年来高被引论文成为国际上普遍采用的科研水平评价标准，典型的就是 ESI 论文的相关研究。陶范（2018）认为经典论文是具有代表性和持久价值的学术文献，各个学科都有其经典。Henk（2002）指出高被引论文是指被引用频次相对较高，被引用的周期相对较长的学术论文。Bharathi（2011）指出科技论文保持较长时间的被引用，而不是发表后前两年被引用能够说明论文的重要性。Blessinger 等（2010）对 20 世纪后期图书情报领域 36 篇有重大学术影响力的高被引文献进行内容分析，研究了这些文献的研究主题分布、期刊分布、作者特征等。张垒（2015）研究发现，作者影响力越高，论文越可能高被引；高被引论文首次被引时间较快，高被引论文倾向于引用高影响力论文。王宁、张以民等（2018）提出要关注高被引论文与低被引论文的相关研究，从而提高学术期刊影响力。高志、张志强（2017）动态评价科学家个人学术影响力，探索研究科学家个人学术影响力时序曲线的意义。吴明智、高硕（2015）检索 2004—2014 年农业科学领域的研究文献，用文献量、被引频次和篇均被引频次 3 个指标对农业科学研究的国家地区、机构、作者、来源期刊以及高被引论文等进行统计分析。俞立平（2015）以《科学学研究》为例，发现 h 指数随着时间推延，呈现出成长曲线的特征。

热点论文与经典论文都具有被引频次和影响力较高的特点，所以计算影响因子的时间跨度首先成为学术界关注的问题。Martinez 等（2015）指出，随着时间的推延，论文被阅读次数越多，被引用的机率就越大，影响因子作为论文价值的体现，因学科领域、分析角度及统计方法不同而存在差异。Seglen（1997）对计算影响因子应用 2 年引证时间窗口提出异议，认为 2 年引证时间太短，缺乏统计学上的合理性。Wang 等（2016）统计 Web of Science 数据库中图书情报学 5 种期刊发表论文的使用次数，发现学者更倾向于使用新文献。俞立平、王作功等（2017）指出，在期刊评价中，评价时间窗口统一但评价对象时间窗口并不统一，这种现象称为期刊评价的时间异质性。刘自强、王效岳等（2016）提出一种基于时间序列模型的研究热点评价与预测方法，利用关键词词频排序、热点关键词群构建和时间序列模型分析等方法，对竞争情报领域10年的论文进行了分析。

关于被引峰值的时间间隔及由此产生的篇均被引频次与其他文献计量指标的关系，Garfield（1998）对 JCR 中影响因子排名前100和101—200的期刊分别计算7年和15年影响因子，并与传统影响因子排序进行比较，发现他们之间排序是一致的。顾欢、盛丽娜（2018）以 SSCI 收录的信息科学和图书馆学期刊为例，计算各刊2015年2~10引证时间窗口的年度 h 指数和累积 h 指数，分析各 h 指数间的相关性。付中静（2017）基于期刊和论文分析 Web of Science 数据库中不同引证时间窗口论文使用次数与被引频次之间的关系以及量引背离现象。方红玲（2018）以2016年 JCR 眼科学期刊为例，采用 Spearman 相关系数比较不同引证时间窗口的影响因子百分位对期刊的评价效力。盖双双、刘雪立（2014）研究发现，不同月份发表的论文前几年其被引频次存在明显差异，但随着时间的推移，论文被引频次趋于一致。

关于影响因子与5年影响因子的评价属性，Schubert（2012）研究发现多数期刊的5年影响因子大于2年影响因子，进一步推测多数期刊长期影响因子大于短期影响因子。Pan（2014）发现论文发表后5年被引次数指数下降，认为采用5年影响因子评价比较合适。Jacso（2009）比较5年影响因子与2年影响因子评价期刊学术影响力的可信度，认为5年影响因子更公正。Campanario（2011）对比不同学科5年影响因子与2年影响因子的大小，发现72%的期刊5年影响因子大于2年影响因子。Vanclay（2012）认为5年影响因子是传统2年影响因子的必要补充，二者的区别仅仅是引证时间范围或计算引证时间窗口不同。

对于学术期刊而言，被引半衰期长短主要是反映期刊时效性的一个指标，一定程度也能反映经典论文水平。白云（2006）认为半衰期相对期刊个体而言并没有实际意义，相对同一学科的同一专业研究领域，半衰期对期刊具有一定的学术评价作用，在人文社会学领域评价期刊学术质量过程中被引半衰期指标与期刊的学术影响度没有明显的相关性，人文社会科学期刊的被引半衰期集中在3~5年。于光、郭蕊（2006）研究发现，当某期刊出版延时增加时，将不同程度地延长互引期刊群中期刊的被引半衰期，其中互引关系密切的期刊受影响较大。

从现有的研究看，关于热点论文与高被引论文的研究成果比较丰富，包括它们的界定、特征、计算其影响力的时间跨度、不同时间跨度影响因子之间的关系等。判断经典论文的重要依据是被引的时间跨度，这方面的研究虽然较多，但很少从经典论文角度进行研究。学术界普遍认为论文被引峰值的滞后时间对计算影响因子指标非常重要，并且认为期刊评价时 5 年影响因子要大于 2 年影响因子。被引半衰期主要是反映学术期刊时效性的指标，关于其与经典论文的关系研究比较薄弱。总体上，在以下几个方面有待进一步深入研究：

第一，关于经典论文的界定，学术界的研究并不充分，更多从研究内容角度加以界定，较少从文献计量指标的特征角度加以界定。

第二，现有研究更多关注高被引论文与热点论文，强调论文的被引频次高低，较少从经典论文即高被引频次与较长被引时间相结合的角度来开展研究。

第三，学术期刊经典论文水平缺乏评价的手段，需要开展研究，比如设计出期刊经典指数，并分析其统计学特征。

第四，学术期刊经典指数与其他文献计量指标的关系，对经典指数在评价中的应用非常重要，也有必要进行研究。

本节以图书馆情报与文献学 CSSCI 期刊为例，基于中国知网（CNKI）的引文数据库，在分析学术期刊论文被引特征的基础上，提出期刊经典指数评价指标，并对其统计学特征及与其他文献计量指标的关系进行深度分析，最后对其适用范围进行总结和讨论。

4.9.2   期刊经典指数的原理

从文献计量指标的特征大致可以判断经典论文。论文之所以成为经典，原因是多方面的。比如建立新的理论，开创新的学科的论文；或者是开创新的富有潜力的领域，引领学科发展的论文；或者是开创新的研究方法，并被广泛引用的论文，因为重要的研究方法类论文可以获得更为长久的引用。

本节试图将高被引论文进行进一步分类，以区分经典论文（见图 4-15）。根据被引频次的高低，学术论文可分为高被引论文与普通论文两大类，当然这种确认标准是相对的。对于高被引论文，又可以根据被引时间长短将其进一步分类，凡是被引时间较长的，称为经典论文；凡是被引时间较短的，称为热点论文。

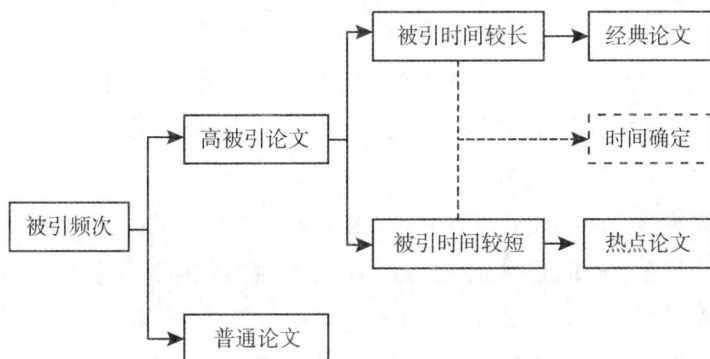

图 4-15　经典论文与热点论文的界定(1)

从图 4-16 可以进一步看出经典论文与热点论文的区别，从文献计量学角度，基于论文被引频次可以大致进行区分。热点论文与经典论文的共同特点是都具有较高的被引频次，但是热点论文的被引频次衰减相对较快，时间跨度总体较短，而经典论文的被引频次衰减相对较慢，时间跨度总体较长。

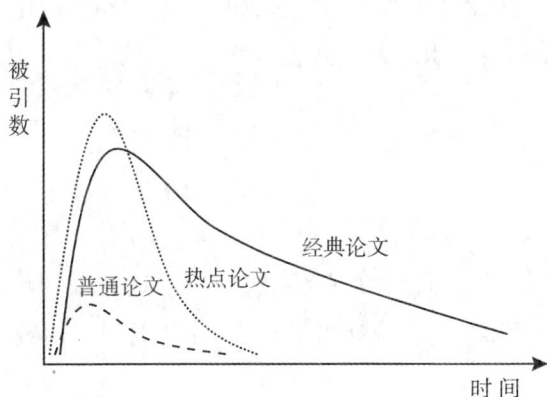

图 4-16　经典论文与热点论文的界定(2)

区分热点论文与经典论文的重要标准是被引时间跨度不同。经典论文时间跨度较长，而热点论文时间跨度较短。有一点可以肯定的是，经典论文的时间阈值选择依据是必须大于被引峰值，这是其最短时间极限，因为热点论文在没有到达被引峰值前其被引次数还在加速上升，不能将其称为经典论文。由于学科特点不同、期刊定位不同、论文内容等因素的影响，不同期刊论文被引峰值的到来时间是不同的。盛丽娜（2016）以 SSCI 信息科学和图书馆学期刊为对象，发现被引高峰到来的时间平均为 6.25 年。刘雪立、盖双双等（2014）以 SCI 收录的 28 种眼科学源期刊为例，比较 2~6 年不同引证时间窗口的影响因子，并与同行评议得分进行相关分析，认为 3~4 年时间窗口评价较佳。

在评价学术期刊经典指数时，必须选择一个合适的时间阈值，或者最短的时间跨度。时间跨度选择过短，一方面很难说明论文就是经典论文，另一方面期刊的部分论文可能尚未到达被引峰值。时间跨度选择太长，即使经典论文，被引次数可能已经较小，此外还有非经典论文零星引用的影响，也不合适。时间跨度选择还与期刊的档次和质量相关，高质量期刊论文的平均被引峰值到达时间相对较长，而一般期刊论文的平均被引峰值到达时间相对短一些。

本节提出学术期刊经典指数的概念，所谓经典指数，就是学术期刊在统计当年早期发表论文的被引频次占总被引频次的比重。这里早期的判断标准就是前文讲到的时间阈值。假设某期刊创刊于 1980 年，统计当年为 2018 年，时间阈值为 8 年，那该期刊 2018 年的经典指数就是 1980—2010 年发表的论文在 2018 年的被引频次占 2018 年总引频次的比重。经典指数（Journal Classic Index，JCI）用公式表示就是：

$$JCI = \frac{\sum\limits_{i=t_0}^{t_m} C_i}{\sum\limits_{i=t_0}^{t_n} C_i} = \frac{\sum\limits_{i=t_0}^{t_m} C_i}{TC} \tag{4-25}$$

公式（4-25）中，i 为论文被引年度，t_0 表示期刊创刊年度，t_m 表示经典论文年度时间阈值，t_n 为统计当年，C_i 为 i 年的被引次数，分母就是总被引频次 TC。

关于 t_m 的确定，可以综合以下两种方法进行：第一种方法是借鉴被引半衰期的计算原理，用学科期刊的平均被引半衰期来进行界定，凡是距统计年度大于 t_m 年的论文，全部作为经典论文统计。第二种方法是采用聚类分析，根据历年论文累计被引频次进行分类，将论文分为两类，看分类的时间切换点。

　　需要说明的是，经典指数计算时的数据并非就是经典论文数据。一些非经典论文可能也有长期零星引用问题，但是从学术期刊的角度，只要早期论文能够被引，恰恰说明了该论文有闪光点和学术价值，所以同样能够反映期刊的经典价值。

　　另外，计算期刊经典指数时，真正的经典论文被引往往是连续的，即使该论文发表时间较长，每年均有引用，但也有一些论文，可能部分年度出现零被引，但这并不影响经典指数的计算。如果统计当年零被引，那么计算经典指数时，该论文并没有纳入计算范围。

4.9.3　数据来源

　　本节以图书馆情报与文献学 20 种 CSSCI 期刊为例，基于中国知网（CNKI）的引文数据库进行研究。我国的学术期刊，绝大多数是改革开放以来复刊或创刊的，对于图书馆情报与文献学期刊而言，载文量数据最早从 1979 年开始，统计年度为 2018 年，即被引频次数据均为 2018 年数据。为了确定时间阈值以判断早期论文并计算经典指数，需要计算期刊创刊以来至某年度的所有论文在 2018 年的累计被引频次。根据现有的文献，期刊被引峰值到达时间在 2~7 年，将该年度放大一倍即采用 14 年来估计时间阈值是可行的，因为期刊的被引半衰期一般不会超过 10 年，14 年有足够的余量空间，或者以这 14 年中的某一年作为判断早期论文的依据是没有问题的。

　　本节统计数据的时间跨度从 2005 年开始，到 2018 年就是 14 年。分别统计出各期刊创刊以来到 2005—2018 年某年发表论文的累计被引频次，根据该数据特征来进行进一步的统计分析，原始数据如表 4-31 所示。

4.9.4　实证结果

1. 经典指数的时间阈值确定

　　学科所有期刊汇总后历年累计被引频次如图 4-17 所示。2018 年的累计被引频次就是期刊创刊以来到 2018 年所有论文在 2018 年的被引频次，由于 2018 年是统计年度，所以 2018 年的累计被引频次就是总被引频次。其他年度的累计被引频次是期刊创刊以来到该年发表的所有论文在 2018 年的被引频次。很明显累计被引频次是单调递减的。

表 4-31　各期刊历年累计被引频次

期刊名称	2018	2017	2016	2015	2014	2013	2012	2011	2010	2009	2008	2007	2006	2005
中国图书馆学报	4097	4034	3692	3307	2789	2307	2058	1770	1517	1266	1115	996	930	761
数据分析与知识发现	2703	2669	2433	2108	1833	1533	1224	1045	831	704	592	443	324	267
图书情报工作	11818	11741	10684	8954	7009	5569	4174	3219	2375	1800	1360	1055	805	633
图书情报知识	2373	2331	2043	1707	1410	1209	1038	878	758	630	550	485	401	349
情报资料工作	2046	2014	1767	1516	1270	979	727	564	469	395	327	273	233	199
图书与情报	3201	3176	2684	2257	1805	1417	1191	928	648	502	383	302	247	206
情报杂志	9349	9196	8190	6955	5786	4756	3791	3140	2520	1887	1380	989	735	517
情报理论与实践	6292	6070	5228	4181	3370	2712	2165	1793	1484	1199	862	672	519	435
情报科学	7161	6975	5880	4660	3913	3286	2725	2318	1906	1588	1359	1172	928	710
现代情报	5694	5517	4732	3900	3174	2565	2130	1832	1591	1446	1281	1071	778	509
图书馆论坛	4098	3866	3254	2651	2126	1715	1484	1263	1042	859	721	611	511	371
图书馆学研究	5400	5243	4367	3510	2769	2175	1657	1306	933	674	526	424	355	284
大学图书馆学报	3097	3062	2717	2290	2036	1628	1359	1094	920	806	682	601	540	436
图书馆杂志	3146	3089	2735	2240	1785	1389	1148	890	744	601	515	442	382	334
国家图书馆刊	1483	1450	1287	1076	814	561	459	364	330	283	255	214	179	158
图书馆建设	3469	3369	2910	2425	2045	1681	1393	1178	881	680	550	414	347	299
档案学研究	2207	2158	1781	1457	1138	1003	842	728	613	480	411	355	304	262
档案学通讯	2484	2449	2265	1997	1809	1634	1458	1233	1069	928	838	738	666	572
图书馆	2978	2895	2407	1856	1340	1121	914	763	642	552	472	408	354	314
情报学报	2271	2249	1998	1746	1539	1349	1212	1086	980	864	690	581	493	379

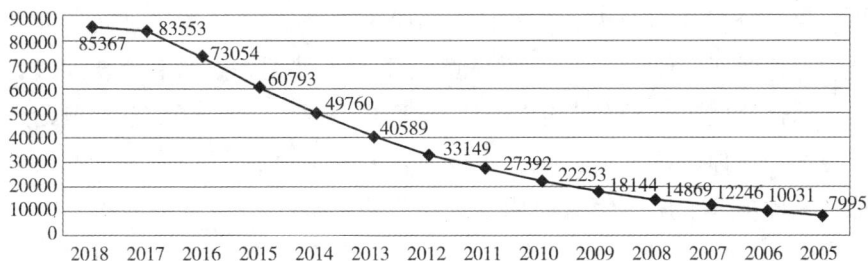

图 4-17　学科期刊历年累计被引频次

首先估计一下被引半衰期，2018 年总被引频次为 85367 次，其一半为 42684 次，累计被引频次超过 42684 次的年度是 2014 年，从这个角度，计算经典指数的时间可以确定为 5 年。也就是说，2013 年之前的论文可以界定为经典论文，这样 2013 年及以前的论文在 2018 年被引频次占总被引频次的比重就是经典指数。

学科所有期刊累计被引频次的聚类分析如图 4-18 所示，采用系统聚

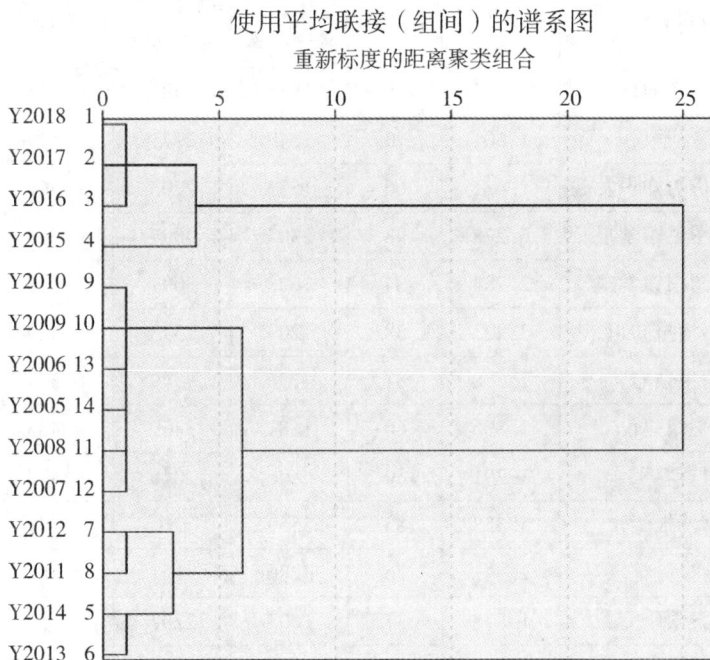

使用平均联接（组间）的谱系图
重新标度的距离聚类组合

图 4-18　学科期刊累计被引频次聚类分析

类中的变量聚类，时间作为变量处理，算法为组间距离最大。可以看出，聚类分析分为两大类，2015—2018 年作为一类，其他时间作为一类，这样时间阈值就是 4 年，要短于学科期刊平均被引半衰期 5 年。

综合学科期刊平均被引半衰期与聚类分析的结果，考虑到经典论文应该适当增加旧论文的比重，应该在这两种时间跨度结果中选取极大值，因此本节采用 5 年时间阈值进行计算，和被引半衰期的时间跨度一致。

2. 经典指数计算结果

经典指数的计算结果如表 4-32 所示，为了便于后续分析，表 2 还给出了 h 指数与影响因子数据。从经典指数的结果排序看，排在前面的期刊是《档案学通讯》《情报学报》《数据分析与知识发现》《中国图书馆学报》《大学图书馆学报》等，这些期刊大致具有以下特点：

表 4-32   经典指数排序

期刊名称	影响因子	h 指数	2013 累计被引频次	2018 年总被引频次	经典指数	排序
档案学通讯	1.478	48	1634	2484	0.658	1
情报学报	1.601	73	1349	2271	0.594	2
数据分析与知识发现	1.431	66	1533	2703	0.567	3
中国图书馆学报	6.278	98	2307	4097	0.563	4
大学图书馆学报	2.784	84	1628	3097	0.526	5
图书情报知识	3.223	58	1209	2373	0.509	6
情报杂志	2.538	81	4756	9349	0.509	7
图书馆建设	1.896	60	1681	3469	0.485	8
情报资料工作	1.791	50	979	2046	0.478	9
图书情报工作	5.353	85	5569	11818	0.471	10
情报科学	2.941	75	3286	7161	0.459	11
档案学研究	1.878	37	1003	2207	0.454	12
现代情报	2.149	60	2565	5694	0.450	13
图书与情报	3.373	59	1417	3201	0.443	14
图书馆杂志	1.633	59	1389	3146	0.442	15

期刊名称	影响因子	h 指数	2013 累计被引频次	2018 年总被引频次	经典指数	排序
情报理论与实践	2.800	69	2712	6292	0.431	16
图书馆论坛	2.354	60	1715	4098	0.418	17
图书馆学研究	2.063	58	2175	5400	0.403	18
国家图书馆学刊	1.527	42	561	1483	0.378	19
图书馆	1.973	53	1121	2978	0.376	20

第一，《档案学通讯》之所以排在第一，这是因为其被引半衰期较长，知识更新相对较慢。该期刊的总被引频次为 2484 次，其一半为 1242 次，2012 年的累计被引频次是 1458 次，超过总被引频次的一半，而 2011 年的累计被引频次为 1233 次，也就是说，《档案学通讯》的被引半衰期长达 7 年。因此，如果按照 2011 的累计被引频次计算经典指数，其值为 0.496，要远远小于按照 2013 年计算经典指数的 0.658。

第二，优秀的图书馆情报与文献学期刊经典指数较高，这些期刊是《情报学报》《中国图书馆学报》《大学图书馆学报》等。

第三，《数据分析与知识发现》侧重情报学方法的研究，根据前文分析，方法创新类期刊拥有较长的被引周期，其经典指数较高。

3. 经典指数的统计学特征分析

经典指数的统计学特征如图 4-19 所示。极大值为 0.658，极小值为 0.376，均值为 0.481，离散系数为 0.152，总体波动不大。Jarque-Bera 检验值为 1.688，p 值为 0.430，不能拒绝正态分布的原假设，也就是说，经典指数服从正态分布。在文献计量指标中，许多均不服从正态分布（Redner，1998；Adler et al.，2009），因此经典指数在这方面有独到的优点，指标服从正态分布更符合人们的打分习惯。

4. 经典指数与其他文献计量指标的关系分析

下面分析经典指数与影响因子及 h 指数的关系。传统文献计量指标中，以影响因子与 h 指数的影响力较大，影响因子虽然是相对指标，但总体上侧重论文影响力的数量，而 h 指数则兼顾论文影响力的数量与质量，从这两个角度分析可以防止多重共线性，也可以分析经典指数的特

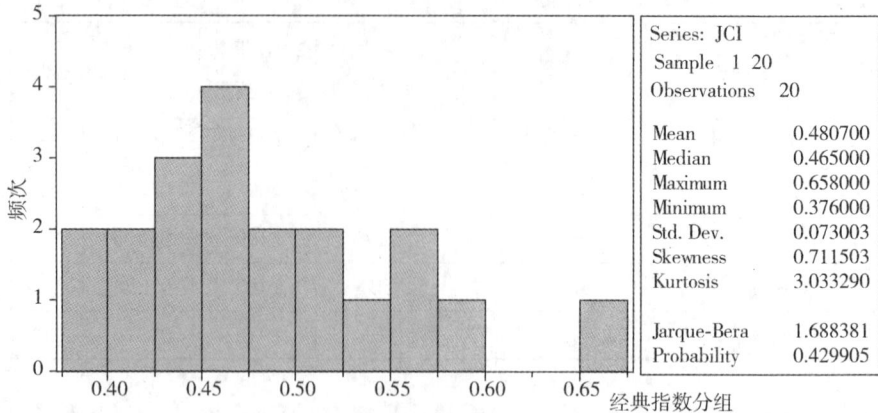

Series: JCI	
Sample　1 20	
Observations　20	
Mean	0.480700
Median	0.465000
Maximum	0.658000
Minimum	0.376000
Std. Dev.	0.073003
Skewness	0.711503
Kurtosis	3.033290
Jarque-Bera	1.688381
Probability	0.429905

图 4-19　经典指数的统计学特征

点。采用多元回归分析，结果如下：

$$\log(JCI) = -2.018 - 0.133\log(IF) + 0.358\log(h) \qquad (4\text{-}26)$$
$$(-3.160^{***})(-0.133) \quad (2.049^{*}) \quad R^2 = 0.198 \quad n = 20$$

从回归结果看，影响因子的回归系数为 -0.133，但没有通过统计检验，说明影响因子与经典指数不相关。h 指数与经典指数正相关，回归系数为 0.358，在 10% 的水平上通过了统计检验，说明 h 指数每提高 1%，会导致经典指数提高 0.358%。回归的拟合优度 R^2 总体不高，为 0.198，说明 h 指数只能解释经典指数的 19.8%，经典指数还能提供更多的除了 h 指数以外的信息，这从指标设计的角度是值得肯定的。

影响因子、h 指数与经典指数的关系可以从图 4-20 进一步分析。影响因子与经典指数不相关的原因是，经典指数是期刊创刊以来至统计年度前 5 年的早期论文在统计当年的被引频次占总被引频次的比重，而影响因子是期刊过去两年发表的论文在统计当年的篇均被引频次，研究对象的时间跨度完全不同，两者在时间上并没有重合部分。此外指标的内涵也完全不一样，经典指数更侧重经典论文的影响力比重，而影响因子更侧重最近两年新论文的篇均被引次数。

h 指数与经典指数相关的原因是，从内涵上，h 指数更侧重论文的数量与质量，对于质量可以从两个角度进行分析，一个短期研究热点的高被引，二是经典论文长期高被引。而经典指数正是从长期高被引的角度来进行分析的，这也部分解释了拟合优度不高的原因。从研究对象的时间跨度看，h 指数是期刊创刊以来到统计年度，而经典指数是期刊创刊以来到统

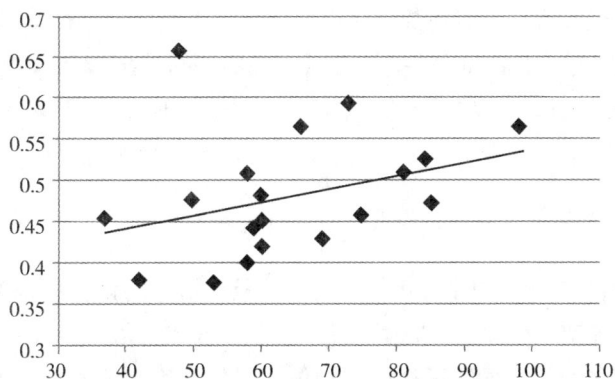

图 4-20　h 指数与经典指数关系散点图

计年度的前 5 年，两者有较大的重合区间（见图 4-21）。

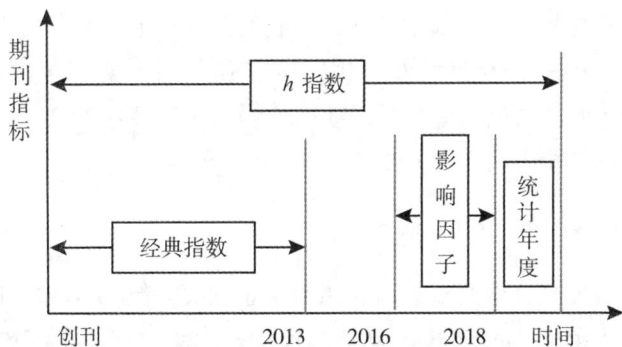

图 4-21　经典指数、h 指数与影响因子的时间跨度

4.9.5　研究结论

1. 经典指数是评价期刊经典论文的新指标

　　本节将高被引论文分为短期高被引论文与长期高被引论文，短期高被引论文又称为热点论文，长期高被引论文又称为经典论文，在此基础上，提出了经典指数的概念，用来衡量学术期刊长期高被引论文的比重。本节认为可以采用被引半衰期的时间长度作为经典指数计算的时间依据。这样经典指数就是期刊早期论文在统计当年的被引频次占总被引频次的比重，早期的判断依据可采用学科期刊的平均被引半衰期确定，早期就是统计当

年减去被引半衰期。

本节研究发现，经典指数服从正态分布，比较适合进行学术期刊评价。优秀图书馆情报学期刊如《情报学报》《中国图书馆学报》《大学图书馆学报》拥有较高的经典指数；情报方法类期刊如《数据分析与知识发现》经典指数也较高；档案学期刊由于被引半衰期较长，经典指数相对较高。

2. 采用 5 年前论文作为经典指数的计算依据较好

不同学科的平均被引半衰期不同，但经典指数的计算应该参照影响因子的做法，界定一个固定的时间跨度。建议以 5 年为依据，这和 5 年影响因子的计算有些类似，虽然每种期刊具体的时间跨度也不相同。这样经典指数就是期刊 5 年前发表论文的被引次数占总被引频次的比重，各学科可采用同样的标准计算经典指数。

3. 经典指数与影响因子不相关

结合图书馆情报与文献学 CSSCI 期刊的实证研究，本节发现经典指数与影响因子不相关。这是因为影响因子重在研究期刊过去两年发表论文的平均影响力，侧重短期研究。而经典指数侧重长期经典论文的影响力。两者评价期刊的视角不同，均是对学术期刊有意义的评价。

4. 经典指数与 h 指数呈低度正相关

本节研究发现，经典指数与 h 指数呈正相关，但拟合优度不高。从评价的时间跨度角度，h 指数比经典指数计算的时间跨度长。从评价视角的角度，h 指数侧重热点论文与经典论文评价，而经典指数仅侧重经典论文的评价。

5. 学术期刊评价时需要适当选取经典指数

在学术期刊评价中，尚缺乏从经典论文角度的评价指标，本节提出的经典指数在这方面进行了拓展。经典论文要么开拓了新的理论或研究领域，要么创新或提出了新的研究方法，对于人类的知识进步具有重要意义。学术期刊经典指数反映了经典论文的比重，是学术期刊质量的重要体现，因此有必要在学术期刊评价中选取经典指数指标。

当然由于学科不同，实证研究结果也许存在差异，但本节提出的思想与框架为经典指数的设计与优化做了铺垫，希望加强后续研究，进一步完善经典指数。

4.10　一个反映学术期刊研究热点的指标——热点指数

研究热点是学术研究中前沿问题、关键问题、重要问题等的重要体现，评价学术期刊研究热点具有重要意义。本节提出了一个新的文献计量指标——热点指数，它是学术期刊过去两年发表的论文在统计当年被引次数最高的 5 篇论文的总被引次数之和，除以期刊过去两年的载文量的自然对数。以图书馆情报与文献学 CSSCI 期刊为例，基于 CNKI 的引文数据进行实证。研究发现：热点指数是一个重要的期刊来源指标；影响因子、h 指数与热点指数相关度较高；对于相对较小的研究领域建议采用 3 篇论文热点指数；对于较大的研究领域可以增加高被引论文计算热点指数。热点指数可在进一步研究的基础上加以推广。

4.10.1　引言

研究热点与学术研究中前沿问题、关键问题、重要问题等有密切联系，是研究动向的重要体现。学术期刊作为知识和信息的重要载体，及时把握研究热点，是学术期刊办刊质量的重要体现，对于学术期刊的发展无疑具有重要意义。开展学术期刊研究热点指数的评价，对于学术期刊发展具有重要意义。本节提出一个新的反映学术期刊热点的指标，将其命名为热点指数，并以图书馆情报与文献学 CSSCI 期刊为例，基于中国知网（CNKI）数据库，进一步研究其与其他文献计量指标的关系。

关于学术期刊研究热点问题的研究较多，主要集中在热点内容上。对于 SCI、SSCI 期刊的研究，White 等（1998）利用作者共被引分析的方法在图书馆与信息科学领域（LIS）选取 12 种重要期刊进行计量分析，对学科 1972—1995 年的发展轨迹、现状和趋势进行了全面系统的梳理和研究。Astrom（2007）基于 21 种图书情报学期刊 1990—2004 年所刊载的论文，使用 Bibexcel 软件进行了文献计量分析，揭示了 15 年间该领域研究前沿的变化。Chua 等（2008）通过比较美国 JASIST 期刊在 1988—1997 年及 1998—2007 年这两个 10 年间的高频关键词，发现排名靠前的关键词分布从核心的情报学转移到其他子学科，如信息技术、社会行为学。Schloegl 等（2005）基于两种 LIS 主要期刊在 1970 年以来发表的 654 篇文献，分析韩国 LIS 的知识结构，指出需要更多研究主题领域的发展。邱均平、吕红（2013）从研究热点、研究前沿、知识基础分析三个方面对 2008—2012 年 SCI 和 SSCI 收录的图书情报学的 17 种高影响力外文期刊进行分析，发现研究热点分别是计量、管理、技术、网络、检索、医学卫生共六大研究领域。孙杰、黄国彬（2014）以SSCI 收录的图书馆信息学 5 年影响因子综合排名前 5 的期刊为研究对象，利用 Citespace 对关键词进行聚类，发现研究热点为计量学、社会学交叉领域、信息管理和医疗卫生方面。张闪闪、黄国彬（2015）对 2009—2014 年SSCI 收录的图书馆学情报学特征因子排名前五的英文期刊进行分析，发现研究热点主要为计量、技术、医疗卫生、检索、网络和管理六大领域。

关于研究热点的研究方法，Scholl 等（2009）认为学术论文的关键词是表达文献主题概念的自然语言词汇，通过分析学术论文的关键词，可以科学评价文献、作者以及文献的学术水平，揭示学科热点和发展趋势。Hansen（2005）认为可视化的目的是提供一种新的科学洞察分析方法，从而弥补现有科学分析方法的缺陷，在情报分析中具有重要作用。Glänzel（2015）认为通过文献定量化和可视化分析国内外情报学领域的核心期刊，有助于对情报学领域研究热点进行全面分析。Kostof（2002）认为共现分析法是将文献中的各种共现信息进行定量分析的方法，可以发现研究对象之间的亲疏关系，挖掘隐含的或潜在的有用知识，并揭示研究对象所代表的学科或主题的结构与变化。Järvelin 等（1993）对 LIS 领域 1965—1985 年的期刊文献进行内容分析，试图发现国际 LIS 领域研究的主题分布以及这些研究主题已采用的研究路径和方法。安璐、李纲（2010）利用人工神经网络方法分析 60 种有代表性的国外图书情报类期刊的热点主题，采用改进的自组织映射 SOM 输出方式——属性叠加矩阵，识别出 60 种期刊的 7 类热点主题。

从现有的研究看，关于学科热点的研究非常充分，研究方法包括关键词分析、可视化分析、共现分析、人工神经网络等，借助工具软件进行研究已经成为常态。研究对象包括图书馆情报与文献学学科、相关期刊等。总体上，在以下方面有待进一步深入研究：

第一，现有研究更多关注微观层面的具体热点研究，缺乏从宏观层面对研究热点的把握。期刊热点指数是期刊从宏观层面对研究热点反映情况的一个综合指标，弥补了这方面的不足。

第二，同一学科的学术期刊往往有多种，不同学术期刊研究热点的把握能力是不一样的，缺乏学术期刊研究热点的评价指标。

第三，如果找到期刊研究热点的评价指标，对该指标的统计学特点以及该指标与其他文献计量指标的关系有待进一步研究。

本节以图书馆情报与文献学学科为例，选取 CSSCI 期刊作为研究对象，在对每篇期刊高被引论文进行分析的基础上，提出学术热点的评价指标，并进行进一步的计量分析和讨论。

4.10.2　学术期刊热点指数的原理

1. 高被引论文是学术期刊研究热点的重要标志

研究热点的体现，往往是在某个研究领域或方向中出现了大量的被引。研究热点之所以成为研究热点，往往是以少数研究论文的高被引作为重要标志和特征的。在此基础上，更多的学者进行相关研究，从而更多的论文引用这些高被引论文并陆续发表，相关领域的论文越来越多，推动研究热点的进一步形成。

2. 以 5 篇左右高被引论文的被引总数衡量学术期刊研究热点是可行的

从现有的研究可以看出，关于图书馆情报与文献学的研究热点少则两三个，多则八九个，差别在于研究对象不同、研究时间段不同，对研究热点的分类不同。如果选择的高被引论文过少，对研究热点可能把握不够，选择高被引论文过多，也会导致研究热点的重复，或者导致研究热点的泛化。因此综合均衡后研究热点选择 5 篇高被引论文来进行设计，同时选择 3 篇高被引论文作为研究热点指标的稳健性检验方法进行研究。

3. 热点指数的时间间隔必须适中

如果以期刊当年发表的高被引论文进行衡量，由于时间间隔很短，加上现在期刊发表论文周期总体较长，因此不具有代表性。如果时间间隔较长，比如 3~5 年，也失去了研究热点的意义，即研究热点没有时效性，可能过时了。因此本节借鉴影响因子的思路，选择滞后 1~2 年来统计高被引论文的被引次数。即期刊 2015—2016 年发表的论文，在 2017 年的被引次数按降序排列，从中选取 5 篇论文计算期刊热点指数。当然，这种处理也便于和影响因子进行比较，因为数据处理的时间段完全相同。

4. 只有学术论文才能纳入统计

只有被引次数最高的 5 篇学术论文才能纳入统计，不包括综述类论文、新闻报道、书评、会议综述等。

5. 必须平抑载文量对热点指数的影响

载文量较多的期刊对研究热点具有某种先天优势。根据本节的思路，如果不论是什么期刊，均采用被引次数最高的 5 篇论文作为研究热点的标志。那么载文量较多的期刊会具有一定的优势，因为在载文量较多的情况下，期刊热点论文的概率会增大。为了防止期刊一味增加载文量可能导致的论文质量降低，因此必须设法平抑载文量增加对热点指数计算的影响。

综合以上分析，本节提出学术期刊热点指数（Hot Index）的计算方法：期刊热点指数是学术期刊过去两年发表的论文在统计当年被引次数最高的 5 篇论文的总被引次数，除以期刊过去两年的载文量的自然对数。即：

$$HI = \frac{\sum_{i=1}^{5} C_i^{TOP}}{\ln(A)} \tag{4-27}$$

公式（4-27）中，HI 为学术期刊热点指数，C_i^{TOP} 为统计当年单篇论文从高到低的被引次数，A 为过去两年期刊载文量（不包括统计当年）。为了研究方便，本节将 5 篇高被引论文计算的热点指数简称为 HI_5，将 3 篇高被引论文计算的热点指数简称为 HI_3。

4.10.3　数据来源

本节基于中国知网（CNKI）引文数据库，以图书馆情报与文献学 CSSCI 期刊为例来进行研究，研究对象为学术论文，删除了会议通知、综述、书评等内容。2017—2018 版 CSSCI 期刊中，图书馆情报与文献学期刊有 20 种，由于《情报学报》《图书馆》两种期刊部分数据缺失，因此最终选取 18 种期刊来进行研究。原始数据表如表 4-33 所示。需要说明的是，自引固然对热点有所影响，但一般并不会影响大局，作为期刊研究热点指数的探索，本节暂不区分自引和他引。

表 4-33　原始数据表

期刊名称	2015—2016 载文总数	2017 被引次数	影响因子	h 指数	5 篇论文总被引	3 篇论文总被引
中国图书馆学报	132	914	6.924	24	517	380
图书情报工作	1481	3578	2.416	28	404	284
图书与情报	284	1024	3.606	18	371	272
情报杂志	908	2417	2.662	22	345	231
图书馆杂志	526	1064	2.023	18	342	230
图书馆论坛	508	1191	2.344	20	294	209

期刊名称	2015—2016 载文总数	2017 被引次数	影响因子	h 指数	5 篇论文总被引	3 篇论文总被引
图书情报知识	208	741	3.563	20	271	186
图书馆学研究	847	1696	2.002	21	249	159
情报科学	756	1910	2.526	18	244	172
情报理论与实践	688	1789	2.600	20	201	135
图书馆建设	583	955	1.638	16	190	127
国家图书馆学刊	280	596	2.129	14	183	154
大学图书馆学报	275	687	2.498	17	173	117
现代情报	785	1725	2.197	20	161	105
档案学研究	315	618	1.962	15	150	104
档案学通讯	296	507	1.713	12	148	106
情报资料工作	323	542	1.678	13	123	80
数据分析与知识发现	435	586	1.347	13	105	69

4.10.4　实证研究结果

1. 热点指数计算结果

热点指数计算结果如表 4-34 所示，从 5 篇高被引论文累计被引次数看，前 3 位分别是《中国图书馆学报》《图书情报工作》《图书与情报》，其载文量分别是 132、1481、284，由于《图书情报工作》载文量较高，热点指数计算时除以载文量的对数，使得热点指数排序变成《中国图书馆学报》《图书与情报》《图书情报工作》，在载文量较少的情况下，获得较高的高被引论文应该值得鼓励。

表 4-34　期刊热点指数及排序

期刊名称	5 篇论文总被引	排序	HI_5 5 篇论文	排序	3 篇论文总被引	排序	HI_3 3 篇论文	排序
中国图书馆学报	517	1	105.882	1	380	1	77.824	1
图书与情报	371	3	65.676	2	272	3	48.150	2

续表

期刊名称	5篇论文总被引	排序	HI_5 5篇论文	排序	3篇论文总被引	排序	HI_3 3篇论文	排序
图书情报工作	404	2	55.339	3	284	2	38.902	3
图书馆杂志	342	5	54.586	4	230	5	36.710	4
图书情报知识	271	7	50.772	5	186	7	34.848	5
情报杂志	345	4	50.652	6	231	4	33.915	6
图书馆论坛	294	6	47.187	7	209	6	33.545	7
图书馆学研究	249	8	36.934	8	159	9	23.585	10
情报科学	244	9	36.813	9	172	8	25.950	9
国家图书馆学刊	183	12	32.477	10	154	10	27.330	8
大学图书馆学报	173	13	30.801	11	117	13	20.830	11
情报理论与实践	201	10	30.763	12	135	11	20.662	12
图书馆建设	190	11	29.836	13	127	12	19.943	13
档案学研究	150	15	26.075	14	104	16	18.079	15
档案学通讯	148	16	26.009	15	106	14	18.628	14
现代情报	161	14	24.154	16	105	15	15.752	16
情报资料工作	123	17	21.289	17	80	17	13.846	17
数据分析与知识发现	105	18	17.283	18	69	18	11.357	18

从表4-34也可以看出，5篇高被引论文累计被引次数与3篇高被引论文累计被引次数排序相近，5篇高被引论文计算的热点指数排序与3篇高被引论文计算的热点指数排序也相近。

2. 热点指数的统计学特征

热点指数的描述统计如图4-22所示，其均值为41.252，标准差为21.084，离散系数为0.511，Jarque-Bera检验值为14.197，p值为0.001，没有通过正态分布检验。当然，文献计量指标不服从正态分布是正常现象。Seglen(1992)认为引文分析数据分布是典型的偏态分布，具有幂律分布特征，并不服从正态分布。Adler(2009)认为，根据幂律法则，由于引用数据的分布通常是右偏态分布的，算术平均数其实主要反映的是高被引论文的引用值。

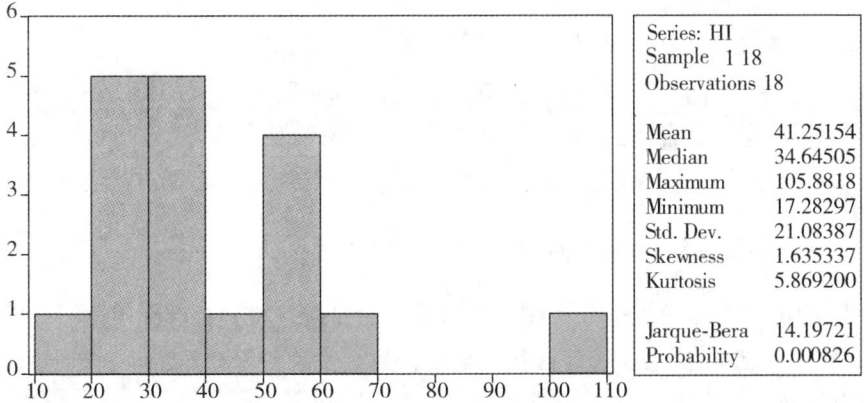

Series: HI		
Sample 1 18		
Observations 18		
Mean		41.25154
Median		34.64505
Maximum		105.8818
Minimum		17.28297
Std. Dev.		21.08387
Skewness		1.635337
Kurtosis		5.869200
Jarque-Bera		14.19721
Probability		0.000826

图 4-22　热点指数描述统计

3. 热点指数与载文量的关系

热点指数与载文量关系如图 4-23 所示，可见经过处理后两者并不具有相关关系，其回归结果如下：

$$\log(HI_5) = 4.336 - 0.118\log(A) \tag{4-28}$$

$$(3.890^{***})\ (-0.647)\quad R^2 = 0.026\quad n = 18$$

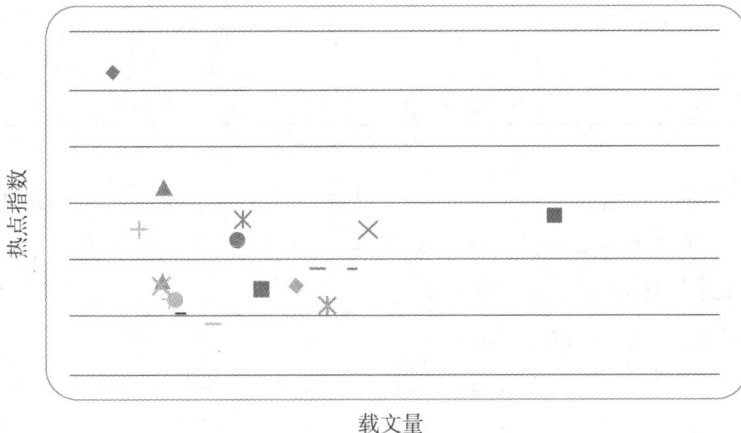

图 4-23　热点指数与载文量散点图

载文量的回归系数并没有通过统计检验，拟合优度 R^2 很低，仅为 0.026，两者不相关。也就是说，经过调整，载文量多少并不影响热点指数。为了增加研究的稳健性，进一步采用 3 篇论文热点指数与载文量进行回归，结果如下：

$$\log(HI_3) = 4.227 - 0.159\log(A) \tag{4-29}$$
$$(3.623^{***}) \ (-0.842) \quad R^2 = 0.042 \quad n = 18$$

载文量与 3 篇论文热点指数同样不相关，拟合优度 R^2 很低，仅为 0.042，两者同样不相关，进一步说明热点指数与载文量无关。

4. 热点指数与其他文献计量指标之间的关系

热点指数与总被引频次相关系数没有通过统计检验，与影响因子相关系数为 0.896，通过了统计检验，与 h 指数相关系数为 0.643，同样通过了统计检验(见表 4-35)。

表 4-35　热点指数与其他文献计量指标相关系数

评价指标	热点指数 HI	总被引频次 TC	影响因子 IF	h 指数 H
热点指数 HI	1			
	—			
总被引频次 TC	0.194	1		
	0.441	—		
影响因子 IF	0.896***	0.017	1	
	0.000	0.947	—	
h 指数	0.643***	0.793***	0.519**	1
	0.004	0.000	0.027	—

由于热点指数与总被引频次、h 指数相关度较高，存在多重共线性，加上数据数量总体不多，自由度可能不够，因此进一步采用偏最小二乘法分析它们之间的相关关系，结果如下：

$$\log(HI_5) = 0.654\log(TC) + 1.253\log(IF) + 1.009\log(h)$$
$$R^2 = 0.738 \quad n = 18 \tag{4-30}$$

影响因子与热点指数的回归系数最大，其次是 h 指数，最后是总被引频次，与相关系数分析结果接近。模型的拟合优度较高，R^2 为 0.738，从另外一个角度说明热点指数提供了比总被引频次、影响因子、h 指数更多的信息，信息量为 26.2%，体现的正是学术期刊的"研究热点"。

进一步采用 3 篇论文热点指数进行回归，结果如公式(4-32)所示，回归系数大小排序与 5 篇论文热点指数相同，拟合优度值也比较接近。

$$\log(HI_3) = 0.631\log(TC) + 1.299\log(IF) + 0.968\log(h)$$

$$R^2 = 0.707 \quad n = 18 \tag{4-31}$$

5. 指标聚类分析

将5篇论文热点指数、3篇论文热点指数、总被引频次、影响因子、h 指数进行聚类,可以进一步反映指标的本质。采用系统聚类方法对评价指标进行聚类分析,结果如图4-24所示。大致可以分为3类,第一类是5篇论文热点指数与3篇论文热点指数,代表了研究热点;第二类是总被引频次与 h 指数,这两个指标都具有某种"存量"特征,表示期刊长期影响力;第三类是影响因子,表示期刊的短期影响力。这也进一步说明热点指数具有内在的稳健性。

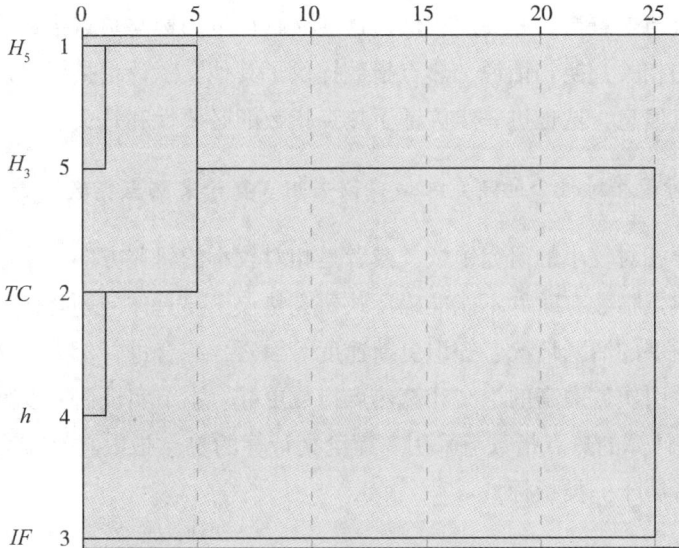

图4-24　指标分类

4.10.5　结论与讨论

1. 热点指数是一个重要的期刊来源指标

在学术期刊评价指标中,影响力指标较多,而有意义的来源指标较少一直是个问题。热点指数采用学术期刊过去两年发表的论文在统计当年被引次数最高的5篇论文的总被引次数,除以载文量的自然对数,一方面体现了热点，另一方面也平抑了由于期刊载文量增加而带来的热点概率增加问题，从内容角度对期刊进行评价，增加了一个来源指标。本节研究发现，热点指数并不服从正态分布，对于文献计量指标而言，这也是正常现象。

研究热点一定程度上可以反映学术期刊质量，一般而言，学术期刊高被引论文越多，说明其学术质量越高，对于绝大多数学术期刊而言均是如此。但这仅仅是统计学上的特点，对于学科一些特定的研究领域，可能属于冷门绝学，甚至会出现论文零被引的"睡美人"现象，此时热点指数的作用会大大降低。

2. 热点指数与影响因子、h 指数相关度较高

实证研究表明，影响因子与热点指数相关度最高，其次是 h 指数，总被引频次与热点指数相关度较低。这些文献计量指标与热点指数总体呈中等程度的相关，换句话说，热点指数提供了其他文献计量指标难以反映的研究热点信息，这也进一步佐证了热点指数的必要性和意义。

3. 对于相对较小的研究领域建议采用 3 篇论文热点指数

对于相对较小的研究领域，或者是相对较小的研究方向，采用 5 篇论文计算热点指数有时并不能准确反映研究热点，要具体问题具体分析，根据学科发展的活跃情况、知识更新速度等因素，综合进行考虑，必要时采用 3 篇被引次数最高的论文计算热点指数更好。本节实证研究发现，采用 5 篇论文计算的热点指数与采用 3 篇论文计算的热点指数具有较高的相似度，两者属于一类指标。

4. 对于较大的研究领域可以增加高被引论文计算热点指数

同样，对于综合类期刊，涉及的学科较多，采用 5 篇高被引论文计算热点指数是不够的，对于较大的学科也是如此。可以根据具体情况，选取更多的高被引论文数来计算热点指数，以弥补学科增多带来的影响。

需要注意的是，本节是基于图书馆情报与文献学 CSSCI 期刊进行的研究，由于研究对象不同、数据数量不同、学科不同，热点指数的特点需要进一步加以研究，在此基础上可以进行推广应用。此外，关于研究热点的界定，采用同行评议或结合文献计量学进行分析会更加准确，本节仅仅从论文引用角度进行分析，可能与实际情况有一些误差。

4.11　一个基于学术期刊关系稿质量控制的新指标
——低分位影响因子

关系稿是学术期刊编辑出版中的一种现象，对低质量关系稿要严加控制。本节在分析关系稿特征的基础上，提出一个新的文献计量指标——低分位影响因子，并以经济学 CSSCI 期刊为例进行了实证研究。研究结果表明：关系稿质量有高有低，低质量关系稿比较隐蔽；高影响力期刊低质量关系稿问题基本不存在；期刊低质量关系稿问题一定程度存在；低分位影响因子指标可以用来抑制学术期刊刊发关系稿；对于单篇低质量关系稿论文仍然缺乏有效的技术手段。

4.11.1　引言

学术不端行为近年来受到了较大的关注。2019 年政府工作报告中明确提出"加强科研伦理和学风建设，惩戒学术不端，力戒浮躁之风"。2018 年 5 月，中办、国办印发《关于进一步加强科研诚信建设的若干意见》，旨在净化学术空气、增强国家创新实力。意见明确由科技部负责自然科学、中国社科院负责哲学社会科学领域科研诚信工作的协调和管理工作，同时推进评价制度改革，建立以科技创新质量、贡献、绩效为导向的分类评价制度。

学术期刊在发表论文时，关系稿有利有弊。期刊编辑部拥有较大的主导权，关系稿是一个避不开的问题。在学术期刊中，关系稿问题是一个敏感的问题，关系稿不一定就代表学术质量差，关系稿问题不一定就是学术不端行为。如果学术期刊偏爱学术大家名家，主动约稿并在刊发时间、位置版面等方面给予特殊照顾，不仅可以提高期刊的学术质量，而且有利于提高期刊的影响力。有些学术期刊的办刊机构本身就是国内的高水平研究机构，刊发本单位的关系稿，学术质量也是可以得到保证的。当然如果由于各种原因刊发了一些尚未达到期刊发表质量的人情稿、关系稿，也会降低期刊质量和影响力。所以对关系稿问题要具体问题具体分析，在同行评议的基础上，以学术质量作为最终判断标准，"外举不避仇，内举不避亲"，才是应该秉持的准则。

学术期刊低质量关系稿问题比较隐蔽，尚缺乏有效的防范手段。它往往无法通过任何技术手段发现，一般也不涉及伪造、篡改、抄袭、一稿多投、署名不当等问题，但这确实是需要注意防范的。目前的几十个文献计量指标中，还没有任何一个是针对这个问题的，因此缺乏防范低质量关系稿的有效手段。一般而言，如果编辑部偏爱某一群体，那么该群体的论文和其他人的论文的引用率就可能存在系统差异（郭峰、李欣，2017）。当然这是一种宏观统计手段，显然无法对单篇论文加以判断，但可以从宏观期刊角度进行一定的深入分析。本节提出低分位影响因子指标，试图对期刊发表低质量关系稿问题加以一定的约束。本节的研究推进了传统文献计量学的发展，对于学术期刊提高学术质量，杜绝低质量关系稿论文具有重要意义。

关于关系稿的产生和特征，Laband（1985）发现《政治经济学杂志》（*Journal of Political Economy*，JPE）发表了相对更多的与芝加哥大学有关系的学者（教师或曾经的学生）的论文，较早提出关系稿问题。Coelho 等（2014）考察了另一种编辑部偏爱现象，即某期刊从提高自身影响因子出发，会倾向录用引用本期刊文献较多的论文。Coupé 等（2010）指出还有一种编辑部偏爱表现为期刊对已录用论文的处理细节方面，比如排版时会将其放在首篇论文、封面论文或者放在更好的位置。

关于学术期刊录用关系稿的利弊，学术界还存在争议。Brogaard 等（2014）基于 30 种经济学权威期刊超过 50000 篇论文研究发现，经济学期刊主编任期内，其所在研究机构的论文发表量比其他时期要高出 100%，关键是这些"关系稿"依然有更高的引用率。Laband 等（1994）对 1984 年 28 个顶级英文经济学期刊上 1051 篇论文进行文献计量学分析，发现期刊发表的那些跟主编、共同主编、责任编辑有关系的研究人员的论文引用率反而更高。郭峰、李欣（2017）强调学术期刊规范化、公平化管理是学术进步的重要保障，期刊编辑部如果偏爱某些机构或群体，大量录用"关系稿"，会严重妨碍学术进步。靳香玲（2010）认为作者通过各种关系和途径请求编辑关注并刊出稿件，人情稿因此孕育而生，近年来人情稿已成为学术期刊不可避免的一大难题。郇志坚（2010）、叶初升等（2010）虽然注意到中国经济学期刊发表了更多其隶属单位研究人员的论文，但并没有对其影响进行进一步研究。

关于学术期刊关系稿的应对策略，Montgomery 等（2009）提出从科学研究活动的组织领域和机构逻辑的协同进化角度讨论科研伦理的变化。陶范（2012）认为编辑独立性是最重要的办刊原则，是学术自由、学术公平和科技期刊质量的保障。王宝金(2016)建议对人情稿做好初审和审稿工作，在保证稿件学术水平的前提下，在稿件编辑加工和出版阶段可适当照顾该类稿件。蓝艳华、张楚民(2017)认为应根据人事分离原则妥善处理人情稿和关系稿。

从现有的研究看，学术期刊关系稿问题不是个新问题，无论国内外均已经意识到相关现象。关于关系稿的利弊，学术界也具有不同的意见，一些持肯定态度，一些持否定态度。关于关系稿的处理方式，虽然学术界意见并不一致，但保持编辑独立性，确保论文质量还是得到公认。从现有的研究看，在以下方面有待进一步深入：

第一，关系稿有利有弊，重要的是识别出低质量的关系稿，低质量关系稿的特征有待进一步研究。

第二，关于学术期刊关系稿的识别，目前学术界还缺乏有效的手段，迫切需要相应的技术手段，最好有相应的文献计量指标辅助识别。

第三，如果能设计出识别低质量关系稿的文献计量指标，那么这个指标有什么特点，应用中应该注意哪些问题？

本节以2018—2019版70种CSSCI经济学期刊为例，基于中国知网(CNKI)引文数据，对以上问题进行深入分析，提出一个新的文献计量指标——低分位影响因子，用来对低质量关系稿论文进行识别，并进一步分析该指标的特点。

4.11.2　低分位影响因子的原理

1. 关系稿的分类

关系稿分为两种，一种是高质量的关系稿，一种是低质量的关系稿，当然这是为了研究问题简化进行的粗略分类，真正要防范的其实是低质量的关系稿。关于关系稿产生的原因和影响，相对而言我国的情况要复杂得多。由于文化、学术氛围、办刊模式、学科特点、人员素质等诸多因素的影响，我国低质量关系稿问题处于灰色地带，应该不是个别现象。

2. 低质量关系稿学术不端的隐蔽性

近年来，国际上学术不端行为呈井喷态势。田瑞强、姚长青(2019)等通过对被撤销论文数据库Retraction Watch的研究发现，重复、错误、不可再现、造假是论文被撤销的主要原因，占被撤销论文总量的70%，因数据问题而被撤销的论文占比为 23%。但是低质量关系稿一般而言往往不存在这些问题，拥有较强的隐蔽性。主要原因如下：

第一，既然是"关系稿"，一般而言，对于期刊发表论文的基本规范和要求往往比较了解。从期刊角度，对关系稿的形式问题也会更加关注，不至于出现学术不端的"低级错误"。

第二，低质量关系稿的外在表现至多是一篇低质量的论文。低质量关系稿，一般是省略了同行评议程序，或者是走一下同行评议的形式，论文质量相对而言会低一些。或者说，低质量关系稿看上去更像是一篇正常的论文。

第三，关系稿微观上没有可防范的技术手段。对于单篇论文，通过同行评议只能看出是否达到发表要求，没有达到发表要求的论文，是无法判定其是否低质量关系稿，但这并不等于说在宏观上就没有防范低质量关系稿的手段。

3. 关系稿质量与被引频次的关系

首先，关系稿不一定就是低质量论文。这一点 Brogaard 等（2014）、Laband 等（1985）学者均进行了实证研究，发现英文权威经济学期刊的关系稿的被引频次反而更高。当然被引频次高的论文不一定就是高质量论文，Bornmann 等（2008）发现采用被引频次评价论文质量存在一定误差，一些高被引论文并非高质量论文。另外一个现象就是"睡美人论文"现象，即高质量论文发表后长期零被引。所以从微观层次看，被引频次与论文质量其实是没有关系的。

从宏观角度出发，被引频次是论文质量的较好的展示指标。由于论文质量与被引频次往往高度相关，所以在宏观上可以用被引频次来映射论文质量。在判断宏观期刊论文质量方面，往往将论文被引频次高的论文视为高质量论文，这在统计学上是可行的。所以，就单篇论文而言，无法用被引频次作为其质量的指标，但在期刊宏观层面，被引频次一定程度上却能说明论文质量。

4. 低分位影响因子的提出

根据前文分析，本节提出低分位影响因子（Lower Quantile Impact Factor，LQIF），作为用来防范期刊低质量关系稿的一个指标，其计算公式如下：

$$低分位影响因子 = \frac{统计年度期刊过去两年发表论文最低一半被引频次之和}{期刊过去两年论文数量一半}$$

$$(4\text{-}32)$$

即参照影响因子的计算公式，将统计年度期刊过去两年发表论文按照被引次数从低到高排序，取前一半论文的被引频次之和，再除以期刊过去两年发表论文总数的一半，如果有小数，则进行四舍五入。比如某期刊2016年发表论文120篇，2017年发表论文125篇，两年合计245篇，取其一半的整数就是123篇。将这245篇论文2018年的被引频次从低到高排序，前123篇论文的被引频次之和假设是100次，那么该期刊的低分位影响因子就是100/123=0.813。也就是说，低分位影响因子就是被引频次最低的0.5分位论文的平均被引次数。

很显然，低分位影响因子是个正向指标，该值相对越大，说明期刊质量越高，低质量关系稿问题相对较小。

4.11.3　数据来源

为了分析低分位影响因子的原理和特征，本节以2018—2019年70种CSSCI经济学期刊为例，基于中国知网（CNKI）引文数据库进行实证分析。载文量时间为2016—2017年，统计年度为2018年，数据描述统计如表4-36所示。

表 4-36　数据描述统计

统计量	被引频次	低被引频次	载文量	影响因子	低分位影响因子
均值	1580.014	201.914	251.157	6.208	1.604
极大值	6991.000	763.000	618.000	18.301	5.064
极小值	236.000	24.000	81.000	2.426	0.434
标准差	1107.070	146.176	119.236	3.006	0.926
离散系数	0.701	0.724	0.475	0.484	0.578
偏度 S	2.091	1.504	0.902	2.032	1.553
峰度 K	9.840	5.669	3.533	7.769	5.280
Jarque-Bera	187.481	47.167	10.321	114.518	43.283
p	0.000	0.000	0.006	0.000	0.000
n	70				

低分位影响因子的均值为 1.604，远低于影响因子均值 6.208；低分位影响因子的离散系数为 0.578，略大于影响因子离散系数 0.484。无论是影响因子还是低分位影响因子，其数据分布均没有通过 Jarque-Bera 正态分布检验，即均不服从正态分布。

4.11.4　实证结果

1. 低分位影响因子最高期刊情况

表 4-37 为低分位影响因子排名前 20 位的期刊，虽然影响因子排序与低分位影响因子排序相差较大，但是除了两种期刊外，有 18 种期刊影响因子也排在前 20 名，说明经济学优秀期刊低质量关系稿现象几乎不存在，经济学优秀期刊办刊风气良好。

表 4-37　低分位影响因子前 20 期刊

期刊名称	影响因子	排序	低影响因子	排序
中国工业经济	17.008	2	5.064	1
经济研究	18.301	1	3.995	2
金融研究	13.437	3	3.781	3
中国农村经济	13.020	4	3.726	4
中国农村观察	8.415	10	3.610	5
世界经济	11.870	5	3.375	6
经济学	11.602	6	2.932	7
经济评论	8.081	11	2.726	8
农业经济问题	9.148	8	2.674	9
产业经济研究	9.303	7	2.639	10
数量经济技术经济研究	9.037	9	2.516	11
农业技术经济	7.041	17	2.378	12
金融论坛	7.390	15	2.364	13
改革	7.524	14	2.312	14
财经研究	8.057	12	2.189	15
财贸经济	7.000	18	2.088	16

期刊名称	影响因子	排序	低影响因子	排序
国际金融研究	7.704	13	2.000	17
经济与管理研究	6.464	22	1.981	18
国际经贸探索	4.303	55	1.957	19
经济学家	7.326	16	1.832	20

2. 影响因子与低分位影响因子的耦合协调度分析

耦合协调度用来测度两个相关变量或系统的协调水平，两变量之间的耦合度模型如下：

$$C = 2\sqrt{\frac{U_A \times U_B}{[(U_A + U_B)]^2}} \tag{4-33}$$

两变量之间的协调度为：

$$T = m\,U_A + n\,U_B \tag{4-34}$$

两变量最终的耦合协调度为

$$D = (T \times C)^{1/2} \tag{4-35}$$

式(4-34)~式(4-35)其中，C 为耦合度，T 为协调度，D 为耦合协调度，U_A 和 U_B 为标准化后的两个变量值，m、n 为 U_A 和 U_B 的权重，表示系统中两变量的相对重要性，本节取两者相等。

影响因子与低分位影响因子耦合协调度前 20 种期刊如表 4-38 所示，这 20 种期刊中，影响因子最低排名为 22，低分位影响因子最低排名为 23，说明优秀期刊影响因子与低分位影响因子的耦合协调水平很高，优秀期刊几乎不存在低质量关系稿问题。

需要注意的是，从经济学期刊的整体耦合协调水平看，其平均值仅为 0.555，属于中等水平，换句话说，还有部分期刊存在低质量关系稿现象。

3. 回归与分位数回归分析

低分位影响因子与影响因子的散点图如图 4-25 所示，可以明显看出，两者呈正相关关系，但是与拟合直线相比还有差距。此外，图 4-25 也可以看出存在异方差现象，即高影响因子期刊的影响因子与低分位影响因子之间波动较大。其回归结果如下：

表 4-38　前 20 耦合协调度期刊排序

期刊名称	影响因子	排序	低分位影响因子	排序	标准化影响因子	标准化低分位影响因子	耦合协调度	排序
中国工业经济	17.008	2	5.064	1	0.929	1.000	0.982	1
经济研究	18.301	1	3.995	2	1.000	0.789	0.942	2
金融研究	13.437	3	3.781	3	0.734	0.747	0.860	3
中国农村经济	13.020	4	3.726	4	0.711	0.736	0.851	4
世界经济	11.870	5	3.375	6	0.649	0.666	0.811	5
经济学	11.602	6	2.932	7	0.634	0.579	0.778	6
中国农村观察	8.415	10	3.610	5	0.460	0.713	0.757	7
产业经济研究	9.303	7	2.639	10	0.508	0.521	0.717	8
农业经济问题	9.148	8	2.674	9	0.500	0.528	0.717	9
数量经济技术经济研究	9.037	9	2.516	11	0.494	0.497	0.704	10
经济评论	8.081	11	2.726	8	0.442	0.538	0.698	11
财经研究	8.057	12	2.189	15	0.440	0.432	0.661	12
金融论坛	7.390	15	2.364	13	0.404	0.467	0.659	13
改革	7.524	14	2.312	14	0.411	0.457	0.658	14
农业技术经济	7.041	17	2.378	12	0.385	0.470	0.652	15
国际金融研究	7.704	13	2.000	17	0.421	0.395	0.639	16
财贸经济	7.000	18	2.088	16	0.382	0.412	0.630	17
经济学家	7.326	16	1.832	20	0.400	0.362	0.617	18
经济与管理研究	6.464	22	1.981	18	0.353	0.391	0.610	19
财政研究	6.975	19	1.635	23	0.381	0.323	0.592	20
所有期刊均值	6.208	—	1.604	—	0.339	0.317	0.555	—

$$\log(IF) = 1.496 + 0.719\log(LQIF) \tag{4-36}$$

$$(63.800^{***}) \quad (0.720^{***}) \qquad R^2 = 0.839 \quad n = 70$$

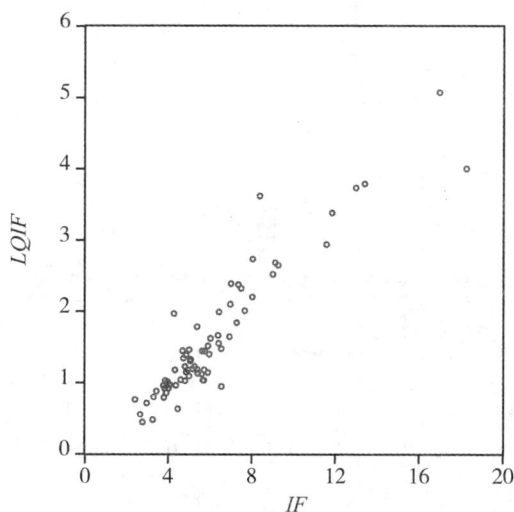

图 4-25 *IF* 与 *LQIF* 散点图

低分位影响因子对影响因子的弹性系数为 0.719，并且在 1% 的水平下通过了统计检验，模型的拟合优度较高，为 0.839，说明低分位影响因子越高，期刊的影响因子也越高。这是可以解释的，即在可能存在低质量关系稿的情况下，低分位影响因子越大，期刊影响因子越大。

为了进一步分析不同影响因子水平下低分位影响因子对影响因子弹性特点，进一步采用分位数回归模型进行回归，采用 10 分位，结果如表 4-39所示和图 4-26 所示。

表 4-39　分位数回归结果

τ	回归系数	t 检验值	p
0.1	0.702	10.319	0.000
0.2	0.718	8.437	0.000
0.3	0.714	8.507	0.000
0.4	0.772	13.208	0.000
0.5	0.770	13.430	0.000
0.6	0.756	13.681	0.000

续表

τ	回归系数	t 检验值	p
0.7	0.770	15.387	0.000
0.8	0.726	16.270	0.000
0.9	0.688	17.610	0.000

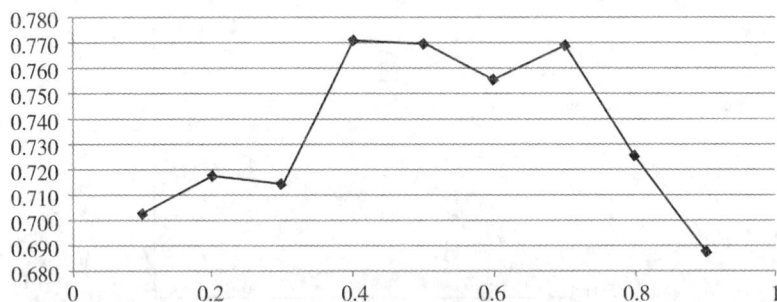

图 4-26   不同分位弹性系数

从分位数回归的弹性系数看，当分位 τ 分别为 0.1、0.2、0.3 时，低分位影响因子的弹性系数分别为 0.702、0.718、0.714。当分位 τ 分别为 0.8、0.9 时，低分位影响因子的弹性系数分别为 0.726、0.688。而当 τ 为 0.4~0.7 时，低分位影响因子的弹性系数相对较高，分别为 0.772、0.770、0.756、0.770。

4.11.5   研究结论

1. 关系稿质量有高有低，低质量关系稿比较隐蔽

关系稿是学术期刊编辑出版中的相对普遍现象，关系稿质量有高有低，不能一概而论。我们真正需要防范的是低质量关系稿，低质量关系稿具有较大的隐蔽性，往往难以发现。这是因为，关系稿往往比较了解学术规范，日常的学术不端行为比如抄袭、不当署名、伪造、一稿多发等问题对于关系稿而言往往并不存在。关系稿的表现最为突出的是论文创新不够，但仍然是一篇"正常"的论文。

2. 高影响力期刊低质量关系稿问题基本不存在

研究发现，影响因子最高的前 20 种经济学 CSSCI 期刊中，影响因子

排序与低分位影响因子排序高度一致。影响因子与低分位影响因子耦合协调度最高的 20 种期刊中，影响因子较高的期刊也占主流。这说明中国顶级的经济学期刊一切围绕办刊质量，对低质量关系稿问题进行了有效的控制，期刊质量总体较高。

3. 低质量关系稿问题一定程度存在

低分位影响因子与影响因子一致性中等偏高。基于 70 种 CSSCI 经济学期刊的研究发现，低分位影响因子与影响因子的平均耦合协调度为 0.555，两者回归的拟合优度为 0.839，总体上一致性属于中等偏高。这说明在 70 种经济学期刊中，一定程度上存在着低关系稿现象。

4. 低分位影响因子指标可以用来抑制学术期刊刊发关系稿

实证研究发现，对于高影响因子的学术期刊，低分位影响因子与影响因子的回归系数略低，鉴于两者排序基本一致，因此主要原因是由于异方差造成的。而对于低影响因子期刊，低分位影响因子与影响因子的回归系数也较低，主要原因就是低质量关系稿问题造成的。因此，引入低分位影响因子指标，可以用来作为抑制期刊刊发低质量关系稿的一个重要指标。

5. 对于单篇低质量关系稿论文缺乏技术手段

低分位影响因子是针对学术期刊而言的，由于学术期刊论文是个总体，因此可以用作抑制期刊刊发关系稿的一个重要手段。但对于单篇论文而言，其质量高低仍然主要依托同行评议进行，难以从文献计量指标角度找出有效的手段，从这个角度，加强学术期刊自律，主要从宏观角度引入低分位影响因子仍然是个行之有效的手段。

需要说明的是，本节强调低分位影响因子的宏观效应，研究对象为期刊两年刊载的论文，如果由于某种原因，期刊两年载文量偏少，比如 30 篇甚至更少，此时会降低低分位影响因子的作用，毕竟当载文量较少时，"睡美人论文"等其他因素会对期刊低分位影响因子有较大影响。本节研究对象载文量最低为 81 篇，应该不存在这个问题。此外本节是基于经济学 CSSCI 期刊研究得出的结论，对于其他学科，低分位影响因子的特点需要进一步进行研究。

5. 学术期刊评价指标标准化方法及其影响

5.1 评价型指标标准化与评价方法对学术评价影响研究

所谓标准化方法的评价功能就是根据标准化得分直接进行优劣判断，评价方法的评价功能就是根据评价值的大小直接进行优劣判断，这两个问题是学术评价的基础方法论问题，长期没有得到重视，并且被排序分析所掩盖。本节以 TOPSIS 方法为例，认为 sigmoid 标准化具有评价功能，并以 JCR2017 无机与核化学期刊为例进行了实证研究。研究结果表明：评价值的评价功能受指标标准化方法与评价方法的影响；sigmoid 标准化方法具有评价功能；现有的极大值标准化、极差标准化、功效系数法标准化方法均不具备评价功能；TOPSIS 评价方法具有评价功能；sigmoid 标准化改变了指标的统计特征；sigmoid 标准化 TOPSIS 评价结果与极大值标准化 TOPSIS 评价结果有所差异；sigmoid 标准化 TOPSIS 评价改变了评价值的统计特征；标准化与评价方法的评价功能对学术评价冲击较大。

5.1.1 引言

在科技评价中，采用指标体系进行多属性评价可以避免单一指标评价时视角相对单一、信息量小等不足，提供更为广泛的全局视野。在目前的科技评价中，包括大学评价、学术期刊、学科评价、专业评价等均广泛采用指标体系进行评价，TOPSIS 作为一种优秀的多属性评价方法，在其中也得到了广泛的应用。根据中国知网进行检索，在科技评价中，目前采用 TOPSIS 评价方法的已经有上千篇学术论文，以 TOPSIS 为例分析学术评价的多属性评价相关问题具有良好的代表性。

指标标准化值并不具备直接评价功能。指标标准化方法也称为无量纲方法，在目前所有的指标标准化方法中，均忽视了一个重要的基础问题，就是无法根据标准化值判定评价对象的优劣。以常见的极大值标准化或极差标准化方法为例，这两种标准化方法均将极大值标准化为1。标准化值是否具备评价功能的一个简单判断标准就是，假设只有一个评价对象，标准化值为0.61，那么在不进行任何比较的情况下，0.61及格吗？潜在问题是，在满分为1的情况下，极大值能代表满分吗？以学术期刊评价为例，对于总被引频次、影响因子、即年指标、特征因子、h指数等评价指标，如果某个期刊某指标标准化值为1，我们仅可以说该期刊该指标第一，但没有任何依据可以说该期刊该指标就是满分，这个概念被偷换了。本质上，评价指标有多种信息功能，原始数据提供的是一种内涵信息功能，即指标本身所反映的信息。如果根据原始指标进行排序，则有排序和比较功能，可以进行不同期刊之间的对比。如果进行指标标准化，则一般标准化方法的标准化值并不具备指标优劣判断功能。

在标准化评价指标值并不具备评价功能或优劣判断功能的情况下，多属性评价结果同样不具备优劣判断功能。在学术评价中，目前已经有几十种较有影响力的评价体系，这些评价体系均会得到评价分值，除了排序外，还有许多对分值大小本身进行分析，比如对某个区间的分值判为优秀，某个区间的分值判为良好等，这是值得商榷的，因为缺乏严格的判断标准。在标准化评价指标难以判断优劣的情况下，对若干指标进行多属性评价，其评价结果值根本不能直接判断优劣，只能进行排序。

多属性评价方法自身也有是否具有评价功能问题。多属性评价方法众多，包括层次分析法、熵权法、概率权法、因子分析、主成分分析、灰色关联评价、TOPSIS、VIKOR、模糊数学、康拓对角线法等几十种，每种评价方法原理不同，评价值的特点不同。一般而言，如果多属性评价方法的评价值是连续的参数评价，并且有理想极大值，那么就可以认定该方法具有评价功能。比如TOPSIS法的理想极大值为1，那该方法就具有评价功能。主成分分析或因子分析评价，其极大值不确定，则说明它们没有评价功能。为了简捷起见，本节以常见的TOPSIS为例进行相关研究。

如果能解决指标标准化值的直接评价功能，并分析其对TOPSIS评价带来的影响，无疑具有非常重要的理论意义与现实意义。首先，这是多属性评价的基础理论问题，让标准化值具有直接优劣判断功能，本身就具有重要意义，何况还会影响到多属性评价值的优劣判断。其次，可以深化TOPSIS评价方法的应用，使得评价值的解读信息量更大。再次，对不同标准化方法对TOPSIS的评价结果进行比较，可以发现其中存在的问题，从而更好地指导评价实践，从方法论层面提高评价的科学性与公平性，无疑对科技评价实践具有重要价值。

5.1.2　文献综述

TOPSIS 是 Huang 等(1981)提出的一种优秀多属性评价方法，在科技评价中得到了广泛的应用。Xu 等(2013)采用 TOPSIS 法评价科研机构的论文产出水平。Yu 等(2009)基于面板数据，采用 TOPSIS 对学术期刊进行评价。Li(2014)在研究机构科研产出中，在采用模糊 TOPSIS 进行多指标群决策。俞立平、潘云涛(2012)研究了高次幂下 TOPSIS 的特点与区分度问题，并将之用于学术期刊评价。此外还有许多研究将 TOPSIS 评价方法与其他评价方法结合进行学术评价，成果众多。

标准化是多属性评价的基本问题，也称为无量纲化方法。Gregory 等(1992)指出，在多指标综合评价的过程中，必然遇到各个指标单位和量纲不同而无法直接评价的问题，有必要对被评价对象原始指标数据作无量纲化处理。Zhang 等(2011)认为指标的无量纲化是综合评价的基础，包括线性无量纲化方法和非线性无量纲化方法。Chakraborty 等(2009)指出各种无量纲化方法都有其特定适用场合，应根据需要进行选择。

在多属性评价中，标准化方法是其中的最基础问题，一些学者在不断推进新的标准化方法研究。韩明彩(2012)分析了学术期刊综合评价中指标标准化方法存在问题和成因，提出价值评估标准化法，本质上是一个 3 阶段函数，借鉴了成长曲线的原理。俞立平(2018)将权重分为设计权重、自然权重、实际权重，从理论上分析了三者之间的关系，并提出了动态最大均值逼近标准化方法，彻底消除了自然权重问题。蒋维杨、赵嵩正等(2012)针对大样本评价的特点，提出一种结合指标原始数据的客观特性与专家主观经验的无量纲化方法。廖志高、詹敏等(2015)归纳出非线性无量纲化方法的三种类型，同时提出基于反三角函数的无量纲化方法。俞立平、潘云涛等(2009)研究了期刊评价标准化方法的选择标准：指标内部数据相对差距不变、评价对象相对差距不变、极大值相等原则，在此基础上提出一种新的负向指标标准化方法。易平涛等(2009)针对动态综合评价的特征，提出了三种改进的无量纲化方法。

关于指标无量纲方法的选取，Chakraborty 等(2009)从排序一致性和权重敏感性两方面对 4 种无量纲化方法进行比较，发现向量规范法对 TOPSIS 方法更加有效。俞立平、武夷山(2011)认为极差标准化评价结果要小于功效系数标准化，后者对一些评价分值较低的期刊具有激励作用，因为变相提高了它们的评价得分。李玲玉、郭亚军等(2016)提出选取无量纲化方法的 3 个原则：变异性、差异性和稳定性，发现线性比例法是适合于拉开档次法的最佳无量纲化方法。郭亚军等（2011）分析了无量纲化方法对于拉开档次法的影响，并给出方法选择的依据和建议。糜万俊（2013）基于离差最大化要求的约束条件以及可能造成权重信息失真的问题，分析了无量纲化方法对属性权重影响的传导机制。

从现有的研究看，TOPSIS 评价方法在科技评价中得到了广泛的应用，对于评价结果的分析，侧重在排序分析，少数直接分析评价得分。学术界已经充分认识到标准化方法是多属性评价的基础，关于标准化方法的创新以及选择进行了大量的研究。总体上在以下方面有待进一步深入研究：

第一，标准化方法是否具有评价功能，或者说能否从标准化值的大小直接判断评价对象的优劣，这个问题总体上缺少研究，因此有必要探索新的具有评价功能的标准化方法。

第二，采用传统标准化方法的多属性评价值，其是否具有评价功能，能根据评价值就能直接判定优劣？这个问题很少得到关注，更多的研究是直接进行排序或者是分值比较，难以深入。

第三，如果能够找到某种评价型标准化方法，那么不同标准化方法对 TOPSIS 评价值将会产生什么影响？其影响机制是什么？

本节在对评价指标的本质特征进行深入分析的基础上，基于 JCR2017 无机与核化学期刊数据，提出了一种基于 sigmoid 函数的指标标准化方法，这是一种评价型指标标准化方法，即可以根据指标标准化值直接判断优劣，在此基础上采用 TOPSIS 评价，并比较采用传统标准化方法进行 TOPSIS 评价与采用 sigmoid 标准化方法进行 TOPSIS 评价之间的差异。

5.1.3　评价型指标标准化方法的原理

1. 传统标准化方法的评价功能分析

常见的标准化方法包括极大值标准化、极差标准化、功效系数法三大类。评价指标包括正向指标与反向指标，由于原理相近，本节以正向指标标准化进行说明。

极大值标准化就是所有评价指标均除以极大值，标准化后极大值为 1，极小值不确定。即：

$$y_i = \frac{x_i}{\max(x_i)} \tag{5-1}$$

极差标准化是用评价指标减去极小值，然后再除以极大值与极小值之差，其特点是标准化后极大值为1，极小值为0：

$$y_i = \frac{x_i - \min(x_i)}{\max(x_i) - \min(x_i)} \tag{5-2}$$

功效系数法可以自由调节极小值，是极差标准化的一个重要补充，或者说，极大值标准化、极差标准化是功效系数法的一种特殊形式，其特点是极大值为1，极小值为c：

$$y_i = c + (1 - c) \times \frac{x_i - \min(x_i)}{\max(x_i) - \min(x_i)} \quad 1 > c \geqslant 0 \tag{5-3}$$

需要说明的是，标准化方法是用来进行多属性评价的，而无量纲法则不一定用来做综合评价，所以标准化方法可以说是无量纲法的一种特殊形式。

比如 z 值无量纲法就不能直接用来进行多属性评价：

$$z = \frac{X - \mu}{\sigma} \tag{5-4}$$

公式(5-4)中，X 为原始指标，μ 为其平均值，σ 为标准差。由于 z 值无量纲法得到的 z 值极大值、极小值均不确定，原始数据处理后虽然量纲相同，但根本不能直接用于评价，类似的无量纲方法还有多种，由于与本研究无关，因此不进行进一步讨论。

极大值标准化评价功能较差。对于极大值标准化方法，标准化后其极大值就是最优值1，极小值与极大值的比值代表了极小值的水平。这种方法只有在一种情况下才具有评价功能，即极大值为满分100分。在学术评价中，这种情况几乎是不存在的，比如影响因子的极大值为3.5，但并不代表3.5就是满分，是理想中的最优值。除非在考试中，某门课程的满分为100，而考试成绩极大值也为100，即有人考了满分，这时采用极大值标准化才具有评价功能。如果满分100，而成绩第一的只有90分，采用极大值标准化后成绩第一的为1分，不能就根据标准化值判定1分就是满分。总体上，从指标评价功能的角度，极大值标准化放大了评价结果，根源在于极大值可能并不是满分。

极差标准化则更不具有评价功能。与极大值标准化类似，极差标准化极大值也为1，但是极差标准化的极小值为0，也就是说倒数第一的评价对象得分就是0分，对倒数第一的评价对象而言，这是不可以接受的，所以极差标准化的评价功能最差。

功效系数法介于极大值标准化与极差标准化之间，标准化后其极大值为1，极小值 c 可以在0~1之间调节，从指标评价功能的角度，其比极差标准化要好一些。特殊情况下功效系数法与极大值标准化结果相同，但由于功效系数法改变了原始指标之间的相对差距，因此其评价功能总体上要比极大值标准化低。

综上所述，极大值标准化评价功能较差，功效系数法评价功能更差，而极差标准化评价功能最差。

2. 指标评价功能与 TOPSIS 评价值之间的关系

图 5-1 是 TOPSIS 的评价原理。假设只有两个评价指标 X、Y，A 点为标准化后的理想解，其坐标为 $(1，1)$，传统的 TOPSIS 负理想解是最差的评价对象，其位置是不固定的，这对评价而言是不合适的，因此选用原点为负理想解，坐标为 $(0，0)$。M 为需要评价的任意一点，其坐标值为 $(X_M，Y_M)$，M 到理想解的距离为 MA，到负理想解的距离为 OM，此时 TOPSIS 评价值为：

$$C_M = \frac{OM}{OM + MA} \tag{5-5}$$

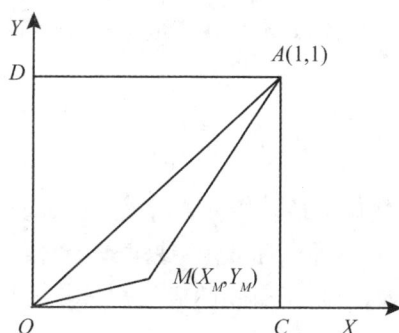

图 5-1　TOPSIS 评价原理

从 TOPSIS 评价原理看，其评价极大值为 1，极小值是不确定的。也就是说，TOPSIS 评价值具有评价功能，将其得分放大 100 倍，其得分完全符合百分制判断标准。但是如果评价指标得分不具备评价功能，那么 TOPSIS 分值就不具有评价功能，所以标准化评价指标值是否具有评价功能是 TOPSIS 分值是否具有评价功能的基础。

根据前文分析，对于线性评价而言，如果采用极大值标准化放大了原始指标的真实水平，那么线性多属性评价结果也会具有这种放大作用，即线性多属性评价值如果是 60 分，但其真实水平会低于 60 分。但是

TOPSIS 评价是一种非线性评价，采用极大值标准化放大原始指标水平对评价值的影响需要进一步进行实证分析。

3. 基于 sigmoid 函数的评价型标准化方法

成长曲线最早源于生物成长，呈现 S 型曲线的特征。Pearl 等（1920）首次提出成长曲线，首先应用在生物繁殖研究中。Kleiber（1932）通过对大量的哺乳动物和鸟类的观测，得出动物的新陈代谢率与它质量的四分之三次方成正比，这就是生物学界著名的 Kleiber 定律，曲线的局部特征与成长曲线类似。随着学科交融，成长曲线被广泛应用到经济、社会、企业的发展过程中。

成长曲线也称为 Logistic 曲线，将事物发展水平 Y 视为时间 t 的函数，其表达式为：

$$Y = \frac{L}{1 + ae^{-bt}} \tag{5-6}$$

公式（5-6）中，L 为事物发展的理想值，e 为自然数，a、b 为调节系数，受环境和事物成长特征等因素影响。

当 $L=a=b=1$ 时，Logistic 函数就变成 sigmoid 函数，其极大值为极限 1，极小值为极限 0。

$$Y = \frac{1}{1 + e^{-t}} \tag{5-7}$$

如果采用 z 值标准化，将其作为 t 值代入 sigmoid 函数，或者说采用 sigmoid 函数进行标准化，那么标准化结果就具有评价功能，这是因为：

第一，sigmoid 函数反映了事物的成长规律，用其作为判断标准符合客观情况。

第二，根据正态分布的规律，绝大多数评价值的 z 值位于 $[-3，3]$ 区间内，其标准化值在（0，1）之间，非常符合评价实际。即使原始指标值不服从正态分布，一般也不会影响标准化结果。

5.1.4　实证研究结果

1. 研究数据

为了分析比较传统的极大值标准化方法与 sigmoid 标准化方法对 TOPSIS 评价的影响，本节基于 JCR2017 无机与核化学期刊数据进行实证研究。该学科共有期刊 45 种，由于有 4 种期刊存在数据缺失，将其删除，实际还有 41 种期刊。作为一个评价实例，本节进行学术期刊影响力评价，选取的评价指标有总被引频次 TC、影响因子 IF、5 年影响因子 IF_5、即年指标、特征因子 ES、论文影响分值共 6 个指标。

2. 不同标准化方法的描述统计分析

分别采用极大值标准化与 sigmoid 标准化对原始指标进行标准化，然后比较分析其描述统计量，结果分别如表 5-1 和表 5-2 所示。

表 5-1　极大值标准化描述统计

统计指标	TC	IF	IF_5	II	ES	AIS
均值	0.113	0.173	0.182	0.175	0.106	0.168
中位数	0.035	0.128	0.142	0.158	0.024	0.112
极大值	1.000	1.000	1.000	1.000	1.000	1.000
极小值	0.002	0.036	0.034	0.013	0.002	0.012
标准差	0.200	0.176	0.184	0.169	0.221	0.193
离散系数	1.773	1.015	1.010	0.966	2.083	1.150
偏度 S	3.085	3.083	2.736	3.009	3.302	2.707
峰度 K	12.686	13.995	11.494	14.997	13.253	10.923
Jarque-Bera 检验	225.305	271.460	174.399	307.767	254.074	157.294
p	0.000	0.000	0.000	0.000	0.000	0.000

表 5-2　sigmoid 标准化描述统计

统计指标	TC	IF	IF_5	II	ES	AIS
均值	0.476	0.478	0.478	0.481	0.474	0.478
中位数	0.404	0.436	0.445	0.474	0.408	0.428
极大值	0.988	0.991	0.988	0.993	0.983	0.987
极小值	0.365	0.314	0.308	0.277	0.384	0.308
标准差	0.158	0.160	0.168	0.166	0.148	0.167
离散系数	0.332	0.335	0.351	0.345	0.313	0.350
偏度 S	1.997	1.513	1.509	1.044	2.435	1.576

续表

统计指标	TC	IF	IF_5	II	ES	AIS
峰度 K	6.198	5.062	4.781	3.685	8.121	5.007
Jarque-Bera 检验	44.723	22.896	20.984	8.252	85.331	23.858
p	0.000	0.000	0.000	0.016	0.000	0.000

从均值看，sigmoid 标准化极大地提高了各指标的均值，并且均值大小为 0.474~0.481，总体比较均衡。而极大值标准化的均值位于 0.106~0.182，波动范围较大。

从中位数看，sigmoid 标准化提高了中位数与均值比，中位数大小 0.404~0.474，而极大值标准化中位数的取值范围为 0.024~0.158，同样 sigmoid 标准化后中位数的取值范围波动较小。

从极大值和极小值看，极大值标准化所有指标的极大值均为 1，极小值均较小，这是由文献计量指标的数据分布特点所决定的。Sigmoid 标准化极大值为 0.983~0.993，虽然接近 1，但全部小于 1，也就是说，由于 sigmoid 标准化的评价功能，导致极大值并不相等，更好地反映了极大值的水平。此外采用 sigmoid 函数标准化有效提高了极小值，说明传统的极大值标准化方法对分值较小指标的评价并不合理，抑制了较小指标值。

从离散系数看，极大值标准化的离散系数为 0.996~2.083，sigmoid 标准化的离散系数为 0.313~0.350，后者降低了各指标的离散系数水平。

从数据分布看，Jarque-Bera 检验显示极大值标准化 6 个指标均不服从正态分布，偏度均大于 0，峰度均呈现尖峰。而 sigmoid 标准化虽然 6 个指标也不服从正态分布，但 Jarque-Bera 有所降低，偏度和峰度也有所降低，也就是说，sigmoid 标准化使得评价指标更接近正态分布。

3. 评价结果排序比较

采用两种不同的方法做标准化，TOPSIS 评价结果如表 5-3 所示。由于 sigmoid 函数标准化虽然没有改变指标值的大小排序，但对指标数据本身改动较大，加上 TOPSIS 本身就是一种非线性评价方法，采用 sigmoid 标准化的评价值与极大值标准化的评价值排序也存在差异。有 10 种期刊的排序不变，约占四分之一，多数期刊的排序发生了变化。

表 5-3　不同标准化方法 TOPSIS 评价结果比较

期刊名称	极大值标准化评价	排序	Sigmoid 标准化评价	排序	排序变化
COORDIN CHEM REV	0.686	1	0.862	1	0
INORG CHEM	0.533	2	0.764	2	0
DALTON T	0.476	3	0.712	3	0
ORGANOMETALLICS	0.346	6	0.707	4	−2
ADV ORGANOMET CHEM	0.352	5	0.621	5	0
INORG CHEM FRONT	0.280	7	0.619	6	−1
PROG SOLID STATE CH	0.370	4	0.610	7	3
J BIOL INORG CHEM	0.216	8	0.549	8	0
J INORG BIOCHEM	0.195	10	0.548	9	−1
EUR J INORG CHEM	0.189	11	0.541	10	−1
STRUCT BOND	0.212	9	0.534	11	2
J SOLID STATE CHEM	0.173	12	0.518	12	0
INORG CHIM ACTA	0.153	14	0.494	13	−1
J ORGANOMET CHEM	0.150	15	0.489	14	−1
POLYHEDRON	0.145	16	0.485	15	−1
APPL ORGANOMET CHEM	0.155	13	0.484	16	3
J FLUORINE CHEM	0.126	20	0.457	17	−3
BIOINORG CHEM APPL	0.129	18	0.449	18	0
SOLID STATE SCI	0.118	22	0.448	19	−3
COMMENT INORG CHEM	0.131	17	0.443	20	3
J CLUST SCI	0.124	21	0.437	21	0
ARCHAEOMETRY	0.113	23	0.434	22	−1
REV INORG CHEM	0.127	19	0.434	23	4
INORG CHEM COMMUN	0.098	25	0.424	24	−1
J COORD CHEM	0.096	26	0.416	25	−1
GOLD BULL	0.099	24	0.413	26	2

续表

期刊名称	极大值标准化评价	排序	Sigmoid 标准化评价	排序	排序变化
J RADIOANAL NUCL CH	0.087	28	0.411	27	−1
APPL RADIAT ISOTOPES	0.086	29	0.411	28	−1
ISOT ENVIRON HEALT S	0.094	27	0.408	29	2
Z ANORG ALLG CHEM	0.078	30	0.401	30	0
RADIOCHIM ACTA	0.073	31	0.388	31	0
TRANSIT METAL CHEM	0.064	32	0.376	32	0
PHOSPHORUS SULFUR	0.052	33	0.362	33	0
Z NATURFORSCH B	0.045	34	0.359	34	0
RUSS J INORG CHEM+	0.040	35	0.353	35	0
J STRUCT CHEM+	0.035	37	0.346	36	−1
RUSS J COORD CHEM+	0.034	39	0.343	37	−2
NUKLEONIKA	0.035	36	0.342	38	2
MAIN GROUP MET CHEM	0.034	38	0.342	39	1
CHINESE J INORG CHEM	0.031	40	0.340	40	0
CHINESE J STRUC CHEM	0.028	41	0.336	41	0

从不同标准化方法评价值的相关系数看，两者高度相关，相关系数为 0.977。由于排序功能是评价的结果分析的重要手段之一，因此尽管评价值高度相关，但对排序的影响仍然较大。

4. 评价结果值的描述统计比较

不同标准化方法评价值的描述统计比较如表 5-4 所示。由于 TOPSIS 评价自身就具有评价功能，即 TOPSIS 的评价值就能反映评价对象的优劣。从评价结果的极大值看，极大值标准化 TOPSIS 评价值的极大值为 0.686，极小值为 0.028，均值为 0.161，及格率为 1/41；而 sigmoid 标准化 TOPSIS 评价值的极大值为 0.862，极小值为 0.336，均值为 0.473，及格率为 7/41。采用极大值标准化的 TOPSIS 评价值总体更大，及格率更高。

表 5-4　不同标准化方法 TOPSIS 评价值描述统计比较

统计指标	极大值标准化评价结果 Z1	Sigmoid 标准化评价结果 Z2
均值	0.161	0.473
极大值	0.686	0.862
极小值	0.028	0.336
标准差	0.146	0.125
离散系数	0.904	0.264
及格率	1/41	7/41
偏度 S	1.877	1.267
峰度 K	6.352	4.202
Jarque-Bera 检验	43.268	13.446
p	0.000	0.001

从数据分布看，极大值标准化 TOPSIS 评价值的离散系数为 0.904，远大于 sigmoid 标准化 TOPSIS 评价值的离散系数，后者仅为 0.264。同时尽管两者评价值并不服从正态分布，但 sigmoid 标准化的 TOPSIS 评价值比极大值标准化的 TOPSIS 评价值更接近正态分布，表现为偏度、峰度、Jarque-Bera 检验值降低。

5.1.5　结论与讨论

1. 评价值的评价功能受指标标准化方法与评价方法的影响

多属性评价值的评价功能是指评价值是否具有直接的优劣判断功能，这个问题一直较少得到关注，存在着较多的误用，更被评价值的排序分析所掩盖。本节从理论研究发现，多属性评价值的评价功能受评价指标标准化值与多属性评价方法的评价功能两个因素的共同影响，如果标准化方法本身没有评价功能，或者多属性评价方法没有评价功能，那么多属性评价值虽然可以排序，但肯定没有评价功能，即不能根据评价值来直接判断优劣。

2. sigmoid 标准化方法具有评价功能

根据成长曲线的原理，采用 sigmoid 标准化方法进行指标标准化，指标标准化值就具有评价功能，即大于 0.6 的评价对象可以视同及格，接近

1 的评价对象视同优秀，完全可以根据标准化值乘以 100 转化为指标评价绝对得分。

3. 现有的标准化方法均不具备评价功能

常见的标准化方法包括极大值标准化、极差标准化、功效系数法等，本节研究发现，极大值标准化的评价功能较低，极差标准化几乎不具备评价功能，功效系数法介于两者之间，总体上，常见的 3 种标准化方法均不具备评价功能。由此可以看出，目前的学术评价中，如果根据评价结果值直接进行优劣判断，这是值得商榷的。

4. TOPSIS 评价方法具有评价功能

根据 TOPSIS 评价方法的评价原理，其理论上的极大值为 1，极小值不确定，说明 TOPSIS 评价方法自身具有评价功能。或者说，只要评价值连续，并且极大值为 1 的评价方法，均具有评价功能。并不是所有非线性评价方法均具有这种特征，比如主成分分析、因子分析评价，它们的极大值并不确定，因此这两种方法并不具有评价功能。

5. sigmoid 标准化改变了指标的统计特征

sigmoid 标准化 TOPSIS 评价值具有评价功能，可以根据评价值得分直接判断优劣。

与传统的极大值标准化方法相比，sigmoid 标准化的均值有所提高，离散系数有所降低，并且数据更加接近正态分布，根本原因 sigmoid 标准化是一种非线性标准化。此外 sigmoid 标准化后不同指标的均值、离散系数等也有接近的趋势，比较适合用来评价。

当然这是以 JCR2017 无机与核化学期刊作为研究对象得出的结论，至于其他数据有待进一步分析。

6. sigmoid 标准化 TOPSIS 评价结果与极大值标准化 TOPSIS 评价结果有所差异

Sigmoid 标准化 TOPSIS 评价值与极大值标准化 TOPSIS 评价值虽然高度相关，但是排序也发生了改变。在考虑评价指标的评价功能后，尽管评价方法均采用 TOPSIS 法，但对评价值及其排序的影响还是较大的，约四分之三的期刊排序发生了变化。

7. sigmoid 标准化 TOPSIS 评价改变了评价值的统计特征

与极大值标准化 TOPSIS 评价值相比，sigmoid 标准化 TOPSIS 评价提高了评价的极大值、极小值和均值，降低了离散系数，使得评价结果的数据分布更加接近正态分布。当然这同样是以 JCR2017 无机与核化学期刊作为研究对象得出的结论，至于其他数据有待进一步分析。

8. 标准化与评价方法的评价功能对学术评价冲击较大

标准化方法与多属性评价方法的评价功能对学术评价将产生深远的影响，由于目前几乎所有的标准化方法均不具备评价功能，加上对评价方法自身的评价功能研究不够，因此现在绝大多数学术评价值的结果分析除了排序外，其他具有评价功能的数值分析可能均是值得商榷的。这里首先要解决的问题是标准化方法的评价功能，sigmoid 函数仅仅是其中有益的一种尝试，还有其他更多的方法需要进行探索。

5.2　主成分、因子分析学术期刊评价值的判断标准研究

在科技评价中，无论采用主成分分析还是因子分析进行评价，均无法根据评价值直接判断优劣，只能排序，这就削弱了主成分分析与因子分析评价的解释力，本质上是评价值的绝对判断标准问题。本节在分析学术评价特点以及成长曲线原理的基础上，提出采用 sigmoid 函数对主成分分析或因子分析的评价值进行标准化，并基于 JCR2017 经济学期刊的数据，采用主成分分析和因子分析进行评价，然后对评价值进行标准化，并分析了标准化结果的数据特征。研究结果表明：标准化可以提升主成分分析与因子分析评价结果的解释力；标准化可以对评价对象发展阶段进行判断；标准化平滑了评价值且抑制了水平较高的评价对象；标准化使得评价结果更加接近正态分布；采用 sigmoid 函数标准化可以进行进一步推广。

5.2.1　引言

在科技评价中，主成分分析和因子分析得到了广泛的应用。科技评价包括的范围非常广泛，如地区科技绩效评价、企业科技绩效评价、高校科技绩效评价、科研机构评价、学术期刊评价、学者个人评价等。从评价方法来说，由于科技评价指标众多，单一指标评价往往比较片面，难以进行

全面评价，因此采用指标体系进行多属性评价得到了广泛的应用。主成分分析与因子分析评价比较客观，并且具有较强的数据分析功能，因此在科技评价中应用频率较高，目前已经发表了成百上千篇采用主成分或因子分析的中英文科技评价类论文。

主成分与因子分析评价值的分析目前主要是简单排序，缺乏进一步解读和深度分析。这个问题一直没有得到重视，影响了对评价可能存在问题的进一步分析，并且会影响到后续的政策调整，本质上是评价值的判断标准问题。目前采用主成分或因子分析评价，评价值往往同时包括正数和负数，即使是正数值，也不能根据其大小进行优劣的判断，至于负数值，则更加难以进行解释。所以现有相关研究，往往对评价值按大小进行排序，然后分析排序结果，但是这是一种牺牲连续数据的非参数分析，会遗失评价值中包含的大量信息。比如 A、B、C 三种学术期刊，其评价值分别为7.25、7.23、7.20，排序分别为 1、2、3 名，这和评价值分别为 7.25、6.17、5.28，排序同样是 1、2、3 名是不一样的，因为后者的相对差距更大，排序会掩盖学术期刊间的相对差距。

主成分与因子分析评价值的排序问题仅仅是一个方面，此外还存在评价值的判断标准以及进一步的深度分析问题。比如 A 期刊评价值为 7.25，排名第一，那么能否说 A 期刊得分就是满分？如果能界定其满分，那么依据是什么？也就是说，需要根据评价值设定一个评价结果优劣判断的终极标准。解决了这个问题，就可以对学术期刊是否处在及格线以上进行判断，同时也可以分析任意两种学术期刊之间的相对差距。进一步地，还可根据评价值对某个学术期刊的发展阶段加以判断，这样期刊就可以根据自身的发展阶段制定未来的发展战略。

主成分分析与因子分析评价值的判断标准与深度分析是科技评价与统计学的基础问题，解决这个问题具有重要的理论意义与实践价值。第一，有利于丰富主成分分析与因子分析理论，进一步深化其应用。第二，相关问题如果能够解决，对于其他类似的非线性评价方法也有较好的启示，因为这个问题比较普遍。第三，有利于保证评价公平，体现评价对象之间的真实差距。第四，解决这个问题有利于对科技评价结果的进一步分析，判断其发展阶段，为政策研究打下良好的基础。由于主成分分析和因子分析原理相近，因此放在一起进行研究。

本节以事物发展的成长曲线理论为基础，提出了采用基于 sigmoid 函数的评价结果标准化方法，用于对主成分分析或因子分析的评价值进行标准化，并系统阐明了其理由。在此基础上，以 JCR2017 经济学期刊为例，采用主成分和因子分析进行评价，对评价值进行标准化和深度分析，进一步说明采用 sigmoid 函数对评价值标准化的意义。

5.2.2　文献综述

关于主成分分析在学术期刊中的应用，目前研究成果较多，涉及省份、城市、高校、学术期刊、科研人员评价。段利民、马鸣萧等(2012)从理论上分析了区域经济发展水平、区域制造业基础、区域科技资源、科技服务业产业基础、政府支持对科技服务业发展潜力的影响，最后运用主成分分析评价我国 30 个省级区域的科技服务业发展潜力。刘明、聂青等(2018)基于 PEST 模型构建多层次科技人力资源生态环境评价指标体系，运用主成分分析法以城市为单位进行综合得分和排名。韩晓明、王金国等(2015)结合主成分分析和熵值法，构建高校科技创新能力评价指标体系，对 211 高校科技创新绩效进行评价。刘红煦、王铮(2018)采用主成分分析方法将土木工程学科期刊 15 个原始指标划分到 4 个主成分，并对 Altmetrics 的单一指标与综合评价指标进行相关度分析。马卫华、陈月娉(2014)利用主成分分析方法对广东省 53 种科技期刊进行综合评价，得出期刊评价指数。王菲菲、刘家妤(2019)从网络上抓取某高校科研人员影响力数据，并结合传统的引文计量指标，采用主成分分析和天际线方法构建指标体系和评价模型进行综合评价。

因子分析在科技评价中的应用成果也较为丰富，涉及科技发展环境、科技竞争力、高校等评价。黄斌、汪长柳等(2013)从科技服务业的规模和水平、结构和效益、科技服务能力、产业发展基础和科技发展环境等方面选取指标，运用因子分析模型对江苏省地级市的科技服务业竞争力进行评价。陈金德、伍晓玲等(2014)从科技支撑能力、科技创新投入和科技创新产出三个方面构建科技创新能力评价指标体系，运用因子分析法对广东省各地市专业镇进行评价。董晔璐(2015)建立我国高校科技创新能力的指标体系，运用因子分析法对我国 31 个省(自治区、直辖市)的高校科技创新能力进行分析与评价。

还有一些学者采用因子分析对学术期刊进行评价，吴涛、杨筠等(2015)选用 IF、IF_5、h 指数、SJR、ES 和 $SNIP$ 指标，采用因子分析对 Scopus 数据库和 WoS 数据库共有的 1881 种医学类期刊进行分析评价。何莉、董梅生等(2014)运用因子分析法，对安徽省高校自然科学学报的学术影响力水平进行综合评价。熊国经、熊玲玲等(2017)用因子分析法对评价指标进行分类，构建结构方程模型，对图情类期刊进行指标数据计算、分析和评价。奉国和、周榕鑫等（2018）利用熵权法结合因子分析计算各指标权重，通过 TOPSIS 法计算各年期刊综合得分并构建综合评价矩阵。王志娟、姚亚楠等（2018）选取 10 个文献计量指标，运用因子分析法对广东省医药卫生期刊影响力水平进行综合评价。张发明、王伟明（2018）针对组合评价法可以实现优势互补、减少单一评价法偏差的特点，提出一种新的基于因子分析和诱导密度算子的学术期刊组合评价模型。

对于多属性评价值的深度分析离不开评价值的标准化或归一化处理，这是多元统计的基础问题。Ma 等（2011）认为由于评价指标各自量纲不同，必然存在不可公度性问题，因此必须对评价指标进行标准化。Gregory 等（2009）运用随机模拟技术，从权重敏感性和排序一致性角度比较了 4 种标准化方法。Hwang 等（1981）分析了曲线无量刚化方法与直（折）线型无量纲化方法的特点，并对标准化方法选择进行了分析。Sidiropoulosa 等（2016）提出利用天际线算法来解决多维指标排序问题。俞立平、潘云涛等（2009）提出评价指标标准化三个原则，即极小值不确定原则、线性标准化原则、极大值相等原则。刘学之、杨泽宇等（2019）探讨了用 Logistic 函数对指标进行标准化，指出该方法是对指标数据非线性标准化的重要补充。冯晖、王奇（2011）提出基于 Sigmoid 函数的的综合评价方法，并对奖惩比例进行深化分析。

从现有的研究看，主成分分析与因子分析被广泛应用在科技评价及其相关分析中，涉及范围比较广泛，包括科技竞争力、科技服务业、科技软环境、科技发展环境、高校科技绩效、学术期刊、科研人员等评价。在评价结果的分析中，主要集中在主成分分析与因子分析自身的分析以及评价结果的排序，包括指标的分类、公共因子或主成分的特征等，总体上，在以下方面有待进一步深入：

第一，现有关于主成分分析与因子分析的所有评价，对评价值的分析几乎都是基于排序的简单分析，缺乏深度分析，因此评价值缺乏优劣判断标准，更无法根据评价值判断相对差距和发展阶段，这方面的研究有待深化。

第二，标准化方法或者无量纲化方法，主要针对评价指标，而忽视了对多属性评价值的标准化，并对其进行进一步的分析，这方面的研究有待深化。

第三，基于成长曲线进行标准化，现有研究的关注焦点仍然主要以指标标准化为主，目的是为了后续进行评价，很少关注采用成长曲线进行标准化的前提条件、适用范围，以及在此基础上的深度分析。

5.2.3   基于 sigmoid 函数对评价值进行标准化的原理

1. 基于成长曲线对评价值进行标准化的适用条件分析

成长曲线也称为 Logistic 曲线(见图 5-2) ，最早由 Pearl 等(1920)首次提出，首先应用在生物繁殖研究中，后被广泛应用于企业发展、产业成长、经济发展等众多领域。成长曲线将事物发展分为起步期、成长期、成熟期、衰退期等不同阶段，根据事物在成长曲线上的位置可以大致判断其发展阶段，因此是对单组数据分析的有力工具。进一步地，如果将成长曲线的极大值设定为满分 100，那么根据成长曲线上每个点纵轴映射值就可以直接进行打分，从而彻底解决了评价值优劣的判断标准问题。

如果科技评价值能够遵循成长曲线规律，那么这个问题就迎刃而解。目前的科技评价领域和范围较广，但是从个体评价对象角度，大学、学科、研究机构、学术期刊、学者等所有的评价对象，都有一个从无到有，从低水平到高水平的成长过程，所以总体上，采用成长曲线进行分析是可行的。

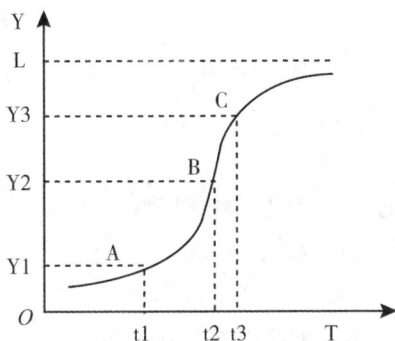

图 5-2   成长曲线

单一的科技评价对象符合成长曲线规律主要是针对时间序列数据的。以学术期刊为例，假设某期刊 1980 年创刊，那么其影响力肯定会从 0 开始，慢慢地逐步扩大，如果将 1980—2018 年每年的多属性评价值画成散点图，那么一般而言，其形状会接近或部分接近成长曲线的形状，此时用成长曲线对其标准化并进行进一步分析是可以的。

截面数据是否能够采用成长曲线进行标准化非常关键。同样以学术期刊评价为例，即对于 2018 年某个学科的几十上百种学术期刊，能否对其多属性评价值采用成长曲线进行标准化？如前文所述，多属性评价是一种综合评价，其本身的发展规律是相对稳定的，受异常值的影响较小。如果将现在较低水平或中等水平学术期刊的评价值，看作是较高水平学术期刊的过去，那么完全可以采用成长曲线来进行标准化。任何期刊，其水平总是在不断发展提高的，今天较高水平的期刊就是现在一般水平期刊的未来，这就为采用成长曲线进行截面数据评价值的标准化奠定了坚实的基础。

多属性评价值的发展与单个评价指标发展相比更符合成长曲线的特征。多属性评价是通过若干指标进行评价，因此即使个别指标由于某种原因不服从成长曲线规律，但并不影响综合评价值服从成长曲线规律，因此从这个角度，采用成长曲线对某个评价对象的发展进行模拟，进而进行深度分析是可行的。

2. 基于 sigmoid 函数标准化的原理

成长曲线将事物发展水平视为时间的函数，Logistic 函数的通用表达方式是：

$$Y = \frac{L}{1 + ae^{-bt}} \tag{5-8}$$

式(5-8)中，Y 为成长曲线标准化后的结果，L 为事物发展的极大值，t 表示时间。e 表示自然数，a、b 为常数项，也是调节系数，受环境和事物成长特征影响。

求 Logistic 函数的一阶导数，并令其为 0：

$$\frac{dy}{dt} = \frac{Kabe^{-bt}(abe^{-bt} - b)}{(1 + ae^{-bt})^3} = 0 \tag{5-9}$$

得到 $t = \ln(a)/b$，该点即是图 5-2 中的 B 点，即拐点。继续求 Logistic 函数的二阶导数，并令其为 0：

$$\frac{d^2y}{dt^2} = \frac{Kab^3e^{-bt}(1 - 4abe^{-bt} + a^2e^{-2bt})}{(1 + ae^{-bt})^4} = 0 \tag{5-10}$$

解式(5-10)，得到：

$$t_1 = \frac{\ln(a) - 1.317}{b} \tag{5-11}$$

$$t_2 = \frac{\ln(a) + 1.317}{b} \tag{5-12}$$

即得到 A 点和 C 点的 t 值，分别为 t_1、t_2，t_1 表示进入成长期，t_2 表示进入成熟期。

当 $L=a=b=1$ 时，Logistic 函数就变成 sigmoid 函数。

$$Y = \frac{1}{1 + e^{-t}} \tag{5-13}$$

Sigmoid 函数图像如图 5-3 所示，它是成长曲线的一种特殊形式，具有所有成长曲线的特征。其极大值为 1，极小值为 0，也就是说，具有评价值的直接判断功能，可以对科技评价对象优劣进行直接判断。其拐点坐标(0，0.5)，成长期始点坐标为(−1.317，0.211)，成熟期始点坐标(1.317，0.789)，这样也方便对评价对象所处阶段进行直接判断。

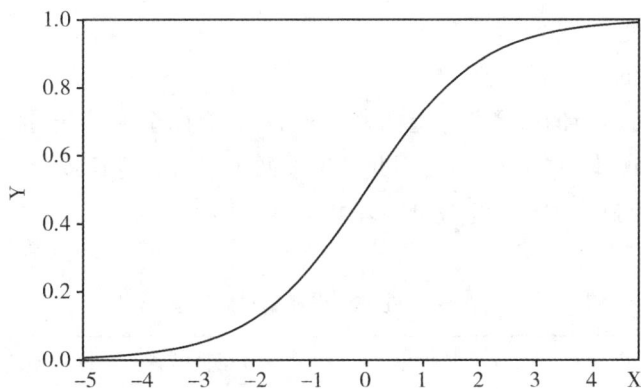

图 5-3　sigmoid 函数

基于 sigmoid 函数做评价值的标准化或归一化，首先对评价值进行 z 值转换，即：

$$z = \frac{C - \mu}{\sigma} \tag{5-14}$$

公式(5-14)中，C 为主成分或因子分析的评价结果，μ 为其平均值，σ 为标准差。

将 z 值代入 sigmoid 函数，用其代替 t，就得到标准化后的评价值 Y。

5.2.4　数据与实证结果

1. 研究数据

本节数据来源于 JCR2017 经济学期刊数据，JCR2017 共有数学期刊 353 种，删除数据缺失期刊 32 种，实际期刊数量为 321 种。选取的评价

指标有总被引频次 *TC*、影响因子 *IF*、他引影响因子 *IFW*、5 年影响因子 *IF5*、即年指标 *II*、被引半衰期 *CHL1*、引用半衰期 *CHL2*、特征因子 *ES*、论文影响分值 *AIS*。需要说明的是，由于被引半衰期和引用半衰期是反向指标，因此本节用各自的极大值减去指标值进行初步处理，将其转化为正向指标。

2. 主成分和因子分析评价

(1) 适用性检验

首先进行适用性检验，KMO 检验值为 0.772，Bartllett 检验值为 3623.831，相伴概率为 0.000，说明可以采用主成分或因子分析进行评价。

(2) 主成分分析评价

主成分分析的解释总方差如表 5-5 所示，有两个主成分的特征根大于 1，累计贡献率为 73.467%，因此选取前两个主成分进行评价，权重采用方差贡献率进行加权。主成分矩阵如表 5-6 所示。

表 5-5　主成分分析解释总方差

主成分	特征根	方差贡献率	累计贡献率
1	5.128	56.979	56.979
2	1.484	16.487	73.467
3	0.794	8.824	82.290
4	0.611	6.786	89.077
5	0.581	6.453	95.530
6	0.275	3.052	98.582
7	0.075	0.829	99.411
8	0.048	0.533	99.945
9	0.005	0.055	100

表 5-6　主成分矩阵

评价指标	变量名称	主成分 1	主成分 2
总被引频次	*TC*	0.801	−0.295
影响因子	*IF*	0.921	0.184

续表

评价指标	变量名称	主成分 1	主成分 2
他引影响因子	IFW	0.925	0.156
5 年影响因子	$IF5$	0.950	0.111
即年指标	II	0.555	0.439
被引半衰期	$CHL1$	−0.310	0.738
引用半衰期	$CHL2$	0.261	0.693
特征因子	ES	0.808	−0.277
论文影响分值	AIS	0.869	−0.178

从表 5-6 可以看出，第一主成分包括总被引频次、影响因子、他引影响因子、5 年影响因子、即年指标、特征因子、论文影响分值 7 个指标，第二主成分包括被引半衰期、引用半衰期 2 个指标，因此可以将第一主成分命名为影响力指标，第二主成分命名为时效性指标。

（3）因子分析评价

因子分析解释总方差如表 5-7 所示，旋转矩阵的特征根大于 1 的也是 2 个，第一因子的方差贡献率为 55.941%，第二因子的方差贡献率为 17.526%，因此选取前两个公共因子进行评价，权重采用方差贡献率进行加权，因子旋转矩阵如表 5-8 所示。

表 5-7　因子分析解释总方差

因子	初始特征根			旋转矩阵平方载荷		
	特征根	方差贡献率	累计贡献率	特征根	方差贡献率	累计贡献率
1	5.128	56.979	56.979	5.035	55.941	55.941
2	1.484	16.487	73.467	1.577	17.526	73.467
3	0.794	8.824	82.290			
4	0.611	6.786	89.077			
5	0.581	6.453	95.530			
6	0.275	3.052	98.582			
7	0.075	0.829	99.411			
8	0.048	0.533	99.945			
9	0.005	0.055	100.000			

表 5-8   旋转矩阵

评价指标	变量名称	公共因子 1	公共因子 2
总被引频次	*TC*	**0.838**	−0.163
影响因子	*IF*	**0.879**	0.329
他引影响因子	*IFW*	**0.888**	0.302
5 年影响因子	*IF5*	**0.920**	0.262
即年指标	*II*	0.477	**0.522**
被引半衰期	*CHL1*	−0.424	**0.679**
引用半衰期	*CHL2*	0.147	**0.726**
特征因子	*ES*	**0.842**	−0.144
论文影响分值	*AIS*	**0.886**	−0.036

从旋转成分矩阵看，第一公共因子包括总被引频次、影响因子、他引影响因子、5 年影响因子、特征因子、论文影响分值 6 个指标，第二公共因子包括即年指标、被引半衰期、引用半衰期 3 个指标。注意这个结果与主成分分析是不同的，由于即年指标既具有时效性特征也具有影响力特征，在进行矩阵旋转后增强了公共因子的解释力，因此将即年指标从影响力指标中提出，放到时效性指标中去了。同样根据方差贡献率进行加权评价，得到因子分析的评价值。

3. 主成分与因子分析评价结果标准化

将主成分分析与因子分析的评价值先计算其均值和标准差，再计算 z 值，最后根据 sigmoid 函数进行标准化，结果如表 5-9 所示。由于篇幅所限，本节仅公布按主成分分析排序后前 15 种期刊以及后 15 种期刊的排序结果。

表 5-9   主成分分析与因子分析评价结果

期刊名称缩写	主成分评价结果	主成分 Z 值	主成分评价标准化	因子分析评价结果	因子分析 Z 值	因子分析标准化
Q J ECON	4.601	5.699	0.997	4.798	6.013	0.998
AM ECON REV	3.339	4.135	0.984	3.805	4.769	0.992

续表

期刊名称缩写	主成分评价结果	主成分Z值	主成分评价标准化	因子分析评价结果	因子分析Z值	因子分析标准化
J FINANC	3.067	3.799	0.978	3.332	4.176	0.985
J ECON PERSPECT	2.648	3.279	0.964	2.602	3.262	0.963
J FINANC ECON	2.577	3.192	0.961	2.770	3.471	0.970
ECONOMETRICA	2.213	2.740	0.939	2.657	3.330	0.965
AM ECON J-APPL ECON	2.195	2.719	0.938	2.026	2.539	0.927
ENERG POLICY	2.154	2.668	0.935	2.198	2.754	0.940
J POLIT ECON	2.097	2.597	0.931	2.481	3.110	0.957
ECON GEOGR	2.018	2.500	0.924	1.873	2.348	0.913
REV FINANC STUD	1.995	2.470	0.922	2.052	2.572	0.929
REV ENV ECON POLICY	1.984	2.457	0.921	1.723	2.160	0.897
VALUE HEALTH	1.957	2.423	0.919	1.782	2.233	0.903
REV ECON STUD	1.953	2.419	0.918	2.167	2.715	0.938
J ECON LIT	1.922	2.380	0.915	1.993	2.498	0.924
以上为主成分分析前14种期刊，以下为后15种期刊						
AM J ECON SOCIOL	−0.833	−1.031	0.263	−0.728	−0.912	0.287
HACIENDA PUBLICA ESP	−0.837	−1.037	0.262	−0.799	−1.001	0.269
JPN ECON REV	−0.841	−1.041	0.261	−0.777	−0.974	0.274
MATH SOC SCI	−0.862	−1.067	0.256	−0.707	−0.886	0.292
J INST THEOR ECON	−0.870	−1.078	0.254	−0.707	−0.886	0.292
REV DERIV RES	−0.883	−1.093	0.251	−0.776	−0.972	0.274
AUST ECON PAP	−0.886	−1.097	0.250	−0.751	−0.941	0.281
REV HIST ECON	−0.906	−1.122	0.246	−0.775	−0.971	0.275
J MATH ECON	−0.916	−1.135	0.243	−0.711	−0.892	0.291
REV ECON POLIT	−0.921	−1.140	0.242	−0.839	−1.051	0.259

续表

期刊名称缩写	主成分评价结果	主成分Z值	主成分评价标准化	因子分析评价结果	因子分析Z值	因子分析标准化
BE J THEOR ECON	−0.944	−1.169	0.237	−0.864	−1.083	0.253
INT J GAME THEORY	−1.025	−1.270	0.219	−0.758	−0.950	0.279
REV HIST INDUST	−1.166	−1.445	0.191	−0.978	−1.225	0.227
AUST ECON HIST REV	−1.256	−1.556	0.174	−1.034	−1.296	0.215
HIST POLIT ECON	−1.833	−2.270	0.094	−1.270	−1.591	0.169

　　无论是主成分分析还是因子分析，如果不看排序，根本无法判定期刊的总体水平如何，因为主成分分析评价极大值 4.601，极小值−1.833；因子分析评价极大值 4.798，极小值为−1.270，难以进行其水平优劣的绝对判断。但是从 sigmoid 函数标准化的结果看，主成分分析前 3 名期刊的评价值分别为 0.997、0.984、0.978，后 3 名分别为 0.094、0.174、0.191，很容易就可以进行判断，并进行任意期刊差距的比较。因子分析的前 3 名得分分别为 0.998、0.992、0.985，后 3 名分别是 0.169、0.215、0.227，同样方便进行直接判断和比较。

　　4. 对学术期刊发展阶段的判断

　　根据 sigmoid 函数的原理，凡是 z 值低于−1.317 或标准化后评价值低于 0.211 的期刊均处在起步期，z 值大于 1.317 或评价值大于 0.789 的期刊均进入成熟期，并且 z 值大于 0 或评价值大于 0.5 的期刊均进入了发展的拐点，具体如表 5-10 所示。

表 5-10　发展阶段分析

比较指标	主成分评价	比重%	因子评价	比重%
起步期数量	4	1.24	1	0.31
成长期数量	288	89.44	292	90.68
成熟期数量	30	9.32	29	9.01
进入拐点数量	116	36.02	113	35.09
及格数量	74	31.89	71	30.60

主成分分析处于起步期的期刊数量为 4 种，因子分析为 1 种；主成分分期处于成长期的期刊为 288 种，因子分析为 292 种；主成分分析处于成熟期的期刊为 30 种，因子分析为 29 种；主成分分析进入发展拐点的期刊有 116 种，因子分析为 113 种；主成分分析评价的及格率为 31.89%，因子分析评价的及格率为 30.60%。总体上处于成长期的期刊数量较多，成熟期的期刊较少，大约有三分之一的期刊进入了发展的拐点，及格率也在 30% 左右。需要说明的是，由于数据缺失删除了 31 种期刊，这些期刊中应该有相当一部分在起步期，从这个角度看，以上结果是比较符合实际的。

5. 主成分与因子分析标准化前后评价值的统计分析

为了分析主成分评价值与因子分析评价值标准化前后的对比情况，本节分析视角从三个方面展开：第一是描述统计，主要从均值、中位数、极大值、极小值、标准差进行分析；第二是区分度与打分特点，除了从离散系数角度分析外，还根据"二八定律"，即计算评价结果前 20% 的评价对象总分占所有总分的百分比，以及后 20% 的评价对象占所有总分的百分比；第三是从数据分布角度加以分析，主要计算偏度、峰度，进行正态分布检验等，结果如表 5-11 所示。需要说明的是，由于主成分分析与因子分析评价结果有负数，不便于统计，因此将其评价值统一加上极小值取整数后的绝对值。

表 5-11　标准化前后比较分析

比较指标	主成分评价	主成分标准化	因子评价	因子标准化
均值	1.900	0.483	1.300	0.481
中位数	1.632	0.418	1.029	0.416
极大值	6.501	0.997	6.098	0.998
极小值	0.067	0.094	0.030	0.169
标准差	0.807	0.187	0.798	0.181
离散系数	0.425	0.387	0.614	0.377
前 20% 占比	13.75%	12.04%	17.47%	12.09%
后 20% 占比	3.13%	3.10%	2.35%	3.46%

续表

比较指标	主成分评价	主成分标准化	因子评价	因子标准化
偏度 S	1.883	1.005	2.260	1.130
峰度 K	7.908	3.226	9.916	3.483
Jarque-Bera 检验	511.901	54.759	912.904	71.496
p	0.000	0.000	0.000	0.000

从描述统计看，主成分分析与因子分析的原始评价值的极大值和极小值均不确定，难以进行直接比较，经过 sigmoid 函数标准化后，其理想极大值为1，极小值为0，因此可以对评价值进行直接比较。从均值和中位数看，主成分分析和因子分析的原始评价结果也难以进行直接比较和判断，标准化后，主成分分析的均值为 0.483，中位数为 0.418，因子分析的均值为 0.481，中位数为 0.416，主成分分析与因子分析的均值和中位数大小接近，中位数均位于均值左侧，而且相对数值比较接近。

从数据区分度与打分特点看，主成分分析评价值标准化前后的离散系数分别为 0.425、0.387，因子分析评价值标准化前后的离散系数分别为 0.614、0.377，标准化均降低了离散系数，使得数据分布更加平缓。根据"二八定律"，标准化前主成分分析前20%期刊占比为 13.75%，标准化后略有降低，前20%期刊占比为 12.04%；标准化前因子分析前20%期刊占比为 17.47%，标准化后有所降低，前20%期刊占比为 12.09%。也就是说，sigmoid 标准化对较好期刊打分具有一定的抑制作用，具有"防骄傲"效果。主成分分析评价值标准化前后 20%期刊的评价值占比分别为 3.13%、3.10%，因子分析评价值标准化前后 20%期刊评价值占比分别为 2.35%、3.46%，主成分分析标准化后轻度降低了后20%期刊的评价值，而因子分析标准化后则提高了后20%期刊的评价值。

从数据分布看，无论主成分分析还是因子分析评价，标准化前后其偏度 S 均大于 0，但是标准化后偏度 S 有所降低。峰度 K 呈现的特征也类似，标准化前后均呈现"尖峰"特征，但标准化降低了峰度 K。从 Jaque-Bera 正态分布检验看，无论主成分分析还是因子分析评价，标准化前后评价值均不服从正态分布，但标准化降低了 Jaque-Bera 检验值。总体上，标准化有助于使评价值更加接近正态分布。标准化对评价结果数据分布的影响如图 5-4、图 5-5、图 5-6、图 5-7 所示。

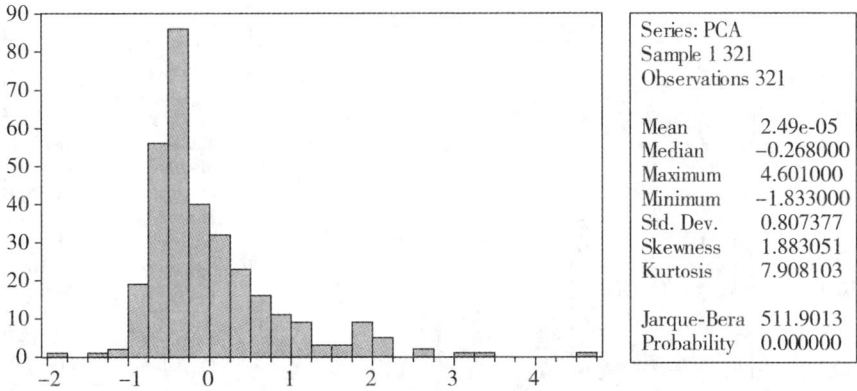

图 5-4　主成分分析评价原始值

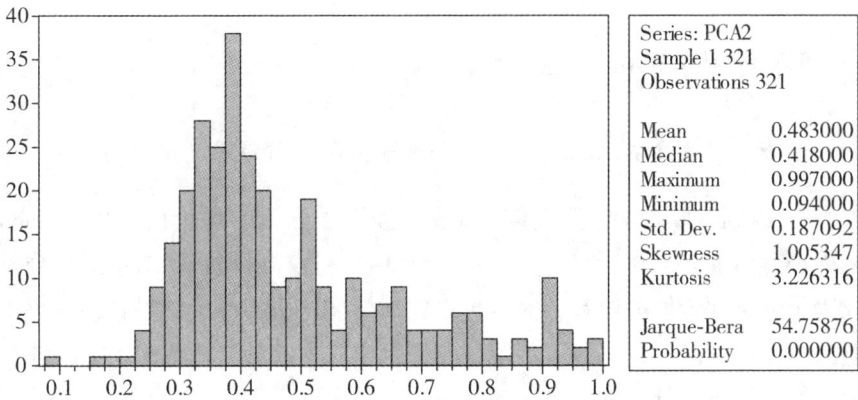

图 5-5　主成分分析标准化评价值

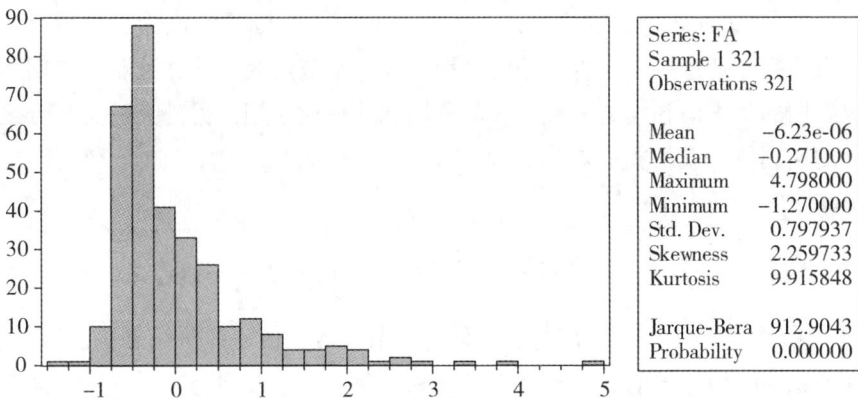

图 5-6　因子分析原始评价值

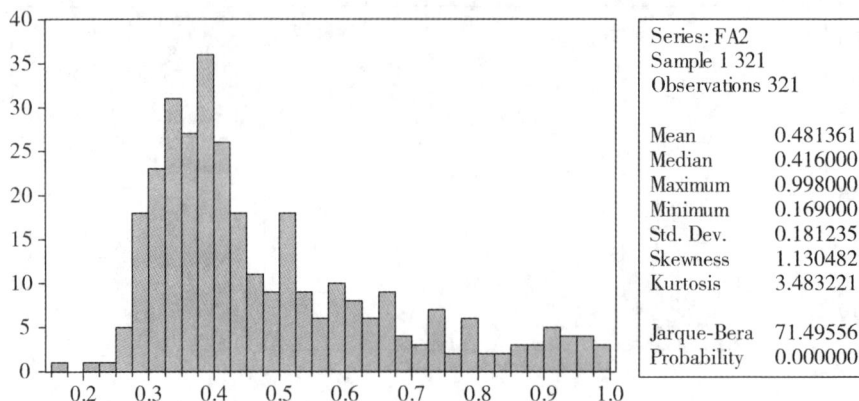

图 5-7　因子分析标准化评价值

5.2.5　研究结论

1. 标准化可以提升主成分分析与因子分析评价结果的解释力

基于成长曲线的原理，本节对成分和因子分析的评价值采用 sigmoid 函数进行标准化，将所有评价值映射到 0~1，这样就增强了对主成分分析或因子分析评价值的解释，完全可以根据标准化后的评价结果直接对评价对象优劣进行判断，克服了传统科技评价中对主成分分析或因子分析评价值只能进行排序分析的不足。

2. 标准化可以对评价对象发展阶段进行判断

根据 sigmoid 函数的原理，对主成分或因子分析评价值标准化后，可以直接判断任意一个评价对象的发展阶段。本节研究表明，处于起步期和成熟期的学术期刊均为少数，大部分期刊处在成长期，另外大约有三分之一的期刊位于成长拐点右侧，总体及格率约为 30% 左右，这是和实际情况基本吻合的。

3. 标准化平滑了评价值且抑制了水平较高的评价对象

采用 sigmoid 函数标准化，降低了离散系数，使得评价结果更加平滑。标准化同时降低了前 20% 期刊总分占所有期刊总分的比重，是一种"抑制优秀"的转换，可以防止优秀期刊"骄傲"，总体上是值得肯定的。

4. 标准化使得评价结果更加接近正态分布

由于许多文献计量指标不服从正态分布，使得采用主成分分析或因子分析的评价值也很难服从正态分布。本节研究发现，采用 sigmoid 函数进行标准化，虽然其标准化值也不一定服从正态分布，但是与原始评价值相比，标准化使其更加接近正态分布，这对评价而言是值得肯定的，比较符合公众的习惯。

5. 采用 sigmoid 函数标准化可以进行进一步推广

对于那些无法根据评价值直接判断评价对象优劣的评价方法，采用 sigmoid 函数进行标准化是一种较好的处理方法，在一定范围内可以进行推广。

5.3 学术评价中指标无量纲法对 VIKOR 评价的影响研究

VIKOR 评价法是一种重要的非线性多属性评价方法，在学术评价中得到了广泛的应用，但是对于无量纲方法对 VIKOR 评价结果的影响研究却比较缺乏，实际应用中比较随意。本节首先建立无量纲方法对 VIKOR 评价方法影响的分析框架，分析了无量纲方法对 VIKOR 评价的影响机制，然后基于 JCR2017 经济学期刊的数据进行了实证。研究结果表明：无量纲方法对 VIKOR 评价的影响机制包括评价值排序、统计特征与模拟权重三个方面；指标无量纲方法同样会影响 VIKOR 评价方法的模拟权重；极大值无量纲 VIKOR 评价结果总体优于极差无量纲；VIKOR 评价方法是一种对无量纲方法比较敏感的评价方法；当 VIKOR 用于学术评价时建议首选极大值无量纲方法。

5.3.1 引言

在学术评价中，多属性评价方法是一种非常重要的评价手段。所谓多属性评价方法，就是选取若干评价指标，将其进行无量纲化处理，然后采用某种评价方法进行评价，得到评价结果。多属性评价通过建立指标体系，从多方位进行学术评价，能够提供相对全面的信息，再加上评价方法众多，每种方法均有其一定的适用范围，可以根据评价需要灵活选取。目前多属性评价已经在大学评价、学科评价、科研人员评价、科技机构评价、学术期刊评价、图书馆评价等方面得到了广泛的应用。

多准则妥协解排序法（VIKOR）是一个针对复杂系统的多属性评价方法。该方法由 Opricovic（1998）最早提出，其最大的特点是根据最大的"群体效用"和最小化"个体遗憾"来进行评价。在评价中，所谓群体效用，就是对于某评价对象而言，各评价指标的离理想解的距离之和，越小越好；所谓个体遗憾，就是某评价对象到理想解的最大距离，当然也是越小越好（Opricovic，2007）。VIKOR 对评价的要求就是要兼顾这两方面，好的方面越来越好，差的方面也不能太差。在学术评价中，一方面需要提高各正向指标的值，保证指标总和要大，另一方面需要兼顾木桶理论，最差的指标也不能太差，因此 VIKOR 评价应用日趋广泛。

评价指标的无量纲化处理，或者说评价指标的标准化方法会影响包括 VIKOR 评价方法在内的所有多属性评价方法。常见的指标无量纲化处理方法包括极大值法、极差法、功效系数法、z 值法等。无量纲方法不同会影响到评价中的数据处理，进而对评价结果产生影响，对于 VIKOR 评价法而言也不例外。由于各种多属性评价方法原理不同，指标无量纲方法对评价的影响机制也不相同，加上学术评价指标数据许多并不服从正态分布，数据分布偏倚（Vinkler，2008；Seglen，1992），这对评价结果的影响会更大。在指标体系多属性评价中，评价指标的无量纲方法没有得到足够的重视，往往被简单化对待，无量纲处理在很大程度上改变了评价指标的数据特征，有些统计分析方法对此非常敏感（魏登云，2016）。

研究无量纲方法对于 VIKOR 评价法的影响机制，不仅有利于加深对 VIKOR 评价法的理解，有助于指标无量纲方法以及多属性评价方法的选取，从而丰富多属性评价理论，而且对于提高学术评价的公信力，促进评价的公开、公平、公正，从评价方法层面保证学术评价的公平，具有十分重要的研究价值。

5.3.2　文献综述

关于 VIKOR 评价方法在学术评价中应用，方曦、李治东等（2015）采用熵权法设置权重，基于 VIKOR 法对决策情报进行评价。郭强华、罗锋等（2018）基于直线距离改进了 VIKOR 评价方法，对 JCR2015 数学期刊进行评价，发现改进 VIKOR 方法提高了评价效果。刘天卓、余颖（2019）提出基于组合赋权和 VIKOR 的学术期刊综合评价模型。周慧妮、江文奇（2015）基于前景理论和 VIKOR 方法进行竞争情报渠道评价。

关于 VIKOR 评价方法在企业创新领域的应用，叶玲、叶贵等

（2018）根据系统论构建建筑企业技术创新能力评价指标体系，采用 BP 神经网络结合 VIKOR 法进行评价。毕克新、王筱等（2011）采用 VIKOR 法对科技型中小企业自主创新能力进行综合评价。曹霞、宋琪（2016）运用 QFD 质量屋模型选择关键指标，结合具有模糊特性的 Vague 值改进 VIKOR 法，对企业产学研合作伙伴进行选取。李存斌、张磊等（2018）构建可能度矩阵，通过 VIKOR 方法对企业科技发展水平进行评价。张瑞、丁日佳等（2015）从技术水平、成果性质、经济效益、社会效益 4 个方面建立指标体系，基于 VIKOR 法建立企业科技成果选择决策模型。尹夏楠、朱莲美等（2015）从创新能力、财务管控和风险控制三个视角构建了高新技术企业成长性评价指标体系，基于 VIKOR 对中关村 IT 行业上市公司成长性进行评价。

关于评价指标无量纲方法的作用和地位，Gregory（1992）指出在多指标综合评价的过程中，必须对被评价对象原始指标数据作无量纲化处理，才能消除各个指标的单位和量级等不同而产生的不利影响。Radicchi 等（2011）认为在学术评价中，效果理想的学科标准化方法应使得不同学科引文分布大致相同。张立军、袁能文（2010）认为选择合适的指标标准化方法，能够有效提高综合评价结果的准确性。张卫华、赵铭军（2005）提出无量纲化方法的合理性取决于评价结果排序的合理性，这是无量纲方法选取的重要标准。刘学之、杨泽宇等（2018）发现线性变换无量纲方法在处理非均匀分布的指标数据集合时，尤其是对局部集中分布数据的处理存在一定局限性，无法有效地将数据分层，缺乏辨识性，提出采用 Logistic 曲线进行非线性数据的标准化。张志辉、程莹等（2015）在大学评价中，发现基于加权优化模型的线性标准化方法比传统标准化方法效果好。

关于无量纲方法对评价结果的影响，研究角度首先从评价结果展开，Zhang 等（2011）分析了无量纲化方法对综合评价结果影响的鲁棒性，这是一种新的灵敏度分析视角。胡永宏（2012）研究发现，若不具备变异信息不变性，则无量纲化处理前后的数据将具有不同的密集程度，必然影响综合评价结果。张月、肖峰（2005）在用灰色关联分析第三产业与 GDP 关系中，发现比重法与极值法两种无量纲方法的结果是自相矛盾的。韩明彩（2012）认为线性标准化方法难以反映认知标准，此外标准化方法不同计算结果也不同。俞立平、武夷山（2011）在学术期刊评价中提出一种新的线性反向指标标准化方法，发现这种方法与传统经典方法相比，评价结果的排序后有所差异。樊红艳、刘学录

（2010）认为，原始数据无量纲化方法不同所得的排序结果也就明显不同。

　　关于无量纲方法对权重的影响，俞立平（2018）指出由于无量纲法使得评价指标均值不相等，加上学术评价指标不服从正态分布，必然隐含的自然权重问题，会造成评价实际权重的严重扭曲。朱喜安、魏国栋（2015）从权重视角研究了无量纲方法对熵权法评价的影响，并提出极值熵值法。糜万俊（2013）基于离差最大化可能造成权重信息失真的问题，以及约束条件与假设冲突，分析了无量纲化方法对属性权重影响的传导机制。江文奇（2012）分析了6种不同无量纲化方法对属性权重影响的敏感性，发现属性值的无量纲化方法不同，属性的客观权重也有所不同，不同的无量纲化方对方案的敏感性和保序性也有差别。王会、郭超艺（2017）分析了线性无量纲化方法对熵值法权重的影响，发现即使具有相同指标值的正指标和逆指标通常会得出不同的权重，任何等差数列数据通过极值法无量纲化后都会得到相同的权重，建议应优先基于原始指标值计算熵权进而进行评价。

　　从现有的研究看，VIKOR评价方法已经在学术评价与科技评价中得到了广泛的应用，涉及评价对象包括学术期刊、决策情报、竞争情报、企业创新能力、产学研合作对象选取、企业科技成果等。关于指标无量纲方法的地位与重要性，学术界已经取得共识。关于无量纲对多属性评价的影响机制，现有的研究集中在其对评价结果以及评价权重的影响，总体上在以下方面有待进一步深入研究：

　　第一，关于指标无量纲方法对多属性评价方法的影响机制，尤其是非线性评价方法的影响机制，缺乏系统的分析框架，有必要进一步进行构建研究。

　　第二，关于指标无量纲方法对VIKOR评价的影响，目前尚缺乏研究。

　　第三，关于无量纲方法对权重的影响，现有的研究主要集中在客观赋权上，对于不需要赋权的许多非线性评价方法，并未进行进一步讨论，因此无量纲方法对于权重的影响研究远不充分。

　　第四，关于指标无量纲方法对评价值的数据分布及其特征影响，现有的研究存在较大不足。

　　本节以JCR2017经济学期刊为对象，首先建立指标无量纲方法对非线性评价影响机制的分析框架，然后以VIKOR评价方法为例，选取极大值无量纲、极差无量纲两种代表性的无量纲方法，全面系统分析指标无量纲方法不同对 VIKOR 评价的影响，在此基础上得出结论并进行进一步讨论。

5.3.3　理论分析

1. 研究框架

本节的研究框架如图 5-8 所示。首先要研究无量纲方法对于评价的影响机制。影响机制研究必须和评价方法相结合，因为不同的多属性评价方法原理不同，无量纲方法对其影响效应也不相同。所以无量纲方法、评价方法两大关键要素缺一不可。本节重点研究无量纲方法对VIKOR 评价方法的影响机制，显然不能采用一种无量纲方法，本节以极大值无量纲和极差无量纲两种最常见的无量纲方法为例，研究其对VIKOR 评价方法的影响机制。

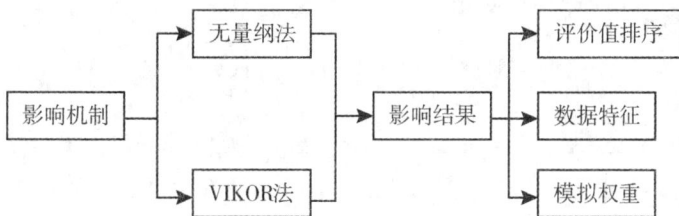

图 5-8　研究框架

关于无量纲方法对评价结果的影响，从三个视角展开，第一是对评价值及其排序的影响；第二是对评价值的数据统计特征与数据分布的影响；第三是对模拟权重的影响。

关于无量纲方法对于模拟权重的影响，有必要进行进一步说明。模拟权重是俞立平(2014)提出的，在非线性评价中，虽然可能没有权重或不需要权重，但是如果用评价结果作为因变量，评价指标作为自变量进行回归，那么回归系数代表了各指标的重要性大小，将其进行归一化处理就是模拟权重。为了减少评价指标间的多重共线性，可以采用偏最小二乘法进行回归。通过模拟权重分析指标无量纲方法对评价结果的影响是一种方法论上的突破，可以在传统无量纲方法对权重影响分析的基础上，分析无量纲方法对所有非线性评价方法的影响。

2. VIKOR 评价方法的原理

了解 VIKOR 评价方法的原理是进一步分析无量纲方法对其影响机制的基础，VIKOR 评价的步骤是：

第一步，对原始评价指标进行无量纲处理，确定每个指标的正理想解 f_{ij}^+ 以及负理想解 f_{ij}^-，即最好的评价对象与最差的评价对象。i 为评价对象数量，j 为评价指标数量。

第二步，计算评价对象 i 的群体效用值 S 和个体遗憾值 R：

$$S_i = \sum_{j=1}^{n} \omega_j \frac{f_{ij}^+ - f_{ij}}{f_{ij}^+ - f_{ij}^-}$$

$$R_i = \max_j \omega_j \frac{f_{ij}^+ - f_{ij}}{f_{ij}^+ - f_{ij}^-}$$

（5-15）

公式（5-15）中，ω_j 为指标的权重。

第三步，计算评价对象 i 的评价结果值 Q。

$$Q_i = v\left(\frac{S_i - S^-}{S^+ - S^-}\right) + (1 - v)\left(\frac{R_i - R^-}{R^+ - R^-}\right)$$

（5-16）

公式（5-16）中，$S^+ = \max S_i$，$S^- = \min S_i$，$R^+ = \max R_i$，$R^- = \min R_i$。v 表示"群体效用"和"个体遗憾"调节系数，其值介于 $0 \sim 1$ 之间。一般情况下取 $v = 0.5$，表示群体效用与个体遗憾同等重要，v 越大，说明更关注群体效用，v 越小，说明更关注个体遗憾。

第四步，根据 S，R，Q 的升序对评价结果进行排序，Q 值越小，说明评价对象越优。

第五步，对妥协解 Q 进行验证，其方法是优先对 Q 进行升序排序，假设 A 第一，B 第二，那么 Q 满足以下条件（如果有一个条件不符合，则存在一组妥协解）：

条件1：假设 m 是评价对象个数，$DQ = 1/(m - 1)$。那么 $Q(B) - Q(A) \geq DQ$。

条件2：根据 S 和 R 值，A 也是最优解。

3. 无量纲方法对于 VIKOR 评价的影响机制

极大值无量纲方法的计算公式是：

$$f_{ij} = \frac{x_{ij}}{\max(x_{ij})}$$

（5-17）

公式(5-17)中，x_{ij}表示原始指标数据，这里x_{ij}表示正向指标，反向指标的标准化方法原理类似，这里不再赘述。

极差无量纲方法的计算公式是：

$$f_{ij} = \frac{x_{ij} - \min(x_{ij})}{\max(x_{ij}) - \min(x_{ij})} \tag{5-18}$$

可以证明，对于同一指标，极大值无量纲值大于极差无量纲值：

$$\frac{x_{ij}}{\max(x_{ij})} - \frac{x_{ij} - \min(x_{ij})}{\max(x_{ij}) - \min(x_{ij})} = \frac{\min(x_{ij})[\max(x_{ij}) - x_{ij}]}{\max(x_{ij})[\max(x_{ij}) - \min(x_{ij})]} > 0 \tag{5-19}$$

假设极大值无量纲方法的指标值为f_a，极差无量纲方法的指标值为f_b，可知$f_a > f_b$，对于同一指标同一评价对象，其群体效用分别为：

$$S_a = \frac{1 - f_a}{1 - \min(f)} \quad S_b = \frac{1 - f_b}{1 - 0} \tag{5-20}$$

由于S_a分子小于S_b，并且S_a分母也小于S_b，所以S_a与S_b的大小并不确定，完全取决于数据。

对于个体遗憾值R而言，两种无量纲方法的极大值大小也不确定，同样取决于数据。

结论：尽管极大值无量纲结果大于极差无量纲，但由于VIKOR评价方法的群体效用与个体遗憾的大小难以比较，所以无量纲方法对于VIKOR评价的影响机制完全取决于指标数据，没有规律可循。

5.3.4　数据与实证结果

1. 研究数据

本节采用JCR2017经济学期刊数据为例来进行分析，选取的评价指标包括三大类9个指标，第一是被引指标，包括：影响因子IF、5年影响因子$IF5$、他引影响因子IFW、即年指标II、总被引频次TC；第二是特征因子指标，包括特征因子ES、论文影响分值AIS；第三是时间指标，包括被引半衰期$CHL1$、引用半衰期$CHL2$。

JCR2017共有期刊353种，由于部分期刊存在数据缺失，实际选取了321种期刊数据进行分析。

2. 评价结果值分析

分别采用极大值无量纲方法与极差无量纲方法对评价指标进行处

理，然后采用 VIKOR 评价方法进行评价，结果如表 5-12 所示。由于篇幅限制，本节仅公布极差无量纲方法 VIKOR 评价的前 30 种期刊的评价结果。

表 5-12　部分评价结果比较

期刊名称	极大值无量纲	排序	极差无量纲	排序
Q J ECON	0.000	1	0.523	1
AM ECON REV	0.246	2	0.622	2
J FINANC	0.302	3	0.653	3
J ECON PERSPECT	0.371	5	0.694	4
J FINANC ECON	0.403	6	0.696	5
REV ECON STUD	0.351	4	0.715	6
REV FINANC STUD	0.423	7	0.723	7
ENERG POLICY	0.588	13	0.755	8
VALUE HEALTH	0.539	9	0.758	9
J ECON LIT	0.528	8	0.761	10
J POLIT ECON	0.552	10	0.764	11
AM ECON J-APPL ECON	0.621	15	0.775	12
J HUM RESOUR	0.594	14	0.778	13
REV ECON STAT	0.561	12	0.786	14
J ECON GROWTH	0.666	21	0.799	15
AM ECON J-ECON POLIC	0.672	23	0.800	16
ECOL ECON	0.646	17	0.801	17
ECON J	0.555	11	0.802	18
ECON GEOGR	0.699	28	0.805	19
REV ENV ECON POLICY	0.692	26	0.805	20
ENERG ECON	0.651	18	0.805	21
TRANSPORT RES B-METH	0.643	16	0.807	22
ECONOMETRICA	0.721	39	0.809	23
AM ECON J-MACROECON	0.707	33	0.819	24

期刊名称	极大值无量纲	排序	极差无量纲	排序
BROOKINGS PAP ECO AC	0.686	25	0.823	25
WORLD DEV	0.667	22	0.824	26
J EUR ECON ASSOC	0.665	19	0.826	27
J LABOR ECON	0.666	20	0.828	28
J ACCOUNT ECON	0.680	24	0.830	29
PHARMACOECONOMICS	0.697	27	0.832	30

从评价结果看，尽管优秀期刊的区分度相对一般期刊的区分度要大，但两种无量纲方法对评价结果的影响还是较大的，前 30 种期刊中排序一致的期刊只有 7 种。当然无量纲方法不同是问题的一个方面，另一个重要原因是学术期刊指标数据分布往往是偏倚的，对评价结果的影响较大。

3. 评价值数据统计分析

两种无量纲方法的 VIKOR 评价结果描述统计如表 5-13 所示。由于 VIKOR 评价方法评价值越小越优，为了符合日常习惯分别用 1 减去极大值无量纲法与极差无量纲法的评价结果，在此基础上进行数据统计分析。

表 5-13　评价结果描述统计比较

统计参数	极大值无量纲	极差无量纲
均值	0.155	0.089
中位数	0.115	0.071
极大值	1.000	0.477
极小值	0.000	0.000
标准差	0.121	0.060
离散系数	0.777	0.666
偏度 S	2.789	2.403
峰度 K	14.440	11.578

续表

统计参数	极大值无量纲	极差无量纲
Jarque-Bera 检验	2166. 518	1293. 055
p	0. 000	0. 000

从均值看，极大值无量纲 VIKOR 评价结果大于极差无量纲 VIKOR 评价结果。极大值无量纲方法评价结果的均值为 0. 155，极差无量纲方法评价结果的均值为 0. 089。继续采用配对样本 t 检验进行检验。结果 t 值为 18. 880，p 值为 0. 000，拒绝均值没有显著差异的原假设，也就是说采用极大值无量纲方法有助于提高 VIKOR 评价方法的均值。由于极大值无量纲方法的指标值大于极差无量纲法，可以进一步推论得到，极大值无量纲方法的指标均值大于极差无量纲法，这样 VIKOR 评价结果的均值也较高是正常的。

从离散系数看，极大值无量纲 VIKOR 评价值的离散系数为 0. 121，极差无量纲 VIKOR 评价值的离散系数为 0. 060，同样说明极大值无量纲 VIKOR 评价值的离散系数要大于极差无量纲法。

从极大值看，极大值无量纲 VIKOR 评价的极大值为 1，极差无量纲 VIKOR 评价的极大值为 0. 477，从这个角度，极差无量纲 VIKOR 评价的打分偏低。

从数据分布看，尽管两种评价结果均不服从正态分布，但极大值无量纲 VIKOR 评价结果的 Jaque-Bera 值更大，更接近正态分布。

4. 模拟权重比较

由于总被引频次、影响因子、他引影响因子、5 年影响因子等指标之间相关度较高，因此不能采用传统的回归方法来估计各评价指标的权重，可以采用偏最小二乘法来进行估计。偏最小二乘法（PLS）由 Wold 等（1983）提出，将主成分分析、典型相关分析和多元线性回归相结合，特别适合较少观测数据或较严重多重共线性的分析处理。

极大值无量纲 VIKOR 评价方差解释比例如表 5-14 所示，当隐含成分为 2 时，拟合优度从 0. 921 提升至 0. 933，随着隐含成分的增加，其拟合优度增加较少，因此全用隐含成分为 2 的回归结果，如表 5-15 所示。

表 5-14　极大值无量纲 VIKOR 评价方差解释比例

隐含成分	X 方差	累积 X 方差	Y 方差	累计 Y 方差 R^2
1	0.569	0.569	0.921	0.921
2	0.122	0.691	0.013	0.933
3	0.111	0.803	0.003	0.936
4	0.052	0.855	0.001	0.938
5	0.053	0.908	0.001	0.939

表 5-15　极大值无量纲 VIKOR 评价 PLS 回归结果

变量名称	隐含成分 1	隐含成分 2	隐含成分 3	隐含成分 4	隐含成分 5
TC	1.051	1.044	1.042	1.044	1.045
IF	1.231	1.222	1.221	1.220	1.221
IFW	1.233	1.224	1.222	1.222	1.222
$IF5$	1.285	1.278	1.276	1.277	1.279
II	0.696	0.698	0.706	0.705	0.705
ES	1.098	1.093	1.094	1.094	1.095
AIS	1.141	1.134	1.133	1.132	1.132
$CHL1$	0.244	0.398	0.401	0.401	0.401
$CHL2$	0.396	0.401	0.409	0.409	0.410

极差无量纲 VIKOR 评价方差解释比例如表 5-16 所示，当隐含成分为 3 时，拟合优度从 0.954 提升至 0.977，再提升到 0.981，此后随着隐含成分的增加，其拟合优度增加较少，因此用隐含成分为 3 的回归结果，如表 5-17 所示。

表 5-16　极差无量纲 VIKOR 评价方差解释比例

隐含成分	X 方差	累积 X 方差	Y 方差	累计 Y 方差 R^2
1	0.569	0.569	0.954	0.954
2	0.153	0.722	0.023	0.977
3	0.083	0.804	0.004	0.981
4	0.062	0.866	0.000	0.982
5	0.047	0.914	0.000	0.982

表 5-17　极差无量纲 VIKOR 评价 PLS 回归结果

变量名称	隐含成分 1	隐含成分 2	隐含成分 3	隐含成分 4	隐含成分 5
TC	1.016	1.005	1.004	1.004	1.004
IF	1.257	1.244	1.241	1.241	1.241
IFW	1.255	1.241	1.238	1.238	1.238
$IF5$	1.290	1.275	1.273	1.273	1.274
II	0.760	0.751	0.758	0.757	0.757
ES	1.052	1.039	1.040	1.040	1.040
AIS	1.107	1.096	1.094	1.094	1.094
$CHL1$	0.140	0.438	0.450	0.450	0.450
$CHL2$	0.469	0.492	0.498	0.498	0.498

最后计算极大值无量纲 VIKOR 评价的模拟权重与极差无量纲 VIKOR 评价的模拟权重，结果如表 5-18 所示。

表 5-18　两种无量纲方法 VIKOR 评价结果模拟权重比较

变量名称	极大值无量纲 VIKOR 评价回归	模拟权重	权重排序	极差无量纲 VIKOR 评价回归	模拟权重	权重排序
TC	1.044	0.123	6	1.004	0.117	6
IF	1.222	0.144	3	1.241	0.144	2
IFW	1.224	0.144	2	1.238	0.144	3
$IF5$	1.278	0.150	1	1.273	0.148	1
II	0.698	0.082	7	0.758	0.088	7
ES	1.093	0.129	5	1.04	0.121	5
AIS	1.134	0.134	4	1.094	0.127	4
$CHL1$	0.398	0.047	9	0.45	0.052	9
$CHL2$	0.401	0.047	8	0.498	0.058	8

从模拟权重的计算结果看，5 年影响因子模拟权重最高，极大值无量纲 VIKOR 评价第二、第三模拟权重指标分别为他引影响因子、影响因子，而极差无量纲 VIKOR 评价第二、第三模拟权重分别为影响因子、

他引影响因子，两种无量纲法 VIKOR 评价结果的第二、第三高模拟权重位置发生颠倒，其他指标的模拟权重排序不变，也就是说，由于无量纲法不同，导致 VIKOR 评价的指标模拟权重不同，并且大小排序有一些变化。

5.3.5 结论与讨论

1. 无量纲方法对 VIKOR 评价的影响机制包括评价值排序、统计特征与模拟权重

本节从理论上分析了评价指标无量纲方法对 VIKOR 评价的影响机制，认为其包括 3 个方面，第一是无量纲方法会影响 VIKOR 的评价值以及结果排序，基于 JCR2017 经济学期刊的实证研究表明，分别采用极大值无量纲法与极差无量纲法的评价结果及排序相差较大。第二是无量纲方法会影响评价值的数据统计特征与数据分布。第三是对评价指标模拟权重的影响。从影响效应看，对评价结果排序的影响最大，而对统计特征与数据分布及模拟权重的影响是隐含的，往往得不到应有的重视。

2. 指标无量纲方法同样会影响 VIKOR 评价方法的模拟权重

本节的实证研究结果表明，由于指标无量纲方法不同，导致 VIKOR 评价的指标模拟权重也会发生一些变化，一方面是指标模拟权重大小的排序会发生变化，另一方面是指标模拟权重本身大小也会发生变化。这个结论与现有研究认为指标无量纲方法不同会影响客观权重类似。

3. 极大值无量纲法 VIKOR 评价结果总体优于极差无量纲法

实证研究表明，极大值无量纲法 VIKOR 评价结果的均值要大于极差无量纲法，并且极大值无量纲法 VIKOR 评价离散系数也大于极差无量纲法，拥有更好的区分度。此外极大值无量纲法 VIKOR 评价结果的正向极大值为 1，而极差无量纲法 VIKOR 评价结果的正向极大值较小，不符合实际习惯，总体上极大值无量纲 VIKOR 评价的效果要优于极差无量纲 VIKOR 评价。

4. 当 VIKOR 用于学术评价时建议首选极大值无量纲方法

极大值无量纲方法与极差无量纲方法作为两种主流的、应用最为广泛的无量纲方法，在学术评价与科技评价中得到了广泛的应用。在选取

评价方法时，实践中随意性很强，对于有些评价方法也许不敏感，但是 VIKOR 评价方法是一种对无量纲方法比较敏感的评价方法。在学术评价与科技评价中，由于数据分布往往不服从正态分布，数据分布偏倚，导致不同无量纲方法的 VIKOR 评价结果排序相差较大，在这种情况下，建议优选极大值标准化方法。

本节拓展了从模拟权重以及评价结果数据特征角度分析指标无量纲法对多属性评价影响的视角，并且开拓了无量纲方法对 VIKOR 评价影响机制的研究。在研究方法上，采用偏最小二乘法代替多元回归，大大降低了评价指标之间的多重共线性，使得模拟权重的估计更加准确。

本节的研究框架也适用于研究无量纲方法对其他非线性多属性评价方法的影响，当然由于本节无法对无量纲方法对 VIKOR 评价方法的影响进行证明，具体研究结论尚需进一步检验。此外由于无量纲化方法众多，本节仅仅采用两种常见的无量纲法进行比较分析，至于其他无量纲法对 VIKOR 的影响有待进一步研究。

5.4   评价型无量纲法、自然权重与线性科技评价

线性多属性评价值一般情况下并不具备评价优劣的直接判断功能，即不能根据评价得分判定优良或是否及格等，这个问题是个隐含问题，在科技评价中尤为突出，一直没有得到足够的重视。本节在分析多属性评价值评价功能的影响机制的基础上，提出基于 sigmoid 函数进行无量纲处理，在此基础上分析其对自然权重与线性科技评价的影响，并基于 JCR2017 经济学期刊进行实证。研究结果表明：传统情况下根据评价值直接判断评价对象优劣是欠妥的；评价值的优劣判断功能取决于评价指标无量纲法与评价方法；sigmoid 无量纲可以有效消除自然权重问题；无量纲方法不同会影响线性评价结果；对文献计量指标采用极大值无量纲值得商榷；在科技评价中建议推广 sigmoid 函数无量纲法。

5.4.1   引言

在科技评价中，多属性评价方法得到了广泛的应用。多属性评价通过建立指标体系，选取若干指标对评价对象进行综合评价，避免了单一指标评价信息量不足的缺陷，从更广泛的视角进行评价。加上多属性评

价方法众多，各种评价方法特点不同，从而为达成评价目的提供了更多的选择，所以现在多属性评价已经广泛应用在大学评价、科研机构评价、学术期刊评价、科研人员评价等领域。

评价指标优劣判断标准是多属性评价的基本问题。在多属性评价中，有两类评价指标，一类是评价型评价指标，其特点是存在理论上的极优值。比如科研效率，满分为1，某机构效率为0.82，可以直接判断该机构科研效率的优良。另一类是非评价型评价指标，其特点是并不存在理论上的极优值。比如某学科某学术期刊 h 指数极大值为75，人们无法根据这个值来直接判断优良，因为 h 指数排名第一的期刊并不代表就是满分，只能通过排名进行大致比较。目前绝大多数科技评价指标均是非评价型评价指标，所以这个问题的影响比较广泛。

评价指标的优劣判断标准问题会影响到多属性评价值的优劣判断。在多属性评价中，评价指标往往首先要进行标准化或无量纲方法进行预先处理，其中用得最多的无量纲化方法是极大值法，即所有的评价指标均除以各自对应的极大值。对于非评价型指标而言，带来的后果是多属性评价值也属于非评价型，即评价结果得分即使看上去是百分制得分，其实并不能按照这个分值来判断优劣，只能进行排序。

自然权重问题是指由于指标无量纲后评价均值不等引起的实际权重差异问题。自然权重问题由俞立平（2018）首先提出，以学术期刊评价为例，假设只采用总被引频次和影响因子两个指标进行评价，权重采用等权重，即期刊评价得分为总被引频次与影响因子无量纲化后各乘以0.5进行加权汇总，但是总被引频次与影响因子无量纲化后均值并不相等，假设总被引频次无量纲化后均值为20，影响因子无量纲化后的均值为50，那么在实际评价中虽然是等权重，但总被引频次由于均值较低明显没有得到重视，其实际权重只有影响因子的40%（20/50），这就是由于数据本身产生的问题，因此称为自然权重，其根源是评价指标的数据分布及数据自身特点不同。

将评价指标的优劣判断标准问题与自然权重问题放在一个框架下研究非常必要。评价指标的优劣判断标准会影响多属性评价值的判断，自然权重会影响到多属性评价中实际权重，进而影响评价结果，两者均与评价指标的无量纲法密切相关。相关问题如果能够得到改善，不仅可以丰富多属性评价的基础理论，推进无量纲方法与权重的研究，而且对于科技评价应用具有重要的实践意义。

5.4.2　文献综述

评价型指标的优劣判断标准本质上属于无量纲方法问题。Lama N 等(2009)指出指标的无量纲化是开展综合评价活动的基础，包括线性无量纲化方法和非线性无量纲方法。王常凯、巩在武(2016)针对纵横向拉开档次法中的无量纲问题，提出一种新的标准化方法，即无量纲化面向指标所有时间数据，标准化面向指标某一时间数据。蒋维杨、赵嵩正等(2012)针对大样本评价，提出一种结合专家主观经验与客观指标原始数据的无量纲化方法。郭亚军、易平涛(2017)提出逼近理想性质的复合无量纲化方法的原则，并构造了一种新的无量纲化方法——极标复合法。廖志高、詹敏等(2015)将非线性无量纲化方法分为三种类型，同时提出了反三角函数无量纲化方法，这也是一种非线性无量纲法。郭亚军、宫诚举(2017)提出一种利用反正切函数或反余切函数构建的无量纲方法，认为其可较好保留原始数据包含的信息。慈铁军、刘晓瑜(2015)提出了一种基于决策者偏好的评价指标区间属性值规范化方法。高瑞忠、李和平等(2010)认为简单非线性函数可以实现对于复杂函数的局部映射，提出采用复合 Sigmoid 函数方法来预测 GDP。

关于无量纲法的选取，Chakraborty S 等(2009)通过对各种无量纲化法的对比研究，发现每种指标无量纲化法都有其特定使用场合，应根据不同情况进行选取。宫诚举、郭亚军等(2017)从群体信息最大程度扩大评价对象间差异的角度，提出群体信息集结过程中无量纲化方法选择的若干建议。詹敏、廖志高等(2016)认为线性无量纲化方法应满足差异比不变性、单调性、缩放无关性、稳定性和平移无关性，在此基础上进行选取。李玲玉、郭亚军等(2016)认为无量纲法选取必须遵循稳定性、差异性和变异性原则，认为线性比例法最适合于拉开档次法。

关于指标无量纲法对多属性评价的影响。Zhang 等(2011)分析了无量纲化方法对综合评价结果影响的鲁棒性。糜万俊(2013)基于离差最大化要求的假设冲突、约束条件以及可能造成权重信息失真的问题，从评价指标方差分析入手，分析了无量纲化方法对评价指标权重影响的传导机制。王会、郭超艺(2017)分析了线性无量纲化方法对熵值法的影响，发现等差数列数据通过极值法无量纲化后权重不变，具有相同指标值的正向指标和反向指标权重不等，提出应根据原始指标数据运用熵值法确定权重。江文奇(2012)分析了无量纲化方法对评价指标属性权重的敏感性问题。苏术锋(2015)认为数据差异大小不能反映指标的重要程度的高低，所以数据差异的客观赋权法理论根据不足，是一种稳定性欠佳的存在瑕疵方法。

关于自然权重问题，俞立平(2018)界定了自然权重的概念，分析其对设计权重、实际权重以及对线性评价结果的影响极值。俞立平、宋夏云(2018)分析自然权重对非线性评价方法的影响，提出动态最大均值逼近标准化方法，以消除自然权重的影响。

从现有的研究看，关于评价指标的无量纲方法的设计，学术界进行了大量的研究，涌现出许多新的线性或非线性无量纲方法，关于指标无量纲方法的选择，学术界也总结出许多选取原则。至于评价指标无量纲法对多属性评价影响，学术界已经认识到这个问题，研究涉及评价权重、评价结果的灵敏度、评价结果的排序等。自然权重问题是个新的问题，只有少数学者开展研究。总体上，关于评价指标的优劣判断标准与自然权重问题，在以下几个方面需要进一步进行深入研究：

第一，现有的无量纲方法对于评价值优劣标准判断的影响机制，目前对这个问题缺乏研究。

第二，从无量纲方法角度，需要进一步探索采用无量刚方法来解决评价指标优劣判断标准问题。

第三，如果通过无量纲方法能适度解决评价指标优劣判断标准，那么对于线性科技评价结果会产生哪些影响？

第四，如果通过无量纲方法在评价指标优劣判断标准方面取得进展，那么其对自然权重会产生哪些影响，进而对评价结果产生哪些影响？

本节在分析无量纲方法对评价结果值影响机制的基础上，提出基于sigmoid函数的评价指标无量纲法，以解决评价指标的优劣判断标准问题，并基于JCR2017经济学期刊数据，采用CSSCI学术期刊的线性评价方法，分析sigmoid无量纲法对评价指标、自然权重以及评价结果值的影响。

5.4.3　理论基础与研究方法

1. 评价指标优劣判断标准失范对评价值的影响机制

现有无量纲方法对评价结果值的影响机制如图5-9所示。评价指标分为评价型评价指标与非评价型评价指标，评价型评价指标存在理论上的极优值，非评价型评价指标不存在理论上的极优值。

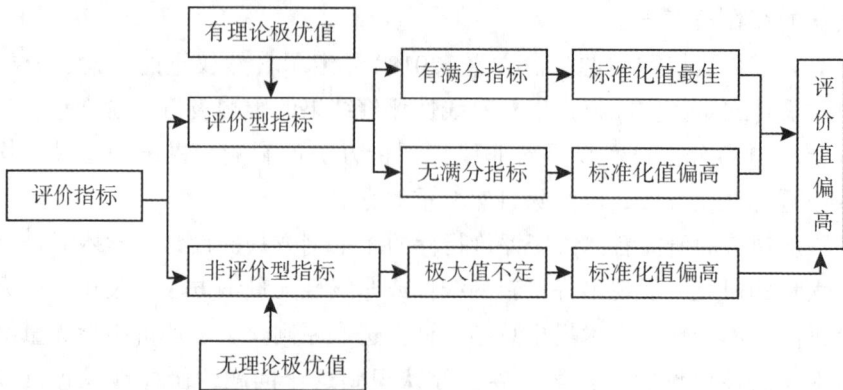

图 5-9　指标优劣判断标准与评价值的关系

　　在多属性评价中，对于所有指标均首先进行无量纲化处理，无量纲化方法采用最多的就是极大值法，即所有指标均除以其极大值。对评价型指标而言，如果其恰好有满分，那么无量纲化后值为1，相当于也是满分，既不高估也不低估。如果没有满分，比如满分为100，但极大值只有90，那么无量纲化后其极大值也为1，注意，此时实际上将极大值高估了，本来是90，但现在是1。对于非评价型指标而言，由于其无理论极优值，基于理论极优值比现有极大值更高的假定，无量纲化后指标值其实是高估的。

　　综合分析评价型指标与非评价型指标采用极大值无量纲化后的结果，指标无量纲化值更多情况下是高估的，只有在少数情况下才是适中的，即既不高估也不低估，这样线性评价结果值肯定是高估的，这就是目前多属性评价中普遍存在的问题。

　　既然多属性评价结果值存在高估问题，那么根据评价结果得分进行深度分析就要慎重。比如在学术期刊评价中，某个杂志的最终得分为0.6，那么就不能简单说该期刊已经达到及格线，实际情况肯定未达到，因为被高估了。

　　2. 线性多属性评价方法的优劣判断问题

　　多属性评价方法也有优劣判断标准问题。对这个问题的界定学术界很少关注，本节将其称为评价型评价方法：对于任意一种多属性评价方法，在某个评价对象所有评价指标值均为极大值的情况下，如果其评价得分也为1(或100)，那么该评价方法就是评价型评价方法，或者说，有理论上极优值的评价方法就是评价型评价方法。

评价型评价方法以线性评价方法和部分非线性评价方法为主。所有的线性评价方法均为评价型评价方法，如层次分析法 AHP、熵权法、变异系数法、CRITIC 法等，另外少数非线性评价方法也属于评价型评价方法，如 TOPSIS，其评价理想极大值为 1。非评价型评价方法主要以多数非线性评价方法为主，典型是主成分分析、因子分析等评价方法，这两种方法的评价结果值均同时具有正值和负值，可以排序，但不能直接判断优劣(见图 5-10)。

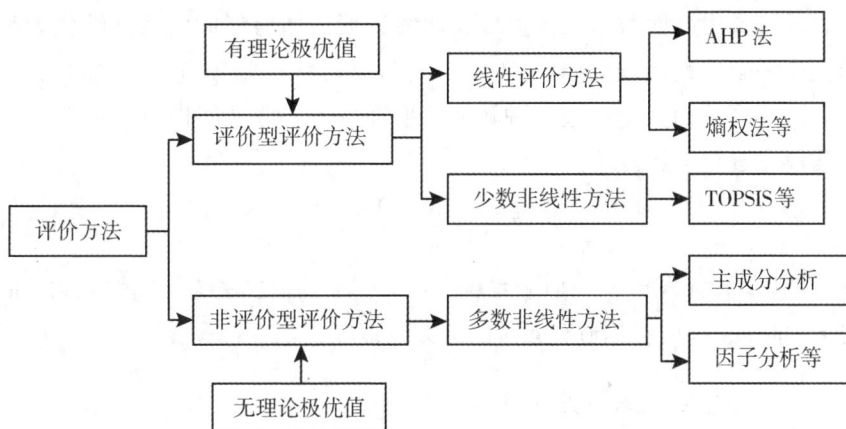

图 5-10　评价方法与评价值判断标准

3. 基于 sigmoid 函数的无量纲方法

1920 年，美国生物统计学家 Pearl(1920)研究美国自 1790 年以来的人口增长问题，首次提出了 Logstic 曲线方程，也称为成长曲线。成长曲线展示了事物产生、发展与壮大的过程，已经被广泛应用在科技、经济、社会、生物等诸多领域。成长曲线更多被应用在时间序列数据中，反映了事物随时间的发展变化。换一种视角，对于某种事物的某类发展指标而言，其实可以采用截面数据来拟合成长曲线。这是因为任何事物都是从较小的时候发展过来的，现在较小的事物可以看作现在较大事物的过去，或者说，现在较大事物就是较小事物发展的未来。

成长曲线一般用 Logistic 函数表示，其通用表达式为：

$$Y = \frac{L}{1 + ae^{-bt}} \tag{5-21}$$

公式（5-21）中，Y 代表事物发展的水平，L 表示事物发展的理论极大值，t 表示时间，e 表示自然对数，a、b 为调节系数。

正因为 Logistic 曲线有理论极优值 L，而这正是评价型无量纲法所必须的，所以基于成长曲线对评价指标无量纲具有指标优劣的直接判断功能。

当 $L = a = b = 1$ 时，Logistic 函数就变成 sigmoid 函数，sigmoid 函数是成长曲线的一种特殊形式：

$$Y = \frac{1}{1 + e^{-t}} \tag{5-22}$$

既然采用截面数据来模拟成长曲线，那么如何将截面数据转化为时间就是一个关键问题。当 t 在（-5，5）区间时，Y 值在（0，1）之间变化，所以只要将截面数据通过某种转换映射在（-5，5）之间即可，最有效的方法就是进行 z 值转换：

$$z = \frac{X - \mu}{\sigma} \tag{5-23}$$

公式（5-23）中，X 为原始指标，μ 为其平均值，σ 为标准差。将 z 值代入 sigmoid 函数，用其代替 t 就可以完成无量纲。

4. sigmoid 函数与自然权重

由于采用 z 值来代替 sigmoid 函数中的时间 t 来进行无量纲化，因此对于正态分布而言，所有指标无量纲化后的均值均为 0.5，即无量纲后所有指标的均值会相等，这样就不存在自然权重问题，所以在评价指标服从正态分布时，采用 sigmoid 函数进行无量纲化处理能够解决自然权重问题。

在科技评价中，许多文献计量指标并不服从正态分布，在这种情况下，无量纲对自然权重的影响有待进一步分析，但总体上，sigmoid 函数作为一种非线性无量纲法，相比极大值无量纲法，应该还是能有所改善自然权重问题。

5. 线性评价方法

为了对本节提出的思路与方法进行实证研究，本节以南京大学 CSSCI 学术期刊评价方法为例，选取总被引频次与影响因子两个指标，采用 sigmoid 函数进行无量纲，然后采用线性评价方法进行评价，其计算公式为：

$$评价值＝总被引频次×0.2+影响因子×0.8 \qquad (5\text{-}24)$$

很显然公式(5-24)是一种线性评价方法，当然显然属于评价型评价方法。

5.4.4　实证结果

1. 数据来源

本节数据来源于 JCR2017 经济学期刊，JCR2017 公布的文献计量指标有多个，本节选取总被引频次与影响因子两个指标进行评价。2017 入选 JCR 的经济学期刊共有 353 种，由于有 32 种期刊存在数据缺失，将其删除，实际还有 321 种期刊。

2. 极大值无量纲与 sigmoid 函数无量纲比较

极大值无量纲与 sigmoid 函数无量纲结果如表 5-19 所示。从均值看，采用极大值无量纲总被引频次和影响因子相差较大，分别为 0.057 和 0.196，但采用 sigmoid 函数无量纲均值趋于接近，分别为 0.477、0.483。

从极大值看，采用极大值无量纲极大值肯定为 1，但采用 sigmoid 函数无量纲，总被引频次的极大值为 1，影响因子的极大值为 0.994，说明影响因子尚未达到理论上的极优值。

表 5-19　不同无量纲指标对比

统计指标	总被引频次 极大值无量纲	总被引频次 Sigmoid 无量纲	影响因子极大 值无量纲	影响因子 Sigmoid 无量纲
均值	0.058	0.477	0.196	0.483
中位数	0.021	0.422	0.151	0.428
极大值	1.000	1.000	1.000	0.994
极小值	0.002	0.382	0.018	0.244
标准差	0.116	0.135	0.158	0.188
离散系数	1.995	0.284	0.803	0.390
偏度 S	4.773	2.262	1.874	0.995
峰度 K	30.488	7.817	7.293	3.088
Jarque-Bera 检验	11324.970	584.059	434.369	53.049
p	0.000	0.000	0.000	0.000

从极小值看，采用极大值无量纲总被引频次和影响因子的极小值均较低，分别为 0.002、0.018，但采用 sigmoid 函数无量纲极小值均较大，分别为 0.382、0.244，也就是说，采用 sigmoid 函数无量纲有效提高了极小值。

从离散系数看，采用极大值无量纲和 sigmoid 函数无量纲，总被引频次的离散系数分别为 1.995、0.284，影响因子的离散系数分别为 0.803、0.390，即采用 sigmoid 函数无量纲降低了离散系数，数据分布更加均匀。

从数据分布看，采用 sigmoid 函数无量纲降低了总被引频次与影响因素的偏度 S 和峰度 K，并且降低了 Jarque-Bera 检验值，虽然无量纲后也不服从正态分布，但采用 sigmoid 函数无量纲使得总被引频次和影响因子更加接近正态分布。

3. 采用 sigmoid 函数对自然权重的影响

只有在评价指标无量纲后均值相等的情况下才没有自然权重问题，根据这个界定，采用极大值无量纲时，影响因子与总被引频次之比为 0.196/0.058＝3.379，即影响因子的自然权重是总被引频次的 3.379 倍，这个差距是巨大的。采用 sigmoid 函数无量纲后，影响因子与总被引频次之比为 0.483/0.477＝1.013，两者接近相等，也就是说，采用 sigmoid 函数无量纲已经基本上解决了自然权重问题。

由于总被引频次和影响因子并不服从正态分布，但采用 sigmoid 函数无量纲化后，两者的均值仍然接近相等，说明即使在指标不服从正态分布的情况下，采用 sigmoid 函数无量纲化仍然可以有效解决自然权重问题。

4. 不同无量纲评价结果的比较

分别采用极大值无量纲与 sigmoid 无量纲，然后分别进行评价，其描述统计结果如表 5-20 所示。结果与指标无量纲类似，即采用 sigmoid 无量纲，提高了均值和极小值，降低了离散系数，使得评价结果值更加接近正态分布，这对评价是非常有益的。

表 5-20 不同无量纲评价值描述统计对比

统计指标	极大值无量纲评价结果	Sigmoid 无量纲评价结果
均值	16.860	48.142
中位数	12.640	42.990

续表

统计指标	极大值无量纲评价结果	Sigmoid 无量纲评价结果
极大值	90.180	99.140
极小值	1.490	27.160
标准差	14.099	16.992
离散系数	0.836	0.353
及格率	9/322	73/322
偏度 S	1.967	1.093
峰度 K	7.555	3.404
Jarque-Bera 检验	484.631	66.050
p	0.000	0.000

由于采用 sigmoid 函数无量纲具有评价值的优劣直接判断功能,从结果看,有 73 种期刊位于及格水平以上,及格率为 22.67%;而采用极大值无量纲,位于及格线以上的期刊仅有 9 种,及格率为 2.80%。由于极大值无量纲在理论上高估了评价值,因此这种及格率仍然是高估后的结果。当然这种情况产生的原因是文献计量指标的数据分布问题,所以在这种情况下采用极大值无量纲有待进一步商榷。

不同无量纲方法评价结果如表 5-21 所示,由于篇幅所限,本节仅公布了按 sigmoid 函数无量纲进行评价后,排序前 30 位的期刊。由于采用 sigmoid 无量纲方法,也改变了极大值无量纲的评价结果排序。

表 5-21　不同无量纲评价结果对比

期刊名称	极大值无量纲评价结果	排序	Sigmoid 无量纲评价结果	排序
Q J ECON	0.902	1	0.991	1
J FINANC	0.690	2	0.965	2
J FINANC ECON	0.642	7	0.957	3
J POLIT ECON	0.629	8	0.957	4
J ECON PERSPECT	0.617	9	0.935	5
AM ECON REV	0.657	6	0.934	6

期刊名称	极大值无量纲评价结果	排序	Sigmoid 无量纲评价结果	排序
VALUE HEALTH	0.590	10	0.908	7
ENERG POLICY	0.581	11	0.905	8
J HUM RESOUR	0.683	3	0.902	9
REV ECON STUD	0.502	14	0.898	10
REV FINANC STUD	0.490	15	0.895	11
ECOL ECON	0.485	16	0.889	12
ECON GEOGR	0.667	5	0.885	13
ECONOMETRICA	0.513	13	0.883	14
J ECON GROWTH	0.668	4	0.880	15
ENERG ECON	0.451	19	0.869	16
TRANSPORT RES B-METH	0.458	17	0.868	17
AM ECON J-APPL ECON	0.521	12	0.849	18
REV ECON STAT	0.416	21	0.842	19
J ECON LIT	0.407	23	0.824	20
PHARMACOECONOMICS	0.425	20	0.817	21
REV ENV ECON POLICY	0.454	18	0.813	22
WORLD DEV	0.386	25	0.812	23
J ACCOUNT ECON	0.368	27	0.788	24
AM ECON J-ECON POLIC	0.406	24	0.788	25
CAMB J REG ECON SOC	0.409	22	0.786	26
J LABOR ECON	0.383	26	0.783	27
ECON J	0.350	32	0.774	28
J HEALTH ECON	0.357	30	0.771	29
TRANSPORT RES E-LOG	0.357	31	0.765	30

5.4.5　研究结论

1. 传统情况下根据评价值直接判断评价对象优劣是欠妥的

只有在理论上具有极大值的评价指标才是评价型评价指标，但是在科技评价中，由于大多数评价指标并不是评价型指标，即不能根据无量刚化后的值直接判断优劣，加上许多评价方法也并非评价型评价方法，所以此时多属性评价值是没有直接评价功能的，即不能根据评价值的大小来判断其优良，以及是否及格等，只能进行排序。但在实际评价工作中，由于这个问题是隐含的，评价值被过分解读，很明显这是值得商榷的。

2. 评价值的优劣判断功能取决于评价指标无量纲法与评价方法

本节分析了评价值优劣判断功能的影响机制，认为其受评价指标无量纲化方法与评价方法的影响。对于评价指标无量纲方法，可以分为评价型无量纲法与非评价型无量纲法，采用前者无量纲才具有评价指标及后续的评价值的优劣判断功能。对于多属性评价方法，也可以分为评价型评价方法与非评价型评价方法，所有的线性评价方法与少数非线性评价方法属于评价型评价方法，而多数非线性评价方法如主成分分析、因子分析属于非评价型评价方法。只有同时采用评价型无量纲法与评价型评价方法的评价值，才具有直接根据评价值进行优劣判断的功能。

3. sigmoid 无量纲可以有效消除自然权重问题

本节研究发现，采用 sigmoid 函数无量纲，不同指标的均值有接近趋势，即使在评价指标不服从正态分布的情况下，也可以有效消除由于某个指标均值过低导致其在多属性评价值中比重过小问题，即自然权重问题。由于自然权重是隐含的，会导致评价实际权重偏离专家设定权重或采用某种主客观方法确定的权重，产生隐含的不公平现象，sigmoid 函数无量纲为解决这个问题提供了一种较好的思路。

4. 无量纲方法不同会影响线性评价结果

无量纲方法不同也会影响线性评价结果，尤其在评价对象较多，评价对象之间区分度相对较低的情况下。本节的实证研究结果表明，即使对于那些评价分值较高的评价对象，无量纲方法不同也会使得评价排序发生较大的变化。

5. 对文献计量指标采用极大值无量纲值得商榷

尽管学术界公认文献计量指标的数据分布是有偏的，但是从评价的角度，如果评价值的偏态很严重，就要认真考虑无量纲方法以及评价方法。本节研究发现，采用极大值无量纲评价时，期刊及格率在高估的情况下只有 2.80%，远远低于采用 sigmoid 函数无量纲后评价值的 22.67% 的水平。如果基于前者的评价结果，难道经济学期刊的质量差距真有那么大吗？此时应该对极大值无量纲进行反思，因为与客观事实严重不符。

6. 在科技评价中建议推广 sigmoid 函数无量纲

基于 sigmoid 函数无量纲，不仅解决了评价值的优劣直接判断问题，使得多属性评价值有可能具备优劣判断功能，而且提高了评价均值，降低了离散系数，使得数据分布更加均匀，同时评价值更加接近正态分布，这对学术评价而言是非常重要的。建议对于非评价型评价指标，可以采用 sigmoid 函数进行无量纲，进而进一步进行多属性评价。

由于本节基于 JCR 经济学期刊和 CSSCI 评价方法分析评价型无量纲法、自然权重的相关问题，从而得出以上结论，至于其他学科的学术期刊是否会得出类似的结论，有待进一步研究。

6. 学术期刊多属性评价方法创新

6.1 一种辅助专家赋权与克服自然权重学术评价方法

在学术评价中，由于评价体系指标日益增多会导致专家赋权困难，以及评价指标标准化后平均值不相等会扭曲实际权重，产生自然权重问题，从而使得评价结果根本不能体现专家权重。本节在进行理论分析的基础上，提出一种新的完全信息多重主成分分析方法来解决这个问题，并以 JCR2017 数学期刊为例进行了实证。研究结果表明：学术评价中专家辅助赋权与自然权重问题必须高度重视；完全信息多重主成分分析评价是一种较好的解决思路；完全信息多重主成分分析评价结果具有较好的评价功能，能够进行专家辅助赋权并消除自然权重；主成分指标分类解释力较差时专家可进一步进行讨论。

6.1.1 引言

在学术评价中，多属性评价方法是一种主流的评价方法。正如 Bollen 等（2009）所说，任何一个指标都不能独立承担学术评价工作，在学术评价中采用若干指标同时进行评价使得评价更加全面系统。在大学评价、科研奖励评价、学术期刊评价、科研人员评价、学科与团队评价等应用中，广泛选取若干评价指标建立指标体系，采用多属性评价方法进行评价已经成为实际评价中通用的方法。多属性评价方法有几十种，包括主观评价方法与客观评价方法。典型的主观评价方法包括德尔菲法、层次分析法、专家会议法等，客观评价方法更多，如主成分分析、因子分析、康拓对角线、模糊数学、DEA 数据包络分析、TOPSIS、秩和比法等。

从主观角度，专家赋权对学术评价影响较大，随着评价体系日趋庞大，专家赋权也面临着人类分辨力不足问题。现在的评价指标体系，动辄几十个甚至上百个指标，比如教育部的学科评价，其评价指标众多。这些评价指标虽然可以按照不同类别进一步分为一级指标、二级指标等，但是不同类型指标之间由于数据相关，如何分配权重是个大问题。即使同级指标内部，由于指标数量仍然较多，如何赋权也非常考验专家的"脑力"。此外，还有一些指标由于分属两个不同类别，究竟如何归类也是个问题。比如学术期刊评价中的即年指标，它既是影响力指标，又是时效性指标，究竟如何归类？所以，在学术评价中，必须解决辅助专家赋权问题。

从客观角度，评价数据对学术评价影响巨大，其中自然权重问题是个容易被忽视的首要问题。自然权重由俞立平、宋夏云等（3028）首先提出，它是指由于标准化后评价指标平均值不相等而导致的权重失灵现象，往往比较隐蔽。假如同时采用影响因子与 h 指数进行学术期刊评价，两者权重相等，在标准化满分为 100 的情况下，影响因子标准化后的平均值为 40，h 指数标准化后的平均值为 70，那么评价结果很显然 h 指数较大者占据优势，因为大多数期刊 h 指数要大于影响因子，尽管两者权重相等，但实际上 h 指数的权重要大于影响因子。由于评价指标均值不等导致评价实际权重不等，只有克服这个问题才能真正发挥权重的作用和管理功能。

专家辅助赋权与克服自然权重问题均与权重相关，一个是主观问题，一个是客观问题，并且是任何学术评价需要面临的问题，将其放在同一个框架下研究具有重要意义。这两个问题均比较隐蔽，容易被忽视。在现有的多属性评价方法体系下，找到能够辅助专家赋权和克服自然权重的评价方法，其意义不言而喻。第一，可以彻底解决辅助专家赋权问题，从而提高专家赋权的准确性和精度。第二，克服自然权重问题，减少权重扭曲，使得权重真正体现专家知识和管理要求。以上问题的解决也有利于推进科学方法论的发展，从方法角度保证评价公平，使得评价更好地为管理服务。

本节在主成分分析的基础上，对其进行进一步的优化与改进，提出完全信息多重主成分分析评价方法，用来进行辅助专家赋权和克服自然权重问题。并以学术期刊评价为例，基于 JCR2017 数学期刊的数据，说明该方法的理论基础、基本原理、实现步骤。学术期刊评价是科研管理与文献计量学重要组成部分，长期以来都是学术界、期刊界和出版界的研究热点和前沿，用学术期刊评价为例来进行说明具有较好的代表性。

6.1.2　文献综述

降维或客观指标分类是辅助专家赋权的基础，在现有的多属性评价方法中，与指标分类相关的评价方法主要是主成分分析与因子分析。聚类分析虽然也可以进行指标分类，但其不能用于评价，因此本节在主成分分析或因子分析评价的基础上，进一步进行相关探索。

关于主成分分析在学术期刊评价中的应用，陈小山、陈国福等（2016）利用主成分分析将期刊评价指标进行分类，再基于结构方程模型来分析指标之间存在的结构关系。李鑫、任俊霞（2020）以国际图书情报学期刊为例，研究读者数与传统引文指标之间的关系，并通过主成分分析法建立期刊影响力综合评价模型。余雪松、吴良顺等（2018）运用主成分分析和信息熵来确定指标的权重，从而得出期刊的综合得分。李跃艳、熊回香等（2019）从期刊引用认同和引用形象两方面建立指标体系，通过主成分分析法建立期刊评价模型，并进行实证分析。王宇、邬锦雯等（2017）利用主成分分析计算 86 种期刊在 Altmetrics 期刊评价体系下的综合得分，并和谷歌 H5 指数得分进行相关性分析。洪寒梅、陈妍等（2018）采用主成分分析法，求得各期刊的综合主成分，并与期刊 CI 指数进行相关分析。

因子分析是 Spearman（1987）提出的一种重要的客观评价方法，能够处理多指标数据、便于提取公共因子，在学术评价中的应用越来越广泛。王志娟、姚亚楠等（2018）运用因子分析法对广东省医药卫生期刊影响力水平进行综合评价。王伟明、徐海燕等（2019）利用改进的因子分析法对学术期刊进行静态综合评价，然后嵌入奖惩指标，并利用 TOPSIS 得到最终动态评价结果。邓潇、王伟明等（2019）将因子分析法用于期刊组合评价，从静态与动态相结合的角度进行学术期刊评价。此外还有许多研究将因子分析法作为评价方法之一用于学术期刊的组合评价。

关于主成分分析与因子分析的问题与改进，MacCallum 等（1999）探讨了样本数量对因子分析的影响，认为因子分析在大样本下应用更好。Fabrigar 等（1999）指出因子分析中每个公共因子下属指标必须 4 个或以上，这样才能确保因子被有效识别。Edward（1992）认为因子分析的前提条件是评价指标数据必须服从正态分布。俞立平、郭强华等（2019）认为因子分析存在着牺牲原始数据信息的缺陷，提出完全信息因子分析法，以及采用可解释公共因子的最大信息因子分析方法。俞立平、刘骏（2018）对于主成分分析和因子分析在学术评价中的应用，提出要进行评价前检验、评价中检验、评价后检验。

关于专家权重的生成与设计方法，学术界其实研究得不多。Gordon 等 1964 创立了德尔菲法（Delphi），德尔菲法应用范围较广，当然也可以用来进行评价赋权，不过一般要经过四到五轮，其周期较长。层次分析法（Analytic Hierarchy Process，AHP）是 Saaty（1974）提出的一种层次权重决策分析方法，通过建立决策指标矩阵，将决策指标进行两两对比，从而使得专家赋权工作得到简化。俞立平、潘云涛等（2009）利用证据理论和加法平均对不同专家的权重赋值并评价，将评价结果按一定比例进行分级，计算每个专家评价结果分级一致度，辅助专家调整权重。

从现有的研究看，关于主成分分析与因子分析在学术评价中的应用比较广泛，涉及单一指标评价、评价方法的改进与组合评价。关于主成分与因子分析评价存在的问题，学术界研究也比较深入。关于专家辅助赋权问题，现有的研究总体较弱。总体上，以下方面有待深入：

第一，基于主成分分析和因子分析，在此基础上选择更合适的一种评价方法作为基础评价模型，探索进一步改进专家辅助赋权与克服自然权重问题的方法。

第二，对于主成分分析或因子分析在评价中的不足，探索进一步的改进方法。

第三，探索专家辅助赋权的技术方法，包括不同类指标赋权、同类指标赋权、指标分属两类指标的处理方法。

第四，关于自然权重问题，探索如何进一步进行指标标准化，使得标准化后评价指标平均值相等，进而彻底解决自然权重问题。

6.1.3　完全信息多重主成分分析的原理

1. 评价过程与权重扭曲问题

评价过程对权重的影响如图 6-1 所示。在学术评价中，评价过程各环节都有可能产生权重扭曲或误差问题，使得评价结果不能反映真实权重，并且这些现象都是隐蔽的。学术评价的主要环节一般包括选择评价指标、主观或客观方法赋权、指标标准化、选择评价方法，最终得到评价结果等步骤。

在赋权阶段，暂不考虑客观赋权问题，后文会论证原因。对于专家赋权，当评价指标众多、指标分类复杂时，会产生分辨力误差，即专家的"脑力"不够，使得权重并不能真实反映专家意愿。在指标标准化阶段，由于迄今为止尚没有一种标准化方法使得标准化后评价指标平均值相等，因此自然权重问题难以避免。在选择评价方法进行评价阶段，非线性评价方法也有可能会影响权重，产生权重偏倚。最终使得评价结果与专家赋权

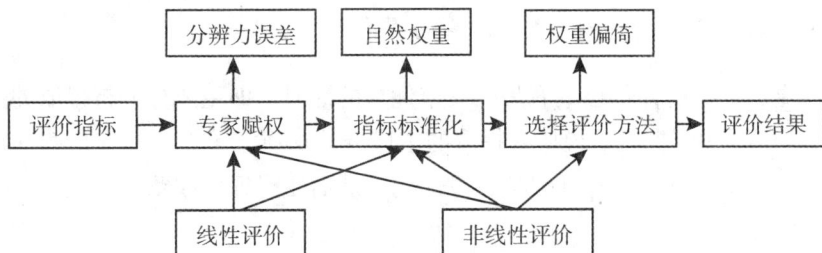

图 6-1　评价过程与权重扭曲

相差较大。

对于线性评价方法，产生权重扭曲的环节包括专家赋权和指标标准化；对于非线性评价方法，产生权重扭曲的环节包括专家赋权、指标标准化、评价方法选取。由于非线性评价方法有几十种，对权重的影响机制更加复杂，因此本节仅仅讨论线性评价方法。

2. 降维与基础评价方法的选择

降维能够降低专家赋权的难度，为辅助专家赋权开辟一条道路。当评价指标众多，指标分类复杂时，专家对指标体系赋权的难度也增大。何况不同专家对同一指标体系的分类也不尽相同，这进一步增加了专家赋权的复杂性。比如科研项目指标一些专家将其视同科研成果指标，还有一些专家将其单列作为一级指标。应该说前者是值得商榷的，因为科研项目并不是科研成果，可以作为学科或学者个人学术能力的某种体现。在这样的背景下，通过指标体系降维技术，采用主成分或因子分析提取的主成分或公共因子评价，一方面可以辅助专家进行评价指标分类，另一方面可以降低评价指标的数量，方便专家赋权。此外，由于主成分或公共因子之间互不相关，这也是专家赋权与后续评价的重要优势。

主成分分析和因子分析选择是进一步进行评价研究的基础。俞立平、郭强华等（2019）认为主成分分析和因子分析用于评价存在信息损失，主成分分析的信息损失是特征根小于 1 的主成分没有参与评价，因子分析的信息损失包括特殊因子及其导致的特征根小于 1 的公共因子没有参与评价。由于主成分分析适用的前提条件相对宽泛，加上主成分与变量之间的函数表达式是完全可逆的，因此选用主成分分析作为进一步研究的基础方法。

3. 主成分分析评价与自然权重的关系

主成分分析评价还具有另外一个优秀的性质，即主成分分析提取的主成分均值为 0，也就是说所有提取的主成分的均值相等，这样在后续加权汇总时，就永远不会存在自然权重问题，从而使得评价权重永远不会发生扭曲。

4. 评价的主观属性

主成分分析评价权重的本质是某类指标数量。采用主成分分析进行评价时，是根据方差贡献率对特征根大于 1 的主成分进行赋权，然后再加权汇总进行评价，从这个角度，主成分分析是一种客观赋权法。本质上，主成分的权重取决于某类评价指标的数量，当该类评价指标数量较多时，往往方差贡献率就较大，进而权重就越高。比如在评价科研绩效时，往往数量指标较多，质量指标较少，那么采用主成分分析，数量指标的权重就偏高。如果评价的导向是侧重科研成果质量，那么是不能用方差贡献率作为权重来进行评价的，而应该采用专家赋权较好。

评价是主观的。辞海中评价的含义是"衡量评定人或事物的价值"，包含三层含义，第一是评价主体必须是人或机构，如果是人进行评价，那肯定主观因素占重要地位，即使是客观评价，也必须包含主观成分；如果是机构进行评价，那么往往也体现管理者的需求和意志，具有主观性质。第二是评价对象包括人或事物，在学术评价中，大学评价、学科评价、团队评价、期刊评价等属于事物评价，事本质上也是人做的，而学者评价属于对"人"的评价。第三是必须得出评价结果，可以是分值，也可以是排序。

需要说明的是，现在有许多客观多属性评价方法，对其主观本质需要进一步进行说明。客观评价方法包括熵权法、变异系数法、DEA 数据包络分析、康拓对角线法、TOPSIS 等几十种，表面看，这些评价方法是客观的。但是他们仍然具有主观属性，这是因为评价指标的选取是人为的，不同评价方法的评价结果不同，评价方法的选取也是人为的，评价结果是否合理，其判断也是人为的。客观评价方法只不过是为了降低评价复杂性的一种手段，一般会遵循某种原理，但不可以超越评价者之上。

5. 完全信息多重主成分分析评价的原理

本节提出完全信息多重主成分分析评价，其基本原理如下（见图6-2）：

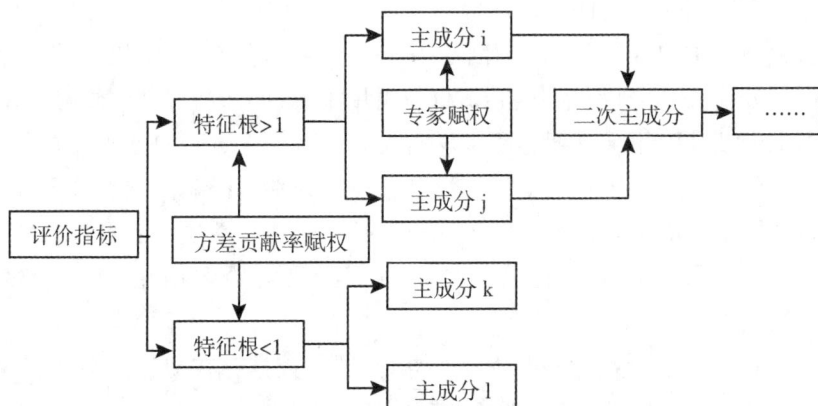

图 6-2 完全信息多重主成分原理

第一，将主成分分析与专家主观赋权相结合。通过提取主成分，各主成分之间不相关，并且各主成分具有一定的可解释含义，这样可以方便专家进行赋权，降低了赋权的复杂性。

第二，对于某个提取主成分下的二级指标，如果数量较多，则继续采用主成分分析提取子主成分，并且同样进行专家主观赋权。以此类推，如果三级指标还是较多的话，同样可以继续采用主成分分析提取主成分，并且进行专家赋权。注意，如果进行第二轮或第三轮主成分分析时，只有一个主成分，那么就没有必要进行主成分分析，说明评价指标属于一类。通过反复提取主成分，即使在评价指标众多的情况下，专家也可以非常方便地进行赋权，这就是多重主成分的含义。

第三，由于主成分分析存在信息损失，就是特征根小于1的主成分，传统主成分分析往往将其舍弃，这当然会影响评价结果。完全信息主成分分析在评价时，无论是一级指标还是二级指标等，均选取所有的主成分进行评价，这就是完全信息的含义。

第四，对于特征根大于1和小于1主成分之间的权重分配，采用客观赋权法进行分配，即采用方差贡献率进行分配。这是因为，方差贡献率是客观数据决定的，只不过特征根大于1的主成分一般有明确含义，而特征根小于1的主成分没有明确含义，但是这两类主成分的信息含量和分配是客观的，因此采用客观赋权即方差贡献率比较科学。

6.1.4 研究数据

本节以JCR2017数学期刊为例进行实证研究，JCR公布的指标有11

个，本节选取 9 个指标进行评价，分别是总被引频次 *TC*、影响因子 *IF*、他引影响因子 *IFW*、5 年影响因子 *IF5*、即年指标 *II*、特征因子 *ES*、论文影响分值 *AIS*、被引半衰期 *CHL1*、引用半衰期 *CHL2*。需要注意的是，被引半衰期和引用半衰期是两个反向指标，需要进行正向处理才能导入主成分分析。此外还有两个指标没有选择，分别是影响因子百分位和标准特征因子，前者来自影响因子，而且具有非参数性质，后者来自特征因子，两个指标均不能提供新的信息，选取会导致信息重复，没有必要。

JCR2017 共有数学期刊 310 种，由于部分数据存在缺失，将其删除，实际还有 304 种期刊，变量的描述统计如表 6-1 所示。从 Jaque-Bera 正态分布检验结果看，所有指标均拒绝原假设，即所有指标均不服从正态分布。

表 6-1　变量的描述统计

	均值	极大值	极小值	标准差	偏度 *P*	峰度 *S*	JB 检验	*P* 值
TC	1624.2370	21800.0000	102.0000	2547.6170	3.9169	22.2586	5475.2970	0.0000
IF	0.8784	9.7270	0.1860	0.7831	6.2554	60.5826	43982.1500	0.0000
IFW	0.8160	9.5450	0.1740	0.7714	6.3267	61.2424	44995.6300	0.0000
IF5	0.9608	11.4140	0.2430	0.8802	6.6403	69.6644	58526.4500	0.0000
II	0.2495	2.0000	0.0000	0.2200	3.1098	20.2021	4238.2020	0.0000
ES	0.0046	0.0470	0.0000	0.0065	3.5917	18.8054	3817.9040	0.0000
AIS	0.9519	8.3770	0.1070	1.0959	3.8946	21.9445	5314.4650	0.0000
CHL1	37.0375	47.9000	3.2000	9.0583	−1.4428	4.8070	146.8388	0.0000
CHL2	54.5615	63.0000	1.6000	4.2256	−6.5871	82.5393	82334.1400	0.0000

6.1.5　实证结果

1. 第一轮主成分分析

首先进行第一轮主成分分析，KMO 检验值为 0.680，Bartlett 检验值为 3507.708，*p* 值为 0.000，说明可以进行主成分分析，主成分矩阵如表 6-2 所示。特征根大于 1 的主成分共有三个，累积解释方差为 82.431%，总体解释水平较高。

表 6-2　第一轮主成分解释方差

主成分	特征根	方差贡献 %	累积方差贡献率 %
1	4.464	49.597	49.597
2	1.667	18.523	68.120
3	1.288	14.310	82.431
4	0.642	7.128	89.559
5	0.590	6.555	96.113
6	0.215	2.390	98.503
7	0.084	0.932	99.435
8	0.048	0.536	99.971
9	0.003	0.029	100.000

主成分矩阵如表 6-3 所示，第一主成分由影响因子、他引影响因子、5 年影响因子、即年指标、论文影响分值组成，可以将其命名为期刊一般影响力；第二主成分由总被引频次、特征因子组成，这是反映期刊累计影响力和赋权影响力的指标，可以将其命名为期刊总体影响力；第三主成分由被引半衰期、引用半衰期组成，可以将其命名为期刊时效性。

表 6-3　主成分矩阵

评价指标	指标变量	主成分 1	主成分 2	主成分 3
影响因子	IF	0.932	0.272	−0.077
他引影响因子	IFW	0.933	0.267	−0.101
5 年影响因子	$IF5$	0.927	0.240	−0.122
即年指标	II	0.663	0.045	0.073
论文影响分值	AIS	0.893	0.033	−0.231
总被引频次	TC	0.523	−0.750	0.339
特征因子	ES	0.551	−0.638	0.457
被引半衰期	$CHL1$	−0.169	0.585	0.592
引用半衰期	$CHL2$	0.150	0.388	0.724

2. 第二轮主成分分析

由于第一主成分组成的指标较多，因此有必要进行第二轮主成分分析，以便将期刊一般影响力指标进一步分类，方便专家赋权。将影响因子、他引影响因子、5 年影响因子、即年指标、论文影响分值 5 个指标进行 KMO 检验，其值为 0.759，Bartlett 检验值为 2760.455，p 值为 0.000，符合主成分分析的前提条件。特征根大于 1 的主成分只有 1 个，如表 6-4 所示，说明这 6 个指标可以归为一类，没有必要进行进一步分类。

表 6-4　第二轮主成分解释方差

主成分	特征根	方差贡献 %	累积方差贡献率 %
1	4.050	80.991	80.991
2	0.640	12.794	93.785
3	0.251	5.010	98.795
4	0.057	1.150	99.945
5	0.003	0.055	100

3. 指标赋权

由于 JCR2017 数学期刊只经过一轮主成分分析就确定了指标分类体系，因此赋权工作分三个步骤。第一步是特征根大于 1 的主成分权重与小于 1 的其他信息权重，这个根据方差贡献率分配，分别为 0.824 和 0.176。第二步是三个特征根大于 1 的主成分即一级指标权重，作为一个算例，本节邀请 5 位专家讨论赋权，由于期刊一般影响力即影响因子类指标在评价时重要性最高，并且指标最多，因此权重为 0.60；期刊总体影响力主要是期刊中期和长期指标，其权重为 0.25。期刊时效性指标的权重为 0.15。所有指标的权重分配如表 6-5 所示。

4. 评价结果比较

采用完全信息多重主成分分析进行评价，同时采用传统主成分分析进行评价，结果如表 6-6 所示，受篇幅所限，本节只公布了排名前 40 的期刊。可见评价结果排序仍然相差较大，这是区分度相对较大的优秀期刊，对于区分度相对较小的中等期刊而言，评价结果相差会更大。

表 6-5　评价权重

信息权重	一级指标权重	二级评价指标
可解释信息 特征根>1 权重 0.824	期刊一般影响力 F1：0.60	影响因子
		他引影响因子
		5 年影响因子
		即年指标
		论文影响分值
	期刊总体影响力 F2：0.25	总被引频次
		特征因子
	期刊时效性 F3：0.15	被引半衰期
		引用半衰期
不可解释信息 特征根<1 0.176	F4：0.071	难以解释信息
	F5：0.066	
	F6：0.024	
	F7：0.009	
	F8：0.005	
	F9：0.000	

表 6-6　评价结果及排序比较

期刊名称缩写	完全信息多重主成分	排序	传统主成分	排序
ACTA NUMER	5.000	1	6.069	1
J AM MATH SOC	3.006	2	3.352	2
ANN MATH	2.343	3	2.761	3
ADV NONLINEAR ANAL	1.793	4	2.193	4
FOUND COMPUT MATH	1.638	5	1.872	6
COMMUN PUR APPL MATH	1.528	6	1.911	5
INVENT MATH	1.444	7	1.707	7
PUBL MATH-PARIS	1.373	8	1.521	9
FRACT CALC APPL ANAL	1.301	9	1.703	8
J EUR MATH SOC	1.104	10	1.158	11

续表

期刊名称缩写	完全信息多重主成分	排序	传统主成分	排序
DUKE MATH J	1. 033	11	1. 253	10
J DIFFER EQUATIONS	0. 898	12	1. 121	12
ANAL PDE	0. 882	13	0. 966	13
J INST MATH JUSSIEU	0. 854	14	0. 847	18
ADV MATH	0. 822	15	0. 918	15
J MATH PURE APPL	0. 754	16	0. 918	14
COMMUN NUMBER THEORY	0. 745	17	0. 881	17
GEOM FUNCT ANAL	0. 732	18	0. 749	23
MEM AM MATH SOC	0. 723	19	0. 814	19
J NUMER MATH	0. 704	20	0. 808	20
ADV CALC VAR	0. 675	21	0. 684	28
ACTA MATH-DJURSHOLM	0. 644	22	0. 891	16
INT MATH RES NOTICES	0. 635	23	0. 692	27
CALC VAR PARTIAL DIF	0. 635	24	0. 728	24
B MATH SCI	0. 634	25	0. 604	30
ANAL APPL	0. 624	26	0. 770	22
J REINE ANGEW MATH	0. 622	27	0. 778	21
KINET RELAT MOD	0. 593	28	0. 722	25
J FUNCT ANAL	0. 561	29	0. 692	26
GEOM TOPOL	0. 555	30	0. 548	32
J MATH ANAL APPL	0. 501	31	0. 683	29
SEL MATH-NEW SER	0. 462	32	0. 510	39
RACSAM REV R ACAD A	0. 447	33	0. 513	37
COMMUN CONTEMP MATH	0. 443	34	0. 486	42
ANAL MATH PHYS	0. 440	35	0. 493	40
NONLINEAR ANAL-THEOR	0. 413	36	0. 571	31
ADV DIFFERENTIAL EQU	0. 405	37	0. 492	41

续表

期刊名称缩写	完全信息多重主成分	排序	传统主成分	排序
ANN SCI ECOLE NORM S	0.405	38	0.511	38
J ALGEBRAIC GEOM	0.400	39	0.339	53
COMMUN PART DIFF EQ	0.385	40	0.533	33

5. 完全信息多重主成分分析评价结果的统计特征分析

完全信息多重主成分分析的结果的描述统计如图 6-3 所示，由于评价结果是基于各主成分进行线性加权，并且各主成分的均值为 0，因此评价结果的均值也接近 0，为 0.004。各主成分的标准差为 1，经过线性加权评价后，评价结果的标准差有所减少，为 0.554，说明评价结果更加温和，波动有所缩小。虽然 Jaque-Bera 检验值为 8351.365，p 值为 0.000，并没有通过正态分布检验，但从图 6-3 看，评价值总体围绕均值 0 附近。

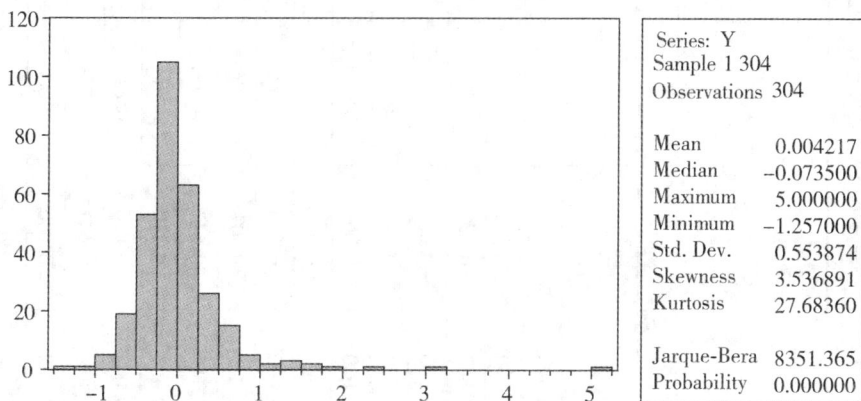

Series: Y	
Sample 1 304	
Observations 304	
Mean	0.004217
Median	−0.073500
Maximum	5.000000
Minimum	−1.257000
Std. Dev.	0.553874
Skewness	3.536891
Kurtosis	27.68360
Jarque-Bera	8351.365
Probability	0.000000

图 6-3　评价结果的数据特征

完全信息多重主成分分析的结果与评价指标的相关系数如表 6-7 所示，评价结果与期刊一般影响力指标的相关系数较高，如影响因子、他引影响因子、5 年影响因子、即年指标、论文影响分值，相关系数为 0.817；评价结果与期刊总体影响力指标及期刊时效性指标的相关系数相对较低，平均值分别为 0.321、0.316，因为这两类指标的评价中的权重也相对较低，这说明完全信息多重主成分分析结果较好地体现了评价中专家的权重。

表 6-7　评价结果与评价指标的相关系数

指标	IF	IFW	IF5	II	AIS	TC	ES	CHL1	CHL2	Y
IF	1									
	—									
IFW	0.997	1								
	0.000	—								
IF5	0.943	0.942	1							
	0.000	0.000	—							
II	0.542	0.541	0.498	1						
	0.000	0.000	0.000	—						
AIS	0.801	0.815	0.863	0.532	1					
	0.000	0.000	0.000	0.000	—					
TC	0.275	0.270	0.282	0.296	0.335	1				
	0.000	0.000	0.000	0.000	0.000	—				
ES	0.317	0.309	0.308	0.311	0.385	0.883	1			
	0.000	0.000	0.000	0.000	0.000	0.000	—			
CHL1	-0.031	-0.052	-0.084	-0.035	-0.262	-0.322	-0.105	1		
	0.587	0.368	0.144	0.543	0.000	0.000	0.067	—		
CHL2	0.166	0.152	0.151	0.110	0.014	0.032	0.074	0.347	1	
	0.004	0.008	0.009	0.056	0.810	0.581	0.195	0.000	—	
Y	0.905	0.898	0.879	0.642	0.761	0.258	0.384	0.289	0.342	1
	0.000	0.000	0.000	0.000	0.000	0.000	0.000	0.000	0.000	—

6.1.6　研究结论

1. 学术评价中专家辅助赋权与自然权重问题必须高度重视

首先，学术评价必须为科研管理与创新型国家建设服务，因此专家赋权必须引起足够的重视。随着学术评价日趋复杂，专家个人的分辨力是有限的，难以处理复杂指标分类及其赋权问题，必须借助一定的技术手段。其次，在学术评价中由于不同指标标准化后平均值不相等，会导致评价实际权重发生扭曲，产生自然权重问题，导致实际评价结果不能较好地体现专家权重。这两个问题是学术评价中普遍存在的问题，如果不加以解决，就会使得专家主观赋权不精确，实际评价结果也会产生权重扭曲，从而导致较大的评价误差。

2. 完全信息多重主成分分析评价是一种较好的解决思路

为了解决上述问题，首先就要对评价指标体系进行降维，以方便专家赋权，从而克服指标众多而产生的分辨力不足问题；其次是使得标准化后评价指标的平均值相等。在现有的多属性评价方法中，主成分分析和因子分析均具有这个性质。但由于因子分析的信息损失比主成分分析大，并且因子分析原则上需要评价数据服从正态分布，因此选取主成分分析为基础进行进一步优化。

完全信息多重主成分分析具有如下特点：第一，所有指标分类均采用主成分辅助分类，降低专家人工分类的难度；第二，采用所有主成分进行评价，这样克服了信息损失问题；第三，对于特征根大于1与小于1的主成分赋权，采用方差贡献率，尊重数据本身包含的信息量；第四，对于特征根大于1的主成分赋权，采用专家赋权，发挥评价的管理功能；第五，当某一级别指标众多时，同样继续采用上述思路进行处理。

3. 完全信息多重主成分分析评价结果具有较好的评价功能

实证研究结果表明，完全信息多重主成分分析评价结果降低了单一评价指标的标准差，使得评价结果数据分布更加平缓，这在数据分布偏倚度相对较大的学术评价中更有意义。此外，评价结果能够较好地体现专家权重设计，使得评价更好地服务于科研管理。此外，完全信息多重主成分分析评价也克服了传统主成分分析的信息损失问题，实证研究发现，这种信息损失对评价结果的排序影响较大。

4. 主成分指标分类较差时需要专家进一步讨论

由于主成分分析自身的限制，在多数情况下，采用主成分分析会取得良好的分类效果，这对赋权意义重大。但是在某些情况下，由于主成分分类的解释力低于因子分析，也有可能出现主成分分类结果难以命名和解释的问题。在这种情况下，可以借助专家进行广泛讨论，以及后续进行下一轮主成分分析。必要时其实没有必要对主成分分类进行命名，考虑指标性质和内涵直接进行赋权，因此总体上并不妨碍专家赋权。

6.2 CRITIC 评价方法的修正及在学术期刊评价中的应用研究

CRITIC 评价法根据指标对比强度与冲突性进行赋权，在评价中得到了广泛的应用，但在学术期刊评价中应用可能存在问题。本节针对学术期刊评价的特点，提出采用平均差均值比代替标准差，采用复相关系数代替相关系数，采用算术平均代替乘法合成来对传统 CRITIC 评价方法进行修正，从而优化了传统 CRITIC 评价方法。修正 CRITIC 对评价指标的数据分布没有要求，比较适用于学术期刊评价。由于修正 CRITIC 一方面遵循 CRITIC 评价的思想，另一方面全方位对传统 CRITIC 进行优化，因此是一种值得推广的评价方法。

6.2.1 引言

CRITIC 评价方法是 Diakoulaki 等（1995）提出的一种多属性评价方法，其原理是根据评价指标数据的对比强度和冲突性来确定权重，然后进行加权汇总评价。对比强度是评价指标数据波动程度的体现，与熵权法、粗糙集评价方法有异曲同工之处；冲突性是评价指标所提供的信息量大小，本质上和主成分分析、因子分析的公共因子与主成分有相似之处。鉴于 CRITIC 评价方法的这些优点，其很快在多属性评价中得到了广泛的应用，通过中国知网查询发现，目前已经有数百篇论文与 CRITIC 相关。

在学术期刊评价中，由于许多文献计量指标并不服从正态分布，数据分布偏倚，如果选取若干指标，采用 CRITIC 评价方法进行评价，可能会存在一些问题。比如指标对比强度如何确定更加合理，指标的冲突性如何进行更好地度量，两者如何更好地进行整合。因此在学术期刊评价中，有必要在对 CRITIC 评价原理分析的基础上，针对学术期刊评价指标的特点，对

CRITIC 评价方法进行适当优化。开展相关研究不仅有利于优化 CRITIC 评价方法，丰富多属性评价与多元统计理论，在实践上对于保证评价方法的科学性，提高学术期刊评价的公平也具有重要意义。

关于 CRITIC 评价方法的应用，现有诸多研究更多将其作为客观赋权法，与其他多属性评价方法一起进行评价。姜玉梅、田景梅等（2018）采用 CRITIC-TOPSIS 模型对所有教育部直属高校图书馆的服务绩效进行综合评价。王瑛、曹玮等（2009）应用信度系数建立专家权重，基于 CRITIC 法和 TOPSIS 法对科技成果进行评价。朱雪春、陈万明等（2014）采用 CRITIC 法确定权重，运用主成分投影法选择协同创新伙伴。杨栩、管国政（2017）利用层次分析法和 CRITIC 进行组合赋权，运用中心点混合三角白化权函数，评价世界国防科技工业综合实力。王瑛、蒋晓东等（2014）运用 CRITIC 对专家评分进行动态赋权，用逆向云发生器构造模糊评价矩阵，用虚拟云计算期望、熵和超熵，进行科技奖励评价。万克文（2017）采用 CRITIC 和相关系数相结合，以人人网和新浪微博为评价对象，评价用户隐私保护情况。桂俊煜（2018）运用 CRITIC 进行赋权，并通过非整秩次秩和比法评价中国大陆31 个省、市、自治区的高技术产业发展水平。窦如婷、申敏等（2018）用 CRITIC 方法结合 TOPSIS 法对 33 个国家的宏观投资环境。贺玉德、马祖军（2012）构建 CRITIC 权重 DEA 协同发展模型，测度四川省区域物流效率。张玉、魏华波（2019）提出基于 CRITIC 的基本原理进行组合赋权评价。

关于 CIRTIC 评价法存在的问题及其优化方法，研究从三个方面展开，第一是改进 CRITIC 中的指标对比强度的测度，刘淑茹、魏晓晓（2018）提出在 CRITIC 评价中，利用熵和标准差代替原来的标准差来进行评价。傅为忠、边之灵（2018）在中部地区承接产业转移示范区评价中，提出在 CRITIC 赋权时，用平均差代替标准差进行评价。曹玮、王瑛（2012）运用变异系数改进了 CRITIC 法，并将专家信度系数、聚类分析法等融入突变级数法，提出基于改进 CRITIC-CPM 的科技奖励评价模型。第二是改进 CRITIC 中的指标冲突性测度，程杨、胡冰（2019）在 CRITIC 评价雷达装备保障水平中，提出用 1 减去熵权的值代替离散系数，对 CRITIC 评价方法进行优化。李新运、孙志静等（2017）认为 CRITIC 评价方法中，应该采用复相关系数来代替简单相关系数来衡量指标冲突性。第三种是同时在指标对比强度与冲突性两个方面进行优化，傅为忠、曹新蓉（2017）引入平均差、相关系数的绝对值改进 CRITIC 客观赋值法，对互联网金融上市公司的经营风险水平进行评价。

从现有的研究看，CRITIC 评价方法已经得到了广泛的应用，在科技评价中，主要涉及图书馆绩效、科技成果、科技奖励、协同创新、高技术产业发展水平等方面的评价。关于 CRITIC 评价存在的问题，学术界已经意识到并且进行了一些优化，这些优化推进了 CRITIC 评价方法的发展，从现有的研究看，在以下几个方面需要进一步进行深入研究：

第一，关于指标对比强度的衡量标准，现有的研究集中在标准差、平均差、离散系数等方面，但是对于如何结合评价指标数据分布来测度对比强度，尤其在学术期刊评价中怎么处理好这个问题缺乏研究。

第二，关于指标冲突性的测度，现有的研究主要采用熵值和复相关系数代替相关系数之和两种方式，但是这两种方法如何选取，其理论依据是什么也缺乏研究。

第三，关于指标对比强度和冲突性的组合方式，现有研究并没有进行任何优化，沿用 CRITIC 评价法中的乘法合成方法，那么有没有更好的合成方法？其依据是什么？

本节在对 CRITIC 的评价原理进行深度解析的基础上，提出采用平均差系数、复相关系数对指标对比强度与冲突性进行优化，并采用数学平均代替乘法合成来处理对比强度与冲突性，从而全面优化 CRITIC 评价方法。在此基础上，以学术期刊评价为例，选取 JCR2017 经济学期刊数据，详细说明指标数据分布对新旧 CRITIC 评价方法及评价结果的影响，并进一步讨论优化 CRITIC 评价法的适用范围。

6.2.2 CRITIC 评价法的优化

1. CRITCI 评价方法的原理

假设有 m 个评价指标，n 个评价对象，标准化后的评价指标为 X_{ij}，用标准差为 σ_j 代表指标的对比强度，用相关系数之和代表指标的冲突性，即：

$$\sum_{k=1}^{m} (1 - R_{ik}) \tag{6-1}$$

对于第 j 个指标而言，其对比强度与冲突性的大小为：

$$C_j = \delta_j \sum_{k=1}^{m} (1 - R_{ik}) \tag{6-2}$$

最后将 C_j 归一化处理，就得到了指标 j 的权重 ω_j：

$$\omega_j = \frac{C_j}{\sum_{k=1}^{m} C_k} \tag{6-3}$$

2. CRITIC 评价法存在的问题分析

(1)指标对比强度分析

CRITIC 评价方法中，将指标标准化后，用标准差作为指标的对比强度，存在如下问题：

第一，即使评价指标已经进行了标准化处理，但是用标准差并不一定能代表指标的对比强度。如果评价指标服从正态分布，那么用标准差代表对比强度是可以的，如果评价指标不服从正态分布，或者数据分布偏倚，异常值较多，那么标准差由于进行了平方运算，会拉大对比强度。

第二，用离散系数代替标准差来衡量指标对比强度同样是有条件的。离散系数是用标准差除以均值，区分了指标均值大小不同对指标对比强度的影响，但是如果评价指标不服从正态分布，均值可能相差很大，同样拉大了对比强度。

第三，用平均差代替标准差，一定程度上降低了数据不服从正态分布、数据偏倚对指标对比强度的影响，但是无法平抑由于指标均值不同对指标对比强度的影响，还是有缺陷的。

综上所述，对指标对比强度衡量的最好指标就是用平均差除以均值，即平均差均值比，该指标一方面降低了指标数据分布偏倚对指标对比强度的影响，同时也较好地克服了不同评价指标均值不等对指标对比强度的影响。

(2)指标冲突性分析

CRITIC 评价方法中，用某指标与其他指标的两两相关系数来衡量指标的冲突性，本质上是该指标能够提供的"独特信息"量大小，这是可取的。但是，采用两两相关系数是有问题的，即某指标可能与其他的数个指标或所有指标相关，两两相关系数并不能反映这种情况。因此借鉴李新运、孙志静等(2017)的方法，采用复相关系数代替两两相关系数是更进一步的选择。

采用标准化指标的复相关系数仍然是有问题的。由于学术期刊评价的特殊性，指标之间的数据分布往往是偏倚的，这样容易在回归中出现异方差，所以对此必须进行修正，较好的修正方法是对所有指标取对数以后计算相关系数，这样才能较好地反映指标的冲突性。

(3)指标对比强度与冲突性的合成方法

CRITIC 对于指标对比强度与指标冲突性进行合成，然后再归一化处理得到权重。乘法合成的选取必须慎重，因为其倍增效应明显。乘法合成导致较大指标的权重更大，较小指标的权重更小，仅适用于指标个数较多、权数分配比较均匀的情况。对于学术期刊评价而言，由于数据分布偏倚，指标对比强度与冲突性的大小不可控，加上就从这两个方面评价，因此采用乘法合成不符合统计学常识，不能选用。

常见的合成方式包括算数平均、几何平均、平方平均、调和平均等，除了几何平均。分别如公式(6-4)~公式(6-7)所示：

$$Z = \sum_{i=1}^{n} \omega_j X_i \qquad (6\text{-}4)$$

$$Z = \sqrt[n]{\prod_{i=1}^{n} X_i^{\omega_j}} \qquad (6\text{-}5)$$

$$Z = \sqrt{\frac{\sum_{i=1}^{n} X_i^2}{n}} \qquad (6\text{-}6)$$

$$Z = \frac{1}{\sum_{i=1}^{n} \frac{1}{\omega_j X_i}} \qquad (6\text{-}7)$$

公式(6-4)~公式(6-7)中，Z 代表评价值，ω_j 表示权重，X_i 为评价指标。

苏为华(2000)指出，算术平均的特点是取长补短；几何平均与调和平均的特点是惩罚落后，体现均衡发展要求；平方平均的特点是抓大放小，体现鼓励突出重点。回到指标对比强度与冲突性，对比强度体现指标的数据波动大小，冲突性体现了指标能提供的独特信息，这两者对于评价同等重要，从评价角度来看，两者完全不相关，因此宜采用取长补短式合成方式较好。从评价原理看，无论是惩罚落后还是鼓励先进，即对指标对比强度或冲突性进行某种特殊的不均匀处理，这些均不是 CRITIC 所关注的，一般也不是作为通用学术期刊评价方法应该侧重的。

综上所述，对指标对比强度与指标冲突性，应该采用算术平均来进行处理，然后对其归一化得到 CRITIC 权重。

3. 修正 CRITIC 评价法的评价步骤

①确定评价目的，选取评价指标，对评价指标进行标准化处理。
②计算平均差均值比，这就是新的指标对比强度。
③采用双对数模型进行回归，得到各指标的复相关系数 R_j，其回归

公式是：

$$\log(X_{ij}) = c_0 + c_1\log(x_{i1}) + \cdots + c_k\log(x_{ik}) + \cdots + c_m\log(x_{im})$$
$$(j = 1\cdots m,\ j \neq k) \tag{6-8}$$

用 $1-R_j$ 得到新的指标冲突性。

④将平均差均值比以及 $1-R_j$ 分别除以各自的极大值，进行标准化处理，得到新的 C_j。

⑤对 C_j 进行标准化处理，得到修正后 CRITIC 的权重。

6.2.3 研究数据

本节基于 JCR2017 经济学期刊数据进行研究，原始数据共有 353 种期刊，由于 32 种期刊数据缺失，实际只有 321 种期刊。选取的评价指标包括总被引频次 TC、影响因子 IF、他引影响因子 IFW、5 年影响因子 IF5、即年指标 II、特征因子 ES、论文影响分值 AIS、被引半衰期 CHL1、引用半衰期 CHL2 共 9 个。其中被引半衰期与引用半衰期是反向指标，需要进行正向化处理。

6.2.4 实证结果

1. 标准化指标数据描述统计情况

传统 CRITIC 评价法是将数据标准化后直接用方差表示数据的对比强度，因此采用标准化数据的描述统计更能反映情况，标准化数据的描述统计如表 6-8 所示。从指标的均值看，各指标相差较大，最小的为即年指标，均值只有 0.073，最大的是引用半衰期，均值为 0.833。从标准差看，各指标也有较大差异，最大的为影响因子 0.158，最小的是引用半衰期 0.073，说明其波动最小。从 Jarque-Bera 正态分布检验结果看，所有指标均没有通过正态分布检验，即不服从正态分布。当然作为期刊评价指标这是正常的，因为许多文献计量指标均不服从正态分布，其数据分布是偏倚的。

表 6-8   标准化数据描述统计

指标	均值	中位数	极大值	极小值	标准差	偏度 S	峰度 K	Jarque-Bera	概率 p
TC	0.058	0.022	1.000	0.002	0.116	4.773	30.488	11324.970	0.000
IF	0.196	0.151	1.000	0.018	0.158	1.874	7.293	434.369	0.000
IFW	0.183	0.137	1.000	0.011	0.154	2.034	8.210	584.418	0.000

续表

指标	均值	中位数	极大值	极小值	标准差	偏度 S	峰度 K	Jarque-Bera	概率 p
IF5	0.162	0.115	1.000	0.017	0.137	2.183	9.600	837.588	0.000
II	0.073	0.048	1.000	0.000	0.085	4.985	47.606	27941.410	0.000
ES	0.039	0.015	1.000	0.000	0.083	6.451	63.296	50853.130	0.000
AIS	0.066	0.033	1.000	0.001	0.106	4.177	26.701	8446.774	0.000
*CHL*1	0.753	0.768	1.000	0.084	0.142	−1.168	5.957	189.944	0.000
*CHL*2	0.833	0.839	1.000	0.092	0.073	−3.719	35.835	15159.730	0.000

在这种情况下，如果用标准差来衡量对比强度是不合适的，由于标准差进行了平方处理，所以极值对标准差的影响很大。即使用平均差代替标准差，但由于各指标均值相差较大，还是难以代表指标的对比强度，所以采用平均差均值比代表指标对比强度的思路是正确的。

需要补充的是，即使不采用平均差，那么采用标准差衡量对比强度也是不合适的，因为均值相差较大，所以采用离散系数也比单独采用标准差代表对比强度更加合适。

2. 传统 CRITIC 与修正 CRITIC 指标对比强度与冲突性比较

传统 CRITIC 与修正 CRITIC 的对比强度如表6-9所示。对比平均差均值比与离散系数，两者的排序大致一致，两者的相关系数为 0.980。只有他引影响因子 *IFW* 与 5 年影响因子 *IF5* 的排序有所变化，但是与标准差的排序相比相差极大，标准差与离散系数的相关系数为−0.263。这进一步说明了采用标准差衡量指标对比强度是不合适的，至少也应该采用离散系数，在数据分布偏倚的情况下采用平均差均值比最佳。

表 6-9　传统 CRITIC 与修正 CRITIC 指标对比强度比较

指标	平均差	标准差	排序	均值	离散系数	排序	平均差均值比	排序
ES	0.042	0.083	8	0.039	2.143	1	1.085	1
TC	0.060	0.116	5	0.058	1.992	2	1.038	2
AIS	0.060	0.106	6	0.066	1.618	3	0.912	3
II	0.052	0.085	7	0.073	1.169	4	0.721	4

指标	平均差	标准差	排序	均值	离散系数	排序	平均差均值比	排序
IFW	0.110	0.154	2	0.183	0.843	6	0.603	5
IF5	0.098	0.137	4	0.162	0.845	5	0.600	6
IF	0.115	0.158	1	0.196	0.803	7	0.585	7
CHL1	0.107	0.142	3	0.753	0.188	8	0.143	8
CHL2	0.046	0.073	9	0.833	0.088	9	0.056	9

传统 CRITIC 与修正 CRITIC 指标冲突性比较如表 6-10 所示，从冲突性排序看，传统 CRITIC 与修正 CRITIC 虽然大致一致，两者的相关系数为 0.960，但冲突性排序差异要大于对比强度排序差异。

表 6-10　传统 CRITIC 与修正 CRITIC 指标冲突性比较

指标	$\sum(1-R_{ik})$	排序	$1-R_j$	排序
CHL2	6.369	1	0.803	1
II	5.199	3	0.696	2
CHL1	6.158	2	0.649	3
AIS	3.481	6	0.179	4
TC	3.851	5	0.126	5
ES	3.853	4	0.123	6
IF5	3.001	9	0.069	7
IF	3.224	7	0.010	8
IFW	3.193	8	0.010	9

3. 传统 CRITIC 与修正 CRITIC 权重比较

传统 CRITIC 与修正 CRITIC 的权重如表 6-11，两者权重排序相差很大，相关系数为-0.160。根本原因是传统 CRITIC 采用标准差衡量对比强度，而没有考虑平均值的影响。再加上传统 CRITIC 评价采用对比强度与冲突性相乘，这进一步拉大了权重差距。

表 6-11　传统 CRITIC 与修正 CRITIC 权重比较

指标	传统 CRITIC	排序	修正 CRITIC	排序
II	0. 102	6	0. 448	1
AIS	0. 086	8	0. 146	2
ES	0. 074	9	0. 119	3
TC	0. 103	5	0. 117	4
CHL1	0. 201	1	0. 083	5
CHL2	0. 108	4	0. 040	6
IF5	0. 095	7	0. 037	7
IFW	0. 114	3	0. 005	8
IF	0. 117	2	0. 005	9

4. 统 CRITIC 与修正 CRITIC 评价结果比较

传统 CRITIC 与修正 CRITIC 的评价结果如表 6-12 所示，由于篇幅所限，本节仅公布了按照修正 CRITIC 评价排序前 30 的期刊。由于权重相差较大，导致评价结果排序也相差较大，传统 CRTIC 与修正 CRITIC 的相关系数为 0. 882，尽管相关水平较高，但对评价结果的排序影响是巨大的。

表 6-12　传统 CRITIC 与修正 CRITIC 评价结果比较

期刊名称	传统 CRITIC 评价	排序	修正 CRTIC 评价	排序
ASIAN ECON POLICY R	0. 443	24	0. 574	1
Q J ECON	0. 715	1	0. 498	2
AM ECON REV	0. 619	2	0. 485	3
J FINANC	0. 586	3	0. 395	4
ECONOMETRICA	0. 433	27	0. 387	5
BROOKINGS PAP ECO AC	0. 411	39	0. 357	6
ENERG POLICY	0. 559	5	0. 353	7
J FINANC ECON	0. 561	4	0. 345	8
AM ECON J-APPL ECON	0. 538	7	0. 338	9
AM ECON J-MACROECON	0. 477	17	0. 335	10

期刊名称	传统 CRITIC 评价	排序	修正 CRTIC 评价	排序
AM ECON J-ECON POLIC	0.508	11	0.328	11
REV ENV ECON POLICY	0.510	10	0.317	12
REV FINANC STUD	0.516	9	0.315	13
REV ECON STUD	0.451	20	0.312	14
J POLIT ECON	0.449	21	0.309	15
J ECON LIT	0.474	18	0.305	16
J ECON PERSPECT	0.552	6	0.301	17
ECOL ECON	0.478	15	0.277	18
REV INT ORGAN	0.425	30	0.277	19
ECON SYST RES	0.413	37	0.275	20
TRANSPORT RES B-METH	0.463	19	0.265	21
REV ECON STAT	0.434	26	0.252	22
OXFORD REV ECON POL	0.344	91	0.251	23
ENERG ECON	0.478	16	0.251	24
VALUE HEALTH	0.529	8	0.244	25
SPAT ECON ANAL	0.336	97	0.234	26
J POLICY ANAL MANAG	0.415	36	0.234	27
ECON ENERGY ENV POL	0.391	49	0.233	28
ECON J	0.386	52	0.232	29
WORLD DEV	0.423	32	0.231	30

6.2.5　研究结论与讨论

本节针对学术期刊评价的特点，提出采用平均差均值比代替标准差，采用复相关系数代替相关系数，采用算术平均代替乘法合成来对传统 CRITIC 评价方法进行修正，从而优化了传统 CRITIC 评价方法，基于 JCR2017 经济学期刊的研究表明，尽管传统 CRITIC 与修正 CRITIC 评价结果的相关系数较高，但权重和评价结果的排序仍然很大，根本原因是传统 CRITIC 采用标准差衡量对比强度不合理，从而导致较大的偏差。

传统 CRITIC 评价法对数据分布有较高要求，在评价指标服从正态分布的情况下，采用传统 CRITIC 进行评价，理论上与修正 CRITIC 进行评价的结果应该大致一致，但是在学术期刊评价中，由于许多评价指标服从幂律分布，并不服从正态分布，在这种情况下，采用修正 CRITIC 进行评价效果更好。

当然，不管原始指标的数据分布情况，采用修正 CRITIC 进行评价，其评价效果并不会比传统 CRITIC 评价差，加上修正 CRITIC 评价无论在测度指标对比强度和冲突性，还是在指标合成方法上均由于传统 CRITIC 评价，因此修正 CRITIC 评价具有较好的推广价值。

6.3　基于结构方程降维法的医学化学期刊评价研究

对医学化学期刊进行评价有利于提高期刊质量。本节提出了一种新的结构方程降维法，其原理是在采用聚类分析与因子分析对评价指标进行分类的基础上，建立结构方程模型，将回归系数进行归一化处理得到权重，进而加权汇总评价一级指标，从而起到降维与评价效果。基于 JCR2017 医学化学期刊的评价表明：该方法克服了人工对评价指标进行分类的随意性；线性降维有利于保存原始指标的大量信息；一级指标评价后方便了期刊综合评价；降低了一级指标之间的相关性；一级指标的评价具有唯一性和客观性；体现了学术评价的系统性思想；需要注意的是，结构方程的稳定性对评价具有重要影响，一般适合相对成熟的学术评价领域。

6.3.1　引言

医学化学期刊评价具有重要意义。从文献计量角度选取若干指标，然后对其分类，在此基础上对医学化学期刊进行评价，不仅可以掌握期刊影响力、时效性等方面的情况，而且可以掌握期刊总体得分与排名情况，从而有利于期刊之间加强竞争，进一步提高期刊质量和学术水平，同时也有利于作者投稿时进行期刊选择，对于医学化学学科发展也具有一定的潜在意义。

学术期刊多属性评价经历了一个漫长的发展历程。自 Garfield(1963)开创文献计量学研究以来，学术评价最早采用单一文献计量指标进行，如总被引频次、影响因子、引用半衰期、即年指标等，后来发展到用一些信息量更大的复合指标，其包含的信息量大，如 h 指数(Hirsch, 2005)、学科论文平均被引次数 FCS_m(Moed et al., 1995)、论文计数影响因子 $ACIF$

（Markpin，2008）、标准平均引用率 NMCR（Braun et al.，1990）等。采用多属性评价方法评价学术期刊，拥有比单一指标更广阔的视野，评价也比较全面。

多属性评价在学术期刊评价中应用广泛。Shotton（2012）提出期刊评价的 5 个指标，包括期刊内容丰富程度、同行评议、开放获取、数据集、计算机可读元数据。Franceschet（2010）认为评价期刊应该包括知名度（Popularity）和信誉度（Prestige），知名度主要由期刊影响力指标来反映，信誉度主要由期刊特征因子来反映。Sombatsompop 等（2006）提出从三个角度评价学术期刊：期刊影响影子（Journal Impact Factors，JIF）、文章影响因子（Article Impact Factors，AIF）、位置影响因子（Position Impact Factors，PIF）。Philipp（2006）从搜索引擎、直接路径和背部路径三方面构建了开放存取期刊评价指标，发现网络使用指标是促进开放存取研究成果可以被接受和使用的重要途径。

采用多属性评价方法评价学术期刊，优点是评价指标选取众多，评价内容比较全面，但是也存在如下两个问题，需要加以解决：

第一，部分评价指标分类困难。在学术期刊评价中，由于多种原因，部分指标分类是模糊的，既可以归类到 A 类，也可以归类到 B 类，但是分类不同无疑会影响评价结果。比如即年指标是统计年度发表的论文在统计当年的平均被引次数，它既具有学术期刊影响力指标的特性，同时也具有学术期刊时效性指标的特性。究竟将其归到哪一类，现有的研究往往是凭主观进行分类，极少采用客观分类或者主观与客观分类相结合来进行分类。

第二，不重视一级指标评价。在学术期刊评价中，许多评价方法只能得到期刊综合评价得分，而不关心一级指标得分。比如灰色关联评价、TOPSIS 评价、VIKOR 评价、熵权法等评价方法，往往只得到综合评价结果。

第三，对一级指标评价缺乏客观性。现有的学术期刊评价，对于底层指标的汇总，多数采用线性加权汇总方法进行，比如通过底层指标的加权汇总得到学术期刊影响力值、时效性值等一级指标。底层指标的权重采用主观或客观方法确定，问题是目前赋权方式就有几十种，如何进行选择？比如只用影响因子和总被引频次两个指标来评价期刊的影响力，采用人工权重影响因子假设是 0.8，总被引频次假设是 0.2；采用熵权法确定权重，影响因子假设是 0.675，总被引频次的权重假设是 0.325；采用离散系数法赋权总被引频次权重为 0.573，影响因子是 0.427。可能还有更多的赋权方法，究竟应该如何选择权重进而得到学术期刊影响力值？

为了解决以上问题，首先就要解决评价指标的分类问题，其次是要解决一级指标的评价问题。由于一级指标是学术期刊评价指标的总体分类，数量往往不多，这个问题的解决不仅有利于从一级指标角度对期刊进行评价，增强一级指标评价的客观性，而且可以大大降低对学术期刊进行综合评价的难度。

本节首先基于因子分析和聚类分析对学术期刊评价指标进行分类，然后提出结构方程降维法的思想，用于一级指标评价，在此基础上，再基于TOPSIS(Hwang et al., 1981)评价方法，对医学化学期刊进行综合评价。

6.3.2　研究方法

1. 学术期刊评价指标的主客观分类

评价指标的客观分类本质上是一种机器辅助分类。Luhn(1957)开创性地在自动分类领域进行研究，提出将词频统计应用到自动分类的思路。Maron 等(1960)在此基础上对论文关键词的自动分类进行研究，标志着自动分类学科的诞生。聚类分析和因子分析是两种典型的客观分类方法，在评价指标具有多重属性的情况下，客观分类可以辅助人工分类。当然完全依靠客观分类也是有问题的，对问题本质的把握还是要靠人工分类，主客观分类方法相结合是一种较好的分类方法。

聚类分析是常见的分类方法，系统聚类又包括 Q 型聚类和 R 型聚类，Q 型聚类是对样本进行聚类，R 型聚类是对变量与指标进行聚类，通常用于对评价指标或变量进行分类。

因子分析本质上是一种数据挖掘方法，既可以用于数据分析，也可以用于评价。此外，因子分析还可以对评价指标进行分类，即对于特征根大于 1.0 的公共因子，分析评价指标与其关系，可以辅助分类。

聚类分析与因子分析分类结果不一定相同，根据两种分类结果，再辅以人工分析，可以更好地对学术期刊评价指标进行分类，与现有的在学术期刊评价中对指标分类单纯采用人工分类相比，基于聚类分析、因子分析与人工三者相结合的分类更为合理。

2. 结构方程简介

结构方程式模型(Structural Equation Modeling, SEM)是一种建立、估计和检验因果关系模型的分析技术。它包含多元回归分析、因子分析、路径分析和多元方差分析技术，在经济学、管理学、社会学、心理学、行为科学、学术评价等领域得到了广泛的应用。

结构方程模型包括结构模型与测量模型两大类，结构模型为：

$$\eta = B\eta + \Gamma\xi + \zeta \tag{6-9}$$

结构模型主要测量各个潜变量之间的因果关系，其中 ξ 为模型中的外生潜变量，η 为模型中的内生潜变量，Γ 和 B 为结构系数向量，分别表示结构模型中外生潜变量 ξ 对内生潜变量 η 的关系以及 η 之间的相互关系，ζ 为模型中的残差。对于本节而言，结构模型就是测量学术期刊时效性指标与影响力指标的关系。

测量模型为：

$$X_\eta = \pi_\eta\eta + \varepsilon \tag{6-10}$$

$$X_\xi = \pi_\xi\xi + \sigma \tag{6-11}$$

测量模型主要测量潜变量与显变量之间的对应关系，方程(6-10)表示内生潜变量与对应的显变量之间的关系，π_η 为测量系数向量，ε 为残差向量。方程(6-11)表示外生潜变量与对应的显变量之间的关系，π_ξ 为测量系数向量，σ 为残差向量。

结构方程模型通过验证观测变量之间的协方差，进而估计出线性回归模型的系数值，并检验假设模型对研究过程是否合适，即检验观测变量的协方差向量与模型拟合后的引申协方差向量的拟合程度。从这个角度，结构方程模型是证实性技术，而不是探索性技术，比较适合研究在一定理论支撑下各潜变量之间的复杂关系。

结构方程模型主要采用偏最小二乘法 PLS(Partial Least Squares)进行估计。该方法由 Wold 等(1983)等提出，与传统多元回归采用最小二乘法估计相比，在观测数据较少、变量较多并且关系复杂时，具有更大优势。

3. 结构方程降维法

在结构方程中，潜变量是通过显变量进行估计的，此时显变量的回归系数是可以观测到的，本质上这就是权重。换句话说，如果结构方程模型通过了主要的统计检验，那么潜变量某种程度上就是客观的，而与潜变量相关的显变量即评价指标的回归系数又是已知的，那么潜变量就是可以精确计算的。潜变量就是一级指标，借用结构方程模型，采用客观方法巧妙地解决了评价指标的分类汇总问题，达到了降维的作用，同时从系统层面兼顾了期刊不同类型指标之间的关系。本节借用结构方程达到降维和一级指标评价的目的，因此将这种方法称为结构方程降维法。

4. 评价步骤

评价步骤如图 6-4 所示：

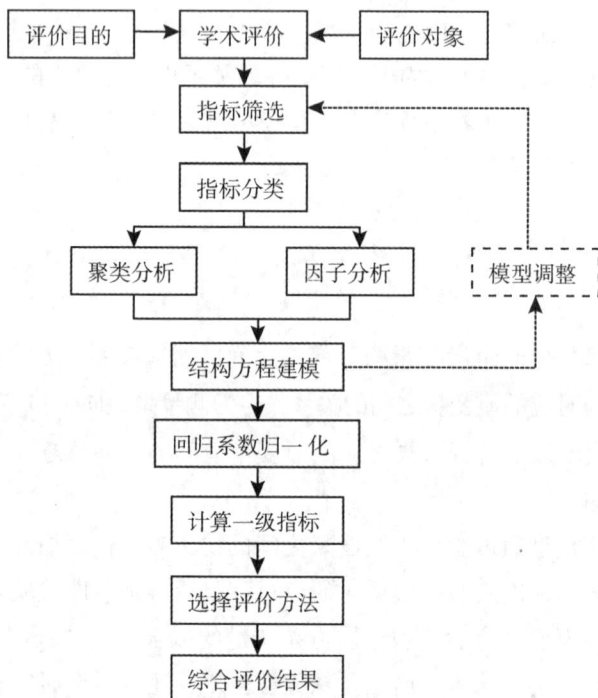

图 6-4   降维评价步骤

第一，确定评价目的与评价对象。本节评价对象是医学化学类学术期刊，主要借助于 JCR 数据库能够获取的文献计量指标来进行评价。

第二，评价指标筛选。从评价角度，指标越多、越全面越好，但是有的指标获取成本高，要适当兼顾；还有一些指标属于主观指标，要注意保证数据质量；此外还要注意指标数据类型，非参数指标选取需要慎重，比如有的指标就是排序序号，一般不宜选用。

第三，对评价指标进行综合分类。采用聚类分析、因子分析对指标进行分类，比较两者的结果并结合人工判断，慎重确定指标分类方案，本质上就是确定一级指标。

第四，结构方程建模。根据分类结果，认真分析各一级指标之间的关系，进行结构方程建模。并导入数据并进行初步估计，同时检验各重要的统计量，必要时需要对模型进行进一步调整，并得到最终估计结果。

第五，计算一级指标。将结构方程估计结果中显变量(一级指标)与潜变量(评价指标)的回归系数进行归一化处理，得到权重，并对评价指标进行标准化，然后再进行加权汇总，得到各一级指标的值。

第六，进行综合评价。如有必要，在现有一级指标基础上，再进行期刊综合评价，得到总分和排序。

6.3.3 研究数据

本节基于 JCR 2017 数据库，对医学化学期刊进行评价。JCR2017 共有医学化学期刊 59 种，公布了 12 个指标，分别是：总被引频次(Total Cites，TC)、影响因子(Journal Impact Factor，JIF)、他引影响因子(Impact Factor without Journal Self Cites，IFW)、5 年影响因子(5-Year Impact Factor，IF5)、即年指标(Immediacy Index，II)、特征因子分值(Eigenfactor Score，ES)、论文影响分值(Article Influence Score，AIS)、标准化特征因子(Normalized Eigenfactor，NES)、被引半衰期(Cited Half-Life，CHL1)、引用半衰期(Citing Half-life，CHL2)、平均影响因子百分位(Average Journal Impact Factor Percentile，AJIFP)、载文量(Citable Items，CI)。

需要注意的是，被引半率期和引用半率期是反向指标，其值越大说明学术期刊的时效性越差，因此后续标准化处理时必须进行正向处理。表6-13 是各指标的描述统计。

表 6-13　指标描述统计

评价指标	变量	均值	极大值	极小值	标准差
总被引频次	TC	8465.034	69725.000	391.000	11966.880
影响因子	JIF	2.846	11.406	0.450	1.777
他引影响因子	IFW	2.632	11.090	0.322	1.722
5 年影响因子	$IF5$	2.804	10.801	0.508	1.746
即年指标	II	0.707	3.457	0.024	0.555
特征因子	ES	0.010	0.081	0.000	0.013
论文影响分值	AIS	0.643	3.465	0.085	0.533
标准特征因子	NES	1.192	9.408	0.051	1.518
被引半率期	$CHL1$	6.336	10.000	1.800	2.273

续表

评价指标	变量	均值	极大值	极小值	标准差
. 引用半率期	CHL2	8.197	10.000	5.500	1.036
平均影响因子百分位	AJIFP	52.856	98.226	2.617	26.818
载文量	CI	229.170	994.000	28.000	196.891

6.3.4　实证结果

1. 指标选取

首先进行指标初选，这 12 个指标中，载文量指标不宜选取，在评价学术期刊时，载文量一般不作为评价指标，它只是反映了学术期刊的规模，与学术质量无关，一定程度上甚至载文量越大，反而会降低学术期刊的影响力，毕竟学术期刊处理稿件的数量是有限的。

其次是平均影响因子百分位，该指标是根据影响因子大小的排序进一步计算而得，科睿唯安公司（Clarivate Analytics）的计算公式：

$$AJIFP = \frac{(N - R + 0.5)}{N} \times 100\% \qquad (6\text{-}12)$$

公式（6-12）中，$AJIFP$ 是影响因子百分位，N 是学科期刊数量，R 是影响因子降序后的排序。很明显，影响因子百分位属于排序指标，具有非参数性质，当然不宜与其他参数性质的指标一起进行评价。

2. 指标分类

首先采用聚类分析方法对指标进行分类，采用系统聚类，聚类方法采用组间连接，距离函数采用平方 Euclidean 距离，结果如图 6-5 所示。

聚类分析结果大致分为三大类，第一类是特征因子、标准特征因子、总被引频次，第二类是影响因子、他引影响因子、5 年影响因子、论文影响分值，第三类是被引半衰期和引用半衰期。由于第一类和第二类本质上多属于学术期刊影响力指标，所以将其合并为一类，即期刊影响力，将被引半衰期和引用半衰期统称为期刊时效性指标，这两个指标用结构方程的术语都是潜变量。从聚类分析也可以看出，完全客观的评价方法是不存在的，需要人工进行干预。

继续采用因子分析分类，因子分析需要进行 KMO 检验和 Bartlett 检验，

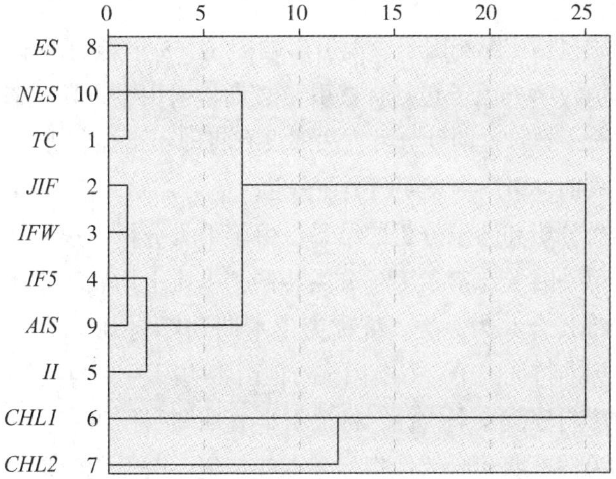

图 6-5   聚类分析结果

结果 KMO 检验值为 0.799，Bartlett 检验值为 1808.785，相伴概率为 0.000，符合进行因子分析的前提条件。因子分析特征根大于 1.0 的共有三个因子，第一因子的方差贡献率为 48.19%，第二因子的方差贡献率为 30.82%，第三因子的方差贡献率为 11.88%，三者合计 90.89%，因子旋转矩阵如表 6-14 所示。

表 6-14   因子旋转矩阵

评价指标	简称	因子 1	因子 2	因子 3
总被引频次	TC	0.135	0.965	−0.173
特征因子	ES	0.211	0.972	0.008
标准特征因子	NES	0.211	0.972	0.008
影响因子	JIF	0.959	0.224	0.061
他引影响因子	IFW	0.971	0.190	0.048
5 年影响因子	IF5	0.962	0.218	0.051
即年指标	II	0.886	0.078	0.119
论文影响分值	AIS	0.950	0.141	0.065
被引半率期	CHL1	−0.019	−0.231	0.895
引用半率期	CHL2	0.486	0.218	0.574

从旋转矩阵看，第一因子包括：总被引频次、特征因子、标准特征因子，第二因子包括：影响因子、他引影响因子、5 年影响因子、即年指标、论文影响分值，第三因子包括：被引半衰期、引用半衰期。该分类和聚类分析结果完全一致。这两种分类方法都没有将即年指标归类到时效性指标，即和被引半衰期、引用半衰期归类在一起。

综合聚类分析和因子分析的结果，由于聚类分析中第一类和第二类与因子分析中第一因子与第二因子分类相同，本质上均属于学术期刊影响力指标，因此将其合并为一类，统称为学术期刊影响力，包括总被引频次、特征因子、标准特征因子、影响因子、他引影响因子、5 年影响因子、即年指标、论文影响分值 8 个指标，将被引半衰期和引用半衰期两个指标归为一类，统称为学术期刊时效性指标，也就是说，医学化学期刊一级指标分为影响力与时效性两个指标。

3. 结构方程估计

建立如图 6-6 所示的结构方程模型。影响力的 AVE 值为 0.736，组合信度为 0.955，时效性的 AVE 值为 0.735，组合信度为 0.794，模型有较高的可靠性。除了特征因子、标准特征因子、被引半衰期外，其他各指标的回归系数均通过了统计检验。由于本节以评价为主，可以适当降低对模型的统计检验要求。

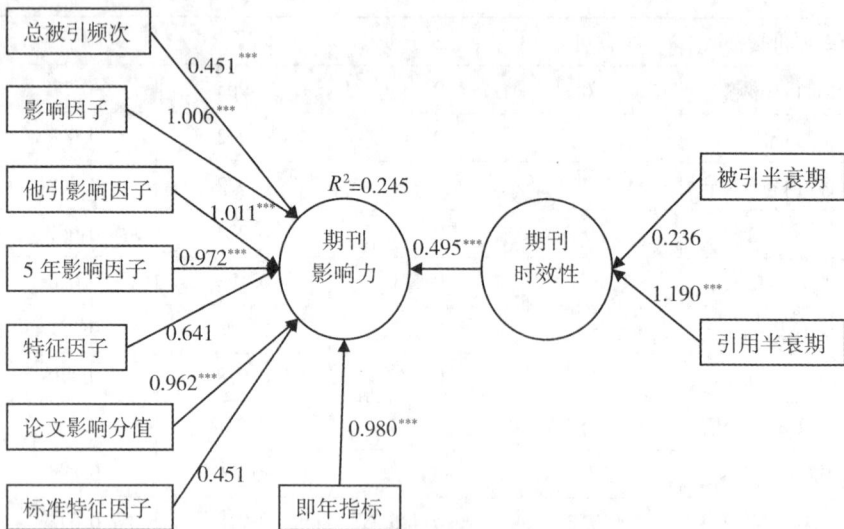

图 6-6　结构方程模型估计结果

　　期刊时效性指标是期刊影响力的重要影响因素，一般认为，学术期刊时效性越强，越是关注学术热点，越容易吸引读者并增强影响力。时效性对影响力的弹性系数为 0.495，也就是说期刊时效性每增加 1%，影响力增加 0.495%，期刊时效性解释了影响力的 24.5%，拟合优度为 0.245。

4. 权重归一化

　　学术期刊影响力指标的权重归一化结果如表 6-15 所示。权重较大的指标是他引影响因子、影响因子、即年指标，总被引频次的权重最小。

表 6-15　期刊影响力指标的权重

影响力指标	简称	回归系数	归一化权重	权重排序
总被引频次	TC	0.451	0.068	8
特征因子	ES	0.641	0.096	6
标准特征因子	NES	0.641	0.096	6
影响因子	JIF	1.006	0.151	2
他引影响因子	IFW	1.011	0.152	1
5 年影响因子	IF5	0.972	0.146	4
即年指标	II	0.980	0.147	3
论文影响分值	AIS	0.962	0.144	5

　　学术期刊时效性指标的权重归一化结果如表 6-16 所示。引用半衰期的权重最大，为 0.835，被引半衰期的权重较小，为 0.165，说明学术论文参考最新文献具有更加重要的意义。

表 6-16　期刊时效性指标的权重

影响力指标	回归系数	归一化权重	权重排序
被引半衰期	0.236	0.165	2
引用半衰期	1.190	0.835	1

5. 最终评价结果

　　首先将所有评价指标进行标准化处理，然后根据权重分别进行加权汇总，得到影响力和时效性。再根据 TOPSIS 对影响力和时效性进行评价得到医学化学期刊的最终评价结果，如表 6-17 所示。

表 6-17　评价结果比较

期刊名称	影响力	排序	时效性	排序	TOPSIS	排序
NAT PROD REP	74.21	1	68.52	8	0.7986	1
MED RES REV	59.02	3	67.09	9	0.7201	2
J MED CHEM	62.31	2	61.46	15	0.7048	3
EUR J MED CHEM	38.88	4	65.24	11	0.5512	4
EXPERT OPIN THER PAT	21.91	24	94.80	1	0.5491	5
ACS INFECT DIS	28.81	8	80.26	2	0.5434	6
ACS MED CHEM LETT	26.55	14	78.02	4	0.5180	7
FUTURE MED CHEM	26.39	15	77.30	5	0.5137	8
DRUG DES DEV THER	20.20	27	80.17	3	0.4863	9
J ENZYM INHIB MED CH	22.64	22	75.16	6	0.4790	10
ACS CHEM NEUROSCI	30.89	5	59.00	21	0.4541	11
MAR DRUGS	26.76	13	63.99	14	0.4504	12
BIOORG MED CHEM LETT	27.93	10	60.93	17	0.4423	13
CHEMMEDCHEM	21.65	25	66.57	10	0.4295	14
MEDCHEMCOMM	16.45	34	72.48	7	0.4293	15
PHYTOTHER RES	20.84	26	65.21	12	0.4170	16
NUCLEIC ACID THER	23.20	19	60.16	19	0.4043	17
CURR MED CHEM	26.80	12	55.04	27	0.4007	18
CHEMBIOCHEM	24.24	17	57.27	24	0.3950	19
BIOORGAN MED CHEM	27.55	11	52.62	28	0.3926	20
ACS COMB SCI	19.71	28	60.34	18	0.3826	21
CURR TOP MED CHEM	22.92	20	56.57	25	0.3817	22
MOL INFORM	12.41	43	64.44	13	0.3661	23
ANTI-CANCER AGENT ME	15.94	35	59.34	20	0.3547	24
J CHEM INF MODEL	29.09	7	43.43	39	0.3535	25
J ETHNOPHARMACOL	28.61	9	43.33	40	0.3490	26

续表

期刊名称	影响力	排序	时效性	排序	TOPSIS	排序
PHYTOMEDICINE	22.67	21	50.66	29	0.3451	27
DRUG DEVELOP RES	12.82	37	57.97	23	0.3303	28
J GINSENG RES	21.98	23	47.83	34	0.3233	29
PHARMAZIE	6.14	54	61.00	16	0.3213	30
NAT PROD RES	12.57	40	55.06	26	0.3113	31
J NAT PROD	29.79	6	33.68	50	0.3113	32
LETT DRUG DES DISCOV	6.05	55	58.54	22	0.3066	33
J PHARM SCI-US	23.44	18	42.78	41	0.3045	34
MED CHEM	16.67	32	49.61	31	0.2991	35
CHEM BIOL DRUG DES	16.64	33	48.89	33	0.2943	36
DRUG DEV IND PHARM	12.35	44	50.47	30	0.2811	37
MOL DIVERS	12.48	42	49.42	32	0.2748	38
FITOTERAPIA	18.42	30	43.97	36	0.2748	39
MINI-REV MED CHEM	18.93	29	39.95	45	0.2537	40
ARCH PHARM RES	15.16	36	43.51	38	0.2508	41
ARCH PHARM	12.62	39	43.68	37	0.2375	42
PLANTA MED	17.64	31	38.23	47	0.2340	43
CHEM RES TOXICOL	25.54	16	19.49	57	0.2257	44
J ASIAN NAT PROD RES	7.42	53	45.05	35	0.2242	45
J NAT MED-TOKYO	12.57	41	41.75	42	0.2241	46
J MED FOOD	12.72	38	40.75	44	0.2183	47
MED CHEM RES	10.80	46	40.86	43	0.2090	48
PHYTOCHEM LETT	10.43	47	37.56	49	0.1843	49
REV BRAS FARMACOGN	9.68	49	37.99	48	0.1837	50
PHARMACOGN MAG	8.46	51	38.72	46	0.1836	51
CHEM PHARM BULL	9.19	50	32.16	51	0.1399	52
CHIRALITY	11.55	45	29.67	52	0.1376	53
REC NAT PROD	7.96	52	27.56	54	0.1008	54
NAT PROD COMMUN	5.89	56	28.62	53	0.0994	55

续表

期刊名称	影响力	排序	时效性	排序	TOPSIS	排序
J LABELLED COMPD RAD	9.74	48	21.28	56	0.0772	56
CURR COMPUT-AID DRUG	4.54	57	23.79	55	0.0578	57
CHEM NAT COMPD+	3.34	59	18.41	58	0.0120	58
PHARM CHEM J+	3.69	58	16.98	59	0.0037	59

从表 6-17 可以看出，总排序位于前五位的期刊分别是 NAT PROD REP、MED RES REV、J MED CHEM、EUR J MED CHEM、EXPERT OPIN THER PAT；影响力位于前五位的期刊分别是 NAT PROD REP、J MED CHEM、MED RES REV、EUR J MED CHEM、ACS CHEM NEUROSCI；时效性位于前五位的期刊分别是 EXPERT OPIN THER PAT、ACS INFECT DIS、DRUG DES DEV THER、ACS MED CHEM LETT、FUTURE MED CHEM。

医学化学期刊的影响力排序、时效性排序和总排序各不相同，这样可以更加清晰地分析各期刊的影响力、时效性与总排序情况，提供的信息更加全面。如果仅仅进行期刊的综合评价，就会忽视影响力、时效性等进一步的详细信息。

影响力、时效性与总评价得分之间的相关系数如表 6-18 所示。影响力与总评价的相关系数与时效性与总评价的相关系数比较接近，均为 0.85 左右，影响力与时效性的相关系数为 0.459，两者处于中等偏低程度相关。因为时效性好的期刊，一般也容易取得较好的影响力，但期刊影响力本质上依靠论文质量，所以相关系数略低是正常的。

表 6-18　评价结果与一级指标之间相关系数

指标	评价值	影响力	时效性
评价值	1.000000		
	—		
影响力	0.852196	1.000000	
	0.0000	—	
时效性	0.851269	0.459313	1.000000
	0.0000	0.0003	—

6.3.5　研究结论

1. 采用指标体系对医学化学期刊进行评价具有重要意义

采用指标体系对医学化学期刊进行评价，可以全方位多角度进行分析，避免了单纯采用影响因子、h 指数等评价指标进行评价时信息量较少的不足。一级指标评价则能提供某个方面的信息，使得评价更加全面。评价结果有利于各医学化学期刊分析自己的优点与不足，从而进一步提高办刊质量，也可靠学者投稿选择期刊时参考。

2. 结构方程降维对学术评价具有重要意义

本节提出了采用聚类分析、因子分析协助人工对评价指标进行分类，进而采用结构方程模型对评价指标进行加权汇总，从而获得一级指标的方法进行降维，这一工作的重要意义表现在以下六个方面：

第一，克服了人工对评价指标进行分类的随意性。由于评价指标的复杂性，人工分类往往难以判断，仅仅依靠主观分类是不可靠的，结合聚类分析和因子分析进行分类，提高了评价指标分类的科学性。

第二，线性降维。在学术评价指标众多、属性复杂的情况下，它通过分类汇总大大降低了指标数量，使得原来数十上百的指标变成少数几个一级指标，与因子分析、主成分分析等降维技术不同，结构方程降维本质上是对评价指标的一种线性降维，不会牺牲原始指标中包含的大量信息。

第三，方便综合评价赋权。以往要对所有指标进行赋权然后再进行评价，当指标众多时这项工作非常复杂，甚至超越了人类的分辨能力。通过降维降低了评价系统的复杂程度，使得综合评价变成对少数一级指标的评价，这样只要对一级指标进行赋权即可，从而提高了评价效率，降低赋权的复杂性，减少了可能的错误。

第四，降低了一级指标之间的相关性。与因子分析降维不同，因子分析降维后公共因子之间不相关，它们是一种非线性降维，牺牲了原有指标中的大量信息。结构方程降维指标之间还是相关的，但相关度得到大幅降低，它是一种线性降维。从而使得一级指标属性鲜明，便于赋权进行进一步评价，也便于可能需要进行的计量分析，能够降低多重共线性。

第五，一级指标的评价具有唯一性和客观性。本节基于结构方程模型，将一级指标视为潜变量，与之相关的评价指标视为显变量，通过结构方程模型估计得到的回归系数作为"权重"，进而计算得到一级指标。这种方法具有客观性和唯一性，避免了多属性评价方法众多会产生许多评价结果的影响。

第六，体现了学术评价的系统性思想。在学术评价中，不同类型指标之间往往是互相关联的，如期刊时效性会影响期刊的影响力，影响因子与 5 年影响因子相关，特征因子与 h 指数相关等，但是迄今所有的学术评价，均是从指标出发，很少考虑不同类型指标之间的内在联系，缺乏系统思想，结构方程降维本质上体现了学术评价的系统性思想，是一种系统性评价。

3. 结构方程的稳定性对评价具有重要影响

在成熟的学术评价系统中，结构方程模型总体是相对稳定的，如学术期刊评价、大学科技绩效评价、企业创新评价等，但现实情况并非总是如此，对于一些新生事物，如果评价机制尚未稳定，不同类型指标之间关系不够清晰，此时不宜采用该方法进行评价。

需要特别强调的是，在学术评价中，结构方程模型仅仅为了服务于指标分类汇总，起到降维作用，并不是重点研究不同潜变量之间的关系，因此，对于方程稳定性的许多统计检验值，要求可以适当降低。

6.4　期刊文献计量指标的客观分类及其启示

文献计量指标的分类是情报学的基础问题，传统上往往是主观分类为主。本节以 JCR2015 数学期刊为例，采用聚类分析、因子分析和主成分分析对文献计量指标进行分类，得到多种不同的分类结果，并进行解释。研究表明，总被引频次与影响因子百分位是两个特殊的指标；客观分类结果有一定的相似度和必然性；客观分类法有助于加强对文献计量指标的理解；客观分类法与主观分类法要结合使用；聚类分析对文献计量指标分类比因子和主成分分析有一定的优势；并不是所有的客观分类结果都有意义。本节提供了一种期刊分类与指标分析的研究范式。

6.4.1　引言

文献计量指标的分类是图书馆、情报与档案学的基础问题，也是科技评价的重要基础。只有在进行文献计量学指标分类的基础上，才能进一步进行期刊评价、学科评价、机构评价、学者评价等。目前的文献计量指标分类，总体上以主观分类为主，如来源指标与被引指标、简单指标与复合指标等。由于文献计量指标日益增多，内涵日趋复杂，单纯依靠主观分类是不够的，必须和客观分类结合使用。此外，分类体系的多样性也是学术界必须注意的一个问题，迄今为止，已经有几十种文献计量指标的分类体系。这些分类体系总体上以主观分类为主，但是主观分类的可靠性有待探讨，比如即年指标，它既是期刊影响力指标，也是时效性指标，究竟应该如何分类？主观分类与客观分类结果不尽相同，即使是诸如聚类分析之类的客观分类方法，由于算法不同，分类结果也不一定相同，这些不同的分类结果的本质原因是什么？或者进一步地，能否从这些不同的客观分类结果中挖掘某种知识？文献计量指标的不同分类结果必然会影响到不同类型文献计量指标之间的关系，如果有影响，那么这种影响究竟有多大？本节在总结主流客观分类方法的基础上，以 JCR2015 数学期刊为例，同时采用聚类分析、因子分析、主成分分析这些客观分类方法进行分类，并对分类结果进行比较和深入解析，对一些特殊的分析结果进行讨论，以期深度审视客观分类方法的作用和特征，并对客观分类与主观分类的关系进行深入讨论。在此基础上，进一步比较由于指标分类不同对学术期刊影响力指标与时效性指标关系的影响。

在文献计量指标分类时，主成分分析应用非常广泛。Costas 等（2007）采用主成分分析对学者个人的学术表现进行评价。Bornmann 等（2008）采用主成分对 9 个 h 指数（2005）类指标进行分类。Hendrix（2008）采用主成分分析评价机构的学术影响力。Leydesdorff（2009）采用主成分分析将文献计量指标分为规模和影响力两类。此外，俞立平、潘云涛等（2009）利用中国科学技术信息研究所的医学期刊数据，采用因子分析进行期刊评价指标分类，将文献计量指标分为影响力指标、来源指标、时效指标。

从目前的研究看，主成分分析和聚类分析在图书馆情报学中的应用比较广泛，是非常重要的客观分类工具。关于聚类分析时采取的算法，往往选取一些主流的一两种算法，如欧氏距离、Perason 相关性等，缺乏采取更多算法对文献计量指标进行聚类的研究。由于主成分分析与因子分析原理比较接近，所以更多研究采用主成分分析对文献计量指标进行分类，采用因子分析分类的文献较少，有必要加强这方面的研究。此外，对于不同客观分类结果的比较研究总体上也不多。本节首先对文献计量指标的主观分类方法进行总结，然后对客观分类方法进行梳理。在此基础上，以 JCR2015 数学期刊为例，采用不同的客观分类方法对文献计量指标进行分类，并对分类结果进行深度分析，最后得出研究结论并进行讨论。

本节的主要贡献如下：第一，与传统研究的分类方法单一不同，本节在文献计量指标分类中，采用了多种分类方法与多种算法，如聚类分析、主成分分析、因子分析，得到了多种分类结果，并发现了一些前人从未采用的分类体系，拓展了以往的研究。第二，以往研究主要研究如何分类，目的是用于期刊评价，而本节研究的目的不仅仅是分类，而是通过不同分类方法结果的区别，试图发现一些文献计量指标的特点，对其进行深度解读。第三，本节提供了一种新的研究范式，既可以辅助文献计量指标的分类，也可以用来研究一些文献计量指标的特征。

6.4.2　文献计量指标的主客观分类体系

1. 文献计量学指标的主观分类

文献计量指标的主观分类目前主要有来源指标与被引指标、简单指标与复合指标等几种分类方法。

第一，来源指标与被引指标。这是目前文献计量指标的主流分类方法，所谓来源指标，就是期刊自身特点决定的一些指标，如载文量、文献选出率、作者数、地区分布数、基金论文比、引用半衰期、海外论文比等；所谓被引被引指标，就是根据期刊论文被引情况派生出的一些指标，如总被引频次、影响因子、即年指标、5 年影响因子、h 指数（Hirsch，2005）、特征因子（Bergstrom et al，2008）、论文计数影响因子 $ACIF$（Markpin，2008）等。

第二，简单指标与复合指标。所谓简单指标，就是内容相对简洁，包含信息量有限的指标，传统的文献计量指标大多数属于简单指标，如载文量、基金论文比、被引半衰期、影响因子等。所谓复合指标，就是包含信息量大，计算相对复杂的指标，如 Moed（2010）提出的篇均来源期刊标准影响指数 $SNIP$（Source Normalized Impact Per Paper），Kosmulski（2011）提出的成功论文 SP（Successful Paper），Félix（2007）提出的 SJR 指数（SCImago Journal Rank），当然特征因子和 h 指数也属于这个范畴。

第三，流量指标与存量指标。这种分类最早用于统计学，在文献计量学中应用不多。大多数文献计量指标都是流量指标，公布的是某个年度内的统计数据，如影响因子、5 年影响因子、基金论文比、引用半衰期等。少数指标是存量指标，公布的是累计数据，如 h 指数系列，总被引频次是兼顾流量与存量性质的指标，因为其引用的论文源是存量指标。

2. 文献计量指标的客观分类工具

文献计量指标的客观分类方法主要包括聚类分析、主成分分析、因子分析等，随着统计学与情报学的发展，将来也会产生一些新的分类方法。

第一，聚类分析。聚类分析把一个没有类别标记的样本集按某种标准分成若干类，同类中样本的相似性尽可能大，不同类样本的相似性尽可能小。同时聚类使得各类之间的距离尽可能远，而类中样本的距离尽可能近，并且分类结果还要有令人信服的解释。对一组数据，既可以对观测值进行聚类，称为 Q 型聚类，也可以对变量进行聚类，称为 R 型聚类，它们在数学上是无区别的。聚类分析是一种通用技术，当然可以采用聚类分析对文献计量指标进行分类。

不同的聚类算法，甚至同一算法不同的参数设置都会对一个数据集产生不同的划分，研究已经表明没有一种聚类方法可以得到所有数据集的最优划分（Liang et al.，2010；Pal，1997）。这其实提供了一种对聚类分析结果进行深入分析的思路，比如对文献计量指标分类，在分类较少和分类较多时，指标分类有何差异？为什么会出现这种差异？从而深化对文献计量指标内涵及与其他指标关系的思考。

第二，因子分析与主成分分析。因子分析本来是一种降维技术，目的是从多个变量指标中选择出少数几个综合变量指标。其基本原理是通过变量的协方差矩阵和相关系数矩阵结构的研究，找出少数几个随机变量来描述多个变量之间的相关关系，然后根据相关性大小把变量分组，每组称为一个公共因子，同组内的变量之间相关性较高，不同组的变量之间相关性较低。各公共因子的重要性是不同的，根据方差贡献率进行排序，选择方差贡献率大于 1 的公共因子来进行评价，从而达到降维的目的。从因子分析的原理看，因子分析既可以通过降维来对指标体系进行评价，又可以通过公共因子的划分来进行指标体系的分类。

主成分分析是因子分析的一种特殊形式，两者的原理相似，不同在于在数据处理时对数据矩阵的处理，因子分析需要进行因子旋转，而主成分分析不需要旋转。因子分析要求所提取出的公共因子有实际含义，主成分分析只要求所提取出的主成分能包含主要信息即可，不需对其含义作准确解释。从指标分类角度，因子分析对因子的解释程度要优于主成分分析，但并不表示主成分分析就不能用于指标分类。

6.4.3　研究数据

本节数据来自于 JCR2015 数据库，为了提高研究的稳健性，选择学科期刊数量较多的数学为例进行研究。2015 年 JCR 公布的主要指标共有11 个，分别是：总被引频次、影响因子、他引影响因子、5 年影响因子、即年指标、特征因子分值、论文影响分值、被引半衰期、引用半衰期、影响因子百分位、标准化特征因子。

JCR2015 数学期刊共有 312 种，由于有 51 种期刊部分数据缺失，因此将其剔除，余下 281 种期刊，表 6-19 是各指标的描述统计。

表 6-19　指标描述统计

指标名称	均值	极大值	极小值	标准差
总被引频次	1327.59	18695.00	42.00	2152.00
影响因子	0.743	3.236	0.144	0.481
他引影响因子	0.682	3.146	0.134	0.471
5 年影响因子	0.817	3.654	0.000	0.559
即年指标	0.164	2.273	0.000	0.194
特征因子分值	0.00533	0.05134	0.00023	0.00759
论文影响分值	0.96591	6.77100	0.00000	1.00045
被引半衰期	8.04	10.00	0.00	2.52
引用半衰期	9.97	10.00	6.40	0.29
影响因子百分位	49.26	99.52	1.17	27.08
标准特征因子	0.59670	5.75041	0.02575	0.85003
样本数量	281			

6.4.4　客观分类结果及分析

1. 相关分析

相关系数是文献计量指标分类的基础。期刊文献计量指标的 Spearman 相关系数如表 6-20 所示。总体上指标之间的相关系数大多数通过了统计检验，性质相近的文献计量指标的相关系数很高，如影响因子与

表 6-20　期刊文献计量指标的相关系数

Probability	TC	IF	IFWSC	IF5	II	CITEDHL	CITINGHL	EFS	AIS	IFP	NEF
TC	1										
IF	0.285	1									
	0.000	—									
IFWSC	0.275	0.979	1								
	0.000	0.000	—								
IF5	0.307	0.909	0.910	1							
	0.000	0.000	0.000	—							
II	0.344	0.588	0.564	0.571	1						
	0.000	0.000	0.000	0.000	—						
CITEDHL	0.543	-0.130	-0.099	-0.100	-0.003	1					
	0.000	0.000	0.098	0.096	0.966	—					
CITINGHL	-0.062	-0.078	-0.065	-0.086	-0.032	0.225	1				
	0.298	0.192	0.280	0.152	0.596	0.000	—				
EFS	0.790	0.444	0.440	0.498	0.417	0.187	-0.004	1			
	0.000	0.000	0.000	0.000	0.000	0.002	0.949	—			
AIS	0.340	0.645	0.692	0.768	0.433	0.205	0.194	0.601	1		
	0.000	0.000	0.000	0.000	0.000	0.001	0.001	0.000	—		
IFP	0.316	0.984	0.965	0.890	0.566	-0.077	-0.055	0.468	0.665	1	
	0.000	0.000	0.000	0.000	0.000	0.199	0.359	0.000	0.000		
NEF	0.790	0.445	0.442	0.499	0.417	0.187	-0.004	1.000	0.602	0.470	1
	0.000	0.000	0.000	0.000	0.000	0.002	0.951	0.000	0.000	0.000	

影响因子百分位的相关系数为 0.984，影响因子与他引影响因子的相关系数为 0.979。但是性质不同的文献计量指标，相关系数较低，如影响因子与引用半衰期相关系数为 -0.078，特征因子与被引半衰期之间相关系数为 0.187。

2. 聚类分析分类

在进行文献计量指标聚类分析时，聚类算法非常重要，本节主要采用两种聚类算法，第一种选取组间连接最大，第二种选择组内距离最小。至于距离的算法，采用欧氏距离、余弦相似度、相关系数法、曼哈顿距离等绝大多数常用方法。共有三种分类结果。

(1) 分类结果一

第一种结果是分为两类，将总被引频次归为一类，其他所有指标归为另一类(见图 6-7)。具体的聚类方法及其算法较多，共 8 种，但分类结果相同。第一种采用组间连接，距离算法是 Euclidean 距离、平方 Euclidean 距离、Minkowski 距离，Chebychev 距离；第二种采用组内连接，距离算法是 Euclidean 距离、平方 Euclidean 距离、Minkowski 距离，Chebychev 距离。

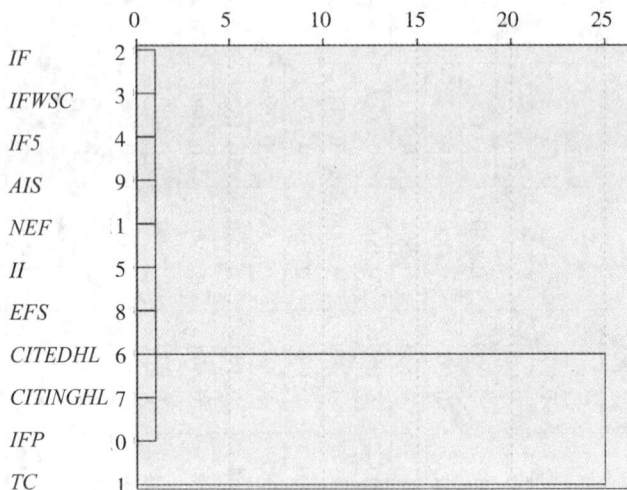

图 6-7   分类结果 1

在所有的期刊评价分类研究中，很少有学者将总被引频次与其他文献计量指标划分为两类。俞立平(2014)研究认为，学术期刊评价从时间角度可以分为存量评价和流量评价，目前采用指标体系进行期刊评价以流量评价为主，存量评价很少。总被引频次是同时具有流量和存量性质的指标，但却被广泛应用于流量评价，在逻辑上是不合理的，会导致办刊历史悠久的期刊评价得分偏高。

从时间角度对评价指标进行分类，可以分为流量指标与存量指标，本节 11 个指标中，只有总被引频次是具有存量性质的指标，其他所有指标都是流量指标，这就是聚类分析的结果。聚类分析结果对文献计量指标的分类与期刊评价都提供了一些新的视角。

（2）分类结果二

第二种结果分为三类，特征因子、标准特征因子、总被引频次被归为第一类；影响因子、他引影响因子、5 年影响因子、论文影响分值、影响因子百分位、即年指标归为第二类；被引半衰期和引用半衰期归为第三类（见图6-8）。

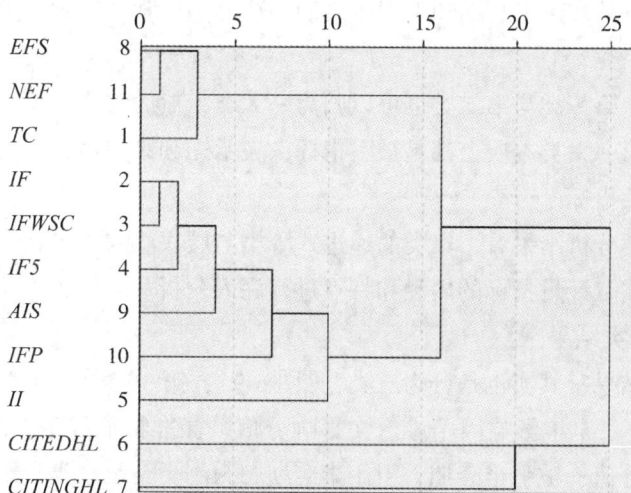

图 6-8　分类结果 2

聚类方法采用组间连接，距离算法包括 Perason 相关性、夹角余弦，以及组内连接，距离算法包括 Perason 相关性、夹角余弦，以上 4 种算法分类结果一致。

第一类分类具有较强的客观性与科学性。标准特征因子、特征因子首先被归为一类，这是因为标准特征因子是通过对特征因子的计算产生的，在此基础上又和总被引频次归为一类，这是因为剔除了部分数据不全、办刊历史较短的期刊后，余下的期刊总体上办刊时间是中长期的。一般而言，办刊历史长、影响大的期刊，其影响力有一定的稳定性和延续性。总被引频次是期刊长期影响力的较好代表，而特征因子与标准特征因子与其他文献计量指标相比更能反映期刊的影响力，所以聚类分析自动将这3个指标归为一类，是有一定道理的。

第二类分类体现的递进关系逻辑性较强。影响因子首先和他引影响因子被归为一类，两者最接近，然后和5年影响因子被归为一类，是影响因子时间跨度的延长。接下来和论文影响分值归为一类，毕竟论文影响分值是个全新的指标，计算方法和原理均不相同。接下来又和影响因子百分位归为一类，俞立平（2016）认为影响因子百分位本质上是将连续数据转化为排序，是一种非参数转换。这样导致其与影响因子区别较大，所以归类次序较后。最后跟即年指标归为一类，因为即年指标是统计当年的篇均被引，其数据统计规律比较特殊，所以最后被归类。

第三类是被引半衰期和引用半衰期，这都是期刊的时效性指标，理应被归为同一类。

此外，第一类与第二类也可以归为一大类，然后与第三类一起并列为两大类。第一大类本质上都是被引指标，表示期刊影响力，第二类表示期刊的时效性指标。

从聚类分析结果看，聚类的递进式分类与层次感非常丰富，有助于换个视角对文献计量指标的内涵和特点进行深入分析。

（3）分类结果三

分类结果三其实也是分为三类（见图6-9），第一类是将影响因子、他引影响因子、5年影响因子、论文影响分值、标准特征因子、即年指标、特征因子分值、被引半衰期、引用半衰期归为一类；第二类是影响因子百分位；第三类是总被引频次。聚类方法是组内连接，距离算法是曼哈顿（Manhattan）距离。

第一类包含的范围较广，但是有一个共性，就是这些指标都是连续指标。第二类就一个指标——影响因子百分位，它是影响因子连续数据向排序数据的非参数转换，也是唯一的一个非连续数据指标。第三类是总被引频次，是期刊的唯一的具有存量性质的指标。此外，第一类和第二类合并后就是期刊的流量指标，与第三类具有存量性质的总被引频次并列，也是一种很好的解释。

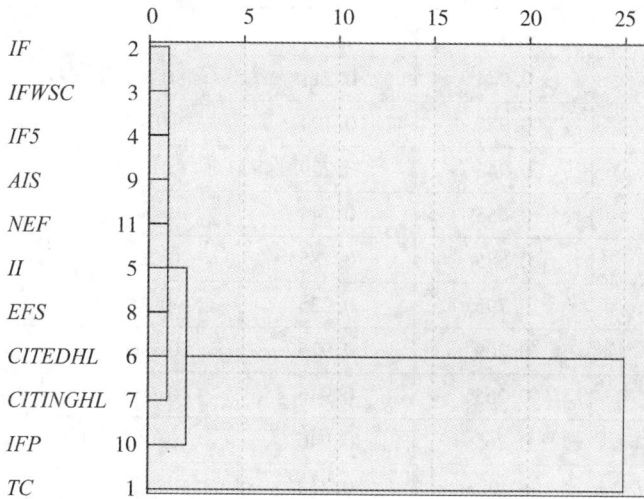

图 6-9 分类结果 3

3. 因子分析与主成分分析分类

（1）因子分析分类

在进行因子分析前，首先要进行 KMO 检验与 Bartlett 检验，以判断是否具备因子分析的前提条件。KMO 检验值为 0.812，大于 0.5 的门限条件，Bartlett 检验值为 7786.673，相伴概率为 0.000，可以进行因子分析。方差贡献率大于 1 的因子共有 3 个，其贡献率分别为 44.21%、26.68%、11.86%，合计为 82.75%，说明这 3 个因子解释了原始指标 82.75% 的信息量，其旋转矩阵与分类如表 6-21 所示。

因子分析的分类结果和聚类分析的分类结果二一致，当然这种结果是偶然的。与聚类分析分类不同的是，因子分析缺乏聚类分析分类的递进关系与层次感。

（2）主成分分析分类

主成分分析的 KMO 检验结果以及 Bartlett 检验结果与因子分析相同，方差贡献率大于 1 的因子共有 3 个，其贡献率分别为 53.57%、18.31%、10.87%，合计为 82.75%，说明这 3 个因子解释了原始指标 82.75% 的信息量。其主成分矩阵和分类结果如表 6-22 所示。

表 6-21　因子分析旋转矩阵与分类

指标	1	2	3	分类
IF	0.944	0.211	−0.142	
IFWSC	0.955	0.194	−0.06	
IF5	0.943	0.229	−0.037	第一类
II	0.755	0.145	0.041	
AIS	0.885	0.185	0.220	
IFP	0.795	0.225	−0.168	
TC	0.209	0.926	0.081	
EFS	0.265	0.946	0.055	第二类
NEF	0.265	0.946	0.055	
CITEDHL	−0.023	0.210	0.750	第三类
CITINGHL	−0.040	−0.066	0.791	

表 6-22　主成分分析矩阵与分类

指标	1	2	3	
IF	0.920	−0.330	−0.025	
IFWSC	0.921	−0.318	0.059	
IF5	0.928	−0.277	0.067	
II	0.724	−0.226	0.132	
EFS	0.709	0.652	−0.198	第一类
AIS	0.856	−0.191	0.310	
IFP	0.799	−0.257	−0.080	
NEF	0.709	0.652	−0.198	
TC	0.651	0.673	−0.178	第二类
CITEDHL	0.088	0.453	0.628	第三类
CITINGHL	−0.067	0.254	0.750	

　　主成分分析中，第一类包括的指标很多，有影响因子、他引影响因子、5年影响因子、即年指标、论文影响分值、影响因子百分位，均是期刊影响力的流量指标；第二类只有一个指标，就是总被引频次，是具有存量性质的期刊影响力指标；第三类是期刊的时效指标，包括被引半衰期和引用半衰期。

4. 指标分类对学术期刊评价指标关系的影响

假设要研究学术期刊影响力指标与时效性指标的关系，被引半衰期和引用半衰期划为一类，其他所有指标划为另外类型的分类方法有聚类分析②、因子分析、主成分分析三种。基于偏最小二乘法，来源指标与被引指标关系如图 6-10 所示。

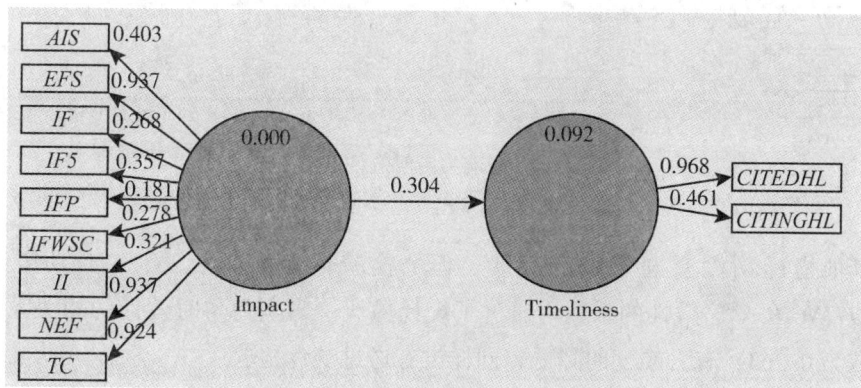

图 6-10　影响力与时效性关系 1

从 PLS 的回归结果看，impact 潜变量的 AVE 值为 0.354，小于 0.5 的阈值，组合信度为 0.785，大于 0.6 的阈值；时效性潜变量的 AVE 值为 0.575，大于 0.5 的阈值，组合信度为 0.706，大于 0.6 的阈值。说明被引半衰期和引用半衰期可以说明学术期刊实效性，但现有指标不能说明学术期刊的影响力。*EFS*、*II*、*NEF*、*TC* 对影响力的系数通过了统计检验，其他指标均没有通过统计检验；*CITEDHL*、*CITINGHL* 对时效性的系数均通过了统计检验。

影响力与时效性的相关系数为 0.304，但没有通过统计检验。也就是说，学术期刊影响力与时效性无关。

从聚类分析结果③看，*IFP* 是个特殊的指标，它是非参数指标，其性质是排序，不应该和其他参数指标并列进行分析，因此将其删除，回归结果如图 6-11 所示。

从 PLS 的回归结果看，impact 潜变量的 AVE 值为 0.482，虽然小于 0.5 的阈值，但大于原来的 0.354，组合信度为 0.868，也有较大提高；时效性潜变量的 AVE 值为 0.566，大于 0.5 的阈值，组合信度为 0.691，大于 0.6 的阈值。*EFS*、*II*、*NEF*、*TC* 对影响力的系数通过了统计检验，

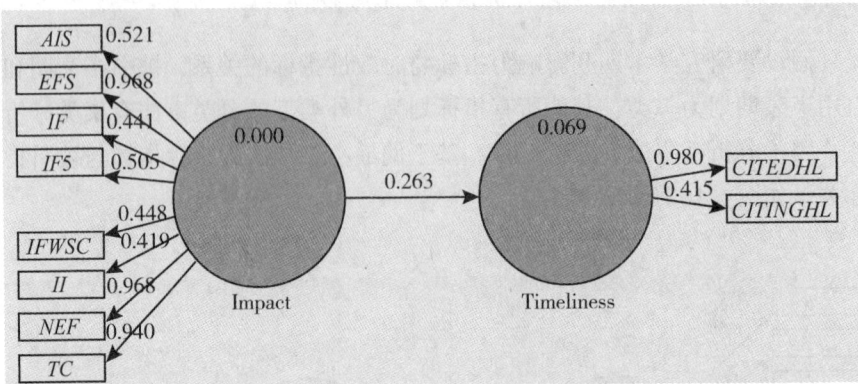

图 6-11 影响力与时效性关系 2

其他指标均没有通过统计检验，但 t 检验值有大幅提高；CITEDHL、CITINGHL 对时效性的系数均通过了统计检验。影响力与时效性的相关系数为 0.263，有大幅度的降低，同样没有通过统计检验。

对比图 6-10、图 6-11 可以发现，通过聚类分析发现 IFP 的问题后，重新调整模型对影响力指标与时效性指标关系的影响。

6.4.5 结论与讨论

1. 总被引频次与影响因子百分位是两个特殊的指标

通过不同的分类方法，本节研究发现，总被引频次和影响因子百分位在一定程度上可以单独归类，而一般主观分类从不这样进行分类，这促使人们思考其中的本质原因。本节研究发现，总被引频次之所以被单独分类，是因为它兼顾流量指标与存量指标的特点。影响因子百分位被单独分为一类是期刊影响因子连续数据向排序数据的非参数转换，完全是由指标数据特点所决定的，有其必然的逻辑。

2. 客观分类结果有一定的相似度和必然性

不管什么客观分类方法，只要性质相似的指标，总会被分为一类。如影响因子、5 年影响因子、他引影响因子等指标总是分为一类，而被引半衰期和引用半衰期，也总是分为一类。要重点分析那些不同分类方法会出现异动的指标，同时思考如何为这些指标进行重新分类。

3. 客观分类法有助于加强对文献计量指标的理解

如果单纯依靠主观分类方法，在进行文献计量指标分类时，难免有思维盲区，客观分类法有助于加强对文献计量指标的理解，其中递进式的聚类分析拥有较好的层次感，更能帮助人们了解一些指标的本质和侧重点。比如总被引频次作为具有存量性质的指标很少被单独分类；影响因子百分位究竟是跟影响因子关系最大，还是跟包括影响因子、他引影响因子、5年影响因子在内的期刊影响力指标关系更大。客观分类法发现的一些新的现象，可以指导人们进行包括期刊评价、文献计量指标关系的研究，从而深化文献计量学的基础与应用研究。

4. 客观分类法与主观分类法要结合使用

依靠专家的主观分类，无论是杜威分类法还是林奈的物种分类法，都是自上而下的，专家心中有一棵体系树；而文献计量学指标的客观分类，是自下而上的，符合数据特点和分布规律，但类内部以及类之间的逻辑关系需要深入说明。前者的问题是，总有一些指标分到任何一类去都不合适，只能勉强地归入某类，或者可以分到两个以至更多的类中去。后者指标不存在分类不合适的问题，总会被分到接近的类当中去，但若要给形成的类起个名字有时会很难，因为其成分复杂，不像前者的类(从大树干到小树枝)那么清晰。两者若能结合是最好的。

主观分类法是文献计量指标分类的重要方法，本节研究发现，仅仅依靠主观分类是不够的，在文献计量指标分类时，必须注重主观分类与客观分类兼顾，综合运用两种方法进行分类，客观分类方法是主观分类方法的重要辅助手段。具体的如何分类应该根据研究目的、研究对象的具体特点进行综合分析。其分类步骤是，首先确定研究目的和对象，大致上进行主观分类，然后采用聚类分析、因子分析、主成分分析进行客观分类，尽可能采用更多的客观分类方法，将其分类结果与主观分类进行对比，最后确定最终的文献计量指标分类方法。

5. 聚类分析比因子和主成分分析分类有一定的优势

在进行聚类分析时，有时能将聚类过程的递进关系展现出来，层次感较丰富，这对加深文献计量指标的理解具有重要意义，也有利于主客观分类的融合，此外，聚类分析方法的算法众多，分类结果也较多；而主成分和因子分析仅仅各自给出一个具体的分类结果。所以说聚类分析有一定的优势，但这并不是说就舍弃主成分和因子分析不用，由于目前指标分类的客观方法并不多，所以还是应该综合选用。

需要说明的是，根据指标分类的特点，聚类方法应选用组间连接或组内连接，不宜选取其他算法。

6. 并不是所有的客观分类结果都有意义

客观分类方法是完全依赖数据的，由于文献计量指标的复杂性、研究对象的异质性，纯粹根据客观方法对文献计量指标的分类结果并不一定都有意义。本节基于数学期刊进行了一些探索，得到的客观分类结果均可以从某种角度加以解释，至于其他期刊其他文献计量指标的客观分类会出现什么特点，有待进一步进行研究。

7. 本节提供了一种期刊文献计量指标分类的范式

本节主要是提供一种研究范式，用来对期刊文献计量指标进行分类，并对一些分类结果进行解释，所以并没有追求指标的完备性，针对不同的研究对象，可以引入更多的指标来进行分析。

8. 指标聚类对后续评价与回归分析会产生重要影响

对学术期刊评价指标进行实证分析，一大类是进行评价，指标分类无疑对评价具有影响。另一类是基于回归进行分析，由于指标分类不同，对回归也会产生影响。采用客观评价方法进行分类的目的，就是为了与主观评价方法相结合，使得分类更加科学，同时可以发现指标的潜在特征，使得指标选取更加科学。

7. 学术期刊组合评价方法研究

7.1 基于评价结果共性的学术期刊组合评价法研究

针对评价方法众多、组合评价较多导致的评价结果不一致问题。将基于权重的组合评价与基于评价值的组合评价方法结合起来，提出一种新的偏最小二乘模拟权重组合评价方法。其原理是，将各种单一评价方法的评价值作为因变量，标准化后的各评价指标作为自变量，采用偏最小二乘法进行回归，将回归系数进行归一化处理得到模拟权重，最后再根据模拟权重进行加权汇总得到组合评价结果。本节以 JCR2015 的数学期刊评价为例，同时采用线性加权、TOPISIS、VIKOR、主成分分析、调和平均进行评价，最后再进行组合。研究表明，偏最小二乘模拟权重组合评价吸取了原来单一评价方法优点，充分尊重原来单一评价方法评价结果的共性，和原来评价方法相关度较高，相比其他组合评价方法而言具有更大的优越性，是一种优秀的组合评价方法。

7.1.1 引言

在学术期刊评价中，目前有两大类评价方法，第一类是采用单指标进行评价，早期的评价指标内涵相对单一，如总被引频次、影响因子、被引半衰期等，后来慢慢发展成一些复合指标，内涵比较丰富、信息量大，如 h 指数（Hirsch，2005）、特征因子（Bergstrom et al.，2008）等。第二类采用多属性评价方法进行评价，选取的指标众多，包含的信息量比较齐全，采用各种多属性评价方法得到评价结果。目前这两类评价方法发展均较快，也各有特色，如果要更加全面地对学术期刊进行评价，那么多属性评价方法具有一定的优势。

多属性评价在学术期刊评价中应用广泛。Shotton（2012）提出期刊评价的 5 个指标，包括期刊内容丰富程度、同行评议、开放获取、数据集、计算机可读元数据。Franceschet（2010）认为评价期刊应该包括知名度（Popularity）和信誉度（Prestige），知名度主要由期刊影响力指标来反映，信誉度主要由期刊特征因子来反映。Sombatsompop 等（2006）提出从三个角度评价学术期刊：期刊影响影子（Journal Impact Factors，JIF）、文章影响因子（Article Impact Factors，AIF）、位置影响因子（Position Impact Factors，PIF）。至于各种多属性评价方法在学术期刊评价中的应用，其研究成果众多，如主成分聚类法（刘莲花，2016）、DEA 数据包络分析（吴美琴、李常洪，2017）、层次分析与熵权法（王金萍、杨连生等，2015）、因子分析法（吴涛、杨筠等，2015）、加权 TOPSIS 和秩和比法（王映，2013）、灰色关联分析（刘军、王筠，2011）等。

由于多属性评价方法众多，评价结果不一致是该类评价方法的最大问题。不存在一种绝对完美的评价方法，不同的方法只是从不同的角度对被评价对象做出的某种估计，如果仅采用一种方法进行评价，其结果的可信性就值得怀疑（杜栋、吴炎，2008）。在这种背景下，组合评价就应运而生。组合评价是指在基本评价原则的指导下，以能独立完成对对象的综合评价的方法为基础，根据一定的准则和规则从中抽取若干方法，运用这些方法对评价对象进行综合评价，并通过合理的组合算法对以上评价结果进行优化组合的评价模型（陈衍泰、陈国宏等，2004）。

在学术期刊评价中，组合评价已经开始应用。俞立平、潘云涛等（2009）提出将各种多属性评价方法结果标准化以后，以各期刊的极大值作为最终评价结果的组合方法。熊国经、熊玲玲等（2017）运用因子分析法、熵值法和 TOPSIS 三种方法对期刊学术影响力进行评价，然后采用模糊 Borda 法进行组合评价。王一华（2011）在计算不同评价方法排序结果 Spearman 相关系数的基础上，应用拉开档次的组合评价法，对学术期刊进行组合评价。王居平（2003）采用基于离差最大化的原理进行学术期刊的组合评价。

组合评价方法也有很多种，并且发展迅速。目前的组合评价方法，大致可以分为两大类，一类是权重组合，另一类是评价结果组合。Gregory（199）认为把多种单一评价方法进行组合，可以提高评价结论的准确性和可信度。王刚、黄丽华等（2009）运用算术平均组合评价模型、Borda 组合评价模型和 Copeland 组合评价模型进行组合，根据 Spearman 等级相关系数的大小，选择其中最好的一个组合评价结果作为最终的评价结果。张立军、陈跃等（2012）构建信度指标对五种综合评价模型的相对信度进行测度，提出了一种考虑各种评价方法相对优劣水平的加权组合评价方法。倪渊、林健(2012)将层次分析法 AHP、熵权法、雷达图和支持向量 SVM 四种方法结合起来，提出 AERS 组合评价模型。柳玉鹏、李一军(2009)提出基于降维思想的客观组合评价模型。李珠瑞、马溪骏(2013)提出了一种基于离差最大化的组合评价方法。张发明(2013)提出一种融合相似与差异特征的组合评价方法。吴开亚、金菊良(2013)提出基于集对分析的组合评价模型。

在学术期刊评价中，多属性评价具有非常重要的地位，针对不同评价方法的不同评价结果，学术界提出通过组合评价方法进行组合，可以得到最终评价结果。从目前的研究看，在以下几个方向有待深入：

第一，组合评价方法众多，原理各不相同，导致组合评价结果同样较多，难以选择。

第二，目前的组合评价方法，以结果组合评价居多，权重组合评价较少，发挥这两种组合评价优点进行组合评价方法的研究不多。

第三，组合评价的基础理论依据不足，并没有充分考虑到单一评价方法的共性，充分尊重单一评价方法的评价结果。

本节结合权重组合与评价结果组合的优点，提出一种新的基于偏最小二乘法模拟权重的组合评价方法，并以 JCR 2015 数学学科期刊评价为例，同时采取线性加权汇总、主成分分析、VIKOR、TOPSIS、调和平均 5 种方法进行评价，然后进行组合评价，并对结果进行检验，说明偏最小二乘模拟权重组合评价方法的应用。

7.1.2 偏最小二乘法的组合评价方法的原理

1. 模拟权重的概念

在多属性评价方法中，权重是个非常重要的概念。多属性评价方法根据评价指标与评价结果的关系大致分为两大类(见图 7-1)，第一类是线性评价，评价指标与评价结果之间是线性关系，评价时根据主观或客观方法确定权重，然后将评价指标标准化后进行加权汇总，如熵权法、层次分析法、概率权、变异系数法等。第二类是非线性评价，评价指标与评价结果之间是非线性关系，从权重角度又可以分为两种，一种是需要设置权重的非线性评价方法，如加权 TOPSIS、模糊综合评价法等，另一种是不需要设置权重的非线性评价方法，如主成分分析、因子分子、DEA 数据包络分析等。

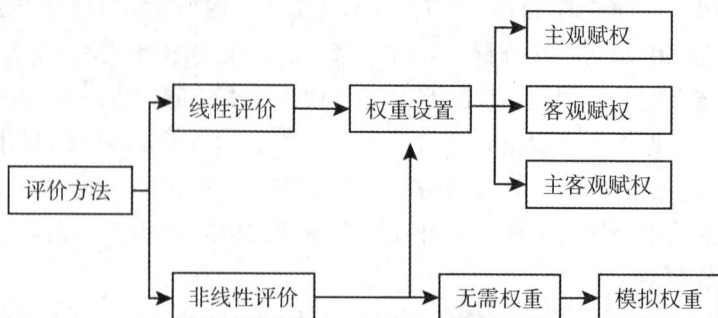

图 7-1   评价方法与权重

对于不需要设置权重的非线性评价方法，本质上还是包含权重的。俞立平(2009，2014)提出了模拟权重的概念，其原理是对评价结果得分与评价指标进行回归，回归系数本质上就表示不同指标的相对重要性，这就是模拟权重。由于评价指标之间往往相关性较高，回归时容易出现多重共线性问题，可以采用岭回归来代替传统的最小二乘估计。

通过计算模拟权重，无论是线性评价方法还是非线性评价方法，所有的评价指标都是有权重的，这是采用偏最小二乘法进行组合评价的基础。

2. 偏最小二乘法简介

偏最小二乘法(Partial Least Squares，PLS)最早是由 Wold 等(1983)提出的，它结合了典型相关分析、多元回归、主成分分析法的优点，在建模中采用了信息综合与筛选技术，当自变量之间存在多重共线性时效果较好，并且能够处理变量个数多于数据数量的问题，其主要特点如下：

(1)PLS 是一种多因变量对多自变量的回归建模方法，兼有结构方程模型的优点，可以处理复杂的变量之间的关系，尤其是在因变量不唯一的情况下。

(2)PLS 解决了多元回归中难以处理的多重共线性问题。多元回归往往采用最小二乘方法 OLS 估计，当存在多重共线性时，会使参数估计有偏，模型误差扩大，模型稳定性差，出现统计检验值变小，甚至回归系数符号错误等问题。PLS 通过对系统中的数据信息进行分解和筛选，识别系统中的信息与噪声，找到对因变量解释性最强的综合变量。

(3)PLS 作图功能较好。PLS 在建模时实现了数据结构简化，可在二维平面图上观察多维数据特点，不但可以得到多因变量对多自变量的回归结果，而且可以在二维图上直接观察回归结果和样本点之间的相似性结构。

设有 q 个因变量 $\{y_1, \cdots, y_q\}$ 和 p 个自变量 $\{x_1, \cdots, x_p\}$。为了分析因变量和自变量之间的关系，假设有 n 个样本点，自变量和因变量的数据集分别为 $X = \{x_1, \cdots, x_p\}$、$Y = \{y_1, \cdots, y_q\}$。偏最小二乘法分别在 X 与 Y 中提取出成分 t_1 和 u_1，在提取这两个成分时有两个标准：

第一，t_1 和 u_1 应尽可能大地携带他们各自数据集中的变异信息；

第二，t_1 和 u_1 的相关程度必须最大。

这两个标准说明，t_1 和 u_1 应尽可能好地代表数据集 X 和 Y，同时自变量的成分 t_1 对因变量的成分 u_1 拥有较强的解释力。

在第一个成分 t_1 和 u_1 被提取后，偏最小二乘法分别进行 X 对 t_1 的回归以及 Y 对 u_1 的回归。若回归方程精度已经满意，则算法终止，否则将利用 X 被 t_1 解释后的剩余信息以及 Y 被 u_1 解释后的剩余信息进行第二轮的成分提取，直到精度满意为止。如果最终对 X 提取了 m 个成分 $t_1, \cdots, t_m$，偏最小二乘法通过进行 y_k 对 $t_1, \cdots, t_m$ 的回归，然后再转换成 y_k 关于原变量 $x_1, \cdots, x_m$ 的回归方程($k = 1, 2, \cdots, q$)。

在偏最小二乘回归建模中，究竟选取多少个成分，可以通过考察增加一个新的成分后，能否明显改善模型的预测功能来加以判断。

3. 偏最小二乘法组合评价

偏最小二乘法模拟权重组合评价 (Simulated Weights Combination Evaluation by Partial Least Squares，SWCEPLS)的原理是，设有 m 种可行的多属性评价方法，n 个评价指标，首先分别采用 m 个多属性评价方法进行评价，得到 m 种评价结果，然后用 m 种评价结果作为因变量，n 个评价指标作为自变量，采用偏最小二乘法进行回归，此时回归系数就表示评价指标的相对重要性，将回归系数进行归一化处理，再对标准化后的评价指标进行加权汇总，最终得到组合评价结果，其原理如图 7-2 所示。

需要说明的是，在组合评价前，需要进行评价前检验，一般进行 Kendall 检验，看各单一评价方法的评价结果排序是否一致，组合评价以后，也要进行检验，当然可以继续采用 Kendall 检验，也可以采用相关系数进行检验，组合评价值与原来各评价方法评价值的相关系数必须较高，至少在平均水平以上。

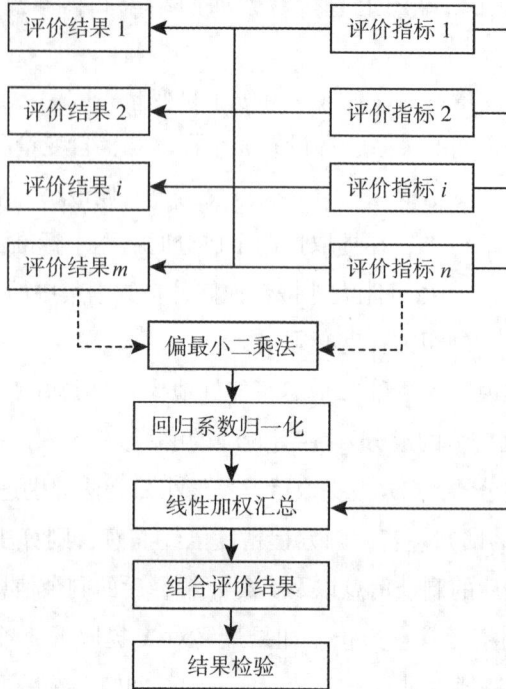

图 7-2　偏最小二乘法组合评价原理

4. 几种多属性评价方法

为了说明偏最小二乘法组合评价的应用，本节在线性评价方法中选取线性加权法，在非线性评价方法中选取 TOPSIS、VIKOR、主成分分析、调和平均 4 种评价方法，最后采用偏最小二乘法对 5 种评价方法进行组合，最终得到组合评价结果。

（1）加权线性汇总

线性加权法是传统经典的评价方法，评价时将原始指标进行标准化处理，权重赋值方法采用主观、客观或主客观相结合的方法，最后再进行线性加权汇总：

$$C_i = \sum_{j=1}^{n} \omega_j x_{ij} \tag{7-1}$$

公式（7-1）中，C_i 为评价得分，ω_j 为权重，x_{ij} 为标准化后的评价指标，i 为评价对象序号，j 为评价指标序号，n 为评价指标数量。

（2）TOPSIS 评价

TOPSIS 也称为理想解法，由 Huang（1981）提出，它首先定义理想解和负理想解，所谓理想解，就是各评价指标最好的评价值，所谓负理想解，就是各评价指标的最差值。然后根据评价对象到理想解与负理想解的相对距离来打分，距离理想解越近并且负理想解越远的评价对象得分越高。

$$C_i = \frac{\sqrt{\sum_{j=1}^{n} \omega_j \left(x_{ij} - x_j^{-}\right)^2}}{\sqrt{\sum_{j=1}^{n} \omega_j \left(x_{ij} - x_j^{+}\right)^2} + \sqrt{\sum_{j=1}^{n} \omega_j \left(x_{ij} - x_j^{-}\right)^2}} \tag{7-2}$$

公式(7-2)中，x_j^{+} 为理想解，x_j^{-} 为负理想解，C_i 表示评价结果，其值介于 0~1 之间。

（3）VIKOR 评价

VIKOR 评价方法由 Opricovic(1998)提出，它充分考虑"群体效益"最大化和"反对意见的个体遗憾"最小化，评价步骤如下：

①对原始评价指标标准化，确定正理想解 f_{ij}^{+} 和负理想解 f_{ij}^{-}。

②计算评价对象 i 的 S 值和 R 值。

$$S_i = \sum_{j=1}^{n} \omega_j \frac{f_{ij}^{+} - f_{ij}}{f_{ij}^{+} - f_{ij}}$$

$$R_i = \max_j \omega_j \frac{f_{ij}^{+} - f_{ij}}{f_{ij}^{+} - f_{ij}} \tag{7-3}$$

③计算评价对象 i 的 Q 值。

$$Q_i = v\left(\frac{S_i - S^{-}}{S^{+} - S^{-}}\right) + (1 - v)\left(\frac{R_i - R^{-}}{R^{+} - R^{-}}\right) \tag{7-4}$$

其中，$S^{+} = \max S_i$，$S^{-} = \min S_i$，$R^{+} = \max R_i$，$R^{-} = \min R_i$。v 表示"群体效用"和"个体遗憾"之间的调节系数，本质上也是一种权重，当 $v > 0.5$ 时说明侧重群体满意度；当 $v < 0.5$ 时说明侧重个体遗憾度，通常情况下取 $v = 0.5$。

④根据 S，R，Q 的升序对结果排序，排在越前面的评价对象越好。

⑤对妥协解进行验证。对评价结果 Q 进行升序排序，假设 A 是最优解，B 排第二位，那么 Q 满足以下条件(若有一个条件不满足，则存在一组妥协解)：

条件1：假设 M 是方案个数，$DQ = 1/(M - 1)$，那么 $Q(B) - Q(A) \geqslant DQ$。

条件2：根据 S 和 R 值，A 也是最优解。

（4）主成分分析

主成分分析(Principal Component Analysis，PCA)是应用较多的评价方法，X_1，X_2，$\cdots$，X_p表示标准化后的评价指标，p表示评价指标数量，n表示评价对象数量，评价矩阵为：

$$X = \begin{bmatrix} x_{11}\ x_{12}\cdots x_{1p} \\ x_{21}\ x_{22}\cdots x_{2p} \\ \cdots \\ x_{n1}\ x_{n2}\cdots x_{np} \end{bmatrix} = (X_1,\ X_2,\ \cdots,\ X_p) \qquad (7\text{-}5)$$

用数据矩阵 X 的 p 个指标向量做线形组合：

$$\begin{cases} F_1 = a_{11}X_1 + a_{21}X_2 + \cdots + a_{p1}X_p \\ F_2 = a_{12}X_1 + a_{22}X_2 + \cdots + a_{p2}X_p \\ \qquad\qquad \cdots\cdots \\ F_p = a_{1p}X_p + a_{2p}X_2 + \cdots + a_{pp}X_p \end{cases} \qquad (7\text{-}6)$$

公式(7-6)要求：

$$a_{1i}^2 + a_{2i}^2 + \cdots + a_{pi}^2 = 1 \qquad (7\text{-}7)$$

同时系数 α_{ij} 具备以下特点：

第一，F_i 与 $F_j(i\neq j,\ i,\ j=1,\ \cdots,\ p)$ 不相关；

第二，F_1 在 X_1，X_2，$\cdots$，X_p 所有线性组合中方差最大，F_2 在与 F_1 不相关的 X_1，X_2，$\cdots$，X_p 所有线性组合中方差最大，$\cdots$，F_p 是与 F_1，F_2，$\cdots$，F_{p-1} 都不相关的 X_1，X_2，$\cdots$，X_p 所有线性组合中方差最大。

综合变量 F_1，F_2，$\cdots$，F_p 也称为原始变量的主成分，F_1 的方差在总方差中占比最大，其余主成分 F_2，F_3，$\cdots$，F_p 的方差递减。在评价中一般选取特征根大于 1 的少数几个主成分，根据方差贡献率进行加权汇总，从而得到评价结果。

(5)调和平均评价

调和平均评价是一种传统的评价方法，评价结果小于线性加权汇总，对较差指标敏感度高，优点是能兼顾指标之间的协调发展。其计算公式如下：

$$C_i = \cfrac{1}{\cfrac{1}{\omega_1 X_1} + \cfrac{1}{\omega_2 X_2} + \cdots + \cfrac{1}{\omega_n X_n}} \qquad (7\text{-}8)$$

7.1.3 研究数据

本节以 JCR2015 数学期刊为例来说明偏最小二乘模拟权重组合评价方法的应用，选取的评价指标包括：总被引频次 $Z1$、影响因子 $Z2$、他引

影响因子 $Z3$、5 年影响因子 $Z4$、平均影响因子百分位 $Z5$、特征因子 $Z6$、标准化特征因子 $Z7$、论文影响分值 $Z8$；被引半衰期 $Z9$、引用半衰期 $Z10$、即年指标 $Z11$。

　　JCR2015 数学期刊共有 312 种，删除掉一些数据缺失期刊，最后还有275 种。在评价时必须对原始数据标准化处理，被引半衰期和引用半衰期属于反向指标，标准化时必须进行正向处理。评价指标原始数据的描述统计量如表 7-1 所示。

表 7-1　指标描述统计

指标名称	均值	极大值	极小值	标准差
总被引频次 $Z1$	1354.364	18695.000	101.000	2167.646
影响因子 $Z2$	0.740	3.236	0.144	0.483
他引影响因子 $Z3$	0.679	3.146	0.134	0.472
5 年影响因子 $Z4$	0.821	3.654	0.249	0.560
即年指标 $Z5$	0.165	2.273	0.000	0.196
被引半衰期 $Z6$	8.174	10.000	2.600	2.342
引用半衰期 $Z7$	9.966	10.000	6.400	0.293
特征因子 $Z8$	0.005	0.051	0.000	0.008
论文影响分值 $Z9$	0.971	6.771	0.117	1.006
平均影响因子百分位 $Z10$	49.124	99.519	1.173	26.985
标准特征因子 $Z11$	0.607	5.750	0.026	0.856

7.1.4　实证结果

1. 五种评价方法评价与排序一致性检验

　　首先采用线性加权、TOPSIS、VIKOR、主成分分析、调和平均 5 种评价方法进行评价，其结果如表 7-2 所示。由于篇幅所限，本节仅公布了线性加权评价结果前 30 种期刊，由于评价方法不同，不同评价方法评价结果的排序也不同。

表7-2　五种评价方法评价结果

期刊名称	线性加权	排序	TOPSIS	排序	VIKOR	排序	主成分分析	排序	调和平均	排序
ANN MATH	71.006	1	0.638	1	0.450	2	2.822	1	4.058	1
COMMUN PUR APPL MATH	55.923	2	0.530	2	0.347	4	2.242	3	3.215	3
J AM MATH SOC	55.527	3	0.527	3	0.321	8	2.230	4	2.919	5
INVENT MATH	53.951	4	0.520	4	0.327	5	1.852	8	3.354	2
ACTA MATH-DJURSHOLM	50.463	5	0.491	5	0.287	13	2.074	6	2.376	15
FIXED POINT THEORY A	49.758	6	0.472	11	0.520	1	2.594	2	1.472	38
B AM MATH SOC	49.549	7	0.486	8	0.294	11	2.221	5	2.129	19
ADV MATH	49.454	8	0.487	7	0.322	7	0.985	15	3.127	4
FOUND COMPUT MATH	49.447	9	0.479	9	0.294	12	1.952	7	1.826	29
J MATH ANAL APPL	49.439	10	0.488	6	0.347	3	0.741	26	2.595	9
NONLINEAR ANAL-THEOR	48.115	11	0.471	12	0.325	6	0.906	19	2.563	10
J DIFFER EQUATIONS	48.111	12	0.475	10	0.318	9	1.073	13	2.897	6
PUBL MATH-PARIS	44.842	13	0.456	13	0.247	19	1.759	9	1.236	53
J EUR MATH SOC	43.238	14	0.426	14	0.252	17	1.252	10	2.109	20
DUKE MATH J	42.292	15	0.422	16	0.249	18	1.150	11	2.859	7

续表

期刊名称	线性加权	排序	TOPSIS	排序	VIKOR	排序	主成分分析	排序	调和平均	排序
J FUNCT ANAL	42.078	16	0.425	15	0.271	14	0.776	25	2.498	12
T AM MATH SOC	41.476	17	0.420	17	0.270	15	0.686	28	2.633	8
J NUMER MATH	37.837	18	0.401	18	0.225	20	1.147	12	0.403	218
GEOM FUNCT ANAL	37.815	19	0.388	19	0.212	25	0.979	16	2.010	23
J DIFFER GEOM	37.424	20	0.381	21	0.213	24	0.975	17	2.435	13
ANAL PDE	36.885	21	0.382	20	0.207	28	0.907	18	0.839	111
CALC VAR PARTIAL DIF	36.392	22	0.366	24	0.213	23	0.893	21	2.309	17
J REINE ANGEW MATH	36.275	23	0.369	23	0.215	21	0.826	24	2.554	11
MEM AM MATH SOC	35.940	24	0.377	22	0.200	30	1.038	14	1.895	26
MATH ANN	35.352	25	0.362	25	0.213	22	0.578	32	2.183	18
INT MATH RES NOTICES	35.071	26	0.355	27	0.209	26	0.581	31	2.415	14
J MATH PURE APPL	34.157	27	0.357	26	0.198	31	0.894	20	2.079	21
DISCRETE CONT DYN-A	34.126	28	0.339	30	0.208	27	0.563	35	2.376	16
AM J MATH	33.027	29	0.343	29	0.184	34	0.629	29	1.932	25
ANN SCI ECOLE NORM S	32.901	30	0.350	28	0.180	36	0.849	23	1.756	31

需要说明的是，主成分分析评价要进行 KMO 检验以及 Bartlett 检验，KMO 检验结果为 0.809，Bartlett 检验结果为 7664.122，其相伴概率为 0.000，符合采用主成分分析评价的前提条件。此外，为了简便起见，线性加权汇总采用等权重，其他非线性评价方法也不赋权，本质上也是等权重。

下面进行 5 种评价方法评价结果的 Kendall 排序一致性，检验结果为：Kendall W 系数为 0.025，卡方检验值为 27.792，相伴概率为 0.000，拒绝原假设，说明 5 种评价方法的评价结果具有一致性。

2. 偏最小二乘法模拟权重的计算

下面采用偏最小二乘法进行回归，自变量为 11 个评价指标，因变量为 5 种评价方法评价结果得分。回归结果方差解释比例如表 7-3 所示。当选取 2 个隐含成分时，X 方差增加 0.160，R^2 从 0.860 增加到 0.928，增加幅度较大，有必要增加隐含成分；当选取 3 个隐含成分时，X 方差增加 0.131，R^2 从 0.928 增加到 0.955，增加幅度尚可，但是继续增加隐含成分效果有限，因子最终选取 3 个隐含成分。

表 7-3　方差解释比例

隐含成分	X 方差	累积 X 方差	Y 方差	累积 Y 方差(R^2)	调整后的 R^2
1	0.537	0.537	0.860	0.860	0.860
2	0.160	0.697	0.068	0.928	0.928
3	0.131	0.828	0.027	0.956	0.955
4	0.071	0.899	0.013	0.968	0.968
5	0.022	0.921	0.003	0.972	0.971

偏最小二乘法回归结果如表 7-4 所示，选取隐含成分为 3 的回归系数作为最终评价结果，回归系数较高的评价指标是影响因子 1.230、他引影响因子 1.205、5 年影响因子 1.204，回归系数较低评价指标是引用半衰期 0.516、被引半衰期 0.722。

最终将回归系数进行归一化处理，得到各评价指标的模拟权重，结果如表 7-5 所示。

表 7-4　回归系数

指标名称	隐含成分 1	隐含成分 2	隐含成分 3	隐含成分 4	隐含成分 5
总被引频次 $Z1$	0.846	0.850	0.858	0.852	0.854
影响因子 $Z2$	1.283	1.246	1.230	1.222	1.222
他引影响因子 $Z3$	1.259	1.219	1.205	1.197	1.197
5 年影响因子 $Z4$	1.261	1.217	1.204	1.196	1.194
即年指标 $Z5$	0.962	0.926	0.920	0.920	0.923
被引半衰期 $Z6$	0.199	0.669	0.722	0.736	0.735
引用半衰期 $Z7$	0.313	0.481	0.516	0.586	0.585
特征因子 $Z8$	0.963	0.952	0.965	0.959	0.957
论文影响分值 $Z9$	1.075	1.038	1.039	1.032	1.030
平均影响因子百分位 $Z10$	1.179	1.156	1.140	1.143	1.146
标准特征因子 $Z11$	0.963	0.952	0.965	0.959	0.958

表 7-5　模拟权重

指标名称	回归系数	模拟权重
总被引频次 $Z1$	0.858	0.080
影响因子 $Z2$	1.230	0.114
他引影响因子 $Z3$	1.205	0.112
5 年影响因子 $Z4$	1.204	0.112
即年指标 $Z5$	0.965	0.090
被引半衰期 $Z6$	1.039	0.097
引用半衰期 $Z7$	1.140	0.106
特征因子 $Z8$	0.722	0.067
论文影响分值 $Z9$	0.965	0.090
平均影响因子百分位 $Z10$	0.920	0.085
标准特征因子 $Z11$	0.516	0.048

3. 组合评价结果

最终根据模拟权重进行加权汇总，得到组合评价结果，如表 7-6 所示，由于篇幅所限，表 7-6 仅公布了排名前 30 的期刊。

表 7-6　组合评价结果

期刊名称	线性加权	TOPSIS	VIKOR	主成分分析	调和平均	组合评价
ANN MATH	71.006	0.638	0.450	2.822	4.058	77.41
COMMUN PUR APPL MATH	55.923	0.530	0.347	2.242	3.215	62.18
J AM MATH SOC	55.527	0.527	0.321	2.230	2.919	61.59
INVENT MATH	53.951	0.520	0.327	1.852	3.354	58.85
ACTA MATH-DJURSHOLM	50.463	0.491	0.287	2.074	2.376	56.29
B AM MATH SOC	49.549	0.486	0.294	2.221	2.129	53.93
FOUND COMPUT MATH	49.447	0.479	0.294	1.952	1.826	53.74
ADV MATH	49.454	0.487	0.322	0.985	3.127	51.45
PUBL MATH-PARIS	44.842	0.456	0.247	1.759	1.236	50.93
J DIFFER EQUATIONS	48.111	0.475	0.318	1.073	2.897	50.86
J MATH ANAL APPL	49.439	0.488	0.347	0.741	2.595	49.98
NONLINEAR ANAL-THEOR	48.115	0.471	0.325	0.906	2.563	48.97
FIXED POINT THEORY A	49.758	0.472	0.520	2.594	1.472	48.33
DUKE MATH J	42.292	0.422	0.249	1.150	2.859	45.66
J EUR MATH SOC	43.238	0.426	0.252	1.252	2.109	45.49
J FUNCT ANAL	42.078	0.425	0.271	0.776	2.498	44.37

续表

期刊名称	线性加权	TOPSIS	VIKOR	主成分分析	调和平均	组合评价
T AM MATH SOC	41.476	0.420	0.270	0.686	2.633	43.07
GEOM FUNCT ANAL	37.815	0.388	0.212	0.979	2.010	41.45
J DIFFER GEOM	37.424	0.381	0.213	0.975	2.435	40.73
J NUMER MATH	37.837	0.401	0.225	1.147	0.403	40.33
MEM AM MATH SOC	35.940	0.377	0.200	1.038	1.895	39.85
J REINE ANGEW MATH	36.275	0.369	0.215	0.826	2.554	38.99
CALC VAR PARTIAL DIF	36.392	0.366	0.213	0.893	2.309	38.80
ANAL PDE	36.885	0.382	0.207	0.907	0.839	38.02
J MATH PURE APPL	34.157	0.357	0.198	0.894	2.079	37.57
MATH ANN	35.352	0.362	0.213	0.578	2.183	37.51
INT MATH RES NOTICES	35.071	0.355	0.209	0.581	2.415	36.68
ANN SCI ECOLE NORM S	32.901	0.350	0.180	0.849	1.756	36.23
AM J MATH	33.027	0.343	0.184	0.629	1.932	35.66
GEOM TOPOL	32.898	0.339	0.182	0.582	1.235	34.46

4. 组合评价后检验

组合评价结果与其他 5 种评价方法评价得分的相关系数如表 7-7 所示，组合评价结果与线性加权、TOPSIS、VIKOR、主成分分析评价结果的相关系数均在 0.94 以上，具有较高的一致性。组合评价与调和平均的相关系数偏低，为 0.828，但这也是调和平均中相关系数最高的，这是由调和平均的特点所决定的。将各种评价方法的相关系数进行累加，其大小可以作为衡量不同评价方法的共性指标。组合评价累加结果为 5.709，仅仅略低于线性加权的 5.719，但高于其他各种评价方法，这充分说明偏最小二乘模拟权重组合评价法能够兼顾各种单一评价方法，组合效果较好。

表 7-7　各种评价结果相关系数

	线性加权	TOPSIS	VIKOR	主成分分析	调和平均	组合评价
线性加权	1.000	0.977	0.967	0.965	0.814	0.996
TOPSIS	0.977	1.000	0.937	0.939	0.737	0.968
VIKOR	0.967	0.937	1.000	0.945	0.780	0.949
主成分分析	0.965	0.939	0.945	1.000	0.740	0.968
调和平均	0.814	0.737	0.780	0.740	1.000	0.828
组合评价	0.996	0.968	0.949	0.968	0.828	1.000
合计	5.719	5.558	5.577	5.558	4.899	5.709

7.1.5　研究结论

本节将基于权重的组合评价原理与基于评价值的组合评价原理结合起来，提出一种新的偏最小二乘模拟权重组合评价方法。将各种单一评价方法的评价值作为因变量，标准化后的各评价指标作为自变量，采用偏最小二乘法进行回归，将回归系数进行归一化处理得到模拟权重，最后再根据模拟权重进行加权汇总得到组合评价结果。以 JCR2015 的数学期刊评价为例，同时采用线性加权、TOPISIS、VIKOR、主成分分析、调和平均进行评价，最后再进行组合，研究表明，采用偏最小二乘模拟权重组合评价能够兼顾各种评价方法的评价结果，和原单一评价方法具有较高的相关系数，融合了各种单一评价方法的思想，更加全面，是一种优秀的组合评价方法。

采用偏最小二乘模拟权重组合评价，可以有效地回避由于评价指标相关带来的多重共线性问题，对于评价对象数量少于评价指标数量也具有较好的适应性。本质上，它是吸取原来单一评价方法优点和尊重原来单一评价方法评价结果共性的组合评价方法，相比其他组合评价方法而言具有更大的优越性，不仅可以用于科技评价，而且具有较好的通用性，可推广到经济、管理、社会等更加广泛的评价中去。

7.2　基于人工神经网络的学术期刊组合评价研究

在学术期刊评价中，组合评价得到了广泛应用，但深层次存在组合评价方法和多属性评价方法均可用于组合评价问题，加剧了组合评价的复杂性，本节将这种现象称为组合评价悖论。为了解决这个问题，本节提出采用 BP 人工神经网络进行组合评价的思路，基于 JCR2017 经济学期刊，分别采用主成分分析、因子分析、TOPSIS 进行单一评价，然后采用 BP 人工神经网络进行组合评价，并对评价效果进行了分析。研究结果表明：组合评价悖论是学术评价中面临的新问题；BP 人工神经网络是一种全新的组合方法，具有充分尊重单一多属性评价方法、精度高的优点，很大程度上解决了组合评价悖论问题；BP 人工神经网络让评价重点重新回归到多属性评价，避免评价方法过度技术化；BP 人工神经网络组合评价不适合于小样本。

7.2.1　引言

学术期刊评价经历了一个漫长的发展历程，涌现出许多评价指标。早期的评价指标内涵明确，内容相对单一，最典型的就是影响因子，随后出现许多其他指标，如他引影响因子、5 年影响因子、即年指标、扩散因子、基金论文比、被引半衰期、引用半衰期、海外论文比、平均作者数等指标。由于单一指标包含的信息量相对有限，难以从更广泛的角度评价学术期刊，随着文献计量学的发展，又涌现出一些包含更多信息量的复合指标，如 h 指数（Hirch，2005）、特征因子（Bergstrom，2008）、z 指数（Prathap，2014）等指标，深化了学术期刊评价指标。

学术期刊多属性评价是在评价指标高度发达以后出现的，提供了广阔视野的学术评价方法。尽管复合指标的出现使得学术期刊评价的信息量有所增大，但是与采用数个甚至几十个评价指标进行多属性评价相比，复合指标的先天不足还是明显的，何况多属性评价方法完全可以采用多个单一指标和复合指标进行评价。目前北京大学核心期刊评价、南京大学 CSSCI 期刊评价、中国科学技术信息研究所期刊评价、中国社科院学术期刊评价等均采用多属性评价方法。

多属性评价方法众多会导致不同评价方法结果不一，这是多属性评价方法面临的较大问题。多属性评价方法原理不同，迄今已经有几十种。典型的有层次分析法、熵权法、CRITIC、主成分分析、因子分析、灰色关联、TOPSIS、VIKOR 等。应用不同的评价方法对同一对象进行评价所得到的结果往往存在着差异，同时每一种方法都各有其优缺点，无法说明哪一种方法好或不好，因此采用单一评价方法无疑具有一定的片面性（Chen et al.，2003）。尽管根据评价目的，优选评价方法是一种解决思路，但难以从根本上解决这个问题。由于学术评价结果许多要对公众公开，不同评价方法评价结果的排序不同，使得评价机构往往面临较大的压力。

组合评价能够博采各种多属性评价方法所长，得到唯一评价结果，但也存在组合评价方法的选择问题。所谓组合评价，就是将各种单一的多属性评价方法的评价结果按照某种规则进行组合，从而得到唯一的评价结果。传统上常见的组合方法包括 Borda、Copeland 和算术平均法等，随着组合评价技术的发展，又出现了权重偏差平方和最小法、极大值法、CW 算子等组合方法。进一步地，如果将单一多属性评价方法的评价结果作为组合评价指标，那么许多单一多属性评价方法也可以用于组合评价，那么组合评价方法会更多，这是一种组合评价悖论现象。组合评价方法众多同样存在组合评价结果众多、组合评价方法需要进一步选取的问题。

在组合评价思想层面，现有的组合评价方法仍然存在诸多不足。组合评价方法类型众多，大致分为以下几类：要么根据平均法进行组合，要么根据少数服从多数的原则进行组合，要么根据各单一评价方法的共性进行组合，或者是一些其他组合方法等。传统组合评价存在的共性问题包括以下三个方面：第一，在进行组合评价时，可能需要对不同评价方法的评价结果进行一致性检验，这样有可能会删除一些评价方法，这是需要非常慎重的，某些特立独行的评价方法，尽管评价结果与其他方法相差较大，但这正是其意义所在。第二，在组合评价中，不同单一多属性评价结果的重要性本质上是不同的，尤其是权重组合，这变相改变了单一评价方法的作用，是值得商榷的。第三，组合评价根据某种"原理"进行组合，提高了这种"原理"的重要性，变相降低了各单一评价方法的重要性。第四，组合评价方法众多，很难进行选择，从而难以得到唯一的组合评价结果。

基于人工神经网络进行学术期刊组合评价具有重要意义。本节首次将人工神经网络的原理引入学术评价中，试图解决传统组合评价存在的共性问题。其研究思路是，选取 JCR2017 经济学期刊为研究对象，首先采用主成分分析、因子分析、TOPSIS 三种评价方法对其进行评价，然后再基于 BP 人工神经网络对三种评价方法的评价结果进行组合评价，并对评价结果进行进一步分析。本节的研究不仅有利于解决学术期刊评价中的组合评价问题，而且有利于推进多属性评价的基础理论，对于学术评价实践也具有重要的指导意义。

7.2.2   文献综述

关于科技评价中组合评价的应用已经出现不少成果，典型的模式是单一评价方法评价——一致性检验——组合评价。刘莲花（2016）采用 TOPSIS 法、主成分分析法、因子分析法和加权算术平均法对预防医学与卫生学核心期刊进行了综合评价，并采用 Kendall 一致性系数进行一致性检验，然后利用 Borda 法、平均值法、Copeland 法单一评价结果进行了循环修正评价。李沃源、乌兰（2019）分别采用集对分析法、灰色关联法和 TOPSIS 对西部各省市的科技创新系统环境进行单一评价，然后利用 Spearman 相关系数进行一致性检验，再基于离差最大化进行组合评价。王瑛、李自光（2013）在科技奖励评价中，利用粗糙集筛选可行模型集，采用 Kendall's W 协和系数对评价结果进行一致性检验，然后基于信息熵确定模型的权重系数，再采用线性加权组合模型计算结果。郑宝华、李东（2008）构建了国防科技工业企业创新能力的评价指标体系，分别运用主成分、TOPSIS、灰色关联、集对分析、人工神经网络进行评价，然后对评价结果进行事前一致性检验，再运用 Borda、Copeland 和算术平均进行组合评价。曾伟、田时中等（2016）运用均方根法、熵值法、主成分分析法和因子分析法对科技期刊学术影响力进行评价，然后对评价结果进行 Kendall 检验，然后采用模糊 Borda 法进行组合评价。熊国经、熊玲玲等（2017）选择熵值法、因子分析法和 TOPSIS 法对学术期刊进行学术影响力评价，然后对评价结果进行 Kendall 检验，最后采用模糊 Borda 法进行组合评价。

在科技评价中，还有一些其他组合评价方法。俞立平、潘云涛等

（2011）首先采用熵权、主成分、CRITIC、TOPSIS、因子分析进行学术期刊评价，然后通过多元回归测度出一种评价方法与其他所有评价方法的相似程度，然后根据这种相似程度归一化后得到各种评价方法的权重，最后再进行加权汇总。张发明、钟颖璐等（2018）分别利用熵值法、GRA 法、TOPSIS 法、主成分分析法和 DEMATEL 法对学术期刊进行多属性综合评价，然后结合组合评价的特点和评价信息的疏密程度，确定组内重要性权重和组间密度权重，最后利用 CW 算子进行信息集结，得出最终的评价结果。赵宇、王晶华（2014）在后评估理论的基础上，以科技成果为评价对象，结合主成分分析和逼近理想解排序方法进行评价，将二者的评估结果通过设置权重进行加权综合。王伟明、徐海燕（2019）分别采用灰靶理论动态评价、改进理想点动态评价、VIKOR 动态评价法、基于 Heronian 算子的动态评价法对各年的学术期刊静态综合评价结果进行集结，提出一种新的基于最小偏差法的学术期刊动态组合评价模型。王一华（2011）应用拉开档次组合评价法进行研究，通过选择合适的权重进行学术期刊组合评价，使各评价对象的差异尽可能最大。

从组合评价方法论角度，Xu 等（2003）提出组合评价 CW 算子，充分考虑不同评价方法间的差异性和相似性，其评价结果具有强化一致性程度高并且弱化一致性程度低的特点，根据评价信息分布的疏密程度，能够更大程度地挖掘各个评价方法的评价信息，并且达到增强组合评价结果稳健性的效果。俞立平、潘云涛等（2009）首先选用各种可行的评价方法进行评价，然后将评价结果标准化，将同一期刊不同评价结果的极大值作为该期刊的最终组合评价结果。毛定祥（2002）提出了一种最小二乘意义下主客观评价一致性的组合评价方法。马溪骏、李敏（2006）提出了权重偏差平方和最小的组合评价模型。徐泽水，达庆利（2002）提出的组合方法最终评价结果与各种评价方法差距最小。郭亚军、易平涛（2006）提出了一种基于整体差异的客观组合评价法，即存在一种评价最佳组合，使得各评价方法投影到该评价结果后方差最大，体现了少数服从多数的思想。

关于人工神经网络在科技评价中的应用，主要集中在科技成果转化的相关研究，如周宏（2009）建立了高校科技成果转化评价指标体系，借助 BP 人工神经网络方法进行评价。尹航（2008）应用 BP 神经网络方法度量科技成果转化项目的技术经济可行性，通过实证分析，验证了指标体系和评价方法的科学性和实践可行性。王桂月、王树恩（2009）建立了高校科技成果转化评价的模糊神经网络模型，并采用实例验证了该模型具有较好的学习能力。刘希宋、成勇(2007)从市场、社会、生态三方面建立科技成果转化评价指标体系，并且运用3层BP人工神经网络方法对科技成果转化进行评价。

关于神经网络在科技评价其他领域的运用，曾莉、王明(2016)运用BP算法建立BP神经网络模型，对科技型中小企业知识产权质押融资风险进行研究。俞立平、潘云涛等(2009)首先采用数据包络分析法测度科技投入产出效率，然后利用BP神经网络进行学习，建立效率预测模型。楼文高、张卫等(2009)根据科技期刊学术水平评价指标体系和评价标准，基于大样本建立了用于期刊学术水平综合评价的神经网络模型。时丹丹、嵇国平(2011)将科技政策分为科技计划管理政策、知识产权保护政策和绿色节能政策、产学研结合政策、工艺创新的保护与扶持政策，构建基于BP人工神经网络的工艺创新科技政策评价模型。王瑛、赵谦等(2011)根据简单多数原则引入专家动态权数，与人工神经网络BP算法相结合，建立了E-BP科技奖励综合评价智能模型。王孝宁、黄亚明等(2005)基于TOPSIS法与BP神经网络相结合，对卫生科技人员科研业绩进行评价。张英辉(2009)采用BP神经网络方法构建科技园区竞争力评价模型。

从现有的研究看，组合评价在科技评价中已经得到了广泛的应用，评价对象涉及学术期刊、创新环境、科技奖励、创新能力等。从组合评价模型应用的角度，基于单一方式评价——结果一致性检验——组合评价的范式得到了广泛应用。由于组合评价方法众多，学术界在不断拓展组合评价方法，从而丰富了组合评价技术。关于人工神经网络在科技评价中的应用，已经涉及学术期刊、科技政策、科技成果转化、科技投入、科技奖励、科研人员等。总体上，在以下方面有待进一步深入：

第一，组合评价方法众多，必然面临即使采用组合评价，也存在评价结果多样性问题，即组合评价悖论问题。对于组合评价方法存在的共性问题，缺乏进一步的思考。

第二，人工神经网络在科技评价中的应用，目前主要集中在评价和预测方面，缺乏采用人工网络进行组合评价的相关研究，当然进一步的人工神经网络用于组合评价的前提条件、需要注意的问题、应用效果分析等也缺乏研究。

第三，在技术层面，现有的科技评价中的人工神经网络应用，往往针对单一输出进行研究，缺乏对多个评价结果进行学习的研究。

7.2.3   理论与方法

1. 组合评价存在问题的进一步分析

(1)组合评价特点分析

组合评价方法的原理大致分为平均值、服从多数、共性法等几种，其原理如图 7-3 所示。

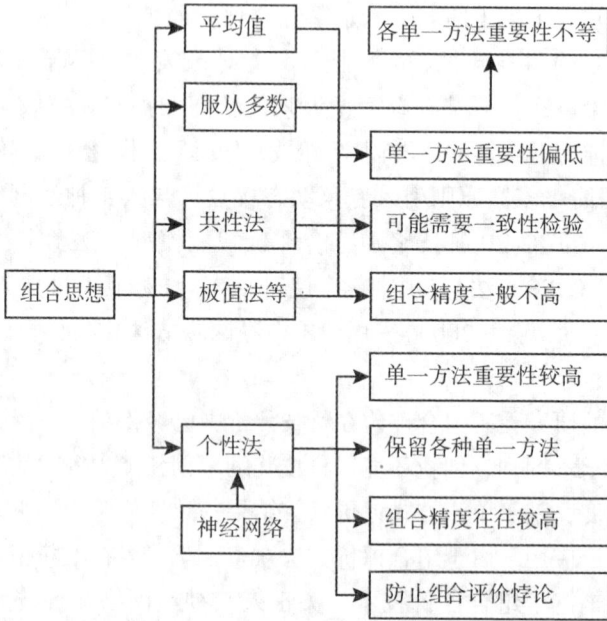

图 7-3   神经网络组合评价思想

平均值法的原理就是将不同评价方法的评价值进行平均，得到最终组合评价结果，算数平均法就是这么一种组合方法。当然也可以根据不同赋权方法得到的权重进行平均，然后再进行组合评价得到评价结果。

少数服从多数的组合原理是，对于多种单一评价方法的评价结果，采取少数服从多数的原则，然后按照某种方法进行组合，Borda、Copeland等的原理就是少数服从多数。采用该原理的组合评价方法较多，目前在科技评价中应用较为广泛。

共性法的原理是对于各种单一评价方法的评价结果，选取其同时为优、同时为一般、同时为劣的评价对象，然后采取一定的回归的方法，得到各指标的模拟权重，再进行加权汇总。基于结果一致度的组合评价方法就是这么一种评价方法(俞立平、潘云涛，2011)。

由于组合评价理论与方法的发展，还在不断出现一些新的组合思想，如极大值法就是选取同一评价对象在各单一评价方法中的最好成绩作为最终组合评价结果。

(2)传统组合评价存在的问题分析

组合评价方法本身也是多元的。迄今为止，已经出现的组合评价方法有 10 多种，每种组合评价方法结果也会不一致。在科技评价中，许多评价体系影响较大，公众对评价结果比较敏感，典型的有大学评价、学科评价等，必须妥善处理好这个问题。

组合评价方法的地位与各单一评价方法并不相同。在组合评价中，各单一评价方法是为组合评价服务的，虽然单一评价方法也重要，但关注焦点主要集中在组合评价方法上。

在组合评价中，单一评价方法的实际重要性并不相同。除了采用算数平均进行评价，各单一评价方法的评价值在最终组合评价中所发挥的作用是不同的。至于权重组合类的组合评价，各单一评价方法的作用更不相同。既然单一评价方法都是经过慎重筛选的评价方法，那么没有理由对不同评价方法采取不公平的处理。

组合评价中，评价结果一致性检验应用非常普遍。如果通过不了一致性检验，就有可能会删除某种单一评价方法，这是需要非常慎重的。某种评价方法之所以跟其他方法评价结果不一样，这正说明了该评价方法的独到之处。

组合评价的精度往往难以控制。在一些组合评价方法中，往往采用一定的方法来评估组合评价的效果，但总体上，组合评价的精度依赖于数据，很难人为提高组合评价的精度阈值，此外大多数组合评价方法根本不考虑组合精度的相关问题，这是需要解决的问题。

2. 人工神经网络用于组合评价的探索

(1)BP 人工神经网络简介

人工神经网络是一整套抽象、简化、模拟大脑功能的复杂非线性动力学系统模型，具有极强的自训练学习、大规模并行处理、自组织、非线性逼近和容错能力等优点，广泛应用在组合优化、神经专家系统、系统预测等领域，在学术评价中，神经网络也开始得到了广泛的应用。

BP 网络是由 Rumelhart 等(1986)提出，它是一种单向传播的多层前向网络，解决了多层网络中隐蔽单元连接权重的训练和学习问题。BP 人工神经网络可看成是一个高度的从输入到输出的非线性映射，通过数次复合简单的非线性函数，可高度近似复杂的非线性函数。BP 人工神经网络通常分为输入层、隐蔽层、输出层三层(见图 7-4)，隐蔽层也可以由数层构成。Hormik 等(1990)证明了仅有一个非线性隐蔽层的前馈神经网络，就能以较高精度逼近任意复杂的函数。

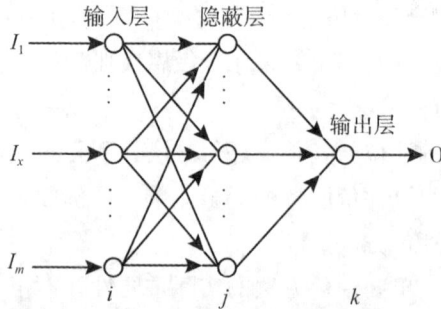

图 7-4　典型的人工神经网络结构

BP 网络模型处理信息的基本原理是，输入信号 P_i 通过隐蔽层(中间节点)作用于输出节点，经过一系列非线性变换，产生输出信号 O_k。网络学习的每个样本，均包括输入向量 P、期望输出向量 T，以及期望输出 T 与实际输出 O 的偏差。为了降低这种偏差，可调整输入节点与隐蔽节点的联接权值 W_{ij}、隐蔽节点与输出节点之间的联接权值 T_{jk} 以及阈值。BP 算法分两步进行，即正向传播和反向传播，经过多次迭代训练，确定与最小误差相对应权值和阈值后，此时经过训练的 BP 人工神经网络就可以用于预测或评价。

BP 人工神经网络模型如下：

传递函数：是反映下层输入对上层节点刺激脉冲强度的函数，又称刺激函数，一般取(0，1)内连续取值 Sigmoid 函数：

$$f(x) = \frac{1}{1 + e^{-x}} \tag{7-9}$$

误差计算模型：反映神经网络期望输出与计算输出之间误差大小的函数。

第 j 个单元节点的输出的误差为 $E_k = \frac{1}{2} \sum_{k=1}^{n} (y_{jk} - T_{jk})^2$ 总误差为 $E = \frac{1}{2n} \sum_{k=1}^{n} E_k$，$T_{jk}$ 是 j 节点的期望输出值，y_{jk} 是 j 节点实际输出值。

中间层节点的数学模型：$O_{jk}^1 = f\left(\sum w^1{}_{ij}x_j\right)$

O_{jk}^1 表示中间层上，输入第 k 个样本时，第 j 个节点的输出。X_j 为第 j 个节点输入。w_{ij}^1 为输入层到中间层的权值。

输出节点的数学模型：$O_{jk}^2 = f\left(\sum w_{ij}^2 O_{jk}^1\right)$

O_{jk}^2 表示输出层上，输入第 k 个样本时，第 j 个节点的输出，w_{ij}^2 为中间层到输出层的权值。

修正权值：$w_{ij} = w_{ij} + \mu \dfrac{\partial E}{\partial w_{ij}}$

（2）BP 人工神经网络用于组合评价

人工神经网络为解决组合评价问题提供了全新的思路。如果将评价指标体系作为 BP 人工神经网络的输入，将各单一评价方法的评价结果作为输出，就可以训练 BP 人工神经网络进行学习，并且可以控制合适的精度以保证学习训练效果。与传统的组合评价方法不同，BP 人工神经网络在以下几个方面彰显优势：

第一，组合思想不会凌驾于各种单一评价方法之上。组合评价的基本原理就是采取某种组合方法对各种单一评价方法的评价结果进行组合，得到唯一的评价结果。在传统组合评价中，组合方法的地位与重要性较高，要超过每种单一评价方法。比如采用 Borda 法进行组合，很显然该方法就比较重要。但是采用 BP 人工神经网络进行组合，BP 人工神经网络通过机器学习，使得组合评价结果尽最大可能接近各种单一评价方法，组合方法并没有比其他单一评价方法更重要，这是一种革命性的思想。

第二，BP 人工神经网络组合评价充分尊重每一种单一评价方法。多属性评价方法的选择问题是一个非常慎重的问题，不同评价方法原理不一，根据评价目标和管理要求选择某种评价方法后，对该评价方法应该充分尊重，不能通过评价结果的一致性检验而删除该评价方法，或者通过某种组合评价的原理使得各单一评价方法的权重不同，比如权重组合就存在这样的问题。BP 人工神经网络通过机器学习，使得网络输出与每种单一评价方法均高度相关，充分体现了单一评价方法同等重要的思想。

第三，BP 人工神经网络组合评价精度可以控制在较高水平。通过 BP 人工神经网络进行机器学习，进而进行组合评价，这本身就是一种全新的思想。在 BP 人工神经网络训练时，可以设定拟合精度和不同的学习参数，使得模型拥有较高的拟合优度，这是其他组合评价方法难以具备的优势。

第四，BP 人工神经网络减少了组合评价方法选择的复杂性。组合评价方法本身就非常多，本质上如果将每种多属性评价方法的评价结果作为单一指标，那么在理论上每种多属性评价方法都可以用来进行组合评价，在目前已经有几十种多属性评价方法的情况下，组合评价的种类是庞大的。比如采用 n 种多属性评价方法，会出现 n 种评价结果，在对这些评价结果进行组合时，理论上既可以采用 m 种组合评价方法，也可以采用 n 种多属性评价方法，从而导致出现 $m+n$ 种组合评价结果，从而失去了组合评价兼顾各种评价方法所长，使得评价结果容易取得共识的本来目的。本节将这种现象称为组合评价悖论（见图 7-5），但是 BP 人工神经网络彻底回避了这个问题。

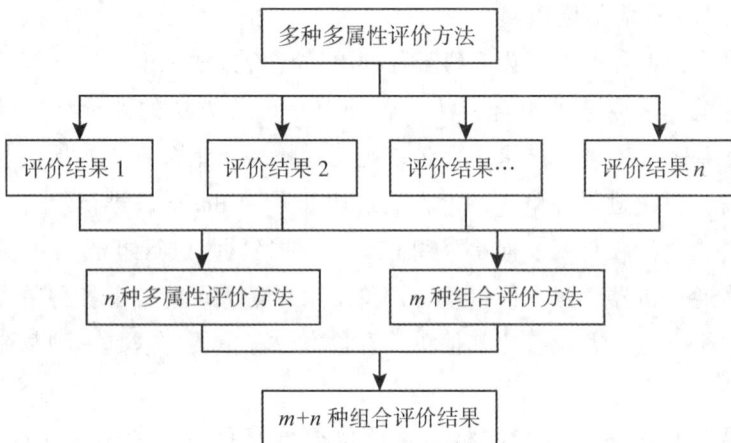

图 7-5   组合评价悖论

3. 研究框架说明

为了对 BP 人工神经网络用于组合评价进行进一步的研究，本节以在科技评价中应用得较多的主成分分析、因子分析、TOPSIS 评价为例，基于 JCR2017 经济学期刊数据，分别采用这 3 种多属性评价方法进行评价，得到评价结果。然后以所有的评价指标作为 BP 人工神经网络的输入，以 3 种评价方法的评价结果作为 BP 人工神经网络的输出，对 BP

人工神经网络进行训练，在模型达到一定的精度后，根据各评价指标的最终权重进行加权汇总，得到最终组合评价结果，并对评价结果进行分析。

7.2.4　实证结果

1. 数据来源

考虑到 BP 人工神经网络学习的样本量不能太小，何况主成分分析与因子分析对样本数量也有一定的要求，因此本节选取 JCR2017 中学术期刊数量相对较多的经济学期刊为例来进行实证。JCR2017 公布的主要指标包括：总被引频次(TC)、影响因子(IF)、他引影响因子(IFW)、5 年影响因子($IF5$)、即年指标(II)、被引半衰期($CHL1$)、引用半衰期($CHL2$)、特征因子(ES)、论文影响分值(AIS)、标准特征因子(NES)、平均影响因子百分位(AJI)。

在这些指标中，标准特征因子是由特征因子经过非线性变换而来，所以不宜选取。平均影响因子百分位是根据影响因子计算而来，并且本质上是序数指标，属于非参数数据，因此也不宜选取，这样经过筛选后共采用 9 个指标进行评价。此外被引半衰期与引用半衰期属于反向指标，在评价时必须进行正向处理。

JCR2017 共有期刊 353 种，由于一些期刊在 5 年影响因子、即年指标、被引半衰期、引用半衰期、论文影响分值等指标中，存在个别指标或多个指标数据缺失，必须进行数据清洗，经清洗后实际用于评价的期刊共有 321 种。

2. 三种评价方法评价

主成分分析与因子分析在评价前首先需要进行 KMO 检验与 Bartlett 检验，这是其应用的前提条件。KMO 检验值为 0.772，Bartlett 检验值为 3623.831，p 值为 0.000，说明可以采用这两种评价方法进行评价。

主成分分析矩阵如表 7-8 所示，第一主成分包括总被引频次、影响因子、他引影响因子、5 年影响因子、即年指标、特征因子、论文影响分值 7 个指标，可以将其命名为期刊影响力。第二主成分包括被引半衰期、引用半衰期，可以将其命名为期刊时效性。

表 7-8　主成分分析矩阵

评价指标	变量名称	第一成分	第二成分
总被引频次	TC	0.801	−0.295
影响因子	IF	0.921	0.184
他引影响因子	IFW	0.925	0.156
5年影响因子	IF5	0.950	0.111
即年指标	II	0.555	0.439
特征因子	ES	0.808	−0.277
论文影响分值	AIS	0.869	−0.178
被引半衰期	CHL1	−0.310	0.738
引用半衰期	CHL2	0.261	0.693

　　因子分析的旋转矩阵如表 7-9 所示，由于进行了矩阵旋转，第一公共因子与第一主成分略有差异。在因子分析中，第一公共因子中减少了即年指标，被移到第二公共因子中的时效性中去了。由于即年指标是当年发表论文的当年被引次数，同样具有时效性特征。虽然主成分与因子涵盖的指标各有差异，但也各具特色。

表 7-9　因子分析旋转矩阵

评价指标	变量名称	第一成分	第二成分
总被引频次	TC	0.838	−0.163
影响因子	IF	0.879	0.329
他引影响因子	IFW	0.888	0.302
5年影响因子	IF5	0.920	0.262
特征因子	ES	0.842	−0.144
论文影响分值	AIS	0.886	−0.036
即年指标	II	0.477	0.522
被引半衰期	CHL1	−0.424	0.679
引用半衰期	CHL2	0.147	0.726

　　主成分分析第一主成分的方差贡献率为 56.979%，第二主成分的方差贡献率为 16.487%；因子分析第一公共因子的方差贡献率为 55.941%，

第二公共因子的方差贡献率为 17.526%。两者的累计方差贡献率均为 73.466%，总体上拥有较高的解释水平。分别根据两者的方差贡献率作为权重对主成分和公共因子进行加权汇总，得到各自的评价结果。无论是主成分分析还是因子分析评价，期刊影响力指标占据比较重要的权重，期刊时效性指标占据相对次要的权重，这和实际情况是相符的。

传统 TOPSIS 评价方法的计算公式是：

$$C_{ij} = \frac{\sqrt{\sum_{j=1}^{n} \omega_j (x_{ij} - x_j^-)^2}}{\sqrt{\sum_{j=1}^{n} \omega_j (x_{ij} - x_j^+)^2} + \sqrt{\sum_{j=1}^{n} \omega_j (x_{ij} - x_j^-)^2}} \qquad (7\text{-}10)$$

公式(7-10)中，x_{ij} 表示标准化后的评价指标；x_j^+ 为正理想解，即最好的评价对象；x_j^- 为负理想解，即最差的评价对象；ω_j 为评价指标的权重。I 表示评价对象序号，j 表示评价指标序号；m、n 分别为评价对象数量、评价指标数量。C_{ij} 表示 TOPSIS 的评价结果，其值介于 0~1 之间。

作为一个算例，本节暂不考虑各评价指标的权重，采用等权重进行评价。由于标准化后所有指标的极大值为 1，因此正理想解就是 1。关于负理想解，其实是不确定的，为了简捷起见，一律以原点作为负理想解。这样公式(7-10)就简化为：

$$C_{ij} = \frac{\sqrt{\sum_{j=1}^{n} x_{ij}^2}}{\sqrt{\sum_{j=1}^{n} (1 - x_{ij})^2} + \sqrt{\sum_{j=1}^{n} x_{ij}^2}} \qquad (7\text{-}11)$$

3. 采用 BP 人工神经网络进行组合

通过试算，确定 BP 人工神经网络的结构为 9-15-3，即输入变量为 9 个评价指标，隐蔽层为 1 层，15 个隐蔽指标，输出层为 3 种评价方法的评价结果。迭代次数选择 1000 次，基于 BP 人工神经网络进行训练，其拟合效果如表 7-10 所示。

表 7-10　拟合效果

评价方法	相关系数	拟合优度 R^2	评价相对误差
主成分分析评价值	0.997	0.994	0.630%
因子分析评价值	0.995	0.990	0.631%
TOPSIS 评价值	0.997	0.993	0.008%

　　各种评价方法的评价值与 BP 人工神经网络拟合结果的相关系数均在 0.99 以上，拟合优度也在 0.99 以上，平均相对误差均低于 1%，说明 BP 人工神经网络的学习效果良好。需要说明的是，BP 人工神经网络并不是做组合评价，而是用评价指标作为输入，3 种评价结果作为输出，然后分析神经网络输入输出之间的拟合优度和相关系数。

　　BP 人工神经网络的学习权重如表 7-11 所示。影响因子的权重最高，为 0.177，其次是他引影响因子，权重为 0.163，5 年影响因子和被引半衰期的权重相当，均为 0.126。特征因子和总被引频次的权重最低，分别为 0.055、0.066。

表 7-11　BP 人工神经网络权重

评价指标	变量名称	权重
总被引频次	TC	0.066
影响因子	IF	0.177
他引影响因子	IFW	0.163
5 年影响因子	$IF5$	0.126
即年指标	II	0.081
特征因子	ES	0.055
论文影响分值	AIS	0.109
被引半衰期	$CHL1$	0.126
引用半衰期	$CHL2$	0.097

　　根据表 7-11 中的权重结果，对 9 个评价指标进行加权汇总，最终得到组合评价结果，结果如表 7-12 所示。由于篇幅所限，本节仅公布组合评价排名前 30 的期刊。不同评价方法评价结果不同，当然组合评价结果也与 3 种单一评价方法评价结果不同，但是组合评价结果是充分尊重单一评价方法的。

表 7-12　组合评价结果

刊名缩写	主成分	排序	因子分析	排序	TOPSIS	排序	组合评价	排序
Q J ECON	3.381	1	3.522	1	0.606	1	79.329	1
AM ECON REV	2.454	2	2.794	2	0.553	2	63.510	2

续表

刊名缩写	主成分	排序	因子分析	排序	TOPSIS	排序	组合评价	排序
J FINANC	2.254	3	2.446	3	0.524	3	60.865	3
J FINANC ECON	1.894	5	2.033	4	0.491	4	55.976	4
J ECON PERSPECT	1.946	4	1.910	6	0.479	5	55.965	5
J POLIT ECON	1.541	9	1.822	7	0.437	12	50.857	6
ECON GEOGR	1.483	10	1.375	13	0.440	10	50.776	7
J HUM RESOUR	1.388	16	1.368	14	0.435	13	50.647	8
J ECON GROWTH	1.375	17	1.359	15	0.433	14	50.523	9
AM ECON J-APPL ECON	1.613	7	1.487	11	0.451	7	49.617	10
VALUE HEALTH	1.438	13	1.308	16	0.444	9	48.865	11
ECONOMETRICA	1.626	6	1.951	5	0.437	11	48.337	12
ENERG POLICY	1.583	8	1.613	8	0.472	6	48.262	13
REV FINANC STUD	1.466	11	1.507	10	0.444	8	48.213	14
REV ECON STUD	1.435	14	1.591	9	0.419	18	47.676	15
J ECON LIT	1.412	15	1.463	12	0.426	17	46.093	16
REV ENV ECON POLICY	1.458	12	1.265	18	0.432	15	45.617	17
AM ECON J-ECON POLIC	1.360	18	1.229	19	0.429	16	44.444	18
ECOL ECON	1.113	22	1.091	21	0.412	19	41.532	19
REV ECON STAT	1.014	25	1.110	20	0.389	26	41.084	20
ENERG ECON	1.044	23	0.968	23	0.409	21	40.749	21
AM ECON J-MACROECON	1.186	21	1.074	22	0.410	20	40.509	22
TRANSPORT RES B-METH	1.040	24	0.956	24	0.400	23	40.059	23
BROOKINGS PAP ECO AC	1.334	19	1.268	17	0.389	25	39.873	24
PHARMACOECONOMICS	0.875	26	0.755	31	0.386	28	37.977	25
CAMB J REG ECON SOC	0.849	27	0.704	34	0.388	27	37.838	26
ANNU REV ECON	0.798	29	0.745	32	0.390	24	37.813	27
J LABOR ECON	0.764	32	0.810	27	0.366	42	37.771	28
J ACCOUNT ECON	0.792	30	0.828	26	0.371	37	37.573	29
J POLICY ANAL MANAG	0.848	28	0.761	30	0.373	35	36.595	30

在人工神经网络组合评价的前30种期刊中，主成分分析评价有一种期刊在30名外（排名32），因子分析评价有3种期刊排名在30名外（排名分别为31、32、24）、TOPSIS评价有3种期刊排名在前30名外（排序分别为35、37、42），总体上一致性较高，各单一评价方法排名在前30名外的期刊与组合评价结果偏差较小。

最终组合评价值与主成分分析、因子分析、TOPSIS评价值的相关系数如表7-13所示。组合评价结果与因子分析的相关系数最高，为0.991，其次是主成分分析，为0.989，与TOPSIS的相关系数也不低，为0.944。

表7-13　组合评价与自他评价值的相关系数

指标	主成分分析	因子分析	TOPSIS	组合评价
主成分分分析	1			
因子分析	0.990	1		
	0.000	—		
TOPSIS	0.958	0.931	1	
	0.000	0.000	—	
组合评价	0.989	0.991	0.944	1
	0.000	0.000	0.000	—

7.2.5　研究结论

1. 组合评价悖论是学术评价中面临的新问题

学术期刊评价经历了单指标评价——多数性评价——组合评价的发展历程，因为单指标评价信息量有限，目前处于多属性评价与组合评价共存的阶段。由于多属性评价方法众多，选择比较困难，因此组合评价开始进入人们的视野。随着组合评价的发展，又出现了新的问题：第一是组合评价方法本身就有数种，如何选择也是问题。第二，从理论上讲，所有单一的多属性评价方法其实也可以用来组合，这样组合评价方法就更多。本节将以上现象称为组合评价悖论。组合评价悖论的出现，不仅没有解决多属性评价方法的选择与组合问题，而且增加了组合评价自身选择的复杂性。

　　组合评价悖论问题是多属性评价方法发展的必然结果。首先，在有限多属性评价方法的情况下，并不会出现组合评价悖论问题。随着多属性评价方法与技术的发展，目前已经出现了几十种单一的多属性评价方法，加上组合评价方法自身的发展，组合评价悖论问题越来越突出。其次，现有的多属性评价方法，往往缺乏适用性检验，从而使得单一评价方法的选取范围较大，可用的单一评价方法众多，进一步催生了组合评价悖论问题。

　　2. BP 人工神经网络是一种全新的组合方法

　　BP 人工神经网络是一种全新的组合方法，克服了传统组合评价的不足：第一，不需要对单一评价方法进行一致性检验，不会删除某种评价方法，体现了对每种评价方法的充分尊重。第二，采用人工神经网络进行组合评价，评价结果追求与每种单一评价方法结果的高度一致性，组合评价结果与各单一评价方法的相关系数也较高。实证研究表明，BP 人工神经网络模型与每种单一评价方法的拟合优度均在 0.990 以上，相关系数也在 0.990 以上，相对误差在 1% 以下，具有极高的精度。第三，BP 神经人工网络组合评价没有新的组合思想凌驾于各种单一评价方法之上，体现了尊重每种评价方法的原则。第四，BP 人工神经网络组合评价，彻底解决了权重组合中不同单一多属性评价方法的重要性不同问题。第五，采用 BP 人工神经网络进行组合评价，很大程度上解决了组合评价悖论问题，为保证学术期刊评价的公开、公平、公正提供了较好的技术保障。

　　3. BP 人工神经网络让评价重点重新回归到多属性评价

　　由于组合评价的出现，使得一些学术评价方法更加关注组合评价的方法和技术，而忽视了对组合评价原始数据即多属性评价结果的关注度。BP 人工神经网络组合评价的出现，使得评价重心又回归到单一的多属性评价，即围绕评价目的，选择合适的评价指标，再进一步认真筛选多属性评价方法，保证每种评价方法的科学性和适用性，提高每种单一多属性评价方法的公信力和严肃性，这样自然就能保证最终组合评价结果。基于BP 人工神经网络进行组合评价，使得学术评价回归到多属性评价的本源，避免过度技术化，这才是其重要意义所在。

　　4. BP 人工神经网络组合评价不适合于小样本

　　由于 BP 人工神经网络学习需要一定的样本量进行训练，当样本量较小时，可能存在学习不足或过度学习问题，从而影响模型精度，这对组合评价是不利的。此外，每次训练结果会有差异，因此基于组合评价进行学术评价，样本量不宜太小，当样本量达到一定规模后，BP 人工神经网络的组合评价效果会更好。另外，训练次数适当增加一些，并且对不同学习结果进行比较，通过反复尝试和调节相关参数来提高学习模型。

8. 学术期刊多属性评价方法选择研究

8.1 客观赋权法本质及在科技评价中的应用研究

客观赋权法主要有熵权法、主成分分析、因子分析、离散系数法、复相关系数法、CRITIC 等，它们在科技评价中得到了广泛的应用。由于不同评价方法影响评价结果，因此对客观赋权法的本质进行分析具有重要意义。本节在对不同客观赋权法的本质进行分析的基础上，基于 JCR2017 经济学期刊进行了实证，并比较了不同客观赋权法的评价结果。研究表明：不同客观赋权法权重与评价结果相差很大；客观赋权评价方法的选取要慎重；主成分分析、因子分析因存在信息损失要慎重选用；复相关系数、CRITIC 评价结果与其他评价方法相关度较低，要慎重选取；熵权法、离散系数法可用于同类指标评价。

8.1.1 引言

科技评价近年来得到了越来越广泛的重视，其中用得较多的就是多属性评价方法，客观赋权法又是其中的重要组成部分。科技评价包括单指标评价、多属性评价两大类方法，由于单指标评价提供的信息量有限，多属性评价通过建立指标体系，采用各种主客观评价方法进行评价，能够提供更为全面的评价，所以科技评价实际以多属性评价方法为主。客观赋权方法不仅可以直接用来进行评价，其权重还可以作为其他非线性评价方法中的权重要素，间接影响评价结果。此外，在将多种评价方法的评价结果进行组合，得到唯一评价结果的组合评价中，客观赋权法也可以作为其中的某种方法(见图 8-1)。

在科技评价中，不同客观赋权法的选择问题一直没有得到解决。目前的客观赋权法，主要包括熵权法、主成分分析、因子分析、离散系数法、

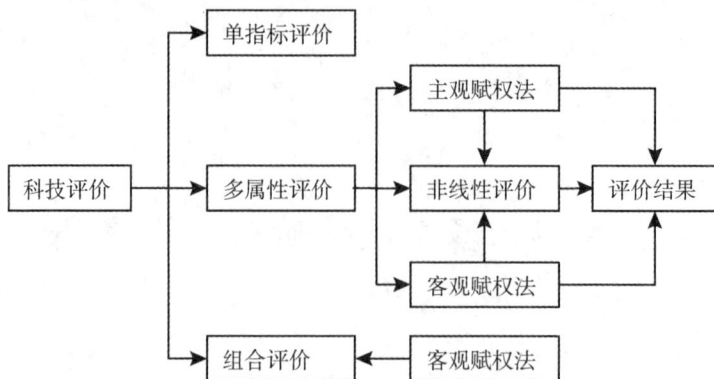

图 8-1　客观赋权与多属性评价

复相关系数法、CRITIC 等多种，各种评价方法原理不同，对于同一评价对象其权重赋值不同，当然评价结果也有较大差异。由于总体上客观赋权法数量不多，因此从理论上比较分析不同客观赋权法的原理和本质，不仅有利于进行横向比较分析，从而方便客观赋权法的选择，从方法层面保证评价公平，而且有利于丰富科技评价的基础理论，对于多元统计、管理科学的方法论有所拓展，因而具有重要意义。

关于熵权法在科技评价中的应用，研究视角主要从两个方面展开，第一是直接采用熵权法进行评价，王莉、李旻暾（2010）建立了区域科技综合水平评价指标体系，基于熵权法确定权重，对广东省各年科技综合实力进行评价。王菲菲、王筱涵（2018）综合使用引文分析、社会网络分析和主成分分析、熵权法以及天际线的方法，对学者进行评价。第二是将熵权法作为赋权方法，与其他非线性评价相结合进行评价。俞立平、张晓东（2013）通用熵权法确定指标权重，采用加权 TOPSIS 方法评价省际高校科技竞争力。赵黎明、刘猛（2014）采用类似方法测度 31 个省市，6 大经济板块的区域科技创新能力。张立军、赵芳芳（2016）认为熵权法客观性较强，提出将熵权与物元分析相结合的科技成果评价模型。谢瑞霞、李秀霞等（2019）为解决论文被引时间的异质性，选取总被引频次和影响因子两个指标，采用熵权法确定权重，然后通过 TOPSIS 计算学术论文的 AI_w 指数。高奎亭、李勇勤等（2016）运用熵权法计算各指标权重，然后综合采用理想解法、秩和比法评价 16 种体育学国际期刊。

主成分分析在科技评价中也得到了广泛的应用，研究视角包括单一评价与组合评价两个方面。第一是单独采用主成分分析进行评价，余雪松、吴良顺等（2018）选取 13 个文献计量指标，运用主成分分析，对 JCR 和

SJR 科技期刊进行评价。马卫华、陈月娉(2014)采用主成分分析对广东省 53 种科技核心期刊进行综合评价。辛督强(2012)选取中国期刊引证报告的 15 个评价指标，采用主成分分析法对力学中文期刊进行评价。第二是将主成分分析评价结果与其他评价结果进行分析，安静、夏旭等(2014)采用主成分分析法评价 44 种医学期刊，并将评价值与各期刊的 A 指数进行对比分析。陈国福、王亮等(2017)通过主成分分析选取期刊评价指标，再运用集对分析法对图书情报类 30 种期刊进行评价。洪寒梅、陈妍(2018)选取《中国学术期刊影响因子年报》的 10 个期刊指标，采用主成分分析法进行评价，并将评价结果与期刊影响力指数 CI 排名结果进行对比。

关于因子分析在科技评价中的应用，研究成果也较多。MacCallum 等(1999)探讨了不同变量公共方差和不同样本大小情况下，因子载荷的精确程度问题，提出在大样本下应用因子分析较好。Fabrigar(1999)认为每个公共因子至少应包含 4 个或是更多的指标才能确保因子能被有效识别。孙斌、赵婉琳(2017)构建了包含专利支持环境、专利运用能力、专利创造能力的区域科技评价指标体系，采用因子分析法进行评价。郭俊华、孙泽雨(2016)利用因子分析法对大陆 31 个省市高校科技创新能力进行评价。王妍(2015)从学术和社会构建多指标融合的二维测度方法模型，采用因子分析法来评价学者影响力。李蒙、余宏亮(2018)构建了包含三个一级指标的评价体系，应用因子分析法评价湖北省高校智库人才。吴涛、杨筠等(2015)选用 6 个代表性的文献计量指标，采用因子分析对对 WoS 和 Scopus 数据库共有的 1881 种医学期刊进行评价。王志娟、姚亚楠(2018)采用因子分析法对广东省医药卫生学术期刊的影响力进行评价。张和平、陈齐海(2017)利用因子分析和 DEMATEL 方法确定权重，然后对学术期刊进行评价。

组合评价中，客观赋权法与其他方法的评价结果进行组合的研究也较多。张发明、钟颖璐(2018)分别利用熵值法、主成分分析法、TOPSIS 法、GRA 和 DEMATEL 法对学术期刊进行多属性综合评价，再采用 CW 算子进行组合评价。俞立平(2016)以 JCR 光学期刊为例，采用 7 个文献计量学指标，采用因子分析、主成分分析、离散系数、熵权、TOPSIS、层次分析进行评价，最后采用元分析进行组合评价。刘莲花(2016)先采用因子分析法、TOPSIS 法、加权算术平均法、主成分分析法对预防医学与卫生学核心期刊进行评价，然后利用 Copeland 法、Borda 法、平均值法对四个评价值进行循环修正，这也是一种组合评价。曾伟、田时中等(2016)运用主成分分析法、均方根法、因子分析法、熵值法对 18 种科技期刊进行评价，然后进行 Kendall 检验，最后采用模糊 Borda 法进行组合评价。顾伟男、申玉铭（2018）运用熵值法、主观赋值法、耦合协调度、相对发展指数、变异系数等分析 35 个区域中心城市的科技创新能力。杜利楠、栾维新等（2015）运用熵值法、相关系数法、主成分分析法、CRITIC 法确定综合权重，对中国沿海省区海洋科技竞争力进行评价。

综上所述，客观赋权法已经广泛应用到区域科技竞争力评价、海洋科技竞争力评价、高校评价、科研机构评价、学术期刊评价、智库评价、学者评价等诸多领域。从客观赋权法的应用特征看（见图 8-2），直接用于独立评价的主要是主成分分析、因子分析、熵权法；作为赋权中介，和其他非线性评价方法结合采用的主要是熵权法、复相关系数法、离散系数法、CRITC 法；作为一种评价方法应用到组合评价的则包括所有客观赋权法。以上充分说明，客观赋权法在科技评价中占据十分重要的地位，对评价结果产生了广泛的影响。总体上，在以下方面还需要进行进一步的研究：

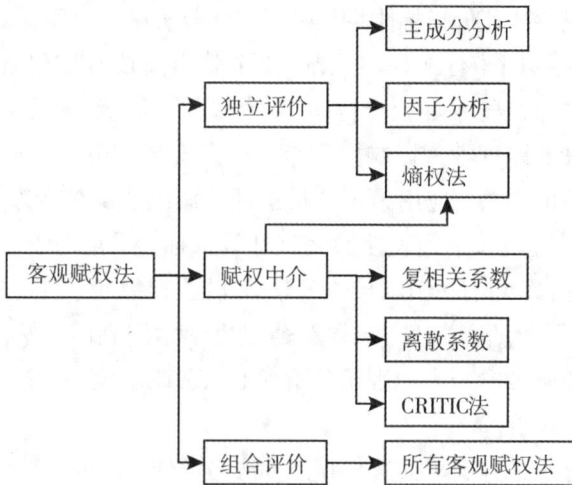

图 8-2　客观赋权法应用特征

第一，对于常见的几种客观赋权法，目前这些客观评价方法选取的随意性较大。各种评价方法的原理和本质特点如何？如何进行客观评价方法的选取？这方面有待进一步研究。

第二，既然客观评价方法是依赖于数据的，必然存在某种共性，它与人们期望的评价目的有何联系？在这种情况下，如何看待客观评价法？

第三，不同客观评价法对评价结果的影响究竟有多大？如何对待不同客观评价法的评价结果？如何选择客观评价方法？

本节首先建立客观评价法本质的分析框架，然后对常见的6种客观评价法的原理和本质进行分析比较，并进一步以 JCR2017 经济学期刊为例，分别采用这些客观评价法进行评价，比较权重设置和评价结果，最后得出研究结论。

8.1.2　客观赋权法的本质分析

1. 几种客观评价法的原理分析

（1）主成分分析与因子分析的本质分析

主成分分析与因子分析原理相近，所以放在一起进行分析。

①主成分分析原理。

设 p 个指标，n 个评价对象，X 为评价指标向量：

$$X = \begin{bmatrix} x_{11}\ x_{12}\cdots x_{1p} \\ x_{21}\ x_{22}\cdots x_{2p} \\ \cdots \\ x_{n1}\ x_{n2}\cdots x_{np} \end{bmatrix} = (X_1,\ X_2,\ \cdots,\ X_p) \tag{8-1}$$

用评价指标向量 X 的 p 个指标向量作线性组合：

$$\begin{cases} F_1 = a_{11}X_1 + a_{21}X_2 + \cdots + a_{p1}X_p \\ F_2 = a_{12}X_1 + a_{22}X_2 + \cdots + a_{p2}X_p \\ \qquad\qquad\cdots\cdots \\ F_p = a_{1p}X_p + a_{2p}X_2 + \cdots + a_{pp}X_p \end{cases} \tag{8-2}$$

公式（8-2）要求：

$$a_{1i}^2 + a_{2i}^2 + \cdots + a_{pi}^2 = 1 \tag{8-3}$$

并且具备以下特点：

第一，F_i 与 $F_j(i \neq j,\ i,\ j=1,\ \cdots,\ p)$ 不相关；

第二，F_1 在 X_1，X_2，$\cdots$，X_p 的一切线性组合中方差最大，F_2 在与 F_1 不相关的 X_1，X_2，$\cdots$，X_p 的一切线性组合中方差最大，$\cdots$，F_p 在与 F_1，F_2，$\cdots$，F_{p-1} 都不相关的 X_1，X_2，$\cdots$，X_p 的一切线性组合中方差最大。

综合变量 F_1，F_2，$\cdots$，F_p 也称为原始变量的主成分，主成分 F_2，F_3，$\cdots$，F_p 的方差逐渐减小，在评价中往往挑选特征根大于1的少数几个主成分进行评价，同时达到降维的目的。

主成分分析之所以是一种客观赋权法，是因为假设采用 p 个主成分进行评价，最终评价得分为：

$$C = \sum_{i=1}^{p} \omega_i F_i \tag{8-4}$$

公式(8-4)中，ω_i 为按主成分 F_i 的方差贡献率归一化得到的权重，C 为主成分评价得分。

②因子分析的原理。

设 m 个具有相关关系的评价指标 X，X_1，X_2，……，X_p 含有 m 个独立的公共因子 F_1，F_2，……，$F_m(p \geq m)$，它们之间互不相关。每个评价指标 X_i 含有独特因子为 $U_i(i = 1 \cdots p)$，U_i 之间互不相关，且独特因子 U_i 与公共因子 $F_j(j = 1 \cdots m)$ 也互不相关。每个 X_i 与 p 个公共因子和对应的独特因子 U_i 线性关系为：

$$\begin{cases} X_1 = a_{11}F_1 + a_{12}F_2 + \cdots + a_{1m}F_m + c_1U_1 \\ X_2 = a_{21}F_1 + a_{22}F_2 + \cdots + a_{2m}F_m + c_2U_2 \\ \qquad\qquad \cdots\cdots \\ X_p = a_{p1}F_1 + a_{p2}F_2 + \cdots + a_{pm}F_m + c_pU_p \end{cases} \tag{8-5}$$

公式(8-5)中的 F_1，F_2，…，F_m 为公共因子，本质上代表了不同的潜在变量；a_{ij} 表示第 i 个指标在第 j 个因子上的载荷；U_i 为特殊因子，是各个指标自身包含的独特信息。

为了找到公共因子，并且用公共因子来进行评价，需要对因子载荷矩阵进行正交旋转或斜交旋转，一般采用最大方差法。

得到公共因子后，同样选取特征根大于 1 的公共因子进行加权汇总评价，权重同样是根据方差贡献率归一化后的结果。

③主成分析与因子分析评价的本质分析。

第一，并不是所有科技评价都能采用主成分分析和因子分析。主成分分析或因子分析需要评价指标之间高度相关，评价前需要进行 KMO 检验，如果评价指标不具备这个前提条件，则根本不能采用主成分或因子分析进行评价。这是所有客观评价中唯一具有评价条件的评价。

第二，因子分析需要评价指标服从正态分布。因子分析比主成分分析更苛刻，由于许多文献计量指标呈偏态分布（Vinkler，2008；Seglen，1992 等），这样基于文献计量学的许多指标其实是不能用来评价的，如影响因子类、特征因子、h 指数、被引频次等指标，所以采用因子分析进行评价必须首先对评价指标进行 Jaque-Bera 正态分布检验。

第三，主成分分析与因子分析均存在信息损失。主成分分析的信息损失主要体现在选取特征根大于 1 的主成分进行评价，这样特征根小于 1 的主成分包含的大量信息被认为丢弃了。因子分析同样选取特征根大于 1 的公共因子进行评价，除了特征根小于1的公共因子中的信息被丢弃外，还有特殊因子 U_i 的损失，所以因子分析评价的信息损失会大于主成分分析评价。俞立平、刘骏（2018）指出，当评价对象较多、评价区分度低的情况下，信息损失对主成分分析和因子分析评价结果的排序会产生较大影响。

第四，主成分分析和因子分析指标含义清晰。无论主成分分析还是因子分析，对评价指标均进行了某种创新计算，得到了新的评价指标即主成分或公共因子，值得庆幸的是，主成分或公共因子的含义总体上是清晰的，并且是精简的，这对评价非常重要。

第五，方差贡献率本质上是某类评价指标数量多少的反映。采用主成分或因子分析进行评价，其第一主成分或第一公共因子之所以方差贡献率最高，是因为反映第一主成分或公共因子的评价指标数量较多。如果非常重要的某类评价指标只有1个，那么很有可能其特征根会小于1，进而在评价中被舍弃。

第六，主成分分析与因子分析本质上属于等权重。主成分分析或因子分析通过矩阵旋转，将原始指标的信息转换互不相关的几类信息，这些信息的方差贡献率虽然不同，取决于指标数量。但信息本身其实并没有本质区别，从信息内容的角度，主成分分析或因子分析将这些信息本质上视同等权重。

（2）熵权法与离散系数的本质分析

熵权法与离散系数法原理同样比较接近，因此也放在一起进行分析。

熵概念最早来源于热力学，Shannon（1948）将其引入信息论，后来逐渐演变成熵权法并用于评价。其评价原理是评价指标之间的差距越大，说明其提供的信息量越大，相应的信息熵越小，其在评价中其权重越大；反之，如果评价指标之间的差距越小，其信息量也越小，信息熵越大，权重越低。

离散系数法也称为变异系数法，其原理是用各评价指标的标准差除以均值，得到离散系数或变异系数，然后将离散系数归一化后得到各指标的权重，最后进行加权汇总，得到评价结果。关于熵权法与离散系数法的本质：

第一，从以上可以看出，熵权法与离散系数法的原理比较接近，都是根据数据差距或数据波动大小来进行赋权。一般而言，新生事物由于发展很快，其数据波动往往较大，比如互联网发展初期，与之相关的一些互联网指标如网民人数、网站人数等。在学术评价中，比如一些 Altmetrics 评价指标，可能也存在数据波动大的问题。至于数据波动大的指标权重越高，这一点是否符合科技评价目的，这已经和评价方法没有关系了。

第二，熵权法与离散系数法尽管原理相似，但评价结果排序也有差异。当评价对象较少时，由于评价对象之间比较分散，区分度较好，两种评价方法的评价结果排序也许会相同，但当评价结果较多时，两种评价方法的排序很难相同。

(3) 复相关系数法的本质

复相关系数是根据评价指标能够提供的独特信息大小来赋权，对于指标 X_j 而言，其提供的独特信息是：

$$B_j = 1 - R_j \quad j = 1, 2, \cdots, n \tag{8-6}$$

公式 (8-6) 中，R_j 是评价指标 X_j 与其他所有评价指标的复相关系数，其值在 0~1 之间，B_j 表示 X_j 能提供的独特信息，将 B_j 进行归一化处理，就得到 X_j 的权重，然后将评价指标标准化后进行加权汇总得到评价结果。

从复相关系数法的评价原理看，其本质包括三个方面：

第一，评价指标的评价含义并不清晰。如果该指标与其他指标相关度很高，其权重反而较低，也就是说，评价的并非该指标包含的"公有信息"，而是该指标所反映的"独特信息"，至于这种独特信息是什么，也无法获知。

第二，根据复相关系数法的原理，如果一个指标与其他指标的相关系数越大，其权重反而越低，从这个角度，它本质上已经将评价指标进行了潜在的转换，即转换成独特信息指标，独特信息越多，权重越大。

第三，不同信息权重本质上相同。复相关系数权重本质上是一种"独特信息率"，不同指标会提供不同的"独特信息"，将各指标的独特信息进行相加评价，但是不同指标的独特信息并没有设置不同的权重，而是简单相加，也就是说，复相关系数对不同的独特信息采取的是相同的权重。

(4) CRITIC 法的本质

CRITIC (Criteria Importance Through Intercriteria Correlation) 是由 Diakoulaki (1995) 提出的一种新的评价方法，它同时采用指标对比强度与指标冲突性来进行评价，其评价计算方法是：

$$W_j = \delta_j \sum_{j=1}^{n} (1 - R_{kj}) \, j \neq k \quad j = 1, 2, \cdots, n \tag{8-7}$$

公式 (8-7) 中，W_j 表示 j 指标的信息量，σ_j 为指标 j 标准化后的标准差，表示指标 j 的对比强度，R_{kj} 表示指标 j 和其他指标的相关系数，$1 - R_{kj}$ 之和表示 j 指标与其他指标的信息冲突性，将 W_j 进行归一化，就得到

CRITIC 的权重，最后进行加权汇总得到评价结果。

CRITIC 本质上结合了离散系数和复相关系数两种评价方法的原理，其具有以下特点：

第一，数据波动越大的指标权重越高，但与评价目的不一定一致。如果评价目的重视新生事物指标，那么该评价方法有可取之处。

第二，评价指标的评价含义并不清晰。由于采用数据冲突计算权重，但这样处理后的评价指标元素含义并不清晰。

第三，不同种类的"独特信息"权重相同。将评价指标的"数据冲突"参与赋权，本质上是一种"独特信息"，并且不同指标计算得到的所谓"独特信息"权重本质上是相等的。

第四，"独特信息"之间相关，由于采用两两相关系数进行计算，所以不同指标的所谓"独特信息"之间其实是相关的，存在重复计算问题。从这个角度，CRITIC 的所谓数据冲突的测度并没有复相关系数法好。

2. 不同客观评价法本质的对比分析

客观评价法本质的分析框架如图 8-3 所示。从评价前提、指标信息、指标关系、赋权原理、评价目的 5 个方面展开。所谓评价前提就是客观赋权法评价的适用条件，虽然多数客观赋权法没有限制适用条件，但少数客观赋权法如主成分分析、因子分析是有适用条件的。评价信息包括指标转换、评价信息和信息损失分析 3 个方面：指标转换指客观评价是否会对评价指标进行某种明显或潜在的指标变换，评价信息是指这种变化是否改变

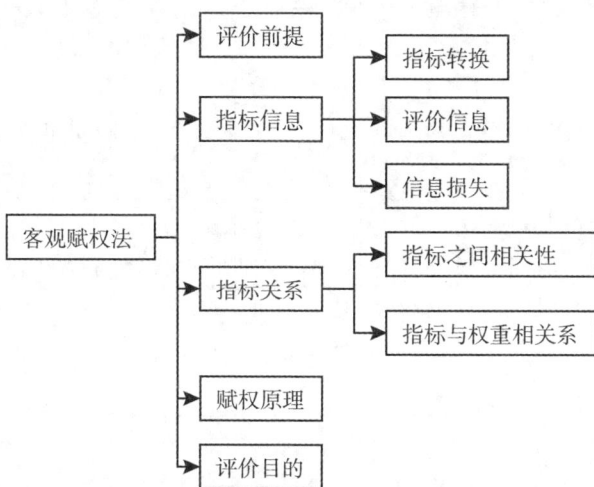

图 8-3 客观评价法本质的分析框架

了指标的内涵，进而影响到评价信息量，信息损失是指在评价中是否会发生指标信息损失。指标关系是指评价指标提供信息的独立性，或者与其他指标的相关关系情况，以及评价指标与权重的关系。赋权原理是不同评价方法的赋权的思想和方法。评价目的是不同客观评价方法与评价目的之间的关系。

不同客观评价方法的评价原理如表 8-1 所示。对比分析的内容包括评价前提、指标信息转换、指标信息含义、指标信息损失、指标信息独特程度、指标独特信息与权重的关系、权重原理、评价方法与评价目的关系 8 个方面。

表 8-1　不同客观评价法本质对比分析

比较内容	主成分分析	因子分析	熵权法	离散系数法	复相关系数	CRITIC
评价前提	指标相关	指标相关 正态分布	无	无	无	无
指标信息转换	是	是	否	否	潜在转换	潜在转换
指标评价信息含义	清晰	清晰	清晰	清晰	模糊	很模糊
指标信息损失	较大	很大	无	无	无	无
指标信息独特程度	优秀	优秀	—	—	优秀	一般
独特信息与权重关系	无关	无关	—	—	正相关	正相关
权重原理	同类指标数量越多权重越大	同类指标数量越多权重越大	数据波动越大权重越大	数据波动越大权重越大	独特信息越大权重越大	数据波动越大、独特信息越大，权重越大
评价方法与评价目的关系	无关	无关	无关	无关	无关	无关

3. 不同客观评价法的进一步讨论

从评价前提看，现有的客观赋权评价方法中，主成分分析与因子分析是有前提条件的，所以应该对评价指标是否符合评价的前提条件进行检验，然后才能决定是否能采用该评价方法。因子分析由于评价前提条件需要指标间相关以及所有指标均服从正态分布，从这个角度看，科技评价往往很难满足，所以一般不宜选用。主成分分析一方面需要指标相关；另一方面也存在信息损失，如果由于信息损失导致评价对象排序发生较大变化，那么也需要慎重选用。

熵权法与离散系数法原理相近，均没有评价前提条件，也没有对指标进行转换，指标信息就是原始指标信息，没有指标信息损失，均根据数据波动大小来进行赋权，相对而言，适用范围较广，但是两种原理相近的评价方法评价结果排序也会发生差异，这个问题需要进行进一步的研究。

复相关系数法没有前提条件限制，但对评价指标进行了某种转换，评价实际上是该指标提供的独特信息，至于这种独特信息是什么，无法从指标名称获取，虽然不同指标的独特信息不同，但这些不同信息的权重本质上是相等的。

CRITC 也没有前提条件限制，同样对评价指标进行了某种转换，但由于采用的是相关系数而非复相关系数进行转换，其独特信息比较混乱，独特信息程度降低，当然含义更加模糊，不同独特信息的权重也是相等原则，所以会存在重复计算。从信息处理角度出发，这方面比复相关系数要差，但 CRITIC 采取数据波动与独特信息赋权，一定程度上掩盖了其缺陷。

查《辞海》，"评价"的含义是"评估人、事、物的优劣、善恶美丑或合不合理，称为'评价'"。从评价的定义看，评价必须是主观的，客观评价是个伪命题。由于评价目的是主观的，从目前的客观评价法的赋权原理看，无论是根据指标数量多少确定主成分或因子权重，还是根据数据波动或某种独特信息赋权，这些均和评价目的相关较弱。

8.1.3 研究方法与数据

为了比较不同客观评价法的原理，并进行进一步的讨论，从而分析客观评价法的本质及其影响，本节以 JCR2017 经济学期刊为例，选取的评价指标包括总被引频次、影响因子、他引影响因子、5 年影响因子、即年指标、特征因子、论文影响分值 7 个指标，同时采用 6 种客观评价法进行评价，并比较不同评价方法的评价结果，进而进行进一步的分析。

JCR2017 共有经济学期刊 353 种，由于有 32 种期刊存在数据缺失，将其删除，实际还有 321 种期刊。

8.1.4　实证研究结果

1. 评价权重比较

首先采用主成分分析和因子分析进行评价，虽然采用因子分析评价需要评价指标服从正态分布，但由于该评价方法在科技评价中应用较多，为了对其评价结果产生的影响进行进一步分析，所以仍然采用因子分析进行评价。

主成分分析和因子分析的 KMO 检验值为 0.772，Bartlett 检验值为3623.831，相伴概率为 0.000，满足方法适用的前提条件。

主成分分析有两个主成分，其方差贡献率分别为 56.979%、16.487%，经过归一化处理后得到权重，分别为 0.779、0.221。因子分析特征根大于 1 的公共因子也有两个，其旋转方差贡献率分别为55.941%、17.526%，经归一化处理后权重分别为 0.761、0.239(见表 8-2)。表面上权重相当，但由于提取的主成分或公共因子不同，实际上对评价结果影响较大。

表 8-2　主成分与因子分析评价权重

比较内容	主成分分析	因子分析
第一主成分(公共因子)	0.779	0.761
第二主成分(公共因子)	0.221	0.239

其他几种客观赋权法计算得到的权重大小及排序如表 8-3 所示。由于熵权法与离散系数法的原理相近，虽然权重第一指标与第二指标有所差别，但其他 7 个指标的权重排序相同。

表 8-3　其他客观赋权法权重及排序

比较内容	熵权法	离散系数法	复相关系数	CRITIC
总被引频次 TC	0.229/①	0.206/②	0.047/⑤	0.100/⑤
影响因子 IF	0.091/⑦	0.088/⑦	0.004/⑧	0.116/②

续表

比较内容	熵权法	离散系数法	复相关系数	CRITIC
他引影响因子 IFW	0.091/⑥	0.089/⑥	0.004/⑧	0.111/④
5 年影响因子 $IF5$	0.097/⑤	0.094/⑤	0.026/⑦	0.094/⑦
即年指标 II	0.106/④	0.116/④	0.261/②	0.099/⑥
被引半衰期 $CHL1$	0.008/⑧	0.021/⑧	0.244/③	0.213/①
引用半衰期 $CHL2$	0.002/⑨	0.010/⑨	0.301/①	0.115/③
特征因子 ES	0.203/②	0.213/①	0.046/⑥	0.070/⑨
论文影响分值 AIS	0.174/③	0.163/③	0.067/④	0.082/⑧

　　4 种客观赋权法的权重相关系数如表 8-4 所示。熵权法与离散系数法原理接近，其相关系数为 0.992，但这两种方法与复相关系数法、CRITIC 的相关系数均为负值。此外，复相关系数与 CRITIC 的相关系数为中等正值。总体上由于评价方法不同，评价权重之间相差极大。

表 8-4　权重相关系数

	熵权法	离散系数法	复相关系数	CRITIC
熵权法	1			
离散系数法	0.992	1		
复相关系数	−0.603	−0.561	1	
CRITIC	−0.679	−0.682	0.455	1

2. 不同客观赋权法评价结果比较

　　不同评价方法的评价结果如表 8-5 所示，由于篇幅所限，本节仅公布了按照熵权法评价排名前 30 位的期刊。同样由于评价原理接近，熵权法评价结果与离散系数法高度接近。

　　各种客观评价法评价结果的相关性系数如表 8-6 所示。由于评价原理不同，导致评价结果相关系数大小变化较大，甚至出现了负相关。

表 8-5　各种客观赋权法评价结果对比

JCR Abbreviated Title	主成分分析	排序	因子分析	排序	熵权法	排序	离散系数	排序	复相关系数	排序	CRITIC	排序
Q J ECON	3.703	1	3.514	2	0.688	1	0.676	2	0.583	8	0.703	1
AM ECON REV	3.614	2	3.715	1	0.685	2	0.679	1	0.570	11	0.607	2
J FINANC	2.851	3	2.823	4	0.554	3	0.544	3	0.520	39	0.575	3
ECONOMETRICA	2.784	4	2.950	3	0.488	4	0.475	4	0.416	253	0.408	41
J FINANC ECON	2.309	6	2.263	6	0.476	5	0.473	5	0.524	33	0.555	5
J POLIT ECON	2.533	5	2.664	5	0.440	6	0.428	6	0.373	303	0.427	30
ENERG POLICY	1.595	9	1.471	8	0.426	7	0.425	7	0.609	2	0.563	4
J ECON PERSPECT	1.676	8	1.451	9	0.374	8	0.378	8	0.542	23	0.551	6
REV ECON STUD	1.944	7	1.960	7	0.368	9	0.368	9	0.445	188	0.438	24
REV FINANC STUD	1.526	10	1.424	11	0.357	10	0.364	10	0.548	17	0.517	9
J ECON LIT	1.515	11	1.428	10	0.326	11	0.329	11	0.496	69	0.468	18
AM ECON J-APPL ECON	1.013	15	0.730	23	0.296	12	0.309	12	0.598	6	0.543	7
REV ECON STAT	1.322	12	1.319	12	0.296	13	0.300	13	0.467	133	0.428	29
ECOL ECON	0.952	19	0.821	20	0.287	14	0.293	14	0.542	24	0.480	17
J HUM RESOUR	1.217	14	1.062	14	0.283	15	0.289	15	0.464	143	0.492	13
J ECON GROWTH	1.220	13	1.071	13	0.275	16	0.281	16	0.452	173	0.485	14
VALUE HEALTH	0.833	22	0.563	34	0.269	17	0.281	17	0.565	12	0.536	8
AM ECON J-ECON POLIC	0.756	25	0.492	37	0.259	18	0.274	18	0.606	3	0.515	11
ECON GEOGR	0.961	18	0.708	25	0.256	19	0.266	19	0.497	65	0.506	12
BROOKINGS PAP ECO AC	0.988	17	0.792	22	0.251	20	0.260	20	0.544	19	0.404	44

表 8-6　各种客观赋权法评价值相关系数

指标	主成分分析	因子分析	熵权法	离散系数法	复相关系数	CRITIC
主成分分析	1					
	—					
因子分析	0.983	1				
	0.000	—				
熵权法	0.967	0.908	1			
	0.000	0.000	—			
离散系数法	0.958	0.895	0.999	1		
	0.000	0.000	0.000	—		
复相关系数法	0.166	−0.006	0.409	0.437	1	
	0.003	0.919	0.000	0.000	—	
CRITIC	0.683	0.547	0.840	0.855	0.790	1
	0.000	0.000	0.000	0.000	0.000	—

如果仅仅从评价原理角度，很难发现不同客观赋权法的评价结果会产生如此大的差异。这个问题没有得到重视的原因有两个：第一是不同客观评价法评价结果的比较研究总体不多。第二是在评价对象较少的情况下，由于评价对象之间的区分度较大，尽管评价方法不同，但评价结果的排序却没有太大差异，但是当评价对象较多时，这个问题一下子就暴露出来了。

8.1.5　结论与建议

虽然客观评价法在科技评价中得到了广泛的应用，但是对于不同客观赋权法的选取，很少有系统的研究，根本原因是对客观评价方法的本质缺乏进一步的系统比较分析。本节在这个方面进行了必要的尝试，主要研究结论如下：

1. 不同客观赋权法权重与评价结果相差很大

由于不同客观评价方法的原理不同，除了熵权法与离散系数法的权重和评价结果比较接近外，与其他客观赋权法的权重及评价结果均有较大差别，这加大了客观赋权法选取的难度，也进一步说明不能贸然选取客观评价法。

2. 客观赋权评价方法的选取要慎重

根据《辞海》中评价的定义，评价本身是主观的，因此"客观评价"的概念本身并不完备。所有的客观赋权评价方法，其评价目的与评价方法之间并没有任何联系，如果客观赋权法的权重"恰好"与评价目的一致，那也纯粹是一种偶然。对于多属性评价而言，由于评价角度是多个方面的，而每个方面在管理中的重要性并不相同，客观赋权评价法很难担此重任。

3. 主成分分析、因子分析因存在信息损失要慎重选用

任何客观评价方法，应该尽量保存原始指标中的大量信息，如果通过指标变换进行评价后存在信息损失，这势必会影响评价结果排序，造成评价不公平。主成分分析与因子分析评价均存在信息损失，并且因子分析的信息损失更大，所以这两种评价方法要慎重选用。

4. 复相关系数、CRITIC 评价结果与其他评价方法相关度较低，要慎重选取

本节的实证研究发现，复相关系数法、CRITIC 评价法的评价结果与其他几种客观评价方法的相关系数不高，它们都试图采用指标的"独特信息"来进行评价，并且这种信息本质上是等权重的。如果将其他几种评价方法的平均水平作为"评价正确"的判断标准，很显然复相关系数/CRITIC 评价法的评价结果值得商榷；如果这两种评价方法从自身原理的角度能够证明自身的独特性与正确性，也可以不考虑其他评价方法的评价结果，但很遗憾这两种评价方法从原理上难以显示出科学性、正确性与合理性。因此，对于复相关系数法与 CRITIC 评价法也要慎重选用。

5. 熵权法、离散系数法可用于同类指标评价

在实际科技评价中，对于某个方面底层指标评价，如一级指标、二级指标的评价，由于这些指标性质相近，因此对于总体评价目的影响很小，适当采用客观赋权评价法进行评价是可以的，有利于发挥客观赋权评价法的优势。

熵权法、离散系数法评价原理相近，评价结果的相关系数极高，因此这两种客观赋权评价法可以用于同类指标评价，既不会影响到评价目的，对评价结果的排序影响也较小。

8.2　学术期刊指标体系评价方法选取研究

在学术期刊评价中，多属性评价方法众多导致评价结果不一致是困扰期刊评价的基础问题。本节提出根据信度、区分度、拟合优度综合进行多属性评价方法的筛选，基于 JCR2015 数学期刊，并选取线性加权汇总、TOPSIS、VIKOR、主成分分析、调和平均 5 种方法进行评价，最终筛选出 VIKOR 评价法进行评价。研究发现，尽管 5 种多属性评价方法评价结果通过了 Kendall 排序一致性检验，并且评价值相关系数较高，但不同评价方法评价结果的排序差异仍然较大，通过信度、区分度、拟合优度进行评价方法筛选可以有效解决这个问题，从而提高评价的公信力。

8.2.1　引言

在学术期刊评价中，目前有三大类评价方法（见图 8-4）。第一类是同行评议，这是一种定性评价方法，优点是能根据学术期刊论文质量进行评价，缺点是评价成本高，难以大面积推广，因此应用较少。第二类是进行单指标评价，包括简单指标评价与复合指标评价两种方式。所谓简单指标，就是指内涵相对单一，包含信息量少的指标，如影响因子、总被引频次、基金论文比等；所谓复合指标，是指包含信息量大、内涵比较丰富的指标，如特征因子（Bergstrom et al., 2008）、h 指数（Hirsch，2005）等。简单指标在评价中经常应用，复合指标应用较多。第三类是从多属性评价角度进行评价，这需要多项指标作为基础。鉴于多属性评价方法选取指标众多，评价视角全面，因而在期刊评价中应用较广，中国科学技术信息研究所、中国社科院中国社会科学评价中心、北京大学图书馆、南京大学中国

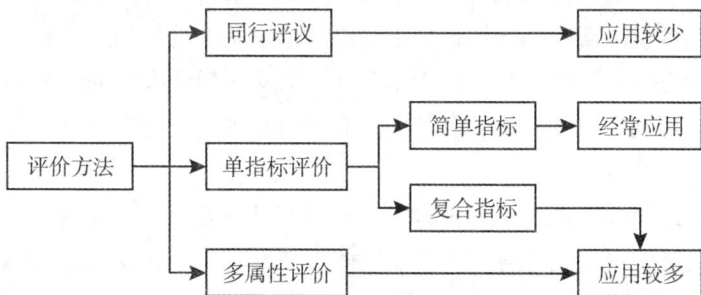

图 8-4　学术期刊评价方法

社会科学研究评价中心等机构在评价学术期刊时，通常将多属性评价作为优先选择。

多属性评价方法众多，在学术期刊评价与科技评价中应用广泛。Shotton（2012）从同行评议、内容丰富程度、开放获取、计算机可读元数据、数据集 5 个方面评价学术期刊。Franceschet（2010）认为可以通过期刊影响力指标体现期刊的知名度，通过期刊特征因子体现期刊的信誉度，综合知名度和信誉度两项指标进行期刊评价。Sombatsompop 等（2006）提出将期刊影响因子（Journal Impact Factors，JIF）、文章影响因子（Article Impact Factors，AIF）和位置影响因子（Position Impact Factors，PIF）作为评价学术期刊的三个重要指标。吴美琴、李常洪（2017）以图书情报与档案学期刊为例，采用数据包络分析法计算所属期刊的引证效率。刘莲花（2016）基于 17 种中文数学核心期刊，对多种评价指标进行主成分聚类分析，以此评价期刊。何先刚、马跃等（2014）提出了基于主成分分析的网络电子期刊模糊综合评价方法，对网络电子期刊进行评价。方曦、李治东等（2015）运用模糊 VIKOR 法从情报来源、情报价值、情报成本 3 个维度评价决策情报。王映（2013）采用指标难度赋权法、TOPSIS 法以及秩和比法，对学术期刊综合影响力进行评价。张夏恒、冀芳（2017）采用 AHP 和熵权确定权重，采用加权 TOPSIS 评价科技期刊微信公众号的满意度。吴涛、杨筠等（2015）采用 6 个文献计量指标，基于因子分析法对 1881 种英文医学进行评价。刘军、王筠（2011）采用灰色关联分析法计算期刊流通频率和期刊订购频率之间的关联度，并以关联度评价高校图书馆订购期刊学术质量。

多属性评价方法众多导致评价结果不一致是目前的主要问题。由于多属性评价技术发展较快，新的评价方法和技术日益增多，加上大多数多属性评价模型并没有方法适用性检验技术，导致许多评价方法均可应用于学术期刊评价，最终使得现有的几十种多属性评价方法绝大多数都可以用来进行期刊评价。研究期刊评价中多属性评价方法的选择问题，尽量选取合适的评价方法，不仅有利于减少由于评价方法多样性导致的结果不一致问题，而且有利于提高评价的公信力，对于科技评价理论和实践无疑具有重要意义。

关于多属性评价方法的选取研究，学术界取得了一些进展。俞立平、潘云涛（2009）提出了评价方法选取的 9 个原则：高区分度、低灵敏度、正向指标单调递增、公众接受、完全数据、高拟合度、主客观结合、指标齐备、评价结果初步认同。苏为华（2001）从区分度、灵敏度角度讨论了多属性评价方法的选取问题。韩轶、唐小我(1999)采用斯皮尔曼等级相关系数进行多属性评价方法的选取。陈述云、张崇甫(1994)以综合指数法、准主成份法、灰色关联法等五种多指标评价方法为基准，计算他们的相关系数，并根据相关系数进行多属性方法的选择。俞立平、宋夏云(2014)在学术期刊多属性评价结果的基础上，将其与评价指标进行偏最小二乘回归，然后根据回归系数的正负来进行评价方法的选取。

从现有的研究看，采用指标体系对学术期刊进行多属性评价具有一定的普遍性，已经有大量的多属性评价方法在学术期刊评价中得到应用，如层次分析法、主成分分析、因子分析、秩和比法、熵权法、难度系数法、TOPSIS、VIKOR 等，学术界已经意识到评价方法众多导致评价结果不一致问题。关于学术期刊多属性评价方法的选取问题也取得了一些进展，总体上，在以下方面有待深入：

第一，评价的稳定性、可靠性问题没有得到关注，也就是评价的信度问题，应该选取信度较高的多属性评价方法。

第二，评价结果应该具有较好的区分度，便于管理需要。同等情况下，应该优选区分度较高的评价方法，尽量使排序没有争议。

第三，与线性评价方法不同的是，非线性评价方法对信息的保留程度有所欠缺，容易损失部分信息，因此应该选取信息损失较少、拟合优度较高的多属性评价方法，以保留原始指标中的期刊评价信息。

本节以 JCR2015 数学期刊为例，分别采用线性加权汇总、主成分分析、VIKOR、TOPSIS、调和平均5 种方法进行评价，在此基础上，综合考虑信度、区分度、拟合优度来进行评价方法的优选，并对不同评价方法评价结果之间的关系进行深度分析。

8.2.2　研究方法

1. 多属性评价的信度(reliability)

综合评价模型的信度是指评价结果的准确程度或可信程度，表明信度大小的统计量叫做信度系数。(黄正南，2000)

设有 n 个评价对象、m 种多属性评价方法，X_{ij} 表示用 i 评价对象、j 种评价方法的得分，T_i 表示第 i 个评价对象的真实值，E_{ij} 表示误差，评价的实际值 X_{ij} 为真实值 T_i 与评价误差 E_{ij} 之和，即：

$$X_{ij} = T_i + E_{ij} \tag{8-8}$$

根据信度理论，有两个基本假定：①E_{ij} 和 T_i 相互独立，即误差与真实值相互独立；②E_{ij} 和 E_{ik} 相互独立，即不同评价方法误差项之间相互独立。

根据假定 ①，对单个综合评价方法，实际值方差、真实值方差和误差方差有如下关系：

$$\sigma_{X_j}^2 = \sigma_T^2 + \sigma_{E_j}^2 \tag{8-9}$$

多属性评价方法 j 的信度 r_j 为：

$$r_j = \frac{\sigma_T^2}{\sigma_{X_j}^2} = 1 - \frac{\sigma_{E_j}^2}{\sigma_{X_j}^2} \tag{8-10}$$

根据假定 ②，两种多属性评价方法的评价结果可以计算出 $\sigma_{E_1}^2 + \sigma_{E_2}^2$，多个多属性评价方法的结果可以计算出 $\sum \sigma_{E_j}^2$，对于 n 种多属性评价方法，第 j 种多属性评价方法的信度为：

$$r_j = 1 - \frac{\sum \sigma_{E_j}^2 / n}{\sum \sigma_{X_j}^2 / n} = 1 - \frac{\sum \sigma_{E_j}^2}{\sum \sigma_{X_j}^2} \tag{8-11}$$

由于评价对象的真实值及其方差是无法测量的，但可以用误差项的系数对信度进行估计：

$$r_j = \frac{\sum\limits_{\substack{k=1 \\ k>j}}^{n} (X_j - \overline{X}_i)(X_k - \overline{X}_i)}{\sum\limits_{\substack{k=1 \\ k>j}}^{n} \frac{1}{2}[(X_j - \overline{X}_i)^2 + (X_k - \overline{X}_i)^2]} = \frac{\sum\limits_{\substack{k=1 \\ k>j}}^{n} S_{jk}}{\sum\limits_{\substack{k=1 \\ k>j}}^{n} \frac{(S_{jj} + S_{kk})}{2}} \tag{8-12}$$

公式(8-12)中，S_{jk} 表示第 j 和第 k 个多属性评价方法评价值与均值之差的乘积，S_{jj} 表示第 i 个评价对象在第 j 个多属性评价方法中的评价值与均值之差的平方，S_{kk} 表示第 i 个评价对象在第 k 个多属性评价方法中的评价值与均值之差的平方。

2. 多属性评价的区分度(discrimination)

区分度是多属性评价方法的隐性要求之一，评价总是为管理服务的，区分度较好的评价方法，其评价对象的"拥挤"程度相对较低，评价结果的排序较少有争议；而区分度较低的评价方法，可能会出现在某个分数段评价得分相差较小、难以区分优劣的情形，当然这是相对的。测度区分度的一种简捷方法就是采用离散系数，对于第 j 种多属性评价方法而言，其离散系数就是标准差与均值的比值，离散系数越大，区分度越好。

$$d_j = \frac{\sigma_j}{\overline{X}_j} \tag{8-13}$$

3. 拟合优度(goodness)

拟合优度最早产生于传统回归模型的 R^2，它是自变量对因变量的拟合程度，拟合优度越高，说明自变量对因变量的解释效果越好。对于给定的某种非线性评价方法，如果评价指标对评价值的拟合优度较低，说明在评价中存在指标信息损失，导致评价指标难以完全解释评价结果，这在评价中是要尽量避免的。因此在多属性评价方法选择时，应该尽量筛掉那些拟合优度较低的评价方法。

在科技评价中，评价值完全来源于评价指标，只不过由于多属性评价方法不同导致评价机理不同，从而带来了不同评价方法拟合优度的差异。对于线性加权汇总评价方法，拟合优度恒为 1，对于非线性评价方法，拟合优度肯定小于 1。此外由于采用的回归方法不同，拟合优度会存在差异。

传统的回归一般采用最小二乘法进行估计，其前提假设较多，比如变量必须服从正态分布，数据数量不能过少，自变量之间不能相关等，这在学术期刊评价中几乎是不可能的。Vinkler(2008)证明了引文分布的右偏性，并不服从正态分布。Seglen(1992)也发现引文分析数据分布是典型的偏态分布，具有幂律分布特征。此外，学术期刊评价指标之间往往存在较高的相关性，采用传统回归会有严重的多重共线性问题，这样传统的最小二乘法回归就不适用。为了克服这个问题，俞立平、潘云涛(2009)提出在非线性评价中采用岭回归来拟合学术期刊评价指标与评价值之间的关系。俞立平、宋夏云(2014)后来又对非线性评价结果和评价指标进行偏最小二乘法回归。

偏最小二乘法(Partial Least Squares，PLS)由 Wold 等(1983)首创，它综合了多元回归、主成分分析法、典型相关分析的优点，可以对多自变量与多因变量进行建模，具有结构方程模型的特点。同时偏最小二乘法解决了多重共线性问题，还具有较好的作图功能。此外，当评价指标数量多于评价对象数量，采用传统回归自由度是不够的，而偏最小二乘法回归可以很好地处理这个问题。

在学术期刊非线性评价中，偏最小二乘法比岭回归效果要好，因此本节采用该方法测度非线性评价的拟合优度。

4. 学术期刊评价方法的选取

在学术期刊评价方法选取时，信度体现了多属性评价方法的稳定性和可靠性，区分度体现了评价方法的管理职能与公信力，拟合优度体现了评价中指标信息的完备性，因此可以基于这 3 个标准来进行学术期刊多属性评价方法的选取。将信度 r_j、区分度 d_j、拟合优度 g_j 归一化处理后相加，得到选择指数 p_j，然后进行多属性评价方法的选取。

$$p_j = \frac{r_j + d_j + g_j}{3} \tag{8-14}$$

5. 几种多属性评价方法

在选取线性评价中的线性加权汇总法及非线性评价中的 TOPSIS、VIKOR、主成分分析和调和平均作为多属性评价方法代表的基础上，分别计算这五种方法的选择指数，并据此选取更科学、更客观的多属性评价方法。

(1) 线性加权汇总法

线性加权汇总法作为评价方法体系中的经典之法，计算科学、简便，因此得到了广泛的应用。首先要对评价指标进行标准化处理，然后根据具体情况采用主观、客观或主客观相结合的方法赋权，最后再进行线性加权汇总：

$$C_i = \sum_{j=1}^{n} \omega_j x_{ij} \tag{8-15}$$

公式 (8-15) 中，x_{ij} 为标准化后的评价指标，ω_j 为权重，C_i 为评价得分。

(2) TOPSIS 评价

TOPSIS 由 Huang(1981) 提出，简称为理想解法，它包含理想解和负理想解两个理想化的评价值，理想解即最优评价值，负理想解则为最差评价值。TOPSIS 原理是评价对象到理想解和负理想解的相对距离，当然，评价对象距离理想解越近越好，具体的计算公式是：

$$C_i = \frac{\sqrt{\sum_{j=1}^{n} \omega_j (x_{ij} - x_j^-)^2}}{\sqrt{\sum_{j=1}^{n} \omega_j (x_{ij} - x_j^+)^2} + \sqrt{\sum_{j=1}^{n} \omega_j (x_{ij} - x_j^-)^2}} \tag{8-16}$$

公式 (8-16) 中，x_j^+ 为理想解，x_j^- 为负理想解。

(3) VIKOR 评价

VIKOR 评价方法由 Opricovic(1998) 首创，它吸取了 TOPSIS 的优点，兼顾"群体效益"最大化和"个体遗憾"最小化，评价步骤如下：

①为使不同指标的数据具有可比性，首先进行标准化处理，找到正理想解 f_{ij}^+ 和负理想解 f_{ij}^-。

②计算评价对象 i 的 S 值和 R 值。

$$S_i = \sum_{j=1}^{n} \omega_j \frac{f_{ij}^+ - f_{ij}}{f_{ij}^+ - f_{ij}^-}$$

$$R_i = \max_j \omega_j \frac{f_{ij}^+ - f_{ij}}{f_{ij}^+ - f_{ij}^-}$$

(8-17)

③计算评价对象 i 的 Q 值。

$$Q_i = v\left(\frac{S_i - S^-}{S^+ - S^-}\right) + (1-v)\left(\frac{R_i - R^-}{R^+ - R^-}\right)$$

(8-18)

其中，$S^+ = \max S_i$，$S^- = \min S_i$，$R^+ = \max R_i$，$R^- = \min R_i$。v 表示"群体效用"和"个体遗憾"之间的调节系数，相当于一种特殊的权重，当 $v > 0.5$ 时说明群体满意度在评价中占有更大比重；当 $v < 0.5$ 时说明应该着重考虑个体遗憾度，通常状态下 $v = 0.5$。

④将 S，R，Q 的结果进行升序排列，位置越是排在前面，说明评价对象越好。

⑤妥协解验证。同样将 Q 的结果进行升序排列，假设 A 排在最前面，就可以确定为最优解，B 紧随其后，为次优解，那么 Q 满足以下条件（若有一个条件不满足，则存在一组妥协解）：

条件 1：若 M 是方案个数，$DQ = 1/(M-1)$，则 $Q(B) - Q(A) \geqslant DQ$。

条件 2：根据 S 和 R 值，A 也是最优解。

（4）主成分分析

主成分分析（Principal Component Analysis，PCA）是多属性评价方法的一种，自提出以来就得到了广泛的应用，截至目前已发展到相对成熟的阶段。与其他评价方法一样，首先要对原始指标进行标准化处理，得到 X_1，X_2，$\cdots$，X_p，其中 p 表示评价指标的数量，n 表示评价对象的数量，评价矩阵为：

$$X = \begin{bmatrix} x_{11} & x_{12} \cdots x_{1p} \\ x_{21} & x_{22} \cdots x_{2p} \\ \cdots \\ x_{n1} & x_{n2} \cdots x_{np} \end{bmatrix} = (X_1, X_2, \cdots, X_p)$$

(8-19)

用数据矩阵 X 的 p 个指标矩阵做线形组合：

$$\begin{cases} F_1 = a_{11}X_1 + a_{21}X_2 + \cdots + a_{p1}X_p \\ F_2 = a_{12}X_1 + a_{22}X_2 + \cdots + a_{p2}X_p \\ \qquad\qquad \cdots\cdots \\ F_p = a_{1p}X_p + a_{2p}X_2 + \cdots + a_{pp}X_p \end{cases} \qquad (8\text{-}20)$$

公式(8-20)要求：

$$a_{1i}^2 + a_{2i}^2 + \cdots + a_{pi}^2 = 1 \qquad (8\text{-}21)$$

系数 α_{ij} 具备以下特点：

第一，F_i 与 $F_j(i \neq j,\ i,\ j = 1,\ \cdots,\ p)$ 不相关；

第二，F_1 是 p 个原始变量的所有线性组合中方差最大的一个综合指标，F_2 是除 F_1 之外，p 个原始变量的所有线性组合中方差次大的一个综合指标，$\cdots$，F_p 表示与 F_1，F_2，$\cdots$，F_{p-1} 都不相关的 p 个原始变量的所有线性组合中方差处于第 p 位的一个综合指标。

F_1，F_2，$\cdots$，F_p 为原始变量的主成分，根据 F_1，F_2，$\cdots$，F_p 的排序，每个主成分的方差在总方差中的占比是递减的。理论上来说，我们只需要选取其中几个主成分即可，这往往根据特征根是否大于 1 进行评价，最终再根据方差贡献率对这少数几个主成分进行加权汇总。

(5)调和平均评价

调和平均评价是一种应用非常广泛的多属性评价方法，它有着其他方法不可比拟的优点。其一，与线性加权汇总相比评价值较小，数值波动不大，具有稳定性。其二，具有较高的灵敏度，尤其是对于较差的指标。其三，在各个评价指标之间具有良好的协调性。计算公式如下：

$$C_i = \cfrac{1}{\cfrac{1}{\omega_1 X_1} + \cfrac{1}{\omega_2 X_2} + \cdots + \cfrac{1}{\omega_n X_n}} \qquad (8\text{-}22)$$

8.2.3 研究数据

本节以 JCR2015 数学期刊为例来进行评价和方法的选取，主要包括 11 个评价指标，分别为：总被引频次 $Q1$、影响因子 $Q2$、他引影响因子 $Q3$、5 年影响因子 $Q4$、即年指标 $Q5$、被引半衰期 $Q6$、引用半衰期 $Q7$、特征因子 $Q8$、论文影响分值 $Q9$、平均影响因子百分位 $Q10$、标准化特征因子 $Q11$。

JCR2015 公布的数学期刊有 312 种，由于部分期刊的数据难以获取，为保证数据的完整性，经整理后选取其中 275 种期刊进行研究分析。对原始指标进行标准化处理是进行多属性评价的基础，同时也要注意到被引半衰期和引用半衰期是反向指标，为后续研究的便利性，必须将其转变为正向指标。原始评价指标的描述统计见表8-7。

表8-7 指标描述统计

指标名称	变量	均值	极大值	极小值	标准差
总被引频次	$Q1$	1354.364	18695.000	101.000	2167.646
影响因子	$Q2$	0.740	3.236	0.144	0.483
他引影响因子	$Q3$	0.679	3.146	0.134	0.472
5年影响因子	$Q4$	0.821	3.654	0.249	0.560
即年指标	$Q5$	0.165	2.273	0.000	0.196
被引半衰期	$Q6$	8.174	10.000	2.600	2.342
引用半衰期	$Q7$	9.966	10.000	6.400	0.293
特征因子	$Q8$	0.005	0.051	0.000	0.008
论文影响分值	$Q9$	0.971	6.771	0.117	1.006
平均影响因子百分位	$Q10$	49.124	99.519	1.173	26.985
标准特征因子	$Q11$	0.607	5.750	0.026	0.856
期刊数量			$n=275$		

8.2.4 实证结果

1. 采用五种评价方法进行评价

本节选取多属性评价体系中的五种典型方法进行评价，这五种方法分别为线性加权汇总、TOPSIS、VIKOR、主成分分析、调和平均法。采用线性加权汇总评价需要对评价指标进行赋权，作为一个算例，本节采用等权重进行处理，也就是说所有指标的权重均为1/11。在TOPSIS、VIKOR、调和平均评价中，也不设置权重，默认各指标的权重相等。

在进行主成分分析评价之前，必须进行KMO检验和Bartlett检验，分别得到KMO检验值为0.809，Bartlett检验值为7664.122，p值为0.000，这是采用主成分分析的前提条件。

5种评价方法评价结果的相关系数如表8-8所示，所有相关系数均通过了相关性检验，除了调和平均与其他评价方法相关系数较低外，其他评价方法评价值之间的相关系数较高。

继续进行 5 种多属性评价方法评价结果排序的 Kendall 排序一致性，Kendall W 系数为 0.025，卡方值为 27.792，p 为 0.000，拒绝原假设，说明 5 种评价方法的评价结果具有一致性。

表 8-8   不同评价方法结果相关系数

	VIKOR	线性加权	TOPSIS	主成分分析	调和平均
VIKOR	1.000				
	—				
线性加权	0.967	1.000			
	0.000	—			
TOPSIS	0.937	0.977	1.000		
	0.000	0.000	—		
主成分分析	0.946	0.965	0.939	1.000	
	0.000	0.000	0.000	—	
调和平均	0.780	0.814	0.737	0.740	1.000
	0.000	0.000	0.000	0.000	—

2. 计算信度、区分度、拟合优度

分别计算信度、区分度、拟合优度，结果如表 8-9 所示。需要说明的是，在采用偏最小二乘法进行估计时，需要确定成分数量，根据本节的指标特点、方差解释比例变化情况，综合确定成分数量为 3，以该回归的拟合优度为准。

表 8-9   信度、区分度、拟合优度与选择指数

评价方法	信度 r	标准化 r	区分度 d	标准化 d	拟合优度 g	标准化 g	选择指数
线性加权汇总	0.803	0.991	0.513	0.694	1.000	1.000	0.895
TOPSIS	0.810	1.000	0.540	0.731	0.979	0.979	0.903
VIKOR	0.743	0.917	0.652	0.882	0.999	0.999	0.933

续表

评价方法	信度 r	标准化 r	区分度 d	标准化 d	拟合优度 g	标准化 g	选择指数
主成分分析	0.789	0.974	0.205	0.277	0.997	0.997	0.749
调和平均	0.682	0.842	0.739	1.000	0.876	0.876	0.906

从信度看，TOPSIS、线性加权汇总的信度较高，信度分别为 0.810、0.803，而调和平均的信度较低，只有 0.682。从区分度即离散系数看，调和平均的离散系数最高，为 0.739，这是由其评价方法特点决定的，而主成分分析的离散系数最低，只有 0.205，说明主成分分析的区分度不好。从拟合优度看，线性加权汇总的拟合优度最高，为 1.000，TOPSIS、VIKOR、主成分分析的拟合优度也很好，但调和平均的拟合优度最低，只有 0.876。

最终将信度、区分度、拟合优度进行归一化处理，然后计算选择指数，选取选择指数最大的评价方法，最终发现 VIKOR 评价的选择指数最大，为 0.933，因此选取 VIKOR 评价方法进行评价。

3. 评价结果

最终选取 VIKOR 评价法进行评价，结果如表 8-10 所示。由于篇幅所限，表 4 仅仅给出了排名前 30 的期刊以及排序，由于评价方法的计算方式差别较大，不同评价方法其评价结果排序也有较大差异。

8.2.5　研究结论

在学术期刊评价中，多属性评价是一类非常重要的评价方法，具有指标体系齐全、信息量大、评价比较全面的特点，但是由于多属性评价方法众多，会导致评价结果的不一致，这是困扰科技评价的一个基本问题，也是多元统计需要解决的基础技术。本节从评价信度、区分度、拟合优度角度提出多属性评价方法的筛选方法，兼顾了评价的可靠性、服务管理需求、信息完备性，是一种非常优秀的多属性评价方法筛选方法。

通过采用线性加权汇总、TOPSIS、VIKOR、主成分分析和调和平均 5 种方法共同进行评价，发现尽管 5 种方法的评价结果通过了排序一致性检验，评价值之间的相关系数也较高，但是不同多属性方法评价结果还是相差较大。这充分说明，对于多属性评价方法必须进行有效筛选，选取合适的某种评价方法进行评价，以提高评价的公信力。

表 8-10　VIKOR 评价结果比较

期刊名称	VIKOR	排序	线性加权	排序	TOPSIS	排序	主成分分析	排序	调和评价	排序
FIXED POINT THEORY A	0.520	1	49.758	6	0.472	11	2.594	2	1.472	38
ANN MATH	0.450	2	71.006	1	0.638	1	2.822	1	4.058	1
J MATH ANAL APPL	0.347	3	49.439	10	0.488	6	0.741	26	2.595	9
COMMUN PUR APPL MATH	0.347	4	55.923	2	0.530	2	2.242	3	3.215	3
INVENT MATH	0.327	5	53.951	4	0.520	4	1.852	8	3.354	2
NONLINEAR ANAL-THEOR	0.325	6	48.115	11	0.471	12	0.906	19	2.563	10
ADV MATH	0.322	7	49.454	8	0.487	7	0.985	15	3.127	4
J AM MATH SOC	0.321	8	55.527	3	0.527	3	2.230	4	2.919	5
J DIFFER EQUATIONS	0.318	9	48.111	12	0.475	10	1.073	13	2.897	6
ADV DIFFER EQU-NY	0.311	10	27.017	46	0.302	44	0.890	22	0.618	164
B AM MATH SOC	0.294	11	49.549	7	0.486	8	2.221	5	2.129	19
FOUND COMPUT MATH	0.294	12	49.447	9	0.479	9	1.952	7	1.826	29
ACTA MATH-DJURSHOLM	0.287	13	50.463	5	0.491	5	2.074	6	2.376	15
J FUNCT ANAL	0.271	14	42.078	16	0.425	15	0.776	25	2.498	12
T AM MATH SOC	0.270	15	41.476	17	0.420	17	0.686	28	2.633	8

续表

期刊名称	VIKOR	排序	线性加权	排序	TOPSIS	排序	主成分分析	排序	调和评价	排序
J INEQUAL APPL	0.260	16	27.757	42	0.294	48	0.687	27	1.014	75
J EUR MATH SOC	0.252	17	43.238	14	0.426	14	1.252	10	2.109	20
DUKE MATH J	0.249	18	42.292	15	0.422	16	1.150	11	2.859	7
PUBL MATH-PARIS	0.247	19	44.842	13	0.456	13	1.759	9	1.236	53
J NUMER MATH	0.225	20	37.837	18	0.401	18	1.147	12	0.403	218
J REINE ANGEW MATH	0.215	21	36.275	23	0.369	23	0.826	24	2.554	11
MATH ANN	0.213	22	35.352	25	0.362	25	0.578	32	2.183	18
CALC VAR PARTIAL DIF	0.213	23	36.392	22	0.366	24	0.893	21	2.309	17
J DIFFER GEOM	0.213	24	37.424	20	0.381	21	0.975	17	2.435	13
GEOM FUNCT ANAL	0.212	25	37.815	19	0.388	19	0.979	16	2.010	23
INT MATH RES NOTICES	0.209	26	35.071	26	0.355	27	0.581	31	2.415	14
DISCRETE CONT DYN-A	0.208	27	34.126	28	0.339	30	0.563	35	2.376	16
ANAL PDE	0.207	28	36.885	21	0.382	20	0.907	18	0.839	111
P AM MATH SOC	0.203	29	30.577	32	0.322	34	0.095	84	1.855	28
MEM AM MATH SOC	0.200	30	35.940	24	0.377	22	1.038	14	1.895	26

8.3　基于神经网络的非线性学术评价方法选择研究

针对学术评价中多属性评价方法和组合评价方法众多，从而导致学术评价结果众多，评价公信力下降问题，优选多属性评价方法成为解决问题的较好途径。线性多属性评价相对成熟，非线性多属性评价的选取是首要问题，基于 BP 人工神经网络，以非线性多属性评价值作为输出，评价指标作为输入，通过训练人工神经网络，可以得到评价指标权重，进而和评价值评价指标的相关系数进行比较，通过检验非线性多属性评价方法的逻辑一致性来进行评价方法的选取。以 JCR2017 数学期刊为例，分别采用主成分分析、因子分析、TOPSIS 进行评价，然后再基于 BP 人工神经网络模型进行选取。研究结果表明：非线性多属性评价方法的选择问题是学术评价的基础问题；BP 人工神经网络可以用来辅助进行非线性评价方法的选取；采用 BP 人工神经网络辅助选取非线性评价方法必须具备一定的适用条件。

8.3.1　引言

在建设创新型国家的背景下，学术评价的地位日显重要。学术评价包括科研人员评价、科研机构评价、学术期刊评价、大学评价、科技政策评价等许多方面。目前学术评价已经广泛应用在高等院校、科研院所、学术期刊、相关政府部门等诸多机构。科学合理的学术评价能够充分调动科研人员的积极性，加强科研管理，合理配置科技资源，优化宏观科研管理。

学术评价方法经历了从单指标评价到多属性评价的发展历程。早期的学术评价往往采用单一评价指标，如研发投入、研发人员、影响因子、即年指标、被引半衰期等。随着文献计量学与科学计量学的发展，不断涌现出一些新的复合指标，虽然表面上看仍然是单一指标，但其内涵更加丰富，信息量更广，如特征因子、h 指数、z 指数、CiteScore 等。由于一种文献计量指标仅能提供一种评价角度，因此容易造成片面性，进入 21 世纪，学术评价方法开始越来越多采用多属性评价方法，即采用指标体系，选择某种多属性评价方法进行评价。多属性评价方法克服了单一指标和复合指标信息量不足的缺陷，能够从更加全面和系统的视角进行评价。

学术评价方法体系是一个复杂的系统(见图 8-5)。从宏观上可以分为定性评价与定量评价两大类，目前以定量评价为主。定量评价方法又包括单指标评价与多指标评价两大类。多指标评价方法包括多属性评价与组合评价两类。多属性评价又包括线性评价方法与非线性评价方法，线性评价方法就是根据一定的规则赋权，然后将评价指标进行标准化处理后进行加权汇总，典型的有层次分析法、专家会议法、熵权法、离散系数法等数种方法。非线性评价的特点是评价指标与评价值不是简单的线性关系，非线性评价方法众多，包括主成分分析、因子分析、灰色关联、TOPSIS、VIKOR、DEA 数据包络分析、证据理论、支持向量机等几十种。组合评价是在多属性评价方法基础上发展起来的，其原理同时采用数种多属性评价方法进行评价，然后根据一定的组合评价方法对各种多属性评价方法的评价值进行组合，得到唯一评价结果，典型的组合评价方法包括数学评价法、Borda 法、Copeland 等。

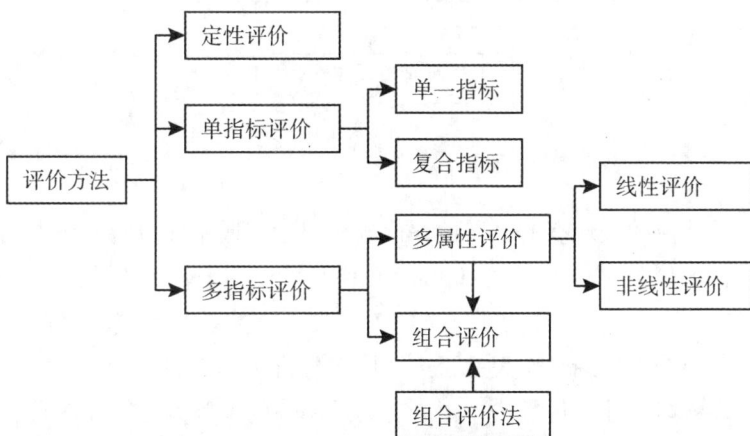

图 8-5　学术评价方法体系

多属性评价方法的选择问题是学术评价的基础问题，也是科学学方法的重要问题。由于迄今为止已经出现了几十种多属性评价方法，大部分评价方法已经应用到学术评价领域。不同多属性评价方法的评价结果不同，排序也千差万别，这就带来了学术评价结果的模糊性，降低了学术评价方法的科学性和严肃性，公众也难以接受不同的评价结果。每一种方法都各有其优缺点，无法说明哪一种方法好或不好，应用不同的评价方法对同一对象进行评价所得到的结果往往存在着差异，因此采用单一评价方法无疑具有一定的片面性。在这样的背景下，就出现了组合评价，但是组合评价的方法也有数种，而且如果将多属性评价方法的评价值作为评价指标，那么同样可以采取多种多属性评价方法进行组合评价，这样组合评价方法甚至比原先的多属性评价方法更多，本节将这个问题称为组合评价悖论，如图 8-6 所示。在这种情况下，精选尽可能少甚至单一的多属性评价方法进行评价，仍然是解决多属性评价方法众多、组合评价悖论的首要方法。由于线性多属性评价方法机制清晰，本节重点讨论非线性多属性评价方法选取的相关问题。

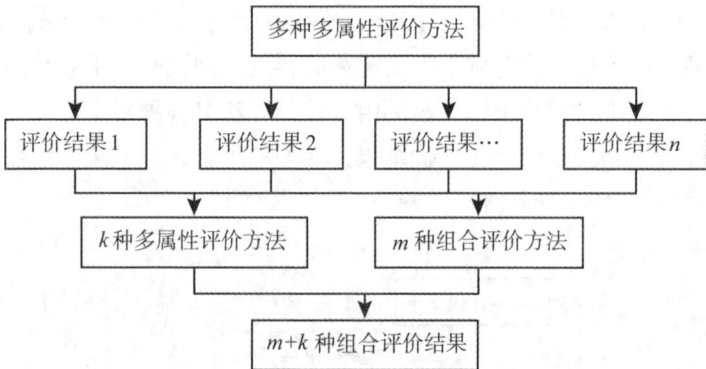

图 8-6　组合评价悖论

非常遗憾的是现有的多属性评价方法很少有适用性检验。在主成分和因子分析评价中，KMO 检验和 Bartlett 检验可以用来作为方法选择的前提条件。在层次分析法中，可以通过 CI 排序一致性系数来判断权重矩阵是否合理，但是不能用来作为能否选择层次分析法评价的标准。实际上，对于绝大多数多属性评价方法，很少有其适用性的检验方法，即使有，往往也比较宽松，使得通过多属性评价方法自身来进行方法筛选不可能。

在这样的背景下，探索一种通用的多属性评价方法筛选方法至关重要。BP 人工神经网络的出现提供了一种解决思路，对于每种非线性多属性评价方法而言，其输入是评价指标，输出是评价结果，中间过程可以视同一个黑箱，通过建立 BP 人工网络模型对其进行训练，可以用较高精度拟合评价结果，并且得到各指标的相对权重，这样和多属性评价值与各评价指标的相关系数进行比较，就可以对多属性评价方法的逻辑一致性进行判断，从而达到多属性评价方法选择的目的。本节的研究推进了学术评价中多属性评价方法的选择问题，丰富了科学学方法，具有重要的理论意义，同时在学术评价实践中，也有利于进行多属性评价方法的选择，提高了评价的公信力。

8.3.2　文献综述

关于多属性评价方法在学术评价中的应用成果较多，李跃艳、熊回香(2019)等采用主成分分析进行学术期刊评价。陈国福、王亮等(2017)采用主成分与集对分析建立期刊评价模型。陈小山、陈国福等(2017)基于因子分析与结构方程进行学术期刊评价。雷勋平等(2014)基于熵权可拓决策模型评价 CSSCI 核心期刊。周晓蔚、李春阳(2013)基于投影寻踪和遗传算法建立期刊评价模型。白雨虹、杨秀彬等(2008)采用灰色关联评价方法评价光学期刊。俞立平、伍蓓等(2018)提出协调 TOPSIS 法，并对学术期刊进行评价。高奎亭、李勇勤等(2017)采用秩和比法评价体育学期刊的国际化水平。郑万腾、刘秀萍等(2019)基于 DEA-Malmquist 评价学术期刊的知识交流效率。俞立平、武夷山(2011)提出指标难度赋权法对学术期刊进行评价。

关于组合评价方法在学术期刊的应用也有不少成果，王伟明、徐海燕(2019)采用最小偏差法的原理，对学术期刊进行动态组合评价。张发明、钟颖璐等(2018)分别利用熵值法、TOPSIS 法、GRA 法、DEMATEL 法和主成分分析法对学术期刊进行评价，然后基于 CW 算子进行组合评价。张发明、王伟明(2018)基于因子分析和诱导密度算子对学术期刊进行组合评价。刘莲花(2016)先采用主成分分析法、TOPSIS 法、加权算术平均法和因子分析法对预防医学与卫生学核心期刊进行评价，然后利用 Copeland 法 Borda 法、平均值法对四种单一评价结果进行了循环修正评价。熊国经、熊玲玲等(2017)采用组合评价与复合评价相结合对学术期刊进行评价。王一华(2011)采用拉开档次法对学术期刊进行组合评价。俞立平、潘云涛等(2009)提出采用各期刊在各种单一多属性评价方法中最好成绩作为最终成绩，进而进行组合评价的思想。

关于多属性评价方法的选取，学术界已经意识到这个问题，Gregory(2009)、Tsai 等(2014)针对基于评价结论的组合评价问题，从理论层面提出一些框架和构想。Somnat 等(2002)提出将被评价技术对象的属性、评价内容的属性与所要选择的评价方法的属性进行匹配，可以找到相关的评价方法。徐明强、谈毅等(2005)对各种评价方法的属性定义了一种规范的描述框架，然后建立属性表，使得不同评价方法间便于进行比较，提供了评价方法形成方法库的一种模式。俞立平、潘云涛等(2009)从理论上提出了一些多属性评价方法的选取原则，包括：高区分度、低灵敏度、单调递增、完全数据、公众接受、主客观结合、高拟合度、指标齐备、评价结果初步认同。王海政、仝允桓等（2006）认为检查评价方法有效性的目的是总结评价方法使用效度，以此来对评价方法选择进行修正。张朋（2018）采用大多数商学院认可的同行评议 FT50 期刊作为评价标准，用来作为比较和选择其他多属性评价与组合评价的依据。

学术界更加关注从统计学视角进行评价方法的选取，俞立平、潘云涛等（2011）针对非线性评价方法评价可能出现指标值增加、评价值反而下降的异常问题，提出回归调整法，试图从指标选取与非线性评价方法的选择两个方面进行改进。苏为华（2001）认为可以从评价方法的区分度、灵敏度等角度进行选取。陈述云、张崇甫（1994）提出根据不同多属性评价方法结果得分的相关系数大小来进行选择。俞立平（2014）提出指标数据综合拟合法用来进行多属性评价方法的选取，其原理是评价结果数据分布必须遵循评价指标，此外必须拥有较高的拟合优度。韩轶、唐小我（1999）给出了采用斯皮尔曼等级相关系数进行多属性评价方法的选择思路。俞立平（2018）提出根据多属性评价结果聚类与原始指标聚类结果一致度的高低来选择评价方法，优先选取聚类结果一致度最高的评价方法。

从现有的研究看，关于多属性评价方法在学术期刊评价中的应用范围较广，涉及主成分分析、因子分析、集对分析、灰色关联、熵权、结构方程、秩和比、TOPSIS、VIKOR、DEA 等数十种方法。关于组合评价在学术期刊评价中的应用也较为广泛，涉及的组合评价方法也有十多种。关于多属性评价方法的选择问题，学术界已经开始范围较广的探索，因为这也是多元统计的基本问题，并且提出数种比较方法。综合现有研究成果，在以下方面有待深入：

第一，多属性评价方法与组合评价方法的选择问题亟待解决。多属性评价方法本身就比较多，难以进行选择。组合评价的出现本来就是为了解决这个问题的，但是理论上组合评价方法也较多，不仅没有解决好这个问题，反而使得问题进一步复杂化。

第二，现有的多属性评价方法选择方法，许多选择原理值得商榷。比如根据评价结果的相关系数、区分度、灵敏度等统计学特性进行选取，但是这些问题在学术评价中并非最关键的因素，并不适合简单用这些统计学指标来进行选取。

第三，基于不同多属性评价方法评价结果横向比较的选取方法同样值得商榷。比如相关系数法，某种多属性评价方法评价结果可能与其他方法相差较大，但或许这正是其优势和特点所在，一定程度上反而体现了评价目的，将其轻易否定是不合适的。

第四，现有多属性评价方法选择的"元方法"并不多，迫切需要探索和寻找到新的选择思路。

本节以 JCR2017 数学期刊为例，选取主成分分析、因子分析、TOPSIS 三种评价方法进行评价，再采用 BP 人工神经网络分别对评价指标与评价值进行训练，最后分析评价指标权重与评价值评价指标相关系数的逻辑一致性，从而进行评价方法的选择。

8.3.3　研究方法与研究框架

1. 多属性评价方法选择方法的四个前提条件

第一，从学术评价角度，多属性评价方法必须有基本合理的解释，要充分考虑其主观性。一种观点认为，多属性评价方法许多是客观的，应该尊重这种客观性。但是学术评价本质上是主观的，尽管许多多属性评价方法是客观的，但是对这些评价方法的选取仍然是人为的，是主观的。在学术评价中，如果某种多属性评价方法的某个不重要的评价指标表现得非常重要，或者说本来某个非常重要的评价指标，实际表现很不重要，那就说明该评价方法是不宜选取的。

从方法论角度，评价方法属于基础研究，允许探索和大胆假设，而学术评价本质上属于应用基础研究或者是应用研究，必须注意其适用性。

第二，必须充分尊重各种单一评价方法。如果某种多属性评价方法、评价结果与其他方法相差较大，其表现形式可能是该评价方法的评价结果与其他评价方法评价结果的相关系数较低，或者使得包含该评价方法的评价结果集难以通过 Kendall 检验，现有的处理方法是将该评价方法删除，这是值得商榷的。多属性评价方法众多，每种多属性评价方法均有其个性，这正是其优点和可取之处。在进行多属性评价方法选取时，不宜采用某个规则进行各种多属性评价方法之间的比较，而应该设计出某种新的筛选方法，即对单一多属性评价方法的适用性也能进行直接判断。

第三，作为通用的多属性评价方法选择方法，必须拥有广泛的适用性。现有的多属性评价方法选择方法，其适用性往往存在一些限制。比如将评价结果作为因变量，评价指标作为自变量进行回归，从而比较不同评价指标的贡献，进而进行评价方法的选取。问题是评价指标往往相关，使得自变量之间存在严重的多重共线性，虽然采用岭回归与偏最小二乘法回归可以大大缓解这个问题，但是仍然不能完全回避这个问题。作为一种通用的多属性评价方法选择方法，应该适用于所有的非线性评价方法选取。

需要说明的是，采用加权汇总类的线性多属性评价，由于方法简单，可以直接进行分析，不在本节研究范围内，本节讨论的多属性评价方法的选取，特指非线性多属性评价方法的选取。

第四，采用某些统计学指标进行评价方法筛选要慎重。比如基于某种多属性评价方法评价值与评价指标的拟合优度、评价值的区分度、评价指标的灵敏度等。不是说这些指标不重要，而是在评价效果较好的情况下，即使类似统计指标存在某些瑕疵，也不宜轻易取消该评价方法。换句话说，多属性评价方法的选择方法，首先是学术评价的应用问题，其次才是统计方法问题。

2. BP 人工神经网络进行评价方法选择原理

采用 BP 人工神经网络进行多属性评价方法选取的原理如图 8-7 所示。任意一种非线性多属性评价方法，对于神经网络而言，可以将评价指标与评价结果的关系视同一个黑箱。通过建立 BP 人工神经网络模型，可以对这个黑箱的评价过程进行学习和模拟，并且一般情况下均可以用较高精度达到满意的学习效果。作为 BP 人工神经网络模型学习的副产品，对于每个评价指标均会产生一个权重，类似一只看不见的手，BP 人工神经网络得到了该种多属性评价方法各指标的重要性。

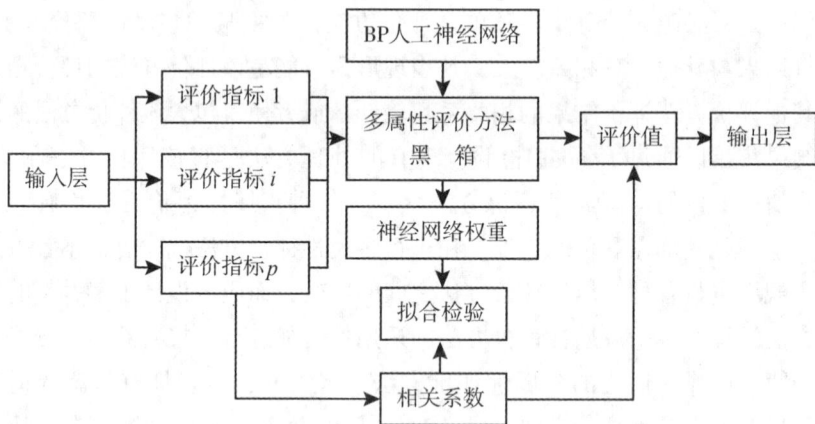

图 8-7　采用神经网络进行多属性评价方法选择

从另外一个角度，对于该多属性评价方法的评价值，还可以计算出其与各评价指标的相关系数，相关系数高的评价指标，其对评价值的意义和重要性更大，其实复相关系数赋权法就是根据相关系数大小赋权的。

相关系数是由多属性评价方法自身的特点所决定的，神经网络权重是通过机器学习实现的，通过比较两者的拟合优度（相关系数）就可以评价该多属性评价方法内在的逻辑一致性，再结合四个前提条件就可以综合进行非线性多属性评价方法的选取。

本质上是根据评价方法的逻辑一致性来进行评价方法的选取。相关系数的计算双方分别是：第一，每个评价指标与评价值的相关系数，说明每个指标在评价中的重要性。第二，通过神经网络计算得到的每个评价指标的模拟权重。这两个因素均具有权重含义，如果相关度较高，说明评价方法的逻辑一致性较好，如果负相关或相关度较低，说明该评价方法不能自圆其说，则不宜选取。

3. 研究框架

本节同时采用主成分分析、因子分析、TOPSIS 三种非线性评价方法进行评价，然后分别建立 BP 人工神经网络模型，将评价值作为输出，评价指标作为输入，从而得到神经网络权重，继而与相关系数进行拟合检验。在此基础上对结果进行进一步分析，并就非线性多属性评价方法的选取问题进行进一步讨论。

8.3.4　研究数据与实证研究结果

1. 研究数据

由于需要建立 BP 人工神经网络模型进行训练，对样本量有一定的要求，因此选取 JCR2017 中期刊数量相对较多的数学期刊为例进行研究。JCR 公布的指标包括总被引频次 TC、影响因子 IF、影响因子百分位 $AJIFP$、他引影响因子 IFW、5 年影响因子 $IF5$、即年指标 II、特征因子 ES、标准特征因子 NES、论文影响分值 AIS、被引半衰期 $CHL1$、引用半衰期 $CHL2$ 等。由于标准特征因子来源于特征因子，选取会造成信息重复，因此不宜选取。影响因子百分位来源于影响因子，不仅信息重复，而且该指标属于排序指标，属于非参数性质，也不宜选取，最终采用 9 个指标进行评价。需要说明的是，被引半衰期和引用半衰期是反向指标，因此需要进行正向处理。

JCR 数学期刊共有 310 种，由于部分指标数据缺失，因此需要进行清洗，最终删除了 6 种期刊，实际采用 304 种期刊来进行研究，其描述统计如表 8-11 所示。

表 8-11　评价指标描述统计

指标名称	变量名称	均值	极大值	极小值	标准差
总被引频次	TC	1624.237	21800.000	102.000	2547.617
影响因子	IF	0.878	9.727	0.186	0.783
他引影响因子	IFW	0.816	9.545	0.174	0.771
5年影响因子	IF5	0.961	11.414	0.243	0.880
即年指标	II	0.249	2.000	0.000	0.220
被引半衰期	CHL1	12.963	46.800	2.100	9.058
引用半衰期	CHL2	15.438	68.400	7.000	4.226
特征因子	ES	0.005	0.047	0.000	0.007
论文影响分值	AIS	0.952	8.377	0.107	1.096

2. 三种评价方法评价

主成分与因子分析评价时需要进行 KMO 检验与 Bartlett 检验，这是其适用性的前置条件。KMO 检验值为 0.680，说明评价指标之间属于中等偏上程度的相关。Bartlett 检验值为 3505.708，p 值为 0.000，拒绝原假设，说明可以采用主成分分析与因子分析进行评价。

主成分分析矩阵如表 8-12 所示，第一主成分包括影响因子、他引影响因子、5 年影响因子、即年指标、论文影响分值 5 个指标。第二主成分包括总被引频次、特征因子 2 个指标。第三主成分包括被引半衰期、引用半衰期 2 个指标。第一主成分和第二主成分均是影响力指标，第三主成分属于时效性指标。

表 8-12　主成分分析矩阵

指标名称	变量名称	第一成分	第二成分	第三成分
影响因子	IF	0.932	0.272	-0.077
他引影响因子	IFW	0.933	0.267	-0.101
5年影响因子	IF5	0.927	0.240	-0.122
即年指标	II	0.663	0.045	0.073
论文影响分值	AIS	0.893	0.033	-0.231
总被引频次	TC	0.523	-0.750	0.339

续表

指标名称	变量名称	第一成分	第二成分	第三成分
特征因子	ES	0.551	−0.638	0.457
被引半衰期	CHL1	−0.169	0.585	0.592
引用半衰期	CHL2	0.150	0.388	0.724

因子分析的旋转矩阵如表 8-13 所示,同样分为 3 个公共因子,并且指标分类和归属与主成分分析相同。由于进行了矩阵旋转,同一指标分配在 3 个公共因子的系数差距与主成分分析相比要大得多,即因子分析比主成分分析的解释能力更好。

表 8-13　因子分析旋转矩阵

指标名称	变量名称	第一成分	第二成分	第三成分
影响因子	IF	0.965	0.106	0.075
他引影响因子	IFW	0.969	0.099	0.053
5 年影响因子	IF5	0.960	0.106	0.020
即年指标	II	0.612	0.255	0.081
论文影响分值	AIS	0.883	0.198	−0.184
总被引频次	TC	0.172	0.951	−0.127
特征因子	ES	0.211	0.935	0.032
被引半衰期	CHL1	−0.086	−0.218	0.816
引用半衰期	CHL2	0.119	0.123	0.817

主成分分析中第一主成分的方差贡献率为 49.597%,第二主成分的方差贡献率为 18.523%;第三主成分的方差贡献率为 14.310,三者累计解释了 82.431%,解释水平较高。根据方差贡献率对各主成分进行加权汇总,就得到主成分分析的评价结果。

因子分析第一公共因子的方差贡献率为 44.895%,第二公共因子的方差贡献率为 21.977%,第三公共因子的方差贡献率为 15.559,三者的累计方差贡献率同样为 82.431%,拥有较高的解释水平。同样根据旋转矩阵的方差贡献率对公共因子进行加权汇总,得到因子分析的评价结果。

至于 TOPSIS 评价,作为一个算例,本节暂不考虑各评价指标的权重，即各指标采取等权重评价。此外关于正理想解，采用极大值 1 表示，关于负理想解，取 0 表示，这样计算公式就简化为：

$$C_{ij} = \frac{\sqrt{\sum_{j=1}^{n} x_{ij}^2}}{\sqrt{\sum_{j=1}^{n} (1 - x_{ij})^2} + \sqrt{\sum_{j=1}^{n} x_{ij}^2}} \tag{8-23}$$

3. BP 人工神经网络权重与相关系数拟合检验

(1) 主成分分析评价检验

通过试算，确定主成分分析 BP 人工神经网络的结构为 9-23-1，即 9 个输入变量即评价指标，隐蔽层为 1 层，23 个隐蔽指标，输出层 1 个变量即主成分分析的评价结果。迭代次数选择 1000 次，基于 BP 人工神经网络对模型进行训练和学习。为了提高研究的稳健性，本节选取 5 个训练好的模型，取 5 个模型得到的 BP 人工神经网络权重的均值作为最终权重结果，结果如表 8-14 所示。

表 8-14　主成分分析神经网络权重

变量名称	模型 1	模型 2	模型 3	模型 4	模型 5	平均权重
TC	0.396	0.148	0.183	0.167	0.106	0.200
IF	14.040	18.024	6.996	10.298	11.895	12.251
IFW	19.675	13.725	23.003	20.729	16.809	18.788
$IF5$	7.744	10.113	14.499	12.083	15.144	11.916
II	6.275	6.586	6.631	6.663	6.870	6.605
$CHL1$	15.146	14.477	14.099	14.249	13.692	14.333
$CHL2$	26.508	26.908	26.255	26.473	26.756	26.580
ES	1.059	1.481	1.468	1.942	2.029	1.596
AIS	9.156	8.538	6.867	7.397	6.699	7.731
相关系数	0.992	0.991	0.992	0.992	0.993	0.992
拟合优度 R^2	0.981	0.981	0.982	0.982	0.983	0.982

所有 5 个模型的相关系数均在 0.99 以上，拟合优度均在 0.98 以上，

说明模型的精度较高。这 5 个模型每个得到的权重均不相同，由于权重是本节分析的重要依据，因此为了保证研究的稳健性，采用 Pearson 相关系数对 5 个模型权重的相关性进行进一步检验。各模型权重结果的相关系数均较高，并且均通过了统计检验，最高的为 0.984，最低的为 0.813，说明 BP 人工神经网络模型的稳定性较好。在这个基础上，取 5 个模型权重的均值作为 BP 人工神经网络的权重是合适的。

继续计算主成分分析评价值与评价指标的相关系数，并且与 BP 神经网络平均权重进行比较，结果如表 8-15 所示。主成分分析评价值评价指标的相关系数与 BP 神经网络平均权重的相关系数为 0.208，p 值为 0.591，并没有通过统计检验，相关度总体不高。

表 8-15   主成分相关系数与神经网络平均权重比较

变量名称	平均权重	相关系数
TC	0.200	0.308
IF	12.251	0.914
IFW	18.788	0.907
IF5	11.916	0.888
II	6.605	0.634
CHL1	14.333	0.199
CHL2	26.580	0.456
ES	1.596	0.402
AIS	7.731	0.758
相关系数	0.208 (0.591)	

（2）因子分析评价检验

通过试算，确定因子分析 BP 人工神经网络的结构为 9-7-1，即 9 个输入变量即评价指标，隐蔽层为 1 层，7 个隐蔽指标，输出层 1 个变量即因子分析的评价结果。迭代次数选择 1000 次，基于 BP 人工神经网络对模型进行训练和学习。同样取 5 个训练好的模型得到的 BP 人工神经网络权重的均值作为最终权重结果，结果如表 8-16 所示。

表 8-16　因子分析神经网络权重

变量名称	模型 1	模型 2	模型 3	模型 4	模型 5	平均权重
TC	6.731	8.447	6.781	7.741	6.928	7.326
IF	8.031	18.485	11.612	18.451	13.191	13.954
IFW	16.167	9.033	10.458	6.803	10.956	10.683
$IF5$	10.212	5.124	12.245	8.569	8.210	8.872
II	9.437	8.663	9.490	9.039	9.449	9.215
$CHL1$	4.191	4.855	4.268	4.581	5.343	4.648
$CHL2$	22.228	21.917	22.298	21.847	21.579	21.974
ES	15.583	12.405	15.476	13.848	15.322	14.527
AIS	7.420	11.070	7.372	9.122	9.022	8.801
相关系数	0.993	0.993	0.991	0.992	0.992	0.992
拟合优度 R^2	0.984	0.984	0.979	0.982	0.982	0.982

　　所有 5 个模型的相关系数均在 0.99 以上，拟合优度均在 0.97 以上，说明模型的精度较高。这 5 个模型每个得到的权重均不相同，为了保证研究的稳健性，对 5 个模型权重的相关性进行进一步检验，发现各模型权重结果的相关系数均较高，并且均通过了统计检验，最高的为 0.947，最低的为 0.596。在这个基础上，取 5 个模型权重的均值作为 BP 人工神经网络的权重较好。

　　继续计算因子分析评价值与评价指标的相关系数，并且与 BP 神经网络平均权重进行比较，结果如表 8-17 所示。因子分析评价值评价指标的相关系数与 BP 神经网络平均权重的相关系数为 0.092，p 值为 0.815，并没有通过统计检验，相关度较低。

表 8-17　因子分析相关系数与神经网络平均权重比较

变量名称	平均权重	相关系数
TC	7.326	0.509
IF	13.954	0.895
IFW	10.683	0.888
$IF5$	8.872	0.874
II	9.215	0.656

续表

变量名称	平均权重	相关系数
*CHL*1	4.648	0.077
*CHL*2	21.974	0.397
ES	14.527	0.583
AIS	8.801	0.786
相关系数	0.092 (0.815)	

（3）TOPSIS 评价检验

通过试算，确定 TOPSIS 法 BP 人工神经网络的结构为 9-6-1，即 9 个输入变量即评价指标，隐蔽层为 1 层，6 个隐蔽指标，输出层 1 个变量即 TOPSIS 的评价结果。迭代次数选择 1000 次，基于 BP 人工神经网络对模型进行训练和学习。同样选取 5 个模型得到的 BP 人工神经网络权重的均值作为最终权重结果，结果如表 8-18 所示。

表 8-18　TOPSIS 评价神经网络权重

变量名称	模型 1	模型 2	模型 3	模型 4	模型 5	平均权重
TC	13.091	15.520	16.519	15.916	18.207	15.851
IF	1.751	0.883	2.334	0.664	1.103	1.347
IFW	3.053	3.899	2.043	4.288	3.179	3.292
*IF*5	1.913	1.653	1.685	1.373	1.122	1.549
II	5.748	5.063	4.623	5.372	4.611	5.083
*CHL*1	43.960	43.803	45.392	44.085	44.473	44.343
*CHL*2	8.533	8.008	7.747	7.374	7.258	7.784
ES	8.710	6.390	4.975	5.583	4.204	5.972
AIS	13.241	14.781	14.682	15.344	15.842	14.778
相关系数	0.996	0.995	0.996	0.995	0.995	0.995
拟合优度 R^2	0.991	0.990	0.990	0.989	0.990	0.990

所有 5 个模型的相关系数均在 0.99 以上，拟合优度均在 0.99 以上，说明模型的精度较高。为了保证研究的稳健性，同样对 5 个模型权重的相

关性进行进一步检验，各模型权重结果的相关系数均较高，并且均通过了统计检验，最高的为 0.997，最低的为 0.982，在这个基础上，取 5 个模型权重的均值作为 BP 人工神经网络的权重较好。

继续计算 TOPSIS 评价值与评价指标的相关系数，并且与 BP 神经网络平均权重进行比较，结果如表 8-19 所示。TOPSIS 评价值评价指标的相关系数与 BP 神经网络平均权重的相关系数为 -0.707，p 值为 0.033，在 5% 的水平下通过了统计检验，表现为负相关。

表 8-19　TOPSIS 相关系数与神经网络平均权重比较

变量名称	平均权重	相关系数
TC	15.851	0.443
IF	1.347	0.744
IFW	3.292	0.733
$IF5$	1.549	0.713
II	5.083	0.580
$CHL1$	44.343	0.407
$CHL2$	7.784	0.456
ES	5.972	0.572
AIS	14.778	0.617
相关系数	-0.707 (0.033)	

(4)非线性评价方法选取的进一步讨论

第一，BP 神经网络权重与评价值评价指标相关系数之间的相关系数不高问题。本节仅仅根据 304 种 JCR 数学期刊为例进行研究，结果发现 BP 神经网络权重与评价值评价指标相关系数之间的相关系数总体不高，至于这个问题是否具有普遍性需要进一步进行研究。在相关系数不高的情况下，如果单纯凭相关系数高低进行非线性评价方法的选取要慎重，最好先进行初步筛选，留下部分评价方法，再结合评价目的综合进行选取(见表 8-20)。

表 8-20 三种非线性评价方法神经网络权重比较

变量名称	主成分分析	排序	因子分析	排序	TOPSIS	排序
TC	0.200	9	7.326	8	15.851	2
IF	12.251	4	13.954	3	1.347	9
IFW	18.788	2	10.683	4	3.292	7
IF5	11.916	5	8.872	6	1.549	8
II	6.605	7	9.215	5	5.083	6
*CHL*1	14.333	3	4.648	9	44.343	1
*CHL*2	26.580	1	21.974	1	7.784	4
ES	1.596	8	14.527	2	5.972	5
AIS	7.731	6	8.801	7	14.778	3

本节中,由于 TOPSIS 评价出现评价值评价指标的相关系数与 BP 神经网络权重负相关的情况,因此应该将其首先删除,说明该评价方法严重不能自我解释。TOPSIS 评价之所以出现这种情况,主要原因是被引半衰期的权重特别高,占 44.343%,过分放大了该指标的贡献。

对剩下的两种评价方法,主成分分析 BP 神经网络权重最高的 3 个指标分别是引用半衰期、他引影响因子、被引半衰期。学术研究是建立在前人的基础上,因此充分引用他人论文并进行创新的论文,总体质量较高,容易获得较高的被引半衰期,这在逻辑上可以解释。因子分析 BP 神经网络权重最高的三个指标分别是引用半衰期、特征因子、影响因子,这也可以合理地进行解释。由于主成分分析的相关系数较高,所以优选主成分分析进行评价。

第二,BP 神经网络模型多样性造成的权重结果相差较大问题。BP 人工神经网络在进行数据选择和模型设计时,由于数据和模型的变化,可能会导致权重结果有所差异。比如在选取数据时,有些数据会被作为有效数据,有些被作为训练数据,有些被作为测试数据,有时这种选取是随机的。在 BP 人工神经网络设计时,隐蔽层的层数、每层隐蔽指标的数量也是可以适当调整的,此外训练学习的迭代次数、精度要求等参数也是可以修改的。为了提高 BP 人工神经网络权重的稳定性,可能的情况下应该增加样本容量，优选模型参数，并且尽量训练更多的模型从而取平均值。

8.3.5 研究结论

1. 非线性多属性评价方法的选择问题是学术评价的基础问题

随着文献计量学与科学计量学的发展，多属性评价方法得到了广泛的应用，但由于多属性评价方法众多，会导致不同评价方法的评价结果迥异，这就催生了组合评价的发展。问题是组合评价方法也有多种，并且从理论上说，许多单一的多属性评价方法也可以作为组合评价方法，因此基于组合评价来解决多属性评价方法的多样性问题是很难卓有成效的。在这样的背景下，精选优选单一的多属性评价方法进行评价，就成为解决问题的首选路径。单一的多属性评价方法中，线性评价机制清楚，本节暂不涉及，而非线性科技评价方法的选取就成为非常有意义的问题。

2. BP 人工神经网络可以用来辅助进行非线性评价方法的选取

用某种非线性评价结果作为 BP 神经网络的输出，评价指标作为输入，通过对 BP 人工神经网络进行训练，可以得出各指标的权重。本质上，这是对该非线性评价方法隐含的某种判断标准的映射，是其评价偏好的重要体现。再和评价值与评价指标的相关系数的相关度进行比较，可以检验该非线性评价方法的逻辑一致性，必要时再结合人工加以选择。这种非线性评价方法的选取方法充分考虑到评价的主观性与客观性，体现了对每种多属性评价方法的充分尊重，拥有较为广泛的适用性，可以用来对所有非线性评价方法进行选取，是一种较好的解决思路。

3. 采用 BP 人工神经网络辅助选取非线性评价方法必须具备一定的适用条件

在学术评价中，很难有完全客观的评价方法，因为即使是客观评价方法，其选取也是人为的。所以结合 BP 人工神经网络建模进行非线性多属性评价方法的选取只能作为一种辅助手段，最终筛选仍然要结合评价目的、评价逻辑和指标的实际重要性等因素进行综合判断。在 BP 人工神经网络建模时，适当提高数据精度、增加样本容量，优选模型参数，尽量训练更多的模型有助于提高 BP 人工神经网络的选择效果。

8.4　基于因子——人工神经网络的学术评价方法选择研究

学术评价中多属性评价方法有几十种，每种评价方法结果均不相同，难以进行方法选择。本节在分析评价本质属性的基础上，提出了一种新的多属性评价方法选取方法：因子——人工神经网络筛选法，并以 JCR2017 经济学期刊为评价对象，同时采用专家会议赋权法、主成分分析、因子分析、TOPSIS 进行评价，并进行评价方法的选择。研究结果表明：在学术评价中多属性评价方法的选择必须兼顾主观和管理因素；因子——人工神经网络筛选法是一种有效的评价方法选取手段；因子——人工神经网络筛选法可以用来辅助专家赋权；对于多属性评价方法的进一步优化成为新的问题；当评价对象较少时不宜采用本节方法。

8.4.1　引言

指标体系多属性评价方法是学术评价中应用最为广泛的评价方法之一。世界大学与专业评价，教育部学科评价、学位点评价，南京大学 CSSCI 核心期刊评价、中国科学院 CSCD 核心期刊评价、北京大学核心期刊评价，国家与地方政府的各种人才工程评价，以及创新绩效评价等，均广泛采用多属性评价方法。多属性评价方法围绕评价目的，通过选取各种评价指标来建立评价体系，从而避免了单一评价指标的片面性，使得评价更加全面，在实践中取得了较好的评价结果。

多属性评价方法的选择问题是学术界长期以来没有得到解决的问题。现有的多属性评价方法有好几十种，比如层次分析法、主成分分析、因子分析、秩和比、灰色关联、康拓对角线、模糊数学、粗糙集、TOPSIS、VIKOR、ELECTRE、CRITIC 等，这些评价方法原理各异，并且各有其优点，每种方法的适用性均较广，很难从评价目的与评价方法自身角度进行选择。由于不同多属性评价方法的评价结果不同，从而带来了评价的不确定性。目前的解决方法围绕两个路径展开，一是多属性评价方法的选择，选出最合适的一种评价方法；二是组合评价，即同时采用若干种多属性评价方法进行评价，然后采用一定的方法将评价结果进行组合，得到唯一评价结果。但是组合评价面临的问题是，组合评价方法也有很多种，何况理论上任何一种单一的多属性评价方法，也可以用于组合评价。Serenko 等（2013）指出，即使两种最流行的方法的组合也不能保证获得的排名列表的准确性。封铁英（2007）认为科技人才评价的关键在于对评价方法的选择和创新，要准确区分不同评价方法应用的前提条件和适用范围，避免采用恰当的评价方法而造成错误的评价结果。相对多属性评价方法选择与组合评价两条路径，选择合适的多属性评价方法是首选思路。

开展学术评价的多属性评价方法选择具有重要意义。首先，这是学术评价的基础理论问题，一旦取得进展，不仅推进了科学学方法论研究，同时也推进了多元统计理论的研究。其次，从实践角度，如果能够优选出最合适的多属性评价方法，评价结果就具有唯一性，从而从评价方法角度提高了评价的公信力，有助于保证学术评价的公正、公平、公开。再次，解决了多属性评价方法的选择问题，也有利于政府相关部门在各种学术评价活动中减少利益相关者冲突，提升形象。

关于多属性评价方法在学术评价中的应用，国外研究主要集中在学术期刊方面，Franceschet（2010）提出从信誉度和知名度两个方面选取指标来进行学术期刊评价，信誉度主要采用特征因子类指标，知名度主要采用期刊影响因子类指标。Shotton（2012）提出学术期刊评价的 5 个一级指标，即同行评议、内容质量、数据集、计算机可读元数据、开放获取。Sombatsompop 等（2006）提出采用期刊影响因子、文章影响因子、位置影响因子等多个指标进行评价。Philipp（2007）从搜索引擎、直接路径和背部路径三方面构建了开放存取期刊评价指标。Mark 等（2011）从论文随机质量、编辑审稿能力、作者获益度三个方面建立开放存取期刊质量评价模型。国内关于采用多属性评价方法进行学术评价的文献浩如烟海，目前已经有数千篇相关论文。

关于学术评价中多属性评价方法的选择，俞立平（2018）提出了 4 种思路：第一种是对评价指标和评价结果分别进行聚类，根据聚类结果一致度高低来进行选取；第二种是通过评价指标公共因子的模拟权重来进行选取；第三种是评价结果与评价指标数据分布的拟合度，以及评价结果与评价指标的拟合度；第四种是基于偏最小二乘法对评价结果与评价指标进行回归，根据指标权重单调性及其正负来进行选取。苏为华（2001）指出可以从评价方法的区分度、灵敏度等角度进行选取。段晓君（2003）等提出综合考虑模型拟合残差大小、残差信息量与参数数量进行选取。陈述云、张崇甫（1994）提出采用不同多属性评价方法结果的相关系数大小选择多属性评价方法。

从现有的研究看，多属性评价方法已经在学术评价中得到了广泛的应用，国外主要集中在学术期刊评价领域，国内的研究领域非常广泛，研究成果众多。一些多属性评价方法自身就有其适用性检验，比如主成分或因子分析可以根据 KMO 检验来进行适用性初筛，但是这样的评价方法太少了，更多的评价方法其实不存在适用性检验。关于多属性评价方法的选取问题，学术界已经意识到并开展了一些研究，但是总体上成果不算太多，并且在以下几个方面有待进一步深入：

第一，一些多属性评价方法筛选思路值得商榷。比如采用技术类方法进行筛选，如灵敏度、数据分布、相关系数、残差大小、区分度等。盛明科（2009）在研究政府绩效评价时指出，评价是一个伦理和价值问题，而非纯技术问题。选择评估方法不仅要考虑不同类型方法的特点，还要求评价方法必须契合政府绩效评价的价值取向和理念。

第二，单纯采用纯技术类方法不能解决多属性评价方法的选择问题。很难同时考虑灵敏度、数据分布、相关系数、残差大小、区分度等进行评价，只能考虑其中的部分技术相关内容进行评价方法的筛选。进一步地，单纯采用技术类方法进行多属性评价方法的筛选，其筛选方法也是多样的。

第三，一些评价方法的筛选方法难以保证筛选出的评价方法的唯一性。比如某种筛选方法筛选出的结果可能仍然还有数种评价方法，在这种情况下，如何进一步进行筛选有待研究。

第四，现有的筛选方法，许多只能用在非线性评价中，对于线性多属性评价方法，缺乏有效的筛选手段。

本研究在分析评价本质属性的基础上，提出采用因子分析与人工神经网络相结合，将技术方法与专家的主观能动性相结合进行多属性评价方法的选取，并以 JCR2017 经济学期刊为例，同时采用专家会议赋权法、主成分分析、因子分析、TOPSIS 进行评价，并进行评价方法的筛选。本研究主要创新体现在：第一，让评价回归到评价的本质，充分结合专家知识、管理需求与技术手段。第二，通过因子分析法降维，辅助专家进行权重合理性的判断。

8.4.2　研究方法

1. 评价的本质属性分析

《辞海》中对评价的界定包括这么两种："评估人、事、物的优劣、善恶美丑、或合不合理，称为'评价'"；"衡量评定人或事物的价值。"这两种解释含义基本一致，都是评价主体对评价客体的看法。它说明了这么几个问题：

第一，评价主体是人，也可以是机构。之所以机构也是评价主体，这是现代社会发展的必然。比如政府部门提供公共服务，必然会分配资源，进而涉及对资源应用效果的评价。不过机构评价集中的是若干人的智慧，即使评价中体现了文化道德和规章制度等，也是对以往传统的继承，本质上，机构也是"人"的体现，是机构决策者的体现。

第二，评价是主观的。从哲学层面，评价是人对他人或事情的看法，所以评价的主观性是毋容置疑的。即使是机构评价，也体现了一定的管理思想，同样是主观的。

第三，评价是动态的。由于物质是运动的，评价对象也是永远处在运动和变化中，任何评价均是针对一定时间范围的人或事物的评价，并且任何评价均有一定的有效期。

第四，评价标准也是动态的。由于作为评价主体的人也是不断变化发展的，因此评价标准也是动态变化的。

2. 主观评价与客观评价的本质

评价随着人类社会的发展越来越复杂。人类社会发展初期，评价是相对简单的，人们可以根据评价客体的表现和各种特征，得出一个大致的评价结论。随着人类社会发展，被评价对象越来越复杂，需要评价的因素越来越多，超越了人类大脑直接判断的范围，此时就必须借鉴一定的数学模型来进行评价。多属性评价就是在这样的背景下产生的，现在复杂的多属性评价已经拥有几百个指标，比如世界卫生组织的健康城市评价单纯靠个人的力量很难判断，即使是多个人共同评价也比较困难，所以多属性评价也是在现实评价需求发展的背景下产生的。本质上，多属性评价方法是一种辅助人类进行评价的技术手段。

多属性评价方法包括主观评价方法与客观评价方法两大类。所谓主观评价方法，就是在评价中添加了人为因素，最典型的就是指标权重。如层次分析法、专家打分法、加权 TOPSIS 等。所谓客观评价方法，就是不涉及主观权重的评价方法，如主成分分析、因子分析、康拓对角线、概率权等。当然还有一种分类方法是主客观评价方法，本节将这类评价方法仍然归类到主观评价方法。

客观评价方法仍然具有主观性，并没有改变评价的本质。第一，评价是为管理服务的，邱均平、任全娥（2006）指出，没有科学的评价就没有科学的管理，没有科学的管理，就没有科学的发展。管理是让合适的人干合适的事情,本质上就有很强的主观性。第二,客观评价方法貌似客观,但是客观评价方法的选取还是需要人,仍然是主观的。第三,客观评价方法的评价结果是否合适,还是要通过人工加以判断。如果某种客观评价方法的评价结果明显不合理,那么该种客观评价方法肯定是不能选取的。所以对于客观评价方法的本质判断,不能简单看方法本身,而应该从更系统、更全面的高度看。

3. 多属性评价方法的选取必须引入主观因素

无论是主观评价方法还是客观评价方法,均要考虑其本质上的主观性,都要考虑其评价目的必须为管理服务。就学术评价而言,大学评价、学科评价、期刊评价、人才评价等,评价结果均涉及单位发展与资源分配。政府部门自身的评价不用说了,肯定是为管理服务,即使是民间或第三方机构的评价,尽管貌似不直接参与管理与资源分配,但是对公众或政府部门仍然发挥着较大的影响。所以在多属性评价方法选取时,一定要纳入人为因素或者管理因素,传统的单纯采用统计学技术手段的多属性评价方法选择方法,只可以用来辅助评价方法选取,但不可以作为终极手段。

4. 因子——人工神经网络筛选法

因子——人工神经网络筛选法的原因如图 8-8 所示。对于任何一种多属性评价方法,其评价过程是首先选择评价指标,然后采用某种多属性评价方法进行评价,并得到评价结果。方法筛选的思路是这样,首先根据评价指标采用因子分析法提取公共因子,然后用公共因子作为人工神经网络的输入,评价结果作为人工神经网络的输出,通过机器学习建立训练模型,最终得到各公共因子的权重,最后专家或管理者根据公共因子的权重是否符合管理需求来进行评价方法的筛选。

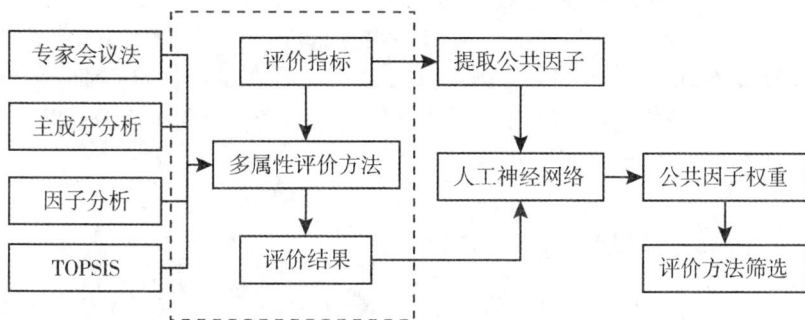

图 8-8　因子——人工神经网络筛选法原理

人工神经网络是在现代心理学、神经学、生物学、计算机技术等学科基础上产生的，它是在模拟人类大脑神经组织工作原理基础上发展起来的。人工神经网络具有生物神经系统的基本特征，具有分布式处理、大规模并行、自学习、自组织等优点，是人工智能的主要技术手段，广泛应用在图像识别、语音分析、计算机视觉、数字水印、专家系统等很多领域。

多层前向 BP 神经网络是目前应用得最多的人工神经网络系统。BP 神经网络模型是对人脑神经网络若干基本特性的抽象和模拟，可以进行分布式并行信息处理。典型的 BP 神经网络由一个输入层，若干个隐蔽层和一个输出层构成，其主干是隐蔽层。对于本节而言，输入层节点的数量取决于公共因子的数量，输出层节点数为 1，就是评价结果，隐含层通过一定的算法确定。每层单元节点与它邻近两边层的各个单元节点相连，每个连接都会赋予权重，表明上一个单元的输出对下一个单元的影响力。

BP 神经网络需要进行训练，其学习步骤如下：

①设置初始参数，包括初始权重 ω 和临界值 θ，均随机取较小正数。

②将训练样本数据导入到 BP 神经网络，计算隐蔽层和输出层的输出。对于隐蔽层有：

$$y_j = f\left(\sum_{i-1}^{m} \omega_{ki} x_i\right) \tag{8-24}$$

对于输出层有：

$$O = f\left(\sum_{k-1}^{p} \omega_{jk} y_j\right) \tag{8-25}$$

公式（8-24）中，y 为隐蔽层输出，$f(x)$ 为单极 sigmoid 函数。公式（8-25）中，O 为输出层输出，$f(x)$ 为纯线性函数。

i、j、k 分别为 BP 神经网络的输入、输出、隐蔽单元序号；m 为输入单元数、p 为隐蔽单元数；ω_{ki} 为输入神经元 i 到隐含神经元 k 的权重，ω_{jk} 为输出神经元 j 到隐含神经元 k 的权重。

③各层权重的调整量为：

$$\Delta\omega = \eta\delta_j y_j \tag{8-26}$$

公式（8-26）中，η 称为比例系数或学习率，一般取（0，1）区间较小正数；δ_j 是一个与输出偏差相关的数值，即 $d_j - y_j$，d_j 表示期望输出数据。

对于输出节点有：

$$\delta_j = \eta_j(1 - y_j)(d_j - y_j) \tag{8-27}$$

对于隐蔽节点有：

$$\delta_j = x_i(1 - x_i)\sum_{k=1}^{p} \delta_k \omega_{ki} \tag{8-28}$$

公式(8-28)中，把输出层节点全部取遍，误差 δ_j 是从输出层反向逐层计算的。

④各层神经元调整后的权重为：

$$\omega_{ki}(t) = \omega_{ki}(t-1) + \Delta\omega_{ki} \tag{8-29}$$

公式(8-29)中，t 为学习次数，其计算是个循环迭代过程，每轮计算均将各神经元之间的权重调整一遍，直到输出误差小于某一允许范围为止。

BP 神经网络目前已经比较成熟，可以借鉴一些工具软件进行 BP 神经网络的训练和学习。

因子——人工神经网络筛选法具有如下优点：

第一，通过因子分析降维，降低了专家判断权重的难度。尤其在评价指标众多，评价指标高度相关的情况下，专家判断指标的权重是一件非常困难的事情。

第二，通过因子分析降维，提高了人工神经网络学习模型的稳定性。当评价指标众多时，人工神经网络模型学习效率降低，模型的稳定性也有所下降，通过降维，很大程度上避免了这个问题。

第三，本方法适用于所有的线性与非线性多属性评价方法，也适用于所有的主观与客观多属性评价方法，其适用范围较广，具有广阔的应用前景。

需要注意的是，无论是因子分析还是人工神经网络，对样本数量均有一定的要求，因子在样本量较小的情况下，是不能采用因子——人工神经网络筛选法的。

5. 多属性评价方法

本节主观评价法中以专家会议赋权法为例，客观评价法中以主成分分析、因子分析、TOPSIS 法为例。从另外一个角度，专家会议赋权法属于线性评价方法，而主成分分析、因子分析、TOPSIS 属于非线性评价方法。本节同时采取以上 4 种方法进行评价，然后采用因子——人工神经网络筛选法进行筛选，这样可以进一步阐明该方法的原理。至于主成分分析、因子分析、TOPSIS、专家会议赋权法的原理，由于其应用众多，本节不再赘述。

8.4.3　研究数据

本节基于 JCR2017 数据库，选取学科期刊数量较多的经济学期刊为例进行说明，从而保证了相对较大的样本，以便取得较好的学习效果，提高研究的稳健性。JCR2017共有经济学期刊353种，由于部分期刊数据缺失，需要将其删除，经过清洗后还有321种期刊。

关于评价指标，本节选取总被引频次、影响因子、他引影响因子、5年影响因子、即年指标、特征因子、论文影响分值、被引半衰期、引用半衰期9个指标进行评价。影响因子百分位指标没有选取，因为它来源于影响因子，另外具有非参数性质，用于评价不太合适。此外标准特征因子来源于特征因子，选取存在重复计算。

另外被引半衰期和引用半衰期属于反向指标，需要进行正向处理，这样才能进一步用于评价，本节首先采用极大值减去每个指标将其转化为正向指标，再采用极大值法标准化。

8.4.4 实证研究结果

1. 四种多属性评价方法评价

采用专家会议赋权法进行评价，首先要确定各评价指标的权重。本节作为一个评价算例，邀请了8名学术评价领域的教授和研究人员进行赋权，经过两轮打分，权重区域稳定，各评价指标的权重分别为：总被引频次0.10、影响因子0.20、他引影响因子0.15、5年影响因子0.1、即年指标0.05、特征因子0.12、论文影响分值0.08、被引半衰期0.1、引用半衰期0.1。

主成分分析和因子分析评价需要首先进行适用性检验，KMO检验值为0.772，Bartlett检验值为3623.831，相伴概率p为0.000，说明符合采用这两种评价方法的前提条件。采用主成分分析，其主成分矩阵如表8-21所示。

表 8-21   主成分矩阵

变量名称	变量含义	第一主成分	第二主成分
TC	总被引频次	0.801	-0.295
IF	影响因子	0.921	0.184
IFW	他引影响因子	0.925	0.156
$IF5$	5年影响因子	0.950	0.111
II	即年指标	0.555	0.439

续表

变量名称	变量含义	第一主成分	第二主成分
ES	特征因子	0.808	−0.277
AIS	论文影响分值	0.869	−0.178
CHL1	被引半衰期	−0.310	0.738
CHL2	引用半衰期	0.261	0.693

从主成分矩阵可以看出，第一主成分包括总被引频次、影响因子、他引影响因子、5 年影响因子、即年指标、特征因子、论文影响分值 7 个指标，可以将其命名为期刊影响力，第二主成分包括被引半衰期和引用半衰期 2 个指标，可以将其命名为期刊时效性。第一主成分的方差贡献率为 56.98%，第二主成分的方差贡献率为 16.49%，两者累计贡献率为 73.47%，根据方差贡献率进行加权汇总，就得到主成分分析的评价结果。

采用因子分析评价，需要对矩阵进行旋转，方法采用最大方差法，旋转成分矩阵如表 8-22 所示。第一公共因子包括总被引频次、影响因子、他引影响因子、5 年影响因子、特征因子、论文影响分值 6 个指标，为期刊影响力。第二公共因子包括即年指标、被引半衰期和引用半衰期 3 个指标，为期刊时效性。第一公共因子旋转方差贡献率为 55.94%，第二公共因子的旋转方差贡献率为 17.53%，两者之和为 73.47%，同样根据旋转方差贡献率进行加权汇总，得到因子分析的评价结果。

表 8-22 旋转成分矩阵

变量名称	变量含义	第一因子	第二因子
TC	总被引频次	0.838	−0.163
IF	影响因子	0.879	0.329
IFW	他引影响因子	0.888	0.302
IF5	5 年影响因子	0.920	0.262
II	即年指标	0.477	0.522
ES	特征因子	0.842	−0.144
AIS	论文影响分值	0.886	−0.036
CHL1	被引半衰期	−0.424	0.679
CHL2	引用半衰期	0.147	0.726

TOPSIS 评价包括加权 TOPSIS 和等权重 TOPSIS，为了分析问题方便，本节采取后者进行评价。4 种评价方法的评价结果如表 8-23 所示，由于篇幅所限，本节仅公布按照专家会议赋权法评价排名的前 40 种期刊评价结果。

表 8-23   4 种评价方法评价结果比较（部分）

期刊名称	QQQ	排序	ZCF	排序	YZ	排序	TOP	排序
Q J ECON	85.681	1	4.601	1	4.886	1	0.665	1
AM ECON REV	73.760	2	3.339	2	3.924	2	0.604	2
J FINANC	68.827	3	3.067	3	3.414	3	0.574	3
J FINANC ECON	64.158	4	2.577	5	2.833	4	0.536	4
J ECON PERSPECT	61.132	5	2.648	4	2.626	6	0.516	5
ENERG POLICY	59.832	6	2.154	8	2.231	8	0.507	6
J HUM RESOUR	56.713	7	1.889	16	1.883	13	0.464	13
ECON GEOGR	56.362	8	2.018	10	1.873	14	0.468	12
J POLIT ECON	56.053	9	2.096	9	2.572	7	0.471	11
J ECON GROWTH	55.851	10	1.871	17	1.870	15	0.462	14
VALUE HEALTH	55.674	11	1.957	13	1.775	16	0.474	9
AM ECON J-APPL ECON	54.250	12	2.195	7	2.024	12	0.485	7
REV FINANC STUD	54.133	13	1.994	11	2.086	10	0.480	8
ECONOMETRICA	53.218	14	2.212	6	2.759	5	0.472	10
REV ECON STUD	51.307	15	1.953	14	2.226	9	0.453	18
REV ENV ECON POLICY	49.566	16	1.984	12	1.703	18	0.461	15
ECOL ECON	49.331	17	1.514	22	1.499	21	0.441	19
J ECON LIT	48.949	18	1.922	15	2.028	11	0.458	17
AM ECON J-ECON POLIC	48.488	19	1.850	18	1.666	19	0.459	16
ENERG ECON	47.625	20	1.421	23	1.319	23	0.437	21
REV ECON STAT	46.159	21	1.379	25	1.551	20	0.418	24
TRANSPORT RES B-METH	46.158	22	1.415	24	1.300	24	0.427	22
AM ECON J-MACROECON	43.797	23	1.614	21	1.457	22	0.438	20
PHARMACOECONOMICS	43.225	24	1.190	26	1.016	32	0.410	28
CAMB J REG ECON SOC	42.740	25	1.155	27	0.940	34	0.412	27

续表

期刊名称	QQQ	排序	ZCF	排序	YZ	排序	TOP	排序
WORLD DEV	42.697	26	1.049	31	1.085	28	0.401	30
ANNU REV ECON	41.939	27	1.086	29	1.016	31	0.415	26
J ACCOUNT ECON	41.724	28	1.077	30	1.150	25	0.396	35
J LABOR ECON	41.496	29	1.040	32	1.127	26	0.391	41
BROOKINGS PAP ECO AC	40.661	30	1.815	19	1.734	17	0.416	25
J HEALTH ECON	40.469	31	0.914	40	0.878	35	0.392	40
TRANSPORT RES E-LOG	40.467	32	0.950	39	0.802	39	0.401	29
J EUR ECON ASSOC	40.378	33	0.974	35	0.976	33	0.399	32
J POLICY ANAL MANAG	40.342	34	1.153	28	1.031	30	0.397	33
J ECON GEOGR	40.289	35	0.955	37	0.869	36	0.394	38
FOOD POLICY	39.896	36	1.009	34	0.846	37	0.400	31
ECON J	39.860	37	0.952	38	1.104	27	0.377	51
TRANSPORT RES A-POL	39.536	38	0.872	41	0.787	41	0.392	39
TECHNOL ECON DEV ECO	38.432	39	0.840	42	0.614	47	0.395	36
REG STUD	38.247	40	0.827	44	0.751	43	0.381	46
J TRANSP GEOGR	37.701	41	0.767	45	0.646	45	0.390	42

　　从评价结果来看，由于不同评价方法评价原理不同，其评价结果相差较大，除了前3名排序一致外，其他排序结果相差较大。从评价方法选取的角度，专家会议赋权法、TOPSIS评价方法几乎可以适用于一切评价，主成分分析和因子分析需要进行适用性检验，但一般不通过的情况极其罕见，所以从评价方法角度来选择评价方法几乎是不可能的。

2. 四种多属性评价方法的相关性分析

　　四种评价方法的相关系数如表8-24所示，它们之间拥有极高的相关系数，最低的相关系数为因子分析与TOPSIS之间的相关系数，为0.936；最高的相关系数为因子分析与主成分分析之间的相关系数，为0.987。对比表8-24中的排序结果可以看出，尽管不同评价方法评价结果的相关系数很高，但是评价结果的排序相差仍然较大。需要注意的是，表8-24中这种排序差异是在区分度相对较好的优秀期刊之间的，如果是处在中等水平的期刊排序，其差异会更大。

表 8-24 四种评价方法的相关系数

指标	专家会议赋权法	主成分分析	因子分析	TOPSIS
专家会议赋权法	1			
	—			
主成分分析	0.983	1		
	0	—		
因子分析	0.983	0.987	1	
	0	0	—	
TOPSIS	0.959	0.963	0.936	1
	0	0	0	—

3. 因子——人工神经网络筛选法结果

下面用两个公共因子作为输入，4 种评价方法的评价结果分别作为输出，基于 BP 神经网络进行学习，并得到最终模型的权重。由于 BP 神经网络可能存在局部极小化问题和网络结构不唯一问题，为了提高研究的稳健性，每种评价方法的 BP 神经网络模型均学习 5 次，每次迭代次数为500，取 5 次的平均结果。

专家赋权法、主成分分析、因子分析、TOPSIS 四种评价方法的因子——人工神经网络筛选结果权重如表 8-25—表 8-28 所示。

表 8-25 专家赋权法筛选权重

训练次数	网络结构	拟合优度	相关系数	F1 权重	F2 权重
1	2-6-1	0.944	0.976	0.898	0.102
2	2-4-1	0.942	0.975	0.900	0.100
3	2-5-1	0.941	0.974	0.904	0.096
4	2-2-1	0.943	0.975	0.897	0.103
5	2-5-1	0.943	0.975	0.890	0.110
平均值	—	0.943	0.975	0.898	0.102

表 8-26　主成分分析筛选权重

训练次数	网络结构	拟合优度	相关系数	F1 权重	F2 权重
1	2-5-1	0.986	0.994	0.830	0.170
2	2-2-1	0.977	0.989	0.839	0.161
3	2-4-1	0.986	0.993	0.830	0.170
4	2-5-1	0.987	0.994	0.830	0.170
5	2-6-1	0.987	0.994	0.829	0.171
平均值	—	0.985	0.993	0.832	0.168

表 8-27　因子分析筛选权重

训练次数	网络结构	拟合优度	相关系数	F1 权重	F2 权重
1	2-4-1	0.985	0.993	0.922	0.078
2	2-6-1	0.987	0.994	0.921	0.079
3	2-4-1	0.986	0.994	0.922	0.078
4	2-7-1	0.986	0.993	0.921	0.079
5	2-7-1	0.987	0.994	0.922	0.078
平均值	—	0.986	0.994	0.922	0.078

表 8-28　TOPSIS 筛选权重

训练次数	网络结构	拟合优度	相关系数	F1 权重	F2 权重
1	2-2-1	0.810	0.956	0.577	0.423
2	2-2-1	0.965	0.985	0.583	0.417
3	2-6-1	0.958	0.981	0.577	0.423
4	2-6-1	0.939	0.973	0.551	0.449
5	2-5-1	0.937	0.972	0.548	0.452
平均值	—	0.922	0.973	0.567	0.433

　　将 4 种评价方法的因子——人工神经网络平均权重做成一张表，如表 8-29 所示。这样就可以非常清晰地看出各种评价方法的侧重点，专家会议赋权法影响力权重为 0.898，时效性权重为 0.102，更加侧重影响力。因子分析法影响力权重为 0.922，时效性权重为 0.078，相比专家会议赋

权法更加注重影响力。主成分分析赋权法影响力权重为 0.832，时效性权重为 0.168，对时效性的重视程度有所加强。而 TOPSIS 最重视时效性，其权重为 0.433，影响力权重为 0.567。如果在这个基础上进一步比较权重，选择评价方法则非常方便。

本节将这个权重组合发给各位专家，8 位专家有 7 位倾向于采用主成分分析法进行评价，即以期刊影响力评价为主，兼顾时效性进行评价。这样评价方法的选取就结束了，对于 4 种评价方法而言，选取主成分分析更合适，最后应该采用主成分分析的评价结果作为唯一标准。

表 8-29   四种评价方法因子平均权重比较

评价方法	拟合优度	相关系数	影响力权重	时效性权重
专家会议赋权法	0.943	0.975	0.898	0.102
主成分分析	0.985	0.993	0.832	0.168
因子分析	0.986	0.994	0.922	0.078
TOPSIS	0.922	0.973	0.567	0.433

8.4.5   研究结论

1. 在学术评价中多属性评价方法的选择必须兼顾主观和管理因素

学术评价本质上是主观的，评价随着人类社会的发展越来越复杂，进而诞生了客观赋权法，但是客观评价法也必须为管理服务，客观评价方法的选取也是人为的，其评价结果是否合适也要依靠人工加以判断，评价结果的运用也要考虑到各利益相关者的感受，所以对于多属性评价方法的选取，无论是客观评价方法还是主观评价方法，均要兼顾主观和管理因素，即在方法选取中必须施加人工的判断。

2. 因子-人工神经网络筛选法是一种有效的评价方法选取手段

因子-人工神经网络筛选法首先通过降维，从评价指标中提取少数公共因子，再通过 BP 人工神经网络对某种多属性评价方法的公共因子和评价结果进行训练学习，从而得到该评价方法的因子权重，再辅助专家知识和管理需求来进行评价方法的筛选。实证研究表明，通过因子分析降维，降低了专家判断权重的难度。人工神经网络学习模型具有较好的稳定性，得到的权重是可信的。并且该方法适用于所有的多属性评价方法，因此具有广阔的应用前景。

3. 因子-人工神经网络筛选法可以用来辅助专家赋权

虽然因子-人工神经网络筛选法是一种多属性评价方法筛选方法，但是在专家赋权时，利用该方法可以得到公共因子的权重，并反馈给专家。由于只有少数公共因子，并且公共因子之间不相关，这样可以让专家非常容易地判断指标赋权是否合适，因为不是直接面对几十个甚至更多的评价指标。本质上，因子-人工神经网络筛选法提高了评价要素的区分度，方便了专家。

4. 对于多属性评价方法的进一步优化成为新的问题

通过因子-人工神经网络筛选法进行多属性评价方法的筛选，只能依托现有的多属性评价方法，在极限情况下，如果尝试的所有多属性评价方法的因子权重均不能达到专家或管理需求希望的结果，即有可能否决正在尝试的所有多属性评价方法。在这种情况下，如何进一步推进评价？一种可能的思路是进一步调整各评价指标的权重，采用专家赋权法重新进行评价并进行进一步的检验，但这种工作耗时长，不确定性因素多，有待进一步深入研究。

5. 当评价对象较少时不宜采用本节方法

因子-人工神经网络筛选法必须符合两个前提条件，第一是因子分析的前提条件，比如 KMO 检验必须通过(这通常没有问题)，评价对象至少达到一定数量，第二是人工神经网络的前提条件，比如对样本数量的要求。如果这些前提条件不满足，是无法应用该方法进行多属性评价方法选取的。

参 考 文 献

[1] ADLER R, EWING J, TAYLOR P. Citation statistics[J]. Statistical Science, 2009, 24(1): 1-26.

[2] ALI D, EHSAN S S, REFIK S. Information measures for generalized gamma family[J]. Journal of Econometrics, 2007, 138(2): 568-585.

[3] ALONSO S, CABRERIZO F J, HERRERA-VIEDMA E, et al. Hg-index: A new index to characterize the scientific output of researchers based on the h-and g-indices[J]. Scientometrics, 2010, 82(2): 391-400.

[4] AMIN M, MABE M. Impact factors: Use and abuse perspectives in publishing[M]. Oxford: Elsevier Seience, 2000.

[5] ANDERBERG M R. Cluster analysis for application[M]. New York: Academic Press, 1973.

[6] ANDERSON T R, Hankin R K S, Killworth P D. Beyond the Durfee square: Enhancing the h-index to score total publication output[J]. Scientometrics, 2008, 76(3): 577-588.

[7] BARTNECK C, KOKKELMANS S. Detecting h-index manipulation through self-citation analysis [J]. Scientometrics, 2011, 87(1): 85-98.

[8] BATISTA P D, CAMPITELI M G, KONOUCHI O. Is it possible to compare researchers with different scientific interests? [J] Scientometrics, 2006, 68(1): 179-189.

[9] BERGSTROM C T, WEST J D, WISEMAN M A. The Eigenfactor Metrics [J]. The Journal of Neuroscience, 2008, 28(45): 11433-11434.

[10] BHARATHI D G. Methodology for the evaluation of scientific journals: aggregated citations of cited articles[J]. Scientometrics, 2011, 86(3): 563-574.

[11] BJORK B C. A model of scientific communication as a global distributed information system [J]. Information Research, 2006, 12(2): 296-296.

[12] BLESSINGER K, HRYCAJ P. Highly cited articles in library and information science: An analysis of content and authorship trends [J]. Library & Information Science Research, 2010, 32(2): 156-162.

[13] BOLLEN J, DE SOMPEL H V, HAGBERG A & CHUTE R. A principal component analysis of 39 scientific impact measures [EB/OL]. http://arxiv.org/abs/0902.2183, 2009-06-12.

[14] BOLLEN J, VAN DE SOMPEL H, HAGBERG A, et al. A principal component analysis of 39 scientific impact measures [J]. Plos One, 2009, 4(6): e6022.

[15] BONNEVIE NEBELONG E. Journal citation identity, journal citation image and internationalisation: Methods for journal evaluation [J]. Scientometrics, 2006, 66(2): 411-424.

[16] BORDONS M, GARCÍA-JOVER F, BARRIGON S. Bibliometric analysis of publications of Spanish pharmacologists in the SCI(1984-89) [J]. Scientometrics, 1992, 24(1): 163-177.

[17] BORNMANN L, MUTZ R & DANIEL H. Are there better indices for evaluation purposes than the h index? A comparison of nine different variants of the h index using data from Biomedicine [J]. Journal of the American Society for Information Science and Technology, 2008, 59(5): 830-837.

[18] BORNMANN L, MUTZ R, NEUHAUS C, et al. Citation counts for research evaluation: Standards of good practice for analyzing bibliometric data and presenting and interpreting results [J]. Ethics in Science and Environmental Politics(ESEP), 2008, 8(1): 93-102.

[19] BRADSHAW C J A, BROOK B W. How to rank journals [J]. Plos One, 2016, 11(3): e0149852.

[20] Braun T, GLANZEL W. World flash on basic research: A topographical approach to world publication output and performance in science [J]. Scientometrics, 1990(19): 159-165.

[21] BRAUN T, GLÄNZEL W, SCHUBERT A. A Hirsch-type index for journals [J]. Scientometrics, 2006, 69(1): 169-173.

[22] BROGAARD J, E ENGELBERG & PARSONS C A. Networks and Productivity: Causal Evidence from Editor Rotations [J]. Journal of Finance Economics, 2014, 111(1): 251-270.

［23］BRUCE, CHRISTINE. Information literacy around the world［M］. Centre for Information Studies, Charles Sturt University, 2000.

［24］CAMPANARIO J M. Empirical study of journal impact factors obtained using the classical two-year citation window versus a five-year citation window［J］. Scientometrics, 2011, 87(1): 189-204.

［25］CASTELLS M. Communication power［M］. London: Oxford University Press, 2009.

［26］CHAKRABORTY S, YEH C H. ［IEEE Industrial Engineering(CIE39)-Troyes, France(2009.07.6-2009.07.9)］ 2009 International Conference on Computers & Industrial Engineering-A simulation comparison of normalization procedures for TOPSIS［C］. 2009: 1815-1820.

［27］CHEN C M, HICKS D. Tracing knowledge diffusion［J］. Scientometries, 2004, 59(2): 199-211.

［28］CHEN G H, LIM J, CHEN Y T. The Research on Measurement of Drift about the Evaluation Conclusion of Single Method［M］. Harbin: Harbin Institute of Technology Press, 2003: 507-514.

［29］CHORUS C G. The practice of strategic journal self-citation: It exists, and should stop ［J］. European Journal of Transport & Infrastructure Research, 2015, 15(3): 274-281.

［30］CHUA A Y K, YANG C C. The shift towards Multi-Disciplinarity in information science［J］. Journal of the American Society for Information Science and Technology, 2008, 59(13): 2156-2170.

［31］CLAUDE E SHANNON, WARREN WEAVER. The mathematical theory of communication［M］. Illinois: The University of Illionis Press, 1971.

［32］CLAUDIA CONTRERAS, et al. The current impact factor and the long-term impact of scientific journals by discipline: A logistic diffusion model estimation［J］. Scientometrics, 2006, 69(3): 689-695.

［33］COELHO P R P, MCCLURE J E & REILLY P J. An investigation of editorial favoritism in the AER［J］. Eastern Economic Journal, 2014, 40(2): 274-281.

［34］COSTAS R & BORDONS M. The h-index: Advantages, limitations and its relation with other bibliometric indicators at the micro level［J］. Journal of Informetrics, 2007, 1(3): 193-203.

［35］COUPÉ T, GINSBURGH V & NOURY A. Are leading papers of better quality? Evidence from a natural experiment [J]. Oxford Economic Papers, 2010, 62(1): 1-11.

[36] CRISTIAN S C, MONICA D. Entropic measures, Markov information sources and complexity [J]. Applied Mathematics and Computation, 2002, 132(2): 369-384.

[37] DAVENPORT T H, PHILIP K. Managing customer support knowledge [J]. Califomia Management Review, 1998, 40(3): 195-208.

[38] DAVIS P M. Eigenfactor: Does the principle of repeated improvement result in better estimates than raw citation counts[J]. Journal of the American Society for Information Science and Technology, 2008, 59 (13): 2186-2188.

[39] DELLA SALA S, GRAFMAN J. Five-year impact factor[J]. Cortex, 2009, 45(8): 911-911.

[40] DELLA SALA S, JORDAN G. Cortex 2009 5-year and 2-year Impact Factor: 4.1[J]. Cortex, 2010, 46(9): 1069.

[41] DIAKOULAKI D, MAVROTAS G, PAPAYANNAKIS L. Determining objective weights in multiple criteria problems: the CRlTIC method[J]. Computers Ops Res, 1995, 22(7): 763-770.

[42] DORTA-GONZALEZ P, DORTA-GONZALEZ M I. Impact maturity times and citation time window s: The 2-year maximum journal impact factor [J]. Journal of Informetrics, 2013, 7(3): 593-602.

[43] EDWARD J J. A user's guide to principal components[M]. New York: A Wiley Inter Science Publication, 1992.

[44] EGGHE L. An improvement of the H-index: the G-index[J]. Quarterly E-zine of International Society for Scientometrics and Informetrics, 2006, 2(1): 8-9.

[45] EGGHE L. Journal diffusion factors and their mathematical relations with the number of citations and with the impact factor[M]. INGWERSEN P, LARSEN B (Eds). Proceedings of ISSI 2005. Stockholm: Karolinska University Press, 2005: 109-120.

[46] EGGHE L. On the influence of growth on obsolescence[J]. Sciento-metrics, 1993, 27(2): 195-214.

[47] EGGHE L. Theory and practice of the g-index[J]. Scientometrics, 2006, 69(1): 131-152.

［48］ FABRIGAR L R, WEGENER D T, MACCALLUM R C & STRAHAN E J. Evaluating the use of exploratory factor analysis in psychological research［J］. Psychological Methods, 1999, 4(3): 272-299.

［49］ FANG Hongling. Self-citation rates of scientific and technical journal in SCI from China, Japan, India, and Korea［J］. Learned Publishing, 2013, 26(1): 45-49.

［50］ Félix de Moya SNIP & SJR new perspectives in journal metrics［EB/OL］. http://info.scopus.com/journalmetrics/index.html, 2016-10-16.

［51］ FOO J Y. A study on journal self-citations and intra-citing within the subject category of multidisciplinarysciences［J］. Science & Engineering Ethics, 2009, 15(4): 491.

［52］ FRAGKIADAKI E G, EVANGELIDIS, et al. F-Value: Measuring an article's scientific impact［J］. Scientometrics, 2011, 86(3): 671-686.

［53］ FRANCESCHET M. Information processing and management［J］. Information Processing and Management, 2010(46): 555-558.

［54］ FRANCESCHET M. The difference between popularity and prestige in the sciences and in the social sciences: A bibliometric analysis［J］. Journal of Informetrics, 2010, 4(1): 55-63.

［55］ FRANDSEN T F, ROUSSEAU R, ROWLANDS I. Diffusion factors［J］. Journal of Documentation, 2006, 62(1): 58-72.

［56］ FRANDSEN T F. Journal diffusion factors: A measure of diffusion?［J］. Aslib Proceedings, 2004, 56(1): 5-11.

［57］ FRANDSEN T F. Journal self-citations: Analyzing the JIF mechanism［J］. Journal of Informetrics, 2007, 1(1): 47-58.

［58］ FREDRIK A. Changes in the LIS research front: Time-sliced cocitation analyses of LIS journal articles, 1990-2004［J］. Journal of the American Society for Information Science & Technology, 2007, 58(7): 947-957.

［59］ GANGAN P. A three-dimensional bibliometric evaluation of research in polymer solar cells［J］. Scientometrics, 2014, 101(1): 889-898.

［60］ GARFIELD E. Citation analysis as a tool in journal evaluation［J］. Science, 1972, 178(60): 471-479.

［61］ GARFIELD E. Citation indexes in sociological and historical research［J］. American Documentation, 1963, 14(14): 289-291.

［62］ GARFIELD E. Long-term vs. short-term journal impact: Does it matter?

[J]. Scientist, 1998, 12(3): 11-12.

[63] GARFIELD E. Long-term vs. short-term journal impact: part 2: The second 100 highest-impact journals[J]. Scientist, 1998, 12(14): 1-13.

[64] GARFIELD E. The history and meaning of the journal impact Factor[J]. JAMA, 2006, 295(1): 90-93.

[65] GARVEY W D. Communication: The essence of science[M]. New York: Pergamon Press, 1979.

[66] GLÄNZEL W, BALÁZS S, BART T. Better late than never? On the chance to become highly cited only beyond the standard bibliometric time horizon[J]. Scientometrics, 2003, 58(3): 571-586.

[67] GLÄNZEL W. Bibliometrics-aided retrieval: Where information retrieval meets scientometrics[J]. Scientometrics, 2015, 102(3): 2215-2222.

[68] GLÄNZEL W. On the h-index—A mathematical approach to a new measure of publication activity and citation impact[J]. Scientometrics, 2006, 67(2): 315-321.

[69] GORDON T J, HELMER O. Report on a long-range forecasting study [M]. California: The Rand Corporation, 1964.

[70] GREGORY A J, JACKSON M C. Evaluationmethodologies: A system of use[J]. Journal of Operational Research, 1992, 43(1): 19-28.

[71] GREGORY A J. The road to integration: Reflections on the development of organizational evaluation theory and practice[J]. Omega, 1996, 24 (3): 295-370.

[72] GUAN J C, Gao X. Exploring the h-index at patent level[J]. Journal of the American Society for Information and Technology, 2008, 59(13): 1-61.

[73] GUPTA U. Obsolescence of physics literature obsolescence of physics literature-exponential decrease of the density of citations to physical-review articles with age[J]. Journal of the American Society for Information Science, 1990, 41(4): 282-287.

[74] HADDOW G, GENON P. Australian education journals: quantitative and qualitative indicators [J]. Australian Academic & Research Libraries, 2009, 40(2): 88-104.

[75] HANNON C E, WEAVER W. The mathematical theory of communication [J]. Mobile Computing and Communications Reviews, 1948, 5(1): 3-

55.

［76］HANSEN C D, JOHNSON C R. The visualization handbook［M］. Oxford: Elsevier Inc, 2005.

［77］HARATHI D G. Methodology for the evaluation of scientific journals: Aggregated citations of cited articles［J］. Scientometrics, 2011, 86(3): 563-574.

［78］HARTLEY R V L. Transmission of information［J］. Bell System Technical Journal, 1928(7): 535-563.

［79］HENDRIX D. An analysis of bibliometric indicators, national institutes of health funding, and faculty size at Association of American Medical Colleges medical schools, 1997-2007［J］. Journal of the Medical Library Association, 2008, 96(4): 324-334.

［80］HICKS D, WOUTERS P, WALTMAN L, et al. The Leiden Manifesto for research metrics［J］. Nature, 2015, 520(7548): 429-431.

［81］HIRSCH J E, BUELA-CASAL G. The meaning of the h-index［J］. International Journal of Clinical and Health Psychology, 2014, 14(2): 161-164.

［82］HIRSCH J E. An index to quantify an individual's scientific research output［J］. Proceedings of the National Academy of Sciences, 2005, 102 (46): 16569-16572.

［83］HIRSCHMAN A O. The political economy of import—substituting industrialization in Latin America［J］. The Quarterly Journal of Economics, 1968(1): 1-32.

［84］HOERL A E, KENNARD R W. Ridge regression: Biased estimation for non orthogonal problems［J］. Technometrics, 1970(12): 55-67.

［85］HORNIK K, STINCHCOMBE M. White univeral approximation of an unknown mapping and its derivative using mulilayer feedword networks［J］. Neural Network, 1990, 32(2): 551-560.

［86］HOVLAND C I, JANIS I L, KELLEY H H. Communication and persuasion［M］. New Haven: Yale University Press, 1953: 6-67.

［87］HUANG M, LIN W. The influence of journal self-citations on journal impact factor and immediacy index［J］. Online Information Review, 2012, 36(5): 639-654.

［88］HWANG C L, YOON K P. Multiple attribute decision making: Methods and applications[M]. Berlin: Springer-Verlag, 1981: 1-50.

[89] HYLAND K. Self-citation and self-reference: Credibility and promotion in academic publication [J]. Journal of the American Society for Information Science and Technology, 2003, 54(3): 251-259.

[90] IRSCH J. An index to quantify an individual's scientific research output [J]. Proceedings of the National Academy of Sciences, 2005, 102 (46): 16569-16572.

[91] JACSO P. Five-year impact factor data in the journal citation reports[J]. Online Information Review, 2009, 33(3): 603-614.

[92] JIN B H, LIANG L M, ROUSSEAU R, et al. The R-and AR-indices: Complementing the h-index [J]. Chinese Science Bulletin, 2007, 52 (6): 855-863.

[93] JÄRVELIN K, VAKKARI P. The evolution of library and information science 1965-1985: A content analysis of journal articles[J]. Information Processing & Management, 1993, 29(1): 129-144.

[94] KANBUR R. Economics, social science and development[J]. World Development, 2002, 30(12): 477-486.

[95] KATSAROS C, MANOLOPOULOS Y & SIDIROPOULOS A. Generalized h-index for disclosing latent facts in citation networks[J]. Scientometrics, 2007, 72(2): 253-280.

[96] KLEIBER M. Body size and metabolism[J]. Hilgardia, 1932, 6: 315 - 351.

[97] KOSMULSKI M. A new Hirsch-type index saves time and works equally well as the original h-index[J]. ISSI Newsletter, 2006, 2(3): 4-6.

[98] KOSMULSKI M. Successful Papers: A new idea in evaluation of scientific output[J]. Journal of Informetrics, 2011, 5(3): 481-485.

[99] KROGH V. Carein knowledge creation[J]. California Management Review, 1998, 40(3): 133-153.

[100] KUO W, RUPE J. R-impact factor: Reliability-based citation impact factor[J]. IEEE Transaction on Reliability, 2007, 56(3): 366-367.

[101] LABAND D N & PIETTE M J. Favoritism versus search good papers: Empirical evidence regarding the behavior of journal editors[J]. Journal of Political Economy, 1994, 102(1): 194-203.

[102] LABAND D N. Publishing favoritism: A critique of department rankings

based on quantitative publishing performance[J]. Southern Economics Journal, 1985, 52(2): 510-515.

[103] LAMA N, BORACCHI P, BIGANZOLI E. Exploration of distributional models for a novel intensity-dependent normalization procedure in censored gene expression data [J]. Computational Statistics and Data Analysis, 2009, 53(5): 1906-1922.

[104] LEYDESDORFF L, BORNMANN L. Integrated Impact Indicators(I3) compared with Impact Factors(IFs): An alternative research design with policy implications[J]. Journal of the Association for Information Science & Technology, 2011, 62(11): 2133-2146.

[105] LEYDESDORFF L, OPTHOF T. Scopus's source normalized impact per paper(SNIP) versus a journal impact factor based on fractional counting of citations[J]. Journal of the American Society for Information Science and Technology, 2010, 61(11): 2365-2369.

[106] LI Z M, LIECHTY M, XU J P, et al. A fuzzy multi-criteria group decision making method for individual research output evaluation with maximum consensus[J]. Knowledge-Based Systems, 2014(56): 253-263.

[107] LIANG J Y, ZHAO X W, LI D Y, et al. Determining the number of clusters using information entropy for mixed data[J]. Pattern Recognition, 2012, 45(6): 2251-2265.

[108] LINE M B. Changes in the use of literature with time: Obsolescence revisited[J]. Library Trends, 1993, 41(4): 665-683.

[109] LIU Y, ROUSSEAU R. Knowledge diffusion through publications and citations: A case study using ESI-fields as unit of diffusion[J]. Journal of the American Society for Information Science and Technology, 2010, 61(2): 340-351.

[110] LIU YX, ROUSSEAU R. Hirsch-type indices and library management: The case of Tongji University Library[A]. Proceedings of the 11th ISSI Conference, 2007.

[111] LUHN H P. A statistical approach to mechanized encoding and searching of literary information[J]. IBM Journal of Research and Development, 1957, 1(4): 309-317.

[112] MA F M, GUO Y J. Density-induced ordered Weighted averaging operators [J]. International Journal of Intelligent Systems, 2011, 26(9):

866-886.

[113] MACCALLUM R C, WIDAMAN K F, ZHANG S, et al. Sample size in factor analysis[J]. Psycholical Methods, 1999, 4(1): 84-99.

[114] MARK J M, CHRISTOPHER M S. A model of academic journal quality with applications to open access journals [EB/OL]. http://citeseerx. ist.psu.edu/viewdoc/download? doi=10.1.1.116.7562&rep=repl&type =pdf,2011-06-11.

[115] MARKPIN T, BOONRADSAMEE B, RUKSINSUT K, et al. Article-count impact factor of materials science journals in SCI database[J]. Scientometrics, 2008, 75(2): 251-261.

[116] MARON M E, KUHNS J L. On relevance, probabilistic indexing and in-formation retrieval[J]. Journal of the ACM, 1960, 7(3): 216-244.

[117] MARTINEZ M, et al. Characterizing highly cited papers in social work through H-Classics[J]. Scientometrics, 2015, 102(2): 1713-1729.

[118] MAYR P. Constructing experimental indicators for open access documents[J]. Research Evaluation, 2006, 15(2): 127-132.

[119] MIMOUNI M, RATMANSKY M, SACHER Y, et al. Self-citation rate and impact factor in pediatrics [J]. Scientometrics, 2016, 108(3): 1455-1460.

[120] MINGERS J, YANG L. Evaluating journal quality: A review of journal citation indicators and ranking in business and management [J]. European Journal of Operational Research, 2017, 257(1): 323-337.

[121] MISHRA S, DESHMUKH S G, VRAT P. Matching of technological forecasting technique to a technology[J]. Technological Forecasting & Social Change, 2002(69): 1-27.

[122] MOED H F, DE BRUIN R E. New bibliometric tools for the assessment of national research performance[J]. Scientometrics, 1995, 33: 381-422.

[123] MOED H F. Measuring contextual citation impact of scientific journals [J]. Journal of Informetrics, 2010, 4(3): 265-277.

[124] MOED H F. The impact-factors debate: the ISI's uses and limits[J]. Nature, 2002, 415(6873): 731-732.

[125] MONTGOMERY K, OLIVER A L. Shifts in guidelines for ethical scientific conduct: How public and private organizations create and change

norms of research integrity［J］. Social Studies of Science, 2009, 39 (1): 137-155.

［126］ MOORE P. An analysis of information literacy education worldwide［J］. School Libraries Worldwide, 2005(11).

［127］ NAKAMURA H, SUZUKI S, HIRONORI T, et al. Citationlag analysis in supply chain research ［J］. Scientometrics, 2011, 87(2): 221-232.

［128］ NEUHAUS C, MARX W, DANIEL H D. The publication and citation impact profiles of Angewandte Chemie, and the Journal of the American Chemical Society, based on the sections of Chemical Abstracts: A case study on the limitations of the Journal Impact Factor［J］. Journal of the American Society for Information Science & Technology, 2009, 60 (1): 176-183.

［129］ ODLYZKO A. The rapid evolution of scholarly communication［J］. Learned Publishing, 2002, 15(1): 7-19.

［130］ OPRICOVIC S, TZENG G H. Extended VIKOR method in comparison with outranking methods［J］. European Journal of Operational Research, 2007, 178(2): 514-529.

［131］ OPRICOVIC S. Multi Criteria Optimization of Civil Engineering Systems ［Z］. Belgrade: Faculty of Civil Engineering, 1998.

［132］ PAL N R, BISWAS J. Clusters validation using graph theoretic concepts ［J］. Pattern Recognition, 1997, 30(6): 847-857.

［133］ PAN R K, FORTUNATO S. Author impact factor: Tracking the dynamics of individual scientific impact ［J］. Scientific reports, 2014, 4 (4880): 7-8.

［134］ PATRICIA P, JOSÉ P S, ANTONIO A, et al. An annual JCR impact factor calculation based on Bayesian credibility formulas［J］. Journal of Informetrics, 2013, 7(1): 1-9.

［135］ PAWLAK Z. Rough sets［J］. International Journal of Computer and Information Sciences, 1982, 11(5): 341-356.

［136］ PEARL R, REED L J. On the rate of growth of the population of the United States since 1790 and its mathematical representation［J］. Proceedings of the National Academy of Sciences, 1920, 6(6): 275-288.

［137］ PRATHAP G. A three-class, three-dimensional bibliometric performance indicator［J］. Journal of the Association for Information Science and

Technology, 2014, 65(7): 1506-1508.

[138] PRATHAP G. A three-class, three-dimensional bibliometric perform-ance indicator[J]. Journal of the Association for Information Science & Technology, 2014, 65(7): 1506-1508.

[139] PRATHAP G. A three-dimensional bibliometric evaluation of recent research in India[J]. Scientometrics, 2017(110): 1085-1097.

[140] PRATHAP G. A three-dimensional bibliometric evaluation of research in polymer solar cells[J]. Scientometrics, 2014(101): 889-898.

[141] PRATHAP G. Is there a place for a mock h-index? [J]. Scientomet-rics, 2010, 84(1): 153-165.

[142] PRATHAP G. The 100 most prolific economists using the p-index [J]. Scientometrics, 2010, 84(1): 167-172.

[143] PRATHAP G. The zynergy-index and the formula for the h-Index[J]. Journal of the Association for Information Science and Technology, 2014, 65(2): 426-427.

[144] PRICE D J S. Networks of scientific papers[J]. Science, 1965, 149 (368): 510-515.

[145] PRICE D S. Citation measure of hard science, soft science, technology & non-science[M]. Mass: Heath Lexington, 1970: 3-22.

[146] PRICE D. Little science, big science[M]. Columbia: Columbia Uin-versity Press, 1963.

[147] RADICCHI F, CASTELLANO C. Rescaling citations of publications in physics[J]. Physical Review E Statistical Nonlinear & Soft Matter Phys-ics, 2011, 83(2): 046116.

[148] RANCESCHET M. The difference between popularity and prestige in the sciences and in the social sciences: A bibliometric analysis [J]. Journal of Informetrics, 2010, 4(1): 55-63.

[149] REDNER S. How popular is your paper an empirical study of the citation distribution[J]. Eur Phys, 1998(B4): 131-134.

[150] RICE R E. Evaluating new media systems[J]. New Directions for Pro-gram Evaluation, 1984, 1984(23): 53-71.

[151] ROPE V. The introduction of the 5-year impact factor: Does it benefit statistics journals? [J]. Statistica Neerlandica, 2010, 64(1): 71-76.

[152] ROUSSEAU R. A case study: Evolution of JASIS's Hirsch index[J].

Science focus(in Chinese), 2006, 1(1): 16-17.

[153] ROUSSEAU R. On the relation between the WoS impact factor, the eigenfactor, the SCImago journal rank, the article influence score and the journal h-index[J/OL]. http://eprints. rclis. org/13304/1/Rousseau_ Nanjing_ conference_ contribution. pdf, 2018-04-28.

[154] ROUSSEAU R. Robert fairthorne and the empirical power laws[J]. Journal of Documentation, 2005, 61(2): 194-205.

[155] ROWLANDS I. Journal diffusion factor: A new approach to measuring research influence[J]. Aslib Proceedings, 2002, 54(2): 77-84.

[156] ROWLANDS I. Journal diffusion factors: A new approach to measuring research influence[J]. Aslib Proceedings, 2002, 54(2): 77-84.

[157] RUANE F, TOL R. Rational(successive) h-indices: An application to economics in the Republic of Ireland[J]. Scientometrics, 2008, 75 (2): 395-405.

[158] RUMELHART D E, HINTON G E, WILLIAMS R J. Learning representations by back-propagation error[J]. Nature, 1998, 323 (9): 533-536.

[159] SAATY A L. Measuring the fuzziness of sets[J]. Journal of Cybernetics, 1974, 4(4): 53-61.

[160] SANNI S A, ZAINAB A N. Measuring the influence of a journal using impact and diffusion factors[J]. Malaysian Journal of Library & Information Science, 2011, 16(2): 127-140.

[161] SCHLOEGL C, PETSCHNIG W. Library and information science journals: An editor survey[J]. Library Collections, Acquisitions and Technical Services, 2005, 29(1): 4-32.

[162] SCHOLL J, JANSSEN M, TRAUNMüLLER R, et al. Electronic government[J]. Proceedings of EGOV, 2009(5693): 40-59.

[163] SCHREIBER M. Self-citation corrections for the Hirsch index[J]. Physics, 2007, 78(3): 30002.

[164] SCHUBERT E. Use and misuse of impact factor[J]. Systematics and Biodiversity, 2012, 10(4): 391-394.

[165] SEGLEN P O. The skewness of science[J]. Journal of the American Society for Information Science, 1992, 43(9): 628-638.

[166] SEGLEN P O. Why the impact factor of journals should not be used for

evaluating research[J]. BMJ, 1997, 314(7079): 498-502.

[167] SERENKO A, BONTIS N. Global ranking of knowledge management and intellectual capital academic journals: 2013 update[J]. Journal of Knowledge Management, 2013, 17(2): 307-326.

[168] SERVAES J. On impact factors and research assessment: At the start of volume 31 of telematics and informatics[J]. Telematics and Informatics, 2014, 31(1): 1-2.

[169] SHIDELER G S, ARAUJO R J. Measures of scholarly journal quality are not universally applicable to determining value of advertised annual subscription price[J]. Scientometrics, 2016, 107(3): 963-973.

[170] SHOTTON D. The five stars of online journal article: A framework for article evaluation[J]. D-Lib magazine, 2012, 18(1/2): 1-16.

[171] SIDIROPOULOS A, GOGOGLOU A, KATSAROS D, et al. Gazing at the skyline for star scientists [J]. Journal of Informetrics, 2016, 10 (3): 789-813.

[172] SIDIROPOULOS A, KATSAROS D & MANOLOPOULOS Y. Generalized hirsch h-index for disclosing latent facts in citation networks[J]. Scientometrics, 2007, 72(2): 253-280.

[173] SINGH J. Collaborative networks as determinants of knowledge diffusion patterns[J]. Management Science, 2005, 51(5): 756-770.

[174] SOMBATSOMPOP N, KOSITCHAIYONG A, MARKPIN T, et al. Scientific evaluations of citation quality of international research articles in the sci database: Thailand case study [J]. Scientomtrics, 2006, 66 (3): 521-535.

[175] SPEARMAN C. The proof and measurement of association between two things[J]. The American Journal of Psychology, 1987, 100(3-4): 441-471.

[176] STRINGER M J, SALES-PARDO M, AMARAL L. Effectiveness of journal ranking schemes as a tool for locating information[J]. Plos One, 2008, 3(2): e1683.

[177] TEIXEIRA D S J A, MEMON A R. CiteScore: A cite for sore eyes, or a valuable, transparent metric? [J]. Scientometrics, 2017, 111(1): 553-556.

[178] TIJSSEN R J W. A quantitative assessment of interdisciplinary structures

in science and technology: Co-classification analysis of energy research [J]. Research Policy, 1992, 21(1): 27-44.

[179] TSAI W H, LEE P L, SHEN Y S, et al. A combined evaluation model for encouraging entrepreneurship policies[J]. Annals of Operations Research, 2014, 221(1): 449-468.

[180] UBES R C & JAIN A K. Algorithms for clustering data[M]. Upper Saddle River: Prentice-Hall, 1988.

[181] UNDP. Human development report technical notes 2014 [R/OL]. http://hdr.undp.org/sites/default/files/hdr14_technical_notes.pdf.

[182] URTON R E, KEBLER R W. The half-life of some scientific and technical literatures[J]. American Documentation, 1960, 11(1): 18-22.

[183] VALADEZ E R, ARTEAGA U O, RIOS C. Eigenfactor score and alternative bibliometrics surpass the impact factor in a 2 years ahead annual citation calculation: A linear mixed design model analysis of Radiology, Nuclear Medicine and Medical Imaging journals[EB/OL]. https://doi.org/10.1007/s11547-018-0870-y,2018-03-05.

[184] VAN RAAN A F J. Comparison of the hirsch-index with standard bibliometric indicators and with peer judgement for 147 chemistry research groups [J]. Scientometrics, 2006, 67(3): 491-502.

[185] VAN RAAN A F J. Sleeping beauties in science[J]. Scientometrics, 2004, 59(3): 467-472.

[186] VANCLAY J K. Impact factor: Outdated artefact or stepping-stone to journal certification? [J]. Scientometrics, 2012, 92(2): 211-238.

[187] VINKLER P. Introducing the current contribution index for characterizing the recent, relevant impact of journals[J]. Scientometrics, 2008, 79(2): 409-420.

[188] WALLNE R C. Ban impact factor manipulation[J]. Science, 2009, 323(5913): 461-461.

[189] WALTMAN L, VAN ECK N J. The relation between eigenfactor, audience factor, and influence weight[J]. Journal of the American Society for Information Science and Technology, 2010, 61(7): 1476-1486.

[190] WAN J K, HUA P H, ROUSSEAU R. The pure h-index: Calculating an author's h-index by taking co-authors into account[J]. Collnet Journal of Scientometrics & Information Management, 2007, 1(2): 1-5.

[191] WANG X W, FANG Z C, SUN X L. Usage patterns of scholarly articles on Web of Science: A study on Web of Science usage count[J]. Scientometrics, 2016(2): 917-926.

[192] WHITE H D, MCCAIN K W. Visualizing a discipline: An author co-citation analysis of information science, 1972-1995[J]. Journal of the American Society for Information Science & Technology, 1998, 49 (4): 327-355.

[193] WHITE H. Authors as citers over time[J]. Journal of the American Society for Information Science and Technology, 2001, 52(2): 87-108.

[194] WILHITE A W, FONG E A. Coercive citation in academic publishing [J]. Science, 2012, 335(6068): 542-543.

[195] WILLIAMSON G, STEVENSON G, NEELY S, et al. Scalable information dissemination for pervasive systems: Implementation and evaluation[C]. International Workshop on Middleware for Pervasive & Ad-hoc Computing. ACM, 2006.

[196] WOLD S, MARTENS H, WOLD H. The multivariate calibration problem in chemistry solved by the PLS method[M]. Heidelberg: Springer-Verlag, 1983.

[197] XU J P, LI Z M, SHEN W J, et al. Multi-attribute comprehensive evaluation of individual research output based on published research papers[J]. Knowledge-Based Systems, 2013(43): 135-142.

[198] XU Z S, DA Q L. An overview of operators for aggregating information [J]. International Journal of Intelligent Systems, 2003, 18(9): 953-969.

[199] YU L P, SHEN X M, PAN Y T, et al. Scholarly journal evaluation based on panel data analysis[J]. Journal of Informetrics, 2009(3): 312-320.

[200] ZHANG L J, TAO L. A research on methods of robust measurement of multi-index comprehensive evaluation model[J]. Statistics & Information Forum, 2011, 26(5): 16-20.

[201] ZHOU P, SU X, LEYDESDOFF L. A comparative study on communication structures of Chinese journals in the social sciences [J]. Journal of the American Society for Information Science & Technology, 2010, 61(7): 1360-1376.

[202] [比]罗纳德·鲁索，全薇. 期刊影响因子，旧金山宣言和莱顿宣言：评论和意见[J]. 图书情报知识，2016(1)：4-14.

[203] [美]哈罗德·拉斯韦尔. 社会传播的结构与功能[M]. 何道宽，译. 北京：中国传媒大学出版社，2013：11-78.

[204] 安静，李海燕，夏旭. 期刊评价新指标——A 指数与 h 指数的相关性分析[J]. 科技管理研究，2012，32(15)：264-266.

[205] 安静，夏旭，李海燕，等. 类 h 指数：K 指数的修正机理及实证分析[J]. 科技管理研究，2009(6)：382-384.

[206] 安静，夏旭，李海燕. 基于主成分分析研究 A 指数对医学期刊的综合评价效能[J]. 科技管理研究，2014，34(11)：62-64.

[207] 安璐，李纲. 国外图书情报类期刊热点主题及发展趋势研究[J]. 现代图书情报技术，2010(9)：48-55.

[208] 白雨虹，杨秀彬，王延章，等. 灰色关联度理论应用于国内科技期刊综合评价初探——以国内外部分光学期刊为例[J]. 中国科技期刊研究，2008，19(5)：782-785.

[209] 白云. 中国人文社会科学期刊被引半衰期分析研究[J]. 云南师范大学学报(哲学社会科学版)，2006(4)：127-130.

[210] 毕克新，王筱，高巍. 基于 VIKOR 法的科技型中小企业自主创新能力评价研究[J]. 科技进步与对策，2011，28(1)：113-119.

[211] 曹玮，王瑛. 基于改进 CRITIC—CPM 的科技奖励评价模型[J]. 科学学与科学技术管理，2012，33(2)：17-21.

[212] 曹霞，宋琪. 基于企业 QFD 和改进 VIKOR 法的产学研合作伙伴选择研究[J]. 科技管理研究，2016，36(8)：91-97.

[213] 曾莉，王明. 基于 BP 神经网络的科技型中小企业知识产权质押融资风险评价[J]. 科技管理研究，2016，36(23)：164-167.

[214] 曾伟，田时中，田家华. 科技期刊学术影响力综合评价模型与实证[J]. 中国科技期刊研究，2016，27(3)：316-323.

[215] 陈国福，王亮，熊国经，等. 基于主成分和集对分析法的期刊评价方法研究[J]. 情报杂志，2017，36(3)：196-201.

[216] 陈金德，伍晓玲，林雄. 基于因子分析的广东专业镇科技创新能力评价研究[J]. 科技管理研究，2014，34(9)：55-58.

[217] 陈述云，张崇甫. 多指标综合评价方法及其优化选择研究[J]. 数理统计与管理，1994(5)：18-21.

[218] 陈小山，陈国福，张瑞. 基于因子分析和 SEM 模型的期刊评价指

标结构关系研究[J]. 情报科学, 2016, 34(10)：61-64, 71.

[219] 陈衍泰, 陈国宏, 李美娟. 综合评价方法分类及研究进展[J]. 管理科学学报, 2004(2)：69-79.

[220] 陈云良, 罗蓉蓉. "学术代表作"制度的实施条件和程序安排[J]. 现代大学教育, 2014(1)：99-105.

[221] 程杨, 胡冰. 改进 AHM-CRITIC 赋权的雷达装备保障性灰色综合评估[J]. 电讯技术, 2019, 59(2)：229-236.

[222] 慈铁军, 刘晓瑜. 基于决策者偏好的区间数多属性决策属性值规范化方法[J]. 统计与决策, 2015(3)：36-38.

[223] 单凝, 王丹, 于洋, 等. 媒体融合时代下高校类科技期刊的传播力建设[J]. 编辑学报, 2019, 31(S1)：97-99.

[224] 党亚茹, 王莉亚, 高峰, 等. JCR 网络版期刊主要评价指标的变化与发展[J]. 中国科技期刊研究, 2007(6)：951-956.

[225] 党亚茹. 基础学科引文峰值区域比较研究[J]. 情报科学, 2003, 21(1)：71-74.

[226] 丁筼. 学术期刊影响力指数(CI)预测模型的构建[J]. 情报科学, 2017(2)：27-32, 37.

[227] 丁楠, 周英博, 叶鹰. h 指数和 h 型指数研究进展[J]. 图书情报知识, 2008, 2008(1)：72-77.

[228] 丁佐奇, 郑晓南, 吴晓明. SCI 药学论文被引峰值研究及国别比较[J]. 科技与出版, 2012(8)：114-116.

[229] 董晔璐. 基于因子分析的我国高校科技创新能力评价[J]. 科学管理研究, 2015, 33(6)：32-34.

[230] 窦如婷, 申敏, 汪天凯. 动态视角下国际投资的宏观环境综合评价——基于改进的 CRITIC 赋权和 TOPSIS 法[J]. 工业技术经济, 2018, 37(8)：132-138.

[231] 杜栋, 吴炎. 从评价方法的组合评价到两两集成[J]. 统计与信息论坛, 2008(5)：5-8.

[232] 杜利楠, 栾维新, 孙战秀, 等. 中国沿海省区海洋科技竞争力动态演变测度[J]. 中国科技论坛, 2015(8)：99-105.

[233] 杜学亮. 代表作评价制度的困境与出路[J]. 中国政法大学学报, 2019(2)：74-79, 207.

[234] 段利民, 马鸣萧, 张霞. 基于 PCA 的区域科技服务业发展潜力评价研究[J]. 西安电子科技大学学报(社会科学版), 2012, 22(6)：

52-60.

[235] 段晓君，王正明. 基于选择准则的参数模型评价方法[J]. 国防科技大学学报，2003(3)：62-65.

[236] 樊红艳，刘学录. 基于综合评价法的各种无量纲化方法的比较和优选——以兰州市永登县的土地开发为例[J]. 湖南农业科学，2010(17)：163-166.

[237] 范军. 比"四唯"危害更大的是"唯项目"[J]. 社会科学动态，2018(12)：15-17.

[238] 方红玲. 国外期刊论文被引峰值年代及其影响因素研究[J]. 中国科技期刊研究，2015(11)：1200-1204.

[239] 方红玲. 我国科技期刊论文被引量和下载量峰值年代：多学科比较研究[J]. 中国科技期刊研究，2011，21(5)：708-710.

[240] 方红玲. 不同引证时间窗口影响因子百分位在期刊学术评价中的比较研究[J]. 科技与出版，2018(12)：179-184.

[241] 方曦，李治东，熊焰，等. 基于模糊 VIKOR 法的企业决策情报评价及应用[J]. 情报理论与实践，2015，38(3)：49-52，44.

[242] 方兴东，张静，张笑容，潘斐斐. 基于网络舆论场的微信与微博传播力评价对比研究[J]. 新闻界，2014(15)：39-43.

[243] 方兴林. 基于学术迹的微博传播力评价方法及效果研究[J]. 情报资料工作，2019，40(2)：14-18.

[244] 封铁英. 科技人才评价现状与评价方法的选择和创新[J]. 科研管理，2007(S1)：30-34.

[245] 冯晖，王奇. 基于奖优惩劣思想提高区分度的综合评价方法[J]. 华东师范大学学报(教育科学版)，2011，29(3)：38-42，48.

[246] 奉国和，周榕鑫，武佳佳. 基于熵权 TOPSIS 及因子分析的学术期刊综合评价研究[J]. 图书情报工作，2018，62(17)：84-95.

[247] 符征. "学术代表作"评价制度待完善[N]. 中国科学报，2012-10-25(A3).

[248] 付中静. 不同引证时间窗口论文量引关系实证研究——基于论文与期刊视角[J]. 情报杂志，2017，36(7)：128-133.

[249] 傅为忠，边之灵. 区域承接产业转移工业绿色发展水平评价及政策效应研究——基于改进的 CRITIC-TOPSIS 和 PSM-DID 模型[J]. 工业技术经济，2018，37(12)：106-114.

[250] 傅为忠，曹新蓉. 互联网金融企业经营风险探微——基于改进的

CRITIC-GRAP 模型[J]. 财会月刊, 2017(32): 36-42.

[251] 盖双双, 刘雪立, 张诗乐, 等. 同年不同月份发表的论文被引频次的演进规律——兼谈优先数字出版的价值和局限性[J]. 编辑学报, 2014, 26(3): 210-214.

[252] 高奎亭, 李勇勤, 孔垂辉, 等. 体育学术期刊国际化水平评价体系构建与实证研究[J]. 天津体育学院学报, 2017, 32(3): 190-195, 202.

[253] 高瑞忠, 李和平, 格日乐, 王冠宇. 基于复合 Sigmoid 函数的国内生产总值预测方法[J]. 工业技术经济, 2010, 29(10): 101-104.

[254] 高志, 张志强. 科学家个人学术影响力随时间变化的计算方法研究[J]. 现代情报, 2017, 37(5): 66-71.

[255] 宫诚举, 郭亚军, 李玲玉, 等. 群体信息集结过程中无量纲化方法的选择[J]. 运筹与管理, 2017, 26(5): 151-157.

[256] 顾欢, 盛丽娜. 不同引证时间窗口的年度 h 指数与累积 h 指数对比分析——以 SSCI 信息科学与图书馆学期刊为例[J]. 情报理论与实践, 2018, 41(4): 145-149.

[257] 顾伟男, 申玉铭. 我国中心城市科技创新能力的演变及提升路径[J]. 经济地理, 2018, 38(2): 113-122.

[258] 桂俊煜. 我国省域高技术产业发展水平测度与提升策略[J]. 经济纵横, 2018(7): 83-92.

[259] 郭峰, 李欣. 编辑部偏爱、关系稿与引用率贴水——来自中国经济学权威期刊的证据[J]. 经济学(季刊), 2017, 16(4): 1237-1260.

[260] 郭俊华, 孙泽雨. 基于因子分析法的中国高校科技创新能力评价研究[J]. 科技管理研究, 2016, 36(3): 66-71.

[261] 郭强华, 罗锋, 俞立平. 基于改进的 VIKOR 科技评价方法研究——直线距离因子多准则妥协解法 LDF-VIKOR[J]. 情报杂志, 2018, 37(4): 171-175.

[262] 郭亚军, 宫诚举, 李伟伟, 等. 基于反三角函数的非线性预处理方法[J]. 系统工程, 2017, 35(7): 53-57.

[263] 郭亚军, 马凤妹, 董庆兴. 无量纲化方法对拉开档次法的影响分析[J]. 管理科学学报, 2011, 14(5): 19-28.

[264] 郭亚军, 易平涛. 线性无量纲化方法的性质分析[J]. 统计研究, 2008(2): 93-100.

[265] 韩明彩. 期刊综合评价指标标准化方法研究: 价值评估法——以图

书情报学期刊为例[J]. 情报理论与实践，2012，35(10)：30-32.

[266] 韩晓明，王金国，石照耀. 基于主成分分析和熵值法的高校科技创新能力评价[J]. 河海大学学报(哲学社会科学版)，2015，17(2)：83-88，92.

[267] 韩轶，唐小我. 满足一定分布规律的多指标综合评价方法的优化选择[J]. 管理工程学报，1999(3)：55-56，58.

[268] 何莉，董梅生，丁吉海，等. 安徽省高校自然科学学报学术影响力综合评价分析——基于因子分析法[J]. 中国科技期刊研究，2014，25(3)：427-431.

[269] 何荣利，司天文. 对现行中国期刊界计算影响因子年限的思考[J]. 中国科技期刊研究，2001，12(5)：362-363.

[270] 何先刚，马跃，鲜思东. 基于主成分分析的网络电子期刊模糊综合评价[J]. 重庆邮电大学学报(自然科学版)，2014(6)：861-865.

[271] 贺玉德，马祖军. 基于 CRITIC-DEA 的区域物流与区域经济协同发展模型及评价——以四川省为例[J]. 软科学，2015，29(3)：102-106.

[272] 洪寒梅，陈妍，钱欣平，等. 期刊影响力指数排名的合理性分析[J]. 中国科技期刊研究，2018，29(8)：842-848.

[273] 胡永宏. 对统计综合评价中几个问题的认识与探讨[J]. 统计研究，2012(1)：26-30.

[274] 黄斌，汪长柳，马丽. 基于因子分析的江苏省科技服务业竞争力综合评价[J]. 科技管理研究，2013，33(22)：59-60.

[275] 黄正南. 综合评价模型评判的信度分析[J]. 中国卫生统计，2000，17(3)：154-156.

[276] 江文奇. 无量刚化方法对属性权重影响的敏感性和方案保序性[J]. 系统工程与电子技术，2012，34(12)：2520-2523.

[277] 姜春林，魏庆肖. 人文社会科学代表性论文评价指标体系建构及其实现机制[J]. 甘肃社会科学，2017(2)：97-106.

[278] 姜春林，张立伟，张春博. 科学计量方法辅助代表作评价的探讨[J]. 情报资料工作，2014(3)：31-36.

[279] 姜春林，赵宇航. 代表作评价：探索之路与完善之策[J]. 甘肃社会科学，2016(3)：143-148.

[280] 姜玉梅，田景梅，李新运. CRITIC-TOPSIS 方法下的高校图书馆建设服务绩效评价[J]. 图书馆论坛，2018，38(3)：101-107.

[281] 蒋维杨，赵嵩正，刘丹，等. 大样本评价的定量指标无量纲化方法 [J]. 统计与决策，2012(17)：4-9.

[282] 焦贺言. 浅析科技奖励评审中同行评议的公正性问题[J]. 中国高校科技，2019(4)：40-42. 283] 靳香玲. 高校学报编辑如何控制"人情稿"[J]. 出版广角，2010(4)：65-66.

[284] 康存辉，操菊华. 期刊评价之自引辩解[J]. 编辑之友，2014(10)：21-23，26.

[285] 蓝艳华，张楚民. 科技期刊编辑出版中的沟通原则和技巧[J]. 编辑学报，2017，29(5)：409-412.

[286] 雷勋平，QIU R. 图书情报类 CSSCI 来源期刊影响力评价研究——基于熵权可拓决策模型的分析[J]. 情报科学，2014，32(2)：122-128.

[287] 李存斌，张磊，马原. 基于云模型和 VIKOR 扩展方法的电网企业科技发展区间值多属性群决策[J]. 运筹与管理，2018，27(10)：63-69.

[288] 李刚，李建平，孙晓蕾，等. 主客观权重的组合方式及其合理性研究[J]. 管理评论，2017，29(12)：17-26，61.

[289] 李贺琼，邵晓明，杨玉英，等 .2006—2010 年我国 48 种外科学类期刊自引率及其与影因子和总被引频次的关系[J]. 中国科技期刊研究，2013，24(5)：876-884.

[290] 李江. 基于引文的知识扩散研究评述[J]. 情报资料工作，2013(4)：36-40.

[291] 李静. 略论科技期刊的时效性[J]. 武汉科技大学学报(社会科学版)，2006(5)：104-106.

[292] 李林. 提升科技期刊传播力的实践与探索——以《环境科学》为例[J]. 编辑学报，2018，30(1)：77-79.

[293] 李玲玉，郭亚军，易平涛. 无量纲化方法的选取原则[J]. 系统管理学报，2016，25(6)：1040-1045.

[294] 李莘，于光，邹晓宇. 评价期刊的关键——选择合适的影响因子[J]. 情报杂志，2009，28(S1)：157-161.

[295] 李涛. 高校学术评价不宜简单采用"代表作"制[J]. 评价与管理，2012(4)：21-27.

[296] 李沃源，乌兰. 基于系统构成要素的西部地区科技创新系统环境组合评价研究[J]. 科学管理研究，2019，37(1)：59-62.

[297] 李新运，孙志静，田景梅. 基于改进 CRITIC 的高校图书馆学科化服务评价研究[J]. 情报科学，2017，35(10)：30-34.

[298] 李鑫，任俊霞. 基于引文指标和 Altmetrics 指标的期刊影响力综合评价研究——以国际图书情报学期刊为例[J/OL]. 情报杂志，2020(1)：1-8.

[299] 李颖，董超，李正风，等. 美英社会科学评价的经验与启示[J]. 清华大学教育研究，2015(5)：13-20.

[300] 李跃艳，熊回香，李晓敏. 基于主成分分析法的期刊评价模型构建[J]. 情报杂志，2019，38(7)：199-207.

[301] 李志文，钟瑞军. 奖金激励与学术成果——来自浙江大学 SCI 论文奖励效果的证据[J]. 管理工程学报，2013，27(2)：220-226.

[302] 李珠瑞，马溪骏，彭张林. 基于离差最大化的组合评价方法研究[J]. 中国管理科学，2013(1)：174-179.

[303] 廖志高，詹敏，徐玖平. 非线性无量纲化插值分类的一种新方法[J]. 统计与决策，2015(19)：72-76.

[304] 刘爱军，葛继红，俞立平. 两个新的文献计量指标：累计因子与次年因子[J]. 情报理论与实践，2017，40(10)：47-50.

[305] 刘红煦，王铮. 基于"公平性测试"的 Altmetrics 学术质量评价方法研究[J]. 图书情报工作，2018，62(16)：102-110.

[306] 刘佳静，金洁琴，赵乃瑄. 高校图书馆微信公众号传播力评价研究——以"双一流"大学为例[J]. 图书馆工作与研究，2019(2)：40-46.

[307] 刘锦宏，李若男，阳杰. 基于内容质量的开放获取期刊知识传播效果影响因素研究[J]. 科技与出版，2019(11)：108-114.

[308] 刘锦宏，赵雨婷，徐丽芳. 开放获取期刊知识传播效果研究[J]. 湘潭大学学报(哲学社会科学版)，2017，41(5)：142-147.

[309] 刘军，王筠. 高校图书馆期刊订购质量的灰色关联度分析[J]. 现代情报，2011(8)：119-121.

[310] 刘莲花. 主成分聚类分析法在数学中文核心期刊综合评价中的应用[J]. 长江大学学报(自科版)，2016(31)：9-12.

[311] 刘莲花. 基于循环修正思路的科技期刊综合评价[J]. 中国科技期刊研究，2016，27(6)：645-649.

[312] 刘明，聂青，谢飞. 基于主成分分析的青岛市科技人力资源生态环境评价研究[J]. 科技管理研究，2018，38(6)：54-59.

[313] 刘淑茹, 魏晓晓. 基于改进 CRITIC 法的西部地区新型城镇化水平测度[J]. 生态经济, 2019, 35(7): 98-102.

[314] 刘天卓, 余颖. 基于组合赋权和 VIKOR 的学术期刊综合评价研究[J]. 数学的实践与认识, 2019, 49(1): 311-320.

[315] 刘希宋, 成勇. 基于神经网络的科技成果转化评价[J]. 科技进步与对策, 2007(1): 47-49.

[316] 刘学之, 杨泽宇, 沈凤武, 等. 基于 S 型曲线的指标非线性标准化研究[J]. 统计与信息论坛, 2018, 33(2): 17-21.

[317] 刘雪立, 盖双双, 张诗乐, 等. 不同引证时间窗口影响因子的比较研究——以 SCI 数据库眼科学期刊为例[J]. 中国科技期刊研究, 2014, 25(12): 1509-1512.

[318] 刘雪立, 魏雅慧, 盛丽娜, 等. 科技期刊总被引频次和影响因子构成中的自引率比较——兼谈影响因子的人为操纵倾向[J]. 编辑学报, 2017, 29(6): 602-606.

[319] 刘雪立. 论期刊影响因子人为操纵的识别[J]. 编辑学报, 2018(1): 98-101.

[320] 刘雪梅. 作者合作与期刊影响因素视角下的学者评价研究[J]. 情报理论与实践, 2018(11): 113-116.

[321] 刘银华, 陶蕾. 试用 h 指数评价科技期刊[J]. 大学图书情报学刊, 2008, 26(2): 94-96.

[322] 刘运梅, 李长玲, 冯志刚, 等. 改进的 p 指数测度单篇论文学术质量的探讨[J]. 图书情报工作, 2017(21): 106-113.

[323] 刘钊. 民族高校科技期刊的传播力现状评析与发展对策——以北大核心民族高校科技期刊为例[J]. 中国科技期刊研究, 2018, 29(10): 1022-1028.

[324] 刘自强, 王效岳, 白如江. 基于时间序列模型的研究热点分析预测方法研究[J]. 情报理论与实践, 2016, 39(5): 27-33.

[325] 柳玉鹏, 李一军. 基于降维思想的客观组合评价模型[J]. 运筹与管理, 2009, 18(4): 38-43.

[326] 楼文高, 张卫, 杨雪梅. 科技期刊学术水平综合评价的神经网络模型[J]. 情报杂志, 2009, 28(9): 73-77.

[327] 马卫华, 陈月娉. 广东省科技核心期刊学术影响力综合评价研究[J]. 科技管理研究, 2014, 34(14): 73-77.

[328] 马溪骏, 李敏, 程飞. 基于兼容一致性方法集成组合评价研究[J].

中国管理科学，2006，14(10)：20-22.

[329] 毛定祥. 一种最小二乘意义下主客观评价一致的组合评级方法[J]. 中国管理科学，2002，10(5)：95-97.

[330] 糜万俊. 无量纲化对属性权重影响的传导机制及调权研究[J]. 统计与决策，2013(4)：11-14.

[331] 倪渊，林健. 中层管理者胜任力组合评价模型及实证研究[J]. 系统工程，2012，30(1)：1-7.

[332] 聂超，魏泽峰. 基于学术影响力差异 h 指数改进的实证研究[J]. 情报杂志，2010，29(5)：89-91.

[333] 聂超，朱国祥. h 指数在科研评价中的缺陷及其对策[J]. 情报理论与实践，2009(11)：1-2，3.

[334] 秦敏. 基于信息量与理想点法的图书馆读者满意度评价模型[J]. 农业图书情报学刊，2010(10)：91-93.

[335] 邱均平，吕红. 近五年国际图书情报学研究热点、前沿及其知识基础——基于 17 种外文期刊知识图谱的可视化分析[J]. 图书情报知识，2013(3)：4-15，58.

[336] 邱均平，瞿辉，罗力. 基于期刊引证关系的学科知识扩散计量研究——以我国"图书馆、情报、档案学"为例[J]. 情报科学，2012，30(4)：481-485，491.

[337] 邱均平，任全娥. 国内外人文社会科学科研成果评价比较研究[J]. 国外社会科学，2007(3)：58-66.

[338] 邱均平，任全娥. 我国人文社会科学研究成果评价研究进展[J]. 情报资料工作，2006(4)：10-15.

[339] 任胜利，RONALD R，祖广安. SCI 的引文统计指标及其与研究评价的关系[J]. 编辑学报，2003，15(1)：70-72.

[340] 任胜利. 特征因子：基于引证网络分析期刊和论文的重要性[J]. 中国科技期刊研究，2009，20(3)：415-418.

[341] 任胜利. 有关精品期刊发展战略的思考[J]. 编辑学报，2005，17(6)：393-395.

[342] 沈志超，龚汉忠，曹静，等. 对 CJCR 中期刊评价指标"扩散因子"的质疑[J]. 中国科技期刊研究，2006，17(5)：746-749.

[343] 盛丽娜. 不同引证时间窗口影响因子对期刊排序的影响[J]. 中国科技期刊研究，2016(5)：521-525.

[344] 盛明科. 政府绩效评估的主观评议与多指标综合评价的比较——兼

论服务型政府绩效评估方法的科学选择[J]. 湘潭大学学报(哲学社会科学版)，2009，33(1)：14-18.

[345] 时丹丹，嵇国平. 基于 BP 人工神经网络的工艺创新科技政策评价[J]. 统计与决策，2011(16)：64-66.

[346] 史竹琴，朱先奇. ESI 在世界一流大学与学科评价中的问题与对策研究[J]. 重庆大学学报(社会科学版)，2017，23(6)：84-91.

[347] 宋扉，冯景，蒋恺. 影响因子分区误导的消极影响及改进建议[J]. 编辑学报，2018，30(5)：446-449.

[348] 宋敏，杜尚宇，王春蕾. 基于高校自然科学奖的代表作评价机制[J]. 中国高校科技，2019(9)：34-37.

[349] 宋伟. 如何正确使用 SCI 标准评价基础科学[J]. 研究与发展管理，2002(2)：31-36.

[350] 苏娜，张志强. 基于 z 得分的科学计量学多关系融合方法研究[J]. 情报学报，2013，32(3)：244-250.

[351] 苏术锋. 客观评价法中的数据差异赋权有效性及实证[J]. 统计与决策，2015(21)：74-76.

[352] 苏为华. 多指标综合评价理论与方法问题研究[D]. 厦门：厦门大学，2000.

[353] 苏为华. 多指标综合评价理论与方法研究[M]. 北京：中国物价出版社，2001.

[354] 苏新宁. 构建人文社会科学学术期刊评价体系[J]. 东岳论丛，2008(1)：35-42.

[355] 孙涛. 关于培育世界一流科技期刊首先需要解决的几个问题的思考[J]. 编辑学报，2019，31(6)：596-599.

[356] 孙斌，赵婉琳，张晓阳. 专利指标评价区域科技创新能力适用性研究[J]. 现代情报，2017，37(4)：138-143.

[357] 孙杰，黄国彬. 基于 SSCI Top5 期刊的中外图书馆信息学研究热点比较分析[J]. 情报杂志，2014，33(11)：136-141，198.

[358] 孙宇，武士华. 应用 h 指数科学地评价出版社的学术影响力[J]. 科技与出版，2008(9)：61-63.

[359] 陶范. 科技期刊编辑独立性论析[J]. 编辑学报，2012，24(1)：22-24.

[360] 陶范. 深入我心的经典论文[J]. 编辑学报，2018，30(1)：109-110.

[361] 田瑞强，姚长青，潘云涛. 被撤销论文的学术不端行为及应对策略研究[J]. 中国科技期刊研究，2019，30(9)：937-943.

[362] 田贤鹏. 高校教师学术代表作制评价实施：动因、挑战与路径[J]. 中国高教研究，2020(2)：85-91.

[363] 佟群英. 学术期刊时效性探析——以学术期刊稿件时滞问题为例[J]. 汕头大学学报(人文社会科学版)，2009(5)：75-78，96.

[364] 万克文. 社交网络用户的隐私保护情况量化模型研究[J]. 情报科学，2017，35(6)：80-85.

[365] 汪 平. 微博传播力初探[J]. 今传媒，2011，25(9)：98-100.

[366] 王宝金. 核科技期刊人情稿处理策略[J]. 编辑学报，2016，28(S1)：21-22.

[367] 王彩.《中国图书馆学报》自引分析[J]. 甘肃社会科学，2003(1)：157-160.

[368] 王常凯，巩在武. "纵横向"拉开档次法中指标规范化方法的修正[J]. 统计与决策，2016(2)：77-79.

[369] 王春雷，蔡雪月. 科研奖励政策对高校教师科研合作的影响研究——以广西大学商学院发表学术论文为例[J]. 科学管理研究，2018，36(1)：30-33.

[370] 王东方，陈智，赵惠祥. 辩证看待影响因子[J]. 学报编辑论丛，2005(0)：140-142.

[371] 王菲菲，贾晨冉，刘俊婉. 科技项目资助对论文产出绩效的作用效率测度研究——以人工智能领域为例[J]. 科技进步与对策，2019，36(16)：26-33.

[372] 王菲菲，刘家好，贾晨冉. 基于替代计量学的高校科研人员学术影响力综合评价研究[J]. 科研管理，2019，40(4)：264-276.

[373] 王菲菲，王筱涵，刘扬. 三维引文关联融合视角下的学者学术影响力评价研究——以基因编辑领域为例[J]. 情报学报，2018，37(6)：610-620.

[374] 王刚，黄丽华，高阳. 基于方法集的农业化综合评价模型[J]. 系统工程理论与实践，2009(4)：161-168.

[375] 王桂月，王树恩. 基于模糊神经网络的高校科技成果转化评价研究[J]. 科技管理研究，2009，29(12)：194-195，209.

[376] 王海政，仝允桓，徐明强. 多维集成视角下面向公共决策技术评价方法体系构建与评价方法选择[J]. 科学学与科学技术管理，2006

（8）：5-11.

[377] 王浩斌. 学术共同体、学术期刊与学术评价之内在逻辑解读[J]. 中国社会科学评价，2015(3).

[378] 王会，郭超艺. 线性无量纲化方法对熵值法指标权重的影响研究 [J]. 中国人口·资源与环境，2017，27(S2)：95-98.

[379] 王金萍，杨连生，杨名. 基于 AHP-EVM 模型的科技期刊编辑能力评价研究[J]. 中国科技期刊研究，2015(7)：739-742.

[380] 王居平. 科技期刊选订中基于离差最大化的组合评价方法[J]. 情报理论与实践，2003(2)：156-158.

[381] 王莉，李旻暾. 基于熵权的区域科技综合实力评价研究——以广东省的实证研究为例[J]. 国际经贸探索，2010，26(10)：40-43.

[382] 王林，潘陈益，朱文静，等. 机构微博传播力影响因素研究[J]. 现代情报，2018，38(4)：35-41.

[383] 王林，朱文静，潘陈益，等. 基于 p 指数的微博传播力评价方法及效果探究——以我国 34 省、直辖市旅游政务官方微博为例[J]. 情报科学，2018，36(4)：38-44.

[384] 王凌峰. 一个新的 h-type 指标——A 指数[J]. 情报杂志，2013(1)：55-58.

[385] 王宁，张以民，李云霞，等. 专注高、低被引论文，提升 JIA 学术影响力[J]. 农业图书情报学刊，2018，30(7)：68-71.

[386] 王伟明，徐海燕，张发明. 具有激励特征的学术期刊动态综合评价方法[J]. 西南民族大学学报(人文社科版)，2019，40(12)：234-240.

[387] 王伟明，徐海燕. 基于最小偏差法的学术期刊动态组合评价[J]. 情报杂志，2019，38(5)：102-108.

[388] 王晓君，张俊杰，胡宝仓，等. 中国 SCI 论文数据分析与思考[J]. 科技管理研究，2016，36(17)：48-53.

[389] 王晓勇，楼佩煌，唐敦兵. 基于信息量的不确定型多属性决策方法[J]. 运筹与管理，2012(1)：64-69.

[390] 王孝宁，黄亚明，何钦成. TOPSIS 法与神经网络在卫生科技人员科研业绩评价中的应用[J]. 科技进步与对策，2005(8)：34-36.

[391] 王妍. 学者影响力二维测度方法研究[J]. 情报理论与实践，2015，38(12)：88-92.

[392] 王晔，李兰欣，杜宁. 浅谈国内科技期刊的自引问题[J]. 编辑学

报，2010，22(S1)：149-150.

[393] 王一华. 学术期刊的组合评价研究[J]. 情报科学，2011，29(5)：763-765.

[394] 王瑛，曹玮，罗珍. 基于复合权重的科技成果立体式综合评价模型[J]. 科技进步与对策，2009，26(13)：123-126.

[395] 王瑛，蒋晓东，张璐. 基于改进的 CRITIC 法和云模型的科技奖励评价研究[J]. 湖南大学学报(自然科学版)，2014，41(4)：118-124.

[396] 王瑛，李自光. 基于粗糙集的科技奖励组合评价模型研究[J]. 科技管理研究，2013，33(8)：48-51，55.

[397] 王瑛，赵谦，曹玮. 基于 E-BP 神经网络的科技奖励评价模型研究[J]. 科技进步与对策，2011，28(10)：111-114.

[398] 王映. 加权 TOPSIS 与 RSR 法在学术期刊影响力综合评价中的应用研究[J]. 图书情报工作，2013(2)：92-96.

[399] 王宇，邬锦雯，马亚楠. Altmetrics 与谷歌 H5 指数在期刊影响力评价上的相关性研究——以谷歌指数 TOP100 期刊为例[J]. 情报杂志，2017，36(10)：141-147.

[400] 王泽蘅，邱长波. 基于 SCI 的科技实力评价研究综述[J]. 情报科学，2017，35(4)：173-176.

[401] 王泽蘅. 中日 SCI 论文外流数量比较及原因分析[J]. 情报杂志，2017，36(1)：48-53，47.

[402] 王志娟，姚亚楠，杨克魁. 基于因子分析法的科技期刊学术影响力综合评价及发展建议——以广东省医药卫生期刊为统计源[J]. 中国科技期刊研究，2018，29(10)：1036-1041.

[403] 韦青侠. 10 年来我国科学、科学研究类核心期刊载文量与学术影响力评价分析[J]. 中国科技期刊研究，2014(1)：35-38.

[404] 魏登云. 数据的标准化处理在体育综合评价中的应用辨析[J]. 上海体育学院学报，2016，40(4)：21-26.

[405] 温珂，张敬，宋琦. 科研经费分配机制与科研产出的关系研究——以部分公立科研机构为例[J]. 科学学与科学技术管理，2013，34(4)：10-18.

[406] 吴美琴，李常洪，宋雅文，等. 基于窗口分析与松弛变量测度的期刊引证效率评价——18 种图情期刊效率差异分析[J]. 情报理论与实践，2017(2)：122-127.

[407] 吴明智，高硕. 基于 ESI 的中国农业科学十年发展态势的文献计量分析[J]. 农业图书情报学刊，2015，27(9)：69-72.

[408] 吴涛，杨筠，陈晨，等. 基于因子分析法的科技期刊引文综合评价指标研究[J]. 中国科技期刊研究，2015，26(2)：205-209.

[409] 夏慧，韩毅. 一个新的综合性科技评价指标——p 指数研究综述[J]. 图书情报工作，2014(8)：128-132.

[410] 肖广岭，李峰，岳素芳，等. 我国基础研究人才评价与待遇匹配问题与对策[J]. 自然辩证法研究，2014，30(3)：114-117.

[411] 肖尤丹. 改革科技奖励亟需回归制度常识[J]. 科学与社会，2015，5(4)：24-30.

[412] 谢瑞霞，李秀霞，赵思喆. 基于时间异质性和期刊影响因子的论文学术影响力评价指标[J]. 情报杂志，2019，38(4)：105-110.

[413] 谢文亮，王石榴. 学术期刊的传播力与传播力建设策略[J]. 中国科技期刊研究，2015，26(4)：425-429.

[414] 辛督强. 基于主成分分析的 13 种力学类中文期刊综合评价[J]. 中国科技期刊研究，2012，23(2)：224-227.

[415] 熊国经，熊玲玲，陈小山. 组合评价和复合评价模型在学术期刊评价优越性的实证研究[J]. 现代情报，2017(1)：81-88.

[416] 熊国经，熊玲玲，陈小山. 基于 PLS 结构方程模型进行学术期刊评价的实证研究[J]. 情报理论与实践，2017，40(8)：117-121.

[417] 徐明强，谈毅，仝允桓. 基于属性的技术评价方法匹配研究[J]. 中国管理科学，2005(1)：49-53.

[418] 徐泽水，达庆利. 多属性决策的组合赋权方法研究[J]中国管理科学，2002(2)：84-86.

[419] 许纪霖. 回归学术共同体的内在价值尺度[J]. 清华大学学报(哲学社会科学版)，2014(4).

[420] 许新军. h 指数在期刊网络传播力评价中的应用[J]. 情报杂志，2012，31(11)：66-70.

[421] 郇志坚. 近年来我国金融理论与实践的研究及进展[J]. 金融研究，2010(7)：94-206.

[422] 杨浦. 学术期刊影响力指数剖析[J]. 科技与出版，2017(3)：108-111.

[423] 杨兴林. 高校教师职务晋升的学术代表作评价研究[J]. 江苏高教，2015(2)：34-37.

[424] 杨栩，管国政. 世界国防科技工业综合实力评价——基于 AHP-CRITIC-CTWF 的实证分析[J]. 科技进步与对策，2017，34(1)：124-130.

[425] 叶初升，邹欣，张洪涛. 经济与经济学双重转型中的学术期刊发展——以《经济评论》为例[J]. 经济评论，2010(6)：6-21.

[426] 叶继元. 图书馆学期刊质量"全评价"探讨及启示[J]. 中国图书馆学报，2013(7)：83-91.

[427] 叶继元. 有益遏制学术评价形式化数量化[N]. 中国教育报，2012-03-28(03)(3)：58-66.

[428] 叶玲，叶贵，付媛. 基于 BP-VIKOR 的建筑企业技术创新评价模型[J]. 建筑经济，2018，39(9)：116-120.

[429] 叶艳，张李义. 基于 CiteScore 指数与影响因子的期刊评价研究——以经济管理领域期刊为例[J]. 情报科学，2017，35(7)：126-131，137.

[430] 易平涛，张丹宁，郭亚军，等. 动态综合评价中的无量纲化方法[J]. 东北大学学报(自然科学版)，2009，30(6)：889-892.

[431] 尹航. 基于 BP 神经网络的科技成果转化项目技术经济可行性评价研究[J]. 科学学与科学技术管理，2008(5)：99-106.

[432] 尹夏楠，朱莲美，鲍新中. 基于 VIKOR 方法的高新技术企业成长性评价[J]. 财会通讯，2015(34)：38-41，4.

[433] 于光，郭蕊. 互引期刊群中出版延时对被引半衰期的影响[J]. 科学学研究，2006(S2)：528-531.

[434] 余雪松，吴良顺，万珊红，等. 基于 JCR 和 SJR 的科技期刊评价指标体系问题研究[J]. 科研管理，2018，39(S1)：137-146.

[435] 俞立平，郭强华，张再杰. 科技评价中因子分析信息损失的改进[J]. 统计与决策，2019，35(5)：5-10.

[436] 俞立平，姜春林. 科技评价指标与评价方法辨识度的测度研究[J]. 图书情报工作，2013，57(3)：38-41.

[437] 俞立平，刘骏. 主成分分析与因子分析法适合科技评价吗？——以学术期刊评价为例[J]. 现代情报，2018，38(6)：73-79，137.

[438] 俞立平，潘云涛，武夷山. TOPSIS 在期刊评价中的应用及在高次幂下的推广[J]. 统计研究，2012，(12)：96-101.

[439] 俞立平，潘云涛，武夷山. 基于极值法的学术期刊组合评价研究[J]. 图书与情报，2009(4)：22-27.

[440] 俞立平，潘云涛，武夷山. 基于因子分析的学术期刊评价指标分类研究[J]. 图书情报工作，2009(8)：146-149.

[441] 俞立平，潘云涛，武夷山. 科技评价中不同客观评价方法权重的比较研究[J]. 科技管理研究，2009(7)：148-150.

[442] 俞立平，潘云涛，武夷山. 学术期刊多属性评价方法的选择研究[J]. 情报理论与实践，2009，32(12)：64-67.

[443] 俞立平，潘云涛，武夷山. 基于 DEA 与 BP 神经网络的科技投入评价研究[J]. 科技管理研究，2009，29(6)：143-146.

[444] 俞立平，潘云涛，武夷山. 基于极值法的学术期刊组合评价研究[J]. 图书与情报，2009(4)：22-27.

[445] 俞立平，潘云涛，武夷山. 基于结果一致度的学术期刊组合评价研究[J]. 中国科技期刊研究，2011，22(1)：59-64.

[446] 俞立平，潘云涛，武夷山. 科技评价中专家权重赋值优化研究[J]. 科学学与科学技术管理，2009，30(7)：38-41.

[447] 俞立平，潘云涛，武夷山. 学术期刊多属性评价方法的选择研究[J]. 情报理论与实践，2009，32(12)：64-67.

[448] 俞立平，潘云涛，武夷山. 学术期刊非线性评价方法的检验与修正研究[J]. 现代图书情报技术，2011(Z1)：110-115.

[449] 俞立平，潘云涛，武夷山. 学术期刊综合评价数据标准化方法研究[J]. 图书情报工作，2009，53(12)：136-139.

[450] 俞立平，宋夏云，王作功. 自然权重对非线性科技评价的影响及纠正研究——以 TOPSIS 方法评价为例[J]. 数据分析与知识发现，2018，2(6)：48-57.

[451] 俞立平，宋夏云. 期刊评价中非线性评价方法选取的检验研究[J]. 中国科技期刊研究，2014(8)：1063-1067.

[452] 俞立平，宋夏云. 期刊评价中非线性评价方法选取的检验研究[J]. 中国科技期刊研究，2014，25(8)：1063-1067.

[453] 俞立平，宋夏云. 期刊评价中非线性评价方法选取的检验研究[J]. 中国科技期刊研究，2014，25(8)：1063-1067.

[454] 俞立平，孙建红. 总被引频次用于科技评价的误区研究——兼谈科技评价的时间特性[J]. 中国科技期刊研究，2014，25(6)：829-832.

[455] 俞立平，王作功，孙建红. 时间窗口对学术期刊评价的影响研究[J]. 情报杂志，2017，36(10)：137-140.

[456] 俞立平, 王作功, 张再杰. h 指数的综合修正研究：htop 指数——以学术期刊为例[J]. 情报学报, 2018, 37(12)：1188-1192.

[457] 俞立平, 王作功. 时间视角下 h 指数创新：h_(1_n)指数与 h_n 指数[J]. 情报学报, 2017(4)：20-25.

[458] 俞立平, 伍蓓, 刘骏. 协调发展视角下的学术期刊评价——协调 TOPSIS[J]. 情报杂志, 2018, 37(10)：189-193.

[459] 俞立平, 伍蓓, 袁永仪, 等. 科技评价中非线性评价方法筛选的检验研究——因子回归检验法[J]. 情报杂志, 2018, 37(9)：64-70.

[460] 俞立平, 武夷山. 科技评价中标准化方法对评价结果的影响研究[J]. 现代图书情报技术, 2011(9)：66-71.

[461] 俞立平, 武夷山. 学术期刊客观赋权评价新方法——指标难度赋权法[J]. 现代图书情报技术, 2011(4)：64-70.

[462] 俞立平, 张晓东. 基于熵权 TOPSIS 的地区高校科技竞争力评价研究[J]. 情报杂志, 2013, 32(11)：181-186.

[463] 俞立平. 从时间周期看总被引频次与即年指标评价误区[J]. 中国出版, 2014(6)：8-11.

[464] 俞立平. 期刊影响力指标的时间异质性及其重构研究[J]. 图书情报工作, 2016(12)：109-114.

[465] 俞立平. 基于聚类分析的期刊多属性评价方法选择研究——聚类结果一致度筛选法[J]. 图书情报工作, 2018, 62(21)：80-86.

[466] 俞立平. 基于学术期刊视角的学科发展水平评价研究[J]. 图书情报工作, 2016, 60(4)：5-11, 28.

[467] 俞立平. 科技评价中关键指标的测度方法研究——以学术期刊评价为例[J]. 图书情报工作, 2017(18)：93-97.

[468] 俞立平. 历史影响因子：一个新的学术期刊存量评价指标[J]. 图书情报工作, 2015, 59(2)：89-92.

[469] 俞立平. 期刊多属性评价方法筛选研究——指标数据综合拟合法[J]. 情报学报, 2014, 33(3)：296-304.

[470] 俞立平. 线性科技评价中自然权重问题及修正研究——动态最大均值逼近标准化方法[J]. 统计与信息论坛, 2018, 33(10)：27-33.

[471] 俞立平. 学术期刊 h 指数的时间演变规律研究[J]. 情报杂志, 2015, 34(1)：96-99.

[472] 俞立平. 学术期刊经典论文的评价指标——经典指数[J]. 农业图书情报, 2019, 31(1)：35-43.

[473] 俞立平. 影响因子的时间修正研究：R 影响因子——兼谈影响因子评价误差的测度方法[J]. 图书情报知识, 2016(4)：69-73, 101.

[474] 俞吾金. "代表作"制度改变了什么[N]. 解放日报, 2012-06-09(5).

[475] 袁泽轶, 杨瑞, 张潇娴, 等. 基于中国知网(CNKI)《海洋通报》期刊学术影响力的统计分析[J]. 天津科技, 2010, 37(6)：131-133.

[476] 岳增慧, 许海云, 方曙. 基于个体行为的科研合作网络知识扩散建模研究[J]. 情报学报, 2015, 34(8)：819-832.

[477] 臧峰宇. 学术评价不妨尝试"代表作"制度[N]. 光明日报, 2012-03-21.

[478] 詹敏, 廖志高, 徐玖平. 线性无量纲化方法比较研究[J]. 统计与信息论坛, 2016, 31(12)：17-22.

[479] 张春华. 传播力：一个概念的界定与解析[J]. 求索, 2011(11)：76-77.

[480] 张发明, 王伟明. 基于因子分析和诱导密度算子的学术期刊组合评价[J]. 情报杂志, 2018, 37(3)：165-166, 170, 167-169.

[481] 张发明, 钟颖璐, 陈美娟, 等. 基于 CW 算子的学术期刊组合评价研究[J]. 中国科技期刊研究, 2018, 29(6)：612-618.

[482] 张发明. 一种融合相似与差异特征的组合评价方法及应用 [J]. 系统管理学报, 2013, 22(4)：498-504.

[483] 张和平, 陈齐海. 基于因子分析-DEMATEL 定权法的期刊综合评价研究[J]. 情报杂志, 2017, 36(11)：180-185.

[484] 张积玉. 以量化为基础以代表作为主的综合化学术评价制度构建——基于 S 大学的经验[J]. 重庆大学学报(社会科学版), 2019, 25(6)：84-96.

[485] 张垒, 唐恒. 影响 h 指数、g 指数、影响因子因素的相关性研究[J]. 图书情报工作, 2009, 53(20)：139-143.

[486] 张垒. 高被引论文的特征因素及其对影响因子贡献研究[J]. 中国科技期刊研究, 2015, 26(8)：880-885.

[487] 张立军, 陈跃, 袁能文. 基于信度分析的加权组合评价模型研究[J]. 管理评论, 2012(5)：170-176.

[488] 张立军, 袁能文. 线性综合评价模型中指标标准化方法的比较与选择[J]. 统计与信息论坛, 2010, 25(8)：10-15.

[489] 张立军, 赵芳芳. 基于熵权物元分析的科技成果评价模型及应用[J]. 科技管理研究, 2016, 36(6)：63-66.

［490］张莉曼，张向先，李中梅，等. 基于 BP 神经网络的智库微信公众平台信息传播力评价研究［J］. 情报理论与实践，2018，41（10）：93-99.

［491］张玲玲，张宇娥，杜丽. 国家社科基金项目成果视角下图情领域知识扩散研究［J］. 图书馆工作与研究，2017（10）：60-66.

［492］张楠. 大数据应用与学术传播的变迁［J］. 图书情报知识，2014（5）：101-109.

［493］张朋. 学术期刊评价方法综合比较研究［D］. 合肥：中国科学技术大学，2018.

［494］张瑞，丁日佳，郝素利. 可转化为国际标准的科技成果选择决策研究——基于 VIKOR 法［J］. 科技进步与对策，2015，32（10）：5-8.

［495］张闪闪，黄国彬. 2009—2014 年 SSCI TOP5 图书情报学期刊的研究热点及其特点剖析［J］. 图书馆，2015（5）：38-45.

［496］张卫华，赵铭军. 指标无量纲化方法对综合评价结果可靠性的影响及其实证分析［J］. 统与信息论坛，2005（5）：33-36.

［497］张夏恒，冀芳. 大气科学类中文核心期刊微信公众号满意度评价［J］. 中国科技期刊研究，2017（1）：47-52.

［498］张学梅. h_i 指数——一种对 h 指数进行迭代计算的个人学术影响力评价方法［J］. 图书情报工作，2013（11）：96-99，119.

［499］张学梅. h_m 指数——对 h 指数的修正［J］. 图书情报工作，2007，51（10）：116-118.

［500］张英辉. 科技园区核心竞争力评价研究［J］. 统计与决策，2009（19）：77-78.

［501］张宇，任福兵. 基于 AHP-熵权法的智库网络传播力评价研究［J］. 情报科学，2017，35（3）：110-116.

［502］张玉，魏华波. 基于 CRITIC 的多属性决策组合赋权方法［J］. 统计与决策，2012（16）：75-77.

［503］张月，肖峰. GRA 方法中的无量纲化比较［J］. 统计与决策，2005（4）：120-121.

［504］张志辉，程莹，刘念才. 线性学科标准化方法的效果优化及其对科研评价结果的影响——以 39 所"985 工程"大学论文质量排名为例［J］. 情报学报，2015，34（3）：300-312.

［505］赵黎明，刘猛. 基于熵权 TOPSIS 的区域科技创新能力评价模型及实证研究［J］. 天津大学学报（社会科学版），2014，16（5）：385-

390.

[506] 赵蓉英，魏明坤，杨慧云. p 指数应用于学者学术影响力评价的相关性研究[J]. 情报理论与实践，2017(4)：61-65.

[507] 赵宇，王晶华，黄思明，等. 基于后评估的科技成果评价导向模拟分析研究[J]. 中国管理科学，2014，22(S1)：90-94.

[508] 甄伟锋. 新媒体语境下科技期刊传播效果影响因素分析[J]. 中国科技期刊研究，2019，30(8)：905-910.

[509] 郑宝华，李东. 基于方法集的国防科技工业企业创新能力评价模型研究[J]. 科学管理研究，2008(4)：65-68.

[510] 郑德俊. 期刊评价中的关键指标评析及相关性研究[J]. 图书情报工作，2011，55(4)：143-147.

[511] 郑万腾，刘秀萍，李雨蒙. 基于超效率 DEA-Malmquist 的学术期刊知识交流效率评价——以图书情报类核心期刊为例[J]. 图书馆理论与实践，2019(5)：65-69.。

[512] 郑彦宁，孙劲松，袁 芳.2004—2018 年基因编辑领域主要国家学术论文分析[J]. 科技情报研究，2020，2(1)：56-65.

[513] 钟阳春，庾家良，尹士达，等. 对期刊评估因子中两个指标值的质疑[J]. 中国科技期刊研究，2010，21(2)：165-168.

[514] 周宏. 基于 BP 神经网络的高校科技成果转化的综合评价[J]. 统计与决策，2009(17)：79-81.

[515] 周华强，周颖，冯文帅，等. 论文人才评价作用的反思：回归、认可、补充与反对[J]. 中国科技论坛，2020(1)：143-155.

[516] 周慧妮，江文奇. 基于前景理论和 VIKOR 的营销竞争情报评价研究[J]. 情报杂志，2015，34(10)：16-21.

[517] 周建中. 中国不同类型科技奖励问题与原因的认知研究——基于问卷调查的分析[J]. 科学学研究，2014，32(9)：1322-1328，1338.

[518] 周晓蔚，李春阳. 基于投影寻踪和遗传算法的期刊质量评价模型[J]. 情报科学，2013，31(2)：58-62.

[519] 周玉芹. H 指数评价法学期刊实证研究——基于《中国学术期刊综合引证报告(2008 版)》的数据分析[J]. 四川文理学院学报，2011(2)：142-146.

[520] 朱大明. 参考文献"合理自引"与"不当自引"的区分标准[J]. 编辑学报，2004(1)：76-76.

[521] 朱喜安，魏国栋. 熵值法中无量纲化方法优良标准的探讨[J]. 统

计与决策，2015(2)：12-15.

[522] 朱雪春，陈万明，殷红幸. 企业协同创新伙伴选择研究[J]. 中国科技论坛，2014(11)：97-102.

[523] 左淑霞，席建锋，肖殿良等. 特色交通标志设计机器信息量度量方法研究[J]. 中国安全科学学报，2010(11)：139-144.